小学校理科
授業実践
ハンドブック

角屋 重樹
林 四郎
監修

石井 雅幸
稲田 結美
木下 博義
松浦 拓也
編

教育出版

発刊にあたり

本書の前身である『理科の学ばせ方・教え方事典　改訂新装版』を平成21年（2009年）に出版してから，もう12年が経った。その間，教育界は２つの大きな変化があった。

一つは，平成29年（2017年）３月31日に，幼稚園教育要領，小学校学習指導要領及び中学校学習指導要領が告示されたこと。

二つは，令和３年（2021年）１月26日には中央審議会の初等中等教育分科会が「令和の日本型学校教育の構築を目指して－全ての子供たちの可能性を引き出す，個別最適な学びと，協働的な学びの実現－」の答申がでたこと。

上述のような教育界の変化を踏まえると，平成21年に刊行した改訂新装版を再度見直し，改変することが必要となった。そこで，まず，項目や内容の見直しを行った。

令和２年４月１日から全面実施の学習指導要領は，以下の３点が特徴といえる。

知・徳・体にわたる「生きる力」を子供たちに育むために，

① 「何のために学ぶのか」という各教科等を学ぶ意義の明確化

②　全ての教科等の目標及び内容を「知識及び技能」，「思考力，判断力，表現力等」，「学びに向かう力，人間性等」の三つの柱で再整理

③ 「主体的・対話的で深い学び」の実現に向けた授業を改善

上述のことを踏まえ，本書も①～③に対応するため，次の視点から改変を行った。

（１）理科を学ぶ意義を明確にするために，理科の教育原理や理科教育を取り巻く現代的課題を取り上げた理論編

（２）「思考力，判断力，表現力等」，「学びに向かう力，人間性等」の三つの柱の育成や「主体的・対話的で深い学び」の実現に向けた授業を実現するための，授業の創り方や技術，指導計画と評価を取り上げた授業編

（３）理科という教科の一つの成立基盤である観察・実験の意義や器具，扱い方に関する観察・実験編

というように再構成した。

執筆に関しては全国的に活躍している先生方や新進気鋭の若い先生方にお願いし，できるだけ分かり易いものとした。今回の改訂に際して，書名を『小学校理科　授業実践ハンドブック』としたのは，日々の授業実践における手引き書として，より身近に活用していただきたいとの思いからである。

若い先生方や理科を不得意とする先生方が本書を活用し，授業を実践することで，より一層，理科の学習指導が充実すると確信する。また，このような学習指導の充実により，一人一人の子供たちが科学に興味を持ち，科学の本質や価値を理解し，明るい未来を構築していくことを願っている。

2022年２月

監修者・編者代表　角屋重樹

●『小学校理科　授業実践ハンドブック』執筆者

＊印：編集委員

新井しのぶ　中村学園大学

石井　健作　福岡女学院大学

＊石井　雅幸　大妻女子大学

石田　靖弘　中村学園大学

板場　　修　東久留米市立第三小学校

伊藤　知子　杉並区立桃井第五小学校

＊稲田　結美　日本体育大学

今林　義勝　福岡市立千早西小学校

岩崎　泰久　千代田区立富士見小学校

雲財　　寛　日本体育大学

笠原　秀浩　練馬区立関町北小学校

片平　克弘　筑波大学

加藤　啓介　東京学芸大学附属大泉小学校

＊角屋　重樹　日本体育大学

北村　克久　星槎大学

＊木下　博義　広島大学

木村　純子　法政大学

葛貫　裕介　武蔵野市立第五小学校

河野　広和　東京学芸大学附属世田谷小学校

阪本　秀典　帝京大学

佐々木哲弥　杉並区立西田小学校

品田　智巳　札幌市立前田北小学校

篠﨑　潤一　みなと科学館

菅原　一成　公益財団法人河川財団

鈴木　陽介　千代田区立麹町小学校

須田　真一　東京大学総合研究博物館

髙木　正之　岐阜聖徳学園大学

西内　　舞　国立教育政策研究所

西尾　克人　八王子市立散田小学校

葉倉　朋子　かわさき市民アカデミー

＊林　　四郎　東京家政大学

藤江　浩子　福山市立引野小学校

帆足　洋之　福岡市立笹丘小学校

＊松浦　拓也　広島大学

山口　高弘　横浜市立洋光台第四小学校

●初版・改定新装版　執筆者・執筆協力者

有村　和章
石川喜三郎
磯﨑　哲夫
板木　孝悦
伊藤　哲也
井上　邦夫
井上　幸勇
井上　典子
畦　浩二
楳内　典明
遠藤　博
大髙　泉
小野　博規
柏原　林造
金指　京子
金沢　緑
金谷　哲夫
兼井　正人
金田　知之
狩集　雅人
北原　深志
金　東煜
熊野　善介
兒玉　秀人
盛　健
佐々木恵子
佐藤　明男
佐藤　智
猿田　祐嗣
杉江　琴
鈴木　博信
鈴木　誠
鈴木　康史
鈴東　淳
須田　研司
隅田　学
平　千力
髙橋　延友
竹内　忍
竹下　佳余
塚田　昭一
鶴岡　義彦
床並　伸治
中嶋　幾子
中嶋　久
永田　大作
永野　重史
中山　迅
荷掛　三己
野口美保子
野元　剛二
畠山　桐子
畑中　喜秋
羽岡伸三郎
林　眞平
林　靖弘
原　景子
原田　浩毅
日置　光久
引間　和彦
平賀　博之
平松　克昭
福田　章人
藤田　剛志
古澤　拓也
本多　正純
前田　将司
牧　佳彦
増田　徳三
増田　行泰
松原　道男
松本　伸示
丸本　浩
宮野　純次
宮元　俊行
三好　美織
森　敏昭
山下　和仁
山下　雅文
湯澤　正通
横井　利男
米盛　直
渡邉　弘樹

●写真・イラスト

アーテック
内田洋行
NHK
笠井トレーディング
ケニス
コンセル
島津理化
スイッチサイエンス
ソニーマーケティング
高橋製作所
タニタ
千葉県立中央博物館
ティアンドデイ
ナリカ
日本気象協会
BUFFALO
ビクセン
FUSO
ヤガミ
リズム
LEGO

●本書の構成と特色

この事典は，大きく「理論編(1)(2)」「授業編(1)(2)(3)」「観察・実験編」で構成されている。各項目は，1ページまたは2ページでまとめることを原則とし，「いつでもその場で使えて，すぐに役立つ理科ハンドブック」として，利用者の便を図るようにした。

なお，各編ともに，紙面の左上に統一的にスペースを設け，「KEY　WORD」として重要語やその項目の関連用語を提示し，他のページで掲載されている内容については，記載用語の後ろに，そのページを示すようにした。

●理論編 (1)理科の教育原理

学習指導要領を捉える枠組み，日本の教育の特徴，学習内容区分の考え方，理科における問題解決の特徴を概観し，具体的指導法や教育論などに関わる現行の教育課題について論じている。

●理論編 (2)理科教育を取り巻く現代的課題

評価，プログラミング，言語活動，防災教育，エネルギー，環境教育，ものづくり，SDGs など，幅広い視点からも積極的に追究し，実践に生かせるよう総合的に解説した。

●授業編 (1)授業の創り方

問題解決の過程を重視した授業づくりを目指し深めていくために，「事象提示⇒問題づくり⇒予想・仮説⇒計画実施⇒結果の整理⇒考察⇒発展」のそれぞれの段階・場面ごとに，具体的な事例をもとに指導法や留意事項を整理して解説し，教師の役割を明らかにするようにした。また，「POINT」欄には，それぞれのテーマについての指導の要点をまとめるようにした。

●授業編 (2)授業の技術

毎日の授業における工夫のしどころ，アイデア等を形態別，活動別に提示した。発問の工夫と具体例，指導形態，掲示の仕方，記録の仕方など，授業を展開するための技術について，具体的な事例をまじえて多面的に丁寧に解説した。また，観察・実験の内容と関連させて，様々な指導のコツが立体的に把握できるよう配慮した。

●授業編 (3)指導計画と評価

年間指導計画，単元の指導計画，複式学級用指導計画，指導案作成などについて，その構想，立案，作成の要点を簡潔に示した。また，目標については，理科教育，単元，学年など多角的な視点から考察し，日常的な評価活動から評定までを具体例を示しながら紹介した。また，「(1)授業の創り方」同様，「POINT」欄には，それぞれのテーマについての要点をまとめるようにした。なお，評価については，平成 29 年度告示の学習指導要領に示された観点に沿って記述した。

●観察・実験編

本書でもっとも多くのページがさかれており，観察・実験関連の授業に取り組むにあたり，おさえておくべき事項について解説した。図表や写真を豊富に使用し，開いてすぐに役立つ資料となるように心がけた。テーマ項目を 22 のカテゴリーに分類して項目をさがしやすいよう構成し，それぞれの項目に関連する内容については，部分的に重複掲載するようにした。「KEY　WORD」「POINT」に加えて，活用する学年と場面を明示するとともに，安全指導上の留意点をおさえるなど，読みやすさと使いやすさ，検索のしやすさを十分考慮した紙面を実現した。

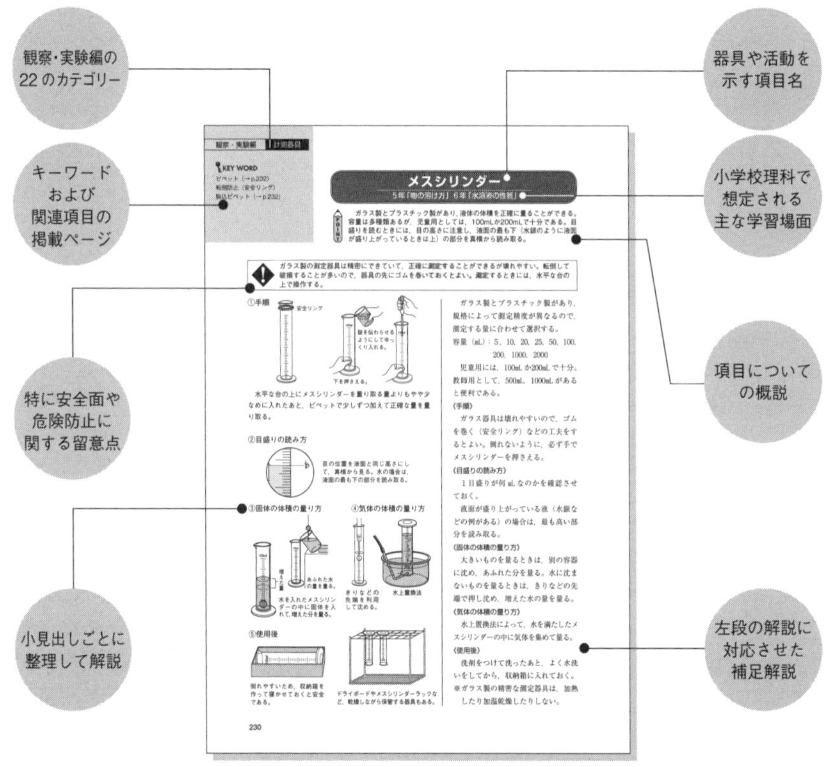

●索引

索引で取り上げた事項は，本文で取り上げられた事項のほかに，見出し・小見出しも含まれている。使いやすさを考慮して，索引では本文と少し表現を変えたものもある。見出しや，特に詳説した箇所については，太字の数字で示すようにした。

CONTENTS

授業編 (3)指導計画と評価

観察・実験編 ▶詳細目次 p.x-xi

付録

観察・実験編　詳細目次

理 論 編

(1)理科の教育原理

KEY WORD
どのような子供に育てるか
子供にどのような力をつけるか
どのような学習指導を展開するか

学習指導要領を捉える枠組み

学習指導要領をとらえる枠組みは，①どのような子供に育てるのか，②子供にどのような力をつけるのか，③どのような学習指導を展開するのか，という視点で整理できる。更に，①は目指す子供像，②は教科等共通で育成する資質・能力と教科等固有で育成する見方や考え方，③は主体的・対話的で深い学びとなる学習指導，というように具体化できる。以下，これらの順に述べる。

1．どのような子供に育てるのか

どのような子供に育てるのかに関しては，中央教育審議会の答申「幼稚園，小学校，中学校，高等学校及び特別支援学校の学習指導要領等の改善及び必要な方策等について（答申）」（平成28年12月21日）のp.13によると，以下のように記載されている。

（1）社会的・職業的に自立した人間として，我が国や郷土が育んできた伝統や文化に立脚した広い視野を持ち，理想を実現しようとする高い志や意欲を持って，主体的に学びに向かい，必要な情報を判断し，自ら知識を深めて個性や能力を伸ばし，人生を切り拓いていくことができること。

（2）対話や議論を通じて，自分の考えを根拠とともに伝えるとともに，他者の考えを理解し，自分の考えを広げ深めたり，集団としての考えを発展させたり，他者への思いやりを持って多様な人々と協働したりしていくことができること。

（3）変化の激しい社会の中でも，感性を豊かに働かせながら，よりよい人生や社会の在り方を考え，試行錯誤しながら問題を発見・解決し，新たな価値を創造していくとともに，新たな問題の発見・解決につなげていくことができること。

上述の（1）～（3）は，例えば，
①自立する人間
②他者とかかわる人間
③自己を成長させる人間
というようなキーワードで表記できる。
したがって，これからの教育は，①～③のような人間の育成を目指しているといえる。

2．子供にどのような力をつけるのか

子供にどのような力をつけるのかは教科等共通で育成する資質・能力と教科等固有で育成する見方や考え方に分けられる。

(1) 教科等共通で育成する資質・能力

教科等共通で育成する資質・能力は，知識・技能，思考力・判断力・表現力，学びに向かう力・人間性等，の３点で表記できる。以下，子供がこれらを獲得していく「すべ」について述べる（注1）。

1）知識・技能

知識・技能，特に，基礎的な知識・技能は，例えば，漢字や九九である。漢字10個を覚える場合を例にすると，以下のことが考えられる。子供が漢字を習得するためには，繰り返すことが必要となる。この繰り返しについては，子供が，自分で，例えば漢字を１つ覚えるというように目標を設定し，朝10回，昼10回，夜10回，寝る前に10回を書くという方法を工夫し実行し，覚える漢字と覚えた漢字を比べてどれだけ覚えたかを自己評価できるようにする。この繰り返しによって，子供は知識・技能を獲得できるようになると考える。

以上のことから，子供が知識・技能などを習得するためには，子供自らが何を覚えるかなどの目標を設定し，計画，実行し，活動を振り返

るということを繰り返し行うことが必要になる。

2）思考力・判断力・表現力

思考力，判断力，表現力を子供に育成するためには，まず，思考力，判断力，表現力のそれぞれを明確にし，それらを学習指導レベルで具現化することが必要になる。以下，これらを順に述べる。

○思考力

思考とは，ある目標の下に，子供が既有経験をもとにして対象に働きかけ種々の情報を得，それらを既有の体系と意味づけたり，関係付けたりして，新しい意味の体系を創りだしていくことであると考えられる。つまり，子供自らが既有経験をもとに対象に働きかけ，新たな意味の体系を構築していくことが思考であるといえる。ここでいう意味の体系とは，対象に働きかける方法とその結果得られた概念やイメージなどをいう。

したがって，思考力を育成するためには，子供が対象に関して自分で問題や目標を設定し，既有の体系と意味づけたり，関係づけたりして，新しい意味の体系を構築していくという「すべ」が必要になる。思考力の育成のための意味づけ，関係づけには，違いに気付いたり，比較したり，観察している対象と既有知識を関係づける等の「すべ」が必要となる。

そこで，子供の思考力を育成するためには，日常の学習指導において，

①違いに気付いたり，比較したり

②対象と既有知識を関係づけるなどの「すべ」を獲得できるような工夫が大切になる。

ア 違いの気付きや分類，比較としての思考

比べる力と関係づける力のそれぞれを問題解決過程で具体化すると，以下のようになる。

教科等の問題解決活動において比べる力としての思考力を育成するためには，まず，子供が直面している文章や映像，図表，対象等について，対象どうし，あるいは対象と既有の知識との間に違いを見いだすことが必要になる。例えば，枯れた植物と枯れていない植物を観察するということを例にすると，両者の違いに気付くことである。このような違いを見いだすことから，子供は対象の違いがどの原因（要因）によって生じたかを考えるようになる。

ところで，対象の違いに気付くためには，比較の基準が必要で，その基準となるものと対象とを比べる力が大切になる。また，比較するという場合，日常の言語で「何と何を」比べているのかが不明確なことが多い。このため，子供が比較する場面では，「何と何を比べている」のかを明確になるように教師は指導することが大切になる。

イ 関係づけとしての思考

関係づける力としての思考力を育成するためには，子供が，生起している対象と既有の知識とを関係づけ，その対象が生じる原因（要因）を発想することが必要になる。したがって，問題解決のための見通しの発想場面では，子供が対象と既有の知識を関係づけ，対象が生じる原因（要因）を発想できるようにすることが必要といえる。

なお，問題解決のための見通しを発想する場面では，教師は，「なぜ」という問いを用いることが多い。見通しを発想する力の育成のためには，「なぜ」という問いよりも，「何が」「どのように」という問いの方が有効な場合がある。

今まで述べてきたことから，思考の「すべ」には，

①違いに気付く

②比較する

③関係づけるなど

が考えられる。

○判断力

判断とは，子供が目標に照らして獲得した種々の情報について重みを付けたり，あるいは，価値を付けたりすることである。

したがって，子供に判断力を育成するためには，子供自身が自分で問題を見いだし，見いだした問題に対していろいろな解決方法やその結果を対応づけ，その中から適切なものを選択するという「すべ」を獲得できるようにすることが大切になる。

以上のことから，判断の「すべ」として，

①問題をもとに，解決方法やその結果を整理すること
②問題と整合する解決方法やその結果を選択することなど
が考えられる。

○表現力

表現は，対象に働きかけて得られた情報を目的に合わせて的確に表すことであるといえる。表現活動は，見通しのもとに実行結果を得るための活動と，得られた実行結果を目的に対して的確に表出する活動から成立する。

したがって，表現力の育成は，子供がまず，解決方法を実行し，結果を得て，次にその結果を問題のもとに的確に整理する力を育成することが大切になる。

ここで，解決方法を実行し，結果を得て，次にその実行結果を問題のもとに，的確に整理する力を問題解決活動に位置づけて具体化すると，以下のようになる。

まず，言語や図表で表示した見通しと解決方法の実行結果を比べる。次に，このような比較により，子供は実行結果の妥当性を検討するとともに，検討したことを問題と照らし合わせて的確に表現できるように教師は工夫する必要がある。

以上のことから，表現の「すべ」として，
①問題意識を持って表現すべき内容を獲得すること
②問題に整合させ的確に表出することなどが列挙できること

特に，②は書くモデルを教師が提供し，子供がそれをまねることから始めることが一つの方法として考えられる。

(2) 教科等固有で育成する見方や考え方

教科等固有で育成する見方や考え方は，前掲の中教審の答申，pp.33-34において，各教科等の特質に応じた「見方・考え方」の項目で，以下のように記述されている。

教科の学びの過程の中で，“どのような視点で物事を捉え，どのように思考していくのか”，という物事を捉える視点や考え方は教科固有なものがある。この固有性が教科やその中の領域が存在する理由となっている。

理科の見方･考え方は，以下のものである（前掲の中教審答申，別紙１，各教科等の特質に応じた見方・考え方のイメージ）。

自然の事物・現象を，質的・量的な関係や時間的･空間的な関係などの科学的な視点で捉え，比較したり，関係づけたりするなどの科学的に探究する方法を用いて考えること

上述のことは，次のことを含意していると考えることができる。
①エネルギー，粒子，生命，地球など，子供が働きかける対象に違いがある。
②対象の違いがあることから対象をとらえる視点が異なる。
③対象をとらえる視点が異なることにより対象に働きかける考え方も異なる。
以上のような見方・考え方を通して，子供は対象あるいは領域固有の知識や技能を獲得し累積していくようになる。

３. 主体的・対話的で深い学びとなる学習指導

主体的，対話的で，深い学びとなる学習指導過程を構想し展開するためには，主体的，対話的で深い学びに関するそれぞれの「すべ」が必要となる。

(1) 主体的になるための「すべ」

子供が主体的になる学習指導過程は，おおよそ，次のように考えられる。子供が，①自分で問題を見いだし，②自分で見通しの発想をし，③自分で解決方法の発想をし，④自分で結果としてのデータを整理し，⑤自分で，自己の問題解決過程を振り返る，ということが主体的になるためとなる。

①～⑤のそれぞれが成り立つためには，以下のような「すべ」が必要となる
①自分で問題を見いだすためには，「違いを見つける」という「すべ」
②自分で見通しの発想するためには，「既習と関係づける」という「すべ」
③自分で解決方法を発想するためには，「既習と関係づける」という「すべ」

④自分で結果としてのデータを整理するためには，「実行結果を問題や見通しと比べ，整合させる」という「すべ」
⑤自分で，自己の問題解決過程を振り返るためには，「①～④までの各過程を関係づけ，それらの整合関係を検討し，新たな問題を見いだす」という「すべ」

以上のような「すべ」を子供が獲得することによって，①～⑤が主体的になると考えられる。

(2) 対話的になるための「すべ」

子供が対話的になるということは，各自が目標に関する見通しを実行したことに関して，自分にない見通しや実行結果を他者から得るということを目指している。このため，実行結果の話し合いの場面では，

①実行結果としてのデータを目標や見通し，解決方法や結果との関係で整理すること
②他のグループのそれらを比較し，自己のものを修正すること

という「すべ」が必要になる。

このような話し合いは，単なる話し合いから，見通しや解決方法と，実行結果としてのデータとの関係で主張やその根拠についてそれぞれを比べるというものである。

以上のような「すべ」を子供が獲得することによって，学習指導が対話的になると考えられる。

(3) 深い学びになるための「すべ」

深い学びの学習指導になるためには，以下のような「すべ」が大切になる。

①振り返りの場面で自己の見通しや解決方法が変容していくという自己成長を自覚する「すべ」
②実行結果を，目標や見通し，実行方法との関係で整理しながら，絶えず，他のグループのそれらとを比較し自己のものを修正するという「すべ」

以上のような「すべ」を子供が獲得することにより，学習指導が深い学びになると考えられる。

（注1）
「すべ」は，スキルと異なり，文脈や本人の発達，成長によって変容するもので，暗黙知や文脈に依存するものである。

（角屋重樹・西内　舞）

［文献］

角屋重樹『改訂版　なぜ，理科を教えるのか』文溪堂　2019

KEY WORD
教育の目的
教育の目標
義務教育の目標

日本の教育の特徴

日本の教育の特徴は，何のために教育を行うのか，何を教えるのか，義務教育で何を教えるのか，学校教育で目指す学力，という教育の目的，目標，義務教育の目標，目指す学力という視点からとらえることができる。

以下，これらを順に述べる。

1．教育の目的

何のために教育を行うのか，つまり，日本の教育の目的は，教育基本法の第１章「教育の目的及び理念」に明記されている。そこで，「教育の目的及び理念」における教育の目的について調べると，以下のようになる。

第１条（教育の目的）

教育は，人格の完成を目指し，平和で民主的な国家及び社会の形成者として必要な資質を備えた心身ともに健康な国民の育成を期して行われなければならない。

この教育の目的から，日本の学校教育は

①「人格の完成」

②「平和で民主的な国家及び社会の形成者として必要な資質」を備えた心身ともに健康な国民の育成

が求められるといえる。

2．教育の目標

前項の教育の目的のもとに，教育の目標は，教育基本法第2条に以下のことが明記されている。

第２条（教育の目標）

教育は，その目的を実現するため，学問の自由を尊重しつつ，次に掲げる目標を達成するよう行われるものとする。

一　幅広い知識と教養を身に付け，真理を求める態度を養い，豊かな情操と道徳心を培うとともに，健やかな身体を養うこと。

二　個人の価値を尊重して，その能力を伸ばし，創造性を培い，自主及び自律の精神を養うとともに，職業及び生活との関連を重視し，勤労を重んずる態度を養うこと。

三　正義と責任，男女の平等，自他の敬愛と協力を重んずるとともに，公共の精神に基づき，主体的に社会の形成に参画し，その発展に寄与する態度を養うこと。

四　生命を尊び，自然を大切にし，環境の保全に寄与する態度を養うこと。

五　伝統と文化を尊重し，それらをはぐくんできた我が国と郷土を愛するとともに，他国を尊重し，国際社会の平和と発展に寄与する態度を養うこと。

上述の目標は，次のように整理できる。日本の教育は，教育の目的を実現するため，

①知・徳・体の調和のとれた発達を基本としつつ

②個人の自立，他者や社会との関係，自然や環境との関係，我が国の伝統や文化を基盤として国際社会を生きる日本人を育成すること

を目指しているといえる。

3．義務教育の目標

義務教育の目標，つまり，学校教育法第２章義務教育第５条第２項「２　義務教育として行われる普通教育は，各個人の有する能力を伸ばしつつ社会において自立的に生きる基礎を培い，また，国家及び社会の形成者として必要とされる基本的な資質を養うことを目的として行われるものとする。」に規定する目的を実現するため，「次に掲げる目標を達成するよう行われるものとする。」として，学校教育法第21条に以下の目標が明記されている。

第21条

義務教育として行われる普通教育は，教育基本法第５条第２項に規定する目的を実現するため，次に掲げる目標を達成するよう行われるものとする。

（　一　～　六　略）

七　生活にかかわる自然現象について，観察及び実験を通じて，科学的に理解し，処理する基礎的な能力を養うこと。

（　八　～　十　略）

これらの条項は，特別活動や道徳，社会，技術・家庭，国語，算数・数学，理科，保健・体育，図画工作，音楽や美術などの教科等の目標に対応するといえる。

また，一～十の各条項はそれぞれの教科の存立基盤といえる。

したがって，第七の条項から，理科という教科は，子どもが生活にかかわる自然の事物や現象を対象に観察・実験を行い，科学的な理解や処理をする基礎的な能力を養うことが理科という教科の存立基盤となるといえる。

４．教科の名称

義務教育の目標を達成するための教科の名称は学校教育法施行規則（抄）により規定される。今回の平成29年告示の小学校学習指導要領（2020年から全面実施）における教科の名称は，学校教育法施行規則（抄）（一部改正；平成29年３月31日）により，以下のように規定されている。具体的には，第４章小学校第２節教育課程第50条において「小学校の教育課程は，国語，社会，算数，理科，生活，音楽，図画工作，家庭，体育及び外国語の各教科（以下この節において「各教科」という），特別の教科である道徳，外国語活動，総合的な学習の時間並びに特別活動によって編成するものとする」というように規定されている。

５．目指す学力

学校教育で目指す学力は，学校教育法第４章第29条，第30条で，以下のように記載されている。

第29条

小学校は心身の発達に応じて，義務教育として行われる普通教育のうち基礎的なものを施すことを目的とする。

第30条

小学校における教育は，前条に規定する目的を実現するために必要な程度において第21条各号に掲げる目標を達成するよう行われるものとする。

②前項の場合においては，生涯にわたり学習する基盤が培われるよう，基礎的な知識及び技能を習得させるとともに，これらを活用して課題を解決するために必要な思考力，判断力，表現力その他の能力をはぐくみ，主体的に学習に取り組む態度を養うことに，特に意を用いなければならない。

したがって，目指す学力は，第30条の②より，以下の３点に整理できる。

①基礎的な知識及び技能の習得

②これらを活用して課題を解決するために必要な思考力，判断力，表現力その他の能力をはぐくむこと，つまり問題解決のために必要な思考力，判断力，表現力などの能力の育成

③主体的に学習に取り組む態度を養うこと，つまり，学習意欲の育成，自分の感情をコントロールして学びに向かう態度，言語文化の担い手としての自覚が挙げられる。

以上のことから，これからの教育は

（１）基礎的な知識及び技能

（２）問題解決のために必要な思考力，判断力，表現力などの能力

（３）主体的に学習に取り組む態度

を子どもに確実に獲得させるようにする必要があるといえる。

（角屋重樹・西内　舞）

KEY WORD
自然科学の分類
領域の特徴

学習内容区分の考え方

1. 自然科学の分類とその特徴

理科は，自然科学をもとに学習内容を構成している。そこで，まず，物理学，化学，生物学，地球科学の各特徴をとらえることにする。

(1) 物理学，化学の特徴

柳瀬睦男は「ものとは何か」や「運動とは何か（あるいは変化とは何か)」という問いをもとに自然科学の特徴をとらえている[1)]。前者の問いは物質の構造，後者の問いは法則の発見ととらえ，法則の発見は主に，運動の法則と保存法則に大別できるとしている。また，彼は「現在の物理学を一言でいえば，エネルギーの学問であるといえそうです」といっている[1)]。このことから，物理学の特徴は「エネルギー」と考えることができる。

また，宮原将平は物理学と化学を，その成立の歴史からとらえている。そして，両者はともに無機的自然の運動と変化を扱い，物理学は量的側面を，化学は質的側面を，それぞれ扱ってきたと述べている[2)]。

したがって，物理学は量的側面，化学は質的側面が，それぞれの特徴といえる。

物理学は「エネルギー」の考え方を基盤とし量的側面，化学は「物質」を実体的に質的側面でそれぞれとらえるといえる。

(2) 生物学，地球科学の特徴

柳瀬は「生き物とは何か」という項目で，「……（略）……，これだけを使っても分からないことが「生物」の中にはたくさんあるのです。ある物があり，それが何からできているか全部分かってしまえば，バラしてしまった部品の性質が分かれば，できたものの性質が全部分かる－前にいったようにこれを還元主義といいますが－というと，必ずしもそうではない」と説明している[1)]。これは，システムの基盤となる枠組みで，全体の機能を部分という要素からとらえる，つまり，「全体と部分」という考え方であるといえる。同様の考え方は，細胞と生物体との関係においても展開されてきた。

また，地球科学の分野では20世紀後半の地球観としてプレートテクトニクスが創出された。この考え方は，例えば，日本の地震や火山現象という「部分」の現象を，地球全体の数枚のプレートの運動として説明する。この考え方は，生起する現象を「全体と部分」という視点からとらえているといえる。

以上のことから，生物学と地球科学は，共に「全体と部分」という考え方が共通しており，前者は生命現象を，後者は物質現象を，それぞれ対象としている点が異なる。

2. 理科を構成する領域の特徴

自然科学において各体系で特徴があることは，理科を構成する領域あるいは区分において異なった対象に対する働きかけ方とその結果としての学習内容が異なるといえる。

学習内容は，以下の４種に大別できる。

①自然事象の中から，事象を主に関係的，かつ，量的に扱うことを学習内容とする。

②自然事象の中から，主に事象を実体的にとらえ，かつ，事象の「質」をとらえることを学習内容とする。

③主に生命に関する事象について「全体」と「部分」という関係でとらえることを学習内容とする。

④地球やそれを取り巻く現象の中から主に地球や宇宙に関する事象を「全体」と「部分」という関係でとらえることを学習内容とする。

3. 理科を構成する領域や区分の変遷

(1) 小学校における「A　生物とその環境」「B　物質とエネルギー」「C　地球と宇宙」と

いう区分の考え方

小学校学習指導要領「理科」の内容は，昭和43年版～平成10年版までの区分は，「A　生物とその環境」「B　物質とエネルギー」「C　地球と宇宙」であった[3]。

上述の内容区分は，以下のような考え方をもとにしていると考えられる。

子供が生まれて初めて接するのは親などの生物である。そこで，まず，「A　生物とその環境」を設定した。

次に，子供は成長とともにおもちゃなど動く事象に接する。そこで，「B　物質とエネルギー」を，さらに成長とともに，月や太陽などの事象に接するようになるので「C　地球と宇宙」という区分が設定されたと考えることができる。

この内容区分は，子供の認識を深化・拡大させることを目指していたといえる。

なお，平成20年版からは小，中学校で統一されて，「エネルギー」「粒子」「生命」「地球」となった。

(2) 「第一分野」「第二分野」という内容区分の考え方

中学校学習指導要領「理科」の内容区分は，昭和33年版から第１分野と第２分野に分けられている。第１分野は物理と化学の学習内容，これに対して，第２分野は生物と地学から構成されている。内容区分が第１分野と第２分野に分けられているということは，各分野に対する子供の働きかけ方の違いがあると考えられる。その違いは，以下のように考えることができる。

第１分野の学習内容は，主に，生起する事象が可逆的で実験で何度も繰り返して調べることが可能な事象である。これに対して，第２分野の学習内容は，主に，生起する事象が非可逆的で再現できない事象である。このように，各分野において学習する事象が可逆，あるいは非可逆という特徴を有するので，生徒の事象に対する働きかけ方が異なってくるといえる。

以上のことから，第１分野と第２分野という学習内容の区分は，子供の事象に対する働きかけ方の違いにもとづくものといえる。

(3) 「物理」「化学」「生物」「地学」という内容区分の考え方

高等学校の教科「理科」は，主に，物理，化学，生物，地学という４科目に大別される。教科「理科」が４つの科目に大別されているということは，前項で述べたように，各科目に固有な事象に対する扱い方があるからと考える。

科目「物理」は，主に事象を関係的にとらえ，事象を量的に扱うことをねらいとする。これに対して，科目「化学」は，主に事象を実体的にとらえ，事象の「質」をとらえることがねらいといえる。

また，科目「生物」，「地学」は，ともに，事象を「部分」と「全体」の関係でとらえ，主に生命に関する事象を扱うのが「生物」で，主に物質に関する事象を扱うのが科目「地学」であるといえる。

以上のことから，高等学校における物理，化学，生物，地学の科目区分は，事象に対する扱い方の違いという中学校の区分の考え方を細分したものと考えられる。

4. 理科の学習内容を構成する考え方

今まで述べてきたことから，理科の内容領域を区分する考え方は，次のようにいえる。理科の内容領域は，自然科学という学問の分類体系をもとに児童・生徒の事象に対する働きかけ方や扱い方の違いという視点での教育的価値をもとに学習内容を構成しているといえる。

（角屋重樹・西内　舞）

[文献]

1) 柳瀬睦男『科学の哲学』岩波新書　1984　pp.3-23, p.27,41
2) 坂田晶一・近藤洋逸編『自然の哲学』岩波書店　1968　pp.241-252
3) 角屋重樹『改訂版なぜ，理科を教えるのか』文溪堂　2019　pp.36-38

理科の学習内容領域の系統

（表１～５は文部科学省小学校学習指導要領，平成二十九年告示，解説，理科編より引用）

表１　領域「エネルギー」　　　　実線は新規項目。破線は移行項目。

校種	学年	エネルギー エネルギーの捉え方	 エネルギーの変換と保存	 エネルギー資源の有効利用
小学校	第３学年	**風とゴムの力の働き** ・風の力の働き ・ゴムの力の働き **光と音の性質** ・光の反射・集光 ・光の当て方と明るさや暖かさ ・音の伝わり方と大小	**磁石の性質** ・磁石に引き付けられる物 ・異極と同極 **電気の通り道** ・電気を通すつなぎ方 ・電気を通す物	
	第４学年		**電流の働き** ・乾電池の数とつなぎ方	
	第５学年	**振り子の運動** ・振り子の運動	**電流がつくる磁力** ・鉄心の磁化，極の変化 ・電磁石の強さ	
	第６学年	**てこの規則性** ・てこのつり合いの規則性 ・てこの利用	**電気の利用** ・発電（光電池（小４から移行）を含む），蓄電 ・電気の変換 ・電気の利用	
中学校	第１学年	**力の働き** ・力の働き （２力のつり合い（中３から移行）を含む） **光と音** ・光の反射・屈折 （光の色を含む） ・凸レンズの働き ・音の性質		
	第２学年	**電流** ・回路と電流・電圧 ・電流・電圧と抵抗 ・電気とそのエネルギー（電気による発熱（小６から移行）を含む） ・静電気と電流（電子，放射線を含む） **電流と磁界** ・電流がつくる磁界 ・磁界中の電流が受ける力 ・電磁誘導と発電		
	第３学年	**力のつり合いと合成・分解** ・水中の物体に働く力（水圧，浮力（中１から移行）を含む） ・力の合成・分解 **運動の規則性** ・運動の速さと向き ・力と運動 **力学的エネルギー** ・仕事とエネルギー ・力学的エネルギーの保存	**エネルギーと物質** ・エネルギーとエネルギー資源（放射線を含む） ・様々な物質とその利用（プラスチック（中１から移行）を含む） ・科学技術の発展	**自然環境の保全と科学技術の利用** ・自然環境の保全と科学技術の利用 〈第２分野と共通〉

表2　領域「粒子」　　　実線は新規項目。破線は移行項目。

校種	学年	粒子の存在	粒子の結合	粒子の保存性	粒子のもつエネルギー
小学校	第3学年			**物と重さ** ・形と重さ ・体積と重さ	
小学校	第4学年	**空気と水の性質** ・空気の圧縮 ・水の圧縮			**金属，水，空気と温度** ・温度と体積の変化 ・温まり方の違い ・水の三態変化
小学校	第5学年			**物の溶け方**（溶けている物の均一性（中1から移行）を含む） ・重さの保存 ・物が水に溶ける量の限度 ・物が水に溶ける量の変化	
小学校	第6学年	**燃焼の仕組み** ・燃焼の仕組み	**水溶液の性質** ・酸性，アルカリ性，中性 ・気体が溶けている水溶液 ・金属を変化させる水溶液		
中学校	第1学年	**物質のすがた** ・身の回りの物質とその性質 ・気体の発生と性質		**水溶液** ・水溶液	**状態変化** ・状態変化と熱 ・物質の融点と沸点
中学校	第2学年	**物質の成り立ち** ・物質の分解 ・原子・分子	**化学変化** ・化学変化 ・化学変化における酸化と還元 ・化学変化と熱		
中学校	第2学年		**化学変化と物質の質量** ・化学変化と質量の保存 ・質量変化の規則性		
中学校	第3学年	**水溶液とイオン** ・原子の成り立ちとイオン ・酸・アルカリ ・中和と塩			
中学校	第3学年	**化学変化と電池** ・金属イオン ・化学変化と電池			
中学校	第3学年	**エネルギーと物質** ・エネルギーとエネルギー資源（放射線を含む） ・様々な物質とその利用（プラスチック（中1から移行）を含む） ・科学技術の発展			
中学校	第3学年	**自然環境の保全と科学技術の利用** ・自然環境の保全と科学技術の利用〈第2分野と共通〉			

（表の見出し：粒子）

表３　領域「生命」　　実線は新規項目。破線は移行項目。

校種	学年	生命		
		生物の構造と機能	生命の連続性	生物と環境の関わり
小学校	第3学年	**身の回りの生物** ・身の回りの生物と環境との関わり ・昆虫の成長と体のつくり ・植物の成長と体のつくり		
	第4学年	**人の体のつくりと運動** ・骨と筋肉 ・骨と筋肉の働き		**季節と生物** ・動物の活動と季節 ・植物の成長と季節
	第5学年		**植物の発芽，成長，結実** ・種子の中の養分 ・発芽の条件 ・成長の条件 ・植物の受粉，結実 **動物の誕生** ・卵の中の成長 ・母体内の成長	
	第6学年	**人の体のつくりと働き** ・呼吸 ・消化・吸収 ・血液循環 ・主な臓器の存在 **植物の養分と水の通り道** ・でんぷんのでき方 ・水の通り道		**生物と環境** ・生物と水，空気との関わり ・食べ物による生物の関係（水中の小さな生物（小５から移行）を含む） ・人と環境
中学校	第1学年	**生物の観察と分類の仕方** ・生物の観察 ・生物の特徴と分類の仕方		
		生物の体の共通点と相違点 ・植物の体の共通点と相違点 ・動物の体の共通点と相違点（中２から移行）		
	第2学年	**生物と細胞** ・生物と細胞		
		植物の体のつくりと働き ・葉・茎・根のつくりと働き（中１から移行） **動物の体のつくりと働き** ・生命を維持する働き ・刺激と反応		
	第3学年		**生物の成長と殖え方** ・細胞分裂と生物の成長 ・生物の殖え方 **遺伝の規則性と遺伝子** ・遺伝の規則性と遺伝子 **生物の種類の多様性と進化** ・生物の種類の多様性と進化（中２から移行）	**生物と環境** ・自然界のつり合い ・自然環境の調査と環境保全 ・地域の自然災害 **自然環境の保全と科学技術の利用** ・自然環境の保全と科学技術の利用〈第１分野と共通〉

表4　領域「地球」　　　　　　　　　　　　　　　　　　　実線は新規項目。破線は移行項目。

校種	学年	地球		
		地球の内部と地表面の変動	地球の大気と水の循環	地球と天体の運動
小学校	第3学年			**太陽と地面の様子** ・日陰の位置と太陽の位置の変化 ・地面の暖かさや湿り気の違い
小学校	第4学年	**雨水の行方と地面の様子** ・地面の傾きによる水の流れ ・土の粒の大きさと水のしみ込み方	**天気の様子** ・天気による1日の気温の変化 ・水の自然蒸発と結露	**月と星** ・月の形と位置の変化 ・星の明るさ，色 ・星の位置の変化
小学校	第5学年	**流れる水の働きと土地の変化** ・流れる水の働き ・川の上流・下流と川原の石 ・雨の降り方と増水	**天気の変化** ・雲と天気の変化 ・天気の変化の予想	
小学校	第6学年	**土地のつくりと変化** ・土地の構成物と地層の広がり（化石を含む） ・地層のでき方 ・火山の噴火や地震による土地の変化		**月と太陽** ・月の位置や形と太陽の位置
中学校	第1学年	**身近な地形や地層，岩石の観察** ・身近な地形や地層，岩石の観察 **地層の重なりと過去の様子** ・地層の重なりと過去の様子 **火山と地震** ・火山活動と火成岩 ・地震の伝わり方と地球内部の働き **自然の恵みと火山災害・地震災害** ・自然の恵みと火山災害・地震災害（中3から移行）		
中学校	第2学年		**気象観測** ・気象要素（圧力（中1の第1分野から移行）を含む） ・気象観測 **天気の変化** ・霧や雲の発生 ・前線の通過と天気の変化 **日本の気象** ・日本の天気の特徴 ・大気の動きと海洋の影響 **自然の恵みと気象災害** ・自然の恵みと気象災害（中3から移行）	
中学校	第3学年	**生物と環境** ・自然界のつり合い ・自然環境の調査と環境保全 ・地域の自然災害 **自然環境の保全と科学技術の利用** ・自然環境の保全と科学技術の利用〈第1分野と共通〉		**天体の動きと地球の自転・公転** ・日周運動と自転 ・年周運動と公転 **太陽系と恒星** ・太陽の様子 ・惑星と恒星 ・月や金星の運動と見え方

KEY WORD
察・実験の意義
養する人間性

理科における問題解決の特徴

1. 理科における観察・実験の必要性

子供が観察・実験を行い，自然の事象に対して科学的に働きかけていくことから，その方法や結果などの知的な体系を構築していくことが理科である。したがって，理科では，観察・実験を伴う主体的な問題解決がその基底となる。

そこで，まず，観察・実験の意義を考える。次に，子供の主体的な問題解決，そして，理科教育は最終的には人間性の育成であるので，最後に理科の特性である観察・実験を伴う人間性について考える。

(1) 観察・実験の意義

理科の問題解決の基底である観察・実験の意義は，次の2つに大別できると考える[1)]。

1　実験・観察は自分の考えである予想・仮説を事象で表現する活動である。つまり，観察・実験は自己の考えを事象で表現する活動である。

2　実験・観察は自分の考えを他者に納得させるための演示である。

ここで，上述のような観察・実験が成立する条件について考える。

(2) 観察・実験が成り立つ条件

子供が観察・実験を行うためには，以下のような3つの条件が前提になっていると考えられる[2)]。

〈条件1〉

一人ひとりが自然の事象に関して問題を見いだし，問題となる事象に対して説明できる予想・仮説を発想し，もつことである。

つまり，観察・実験を行う場合は，子供が事象を説明できる予想・仮説を自分の考えとしてもつことが必要となる。

予想・仮説は次のような表示形式になることが多い。その形式は「○○○の条件を満たせば，◎◎◎という現象が生じる」というものである。

〈条件2〉

観察・実験は，自分の考えである予想・仮説が事象の世界で実際に起こるか否かを検討するため，子供が観察・実験方法を立案し，実行することが必要になる。つまり，子供は自分の考えである予想・仮説を，事物・現象の世界である「もの」に表出する計画を立案できることが必要となる。

〈条件3〉

子供が計画に基づいて観察・実験を実行することが条件となる。つまり，子供は自分の考えである「○○○の条件を満たせば，◎◎◎という現象が生じる」という予想・仮説において，

「○○○という条件」を「事象で具現化した」ので，

「◎◎◎という現象」が「生じるだろう」

ということを見通しながら観察・実験を行うことが必要になる。

条件1～3を充足する観察・実験は，予想・仮説を事象で置き換え，その事象が実際に成り立つかどうかを検討することが基底となる。

このことは，予想・仮説において，「○○○という条件」，つまり，事象の成立条件を具現化し，そのもとで予想した事象が実際に起こるかどうかを検討しているといえる。

したがって，観察・実験は，自分の考えを事象で具現化するという「もの化」がその基底になっているといえる。

2. 子供が主体的になる問題解決過程

(1) 問題解決過程

子供が主体的となる問題解決過程は，自分で問題を見いだし，解決方法を発想し，実行し，考察するという仮説検証の活動から成り立つ。この仮説検証活動は，おおよそ，次のような過

程から成り立つ。
①問題を見いだす
②その問題となる事象を説明するための予想・仮説を発想する
③発想した仮説の真偽を確かめるための実験方法を立案し，実験を行う
④実験結果について考察する
⑤獲得すべき事象の性質や規則性を明確にするとともに，新たな問題を見いだす
という過程である。

(2) 問題解決過程における「すべ」

前項の子供が主体的となる問題解決の各過程における「すべ」は，以下のようになる。

①問題の見いだし場面

子供が問題を見いだすには，事象の中から違いを見いだすという「すべ」

②予想・仮説の発想場面

子供が問題となる事象を説明するための予想・仮説を発想するには，既有の学習を想起し，類似関係などを適用し，予想・仮説を発想するという「すべ」

③解決方法の発想場面

子供が解決方法を発想するには，既有の知識に類推などを適用して方法を発想するという「すべ」

④考察場面

子供が実験結果について考察するには，予想・仮説と実験結果を一致，不一致という視点で判断するという「すべ」

⑤振り返りの場面

子供が行ってきた問題解決過程を見直し，新たな問題を見いだすようにするには，得た知識や技能である事象に関する性質や規則性を，それらを得る手続きと関係づけるとともに，これから追究する問題を明確にするという「すべ」

上述してきた各過程における「すべ」を子供が獲得することによって，主体的な問題解決となるといえる。

3．理科が涵養する人間性

理科の問題解決で涵養する人間性は，主に，観察・実験に伴うものと考えられる。以下に，それらについて述べる。

(1) 自己決定と自己責任

自分の考えである予想・仮説が事象の世界で実際に起こるか否かを検討することが観察・実験である。

したがって，事象を説明できる予想・仮説を自分の考えとして持ち，観察・実験を行うことは，予想・仮説や観察・実験を自己で決定することである。そして，自分の考えで観察・実験を行うことは，自己の責任において観察・実験を実行することである。

以上のことは次のようにいえる。子供が自分の予想・仮説を設定し，観察・実験を実行することから，自己決定と自己責任という人間性が涵養されると考える。

(2) 見つめ直し，予想・仮説や観察・実験方法の変更に伴う謙虚さ，考え方の柔軟さ

観察・実験結果について考察する場合
①予想・仮説と実験結果が一致
②予想・仮説と観察・実験結果が不一致
に分かれる。

特に，予想・仮説と観察・実験結果が不一致の場合は，予想・仮説や観察・実験方法を観察・実験技能などと関連づけて，予想・仮説や観察・実験方法などを検討する。この場合，自己の行為の見つめ直しや予想・仮説や観察・実験方法の変更に伴う謙虚さ，考え方の柔軟性が必要となる。

ここでいう考え方の柔軟性は，視点を変え，いろいろな側面から検討するという多面的思考を意味する。

また，今までの問題解決活動の全ての過程を振り返る場面では全過程を振り返るため，行ってきた問題解決の全ての過程を見つめ直すことになる。

（角屋重樹・西内　舞）

［文献］

1）角屋重樹『改訂版　なぜ，理科を教えるのか』文渓堂　2019　pp.50-51
2）角屋重樹他『観察・実験の指導』文渓堂　2012　p.12

理 論 編

(2)理科教育を取り巻く現代的課題

KEY WORD
評価の３観点
確かな学力
主体的・対話的で深い学び

理科教育における評価

１. 評価の目的

理科教育における学習評価（以下，評価）は，学校における理科に関わる教育活動に対し，児童生徒の学習状況を評価するものである。具体的には，児童生徒が，授業で設定した教育目標を達成できたかどうかを探るものであり，さらに，その達成度を踏まえ，教育活動の在り方をより良いものに変えるためのものである。

２. 評価の在り方

我が国の基本的な評価の在り方は，学習指導要領の趣旨を反映しており，評価を通して，その教育目標の実現の様子を明らかにすることが目指されている。

各教科の評価では，学習状況を分析的に捉える「観点別学習状況の評価」と，これらを総括的に捉える「評定」の両方について，学習指導要領に定める「目標に準拠した評価」として実施するものとされた。

観点別学習状況の評価は，児童生徒の学習状況を，複数の観点から分析している。児童生徒が，教科学習において，どの観点で望ましい学習状況が認められ，どの観点に課題が認められるかを明らかにし，かつ，具体的な学習や指導の改善に生かすことを可能とするものである。

３. 我が国の答申等に見られる評価の動向

2012年末，「育成すべき資質・能力を踏まえた教育目標・内容と評価の在り方に関する検討会」が設置され，我が国が1990年代から長期に渡って教育目標として掲げてきた「生きる力」が，現在欧米で強調されている「21世紀スキル」や「コンピテンシー」や「汎用的能力」等と共通する考え方と確認された。一連のスキルやコンピテンシーの捉え方を色濃く反映した2017年３月告示の学習指導要領の前文には，「それぞれの学校において，必要な学習内容をどのように学び，どのような資質・能力を身に付けられるようにするのかを教育課程において明確にしながら」という文言が示されており，学校で身に付けるべき能力や技能を確実に教育課程に位置付けることが求められた。

学習指導要領ではこれを受け，教育目標や内容が「知識及び技能」「思考力，判断力，表現力等」「学びに向かう力，人間性等」の３つの資質・能力の柱に沿って，指導すべき事項が整理された。

具体的な表記に関しては，教科によって多少の違いはあるものの，指導すべき事項が「次のような知識及び技能を身に付けること」と「次のような思考力，判断力，表現力等を身に付けること」の２つに区分されることになった。このような２つに区分された表記の仕方は，これまでの学習指導要領にはなかったものである。

加えて，2016年12月21日の中央教育審議会の「幼稚園，小学校，中学校，高等学校及び特別支援学校の学習指導要領等の改善及び必要な方策等について（答申）」において，従来行われてきた観点別評価の４観点（国語を除く）が，資質・能力の３要素に合致させた「知識・技能」「思考・判断・表現」「主体的に学習に取り組む態度」の３観点に変更された。

小学校理科では，従前の「自然事象についての知識・理解」と「観察・実験の技能」が合わさる形で「知識・技能」へ，「科学的な思考・表現」が「思考・判断・表現」へ，「自然事象への関心・意欲・態度」が「主体的に学習に取り組む態度」へ改訂された。

４.「観点別学習状況の評価」の３観点の評価

これからの評価に関しては，各教科での資質・能力をどのように捉え，教育課程にどう位置付けていくかが問われることになる。したがって，ここでは3つの資質・能力の観点から教育課程や指導計画を見直し，教育目標を具体的にどう作るかが重要な課題となる。現在発表されている評価に関する資料集では，評価規準を細かく示すのではなく，どのような観点で，どういう資質・能力を見ていくべきかという評価の指針が示されている。

以下では，今回の改訂が目指す3つの観点に沿って，資質・能力を児童生徒に確実に身に付けさせるための方策や理科の指導計画を作成するための指針について述べる。表1には，3つの評価の観点に沿って「理科における評価の観点及びその趣旨」，表2には「学年・分野別の評価の観点の趣旨」を示した。表1では，小学校理科全体の評価の趣旨が整理してある。表2では，第3学年から第6学年の理科で，資質・能力を評価するための具体的な観点が，単元名とともにまとめられている。

(1)「知識・技能」の習得

「何を理解しているか」「何ができるか」を探ることは，生きて働く「知識・技能」の習得を探ること，と言い換えることができる。今回の観点では，「基礎的・基本的」という言葉がなくなっており，より広い概念で「知識・技能」の習得を捉えなければならない。

理科では，「自然の事物・現象についての性質や規則性などについて理解しているとともに，器具や機器などを目的に応じて工夫して扱いながら観察，実験などを行い，それらの過程や得られた結果を適切に記録している。」等が評価の対象となる。

ここでは児童生徒が学習内容に対して，より概念的に理解しているか，言い換えれば，科学概念を軸に知識を構造化しているかどうかという点が問われることになるだろう。

(2)「思考・判断・表現」の育成

ここでは，「知識・技能」の観点とは異なり，学習内容の習得を評価するのではなく，まず，各学年で主に育てる「問題解決の力」(表2参照)を評価しなければならない。そのためには，能力のレベルを示す文章や表現，あるいは，あるレベルに該当する児童生徒の作文や制作物，さらには，プレゼン等を用いた表現方法に対する評価規準を作成する必要がある。

理科では，「自然の事物・現象から問題を見いだし，見通しをもって観察，実験などを行い，得られた結果を基に考察し，それらを表現するなどして問題解決している。」かどうかが評価の対象となり，具体的には，「理解していることやできることをどのように使っているのか」等の観点から評価することがとりわけ重要となるだろう。

(3)「主体的に学習に取り組む態度」の涵養

「主体的に学習に取り組む態度」の育成は，学習指導要領の重要な柱の一つである。ここでの評価では，妥当性，信頼性の高い評価は難しく，評価できる部分と評価にそぐわない部分があることを意識しなければならない。

理科では，「自然の事物・現象に進んで関わり，粘り強く，他者と関わりながら問題解決しようとしているとともに，学んだことを学習や生活に生かそうとしている。」等が評価の対象となる。

また，理科の問題解決に引きつけて言えば，児童生徒が，これまで学んできたことを「問題解決のプロセス全体に生かそうとする力」も評価対象になるだろう。さらに，その際，彼らが「粘り強く」問題解決に関わっていたかどうかも評価すべきである。

5.「主体的・対話的で深い学び」の実現と評価

学習指導要領で重視している「主体的・対話的で深い学び」の実現に向けた授業改善は，学習指導要領解説でも触れているように，児童生徒の資質・能力を高めるためのものである。

(1)「主体的な学び」

「主体的な学び」の視点からは，児童生徒に学習に積極的に取り組ませるだけでなく，彼らが学習後に「自らの学びの成果や過程を振り返る」ことを通して，次の学びにさらに主体的に取り組む態度が生まれているかをどう評価するかが重要となる。

(2)「対話的で深い学び」

学習指導要領では，「対話的で深い学び」を通して，児童生徒に，一歩進んだより深い理解を目指させようとしている。

「対話的な学び」の視点からは，彼らが思考ツールを活用し，情報を可視化した上で，それらを操作し，さらに他者に説明するなどして知識・技能の構造化が図られているかを評価することが重要となる。「深い学び」の視点からは，児童生徒が各教科等の特質に応じて育まれる「見方・考え方」を習得・活用・探究という学びの過程で働かせ，個別の知識や技能を関連づけながら概念化したかどうかを評価することが重要となる。

(3)「確かな学力」

児童生徒の「主体的・対話的で深い学び」の実現では，上述したように，知識を活用する応用的な能力の育成や，自ら学び自ら考えようとする自発的な態度の涵養が叫ばれている。そこで求められる「確かな学力」とは，単に知っているだけではなく，「知っていることを使って何かができる力」であり，応用性に富んだ活用力と捉えるべきであろう。

したがって，「確かな学力」の評価では，児童生徒が，概念を実際の場面と結びつけ，多様な文脈の中で，活用しているかどうかを評価しなければならない。このような評価を通して，彼らは知識を実社会・実生活と関連づけ，より構造化した概念を身に付けるようになると考える。

以下，こうした資質・能力の評価を実現させるための方法を，近年の諸外国の評価研究の動向から探ることにする。

6．今後の理科教育に期待される評価

理科における評価では，児童生徒の知的発達や成長をより深く捉え，それらを正確に量り取るため，教師は，評価の場面や手法を一層工夫する必要がある。

わが国の教育評価は，諸外国の多様な評価方法を採り入れながら発展してきている。現在，諸外国の評価研究で注目されているのはオーセンティックアセスメントである。この評価方法は，1980年代アメリカの教育評価の中で登場したものである。オーセンティックアセスメントの中には，パフォーマンスアセスメントやポートフォリオアセスメントも含まれている。

オーセンティックとは「真正の」,「本物の」という意味を有しており，アメリカで行われていた標準テストや統一テストに対峙し，生きて働く学力を評価しようとする動きの中で生まれてきた評価方法である。標準テストや統一テストは，「テストのためのテスト」と言われ，テストのために意図して作られた問題からできており，これらのテストは，「学校の中で通用する能力」のみを評価している，と批判された。これに対し，オーセンティックアセスメントでは，「生きて働く知識や学力」を評価することが目指されており，学習した知識を再生させるだけの多肢選択法などの簡単な手法では，児童生徒が学習内容を真に理解しているかどうかはわからないという立場に立っている。

オーセンティックアセスメントでは，テストを単に単純な問いへの正誤に基づいた得点付けではなく，実際に人々が行なっているような作業課題（オーセンティックタスク）の中に位置付けてみるのである。このような現実的な課題に立ちむかわせる時，児童生徒は，身につけた生きて働く力（活用力）を発揮するようになると考える。

（片平 克弘）

[文献]

文部科学省「小学校，中学校，高等学校及び特別支援学校等における児童生徒の学習評価及び指導要録の改善等について（通知）」2019年3月

中央教育審議会初等中等教育分科会教育課程部会「児童生徒の学習評価の在り方について（報告）」2019年1月

中央教育審議会「幼稚園，小学校，中学校，高等学校及び特別支援学校の学習指導要領等の改善及び必要な方策等について（答申）」2016年12月

中央教育審議会教育課程部会理科ワーキンググループ「理科ワーキンググループにおける審議の取りまとめ」2016年8月

田中耕治編『よくわかる教育評価』ミネルヴァ書房 2010年

梶田叡一著『教育評価』有斐閣　2010年

田中耕治編著『新しい学力テストを読み解く』日本標準　2008年

表1　理科における評価の観点及びその趣旨　〈小学校　理科〉

知識・技能	思考・判断・表現	主体的に学習に取り組む態度
自然の事物・現象についての性質や規則性などについて理解しているとともに，器具や機器などを目的に応じて工夫して扱いながら観察，実験などを行い，それらの過程や得られた結果を適切に記録している。	自然の事物・現象から問題を見いだし，見通しをもって観察，実験などを行い，得られた結果を基に考察し，それらを表現するなどして問題解決している。	自然の事物・現象に進んで関わり，粘り強く，他者と関わりながら問題解決しようとしているとともに，学んだことを学習や生活に生かそうとしている。

表2　学年・分野別の評価の観点の趣旨　〈小学校　理科〉【平成３１年４月４日一部修正】

観点 学年	知識・技能	思考・判断・表現	主体的に学習に取り組む態度
第3学年	物の性質，風とゴムの力の働き，光と音の性質，磁石の性質，電気の回路，身の回りの生物及び太陽と地面の様子について理解しているとともに，器具や機器などを正しく扱いながら調べ，それらの過程や得られた結果を分かりやすく記録している。	物の性質，風とゴムの力の働き，光と音の性質，磁石の性質，電気の回路，身の回りの生物及び太陽と地面の様子について，観察，実験などを行い，主に差異点や共通点を基に，問題を見いだし，表現するなどして問題解決している。	物の性質，風とゴムの力の働き，光と音の性質，磁石の性質，電気の回路，身の回りの生物及び太陽と地面の様子についての事物・現象に進んで関わり，他者と関わりながら問題解決しようとしているとともに，学んだことを学習や生活に生かそうとしている。
第4学年	空気，水及び金属の性質，電流の働き，人の体のつくりと運動，動物の活動や植物の成長と環境との関わり，雨水の行方と地面の様子，気象現象及び月や星について理解しているとともに，器具や機器などを正しく扱いながら調べ，それらの過程や得られた結果を分かりやすく記録している。	空気，水及び金属の性質，電流の働き，人の体のつくりと運動，動物の活動や植物の成長と環境との関わり，雨水の行方と地面の様子，気象現象及び月や星について，観察，実験などを行い，主に既習の内容や生活経験を基に，根拠のある予想や仮説を発想し，表現するなどして問題解決している。	空気，水及び金属の性質，電流の働き，人の体のつくりと運動，動物の活動や植物の成長と環境との関わり，雨水の行方と地面の様子，気象現象及び月や星についての事物・現象に進んで関わり，他者と関わりながら問題解決しようとしているとともに，学んだことを学習や生活に生かそうとしている。
第5学年	物の溶け方，振り子の運動，電流がつくる磁力，生命の連続性，流れる水の働き及び気象現象の規則性について理解しているとともに，観察，実験などの目的に応じて，器具や機器などを選択して，正しく扱いながら調べ，それらの過程や得られた結果を適切に記録している。	物の溶け方，振り子の運動，電流がつくる磁力，生命の連続性，流れる水の働き及び気象現象の規則性について，観察，実験などを行い，主に予想や仮説を基に，解決の方法を発想し，表現するなどして問題解決している。	物の溶け方，振り子の運動，電流がつくる磁力，生命の連続性，流れる水の働き及び気象現象の規則性についての事物・現象に進んで関わり，粘り強く，他者と関わりながら問題解決しようとしているとともに，学んだことを学習や生活に生かそうとしている。
第6学年	燃焼の仕組み，水溶液の性質，てこの規則性，電気の性質や働き，生物の体のつくりと働き，生物と環境との関わり，土地のつくりと変化及び月の形の見え方と太陽との位置関係について理解しているとともに，観察，実験などの目的に応じて，器具や機器などを選択して，正しく扱いながら調べ，それらの過程や得られた結果を適切に記録している。	燃焼の仕組み，水溶液の性質，てこの規則性，電気の性質や働き，生物の体のつくりと働き，生物と環境との関わり，土地のつくりと変化及び月の形の見え方と太陽との位置関係について，観察，実験などを行い，主にそれらの仕組みや性質，規則性，働き，関わり，変化及び関係について，より妥当な考えをつくりだし，表現するなどして問題解決している。	燃焼の仕組み，水溶液の性質，てこの規則性，電気の性質や働き，生物の体のつくりと働き，生物と環境との関わり，土地のつくりと変化及び月の形の見え方と太陽との位置関係についての事物・現象に進んで関わり，粘り強く，他者と関わりながら問題解決しようとしているとともに，学んだことを学習や生活に生かそうとしている。

KEY WORD
プログラミング的思考
論理的思考

プログラミング

1. はじめに

近年のテクノロジーの発達は著しく，様々な場面でコンピュータが活用されている。コンピュータは人が命令を与えることによって動作する。この命令を「プログラム」，命令を与えることを「プログラミング」という（文部科学省，2018a）。あらゆる活動においてコンピュータ等を活用することが求められるこれからの社会を生きていく子供たちにとって，コンピュータを理解し上手に活用していく力を身に付けることは，将来どのような職業に就くとしても極めて重要である（文部科学省，2018a）。このような意義のもと，小・中・高等学校を通じてプログラミング教育を充実することとし，2020年度から小学校においてプログラミング教育が導入されることになった。

2. プログラミング教育で育む資質・能力

プログラミング教育は，各教科で育む資質・能力と同様に，資質･能力の「三つの柱」に沿って，次のように整理されている（文部科学省，2018a）。

> **【知識及び技能】**
> 身近な生活でコンピュータが活用されていることや，問題の解決には必要な手順があることに気付くこと。
>
> **【思考力，判断力，表現力等】**
> 発達の段階に即して，「プログラミング的思考」を育成すること。
>
> **【学びに向かう力，人間性等】**
> 発達の段階に即して，コンピュータの働きを，よりよい人生や社会づくりに生かそうとする態度を涵養すること。

このうち，プログラミング的思考とは，「自分が意図する一連の活動を実現するために，どのような動きの組合せが必要であり，一つ一つの動きに対応した記号を，どのように組み合わせたらいいのか，記号の組合せをどのように改善していけば，より意図した活動に近づくのか，といったことを論理的に考えていく力」である（文部科学省，2016）。なお，プログラミング教育では，プログラミングに取り組むことを通じて，児童がおのずとプログラミング言語を覚えたり，プログラミングの技能を習得したりするといったことが考えられるが，それ自体をねらいとしているのではないことに留意する必要がある（文部科学省，2018a）。

3. プログラミング教育と理科教育

小学校理科においてプログラミング教育が実施可能な単元の１つとして，第６学年「電気の利用」を挙げることができる。具体的な指導の例として，『学習指導要領解説（理科編）』では，次のように示されている（文部科学省，2018b）。

> 日常生活との関連としては，エネルギー資源の有効利用という観点から，電気の効率的な利用について捉えるようにする。このことについて，例えば，蓄電した電気を使って，発光ダイオードと豆電球の点灯時間を比較することが考えられる。また，身の回りには，温度センサーなどを使って，エネルギーを効率よく利用している道具があることに気付き，実際に目的に合わせてセンサーを使い，モーターの動きや発光ダイオードの点灯を制御するなどといったプログラミングを体験することを通して，その仕組みを体験的に学習するといったことが考えられる。

この電気の効率的な利用という観点から，授業を実践している例として，たとえば木月（2018）は，この単元の終末場面に，ソニー株式会社が開発したMESHというプログラミング教材を取り入れた授業を行っている。MESHとは，「動きブロック」や「明るさブロック」などのブロック形状の「MESH ブロック」を使って，専用アプリ内でプログラミングを行うことができる装置である。アプリでは特別なプログラミング言語は必要なく，アイコンとアイコンをつなげるだけで，プログラミングを行うことができる。たとえば，「動きブロック」のアイコンと「音が鳴る」というアイコンをつなげると，「動きを検知したらスピーカーがなる」というプログラムを組むことができる。

木月（2018）の授業では，このようなMESH を用いて電気を有効に利用できる方法を模索させている。具体的には，明かりや小型扇風機などに対して，どのようなプログラミングをすれば効率的になるのかを考えさせている。そして，プログラミングを行っている中で，センサーをうまく利用できたり，プログラムを改善できたりした児童がいたことを報告している。このように，MESH を用いて，電気の効率的な利用という視点から，身近な電気製品に組み込まれているプログラムを作り，改良することによって「電気の利用」の単元においてプログラミング教育を実施することができる。しかしながら，このようなMESH を使った授業では，子供はプログラミングの面白さに夢中になって，「電気の効率的な利用」という当初の目的を忘れてしまうことがある。このため，プログラミングをさせた後に，プログラミングの目的に振り返らせるような場面設定も重要であるといえる[1)]。

4. プログラミング的思考と高次思考スキル

このようなプログラミング的思考を育成するためにはどのようにすればよいだろうか。プログラミング的思考は論理的思考であるため，メタ認知や批判的思考などの高次思考スキルと深く関わっている。具体的には，「このプログラムは何を意図していたのだろうか」といったように，目的に振り返るメタ認知や，「本当にこのプログラムで目標を達成できるのであろうか」といったように，一連のプログラムを吟味する批判的思考は，プログラミング的思考のパフォーマンスに正の影響を及ぼす可能性がある。したがって，これらの関係性を明らかにしていくことで，プログラム的思考を育成する示唆が導出できると考えられる。

5. おわりに

プログラミング教育を取り入れる際に特に注意しなければならないのは，あくまでも教科の目標に即した学習でなければならないということである（木月，2018）。したがって，理科教育でプログラミングを取り入れるのであれば，理科の目標の達成が担保されていなければならないということである。 このことを踏まえたうえで，今後も研究を蓄積していく必要があると考える。

（雲財 寛）

注

1）「問題解決の力を育むプログラミング教育（vol.2）プログラミング的思考の意義､指導のコツ」（https://www.manabinoba.com/class_reports/017428.html）（2019年7月15日閲覧）

［文献］

木月里美（2018）「小学校理科におけるプログラミング教育の実践―第６学年「電気の利用」MESH を利用して―」『理科の教育』67，21-23.

文部科学省（2016）「小学校段階におけるプログラミング教育の在り方について（議論のとりまとめ」（http://www.mext.go.jp/b_menu/shingi/chukyo/chukyo3/053/siryo/__icsFiles/afieldfile/2016/07/08/1373901_12.pdf）2019年7月15日閲覧．

文部科学省（2018a）「小学校プログラミング教育の手引き（第二版）」（http://www.mext.go.jp/component/a_menu/education/micro_detail/__icsFiles/afieldfile/2018/11/06/1403162_02_1.pdf）2019 年7月15日閲覧．

文部科学省（2018b）『小学校学習指導要領（平成29年告示）解説理科編』東洋館．

KEY WORD
言語活動
主語と述語
判断と根拠

理科における言語活動

理科における言語を考えるために，問題解決過程での教師と子供による言語活動を調べる。問題解決過程は，問題の発見，予想・仮説の発想，観察・実験方法の立案，観察・実験結果の考察，新たな問題を見いだし，という場面で構成することが多い。そこで，これらの各場面での教師と子供による言語を例にして理科における言語活動を考える。

1．問題の発見場面

○教師が枯れたヘチマと成長していくヘチマを実物や写真で提示し，次のような問いかけをする。T，C は，それぞれ教師の働きかけ，子どもの発言を意味する。

T：「違いは？」
C：①「枯れている」
②「成長している」
T：「何がどのように？」（主語と述語を明確にして表現させるため）
C：①「一方のヘチマが成長していく」
②「他方のヘチマが枯れていく」
T：「何（性質，状態，関係など）がどのように異なるの？」
C：①「一方のヘチマは成長していくが，他方のヘチマは枯れていく」

上述の言語活動は次のように整理できる。

①主語と述語を明確にして表現する。
②例えば，大きさ，色，形，位置など，比較の視点と対象を明確にして表現する。
③まず，次に，そしてなど，事象を時系列に整理し表現する。

2．予想・仮説の発想場面

○問題となる事象を説明するための予想・仮説を子供に発想させるためには，教師は次のような手だてを行う。

1）T：「何がそのようにさせている（関係している）の？」
T：「今まで学んだことでそれに関係することはないかな？」
C：「アサガオを育てたときに，水や肥料，日光が必要だったので，水がヘチマの成長に関係する」と思う。
C：「肥料がヘチマの成長に関係する」と思う。
C：「日光がヘチマの成長に関係する」と思う。
2）T：「『ヘチマの枯れる，成長するの違い』が，水や肥料，日光に関係するのではないかというように整理できるね。」

上述の言語活動は次のように整理できる。

④予想・仮説は，過去の既習などをもとに根拠や理由との関係で表現する。

3．観察・実験方法の立案の場面

○発想した予想・仮説の真偽を確かめるための実験方法を子供に立案させるために，教師は，次のような手だてを行う。

1）T：「予想・仮説（予想）が正しいことをどのようにして調べるの？」，「今まで学んだことを使って調べる方法はないかな？」
C：「発芽の条件を調べたときに，調べる条件だけに注目し，それ以外の条件をそろえて，比べるという実験をしたので，この実験方法をすればよい。」
C：「だから，ヘチマの成長に水が必要かどうかを調べるためには，水を与えるものと水を与えないものとの成長を比べる実験をすればよい。」
2）T：「予想される結果はどのように表すことができるかな？」

C：「『水がヘチマの成長に関係するのではないか』という場合は，水を与える与えないがヘチマの枯れる枯れないに関係するので，
水を与える　→ ヘチマは枯れない
水を与えない → ヘチマは枯れる
と表すことができる。」

したがって，言語活動は，予想と結果との関係を，条件文（「もし，○○○ならば，△△△である」というように）で表現する。

4. 観察・実験結果の考察場面

○子供が結果を得て考察を行うために，教師は次のような手立てを実施する。

1）T：「得られた結果は？」
得られた結果は，
C：「水を与えた→ ヘチマは枯れなかった。」
C：「水を与えなかった→ ヘチマは枯れたとなった。」

2）T：「この実験結果と予想・仮説を比較したらどのようなことがいえるかな？」
C：「この結果は，水を与えるとヘチマは枯れないのに，水を与えないとヘチマは枯れるという，（水がヘチマの成長に関係するという）予想・仮説と同じだった。」
C：「だから，水がヘチマの成長に関係するといえる。」

3）T：「肥料の影響を調べた実験結果と予想・仮説を比較したらどのようなことがいえるかな？」
C：「肥料の場合の結果も同じだったので，『肥料がヘチマの成長に関係する』といえる。」

4）T：「日光の影響を調べた実験結果と予想・仮説を比較したらどのようなことがいえるかな？」
C：「日光の場合も同じような結果であったので，日光がヘチマの成長に関係するといえる。」

5. 新たな問題の発見場面

○子供が新しい問題を見いだすようにするためには，教師は次のような手立てを工夫する。

1）T：「今日学んだことはどのように整理できるかな？」
C：「水や肥料，日光の３つの条件を比べる実験で，『水や肥料，日光がヘチマの成長に必要である』ということが明らかになった。」

2）T：今日の学習から，「何が解決できて，何がまだ解決できていないかな？」
C：「ヘチマ以外の植物も同じことがいえるかどうかを調べることが必要です。」

したがって，言語活動は，予想と結果との関係から結論を導出する。具体的には，予想・仮説を，「もし，○○○ならば，△△△であるから，○○○したので，△△△となるはずだ」というように表現する。

6. 理科における言語活動

本事例から，留意する言語活動は，以下のように整理できる。

①主語と述語（例：性質，状態，関係など）を明確にして表現する。
②比較の視点（例：大きさ，色，形，位置など）を明確にして表現する。
③判断（観察・実験結果）と理由（観察・実験方法）の関係で表現する。
④時系列的（例:まず，次に，そして，など）に表現する。
⑤判断（観察・実験結果）と根拠（観察・実験方法），結果と原因の関係で表現する。
⑥条件文（ 例：「もし，○○○ならば，△△△である）で表現する。
⑦科学用語（例：気体，液体，電流など）を用いて表現する。
⑧予想・仮説演繹的（例：もし，○○○ならば，△△△であるから，○○○ならば，△△△である）に表現する。
⑨科学の規則性（例：重量保存則など）で表現する。

（角屋 重樹・西内　舞）

［文献］

角屋重樹『なぜ，理科を教えるのか』文溪堂　2013年

KEY WORD
防災教育
災害のメカニズム

防災教育

1．激甚化する災害に備えるための防災教育

古来より日本では，水害や土砂災害，津波，地震などの災害と向き合ってきた。山地の多い日本では，わずかな平野に人口が密集しており，各種自然災害に対するリスクと常に隣り合わせにある。

近年激甚化している各種自然災害から命を守るためには，ハードだけでは限界があり，住民一人一人が災害時において適切な避難行動をとる能力を養う必要がある。具体的には災害リスクに対する知識と心構えを学ぶことが重要となり，その点において学校における防災教育はますます重要性を増している。

1．理科で学ぶ災害のメカニズム

(1) 防災教育で理科に求められる事項

学校教育の中では防災教育は教科として存在するわけではなく，理科，社会科，総合的な学習の時間，特別活動等と関連付けて行われる。防災教育に関する資質・能力の育成においてとりわけ理科に期待されるのは，災害のメカニズムについての理解ではないだろうか。

「防災教育のねらい」として以下３点が示されているように（文部科学省，2013），災害に関する理解を深めることが様々な状況を多面的・総合的に判断し意思決定や行動につながるための根拠となる。

ア　自然災害等の現状，原因及び減災等について理解を深め，現在及び将来に直面する災害に対して，的確な思考・判断に基づく適切な意思決定や行動選択ができるようにする。

イ　地震，台風の発生等に伴う危険を理解・予測し，自らの安全を確保するための行動ができるようにするとともに，日常的な備えができるようにする。

ウ　自他の生命を尊重し，安全で安心な社会づくりの重要性を認識して，学校，家庭及び地域社会の安全活動に進んで参加・協力し，貢献できるようにする。

(2) 行動の判断根拠となる知識や見方・考え方を養う理科

命を守る観点において理科は自らの安全を確保するためにとるべき行動の判断根拠となる知識や見方・考え方を育むこととなる。例えば水害において，行政は住民の適切な避難行動につなげるために浸水などの災害リスク情報や避難に関する情報などを取りまとめ，周知している。一方，住民には，これらの情報を得ること，それを理解した上で避難行動をとることが重要となるが，行動の判断根拠となる知識が不足していると逃げ遅れ等の事態が生じる。そのため，災害のメカニズムをあらかじめ学んでおくことで，事象の「予測」につながり，正常性バイアス（正常化の偏見）などを回避するとともに，的確な判断と迅速な行動をとることができる力を身につけることが期待できる。

2．水害のメカニズムの例

(1) 雨は集まって流れ，時にあふれる

水害のメカニズムの例として「流域」という概念がある。「流域」を一言で表すと「雨の水がある河川に集まる大地の範囲（ある河川に流入する降水が到達する地表面の全体）」となり，山々の尾根を流域の境として，特定の範囲に降った雨が集まって大きな河川となる。

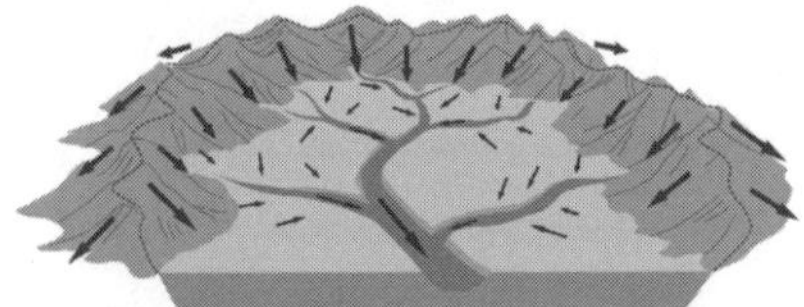

図）水は高い場所から低い場所へと流れて集まる（画像：河川財団）

2015年９月の関東・東北豪雨災害では南北に伸びた線状降水帯が，鬼怒川流域の範囲と重なった。鬼怒川では観測史上最大の洪水流量となるなど（2015年関東・東北豪雨災害 土木学会・地盤工学会 合同調

査団関東グループ，2016)，上流部に大量の雨が長時間降り注いだことにより，幅の狭い下流部に流域内から集まった水が集中し，破堤が生じた。この結果，茨城県の常総市では広範囲が水没し，逃げ遅れが生じるなど甚大な被害を受けた。下流部で雨が降っていなくとも上流部で大雨が降っていれば，やがて下流にその水が押し寄せるという事象は，実際には目の前の川が増水しているような状況でなければ実感がわかない。しかしながら，目に見える状況となった場合にはすでに危機的な事態に陥ってしまう。水害においては，上流部に降った雨が集まってやがて下流に到達するという知識が，予測の判断の根拠となり，自ら考え主体的に避難できることにつながると考えられるが，このような災害メカニズムを理解していなければ，「予測」をすることが難しく的確な判断や迅速な避難につながりにくい。

(2) 水害のメカニズムを学ぶ系統的学習

平成29年告示の小学校学習指導要領理科では4年に「雨水の行方と地面の様子」が位置付けられた。「水は，高い場所から低い場所へと流れて集まること」と「水のしみ込み方は，土の粒の大きさによって違いがあること」の2点を理解し，雨水の行方と地面の様子について追究することとされている（文部科学省，2017a)。また，5年の「流れる水の働きと土地の変化」では雨の降り方によって，流れる水の量や速さは変わり，増水により土地の様子が大きく変化する場合があることを学ぶ（文部科学省，2017a）など，川の流れを中心として，洪水と氾濫のメカニズムを具体的に学ぶ要素がある。これら4年と5年の単元を系統的に関連させると，高い場所から低い場所へと流れて集まった水が，川の流れとなり，地面の様子や雨の降り方によって水の速さや量が増し，堤防を削るなどし，時にあふれて大きな災害をもたらすことを理解することができる。

3. 理科と他教科との教科横断による防災教育

(1) 社会科で養う複合的に判断する力

災害のメカニズムを理解した上で，実際に行動に移すための資質・能力の育成には，他教科とのつながりが重要となる。理科はその目標において「自然の事物・現象についての問題を科学的に解決するために必要な資質・能力（文部科学省，2017a)」を育成し，社会科においては「社会的事象の特色や相互の関連，意味を多角的に考えたり，社会に見られる課題を把握して，その解決に向けて社会への関わり方を選択・判断したりする力，考えたことを選択・判断したことを適切に表現する力」を養う（文部科学省，2017b)。このことから，理科において災害メカニズムを理解し，地理的・公民的分野等を扱う社会科において，複合的な知識を用いて判断することが避難において重要となる。

(2) 実践的かつ体系的な防災教育へ

さらに理科をはじめとする「各教科等の知識，思考・判断や態度を習得する学習を，道徳の時間，特別活動の自主的，実践的な学習，総合的な学習の時間の教科等の枠を超えた学習と関連付けたりする（文部科学省，2013)」ことで教科横断による防災教育が展開できる。特に特別活動としての避難訓練は，行動選択の実践の場ともなる。避難訓練時もしくはその前後の教科学習で避難訓練に関連付けて災害発生のメカニズム，災害発生のリスク，安全な行動の仕方などを学習することができれば，時数の確保ならびに実践的かつ体系的な防災教育の展開ともなる。

あわせて，自然としての川は人間に対して多くの恩恵を与えていることも忘れてはならない。自然は人間にとって都合よくできているわけではなく，恵みと災いの二面性があることを理解する必要がある。自然の恩恵への理解をあわせて，激甚化する水害をはじめとする各種の災害から命を守るために必要な知識と心構えを備えるために，理科と他教科との教科横断による知識の体系化が新たな防災教育の展開として今後ますます重要となると考えられる。

（菅原 一成）

［文献］

文部科学省（2013)『学校防災のための参考資料「生きる力」を育む防災教育の展開』

2015年関東・東北豪雨災害 土木学会・地盤工学会 合同調査団関東グループ［合同調査団］(2016)「平成27年9月関東・東北豪雨による関東地方災害調査報告書」

文部科学省（2017a)「小学校学習指導要領（平成29年告示）解説　理科編」

文部科学省（2017b)「小学校学習指導要領（平成29年告示）解説　社会編」

KEY WORD
エネルギーミックス
カリキュラム・マネジメント

エネルギー・環境教育

1．エネルギー・環境教育の目的

エネルギー･環境教育の目的を，「エネルギー環境教育ガイドライン」では，「持続可能な社会の構築をめざし，エネルギー・環境問題の解決に向け，生涯を通じて主体的かつ適切に判断し行動できる人間を育成する」としている（新・エネルギー環境教育情報センター，2013）。

東日本大震災及び東京電力福島第一原子力発電所事故は日本のエネルギー政策の転換点となった。現在，日本のエネルギー自給率は約11.8％（2018年）である（資源エネルギー庁，2020）。また気候変動を抑えるために，温室効果ガスの抜本的かつ継続的な削減が必要である。

さて，経済産業省は長期エネルギー需給見通しの基本方針として３E+S［安定供給（Energy Security），経済効率性（Economic Efficiency），環境適合（Environment），安全性（Safety）］の原則を示した（経済産業省，2015）。さらにその実現に向け，徹底した省エネルギーの推進，再生可能エネルギーの最大限の導入，火力発電の効率化，原発依存度の可能な限りの低減による，2030年度に目指す電源構成（エネルギーミックス）を示している。この達成が日本のエネルギー・環境問題の最重要課題であり，エネルギー・環境教育の課題でもある。持続可能な社会の構築に向けて，エネルギーミックスの実現のため，エネルギー・環境問題を自分事として課題をもち，考え，行動することができる児童を育成する教育の確立が求められる。

なお，経済産業省資源エネルギー庁はエネルギー教育を進めるに当たって留意すべき「４つの視点」を，示している（資源エネルギー庁，2019）。

A：エネルギーの安定供給の確保「資源小国である日本では，エネルギーの安定供給確保が重要課題であることを考える。」

B：地球温暖化問題とエネルギー問題「地球温暖化問題をエネルギー問題としてとらえることができ，エネルギー利用の方策を考える。」

C：多様なエネルギー源とその特徴「エネルギーの安定供給確保と地球温暖化対策のために，エネルギー源を多様化することが必要なことを考える。」

D：省エネルギーに向けた取り組み「エネルギー消費効率を改善するためには，私たち一人一人が省エネを実践するとともに，日本の高い省エネ技術を外国に普及させる国際貢献も重要であることを考える。」

2．教科とエネルギー・環境教育の関連

学習指導要領にエネルギー・環境教育という表現はない。しかし「持続可能な社会の実現」に向けて，学校の教育活動全体を通してエネルギー・環境教育に取り組むことが重要である。

鈴木（2009，p.22）はエネルギー・環境教育から見た各教科の特性を次のようにまとめている。

生活科：エネルギーに関する具体的活動や体験を通して，エネルギーに関する関心を高める。

理　科：エネルギーに関する実験・操作を通して，エネルギーの性質やその利用の概念形成を図る。

社会科：自分の暮らしとのかかわりから，社会におけるエネルギーの利用・保全について適切に判断する。

家庭科：衣・食・住生活と結び付けて，エネルギーの適切な利用を主体的に判断し，実践する。

これら各教科の特性を生かし，カリキュラム・マネジメントを通して発達の段階に応じた学習を繰り返すことで，エネルギー環境教育が目指す持続可能な社会づくりを担う人材の育成が可能になる。

3. 総合的な学習の時間におけるエネルギー・環境学習

総合的な学習の時間に行われる学習では，教科の枠を超えて探究する価値のある課題について，各教科で身に付けた資質・能力を使って解決に向けて取り組んでいく。エネルギー環境問題は，自己の生き方や実社会，実生活に直接関係する課題であり，その解決に向け積極的に社会に参画することが必要であり，探究する価値のある課題といえる。小学校学習指導要領（平成29年度告示）解説総合的な学習の時間編では，探究課題の横断的・総合的な課題（現代的な課題）の例として，「自分たちの消費生活と資源やエネルギーの問題（資源エネルギー）」と提示している。総合的な学習の時間では，これまでもエネルギー・環境教育の実践が行われてきた。今後さらに，カリキュラム・マネジメントを通して，各教科・領域と関連付けながら，取り組むことが求められる。

4. エネルギー・環境教育と理科教育の関係

持続可能な社会の構築に向けて，エネルギーミックスを実現するためには，各資源の基礎的知識や特性，環境との関連についての理解が不可欠である。その点で理科はエネルギー環境教育の基盤となる教科といえる。小学校学習指導要領（平成29年度告示）解説理科編では「A物質・エネルギー」区分において「エネルギー」は「エネルギーの捉え方」，「エネルギーの変換と保存」，「エネルギー資源の有効利用」として設定されている。さらに，これからのエネルギー・環境教育はこの枠を超えて，広い視野でエネルギー・環境教育の可能性を考えていく必要がある。例えば，第4学年「天気の様子」や，第5学年「流れる水の働きと土地の変化」などでも，カリキュラム・マネジメントを通して，総合的な学習の時間や社会科と関連させながら再生可能エネルギーの学習として活用できる。

5. エネルギー環境教育の今後

持続可能な社会のための教育（ESD）との関連では持続可能な開発目標（SDGs）が重視される。「目標7：すべての人々の，安価かつ信頼できる持続可能な近代的エネルギーへのアクセスを確保する」の7.2では「2030年までに，世界のエネルギーミックスにおける再生可能エネルギーの割合を大幅に拡大させる。」とある。SDGsの達成は国際社会の共通目標であり，持続可能な社会の構築のためにエネルギー・環境教育が果たす役割は大きい。

またSTEM/STEAM教育［Science（科学），Technology（技術），Engineering（工学），Art（芸術），Mathematics（数学）］を通じて育成される資質や能力の内容は，エネルギー環境教育で育成を目指す児童の姿と重なる。

エネルギー・環境教育独自の教育的価値は「資源小国である日本が抱えているエネルギー問題に対しての知識にとどまらず，社会の根幹を支えるエネルギー問題への対応について総合的な判断をすることができ，さらには実行できる能力を養成することを併せもつような「人間力」を醸成していく教育」（日本科学技術振興財団，2015,p.20）と位置づけることができることである。日本のエネルギー・環境問題の最重要課題である，エネルギーミックスを実現するために，教科での取り組みはもとより総合的で，教科横断的な学習を進めていくことが必要である。

※本稿ではエネルギーと環境の問題は不可分であると捉え，エネルギー教育をエネルギー・環境教育として扱った。

（佐々木 哲弥）

［文献］

新・エネルギー環境教育情報センター（2013）『エネルギー環境教育ガイドライン2013』
https://www.iceee.jp/materialDB/mt01/pdf/mt01_all.pdf

経済産業省　資源エネルギー庁（2020）「日本のエネルギー2020　エネルギーの今を知る10の質問」

経済産業省（2015）『長期エネルギー需給見通し』

資源エネルギー庁（2019）『かがやけ！みんなのエネルギー』

鈴木真「エネルギー環境教育からみた各教科の特性」，佐島群巳・高山博之・山下宏文編『教科学習におけるエネルギー環境教育の授業づくり〔小学校編〕』国土社

日本科学技術振興財団（2015）『エネルギー教育検討評価委員会報告書「これからのエネルギー教育のあり方」』

KEY WORD
ものづくり
目的・計測・制御
自然事象の性質や規則性

ものづくり

1. 新学習指導要領でのものづくりの位置づけ

「ものづくり」という用語が学習指導要領理科に登場したのは，平成10年（1998）改訂版からである。平成29年（2017）版でも，A区分（物質･エネルギー）の内容の取扱いにおいて，「2から3種類以上のものづくりを行うものとする」との記述があり，「ものづくり」を通して，それぞれの単元で資質・能力を育成することが求められている。また，「目的を設定し，計測して制御するといった考え方に基づいた観察，実験や，ものづくりの活動の充実を図る」との記述があり，ものづくりが，「目的･計測･制御」の考え方に基づいて行われることが求められている。それに伴って，旧学習指導要領と新学習指導要領とで，ものづくりに関する表現が変わっている。以下に第6学年の例を示す。

てこの規則性を活用したものづくり	
旧	てこの働きを利用するという観点からてこやてんびんを利用したはかりなどが考えられる。
新	用途に応じて作用する力の大きさを制御することを**目的とした**てこや，ものの重さを測定することを**目的とした**てんびんばかりなどが考えられる。（下線，ゴチックは筆者加筆）

これは，「～することを目的とした」という児童の目的意識を明確にした主体的なものづくりの活動を意図したものである。単にてこやてんびんばかりをつくるだけでなく，児童が，自己の目的を意識し，量的・関係的な見方を働かせながらものづくりを行う活動が想定される。また，「目的・計測・制御」といった記述は，第6学年A区分「電気の利用」の単元（ウ）の「エネルギーの効率的な利用」に特徴的に見られる。ここでは，「プログラミングを体験することを通して，その仕組みを体験的に学習する」との記述があり，プログラミングが，ものづくりの活動として位置付けられ，以下のように示されている。

電気の働きを活用したものづくり	
旧	風力発電や蓄電器を利用した自動車などが考えられる。
新	風力や太陽光といった自然エネルギーでつくりだした電気を蓄電器に蓄えて効率的に利用することを目的とした照明などが考えられる。その際，**目的に合わせてセンサー（計測）**を使い，発光ダイオードの点灯を**制御する**ことなどが考えられる。（下線，ゴチック，括弧内は筆者加筆）

ものづくりとプログラミングとの関係は，一連の作業工程が，プログラミングにおける「目的・計測・制御」に対応するという考え方で統一的に見ることができる。

工程	プログラミング	ものづくり
目的	目的を設定し要素を考える	目的を設定し要素を考える
計測	条件を設定する 計測し判断する	調べる 製作する
制御	評価する 修正・改善する	評価する 修正・改善する

このように，ものづくりは，目的を設定し，計測して制御するという考え方に基づいた学習活動として位置付けられる。このことは，観察・実験という理科固有の活動において，児童が，その目的を明確に意識することにより，観察・実験の結果を見直し，再度観察・実験を行ったり，解決方法の修正を行ったりするという問題解決の資質・能力の育成を目指すものである。

2. ものづくりの例

新学習指導要領解説の「内容の取扱い」に例示された製作物を見ると，いずれも学習で得た知識・技能を活用して遊ぶものや実用的なものをつくることになっている。

	内容	ものづくりの例
第3学年	・風とゴムの働き ・光と音の性質 ・磁石の性質 ・電気の性質	・風やゴムの力で動く自動車や風車 ・物を明るくしたり温かくしたりする装置（平面鏡） ・離れた場所や複数の場所に音を伝える糸電話 ・極の働きや性質を使って物を動かす自動車や船 ・回路の働きを制御するスイッチ ・電気を通す物かどうかを調べるテスター
第4学年	・空気や水の性質 ・物の温まり方 ・電流の働き	・物を遠くへ飛ばす空気でっぽうや水を離れた場所に飛ばす水でっぽう ・物を上空へ持ち上げるソーラーバルーンや温度を計測する温度計 ・電流の大きさや向きを変えて物の動きを制御する自動車や回転ブランコ，クレーン
第5学年	・振り子の運動 ・電流がつくる磁力	・規則正しく時間（リズム）を刻む簡易メトロノーム ・物を動かすモーター ・鉄を引き付けたり放したりして物を移動させるクレーン
第6学年	・てこの規則性 ・電気の働き	・用途に応じて作用する力の大きさを制御するてこ ・物の重さを測定するてんびんばかり ・効率的な照明や発光ダイオードの点灯を制御するプログラミング

3. ものづくりで育成される固有の資質・能力

ものづくりでは，手を動かして，実際にものをつくる活動が行われる。その中で育成される問題解決の資質・能力は，技能を含めた実践的なものとなる。

①実際に使用する材料や道具を選定するための材料・道具に関する理解や道具の操作の習熟

②目的を達成するための要素やその組み合わせ方の分析・実行・修正

③失敗（成功）事例（データ）の蓄積と分析を基にした目的達成のための粘り強さ

これらの資質･能力を育成するものづくりは，主体的に物事を追究していく児童を育むといった観点から重要である。

4. ものづくりの原点とこれからの課題

山田（2007）は，どんど焼きなどの年中行事を例に挙げ，ものづくりの原点は，原材料を取りに行き，その材料でものをつくり，完成したものを使うことであると述べている。また，凧などの遊び道具づくりは，材料を吟味し，重心やバランスの整え方などの複数の要因を考えて試行錯誤しないと完成しないものであったと述べている。現代の理科学習でのものづくりが，様々な要求や制約から試行錯誤や工夫・改善の余地がないものとなるならば，前項で挙げた実践的な資質・能力の育成には繋がらないであろう。また，生活におけるものづくりが，家族や地域の人々や友達との関わりの中で，暮らしや遊びを豊かにするという文脈に位置付いたものであったことを考えると，理科のものづくりで児童が設定する目的は，日常生活との関連の中で，人との繋がりを生み出したり，よりよい生活や人の役に立つといった方向性をもったりしたものであることが望まれる。このような目的の設定は，「人間性の涵養」といった面からも重要である。

（石田 靖弘）

［文献］

吉田武男監修 / 大髙泉編著（2018）『初等理科教育』第18章　ミネルヴァ書房

山田卓三（2007）「人間形成と原風景の原点」『理科の教育』Vol56.662号　日本理科教育学会

KEY WORD
持続可能な社会
豊かな社会
17のゴール

SDGs

2015年９月，国連サミットで「持続可能な開発のための2030アジェンダ」に掲げられた持続可能な開発目標，いわゆるSDGsが発効された。SDGsは３つの単語の略語である。Sustainableは資源を利用するときに環境に悪い影響を与えず使いつくすことなく継続的に利用できるようにすることである。将来の自分のために新たに何かを育てたり現在の悪い環境を改善するという意味も含む。Developmentは人間を含む生物の成長や事業の発展など今ある状態からよりよい形に変わっていくことである。Goalsは17定められている。「持続可能な開発」自体は1987年に開催された環境と開発に関する世界委員会が「将来の世代がそのニーズを充足する能力を損なわずに，現世代のニーズを充足する開発」と定義した。現世代であり将来を担う世代の子供達に自分がSDGsの主役であることを認識させる。

第１の学びとして，目指すべき社会としての「豊かな社会」を定義する。経済成長が人々の幸福感と一致していた20世紀型経済成長からのパラダイム・シフトがあって初めてSDGsによる豊かな社会は実現するからである。17のゴールを達成することで世界はどう変わるのだろうか。農業であれば20世紀型農業プロセスは人口爆発とそれに対応する食料供給，および肉食増大とそれに対応する飼料穀物の大量生産，結果としての森林農地化，品種改良，化学肥料や農薬の多用，機械化である。農業の工業化の限界がSDGsにネガティブに影響していることからも早急なパラダイム・シフトが必要である。

再定義された豊かな社会の実現は将来を担う子供が資質能力を身につけることが前提となる。５つの力が必要であろう。①資源は有限であることを認識する力（資源有限性），②成熟社会となる未来をどうすべきか考える力（未来志向性），③成熟社会における持続的発展の実現を可能とするために自身の欲望を自覚的に抑制する力（自己制御性）がある。個人の利己的で合理的な行動ではなく協調行動によって有限な資源をコントロールする。④SDGsは１つの課題を解決するのではなく経済，社会，政治，平和安全保障，環境，ジェンダーといった諸問題に世界全体として対応するシステムであることから17のゴールを個別にではなくトレードオフを含めて複合的にとらえる力（バランス）が必要である。個々のゴールに対する目標を設定し効果を測定するきらいがあるが，食料増産の追及は環境問題の悪化に結びついているといったトレードオフを考える。⑤効率的な大量生産との対比としてとりあえず目の前にある事物を大切に使いほどほどであることに満足できる心（心の豊かさ）も要る。経済成長の是非ではなく成長型気迫と成熟型気分が１人の中に同居するような幅のある生き方を許容する成熟社会へのパラダイム・シフトを実現する。これら５つの資質能力をSDGs固有の教育の価値として身につけさせることで，将来を担う子供達のSDGsへの有効かつ主体的な取組みが可能となろう。

第２の学びとして，世界が直面する現状と課題，およびその原因を理解する。単元として生物の生態，気温の変化，流れる水の働き等があるが，いずれも所与のものではなく，ヒトの活動によって生み出され変えられている。生き物の成長・変化・絶滅や環境や生態系の変化を上層の構造とするならば，その基層には人々の活動がある。農林水産物を生産・消費し，環境にときにネガティブな負荷を与える。人々がルールを守って行動すればよいが，自分さえよければという考えで行動すると上層構造の秩序が崩れてしまう。所与のものとして理科の理論を教えるのではなく，我々の活動がいかに世界を作りあげているのか。地球の未来は自身の活動次第であることを子供達に自覚させる。

第３の学びとして具体的な活動の作用をネガティブな側面も含めて取り上げ17のゴールを理解する。ここでは国連食糧農業機関（FAO）が整理した畜産を取り上げてみよう。［経済面への作用］として，ゴール８「働きがいと経済成長」には，家畜生産額は農業総生産高の４割を占め（2014年），畜産物バリューチェーンの雇用人口は世界で13億人になることで貢献している。ゴール９「産業と技術革新のインフラ構築」には，畜産のグローバルなバリューチェーンにおいて発展途上国は先進国にローテクな一次産品を供給する構造になっている。ゴール10「格差の是正」には，とりわけ酪農は５億人の貧困層の食糧源と収入源になり，女性，高齢者，若者を労働市場に吸収している。ゴール12「持続可能な生産と消費」には，畜産は大量の資源を消費する産業であることから，生産者は収量格差や効率向上に取組み，消費者は食品ロスや廃棄を削減する。［社会面への作用］として，ゴール１「貧困ゼロ」には，家畜は人的資本，社会的資本，自然資本，物的資本，金融資本のいずれも増やすことによって農村世帯の生計上の目標の達成を助ける。ゴール２「飢餓の根絶」には，世帯レベル，農村コミュニティレベル，国家経済レベル，および世界レベルで飢餓解消に重要な役割を果たしている。ゴール３「健康的な生活」には，家畜や畜産由来製品が人の健康や福祉にとって欠かせないものである一方で，人獣共通感染症や薬剤耐性感染症などで多くの命が奪われている。ゴール４「質の高い教育」には，家畜の飼養による所得は子供の教育費に充てられ，動物性食品の摂取や子供の認知的・身体的発達を促す。ただし家畜の世話が子供の仕事とされていることから質の高い包括的教育へのアクセスが困難な場合も多い。ゴール５「ジェンダー平等と女性のエンパワメント」には，世界の低所得家畜飼養者の３分の２を農村女性が占めているにも関わらず女性や少女は私的，公的，経済的活動領域において不平等な扱いを受けている。ゴール７「クリーンエネルギー」には，家畜糞尿のバイオガス変換は持続可能な近代的エネルギーになるのみならずメタン排出削減にも貢献できる。ゴール11「住み続けられるまちづくり」には，都市住民に恩恵をもたらす都市部での家畜生産の評価が高まっている。開発途上国においても家畜生産は所得と雇用創出，食料安全保障，健康改善，貧困緩和の役割を担う。ゴール16「平和と正義」には，社会不安や人道危機は家畜の死亡率上昇，生産性低下，市場アクセスの低下という問題を発生させ，畜産が適切に管理されなくなることで生態系や生物多様性も打撃を受ける。［環境面への作用］として，ゴール６「水の持続可能な管理」は少ない水でより多くの食料を生産する方法を見出そうとするが，農業は利用可能な淡水供給量の７割を使用し，うち３割は家畜生産が占める。家畜排泄物は淡水資源と海洋環境に悪影響を及ぼしている。ゴール13「気候変動への対策」には，家畜からの直接的温室効果ガス排出量は人為起源の総排出量の５％を占め，飼料生産，畜産，畜産加工，輸送といった畜産サプライチェーンの活動においては14.5％も占めるとおり畜産は気候変動の大きな原因になっている。ゴール14「海の豊かさを守ること」には，養豚や養鶏は世界の魚粉生産量の27％を消費し海洋資源減少の原因となっている。家畜の排泄物の環境への悪影響も深刻である。ゴール15「陸の豊かさを守ること」には，地球の陸地面積の25％を占める草地であるが，その７割に家畜が生息している。耕地の３分の１は飼料生産に使われていることもあり，畜産を通じた生態系サービス向上や飼料利用効率の改善が求められる。最後に，ゴール17「目標達成に向けたパートナーシップ」には，畜産には世界レベルと地域レベルにおいて関係者間パートナーシップがある。（木村 純子）

［文献］

角屋重樹（2021）「これからの日本教材文化研究財団に期待すること」『日本教材文化研究財団研究紀要』50,pp.8-12

生源寺眞一（2013）『農業と人間』岩波書店

日本ユニセフ協会（2018）『知っていますか？SDGs』さ・え・ら書房

国連食糧農業機関（2019）「SDGsを通じた畜産セクターの変革に向けて」『世界の農林水産』854 pp.13-19

KEY WORD
学習内容の区分
問題解決
科学的な探究

小中の理科のつながり

1．小中の理科のつながりのとらえ

平成20年１月の中央教育審議会の答申において，「小・中・高等学校を通じ～略～科学的な見方や考え方を養うことができるよう改善を図る」が明記された。それを受けて，小・中・高等学校を通じた理科の内容の構造化を図ることが求められた。また，平成28年12月の中央教育審議会の答申において，「小・中・高等学校教育を通じて，～略～探究的な学習の充実を図る」として，高等学校の基礎科目の例として学習過程のイメージを示し，小学校及び中学校においても，「基本的には高等学校の例と同様の流れで学習過程を捉えることが必要である」と示された。

これ以前の学習指導要領改訂における答申においても小学校，中学校，高等学校を通じて科学的な見方や考え方を養うことは示されてきているが，具体的な方策までは論じていない。

そこで，平成20年以後の論をもとに，本稿では，我が国の理科教育における小中のつながりを学習内容の構造と学習過程から見ることにする。

2．内容の構造化の点から見て

角屋（2019）は，学習指導要領「理科」の内容区分について昭和43年版～平成10年版と，平成20年版以降を分けて論じている。角屋によると，昭和43年版～平成10年版の小学校の学習内容は，子どもの認識を深化・拡大させることをねらいとして，３区分の構成となっている。一方，中学校の学習内容は，生徒の事象に対する働きかけ方の違いにより，２分野となっている。

平成20年版以後の学習内容の構成は，自然科学をもとに児童・生徒の事象に対する働きかけ方の違いという教育的価値を付加しているといえる（角屋，2019）。その結果として，小学校の理科の学習内容も中学校との接続などを考慮して，３区分から２区分となった。また，高等学校の学習内容との系統も考慮して学習内容を「エネルギー」「粒子」「生命」「地球」というように統一した。

学習内容の構造化の点から小中のつながりを見ていくと，角屋が論じるように，事象が可逆的で何度でも繰り返し調べることができる内容と可逆的でなく再現できない事象を扱う内容で分けることによって，児童生徒の事象への働きかけ方の違いとして学習内容を分けることができた。以上の点から，学習内容から小中の理科のつながりができたといえる。

3．学びの過程から見て

学習過程は小・中学校においても高等学校で例示した学習過程を捉えることが示されている（中央教育審議会，2016）。一方，平成29年告示の小学校学習指導要領理科と同年告示の中学校学習指導要領理科の教科目標を比べると表現上の違いが見られる。小学校では「科学的に解決する」あるいは「主体的に問題解決しようとする」と示されている。中学校は「科学的に探究する」と示されている。小学校では「問題解決」，中学校では「科学的な探究」となっている。また，中央教育審議会の答申を受けて，小学校と中学校では，高等学校の例に示すように，「課題の把握（発見），課題の探究（追究），課題の解決という探究の過程を通じた学習活動を行い」と論じている。さらに，中学校では，「授業においてはすべての学習過程を実施するのではなく」とも論じている。いずれにしても，小・中学校を通じて，課題（問題）の把握（発見），課題の探究（追究），課題の解決の学習過程をそれぞれの発達段階に即して行うことの必要性を論じている。このことから，問題解決や科学的な探究を小中を通じて行うことでつながった学習過程ができるといえる。なお,中山（2011）は,「日本の学校教育における理科では,『問題解決』と『探究』が,ほぼ似たような意味で用いられる」とも論じている。中山の論を基に考えると,小学校で言うところの理科における問題解決と中学校以降の科学的な探究は,活動の過程としては似たようなものであり,学年の段階に応じた扱いの違いはあるものの,小中高等学校の理科では,科学的に探究ができる人を育てることを目標の一つに挙げていると捉えることができる。

4. 小中の理科のつながりのこれからの課題

小中の理科のつながりを,中央教育審議会の答申や学習指導要領を基に,学習内容構成と学習過程から考えてきた。教育行政的には小中の理科のつながりを強く意識したカリキュラム体系ができている。一方,教育実践的にも小中の理科学習をつなぐ試みが報告されている。例えば,土井（2016）は,粒子像を小学校理科に導入することによる中学校理科へのつながりを報告している（他に平ら（2019）,大山（2019）等がある）。学術研究的にも諸外国の教科書や教育課程と比較しながら小中のつながりを検討したり（大嶌,2007）,つまずきの要因分析から指導法の検討を行ったり（石井ら,2018）した研究がある。いずれにおいても小中の児童,生徒の学びの中味を考えると課題が見出される。

そこで,小学校と中学校の理科の教科書の中に記述されている問題（課題）と結論の関係を見た。小学校では児童が見出した仮説を確かめる観察・実験を行い,観察・実験から導き出された結果と仮説を対比させて,結論を導き出す過程をすべての単元で行うような展開を行っている。一方,中学校の教科書においては,科学的な原理・法則等に基づく課題が教科書に挙げられ,その課題を検証する観察･実験が行われ,その結果を基に科学的な原理・法則等を意味・価値づけていく展開が多くなされている。ある意味では,小学校での児童が見出した原因と結果の関係を観察・実験で確かめていく学習過程から,中学校での理論や法則がまずあり,その理論や法則を観察・実験によって検証していくと言う学習過程への転換を,子供は小中の切り替え時に行うことになる。

また,小中高等学校の理科の学習内容の系統は,エネルギー,粒子,生命,地球で整理されている。一方,子供が学びの中で働かせていくものはこれら4つの過程の中だけで成り立つものではない。そこで,子供の学びから見た学習内容の系統を考える必要もある。以上の点から考えると,今後,理科のカリキュラム体系そのものを見直す必要が出てくるであろう。

（石井 雅幸）

［文献］

角屋重樹（2019）「小学校,中学校,及び高等学校における内容区分の考え方」,『改訂版なぜ,理科を教えるのか』,文溪堂 pp.36-38.

中央教育審議会（2016）「幼稚園,小学校,中学校,高等学校及び特別支援学校の学習指導要領等の改善及び必要な方策等について（答申）」

中山迅（2011）『問題解決と探究における問い,思考と表現を一体化させる理科授業―自らの言葉で問いを設定して結論を導く子どもを育てる―』,東洋館出版社,p.16.

土井徹（2016）「粒子像は圧力概念の形成に貢献できるか」,『富山大学人間発達科学研究実践総合センター紀要　教育実践研究』,第11号.

平久夫ら（2019）「小・中学校理科の学習内容のつながりに関わる概念を明らかにするための小学校理科授業における事例研究」,『北海道教育大学紀要,教育科学編』,69（2）.

大山朋江（2019）「小学校と中学校の学習内容のつながりを重視した単元学習の導入の取組－中学校第1学年「葉のつくりとはたらきの関係を調べよう～葉と光合成～」－」,『学校教育実践研究』,第2巻.

大嶌竜午（2007）「シンガポールにおける理科の内容構成の特質に関する研究－日本の小・中学校の理科教科書との比較を通して－」,『日本科学教育学会研究会報告』, 21（5）.

石井俊行ら（2018）「水溶液濃度計算におけるつまずきの要因分析と学習指導法の検討～小学校からの教科横断型カリキュラム・マネジメント～」,『科学教育研究』,Vol.42,No.1.

KEY WORD
気付き
事象の性質・規則性の理解
生活科から理科への接続

生活科と理科

1. 生活科の目標

平成29年告示の小学校学習指導要領における生活科の目標は，以下のとおりである。

具体的な活動や体験を通して，身近な生活に関わる見方・考え方を生かし，自立し生活を豊かにしていくための資質・能力を次のとおり育成することを目指す。

（1）活動や体験の過程において，自分自身，身近な人々，社会及び自然の特徴やよさ，それらの関わり等に気付くとともに，生活上必要な習慣や技能を身に付けるようにする。

（2）身近な人々，社会及び自然を自分との関わりで捉え，自分自身や自分の生活について考え，表現することができるようにする。

（3）身近な人々，社会及び自然に自ら働きかけ，意欲や自信をもって学んだり生活を豊かにしたりしようとする態度を養う。

小学校学習指導要領解説生活編によれば，三つの柱の（1）の「気付き」とは，対象に対する一人一人の認識であり，児童の主体的な活動によって生まれるものである。次に，(2)の「考え」については，児童が自分自身や自分の生活について，見付ける，比べる，たとえるなどの学習活動により，分析的に考えたり，試す，見通す，工夫するなどの学習活動により，創造的に考えたりすることである。さらに，(3)の「意欲や自信」については，思いや願いを実現する過程において，自分自身の成長に気付くことや，活動の楽しさや満足感，成就感などの手応えを感じることで得られるとされている。

2. 理科と関連する生活科の内容

生活科は9項目の内容から構成され，第3学年以降の理科との関連が強いと考えられる内容は，以下の3項目の中に見られる。まず，「季節の変化と生活」では，指導の内容として，「身近な自然を観察したり，季節や地域の行事に関わったりするなどの活動を通して，それらの違いや特徴を見付けることができ，自然の様子や四季の変化，季節によって生活の様子が変わることに気付くとともに，それらを取り入れ自分の生活を楽しくしようとする」と示され，理科に限らず，社会科に関わる内容も併せて取り上げられている。身近な自然としては，近くの公園，川や土手，林や野原，海や山など，そして，そこで出会う生き物，草花，樹木などのほかに，水，氷，雨，雪，風，光なども対象となる。

次に，「自然や物を使った遊び」では，「身近な自然を利用したり，身近にある物を使ったりするなどして遊ぶ活動を通して，遊びや遊びに使う物を工夫してつくることができ，その面白さや自然の不思議さに気付くとともに，みんなと楽しみながら遊びを創り出そうとする」と示され，ものづくりや図画工作科の要素も多く含んでいる。影踏み遊びや動くおもちゃ作り，アサガオの色水づくりなどの体験を通して，児童が自然の中のきまりや，自然の事物や現象がもつ形や色，光や音など自然現象そのものの不思議さにも気付くことが目指されている。

三つ目の「動植物の飼育・栽培」では，「動物を飼ったり植物を育てたりする活動を通して，それらの育つ場所，変化や成長の様子に関心をもって働きかけることができ，それらは生命をもっていることや成長していることに気付くとともに，生き物への親しみをもち，大切にしようとする」と示されている。ここでは，飼育と栽培のどちらか一方ではなく，両方を確実に行うことが意図されている。そして，飼育・栽培の過程で，児童の願いを実現するために，動植物の特徴，育つ場所，世話の仕方，変化や成長の様子に気付くことが目指されている。

3. 生活科と理科の共通点・相違点

生活科と理科は異なる教科であるため，それぞれの目標，内容，方法，評価は同じではない。しかし，生活科誕生の経緯から考えると，理科との関係性は深く，両者に共通している点は少なくない。その共通点は第一に，学習の対象(題材）にある。生活科では身近な自然を観察したり，体験したりすることが重視されており，理科でも同様に自然に親しむことが目標となっている。第二に，学習の方法として，活動や体験を通して学ぶという点である。そして第三に，活動の中での児童の思考が類似している。生活科では，見付ける，比べる，たとえる，試す，見通す，工夫するといった思考場面を学習活動に取り入れることになっている。一方，理科では「考え方」として，比較する，関係付ける，条件を制御する，多面的に考えるといった思考を働かせて観察・実験を行うことが目標に掲げられている。これらの思考のうち，少なくとも「比較する」という思考は共通している。

両教科の相違点は無数に存在するが，次の2点に着目したい。まず，生活科の学習過程は，①思いや願いをもつ，②活動や体験をする，③感じる・考える，④表現する・行為する，が基本とされている。他方の理科では，「児童が自然の事物・現象に親しむ中で興味・関心をもち，そこから問題を見いだし，予想や仮説を基に観察，実験などを行い，結果を整理し，その結果を基に結論を導きだすといった問題解決の過程の中で，問題解決の力が育成される」とされ，問題解決の過程が児童の学習過程となっている。つまり，生活科の学習過程よりも理科は，どのようなプロセスを経て学習が展開されるのかが明確で，より具体的であるといえる。これは，理科の基盤となっている自然科学の探究の過程に学習過程が則っているためである。

もう1点は，主観性と客観性のどちらに重点を置くかということである。生活科は，その学習過程にも表れているように，一人一人の児童の思いや願いを実現していく活動を重んじている。しかし，理科では問題を科学的に解決することが目指されている。この「科学的」とは，実証性，再現性，客観性といった条件を検討する手続きを重視することであり，児童個人の考え（思い）が問題解決の出発点となったとしても，最終的にはその考えが多くの人々によって承認されるという客観性にたどり着くように変容させていかなければならないのである。

これらの違いは，理科が自然科学という学問体系に基づいていることに起因するだけでなく，低学年の児童の発達・成長の特性（例えば，活動と思考が未分化で一体的となっていること）が考慮されていることにもよるのである。

4. 生活科から理科への接続

小学校学習指導要領解説生活編には，生活科の学習の充実が，第3学年以降の社会科や理科などのより系統的な学習に発展的につながっていくことが示されている。理科編においても，生活科の学習との関連を考慮し，体験的な活動を多く取り入れることが求められている。つまり，生活科の学習は理科学習の基盤となり，理科学習は生活科の学習の発展となることを教師が意識し，生活科から理科への学習が円滑に移行されるように留意しなければならない。特に，第3学年の「風とゴムの力の働き」，「光と音の性質」，「身の回りの生物」の単元では，生活科での体験的な学習を振り返りながら，科学的な問題解決が進むよう工夫が必要である。

加えて，生活科は幼児教育との連携についても重要な役割を担っている。唐木によれば，誠実さや忍耐力，コミュニケーション能力などの非認知能力を幼児期に身につけておくことが，大人になってからの幸福や経済的な安定につながるという考え方が，近年注目されている。そして，幼児教育とつながる生活科教育においても，非認知能力の育成が重視されなければならないと指摘されているのである。

（稲田 結美）

［文献］

文部科学省（2018）『小学校学習指導要領（平成29年告示）解説　生活編』東洋館出版社

文部科学省（2018）『小学校学習指導要領（平成29年告示）解説　理科編』東洋館出版社

片平克弘・唐木清志編著（2018）『初等生活科教育』ミネルヴァ書房

授 業 編

（1）授業の創り方

※観察·実験の方法の計画ならびに実施であるが，以下「計画実施」と略して表記する。

授業の創り方を，問題解決の過程に沿って紹介していく。問題解決の過程は様々な考えがあるが，ここでは，デューイの考えに基づき，平成 19 年に東京都小学校理科教育研究会の作成した過程に従って論じることにする。

KEY WORD
題解決の過程
題解決のタイプ
納的（→ p.44）
論（→ p.46，48）
繹的（→ p.42，46，48）

授業の創り方の構成

小学校理科教育では，問題解決の活動を重視した授業づくりが進められてきている。その活動の在り方については，同じ問題解決活動といっても，学習内容によって異なることがいわれてきている。平成10年に角屋（1998）や東京都小学校理科教育研究会（1998）が発表した問題解決活動の一つといえる『「仮説－確証・反証」をともなった学習過程』についても，内容によって扱える場合と扱いにくい内容があることが報告されている（石井ほか，1998）。

宮下ほかは，「仮説－確証・反証」の導入しやすい内容として三つの要件をあげている。これらのことから，問題解決の活動にはいくつかの類型があり，その類型はある程度学習内容に依存していることが想定される。そこで，改めて問題解決の活動を行うことを視野に入れて，現行の小学校学習指導要領理科に示されている内容を整理すると，問題解決の活動は，思考のもっていき方により，大きく三つのタイプに分けられる。

①いくつかの操作活動（比較をともなった活動）を行うなかから一つの規則性が見いだされ，その規則性を確かめていくような内容。この最終的な形が「てこ」，違った側面からの最終版が「天気」といえる。…帰納的タイプ

②一つあるいは複数の事象から違いや変化を見いだす。その後，その違いや変化の要因を見いだし，その要因を確かめていくような内容。この内容が最も「仮説－確証・反証」の過程をふみやすい。…要因，演繹的タイプ

以上の側面から内容を整理すると，表に示したようになる。このように，学習内容に応じて問題解決の活動の方法を変えていくことが想定される。そのため問題解決の過程として位置づけられる「事象提示－問題づくり－仮説（予想）の設定－観察・実験の計画・実施－結果の整理－考察－発展」の場面で，教師の留意点や働きかけ方が，問題解決のタイプによって異なってくると考えられる。

以上の点から，問題解決の活動を取り入れた授業づくりのための教師の役割を整理しながら，授業の創り方をまとめていく。

平成29年度告示学習指導要領内容別問題解決のタイプ

○：関係　◎：より強い関係

学年	区分	内　容	①帰納的	②演繹的
3	A(1)	物と重さ		○
	A(2)	風やゴムの働き		○
	A(3)	光の性質		○
	A(4)	磁石の性質	○	◎
	A(5)	電気の通り道	○	◎
	B(1)	身の回りの生物（昆虫の成長）	○	
		身の回りの生物（植物の成長）	○	
		身の回りの生物（昆虫の体のつくり）	○	
		身の回りの生物（植物の体のつくり）	○	
		身の回りの生物（環境との関わり方）	○	○
	B(2)	太陽と地面の様子		○
4	A(1)	空気と水の性質		○
	A(2)	金属・水・空気と温度（温度と体積）		○
		金属・水・空気と温度（温まり方）		○
		金属・水・空気と温度（水の三態）	◎	○
	A(3)	電気の働き		○
	B(1)	人の体のつくりと運動		○
	B(2)	季節と生き物	○	◎
	B(3)	雨水の行方と地面の様子		○
	B(4)	天気の様子	○	○
	B(5)	月と星	○	○
5	A(1)	ものの水への溶け方（限度）		○
		ものの水への溶け方（保存）		○
	A(2)	振り子の運動		○
	A(3)	電流がつくる磁力		○
	B(1)	植物の発芽・成長・結実		○
	B(2)	動物の誕生（魚の成長）	○	
		動物の誕生（母体内の成長）	○	
	B(3)	流れる水の働きと土地の変化（流水の働き）		○
		流れる水の働きと土地の変化（川の上流と下流）	○	○
		流れる水の働きと土地の変化（雨の降り方）	○	
	B(4)	天気の変化	◎	
6	A(1)	燃焼の仕組み		○
	A(2)	水溶液の性質	○	
		水溶液の性質（水溶液と変化）		○
	A(3)	てこの規則性	◎	○
	A(4)	電気の利用	○	○
	B(1)	人の体のつくりと働き		○
	B(2)	植物の養分と水の通り道（養分）	○	○
		植物の養分と水の通り道（水の通り道）		○
	B(3)	生物と環境（食物連鎖）		○
		生物と環境（生物の関係）		○
	B(4)	土地のつくりと変化		○
	B(5)	月と太陽		○

［文献］

角屋重樹（1998）『動的世界像の科学観による理科学習指導の構想，理科学習指導の革新』東洋館出版社
角屋重樹，全小理・都小理（1998）『新しい理科の資質・能力を育てる指導法の開発』明治図書出版
石井雅幸・宮下英雄（1998）「生きる力としての資質・能力の育成と理科授業」『子どもが科学を創る』東洋館出版社 pp.11-16

KEY WORD
帰納的
演繹的
事象提示の工夫
子どもの経験や考え
子どもにとらえさせるべきこと

事象提示

演繹的タイプを中心に

「事象提示」は，単元の最初の時間において，子どもが学習対象や解決すべき問題などと出会う場面をいう。

事象とどのように出会うかは，その学習を進めていく子どもにとっても，その学習を指導する教師にとっても，大変重要な意味をもつ。ここでは，事象との出会いにおける，以下の五つのポイントについて解説する。

① 子どもの興味・関心を高めること
② 子どもの経験や考えを引き出すこと
③ 子どもが事象について考えたくなること
④ とらえさせるべきことが明確であること
⑤ 学習展開の方向性を考慮していること

生物の継続観察を求めるような帰納的タイプでは，ある程度学習内容とかかわる活動を行いながら，徐々に問題意識が生じる学習内容が多い。それに対し，演繹的タイプは，帰納的タイプに比べて事象との出会いの工夫がより求められる。

そこで本論では，演繹的タイプの学習内容を中心に述べることとする。

1．子どもの興味・関心を高めること

言うまでもなく，最も大切なのは子どもの対象への興味・関心を高めることである。そのためには「子どもの心を揺さぶる」ような事象提示をすることが必要である。すなわち「あれ？どうしてかな？」「不思議だな」「やってみたいな」という気持ちを呼び起こすような工夫を行いたい。こうした気持ちは，まさに子どもの学びの原動力となる。その際，できるだけ子どもの身近な事象であったり，子どもにその意味解釈ができたりするもの（難しすぎないもの）を選ぶようにする。例えば，５年「物の溶け方」では，長さ１mほどの円筒の透明アクリル容器の上から食塩を少しずつ入れ，それが水の中を落ちていく間に見えなくなっていく様子を観察する場面を設定する方法がある。

こうした事象提示は「すごい！粒が見えなくなっていく」「不思議だな，食塩が溶けてどうなったのかな」「自分でもやってみたいな」「食塩はいくらでも溶けるのかな」など，子どもが粒の様子が変化することに目が向き，見えなくなった粒のゆくえを解釈したくなる。

2．子どもの経験や考えを引き出すこと

子どもはその事象と出会う前に，すでにそれに関係する事象と出会ったり，何らかの経験をしているものである。つまり子どもは白紙ではなく，すでに経験に基づいた何らかの考えをもっているといえる。そして目の前の事象について，そうした考えを使って解釈しようとするのである。逆に，子どもの経験や身近な事象を使って解釈できないような事象に対しては，当然子どもは解決の見通しをもつことができず，考えが当てずっぽうになったり，解決への意欲をもてなかったりすることになる。

したがって，事象提示では，できるだけ子どもの既習事項，既有経験で解釈できるよう，身近なものを扱うことが大切である。

例えば，６年「水溶液の性質」においては，
（ア）複数の透明な水溶液を見分ける活動から
（イ）酸性雨調べの話題や，金属の溶解から
（ウ）リトマス紙による水溶液の仲間分けから

などの導入（事象提示）が考えられる。これらの例でいえば，（ア）では，５年生での水溶液の学習経験（溶けているものを取り出す）を生かしながら，さらに新たな視点をさぐる展開となる。（イ）では，酸性・アルカリ性といった性質をおさえたうえで，水溶液が金属を溶かすことがあるのか，という驚きを追究の原動力とする展開となる。（ウ）では，実際にリトマ

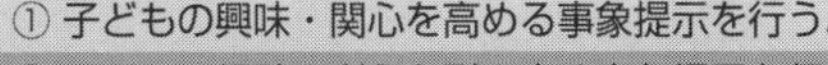
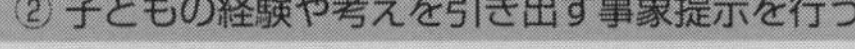
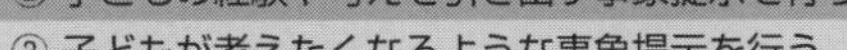

POINT

① 子どもの興味・関心を高める事象提示を行う。
② 子どもの経験や考えを引き出す事象提示を行う。
③ 子どもが考えたくなるような事象提示を行う。
④ とらえさせるべきことが明確な事象提示を行う。
⑤ 学習展開の方向性を考慮した事象提示を行う。

ス紙という判定法を使う楽しみを味わいながら，興味・関心を高めていく展開となる。このように，それぞれの導入の特性を十分把握したうえで，子どもの経験や考えに合わせて取捨選択することが必要である。

３．子どもが事象について考えたくなること

このことは，前述したポイント①と②に大きくかかわっている。事象との出会いの，前述の①子どもの興味・関心を高めることと，②子どもの経験や考えを引き出すことの二つが成立するような事象提示に対しては，子どもはもっている見方を働かせやすくなるからである。

ここでは，ポイント①であげた「アクリル容器の中で溶けていく食塩の事象提示」について考えてみたい。子どもたちは，それまでに紅茶に砂糖が溶けることは知っており，溶けたものが見えなくなることも知っているが，１mのアクリル管に水を入れ，食塩を少しずつ入れて溶かしていくことで，次々と目の前で見えなくなっていく食塩の粒を見た経験はない。こうした日常見ている「溶ける」と比較して，異なる「溶ける」に接して，子どもは驚くと同時に，目の前で起こった事象を解釈し始める。そこで授業では，子どもたちがもった様々な考えを整理し，「ものが溶けるとはどういうことか」「ものはいくらでも溶けるか」「溶けたものは水の中にあるのか」といった問題へと整理していく。

４．とらえさせるべきことが明確であること

どのような事象提示をするかを考える際，単に「子どもがとても驚く事象だから」「子どもの関心を引きつけるから」といった理由を優先すると，学習すべき内容から外れた事象提示となってしまうことがある。例えば４年「空気と水の性質」において「水鉄砲遊び」を導入の活動に設定したとしよう。おそらく，水鉄砲遊びを子どもたちは意欲的に行い，楽しい活動にはなるだろう。しかし，水鉄砲遊びでは，子どもは「空気や水を圧したときのかさの変化や手応えの違い」などには気づきにくく，したがって，的確な問題づくりへとつなげることも難しい。

そこで，提示する事象を「空気鉄砲遊び」にしてみよう。その際，子どもが「空気のかさの変化と圧し返す力」に気づくことができるよう，短めの押し棒を使い，後玉が前玉に当たらないことがはっきりとわかるようにしてみる。すると子どもは，後玉が直接押すわけではないのに前玉が飛ぶことから，「なぜ前玉が飛ぶのかな」「空気がばねのような力を出しているみたいだ」「空気は圧すと縮むのかな」などと，空気の性質そのものに目を向けた解釈をもつ。

このように，事象提示は「子どもに何をとらえさせるべきか」を十分に考慮し比較する視点を明確化していく必要がある。

５．学習展開の方向性を考慮すること

「とらえさせるべきことが明確な事象提示」を出発点とするならば，自ずとねらいにそった学習展開となることが期待できる。注意すべき点は「発展的な内容」までをも含むような事象提示では，本学習内容で獲得すべき知識がぼやけてしまうおそれがある。「あれもこれも」と欲張らず，学習すべき内容が子どもの思考の流れにそって，無理なく展開できるような事象提示に絞り込むよう心がけたい。

６．帰納的タイプでの事象提示

演繹的タイプの学習に対し，帰納的タイプの学習内容は，生物を対象としたものが多い。最初に出会った事象とかかわっていくなかで，徐々に問題が顕在化していく。そこで，これらすべての過程を検討して，提示事象を考える必要がある。

KEY WORD
帰納的
生物・地学の内容
観察の観点
自然との出会い

事象提示

帰納的タイプを中心に

自然事象はどんなところにもどんな場にもあり，子どもの生活の中にあふれているが，その事象を改めて見直す機会は少ない。自然事象を理科学習に取り上げるときに，子どもの生活とは切り離せない。そこで，事象提示（学習のきっかけ）を大切に考えたい。そして，事象が事象として，子どもの中にとらえられる場を仕組む・仕掛けていくことが大切である。昨日は生活の中にあった一こまが，今日の不思議として学習の中に生きてくるのである。

ここでは，自然環境，特に植物や動物，昆虫などとの出会いについて解説する。

１．自然（植物や動物，昆虫）との出会いの場

○環境を生かして

学校の近くに，山や川があり，豊富な自然に出会える場合は，この環境を生活の中に取り入れ，学習に生かすことができる。毎日の生活を振り返ることでも，自然の中の生き物を相手にすることができるのである。

○学校の中の環境を生かして

教材は子どもの身近にあることが第一の条件である。自然環境を校庭の中に見いだし，子どもがいつでも自然と触れ合える場を準備しておくようにしたい。学校の隣にある公園，小さな校庭の片すみにある林，フェンスのすきまにできた草むら，花壇を雑草園にした昆虫スペースなど，教師が学習にあった教材を計画的に準備しておくことで，子どもと自然の出会いは広がる。

○校庭や教室の中に環境をつくり出して

植物や動物，昆虫との出会いは，飼育・栽培することで，意図的・計画的に学習を仕組むことができる。校庭の花壇はもちろん樹木においても，長期的計画の中で，栽培計画を立てる必要がある。この場合は，栽培条件を意図的に設定することができるので，計画的に学習に取り入れることが可能である。

植物や動物，昆虫は，多くの子どもが関心をもっている教材だけに，教師が場をつくり，環境を設定することで，子どもの興味・関心を高める出会いができる。

２．観察の観点をしぼって

２年生までの生活科の学習の中でも，植物や動物，昆虫などの自然とのかかわりは深い。子どもによっては，十分に興味・関心を引き出されていることも多いことだろう。

３年生になって理科の学習として，そのかかわり方について考えたい。ここでは，学習の目的が変わってくるので，２年生までのかかわり方とは違った出会いを必要としてくる。

アゲハの幼虫を捕まえて飼育した場合にも，子どもが何に注目して飼育していくか，観察のポイントがあるか，学習のねらいにあった出会いができるように，教師が出会いの場をつくり出していく必要がある。

例えば，幼虫からの飼育ではなく，卵から育てるようにすれば，成長の変化をとらえることができるだろう。また，この成長を詳しく記録していくようにしておけば，子どもは，成長の変化を必然的にとらえ，記録をするために，体の特徴を見つけることとなる。いくつか違った種類の昆虫を飼育させれば，それぞれの特徴の違いを比べてとらえる出会いができることにもなる。

なかなか観点がとらえられない場合には，あらかじめ観点を与えて飼育・栽培することも必要となる。前もって観点をしぼって，飼育・栽培の観察記録をとっていくことも考えられる。

飼育・観察にはそれぞれに時期があり，その時期を逃すと学習できなくなる出会いもある。その年の気候によっても若干の違いがあるの

POINT

① 子どもの生活の中に，発見できる出会いの場をつくる。

② 見方を変えて，理科の力を育てる出会いの工夫をする。

③ 一年間積み重ねていく出会いを継続していく。

で，教師が事前に情報を得ておく必要がある。また，他の教材との出会いとは違い，失敗すると同じ出会いの実現が難しいことがある。だからこそ，あらかじめ観点を示してしまうことも大切になる。しかし，子どもによっては，観察の中から十分発見の出会いをつくり出すこともできるので，観点を与えすぎることのないよう注意したい。

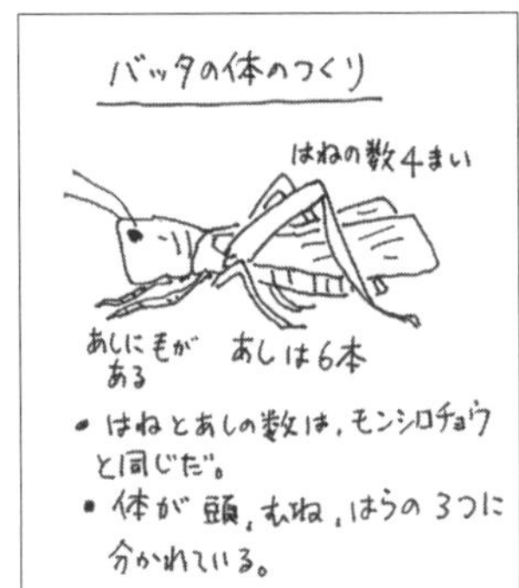

○観点のポイント

〈比べてみよう〉

・この昆虫のあしの数は

・この花の花びらの数は，葉の大きさは

これらは，数的表示が出る。こうすることによって，漠然とした出会いから，量的質的な出会いへと変わってくる。

〈見方を変えてみよう〉

・サクラの並木道で，木によって花の咲き方が違う状況に出会ったら

・１本の木のなかで場所による花の咲き方の違う場面に出会ったら

子どもが出会うことのできるチャンスとして逃さないように，教師が観点を与えることも必要になる。

３．植物や動物との出会いは継続

４年生で学習する生き物は，春・夏・秋・冬と１年間の継続観察が必要である。生き物によっては，数年の命があるものや，１年で次に命をつなげていくものなどいろいろだが，命の継続には変わりない。瞬間の出会いが，次の出会いにつながっていくのである。他の学年でも，出会った生き物には命があり，その命が必ず継続しているということを大切に考えたい。

出会いは単元の初めだけと考えるのではなく，継続し蓄積していくととらえることができる。春に観察した植物が，夏になってどうなっているかと再び観察を開始すると，以前観察した記録が，次の出会いのきっかけとなるのである。

５年「植物の発芽，成長，結実」においても同様である。

インゲンマメを使って「発芽と養分の関係」を調べるが，これは，次の「植物の成長が肥料や日光にかかわること」の学習の出会いとなり，さらに「動物の誕生」での生命のつながりとして，学習が継続していく。そして，インゲンマメは，６年の学習「日光によってデンプンができること」の出会いとなっている。このように生き物を扱う学習では，連続性のある出会いが考えられるので，定期的に継続した観察記録を残していくことも大切である。

KEY WORD
推論
既有経験や知識とのずれ
問題
気づき
帰納的

問題づくり

推論という視点を中心に

問題づくりに関しては，学習過程のタイプに分けて考えていくと，大きく二つの形に分けることができる。すなわち，単元の初めの場面での事象との出会いをもとにして問題がつくられていくもの（…①）と，単元が展開していくなかで徐々に問題がつくられていくもの（…②）である。また①のものも，最初の場面で単元全体にかかわる問題がおおよそ出るものと，最初に，そのいくつかの問題が出るものに分けられる。そこで，①の例として第３学年「磁石の性質」，②の例として第３学年「身の回りの生物」を例に述べる。

１．第３学年「磁石の性質」
――①演繹的タイプ

子どもたちは，自然事象に出会い，自らはたらきかけることで，様々な気づきや不思議さを感じている。理科学習では，それらを集約して疑問とし，いくつかの疑問を整理して問題を見いだすようにすることが大切である。このとき，既有の経験や知識とのずれ，知覚から生まれた一人一人の気づきを大切にし，相互の話し合いなどを通して，いくつかの疑問に集約して整理し，問題としていくようにする。

ここでは，第３学年「磁石の性質」における，磁石に出会っていろいろ試している場面から，問題づくりにつないでいく展開を考える。

(1) 気づきや不思議さを感じる導入の活動

教師から，いろいろな形の磁石を紹介されて子どもたちは，磁石に触ったり，遊んだりした経験を話し合ううちに，磁石についての興味・関心が高まってくる。いよいよフェライト磁石を１個渡されて，自由に試行する活動を行う。活動場所を教室内とかぎっても，子どもは，次々と磁石を使って意欲的に活動をしていく。

このとき磁石は，子どもにとって身近なもので，「つく・つかない」ということについて，ほとんどの子どもが経験している。この磁石の「つく・つかない」という既有経験をもとに，教室という新たな場面で，子どもは磁石を使って試し，体験を通した気づきや不思議さを感じるのである。

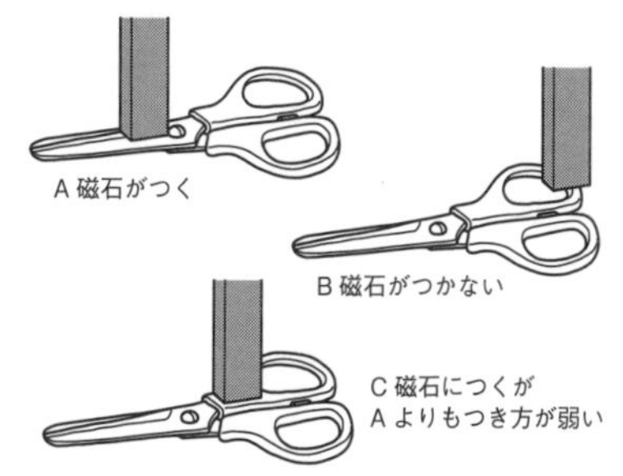

(2) 一人一人が気づきや不思議さを表現し問題を意識化する活動

子どもは，試しながら，様々な気づきや不思議さを感じている。それを，文や絵でカードにできるだけたくさんかくようにする。このとき，磁石の学習では「自分が試したことを全部書いてください。」というように，何をどのように書くのかを明確にすると，３年生でも書くことができる。

１枚のカードに全部書くこともできるが，１枚のカードに１項目ずつ書き，カードを操作して黒板上で整理することもできる。

ためしたことカード

田中みな子

・黒板につけたらついた。
・アルミサッシにつけたらつかない。
・じしゃくでおにごっこをした。

① 既有の経験や知識とのずれを感じる活動を組む。
② 一人一人が気づきや不思議さを表現し，意識化を図る。
③ 相互の話し合いを通して，共有の問題とする。

(3) 一人一人の気づきを全体のものにし問題を共有化する活動

①気づきを話し合う場の設定

「磁石」を使って，試したことを発表する場を設定する。カードに書き出した気づきを発表していく。磁石のように，繰り返すことが容易で危険が少ないものは，実際にしたことをみんなの前で再現させることも大切である。このとき，似ているものや同じものという観点を与えて整理していく。そして，キーワードになるものでまとめたり，「○○のひみつ」のように名前をつけたりして整理する。はじめは，教師が手伝いながら整理しまとめていく。こうした活動を繰り返していくうちに，子どもたちの力で，視点をもった分類ができるようになっていく。

②気づきの整理

Ｃ１　はさみは，磁石につきました。
Ｃ２　はさみは，磁石につきませんでした。
Ｃ３　ピカピカしているものでも，つかないものがありました。
Ｃ４　磁石と磁石は，つく。
Ｃ５　磁石と磁石は，逃げるときもある。
Ｃ６　間に机があっても磁石は，つく。
Ｃ７　磁石と磁石を重ねると，強い磁石になる。

Ｃ１とＣ２の気づきから，同じはさみなのにどうしてついたりつかなかったりするのかすぐに疑問の声があがる。その場で解決できるものは，その場で確認していくようにする。このはさみの場合は，持ち手のプラスチックの部分と刃の鉄の部分の違いであることがすぐに確かめられて，子どもたちも納得する。電気の学習での経験から，プラスチックのような電気を通さないものは，磁石につかないという見方・考え方を子どもたちがもっているからである。ところが，Ｃ３のピカピカしているものでもつかないものがあるという発言からは，「金属は電気を通したのだから，磁石にもつくのではないか。」という子どもが，既有の知識とのずれを感じていることが読み取れる。

ここで，似たようなことはなかったかを話し合うなかで，

ピカピカするもの（金属）でも磁石につくものとつかないものがあるのか。

という，共通の問題がつくられるのである。この問題は，単に磁石につくもの・つかないものを調べるための問題ではなく，磁石の性質として，金属のなかでも主に「鉄」につくという新たな概念をつくり出していくための問題となる。

Ｃ４，Ｃ５の違いをもとにして，磁石の極の性質につながる問題，Ｃ６の気づきをもとにして，磁石の磁力についての問題がつくられていく。

２．第３学年「身の回りの生物」（昆虫の成長と体のつくり）
――②帰納的タイプ

最初の，チョウの成虫がなぜエサのないキャベツ畑にいるのだろうかという素朴な疑問から，キャベツ畑に出かけ，キャベツ畑でモンシロチョウの幼虫と出会い，そのことをきっかけにして幼虫を飼育し始める。最初の頃は「この幼虫はモンシロチョウの幼虫なのだろうか」「この卵はいつかえるのだろうか」といった成長への思いが，幼虫の成長に伴って「いつ頃チョウになるのかな」「どのようにチョウになっていくのかな」といった先の成長への見通しを伴った明確な問題へとなっていく。この単元のような，単元展開に伴って問題が構成されていくようなものがある。

KEY WORD
予想
仮説
推論
根拠
要因

予想・仮説

推論という視点を中心に

1．予想と仮説について

「予想」と「仮説」を本来的な意味から考えると，「仮説」は「予想」よりも自然科学の世界に限定されたものとなるのであろう。しかし，本稿では小学校理科の立場で，あえて「仮説」と「予想」とを区別して考えずに進めていきたい。むしろ，ある事象に対して子どもがもった検証可能で根拠をもった考えを「仮説」あるいは「予想」と考えていく。もしも使い分けるならば，仮説を確かめるために計画した観察・実験の結果の「予想」との区別である。この場面では，「結果の仮説」とはいわない。

そこで，本論が述べる場面は，「結果の予想」としてではなく，結果の予想の裏づけとなる考えとしての仮説，あるいは予想を扱うことになる。そこで，以下では仮説と総じて呼ぶことにする。

2．子どもがもってほしい仮説

仮説を立てることが目的ではなく，仮説をもてることによって，自らが行うべきことの見通しをもっていることである。そのためには，仮説が形通り立てられることではなく，自分なりに明確な根拠をもった仮説となることが大切である。さらにその先を考えると，検証可能であることが絶対に求められる。このことは，「見通し」をもつことにつながるのである。

最後に，子どもたちが「仮説」を立てることができるようになるためには，ある意味での訓練が求められる。そこでは，ある程度決まった文として，例えば，「振り子の糸の長さが長くなれば，振り子が１往復する時間は長くなる。」といった，形にあてはめさせるのである。

このことは，他の人が読んだときもわかりやすいものとなり，その点からも都合がよいといえる。

3．子どもが仮説をもてるためには

——演繹的タイプを例に

(1) 教師の側から

子どもが仮説を立てることができるようにするためには，以下の二つの側面から考えることにする。

①その単元の指導計画でいかに工夫するか

事象提示や問題づくりの場面に大きく左右されるが，仮説を立てるのに十分な根拠となる自分の考えをもてるようにすることである。そのためには，経験を引き出したり，複数の経験を引き出せるようにしたりすることである。

②積み上げ的な指導をする

「子どもがもってほしい仮説」の中で述べたように，仮説を立てる経験のような積み上げが必要で，そのような積み上げとしての指導を理科の年間指導計画なりに盛り込むことが求められる。

(2) 子どもの側から

以下のように，経験や既有の知識を引き出し，目の前の事象を解釈できる状況になっていることが求められるといえる。

以上をふまえて，具体的な事例から仮説を立てることを考えてみる。

〈事例１〉演繹的タイプの内容
ものを見るあるいは操作するなかで仮説が設定されていくタイプの内容
（第５学年「電流がつくる磁力」など）

このタイプの学習内容は，比較的仮説が立てやすく，提示された事象が起こる要因を見いだし，その要因を多くの子どもは複数あげることができる。それらの要因から仮説を立てていく内容であり，たやすく仮説を立てることが可能である（根拠があり，解決の見通しも立ちやすい）。

① 根拠のある仮説を立てさせるための手立てが大切となる。
② 事象を引き起こすと考えられる要因が仮説となる。
③ 実際には見ることができないが，このようになっているはずであると推論したものが仮説となる。
④ 仮説が立たない子どもへのはたらきかけを行う。

以下は，第５学年「電流がつくる磁力」の例である。

提示事象と主な子どもの反応（例）

（例１）強力電磁石（人が二人で引き合ってもなかなかはずれない電磁石）
- ・どうしてこんな強い力ができるのか。
- ・鉄がつくから磁石のようだ。

（例２）魚釣りやユーフォーキャッチャー
- ・もっと大きな（たくさんの）魚を釣り上げられるものをつくりたい。

例１や例２のような気づきや疑問から，強い磁石にしたいという思いや願いとなり，そこから，「より強い磁石をつくるにはどのようにしたらよいのか」という問題が生まれてくる。その問題の裏には，各自が，どのようにしたならば強い磁石にできるはずだ，という見通しをもっている。この見通しとしては，以下のようなものがあげられる。

①電池の数を増やして流れる電気の量を増やす（その際の電池は直列つなぎ）。
②コイルの巻き数を増やす。

こうした「見通し」が仮説となっていく。

提示された事象から，見いだされた要因が仮説となっていくといえる。

〈事例２〉演繹的タイプの内容
話し合ったり操作をするなかで仮説が顕在化していくタイプの内容
（第５学年「物の溶け方」など）

このタイプの学習内容は，実際には見ることができないが，このようになっているはずであると考える内容である。

例えば，第５学年「物の溶け方」においては，「水に溶けた食塩は，どのように水に入っているのだろうか」という問題に対する仮説となる。これは，見られている事象から既有経験などを駆使して解釈し，推論して立てられる仮説ということになる。

提示事象と主な子どもの反応（例）

食塩が水に溶けていく様子を観察したり，食塩が水に溶ける限度を調べる実験を行うなかで，水にどのように食塩が溶けていくのかを考え，図などを使ってその様子を表現していく。このように推論した仮説は，「食塩は，目に見えないくらい小さな粒で，溶かしたものすべてが水に入り込んでいるはずである」といった仮説となる。このタイプの内容では，一つの事象を見ただけで問題がつくられ，仮説が立つというものではなく，いくつかのことを通して，明確な仮説がつくられていくことが多いといえる。

○仮説設定時の共通した課題

仮説を立てられるということは，問題に対して解決の見通しをもっていることになる。しかし，仮説を立てられない子どももいる。こうした子どもに対しては，小集団での話し合いや，ほかの人の考えを聞くという場をつくるのが有効である。

４．帰納的タイプでの仮説のつくられ方

帰納的な展開を構成している内容としてあげられる第３学年「身の回りの生物」などは，前述した「問題づくり」でも述べたように，幼虫や卵との出会いの時点で，最終的にはチョウになるという大きな見通しがある。そして，昆虫を育てながら，その先が少しずつ見えてそれが一つの仮説となるといえる。同様に，第４学年「季節と生物」に関しても同様なことがいえる。これまでの生活経験や第３学年での昆虫や植物を育ててきた経験をもとにして，その先どのように変化していくのかの仮説が立つといえる。

KEY WORD
仮説
複数の観察・実験
概念地図（→p.82）
条件制御

検証の方法

ここでいうところの検証の方法とは，あくまでも「問題」に対する「仮説」を確かめるということである。この確かめるという目的を達成するために，観察・実験を行うということになる。本論でも，「観察・実験」を，仮説を検証する活動と位置づけて論じていくことにする。

1．検証の過程に関して

検証の過程をさらに細かくしていくと，
①観察・実験の企画の段階
②観察・実験を実施する段階
③出てきた結果を記録する段階
に分けることができる。以下に，段階ごとに説明を行う。

(1) 観察・実験の企画

自分が立てた仮説を確かめるための観察・実験を企画する段階である。この段階では，自らが立てた仮説を確かめるために，何を行っていけばよいのかを考えることが求めれる。ときには，自分だけでなく，他の仮説に関する考えも考慮した観察･実験を企画することも求められる。

(2) 観察・実験の実施

この場面で大切なことは，計画を行う段階である。実際に観察・実験を行いながらも，常に観察・実験の方法に欠けているものはないのか見直しながら，計画にそって進めていくことが求められる。

(3) 結果を導き記録する

出てきた結果を，自分でもわかりやすい形で記録していくことが求められる。計画の段階で，結果の予想と比較しやすい記録の方法を考えておく。

2．すでに観察・実験の方法は見通されている

仮説を立てるということは，すでに観察・実験の方法は見通されている。特に，事象を引き起こす要因を探るような「演繹的タイプ」の学習内容に関しては，仮説そのものが観察・実験の方法を示しているといえる。

3．観察・実験を企画するにあたって

検証の方法の段階においては，「観察・実験を企画する」ことが最も大切な段階といえる。その段階での留意点を検討したい。

(1) 教師は何をするのか

この段階で求められることは，自らが立てた仮説について，本当に確かめる観察・実験の方法となっているかの吟味である。そのために，話し合いの場面をつくったり，ときには教師が直接的に指導したりすることも求められる。たとえ教師が方法の例を示す場合でも，あくまでも自分自身の考えを確かめるという意識を子どもがもてるようにすることが大切である。

(2) 結果予想の必要性と結果と結論

観察・実験の企画ができた段階では，自分の考えている仮説通りであるならば，計画した観察や実験を行ったとき，どのような結果が得られるのかの予想を明確にできることが望まれる。そのことによってはじめて，観察・実験から出てきた結果と仮説を見比べて，そのうえにたっての結論を導くことができる。子どもは，結果と結論を区別できない場面がある。結果は，あくまでも観察・実験から出てきたものであり，結果と仮説から考えた問題の答えが結論である。

4．事例

学習内容のタイプによって，検証の方法が異なってくる。そこで，タイプ別に事例をあげて説明する。

(1) 帰納的タイプ（3年「身の回りの生物」）

①このタイプの検証方法の特徴

このタイプの学習内容では，観察・実験を継続的に行っていくなかで新たな問題が生まれ，その問題を随時解決していくというタイプの学

POINT

① 仮説を確かめるための観察・実験を企画する。

② 方法を吟味しながら観察・実験を実施する。

③ 観察・実験の結果を導いて記録する。

習活動の流れとなる。そのため，検証の方法は，前の観察・実験の方法を継続的に行いながら進めていくものが多い。そこで，観察・実験を進めながら新たな問題が生じ，次の解決活動に進んでいく流れを，第３学年「身の回りの生物」を例にしながら紹介する。

○：活動　・：主な疑問等　□：問題

第３学年「身の回りの生物（モンシロチョウ）」

○キャベツ畑にモンシロチョウの観察

・花の蜜を餌にしているモンシロチョウが，なぜキャベツ畑にたくさんいるのかな。

・キャベツにとまっておなかを曲げている。

・卵を産んでいるみたい。幼虫みたいなものを見つけたよ。

キャベツにたまごをうみにきたのだろうか。

○採った卵や幼虫みたいなものを育てて，モンシロチョウになるか調べる。

・卵から小さな幼虫みたいなものが出てきた。

・とってきた幼虫と大きさや色が違う。

・だんだん大きくなるのかな。

よう虫は大きくなっていくのだろうか。

よう虫からどのようにして チョウになるのだろうか。

以下の学習の流れは省略するが，この流れを見てわかるように，前の観察活動のなかでの気づきや疑問が新たな問題を生むきっかけとなり，新たな問題が構成されていくことになる。こうした展開では，明確に「問題構成－仮説設定－検証」といった区別がつきにくい。そのために，検証の方法も前の活動の延長のようになり，長期にわたる継続観察といった展開になる。

しかし，子どもの活動を詳細に検討していくと，単純な継続観察ではなく，様々な問題意識の連続のなかに位置しているといえる。そこで，その展開のなかでの留意点を検討していきたい。

②このタイプの展開での教師の留意点

（ア）今，何のために，何をやっているのかを子ども自身がとらえられるようにする

継続的な観察・実験では，前述したように，その場面ごとに子どもは違った問題意識をもちながら観察・実験を行っている。しかし，そのことを子ども自身がどこまで自覚しているのか，その問題がどこからどのように生まれ変化していっているのか，子どもはとらえにくい。そこで，教師側がそのあたりを十分に把握して，学習活動を展開するようにしたい。そのために，教室の掲示物として，考えの変遷を記録するのもよい方法である。

（イ）継続的観察記録の必要性を実感させる

問題意識の連続的な変化であることを意識させる必要がある。そのために，何のために何をやっているのかを自覚させる。

（ウ）日常的な継続活動への工夫

継続的な活動を行うために，弾力的な時間割の運用を行う必要がある。

(2) 演繹的タイプ（５年「物の溶け方」）
（４年「金属・水・空気と温度」）

①このタイプの検証方法の特徴

このタイプの学習内容では，検証方法という点から考えると大きく二つのタイプに類型化される。一つが５年「物の溶け方」のように，いくつかの問題が集まって大きな問題を解決していくものである。もう一つが４年「金属・水・空気と温度」のように，一つの問題を様々な方法で実験し，そこで得た複数の結果をもとにして解決していくというものである。そこで，この二つのタイプの主な流れを見てみたい。

タイプ1（5年「物の溶け方」）

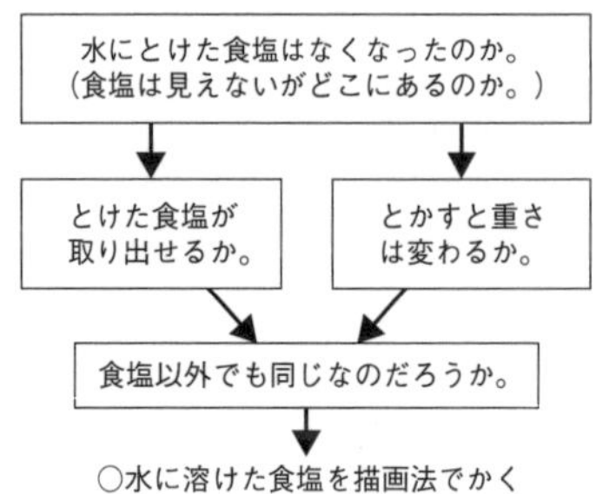

タイプ2（4年「金属・水・空気と温度」）

金ぞくの温まり方は，
どのようになっているのだろうか。

○金属の温まり方を考え，描画法で表現する。
○考えを確かめる実験を計画・実施

・水滴で調べる　・ロウをべったりと塗る　・サーモテープで調べる　など

・様々な結果をもとに，考えられる金属の温まり方を，再度描画法で表現する。

検証方法の二つのタイプは，内容だけでなく，扱う学年による違いであるともいえる。それぞれの対応ごとの留意点を以下に述べる。

②このタイプの展開での教師の留意点

〈タイプ1〉

タイプ1のような学習内容では，いくつかの問題を構造化していくことが求められる。そこで，学習活動のなかで，これまでにやってきたことを整理して構造化する場面を設定することが必要である。その構造化を図る手法として，以下のものを紹介する。

(ア) コンセプトマップ（概念地図法）を使って，これまで行ってきたことをキーワードにしてつなぐ方法。

(イ) 関連図法を使って，これまでに行ってきたことを関連させられないかを考える。

(ウ) 単語連想法を使って，キーワードを思いつくままつないでいく方法。

(エ) 個々に行ってきたことを整理したあとで，そのことについての話し合い活動を行い，ほかの人の考えを取り入れるようにする。

〈タイプ2〉

このような学習内容では，個々の考えと結果を交流させ結び付ける場を設定することが必要である。そのために，以下のような手法が考えられる。

(ア) 考えの変化を掲示していく

各自の記録などを掲示し，その考えの変化の様子に目を向けるように声をかけていく。そのことによって，ほかの人が考えをどのように修正していったのかを知ることができる。その修正が自分でも必要であるかを検討できるようにする。ただし，掲示された記録をいつでも見にいける状況をつくっておくことが大切である。

(イ) 他のグループとの話し合い

他のグループの実験方法や結果について交流し合うことによって，結果を複数見比べ，考えをまとめ直すことができる。そのためには，いつでも考えや結果を交流できる雰囲気をつくっておく必要がある。こうした交流は，初めの頃は意図的に設定をしていかなければならないが，経験を重ねていくうちに自然にできるようにしていきたい。

(3) 演繹的タイプ（5年「振り子の運動」）

このタイプの学習内容は，例えば，周期の違う二つの振り子が提示され，その違いが何によって起こっているのかを考え始める段階，すなわち，最初の問題がつくられる段階で，すでに検証方法が見通されている。この振り子の例でも明らかなように，振り子の周期の違いはおもりの重さによって違っているのではないかと考えた子どもは，重さを変えて比べる実験を考えることになる。このように，最初の問題がつくられる要因が見いだされた段階から，その要因そのものが観察・実験の方法となる。それだけに，検証の方法もその観察・実験の結果の予想も，明確に立てることができる。

そこで，第5学年「振り子の運動」の「振り子」について立てた仮説を確かめる実験の方法をあげながら，観察・実験を企画するなかでの留意点をあげていきたい。

〈仮説〉おもりの重さが，重ければ重いほど振り子が1往復する時間は短くなるであろう。

〈実験方法〉おもりの重さを変えて調べる。

糸の長さ　　：50cm

最初の振れ幅：20°

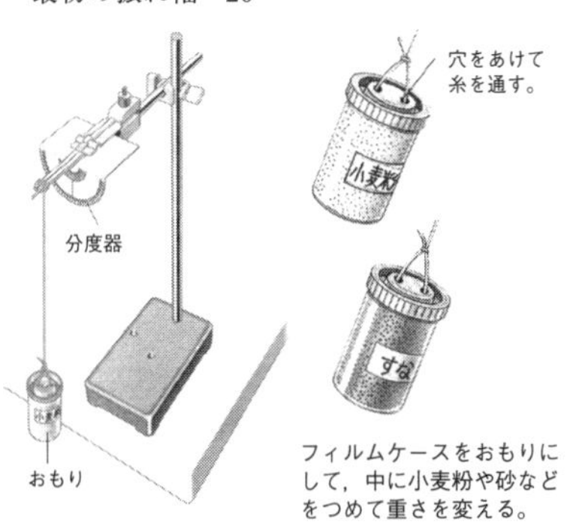
穴をあけて
糸を通す。
小麦粉
すな
分度器
おもり
フィルムケースをおもりに
して，中に小麦粉や砂など
をつめて重さを変える。

■ 結果を記録する表

	1回目	2回目	3回目	4回目	5回目	
10グラム						
20グラム						

①観察・実験を企画する段階での留意点

(ア) 確かめるべきことを確認する

観察・実験を計画する段階でも，実施する段階でも大切にすべきことは，何を調べているのかについて，常に問題を意識しながら考えるようにすることである。そのために，教師は子どもの考えていることが，問題に答えているのかどうかを常に見ていくとともに，仮説を確かめる方法としてふさわしいものになっているのか注目して，必要に応じて声をかけていく必要がある。

(イ) 条件制御

第5学年以上の学習内容においては，この「条件制御」の指導を最も大切にしていきたい。この条件制御の力はなかなか身につかないことが指摘されている。それだけに，他の人が考えた要因も含めて「何を変える」「何を同じにする」のかを明確にしていくようにする。

条件制御に関しては，事象を引き起こしていると考えられる要因を変数にし，他の要因を固定して観察や実験を行い，変数にした要因が変わると結果に大きな違いが生じるのかを見ていくものである。このとき，固定する要因を何にし，どのように固定していくのかをしっかりと考えさせるようにする必要がある。

条件制御を考えない子どもは，関係する要因のみを変えて実験を行い，変化が生じると，考えた通りであったと結論を出してしまうことが多い。

(ウ) 結果の記録方法やまとめ方を考えておく

記録の中には，変数となる要因と固定する要因は何かをきちんと残しておくことが求められる。子どもは，実験することに夢中になると，こうした実験の条件を記録することを忘れてしまいがちになる。教師があらかじめ声をかけ，記録させるようにしたい。

このあたりの記録の仕方は，教科書にもその例が載っているので，教科書を活用しながら記録の仕方を身につけさせていきたい。

②実験実施段階での留意点

(ア) 誤差の扱い

実験を行っていくと必ず誤差が生じる。この実験誤差によって，子どもたちはその違いをあたかも条件の違いによって起こったものと判断し，自らの仮説を確証したあるいは反証したと判断してしまうことがある。そこで，取り扱い方を工夫していくことで，測定による誤差が生じないような装置の工夫も求められる。

(イ) 観察の理論負荷性

子どもは，不思議と自分の考えをしっかりともてばもつほど自分の考えにこだわりをもち，そのために出てきた結果で，測定による誤差が生じないような装置の工夫も求められる。

例えば，振り子の1往復する時間が重さに影響し，重いほど短くなると考えている子どもが実験を行うと，重いほど1往復する時間が短くなる結果を解釈することがある。このような場合は，重さを大きく変えても時間の変化には大きな差が出ないことを確かめさせ，重さの違いが出なく，実験誤差の問題であるという考えに至ることとなる。

いずれにしても，学級などの集団でそれについての議論をする場を設定する必要がある。その際にも，考えが異なる子どもがいることが望ましい。

KEY WORD
結論
考察
発展
問題解決の過程

結論─考察─発展

1．概要

問題解決の最終段階である結論－考察－発展の過程を概観する。ここでは，特に考察・発展の場面を詳細に論じるために，理科の問題解決の学習過程を次の９段階として扱っていく（2008東京都小学校理科教育研究会を参考）。

① 事象提示
② 問題づくり
③ 仮説（予想）
④ 観察・実験計画の立案
⑤ 観察・実験の実施
⑥ 結果の整理
⑦ 結論の記述
⑧ 考察を加える
⑨ 発展的な追究

(1) 結論

仮説から考えられる「観察・実験結果の見通し」と「実際の観察・実験結果」を比較し，見通し通りだったのか，見通しと異なっていたのかを判断する。この過程がまずはじめに行われる考察といえる。この考察で以下の判断を行う。

「見通し通り」だった場合，仮説が正しかった（確証された）と判断する。

「見通しと異なっていた」場合，仮説が正しくなかった（反証された）と判断するか，あるいは観察・実験の方法に誤りがなかったかを振り返る。

(2) 考察

仮説が確証された場合，きまりを他へ適用したり，より一般化する方向で考える。

観察・実験結果が見通しと異なった場合，その原因を考えること。次の三つの視点を授業で扱いたい。

まずは，データのばらつきの原因を考えること。振り子の周期を測定する実験など，複数回実験することにより精度を高めることができる。次に対象の多様性を考えること。植物の発芽など，生物を対象とした実験では，多様性という見方も必要となる。最後に，実験方法そのものを見直すことも考えられる。

(3) 発展

仮説が確証された場合，それを知識やきまりとしてまとめるが，その適用範囲は極めてせまい。ジャガイモの葉で光合成の実験をし，そこから「植物は葉で栄養をつくっている」とまとめたのでは，論理の飛躍がある。そこで，発展として，見いだしたきまりや知識が他のものにもあてはまるかどうか調べる時間を設定し，知識やきまりの意味の拡張や，より一般化する学習を位置づけることが大切になってくる。

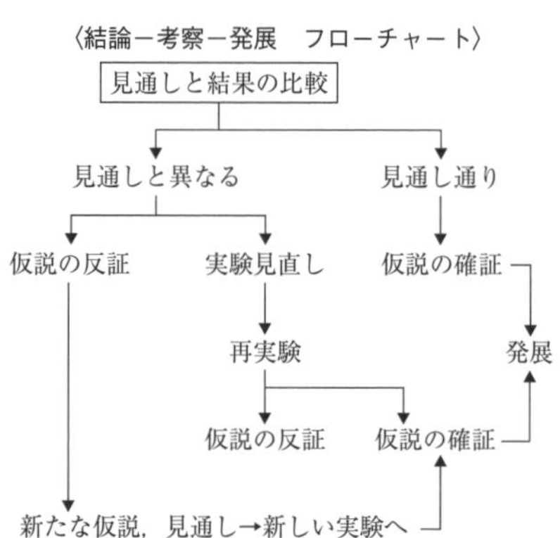

以上が，結論－考察－発展の概要であるが，以下，実際の授業場面にあてはめて，具体例を通して詳しく述べることとする。

2．結論づけをする前提

この過程での注意点として，問題に正対する仮説があり，問題に正対した結論が導き出されることが大切である。児童の実態として，結果

① 結論・考察・発展とは何か。

② 結論づけることの意味。

③ 発展を行う意味。

から結論を出す部分が弱いといったことがあげられる場合があるが，この部分だけを取り出して授業改善することは難しい。先述の問題解決の過程⑦以降は，②③④に大きく依存する。つまり，結論を記述するには，②③④の過程を丁寧に授業で扱うことにより，はじめて⑦以降の過程が意味をもってくるのである。

問題設定の場面で自然事象（あるいは提示事象）を比較して相違点，差異点を見つけることから問題解決が出発するのと同様に，結論を導く際にも，この「比較」が重要となる。

何を「比較」するのかといえば，それは，「結果の見通し」と「観察・実験の結果」である。

このように，問題解決の学習過程において，いろいろな場面で「比較」が出てくる。学習指導要領では働かせる「見方･考え方」の「考え方」の1つとして「比較する」ことが記されていて問題解決の力を養う上での基本となっている。

3.「結果の見通し」と「結果」の比較から結論づける過程

理科の授業が，学級集団を基本として行われていることから，個が行う結論づけと，学級集団としての結論づけの2段階を踏む必要がある。

個としての問題解決と学級集団としての問題解決が相互に関連し合って進行する。これは，科学の方法論でもある。①～⑥の各過程で，個の考えに学級集団としての検討が加わり，客観性，再現性，実証性といった科学の特質が保障されるのである。

問題解決の学習に参加する児童に求められる能力や態度は，「事実から考えること」「自分と異なる考えを理解しようとすること」「自分の考えを謙虚に見直すこと」「誰の意見かではなく，どんな意見かで判断すること」「より妥当な結論を追究すること」「問題解決の過程を客観的に見直すこと」などである。

(1) 個の結論づけ

「結果の見通し」と「結果」を比較することにより，仮説が確証されたのか，反証されたのかが判断できる。

5年「植物の発芽・成長・結実」の単元を例にして考える。この単元では，植物の結実の条件は，花粉がめしべの柱頭に付着し，受粉することであることを追究する。

> 仮　説
>
> アサガオでは，おしべの花粉がめしべにつくことが，種子ができる条件である。

④観察・実験計画の立案の段階で次のような見通しをもつ。

> 実験の結果の見通し（結果の予想）
>
> a　アサガオのめしべに花粉がつかないようにすれば，種子はできないであろう。
>
> b　めしべに花粉がつけば種子ができるであろう。

⑥実験を実行し，次のような実験結果を得た。

> 実験の結果
>
> a′ アサガオのめしべに花粉がつかないようにしたら，種子はできなかった。
>
> b′ めしべに花粉をつけたら種子ができた。

ここで，aとa′，bとb′を比較し，見通しと結果が一致することから，仮説「アサガオでは，おしべの花粉がめしべにつくことが，種子ができる条件である。」が確証されるのである。

(2) 集団としての結論

5年「植物の発芽・成長・結実」では，比較的多くの児童が結実に受粉が必要であると考えている。ところが，A君の実験では受粉させないのに花が結実してしまったとしよう。これでは，仮説を棄却し，受粉と結実は関係がないと結論づけざるを得ない。ここで集団としての結論づけの場面が重要となってくる。友達の多くの花で，受粉させていない花が結実していなければ，より妥当な結論として，「結実に受粉が必要である」と修正する必要がある。

そして，自分の花が受粉しなかったのに結実した原因を考えるために，自分の問題解決の過程を振り返ることになる。

個人と学級集団が相互に関連し合いながら，問題解決学習を進める前提条件として，データの信頼性がある。学級で十分検討した実験方法であるならば，その実験結果であるデータは誰のものであろうと,お互い信頼する必要がある。「誰のデータか」ではなく「どんな手続きで出されたデータか」が重要である。この意味で,問題解決の過程④での集団としての検討が重要となってくる。

(3) 集団としての結論づけに有効な表

理科の授業において，一人一人が観察・実験を行うことを重視することは大切である。ところが，学級の中で，同じ方法の観察･実験を行うと,予期せぬ結果が増えることも事実である。そこで，多くの観察・実験結果を表にまとめ，そこから関係性を見取るために2×2の表を用いる。

5年「植物の発芽･成長･結実」を例にする。この単元では，発芽に必要な条件をインゲンマメ等を使って調べる。児童が発芽に必要な条件を想定し,その条件を制御しながら「空気」「水」「温度」の３条件を見いだしていく。

4年生までの栽培経験などから，発芽に肥料が必要だと考える児童が比較的多くいる。そこで，肥料を与える種子と与えない種子とを用意し，発芽の状況を見るのである。前述の３条件はすべて与える。学級全体で50個の種子を使ったところ，実験結果は次のようになった。

肥料の有無と発芽の関係

	発芽した	発芽しない
肥料あり	22	3
肥料なし	23	2

この表から，肥料の有無にかかわらず，ほぼすべての種子が発芽したことがわかる。よって，「肥料の有無は種子の発芽の条件ではない」と結論づけることができる。

同様に，空気が発芽の条件なのかどうかを調べる実験では次のような結果を得た。

空気の有無と発芽の関係

	発芽した	発芽しない
空気あり	23	2
空気なし	1	24

この表から，空気を与えたときにほぼすべての種子が発芽し，反対に空気を与えないときにほぼすべての種子が発芽しないことがわかる。

よって，空気の有無は種子の発芽の条件であると結論づけることができる。

4．結論に考察を加える

(1) 考察を加える

結論に考察を加えるとはどのようなことなのか。前述の５年「植物の発芽・成長・結実」を例に述べたい。前項で２×２の表を使って，集団としての結論づけをする方法を紹介した。結論に考察を加える際にもこの表を使うことができる。前述の空気が発芽の条件であるかどうかを調べる実験では，実験前の予想は次のようであった。

実験の予想（空気の有無と発芽の関係）

	発芽した	発芽しない
空気あり	25	0※1
空気なし	0※2	25

実験前の予想では０が入っている欄は，実際には，それぞれ２と１が入っている。

※１の欄が予想と違った理由は何であろうか。

C1「水がなくなってしまったのではないか。」
C2「いや，水は毎日あげていた。」
C3「水の中に沈んでいたのではないか。」
C4「すぐとなりの種は発芽していたから，そうではないと思う。」

このような議論のあと，種子は100％発芽するわけではないとの結論に達した。

※2の欄が予想と違っていた理由は，実験中に水位が下がって，空気に触れた可能性があることがわかった。

このように，2×2の表を用いることで，結論に考察を加えていくことができるのだが，この表に結果を記入させれば，すぐに考察することができるようになるわけではない。

(2) 考察の視点を与える

児童が結論に考察を加えることができるようになるためには，教師が児童に考察の視点を与えていくことが必要である。日々の授業で，考察を書くヒントを与え，どういう視点で考察を書けばよいのかを身につけさせることが大切である。「よく考えて書きなさい。」だけでは，児童の記述は深まっていかない。

では，どのような視点を与えればよいのか。次のようなものが考えられる。

①～④は主に結果の見通しと実際の結果が異なった場合に行われる考察の視点である。

⑤～⑦は主に結果の見通しで実際の結果が一致した場合に行われる考察の視点である。順を追って説明する。

①実験の精度や誤差

実験方法そのものに誤りはないが，小学生レベルの測定機器，実験道具では，データに誤差が含まれてしまうこと。

例えば，振り子の周期をストップウォッチを使って測定する場面では，10往復する時間にばらつきが生じる。事前に同じ振り子を複数の児童が同時に測定することにより，$\frac{1}{100}$秒単位は数値としてほとんど意味がないことなど，実験の精度を実感することができる。また，棒温度計を使って，気温を測定する場面でも，複数の棒温度計がすべて同じ値を表すわけではない。児童は，数値化されたデータについて，正確な数値としてとらえ，わずかな差でも違いと見なしてしまいがちである。年間指導計画の中で測定の精度について考える機会を位置づけることにより，無視してよい違いについて，ある程度考えることができるようになる。

②対象の多様性

6年「植物の養分と水の通り道」の発展として，校庭の様々な植物の光合成について調べたところ，多くの植物の葉から，デンプンが検出されたが，デンプンが検出されない種もあった。実験の方法を振り返っても，操作に間違いはなかった。児童は次のように考察した。

ジャガイモの他にも多くの植物が葉でデンプンをつくっていることがわかった。今回の実験では，デンプンがなかった葉があったけど，これは，もしかするとデンプンの量がものすごく少ないか，デンプン以外の栄養をつくっているのかもしれない。

このように，生物を対象とした単元の場合，きまりや知識がすべてのものに適用できるわけではなく，生物の多様性を考慮しなければならない。

ちなみに，植物には，光合成で簡単な糖類をつくる糖葉とデンプンをつくる澱粉葉がある。校庭の植物の中で，デンプンが検出されなかったのは，糖葉の植物の可能性がある。

③実験方法の見直し

実験結果が見通しと異なる場合，その理由として実験方法あるいは実験の遂行過程で誤りがあったのではないかと考える。

④仮説の再検討

仮説を再検討し，新たな仮説を立てる。授業時数に余裕がある場合は観察・実験を計画し，仮説の検証を行うことになる。

⑤日常生活への適用

仮説が確証され，新しいきまりや知識を得た場合，それを日常生活に適用することにより，知識の定着が図られ，活用する能力が高まり，さらに，学習の有用感が高まる。

⑥類似の事象との関係づけ

5年「動物の誕生」の単元では，ヒトやメダカの生命の始まりについて，受精から誕生までの成長について学習する。これらの学習から，植物の結実についても受精のようなものがあるのではないかと，知識を適用すること。

5年「物の溶け方」で学んだ「食塩水を加熱すると食塩が出てくる」ことを，6年「水溶液の性質」で「鉄を溶かした塩酸を蒸発させても鉄が析出しない」ことと比較して考えることなどがこれにあたる。

⑦一般化

見つけたきまりや知識を他の多くのものに適用して，すべての事例でそのことがいえるかを考えること。例えば，5年「植物の発芽・成長・結実」の学習で，アサガオの花の中に，おしべとめしべがあることから，他種の花にもおしべとめしべがあるのか考える場面がこれにあたる。アサガオという特定の種で見つけた「おしべとめしべ」という花のつくりを「どの植物でもおしべとめしべ」があるのかと一般化して考える。

このようにいくつかの視点を与えて，考察させることを積み上げていくことにより，思考が深まっていくとともに，発展的な課題へとつながり，問題解決の連続性が保障されていく。どの単元でどのような考察の視点を与えていくかを，年間指導計画の中に位置づけるとよい。

5．発展的な学習

発展的な学習を単元末に位置づけることにより，次のような効果が期待できる。

①基礎・基本の確実な定着
②学んだことを他へ適用することの習慣化
③日常生活への適用による，学習の有用感の高揚
④きまりや知識の適用範囲の拡大，あるいは限定

以下に発展的な学習の実践例を示し，これら発展的な学習の効果を見ていくこととする。

実践例　6年「植物の養分と水の通り道」

この単元では，植物が光合成によりデンプンを自らつくりだしていることを学習する。教科書では，ジャガイモの葉でデンプンの存在を確認し，「このように，植物では…」と一般化している。しかし，ジャガイモの一例から，植物全体の光合成について言及するのは少し無理がある。

そこで，ジャガイモが葉でデンプンを合成していることを学習したあと，他の植物でもデンプンを合成しているか否かを追究する時間を設定した。ジャガイモで見つけたきまりを他の植物に適用する「演繹的な追究」である。

クラス全員が2種類程度の植物を校庭で採取した。形状が違う葉，樹木，日陰，色の違う葉，なども考慮し，合計で60種類程度の植物をサンプルとした。

デンプンの検出は，教科書に載っている方法で行った。実験の結果，次のようなデータを得た。

	デンプンあり	デンプンなし
日光あり	50	10
日光なし	12	48

そして，結果から次のような結論を出した。

> 校庭にある多くの植物が葉でデンプンをつくっていることがわかった。

さらに，デンプンが検出されなかった理由について考察し，記述している。

・植物によってはデンプン以外の栄養をつくる植物があるのではないか。
・今回の方法ではデンプンが出なかったが，他の実験方法ならば出てくるのではないか。
・今回は日光が当たっている時間が短かったので，十分に当てた日に再実験する必要がある。

○基礎・基本の確実な定着

デンプンを検出する実験を複数回行うことにより，実験技能の定着が図れた。

○学んだことを他へ適用することの習慣化

一つの事例から一般化するのではなく，「他のものでもいえるのか。」と考える意識づけができた。

○きまりや知識の適用範囲の拡大，あるいは限定

ジャガイモで見つけたきまり（葉でデンプンをつくる）を校庭の植物に適用することにより，「多くの植物では」と一般化するとともに，「植物のなかにはデンプンが検出されないものもある」という，ある意味では限定をつけた結論づけを付加することにもなる。

［参考文献］

東京都小学校理科教育研究会（2008）『平成19年度研究紀要』

授 業 編

(2)授業の技術

KEY WORD
問題解決の過程
発問の定型化
足場理論
子どもの思考の流れ
二つの事象の比較提示
問題と結論が正対する

問題解決の過程に沿った発問の工夫

POINT
- 問題解決の過程を子どもの思考の流れに沿って進めていく。
- 二つの事象を比較し，見いだした違いを引き起こした原因を，問題として追究していく。
- 問題解決の活動に沿って，子どもの思考をつなげていく発問をする。

授業をつくっていくためには，問題解決の過程に沿って，子どもが主体的に問題解決をしていくための様々な工夫が必要である。ここでは，単元全体を構成していくための工夫のうち，教師の事象提示と発問の工夫について述べる。

学習が決められているなかで，問題解決の授業を構成するのはなかなか難しい。主体的な問題解決のためには，まず，子どもが追究していきたいと思う「自分の問題」を設定することが重要である。そのためには，学習内容を包含しているという大前提のほかに，子ども自身が問題に対して自分の予想をもつとともに，解決方法の見通しをもった問題とする必要がある。

これまでは，提示された事象からの気づきを学級全体で共有しつつ問題をつくっていく方法が多かった。しかし，子どもにとっては，事象と既有経験や既習事項とを関連づけることが難しかったり，教師にとっては，子どもの多様な気づきを整理することが難かったりするという面があった。そこで，比較的簡易に問題解決の授業を構成していくことができるように，教師の発問を定型化していく方法を紹介する。子どもも教師も問題解決の授業に慣れていけば，問題解決の思考が身につき，定型化した発問の数を減らしたり，違った事象提示をしながら問題解決を進めたりすることができるようになることを目指した「足場理論」（スキャホールディング）による指導法である。

1．事象との出会い・問題づくりの場面

子どもが問題意識をもつときの一つに，それまでにもっている考えとは違う事象に出会うときがあげられる。「あれ？これは違うぞ。」と感じるということは，それまでにもっている知識や経験，概念とのギャップが生まれ，自分の知識や概念を変える必要が生まれるときである。

つまり，事象提示の要件の一つに，子どもに「あれっ？おかしいな。」と思わせる内容の事象を提示することがあげられる。しかし，前述のように，子どもにとっては事象と既有経験や既習事項とを関連づけることは難しい。そこで，問題づくりに向けての比較的簡易な事象提示として，二つの事象を比較提示する方法を紹介する。二つの事象を比較提示することで，

①違いを見いだしやすくなる

②違いが起きた要因へ目が向きやすくなる

という効果が期待できる。なお，提示する二つの事象は，一つが子どもの素朴概念を代表する提示，もう一つは素朴概念を揺さぶる提示になっていることが望ましい。

子どもの思考の流れは以下のようになる。

> 二つの事象の提示
> →事象を比較し，違いを見いだす。
> →違いを引き起こした原因を予想する。
> →原因は予想通りなのか確かめる。

そのための教師の発問は以下のようになる。

> 二つの事象の提示
> 1. AとBでは，何が違いますか。
> 2. 違いが起こった原因は何だと考えられますか。

提示する事象は，以下のような条件を含むものであり，各単元ごとに教材研究をする必要がある。自然事象を直接提示するだけではなく，単元によっては，写真，動画，資料の提示ということもあり得る。

> 提示する事象の条件
> ・学習内容を要因として含んでいるもの
> ・その要因を変化させているもの
> ・子どもが違いの要因を考え出すことがで

きるもの

（例１）第５学年Ａ（１）「物の溶け方」

同量程度の水を入れたビーカーに，お茶パックに同量程度の食塩を入れたもの（Ａ）と，ホウ酸を入れたもの（Ｂ）をつるす。

→Ａはすべて溶ける。Ｂは溶け残る。

→溶けたり溶け残ったりしたのは，食塩とホウ酸では溶ける量が違うことが原因なのか。

（例２）第６学年Ａ（１）「燃焼の仕組み」

ふたをした集気びんの中の空気（Ａ）と，Ａの中でろうそくを燃やしたあとの中の様子（Ｂ）

→Ａはろうそくがしばらく燃える。Ｂはろうそくを入れたとたんに消える。

→ろうそくの燃え方が違うのは，集気びんの中が違っているのか。

（事象提示による発問の違いや，問題文づくりまでの過程については次ページ以降の「発問の具体例」を参照）

２．仮説を設定する場面

問題をつくる場面において，問題に対する子どもの仮説（違いを引き起こした原因）は，すでに出されている。この問題をつくる場面における仮説は，むしろ気づきである。この気づきを類型化整理して問題ができてくる。だから，この場面では，問題をつくる場面での自分の気づきを再度確認しつつ，根拠を明確にしていくことが重要である。根拠があることは，話し合いをする際の必要要件である。

ここでは，以下のような発問内容となる。

3. 問題を裏返して問う。
4. どうしてそのように考えたのですか。

３．検証の方法を計画する場面

主体的な問題解決では，自分の仮説を検証していくこととなる。検証は，観察・実験を通して行われる。妥当な観察・実験方法が確定したら，その方法で観察・実験を行うと，どのような結果が得られるはずなのかを予想したい。自分の仮説通りだったならば，どのような結果となるはずなのかを予想しておくことで，実験の見通しが明確になり，実際の実験で得られた結果と比較しやすくなる。そこに違いがあれば，仮説や方法を見直す必要が出てくる。

以上のことから，この場面での発問・指示は次のようになる。

5. 自分の仮説を確かめる妥当な実験方法をかきましょう。
6. そのように実験すると，どのような結果になるはずですか。

しかし，上の指示で実験方法を発案できるようになるためには，積み上げが必要である。条件を制御した実験，検証可能な妥当な実験，実験計画の発案に戸惑っている子どもに対して，さらなる支援が必要となる。（補助発問等は，次ページ以降の「発問の具体例」を参照）

４．実験の実施，結果の考察の場面

実験計画に沿って検証実験を行い，結果を記録・整理する。ここでの発問指示は次のようになる。

7. 自分の仮説を確かめる実験をしましょう。
8. 自分の予想通りの結果だったのか，結果を整理しましょう。
9. この実験の結果は，自分の予想通りの結果だったのかどうかを振り返り，問題の結論をまとめましょう。

ここでも，結果を整理し，結論を導き出すようになるためには，積み上げが必要である。特に，8.9.はいわゆる「考察」の場面であり，一朝一夕で育つ能力ではない。誤差の検討や自分の仮説が反証されたとき等，結果を整理し，結論を導き出すまでの戸惑っている子どもに対しての補助発問等は，次ページ以降の「発問の具体例」を参照してほしい。

結論を導き出すときには，問題に正対してまとめていくことが重要である。このことは，結果と結論を混同しないことにもつながる。予想通りの結果が得られない場合には，実験方法を見直したり，仮説を変更・棄却したりして，再度，検証に進むことになる。

本稿や次ページ以降に紹介した発問・指示等は，単元によって変わってくるため，提示する事象とともに，再度，単元ごとの吟味が必要である。

KEY WORD
問題解決の過程
足場理論
教師の発問
教師の問いかけ
子どもの答え方
話型

発問の具体例

●問題解決の各場面において想定される教師と子どもの話型を示す。
●子どもが問題解決の授業に慣れてきた場合は教師の発問・指示を減らす。
●話型は他の教科の学習のなかでも活用できる。

ここでは，前ページ「問題解決の過程に沿った発問の工夫」で述べた「足場理論」(スキャホールディング)による「教師の発問の定型化」について，問題解決の各場面において想定される教師の発問・指示と，子どもの答え方の例を示した。ある意味で，教師や子どもの話の型，いわゆる話型を示したともいえる。したがって，ある程度一般化した発問・指示の文言となっているため，実践単元において活用していく際には，問題解決のどの部分までを子ども主体で実施するのかについて，十分吟味をしていく必要がある。

また，学年の状況によって適用範囲を変える必要もある。例えば，検証方法の場面において，第3～4学年の段階では，条件制御については，子どもが自分で考えていく場では設定しないであろう。

左の欄の教師の発問例は，各学習過程における主たる発問・指示と，その発問・指示だけでは子どもの思考が進まない場合の補助発問で構成されている。事象との出会い・問題づくりの場面においては，「違いを追究していくのか」「関係を追究していくのか」「因果関係を追究していくのか」「変化を追究していくのか」という学習内容によって発問が変わってくる。補助発問も同様に，学習内容や学年などの子どもの状況によって変わってくることに留意したい。

また，子どもが問題解決の授業に慣れて，論理的な思考力がついてきた場合には，教師の発問・指示を減らしていく(足場をはずす)ことも大切である。例えば，問題解決の学習に慣れた子どもの場合は，子どもに二つの事象を見せるだけで，そこから違いとその要因を見いだし，問題を設定して，検証方法を考えるところまで，自力で進んでいけるようにしたい。

なお，□内に示した項目は，問題解決の流れの中でポイントとなる場面である。

右の欄は，教師の発問・指示に対する子どもの答え方の例である。「主語と述語の呼応」「考えと根拠を合わせて答える」「視点の明確化」「条件文の使い方」「メタファーの利用」「ナンバリングの利用」「置き換えたり，まとめたりする」「接続詞の活用」などの言語技術を身につけさせていくことを重視している。子どもが言語技術を身につけていくことが論理的な思考力を高めていくことになる。その結果，教師の発問・指示・問いかけの型に対応することで，学級全体が学び方を獲得していくことが期待される。これは，理科だけでなく，他の教科の学習のなかでも活用できる学び方である。

事象との出会い・問題づくりの場面

◆教師の発問・指示等◆	◆子どもの答え方◆
比較するものを提示して事象の違いを明らかにする	
●AとBでは何が違いますか。	●AとBは〈比較の観点〉が違っています。 ●Aは〈比較の観点〉が○○で，Bは〈比較の観点〉が◇◇です。

違いが生じた要因を予想する

●違いが起こった原因は何だと思いますか。

●〈比較の観点〉が違って（変化して）いるのは，○○のある・なし（要因の頻度や量の差異，要因の変化）のためだと思います。

提示する事象によっては以下の発問の場合もある

●どのように変化したのだと思いますか。　●どのようにできたのだと思いますか。

問題解決の授業に慣れてきたとき（足場をはずすとき）

●今まで学習してきた方法を生かして学習を進めましょう。

●違いを見いだしましょう。　●違いや変化の原因を考えましょう。　●気づきを整理しましょう。　●どんなきまりがありそうか考えましょう。　●問題をつくりましょう。　●まだ解決していないことは何ですか。　●同じようにあてはまることを見いだしましょう。

「要因がどのように変化すると違いが起きるのか」という予想・仮説をもたせるとき

●AがBに変化するためには，何が（を）どのようになれば（すれば）いいと思いますか。

（例）５年「振り子の運動」

「Aの振り子の１往復する時間をBの振り子と同じにするためには，糸の長さがどのようになればよいと思いますか。」

考えを導き出した根拠を今までの経験や既習事項から引き出す

●どのようなことから，そのように考えたのですか。

●生活の中でのことや今まで学習したことから理由を考えましょう。

●なぜかというと，○○だからです。

方法の違いと要因の違いを整理するとき

●その方法にすると，何が変わるためにこのような違いが起きると思ったのですか。

問題文をつくるとき

●「○○と◇◇は違っているのか。」「○○は◇◇と関係しているのか。」「○○したのは，◇◇が原因なのか。」を使って問題をつくりましょう。

（例）５年「物の溶け方」

「物によって一定の量の水に溶ける量は違うのだろうか。」

仮説を設定する場面

◆教師の発問・指示等◆　　**◆子どもの答え方◆**

仮説を確認する

●「問題文○○○」だと思いますか。（「問題」の裏返しで問う）

●○○したのは，◇◇が原因だと思います。どうしてかというと（なぜかというと），△△だからです。

仮説の根拠を明確にする

●どうして，そのように考えたのですか。

検証の方法を計画する場面

◆教師の発問・指示等◆	◆子どもの答え方◆
自分の仮説を確かめるための実験方法を発想する	
●自分の仮説を確かめる実験方法をかきましょう。 ●絵や図を使ってかきましょう。 ●準備・実験をしていく順序でかきましょう。 ●箇条書きでかきましょう。	**●自分の仮説を確かめるためには，○○（の変化）が◇◇である（だんだん◇◇になる）ことを調べればいいです。** **●もし〈自分の予想通り〉ならば〈実験結果の予想のように〉なるはずだから〈このような実験方法に〉すればいいです。**

<u>実験の目的があいまいなとき</u>

●自分の予想を確かめるためには，何がどのようになることを調べればいいのですか。

<u>比較対照や条件制御が不十分なとき</u>

●何と何を比べればいいですか。　●何をどのように変えて比べますか。

●同じにすることは何ですか。

<u>実験回数が十分でなく再現性が保障されていないとき</u>

●同じ結果となることを確かめるにはどのようにするといいですか。

●１回だけの実験でいいですか。

実験の結果を予想し，解決の見通しをもつ

◆教師の発問・指示等◆	◆子どもの答え方◆
●そのように実験をすると，どのような結果になるはずですか。	**●予想通りだと，Ａは〈比較の視点〉が○○になり，Ｂは〈比較の視点〉が◇◇になるはずです。**

●図や絵にかいて予想しましょう。　●表も使って表しましょう。

●変化はグラフに表しましょう。

（表やグラフの例示）

実験の実施，結果の考察の場面

◆教師の発問・指示等◆	◆子どもの答え方◆
計画に沿って実験を実施する	
●自分の予想を確かめる実験をしましょう。 ●何（何の変化）がどのようになれば，あなたの予想が確かめられますか。	**●予想通りだと，Ａは〈比較の視点〉が○○になり，Ｂは〈比較の視点〉が◇◇になるはずです。**

<u>実験の目的があいまいなとき</u>

●何を見て記録すればいいですか。　●何の変化を記録すればいいですか。

実験結果を整理する

●自分の予想通りの結果だったのか，結果を整理しましょう。

●時間の順番にならべて比べましょう。
●図や絵にかいてまとめましょう。
●○○がわかるように大きくかきましょう。
●表も使って表しましょう。
●変化はグラフに表しましょう。
●学級全体の結果を表やグラフにかいてまとめましょう。（表やグラフを例示する）

結論を導き出す

●この実験の結果は，自分の仮説通りの結果だったのかどうか，結論をまとめましょう。

●この結果は，自分の予想通りの結果だったといえますか。
●予想した実験結果と，実際の実験結果は同じでしたか。違いましたか。
●違いが出た原因は何だと思いですか。
・実験方法を見直す必要がありますか。
・自分の仮説を見直す必要がありますか。
●自分の結果だけでなく，友達の結果も合わせて考えましょう。
●（情報交換後）「問題」の答えはどうだったといえますか。結論をかきましょう。

●仮説通り（仮説とは違って），○○したのは，◇◇が原因だと思います。どうしてかというと，△△だからです。

仮説が反証されたとき

・実験の結果が予想通りにならなかったのは，実験の方法が違っていたからだろう。実験方法を計画し直します。
・実験の結果が予想通りにならなかったのは，問題の仮説が違っていたからだろう。問題の仮説を考え直します。
・○○ではないときも同じように◇◇なのだろうか。

大まかに見ていく必要があるとき，誤差を考えるとき

●だいたいの傾向を大まかに見て考えましょう。

いくつか結果や考えを合わせて考える必要があるとき

●他の実験の結果を合わせて考えましょう。

新たな問題を見いだしていくとき，一般化していくとき

●これ以外のときでも，同じことがいえるでしょうか。

※（平成19年度東京都千代田区立九段小学校校内研究会資料改変）

KEY WORD
ジグソー学習
コーオペレーティブ学習
発展的な学習
補充的な学習

個に応じた指導形態の工夫

- ジグソー学習の意義とその有効場面
- コーオペレーティブ学習の意義とその有効場面

個に応じた指導を展開するために，ティームティーチングや少人数指導，個別指導等，多様な指導形態の活用が求められる。

ここでは，個に応じた指導方法の例として，「ジグソー学習」と「コーオペレーティブ学習(協同的な学習)」を紹介する。ジグソー学習はコーオペレーティブ学習の一形態である。協同という視点で学習を進めるうえではどちらも同じであるが，学習活動の流れが違う。以下に，それぞれの指導方法を紹介する。

1．ジグソー学習

Aronson (1978) らが開発したジグソー学習とは，誰もが発表者となることで全員の表現力，思考力を高めようとする学習方法の一つである。手続きとして，次の五つの手順をふむ。

①4～5人程度の小集団をホームグループとして編成する（生活班等)。

②グループの中で課題からいくつかに分かれた問題の一つを各自分担する。

③他のグループと同じ問題を担当する子どもどうしがグループを編成する（エキスパートグループ)。

④エキスパートグループで問題を追究し結果を出す。

⑤もとのホームグループに戻って，学習成果を各自説明し合う。

ジグソー学習では，ホームグループには自分以外に同じ問題を追究した子どもはいないため，一人一人が責任をもって説明する必要がある。

この方法は，教え合う状況が設定されているため，子ども相互のかかわりは深くなるが，自

●一斉指導　導入実験　〈食塩を水に溶かして観察しよう〉

問題１　食塩はいくらでも水に溶けるかな？
問題２　水に溶けた食塩はなくなったのかな？
問題３　水に溶けると食塩の重さはなくなるのかな？

●TT指導

ホームグループ　1班 ○△□　2班 ○△□　3班 ○△□　4班 ○△□　5班 ○△□　6班 ○△□

エキスパートグループ　溶解グループ ○○○○○○　蒸発グループ △△△△△△　重さグループ □□□□□□

ホームグループ　1班 ○△□　2班 ○△□　3班 ○△□　4班 ○△□　5班 ○△□　6班 ○△□

●TT指導

発展的な学習　補充的な学習

■ ジグソー学習の展開例（第５学年「物の溶け方」)

分が担当した問題しか直接経験ができないという問題点もある。理科学習において直接経験はなくてはならない活動である。そこで，説明を受けた後，補充的な学習として他のグループの実験を行ったり，発展的な学習として，新たな実験を行ったりすることで，子どもの実態に応じて工夫改善したり指導計画を変更していく必要がある。

前ページの図は，第５学年「物の溶け方」を事例としたジグソー学習の展開例である。

２．コーオペレーティブ学習

コーオペレーティブ学習とは，学習目標達成に向け，子ども相互の対等なパートナーシップに基づき，対話と協同作業を取り込んだ学習方法の一つである。

コーオペレーティブ学習は研究者により様々な形態があり，明確な授業方法は規定できないが，子どもが自分たちで課題を見いだしたり，それを解決するためにグループごとに調べたりする学習方法であるため，発展的な内容を取り入れた学習展開になりやすい。

また，コーオペレーティブ学習は，学んだことをグループの他のメンバーに報告したり，グループごとの発表を評価する場面が学習過程に位置づけられているものもあり，補充的な学習にも適している。その意味では，前項１で示したジグソー学習もコーオペレーティブ学習の一つであるといえる。

こうしたコーオペレーティブ学習は，個人の努力によるよりも高い専門的知識や技能を習得できるとした調査研究が報告されている。また，協力的な学習は，仲間の助力に感謝し，社会的な態度を育てることに対しても効果的であると報告されている。

下図は，第５学年「植物の結実」を事例としたコーオペレーティブ学習の展開例である。

［文献］

Aronson,E.,Blaney,N.,Sikes,J.,Stephan,C.,& Snapp,M.(1978)『The Jigsaw Classroom』
松山安雄訳（1986）『ジグソー学級』原書房

武村重和，秋山幹雄編集（2000）『理科重要語300の基礎知識』明治図書 p.94

文部科学省(2002)『個に応じた指導に関する指導資料』教育出版

永田繁雄（2002）「協力的な学習指導の工夫」『初等教育資料』９月号　東洋館出版社 pp.14-17

文部科学省（2002）『確かな学力向上のための2002アピール（学びのすすめ）』

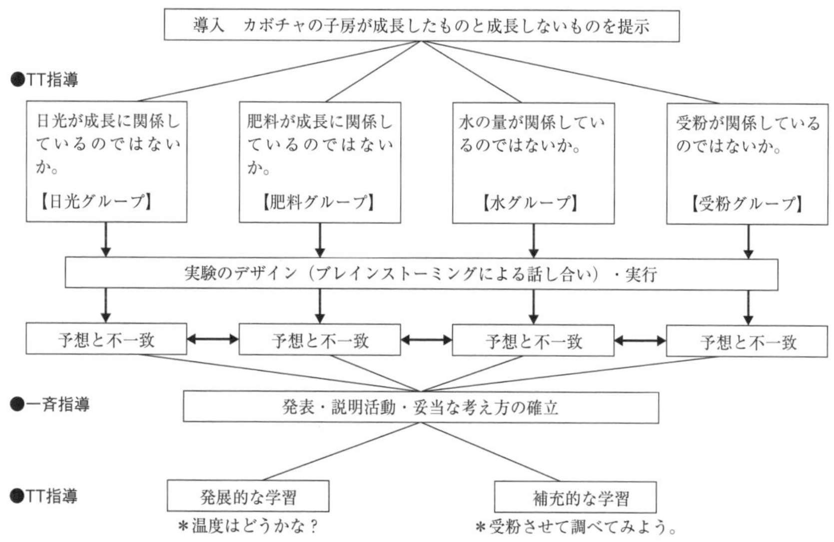

■ コーオペレーティブ学習の展開例（第５学年「植物の結実」）

KEY WORD
見やすい文字
ゆっくり，はっきり書く
色チョーク
発表した子どもの達成感を表す
書きたす，消しながらの確認
個人カード

効果的な板書計画

POINT
- 「本時の目標」はカードで，はっきり認識させる。
- 思考の過程ごとに色分けをして書き，わかりやすく整理する。
- 個人カードの取り扱いについては，個人情報保護の観点から，その管理に十分な配慮が必要である。

理科の授業計画を立てるとき，「問題をつかむ場面」「検証する場面（観察実験など）」「まとめの場面」の３場面に分けて板書の計画を立てておくことは，大切な授業準備である。子どもの反応を予想しながら，板書の内容，書きたすスペースなどを考えて計画する。

(1) 問題をつかむ場面での板書

学習内容に関して子どもがすでにもっている考えや体験を引き出す場面であるから，本単元の目標を模造紙に書いて示し，子どもの予想が次時以降やまとめの授業にも活用できるようにしていくとよい。多様な考えが出ることが予想できる場合には，問題を分類しておくなど，次時からの活動に生かす工夫が大切である。

(2) 検証する場面での板書

観察や実験で検証をする場面では，色チョークを活用して，実験や観察でわかったこと，考えたことを分けて板書することが大切である。

理科の授業で陥りやすいのは，実験や観察で得られた情報と，それをもとに自分の考えを表出した部分を明確に分けることができず，実験でわかったことが自分の考えであるかのように子どもに錯覚させてしまうことである。実験や観察に基づく事実と子どもの考えを明確に分けて記述することで，結果を自分の考えをはっきりと区別させたい。加えて結果をもとに比較や関係づけ，推論する力を教師が評価することができ，子どもも認識できるので，次時への意欲をより高めることができるのである。

例えば，見てわかったこと，実験結果などは白チョーク，実験前と後を比べたり関連づけたりした内容（論理）は黄色いチョークと決めておく。それをルール化すれば，色チョークでの板書が発言や考えをまとめる役割をはたし，授業ごとに見てわかったことと子どものもった考え（論理）を整理することができて効果的である。

(3) まとめの場面での板書

単元を通じたまとめの板書では，どんな問題をもったのか，それを検証するためにどんな実験を行って，どんな結果を導き出したのかを明らかにする板書が必要である。

単元を通して，子どもの思考の流れがひと目でわかる工夫をする。そのためには，各場面で用いたカードや絵，子どもの実験結果などを残しておいて，思考の流れを明らかにしながら確認することである。特に，「ものには固有の性質がある」ことを確かめる単元では，何を使って比較したり，関係づけたりしたのかを明らかにしながらまとめを行うとよい。子どもに自分の考えを書きまとめさせて，ノート指導を行うときに有効である。

■ まとめの板書

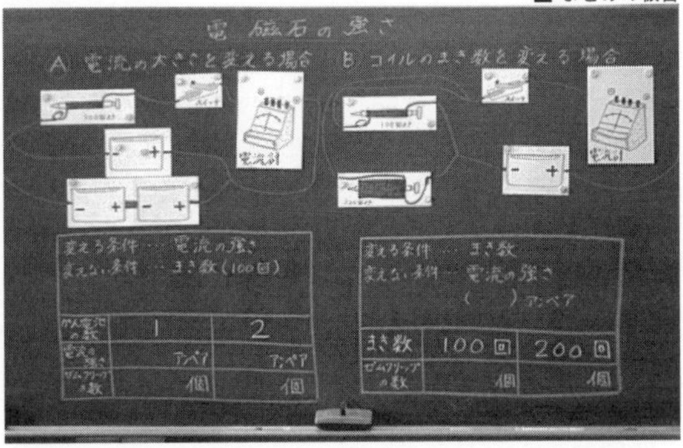

KEY WORD
題別グループ
ァイル
ネル
報交換コーナー (→p.118)
フイトボード

掲示の仕方

- 子どものカードや作品の掲示
- コミュニケーションの場としての掲示
- 子どもの興味・関心を高める校内掲示
- 実験・観察の安全やスキルに関する掲示

掲示に関して類型化すると，ポイントにあげた4点にまとめられる。ここでは，それらの四つのねらいにそって，様々な方法を紹介する。

1．子どものカードや作品の掲示

(1) ファイルケースを活用した個人カード

子どもが毎時間の学習で記録するカードは，教室内の壁面などに掲示したクリアファイルケースの中へそのつど入れていくとよい。

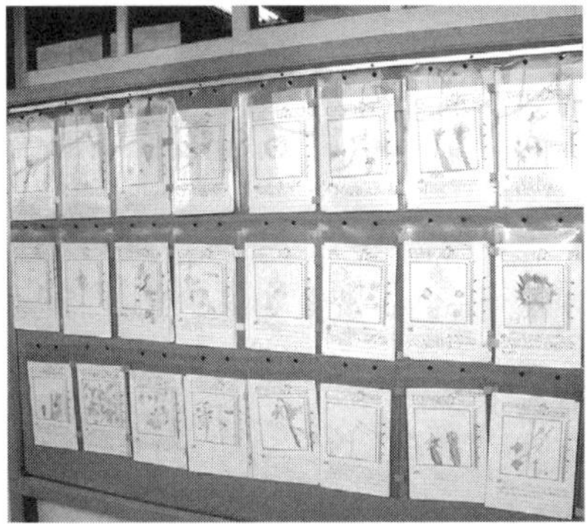

■ ファイルケースの利用

こうすることで，自分の学習のポートフォリオになるともに，友達との情報交換も容易にできるようになる。

(2) 壁面を活用した掲示

ここでは，個々の記録をクラス全員のものとして，壁面を活用して季節カレンダーを作り，季節の移り変わりをとらえる掲示を紹介する。子どもたちは，校庭や学級園の自然の多様な変化に気づき，観察カードを記録する。しかし，クラス全員に紹介することが難しく，1年間を通した変化をとらえることも容易ではない。そこで，外で見つけてきたものを八つ切り画用紙に絵や文で記録するようにした。そして毎月同じものを継続して観察し，壁面に貼り付けていった。

■ 季節カレンダー

こうしてできた季節カレンダーは，個々のノートやカードの中だけでは発見できないような「ヘチマの花が咲いている頃は虫がたくさんいたよ」「ヘチマの実がなる頃にはヒョウタンやぎんなんの実もなるよ」など，生き物や植物どうしのかかわりに子どもたち自身が気がついていくきっかけをつくる際にも役立つ。

2．コミュニケーションの場としての掲示

(1) パネルを利用した掲示

問題別グループで活動を進めていくような学習スタイルの場合，各グループで考えたテーマや予想（仮説），実験の結果などを画用紙など

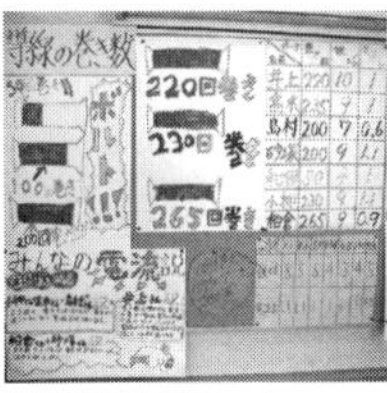

■ 壁面を利用して

■ 移動式パネルを利用して

に大きく書き，移動可能なパネルに掲示するとよい。これらの表現では，完成した段階の作品を掲示することが多いが，作成の初期やその途中で掲示していくことも効果的である。自由に見にいけるようにすると，スムーズに情報交換を進めることができる。お互いのグループでアイディアを交換し合うなど，子どものより主体的な活動をも期待できる。

また発表会などでも，わざわざそのための資料を用意することなく，それまでの学習を通して記録してきたこのパネルをそのまま利用することができる。一定の期間場所を固定すれば，保護者など誰でも見ることができる。テーブルを床面に置き，実物や動画を見られるスペースを設置し，パネルの内容をより充実させるなどの工夫も可能である。

(2) 情報交換コーナーの設置

子どもは多様な媒体を使って表現することもある。例えば，壁新聞・絵本・紙芝居・ポスター・立体模型・写真・動画等である。そうした様々な表現物を多くの友達に見てもらうために，空き教室や廊下などを活用して，情報交換コーナーをつくる。クラスはもちろん，全学年の子どもがいつ見にきてもよいようにする。また付箋を置いておき，感想などを記入して作品に貼れるようにしておく。こうすることで，学級・学年の枠を超えて交流することも可能になり，大きな刺激となる。何学年かで取り組む夏休みの「自由研究作品」等を掲示するときにも適している。

■自由研究作品展を見にくる子どもたち

■感想を付箋に書いて貼ってあげる

(3) ホワイトボードの活用

大きめのホワイトボードが各班に用意できれば，その活用度は高い。話し合いの途中経過や実験・観察の方法や記録などを書き加えたり，訂正しながら記録していくことができる。そのまま掲示物としても利用することができる。

3．子どもの興味・関心を高める校内掲示
——四季の動植物を紹介するコーナー

校庭や学級園などで見られる植物や虫など，四季折々の自然を紹介するコーナーを学校の玄関等につくり，様々に掲示する。子どもの興味・関心を高めるよい機会になる。

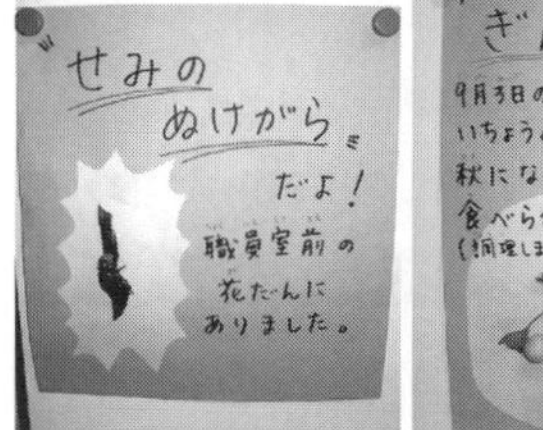

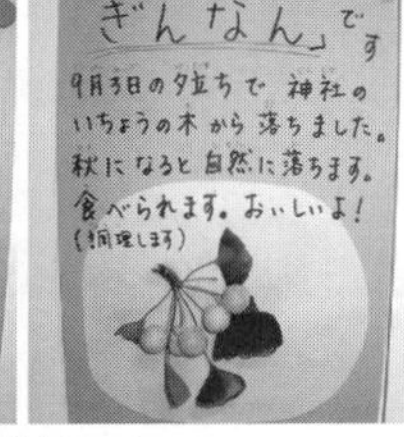

■ 玄関に設置した自然の紹介コーナー

4．安全・スキルの掲示

・アルコールランプやガスバーナーの使い方
・加熱するときの注意
・虫眼鏡の使い方
・実験器具の扱いや洗い方

学習が安全にかつ適切に進められるよう，こうしたスキルは既成の掲示物等も上手に活用して理科室や教室に掲示しておくとよい。

［文献］
津幡道夫編著（1997）『表現活動の工夫による新しい理科授業の創造』東洋館出版社

KEY WORD
場感による学習意欲の向上
果的な表現方法
ローズアップ
HK for School
ttps://www.nhk.or.jp/school/
ogram/）

教育機器の使い方の工夫

●教師が教育機器を活用して，高画質・高音質の臨場感ある教材を提示することで，子どもの学習意欲を高めたり，問題意識を高めたりしていく。
●実験・観察の記録等，問題解決の過程や，情報を共有する発表の場面で子ども自身が，積極的に機器を活用し，学習活動の質を高めていくようにする。

１．教育機器の活用場面

①事象提示とその補完

子ども自身が学習問題をつくり，その解決に向けて意欲的に取り組んでいくには，教師の事象提示にも工夫が必要になる。

〔実際に再現するのが難しい事象の提示〕

日常生活では目にすることのない「地層」「気象」，肉眼では見られない「体の内部」「ミクロの生物」等は，映像で提示するのが効果的である。

②学習の効率化・表現の工夫

〔観察・実験記録〕

季節ごとに植物や動物の様子を記録したり実験や観察の様子を映像で保存したりしておくと，結果を比較したり考察したりする段階で役に立つ。また，書く作業を苦手とする子どもの負担感を減らすことができる。

③発展学習への誘い

〔もう一人の先生〕

星の観察をした子どもがもっと広い宇宙のことを知りたくなったり，電磁石のはたらきを学習した子どもがその力を利用してものづくりを試みたりすることがある。主たる学習活動に従事するあまり，教師がその一つ一つに的確に対応できない時，教育機器を活用して得る情報が，発展学習へのナビゲーターとなる。

２．機器の特性と効果的な活用方法

① TV・PC（NHK for School）

ストーリー性があり心情面に訴える・最新かつ具体的な映像・学習モデルの提示等の特性から導入やまとめ（確認）の場面で用いることが多い。同番組のデジタル教材（HP）の複合的な活用は，多面的に問題解決を図る一助となる。

特に，細かく分けられたクリップ素材に関しては，学習理解度や興味に幅がある子どもたちに非常に効果的である。

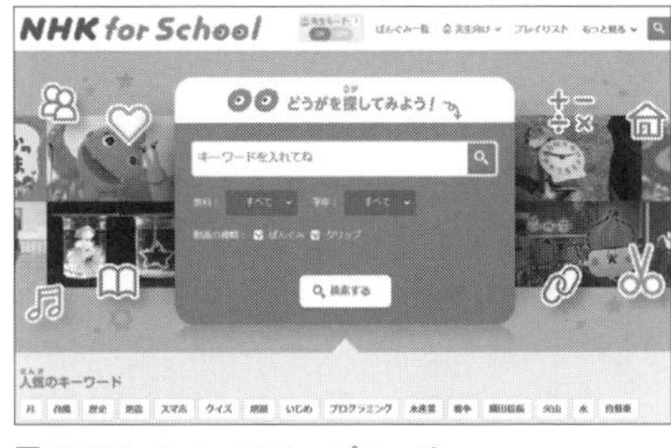

■ NHK for School のトップページ

②学習者用端末（タブレット端末）

学習者用端末は，一斉学習，個別学習，協働学習のいずれにも用途がある。インターネット検索による情報収集だけでなく，Web サイトやアプリケーションを利用することで，学習の方法や形態の幅を広げることができる。

特に理科の学習では，

・情報を調査する，蓄える
・観察・実験の方法や結果の妥当性を確認する，高めあう
・観察・実験の結果を表現する，共有する
・考察を交流し，自分の考察を更新する
・問題解決の過程を，相手に伝える

場面で効果を発揮することが多い。

《具体的な活用例》

○Web サイトやアプリを使って広い範囲の雲の動きや量などの気象情報を集めることができる。

○実験の方法から結果まで撮影した動画を共有することで，言葉による曖昧さを無くしたり，何度も確認することができたりする。

○アプリを使って数値を処理し，結果を様々なグラフから効果的な形を選び表現することができる。

○同じ問題に対して書いた考察を共有し，自分

の考察と比較することを通して，よりよい考察を書くことができる。

○各自が設定した問題を追究し，その過程を相手に伝えるためのプレゼン資料を，画像，動画を加えて作成することができる。

③動画撮影機能付きカメラ・タブレットPC内蔵カメラ

カメラの特性は，液晶表示によって撮影した画像をすぐに確認したり，テレビに表示したりプリントアウトしたりして，映したことを比較したり発表のための資料とすることができることである。また，撮影した画像をPCに保存し，整理したり編集したりすることができる。

《具体的な活用例》

○受粉した雌花が，どのように変化していくか，毎日写真を撮影して観察する。写真は，観察記録に貼るだけでなく，比較実験の結論を導く根拠として用いることができる。

○野外活動全般で活用することができ観察記録として残すことができる。

④動画撮影機能付きカメラ

動画と音声を記録することができる。また，早回し機能なども活用できるため，時間を短縮して変化を見せることも可能である（水の温まり方，根から水を吸う植物の変化など）。

⑤デジタル顕微鏡

デジタル顕微鏡では，プロジェクタを使って拡大投影することができる。また，データの保存も容易で，後日活用することができる。光学顕微鏡より操作も簡便な場合が多く，野外での使用も可能である。

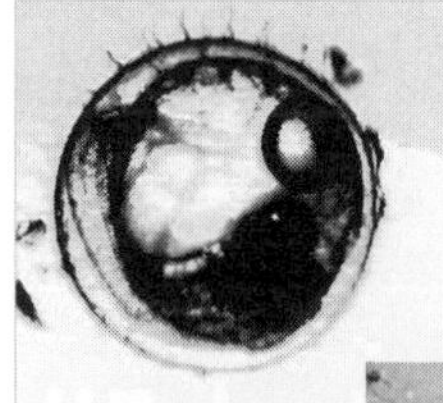

■ デジタル顕微鏡で撮影したメダカの卵

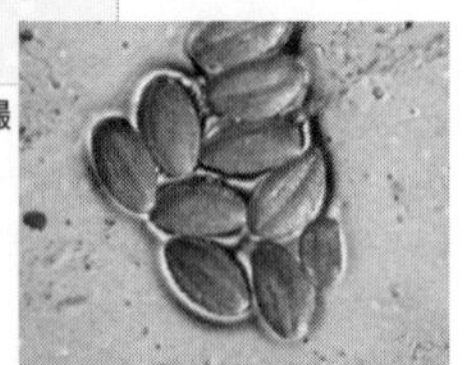

■ デジタル顕微鏡で撮影したヘチマの花粉の様子

《具体的な活用例》

○動いてしまうことが多いプランクトンなどの観察でも，顕微鏡を見て画像を保存し，保存した画像を見て正確にスケッチすることができる。

○花粉の観察では，拡大投影することによって，子どもに共通体験をさせることができる。

3．留意点

○情報の吟味

インターネットで得た情報は，書かれている内容を分析的に理解し，自分の言葉で解釈して活用しなければならない。書かれている事柄をそのまま写して使ったり，鵜呑みにしたりするのは危険であり，情報を選択する力をつけさせたい。

○時間の使い方

HPは，必要な情報にたどり着くまでに時間がかかることが多い。PCの操作に慣れておくことも大切である。短時間で的確な情報が入手できるように，教師が，補助的な資料を用意しておくとよい。

○情報モラル

インターネットで配信されている情報がすべて正しくて安全というわけではない。有害サイトや料金の発生するものもあり，個人情報を書き込むことは危険である。情報モラルの正しい知識を身につけておきたい。

大切なのは，機器を活用する目的を明確にすること。手書きには手書きのよさがあり，実際に見たり聞いたりして手にした情報に勝るものはない。

KEY WORD
送番組の教育特性
学的な思考のモデル
ンターネット
HK for School
習コンテンツ

学校放送の活用

●まず，学習目標を明確にすること。そして，番組視聴によって獲得した思考モデルを，実際の事象を扱う問題解決活動のなかで活用させる。
●この積み重ねによって，主体的で見通しをもった問題解決能力を育てる学習指導を効率的に行うことができるようになる。

1．理科番組は科学的な見方・考え方のモデル

理科の学習は，様々な具体的な事物・現象を扱う感覚的体験活動（観察・実験など）をもとに抽象化（帰納・一般化・言語化）して概念を獲得する活動と，一般化された概念やきまりを個別の事例に適用し説明する具象化（演繹）の活動を，問題解決の過程として繰り返すことで成立する。

そのなかで，放送番組の視聴は，下図に示したように，具象と抽象の中間に位置する半具象・半抽象的な認識活動である。

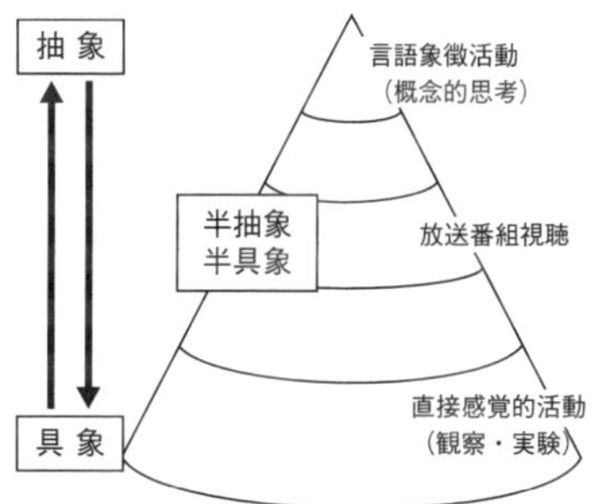

■ 認識活動の円錐

2．インターネットによる学習支援情報

NHK学校放送では，子どもたちの学習活動や教師の学習指導を支援する具体的な方法やヒントを，ホームページなどを使って提供している。

NHK for School（https://www.nhk.or.jp/school/program/）には，学習と指導を支援するコンテンツが豊富に用意されている。トップページには，「ばんぐみ」「クリップ」などのタグがある。

[番組]

小学校理科の場合，300点近い動画をストリーミングで見ることができる。

[クリップ]

小学校理科の場合，約4000タイトルの1～2分の動画クリップを見ることができる。

教師向けの検索機能には，「学習指導要領から探す」「教科書から探す」などの機能があり，「学習指導要領から探す」場合は，学年，教科，単元ごとに分類された動画クリップが選択できる。また，「教科書から探す」場合は，各教科書発行者を選択すると，該当する教科書ごとに学年，教科，単元で動画クリップが分類されている。

動画クリップには，観察の難しい長時間の変化現象や瞬間の現象を「微速度撮影」や「高速度撮影」でわかりやすく提示しているものや，微小な事物や現象を「顕微鏡撮影」で，広大な範囲の現象を「航空撮影」や「衛星画像」で提示するもの，「2画面比較」で違いや共通点をとらえやすくしているものなどがあり，それらの特徴を活かした利用を工夫することで，子ども達の興味・関心を高め，わかりやすい授業を実現することができる。

[子ども向け]

「おうちで学ぼう！」「学びをひろげよう」などの，学習用のコンテンツやヒント，リンク集などがある。

[教師向け]

放送予定がわかる「番組＆ WEB ガイド」や，授業の実践事例を検索・閲覧できる「NHK for School 実践データベース」などが提供されている。

KEY WORD
教科書の法的根拠
教科書の編集
教科書の活用
教材
学習活動の流れ
問題解決
間接経験

教科書と資料活用

●学習活動の流れ（導入・展開・まとめ・コラム）
●間接経験の場の提供
●問題解決の過程
●発展，自由研究に挑戦

1．教科書のはたらき

周到に編集された教科書には，多くの情報が含まれている。それは，小学校学習指導要領理科の目標を達成するためのものであって，おおまかには，子どもに対して次のようなはたらきをすることが期待されている。

まず，自然に親しみ，自然を愛する心情を育て自然事象に触れることに喜びをもてるようにして，自然に接することへ意欲をもたせ，自然を愛護し保全する態度を形成する。

さらに，見通しをもって観察・実験などを行い，問題解決の能力を育て，科学的な見方や考え方を育てるなど，観察・実験の技法や，分析や総合，演繹や帰納の考え方など科学する方法を身につけさせるとともに，問題を解決することの喜びを味わわせる。

これらの結果として，自然の事物現象についての理解を図り，科学の概念を形成していく。

2．学習活動の流れ

対象とする自然事象の質や子どもの思考の流れの特性，教科書編集方針の違いなどにより，必ずしも区切りが明確でないことはあるが，各単元は通常，次のように資料が用意されている。

①導入
・導入前に動機づけの布石として提示する資料
(例) 既習経験や生活経験を想起する
　　自由試行から問題意識を掘り起こす
・導入のための自然の事物や現象

②展開
・子どものたどる望ましい学習過程
　(場合によっては，意図的なオープンエンド的展開)
・想定される学習課題
・課題解決の方向性
・問題場面や，考察場面での子どもの想定される具体的な話し合いや活動
　(意図的な誤概念の導入や，仮説を導くための多様な予想を含む…反証が想定される予想を含めて多様に)
・実験観察の方法，準備すべきもの，諸注意
・必要な知識の提示

③まとめ
・理解していくための問題解決の過程の整理と新たな概念の形成
・新たな概念についての解説，新たに発生する問題の示唆

④コラム
・学習過程の本筋からは離れるが，子どもが自然事象に親しんだり，科学技術に興味・関心をもつような，科学技術史上のエピソードや自然史，博物的事象の紹介

3．間接経験

地域によっては，また，一部の教材については，時間的，空間的その他の制約があって，必ずしも十分に自然を直接体験することができないことがある。そのような場合に，写真等の資料によって間接体験をすることもある。

特にB区分の地球に関する内容において，そのような例が多い。

(1) 写真など

〔第４学年「月と星」，第６学年「月と太陽」〕

月や星の観察は，夜間であったり悪天候があったり，また都会地では明るすぎたりするために，必ずしも十分にできないことがある。

やむをえないときに，教科書の美しく撮られた夜空の写真や，開放でとった星の光跡の写真などを活用したい。

〔第５学年「母体内の成長」〕

人の発生については，観察・実験は不可能である。教科書の写真はそのような点で，文部科

学省の検定済みであるから安心して活用できる。

興味本位でなく，生命の尊厳に十分に配慮して活用したい。

〔第５学年「流水の働き」〕

流れる水のはたらきが典型的に現れるのは，台風のあとや，川の上流など危険が伴うところでもある。ぜひ身近な川などでの観察はさせたいが，危険を伴う観察は，教科書の写真資料などによる間接経験としたい。

〔第６学年「土地のつくりと変化」〕

地層や火成岩の露頭の見学は，地域によってかなりしにくい所もある。宿泊学習時など工夫したいところであるが，時期的な問題もあってやむをえず，教科書の資料を活用するだけということもある。

(2) インターネットによる情報など

〔第５学年「天気の変化」〕

梅雨や台風は，年によってかなり様子が異なる。教科書には，典型的な梅雨や台風の雲の写真や，アメダス，新聞の天気情報などが整理されており，空梅雨や台風が接近しなかったときに活用できる。

４．問題解決

(1) 問題づくり，問題の意識化

自然事象からどのように課題を見つけ問題としていくか，教科書によっては，特定のキャラクターが誘導したり，紙上の教室で子どもが話し合って典型的な考え方を述べ合ったりしている場面を表現している例がある。このような示唆によって，実際の子どもたちがどのように問題を見つけだしていけばよいか経験することになる。

(2) 仮説を立てる，考えを深める

仮説を立てたり，考えを深め推論したり，結果の考察をしたり，仮説と違ったりしたときに，まず自分の考えをもたせるが，客観化するために，別の考えとのすり合わせの話し合いがもたれることになる。そのような話し合いの事例も教科書で取り上げられていれば参考になる。

新たな問題が発生したりしたときに，次にどのように進めるか，示唆されていることも多いので参考にしたい。

(3) 観察，実験の技法

新しい実験操作や器具使用法，安全上の配慮事項については詳しく記述されている。特に安全については，毎年同じような事故が絶えないので，熟読し理解させる必要がある。

５．経験・知識を広げ自然に関心もつ

学習指導要領の規準性の見直しにより，発展的な内容を扱えるようになった。関心のある子どもたちが，自ら進んで，また教師の指導のもとに，これまでは取り扱えなかった事象を対象とすることができるので，ぜひ積極的に取り入れたい。

前述の「発展的な内容」のみならず，教科書の表紙や目次のページは単なる飾りではない。コラムも単なる埋め草ではない。どれも編著者の思いが込められている。

教科書の表紙には，豊富な写真やイラストが資料として紹介されているような例もある。

教科書は鮮明な写真，子どもたちの目を引くような珍しい写真などを用意している。学年や学期の初め，教科書を最初に手にしたときなど，子どもとともにじっくりと表紙から眺め，自然について興味をもつ時間をとりたい。

生物の教材は，教科書では主たる教材を指定しているが，地域性を考慮して，代替例として別の教材も提示していることがある。また，選択して指導することができるような例もある。

せっかく用意されている教材であるから，発展としてまた自由研究的に，副教材に挑戦することも大切である。

KEY WORD
野外（→p.136，150～196）
体験
自然
観察
事故（→p.137，196～211）

野外授業

●自然を体で感じることは，子どもの確かな記憶の定着につながる。
●体感した知識を正しく安全に体系的に得ることができるよう，教師は十分な事前準備と野外授業後の考察を。

1．野外授業の必要性

新芽が次々と顔を出す春，小川の中に入り，ザリガニを探す子どもたち。子どもたちは何を感じ考えているだろうか。足もとの冷たい水を感じながら顔にそそぐ暖かい日ざしを感じる子ども。おたまじゃくしを餌にして食べるザリガニに驚き，その光景が頭に焼き付いて離れない子ども。なかには水の中に入れず，友達がザリガニとりをしている横で，ツクシやスギナで遊んでいる子どももいるかもしれない。その子なりの感じ方で春と遊んでいる。

子どもは野外に出ることで，すべての感覚をフルに活用し自然を観察することができる。自らが感じ考え，体感したことが記憶として残っていく。

子どもは体験し，驚き，感動し，感心したことを記憶として残していく。野外授業は，まさにその知識の体感ができるすばらしい機会である。

しかし，野外授業をむやみやたらに実施しても，子どもたちが体感した知識は自然の部分的な知識にしかならない。この部分的な知識をどのようにして自然の全体像と関連づけ，意味づけしていくのかが教師の重要な仕事となる。

2．学習指導要領での重点化

平成29年告示の小学校学習指導要領解説（理科）では，「指導計画の作成と内容の取扱い」のなかで，野外に出掛け地域の自然に親しむ活動や体験的な活動を多く取り入れることの大切さとともに，生命を尊重し，自然環境の保全に寄与する態度を養うようにすることが述べられている。

3．野外授業を進める際の留意点

児童が野外授業で有意義に学習できるよう，次のことに留意したい。

(1) 目的の明確化

何のために行くのか，何をするのか，どんな情報が得られるのか，何を観察するのか，子どもも一人一人が目的意識をもてるよう事前指導してから行く必要がある。

(2) 子どもの主体的な活動の確保

子どもに目的意識をもたせるために，主体的な活動を確保するために，野外授業での観察方法を各自で決めさせる方法がある。

・観察はいつするのか。
・観察する場所はどこか。
・観察の視点は何か
・何のために観察するのか
・観察方法をどうするか。
・観察記録はどのようにするか。

(3) 記録の必要性

せっかく野外に出かけながら，見てくるだけの授業も少なくない。記録をとることは野外授業後の考察にも役立ってくる。以下，スケッチする際のポイントをあげる。

・自然事象を比較しながら，特徴をとらえてスケッチする。
・観察の目的に関する内容を詳細に記録する。
・今まで気づかなかったことや新たに発見したことを記録する。
・可能な限り定量的に観察する。
・観察結果と自分の考えをはっきり分けて記録する。

(4) 野外授業後の考察

野外授業後は個々の情報を友達どうしで交換したり，自然事象の見方や考え方を深めていったりするような学習活動をすることも重要である。以下，集めた情報をまとめるポイントをあげる。

・情報を表や図に整理する。
・共通点や相違点を見つける。
・観察してどのようなことがわかったかを整理

する。

・どんなことが疑問だったか，その疑問がどのようにわかったかを整理する。

以上のような野外授業後の情報の整理を行っていくことで新たな疑問が生まれたり，知識の体系化につながっていく。

4．事前準備

(1) 教師側の事前準備

①学習のねらいや内容に適しているか

現地での内容が子どもに学ばせたい学習内容に適しているかどうか吟味する必要がある。

②保護者との連絡体制は十分か

事前に保護者へ日時・場所・内容を伝えることはもちろん，緊急時に連絡がとれるようにお互いの連絡先を把握できるようにしておかなければならない。

③校長など管理者の許可

児童を連れて野外に出かけるときは，最終責任者である学校長の許可を必ず得る。また，学校設置者である教育委員会への届出が必要なものもある。

(2) 子どもへの配慮事項

①安全な服装や持ち物

時間帯や場所に応じて適切な服装がある。安全な活動を保障するためにも服装に気をつけたい。また，必要な持ち物についてしっかりと指導しておく。

②緊急時の対応の仕方

子どものみでの緊急の対応が必要な場合（子どもが迷子になった場合）など，緊急時にはどのように行動すればよいか，あらかじめ子どもに伝えておく。もしくは，「しおり」「ワークシート」等に明記しておく。

③野外授業のマナー

野外授業での活動自体が，自然環境を破壊する要因の一つとなってはならない。自然環境の保全のために，細心の注意を払うことが必要である。植物，動物，環境に対するマナーはもちろん，他の観察者へのマナー，観察場所の近隣に住む方々へのマナーについて，事前に十分に指導しておく必要がある。

④野外観察での用具の使い方

野外観察を始めてから，用具の使い方を聞くことのないようにしなければならない。観察に集中できるよう，十分に使い方を指導しておく必要がある。

(3) 事故を未然に防ぐために

①十分な実地踏査

現地の実地踏査による危険箇所の確認や情報収集は欠かせない。地形で危険なところはないか，人体に危害を加える動植物はないか，さらには飲料水や食材料の保管などの衛生状況，トイレの有無等を確認しておく必要がある。

②健康状態の把握

参加者の事前の体調把握，体力・運動能力の把握，現地での健康状態の把握を怠ってはならない。

③トラブルになる前に

使用する道具の点検・補修，服装や持ち物の点検・指導，さらには落雷や集中豪雨等の前兆の察知，参加者への直接的な注意･指導などは，事故を未然に防ぐことにつながる。

(4) 事故の発生に備えた対策

①緊急時の体制

万が一の事故の発生に備えて，無線機・携帯電話等の緊急用連絡手段の確保，緊急連絡網の作成，指示連絡経路の徹底，ラジオ等の情報収集手段，事故記録の作成を考えなければならない。

②保険への加入

傷害保険への加入も事故の発生に備えた対策として重要である。

(5) 外部との連絡

施設利用する場合や，管理団体がある場所を利用する場合等，事前に日時・目的・人数など十分な打ち合わせをしておく必要がある。

［文献］

加藤尚裕(2001)「野外観察のねらいと展開のポイント」『教職研修　1月増刊号　No.5　社会体験・自然体験の指導テクニックとプラン』pp.122 ～ 125　教育開発研究所

KEY WORD
板書のパターン化
ノートのパターン化
自分のことば
話型 （→p.62）

記録の仕方の工夫（1） 学習ノート

●学習ノートの指導のポイント
●指導者のかかわり方

1．学習ノート指導のポイント

理科の学習では，自分の考えと自然の事物・現象や友達の考えを比較，関係付けることが大切である。そこで，以下の５点に留意して学習ノートを指導するとよい。

①どのような問題を発見したのかを書く。
②問題に対する予想や仮説を書く。
③予想や仮説を検証する実験方法とその実験を行った際の結果の見通しを書く。
④実験結果を書く。
⑤予想や仮説を確かめることができたとしたらどのような結論が出せるのかを書く。

児童が板書を丸写しするのではなく，自分の考えや自分が観察・実験したことを記録し，考えを更新したあとが残るノートづくりができるようにする。そのために，ノート指導の観点をもって指導をすることが大切である。

また，指導者は児童がノートを記録しやすくするために，板書内容を問題解決の過程（学習の流れ）にそってパターン化しておくとよい。（下図参照）児童の思考の流れが一目で分かるようにするような板書の工夫も必要である。

2．指導者のかかわり方

児童がつくったノートを指導者は評価をし，ノートをつくる力を育てていきたい。そこで以下の２点に留意して指導する。

①問題解決の過程にそってノートが記録できているかどうかを評価する。
②児童のノートの中から手本となるものを提示し，よい点を共通理解する。

■ 評価のポイント（例）

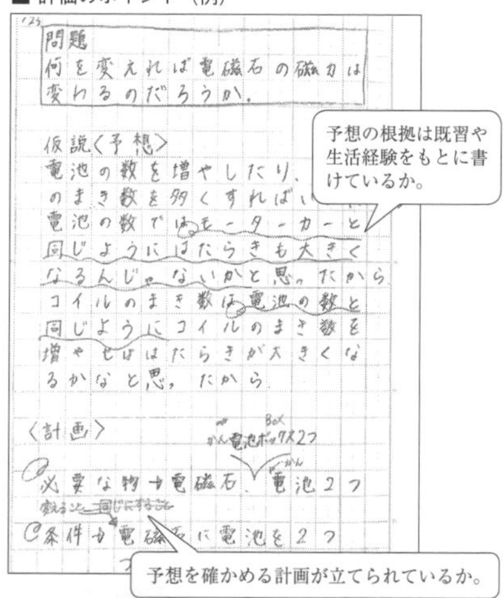

■ 板書のパターン化（例）

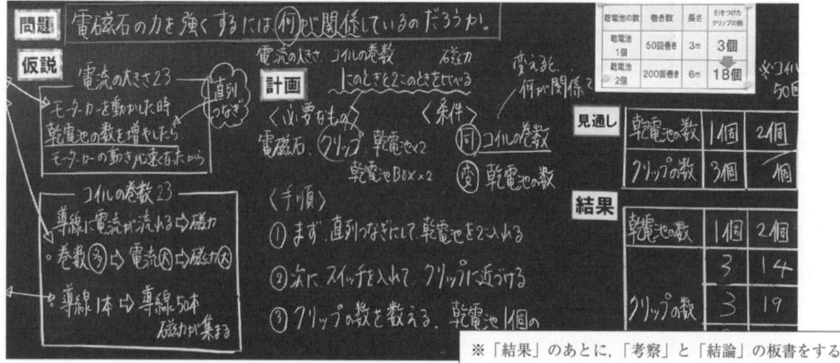

乾電池の数	巻き数	長さ	引きつけたクリップの数
乾電池1個	50回巻き	3m	3個
乾電池2個	200回巻き	6m	18個

見通し

乾電池の数	1個	2個
クリップの数	3個	個

結果

乾電池の数	1個	2個
	3	14
クリップの数	3	19

※「結果」のあとに，「考察」と「結論」の板書をする。

KEY WORD
どもの姿をイメージする
ートフォリオ（→p.84）

記録の仕方の工夫(2) 観察カード

●観察カードの指導のポイント
●カードの評価とポートフォリオ

1. 観察カードの指導のポイント

観察カードは，対象物の形状や大きさなどを細部にわたって詳しく観て，その様子や特徴を記録しておくことを目的としている。

指導初期の段階では，次の3点をカードに記録しておくように指導することが必要である。

①調べること（題：ホウセンカの種まき）
②記録した日付や天気
③観察内容（わかったこと，考えたこと）
わかったこと：色，形，大きさなどの特徴など
考えたこと：予想との違い，前回との比較など

4年生からは，気温と植物や動物の成長の関係をとらえながら学習を進めていく単元が多くなるので，観察カードに気温も記録する。

植物の種子など比較的小さなものを観察した場合には，それらをカードの一部に直接セロハンテープなどで貼り付けておくとよい。

■ 観察カードの例

観察カードの記録で大切なことは，ただ漠然とながめるのではなく，視点をもってその特徴を具体的に観察させることである。そうすることで，動物や植物どうしを比較しやすくなり，その違いの要因を考えることで，問題を見出す力の育成につながる。観察の視点は，指導者が与えるのでなく，児童に何を観察すればよいかを考えさせ，そのことを視点とするとよい。

■ 板書例

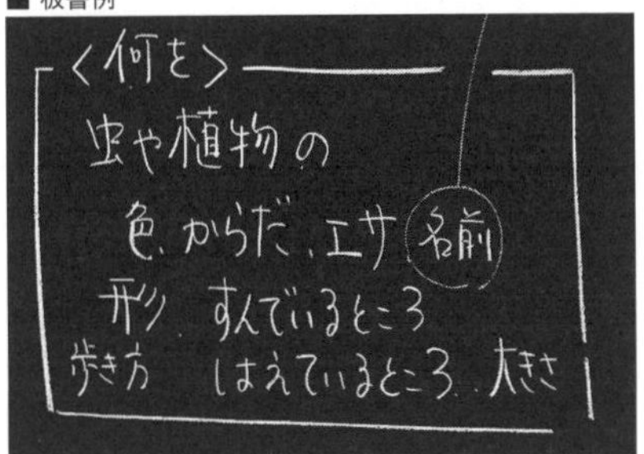

2. カードの評価とポートフォリオ

1枚のカードだけで児童の学習の様子を見とるだけでなく，単元全体や学期を通して見とることが大切である。そのために，カードをクリアシートに入れて掲示したり絵本貼りにしたりして学習の過程が分かるようにする工夫ができるとよい。そして，友達どうしで良い点を取り入れられるように促していきたい。

カードの評価を行う際の観点は以下の4点である。

①題，日付や天気，観察内容は適切であるか。
②スケッチされているものと説明の整合性
③観察の視点の数
④考えの内容（比較，関係付け，疑問など）

観察・実験の技能だけでなく単元特性に合わせて記録の内容を変え，他の観点も評価する工夫も考えられる。

KEY WORD
思考ツール
ベン図
ウェビングマップ
クラゲチャート
フローチャート

記録の仕方の工夫（3）思考ツール

- 思考ツールを活用する際の配慮事項
- 思考ツールを自在に活用するために

1．思考ツールを活用する際の配慮事項

問題解決の各過程において，思考を表出する手段として思考ツールは有効である。ここで強調したいのは，思考ツールを使うことが目的ではなくて，資質・能力を育成する目的を達成するための手段として思考ツールを使うということである。

思考ツールを活用する上で最も配慮すべき点は以下の４点である。

①必然性：活動の連続性はあるのか？
　　　　　そのツールを使う必然性はあるのか？
②整合性：どんな思考をさせたいのか？
　　　　　最適な思考ツールか？
③簡便性：分かりやすいのか？
　　　　　複雑なものではないか？
④充足性：使ったことがあるのか？
　　　　　ある程度の経験を有しているか？

その他にも例えば，思考ツールを使用する学習形態にも十分に配慮したい。思考ツールを使う場面としては一人でじっくり考えを深めたり明らかにしたりする場面が考えられる。また，二人でペアになって，考えることもできる。そして，数人のグループで考えをまとめたり広げたりすることもできる。さらには，学級全体で話し合うときに活用することも考えられる。

2．思考ツールを活用する子どもの成長ステップ

児童が思考ツールを自在に使いこなせるようになるために５つのステップが考えられる。

ステップ１【単独】

教師が用意した思考ツールを活用して考える。

ステップ２【選択】

子どもが自ら思考ツールを選んで考える。

ステップ３【複合】

子どもが複数の思考ツールを組み合わせて考える。

ステップ４【創造】

子どもがオリジナルな思考ツールを開発して考える。

ステップ５【自立】

子どもが思考ツールを使わずに考える。複雑な問題のときは思考ツールが必要と考える。

単に学習活動で思考ツールを使えばよいのではない。どのような情報処理をする際に，どのような思考ツールを使っているかを学習者自身が理解していることが欠かせない。

3．思考ツールを使った学習活動例

①ベン図

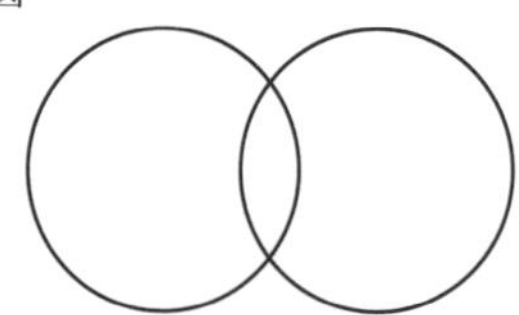

複数の考えや事実，意見等を比較したり，分類したりして整理，分析するときに活用する。分類する視点を定めて情報を分類していく方法，比較して考えながら対象の共通点と相違点をリストアップしていく方法などが考えられる。

■ ３年　昆虫のからだのつくり

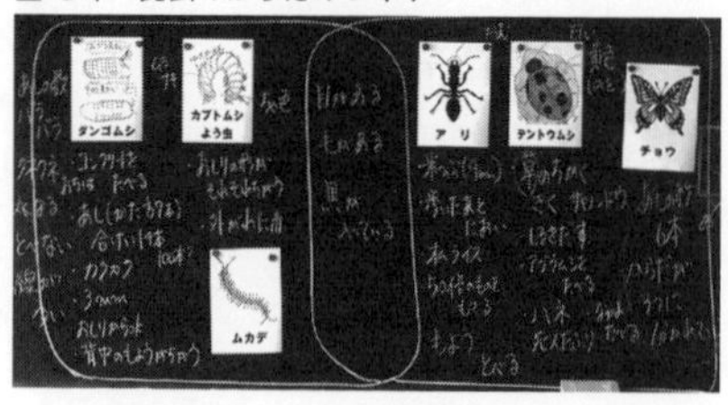

②ウェビングマップ

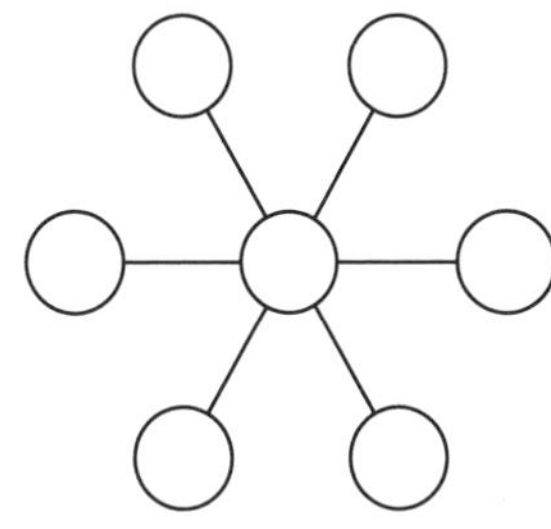

情報や知識を関係付けて考えるときに活用する。イメージマップやバブルマップのように拡散的に考える方法もあるが，ウェビングマップは関係性を重視し，構造化していくときに有効な思考ツールである。

■5年　天気の変化（台風）

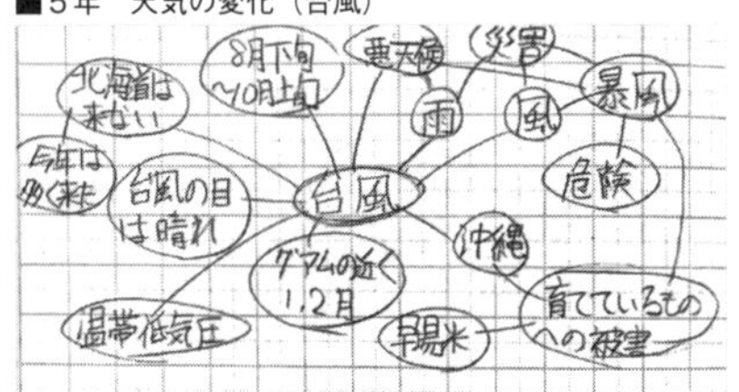

③クラゲチャート

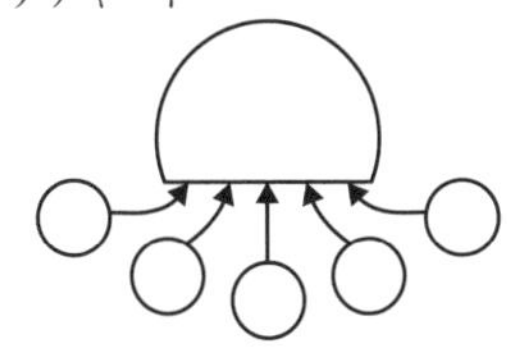

理由を明らかにして考えるときに活用する。原因と結果に分けて考えたり，対象に対する価値の根拠を明確にして考えたりするときに使うことができる。

④ピラミッドチャート

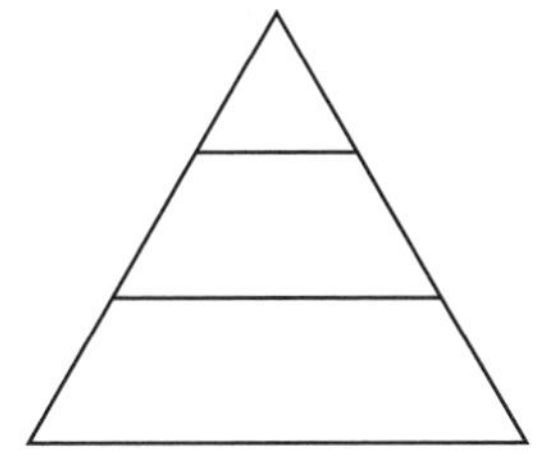

いくつかの情報や知識を統合して考えるときに活用する。ピラミッド型の図形が，頂点に向けて考えを統合し，まとめていく思考を誘ってくれる。

⑤フローチャート

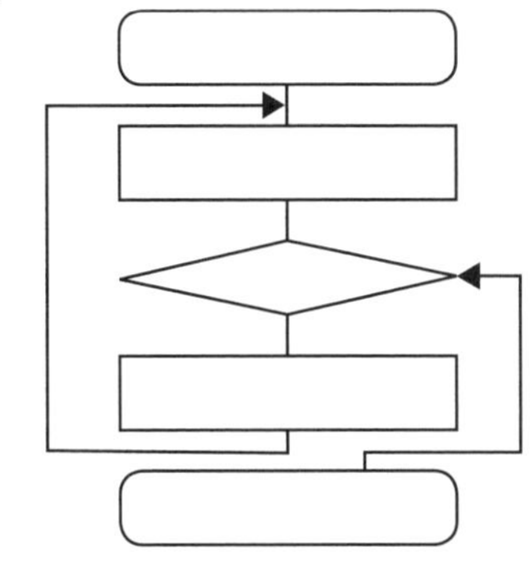

条件によって別々のことを行う場合，文章で記録するには理解しにくいときに有効である。一目で全体が分かり，目的に合わせて条件を制御，計測しやすいよさがある。

■5年　ふりこの運動

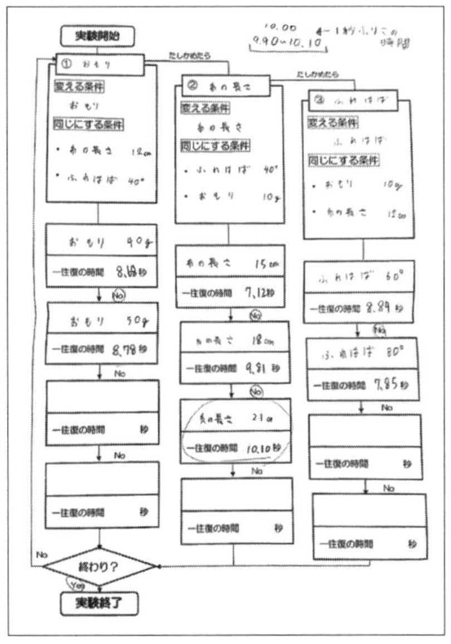

［文献］

田村学（2015）『授業を磨く』東洋館出版社

KEY WORD
概念地図法
評価ツール (→p.18)
概念ラベル
つなぎ言葉

記録の仕方の工夫(4) 概念地図法

POINT
●概念地図法は，子どもが頭の中にもっている概念を「概念ラベル」や「つなぎ言葉」を使って表現する方法である。

1．概念地図法

(1) 概念地図とは

概念地図法は，認知心理学の分野で，子どもの認知構造を探る方法として活用されてきた。J.D.ノヴァックによって開発され，学習者の頭の中の認知構造を視覚化しようとしたものである。

学習に関連する言葉（概念）をラベルとして視覚化し，学習者自身がラベルどうしの関係を考え，関連づけたり，関連の意味を記録したりして自由に表現する方法である。

「概念地図」の「概念」は，事物・現象に共通に含まれる規則性，またはパターンのことである。それを「概念ラベル」とし，概念と概念を結び付ける「つなぎ言葉」によって一つの命題をつくる。このとき，概念は包含性が大きく，一般的な上位概念に結び付けられ，全体として階層的な構造となる。

(例) 簡単な概念地図

命題「モンシロチョウはこん虫のなかまです。」

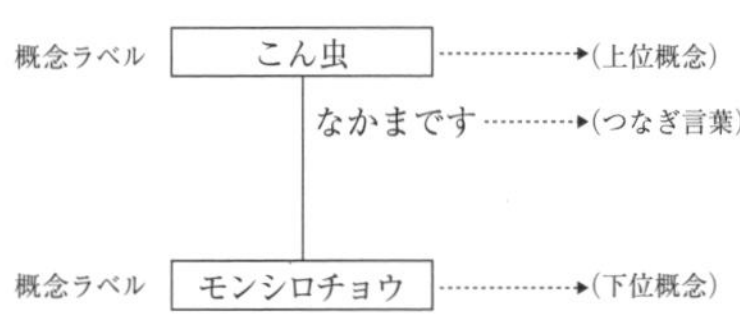

(2) 活用方法

概念地図法には，教授ツール，学習ツール，評価ツールがある。授業の中で活用する場合，学習者が自分の考えをまとめたり，観察や実験結果を記録したりする方法や，学習の前後に概念地図を作成して比較し自己評価したり，教師が学習後の学習者の概念の変容をとらえたりする方法などが有効である。

(3) 概念地図法の説明方法

学習者が授業の中で概念地図法を用いる場合は，次のような手順で説明してから行うとよい。

①「やさい」「くだもの」「ニンジン」「ダイコン」「ミカン」の五つの言葉（概念ラベル）を子どもに提示する。
やさい　くだもの　ニンジン　ダイコン
ミカン

②五つの言葉の中で，関係のあるものを選ぶ。
やさい　ニンジン　ダイコン
くだもの　ミカン

③範囲の広い言葉（上位概念）を上部に，その中に含まれる言葉を下部に配置する。その際，上下関係（階層性）のないものは，横に並べて置く。

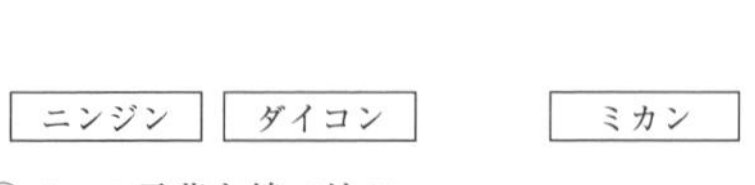

④二つの言葉を線で結ぶ。

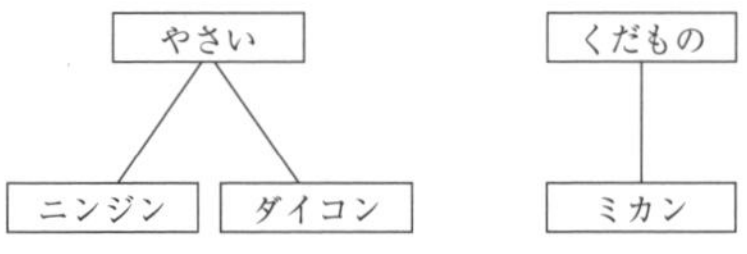

⑤二つの言葉を結んだ線の横に二つの言葉の関係がわかるように文かつなぎ言葉を書く。

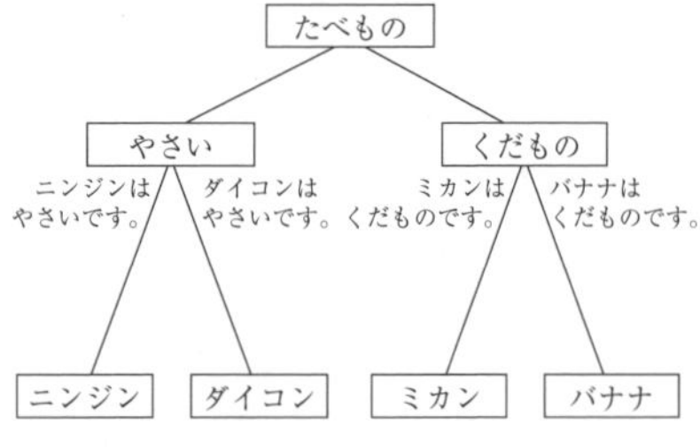

2．概念地図の活用の実際

授業の中で概念地図法を導入するには，まずねらいを明らかにしておくことが大切である。

作成された概念地図から，何を読み取るか，そのためにはどんな概念ラベルを用意し，どの場面で概念地図を導入するとよいかなどを十分に検討しておきたい。また，学習者が概念地図を作成する前に，教師自身が，学習する単元でとらえさせたい概念を概念地図にまとめておくとよい。授業を展開するうえでも，また，子どもが作成した概念地図から子どもの考えを見取るのに大変役に立つ。

(1) 準備するもの

①概念地図を作成する用紙

B４くらいの大きさの紙

②概念ラベル

紙にそのまま書いてもよいが，思考過程でラベルの位置を変えるときなど，あらかじめシールに概念ラベルの言葉を書いたものや付箋のようなものが便利である。概念ラベルの数は，概念地図の熟達度や学習の場面にもよるが，６～８個くらいが適当である。このほかに，学習者が自由に書き加えられるラベル（追加ラベル）を，５～６枚用意しておくとよい。

(2) 手順

①概念ラベルの選定

子どもたちが学ぶ単元の中の重要な言葉を，理科の教科書や指導書解説書などから選び，「概念ラベル」としてあらかじめ選定しておく。

②概念地図を記入する紙を用意する。紙には，学習者が何について概念地図を作成するのかを書いておく。例えば水溶液の概念について作成する場合は「『とける』について自分の考えを概念地図に表してみましょう。」といった課題を書いておくとよい。

③概念地図を作成する用紙と，概念ラベルを配り，何についての概念地図を作成するかを説明し，概念地図の作成を行う。作成中はその様子を見て回り，考えを自由に書いてよいことを助言すると，子どもたちは安心して取り組めるようになる。

３. 概念地図の分析

(1) 学習者の自己評価として

学習者が，自分の考えや，観察・実験をした結果を概念地図に表現すると，自分の学習の

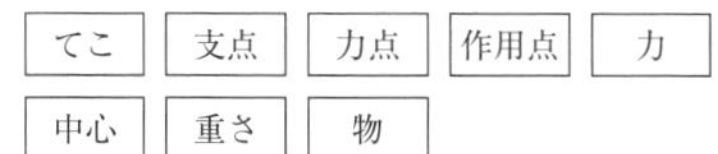

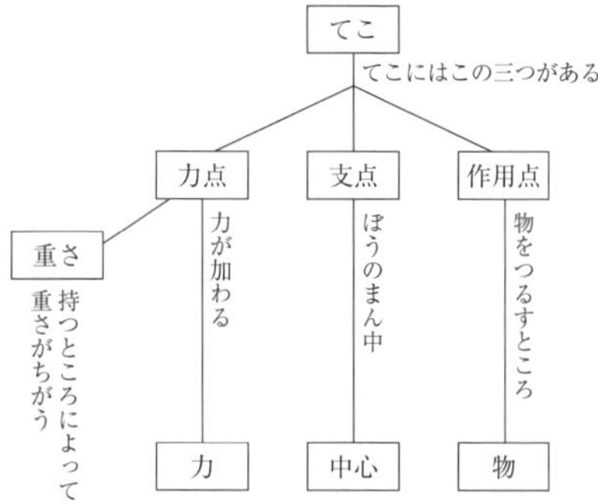

■ 小学生の概念地図の例

フィードバックができる。作成された概念地図は，学習者の頭の中で構築された概念の表現なので一人一人違っており，自分は何がわかっていて何がわかっていないかを知ることができる。使用する概念ラベルの数や配置，つなぎ言葉も学習者によって違いがあるが，学習前後の概念ラベルやつなぎ言葉の変化を自分自身で比較し，自分の学びを実感することができる。

(2) 指導の評価として

学習者が，学習後にどのような概念を構築したかをとらえる。

①事前に作成した教師の概念地図と比較して，ねらいとする概念がどれだけ概念地図に表せているか。

②学習者の学習前と学習後で，概念ラベルや追加ラベルの数がどのように変化したか。

③概念ラベルと概念ラベルをつなぐ「つなぎ言葉」がどのように変わったか。

などを中心に分析すると，指導の評価ができる。

④作成のプロセスでも学習者の思考の過程を見ることができる。

[文献]

福岡敏行編著（2002）『コンセプトマップ活用ガイド』東洋館出版社

KEY WORD
ポートフォリオ（→p.18)
学習のプロセス
話し合い（検討会)
自己評価能力

記録の仕方の工夫(5) ポートフォリオ

- 子どもにポートフォリオの目的と方法を理解させ，作品や評価の記録，教師や保護者のコメントなどを蓄積する。
- 作品の並べ替えや取捨選択による整理をし，ポートフォリオを用いた話し合い（検討会）を，学習のはじめ，途中，締めくくりで行う。

1．ポートフォリオを導入するために

ポートフォリオは，一般的に次のように定義されている。

「ポートフォリオとは，子どもの作品，自己評価の記録，教師の指導と評価の記録などを，系統的に蓄積していくもの」

（作品とは，プリント，観察記録，資料，メモ書き，実技テストの記録，ペーパーテストなど学習の過程で生み出すものすべてをいう)

ポートフォリオを子どもに導入する際は，次のようにいざなうとよい。

〈ポートフォリオへのいざない〉
- ポートフォリオは，自分の学習を見直して，よかったところや，もっとよくするにはどうしたらいいかを考えるためにあります。この振り返りを繰り返すことで，自分のことがよくわかるようになります。
- まず，学習したものを集めよう。
- 次に，自分の学習を見直そう。
- そして，集めたものを整理しよう。

ポートフォリオに作品を集めさせるときに，集めっぱなしになってしまうことに気をつけたい。そのためには，何のために，どんな作品を残すのかを十分説明したい。また，集めた作品を並び替えたり，取捨選択する振り返りの場をつくる。そして，ポートフォリオについて話し合う場をつくることである。

2．ポートフォリオの活用

ポートフォリオに作品を集めさせたら，次のように，指導に生かしたい。

①教師が作品を評価するなかで，子どもの学習実態を具体的に把握する。
②作品を整理する活動などを通して，子どもに自分の学習について考えさせる。
③作品について話し合い（検討会）をすることで，子どもの自己評価力を育成する。

このようにポートフォリオを評価法として用いるには，教師が作品を見取ったり，子どもに学習を振り返らせたり，検討会をしたりするときに必要な評価基準を用意する必要がある。

3．ポートフォリオ評価の意義

ポートフォリオ評価の定義は次のようである。

「ポートフォリオ評価法とは，ポートフォリオづくりを通して，子どもの学習に対する自己評価をうながすとともに，教師も子どもの学習活動と自らの教育活動を評価するアプローチである。」

ポートフォリオ評価を用いることで，目標に準拠した評価や個に応じた指導，自己評価能力の育成ができるとともに，保護者への説明責任を果たせる。

ポートフォリオ評価法は，これまでの評価と比べ，次のような特徴をもつ。

〈これまでの評価〉
- 学習の結果を評価
- 教師による評価

〈ポートフォリオ評価〉
- 学習のプロセス（過程）も評価する。
- 子どもも評価活動にかかわる。
- 他の教師や保護者も評価者としてかかわる。

4．理科におけるポートフォリオ活用

ポートフォリオ評価は，総合学習でよく用いられるが，評価の方法を比較すると，次ページの表「評価の方法の比較」のようになる。

5．理科授業で活用するポイント

理科でポートフォリオ評価法を行う方法の一例をあげる。

■ 評価の方法の比較

従来の評価の一例	総合学習での ポートフォリオ評価の一例	理科（教科）での ポートフォリオ評価の一例
	①本単元の目標や，ファイルするべき作品を説明し，評価基準を共有化する	①本単元の目標や，ファイルするべき作品の説明による評価基準の共有化
①毎時間の課題にそったノートづくり（時系列に並べられた作品）	②単元の課題にそった作品（資料やプリントなど）のファイル（子どもによる）	②単元の課題にそった作品（資料やプリントなど）のファイル（教師の指示による）
②教師によるコメント（教師側の評価基準にそって）	③検討会（対話によるポートフォリオの軌道修正）	③教師によるコメント（教師側の評価基準にそって）
	④ファイルの中から目的にそった作品の選び出し（共有化された評価基準により，子どもの思考力等を見取る）	④ファイルの中から目的にそった作品の選び出し（共有化された評価基準により，子どもの思考力等を見取る）
⑤ペーパーテストによる評価（点数で，知識・理解等を見取る）	⑤子どもの作品や発表会の評価（共有化された評価基準により，表現力等を見取る）	⑤ペーパーテストによる評価（点数で，知識・理解等を見取る）

①本単元の目標やファイルするべき作品の説明によって評価基準を共有化する

教師の立てた評価計画にそった観点別の評価基準を子どもの活動の目標として示し，さらに，それぞれどんな作品をポートフォリオに集めていくのかを示す。子どもは，学習の見通しをもち，主体的な学習につながる。

②教師の示した目標にそって作品を集める

子どもは，教師の示した目標と，自分の学習とを照らし合わせ，よりよい学びに近づけようと努力することになる。自分の学びを振り返る機会となる。

③作品に対する教師によるコメントを入れる

コメントにより，ポートフォリオの方向修正を促す。もちろん，従来のように，子どものよさや気づきを認めるコメントも行う。

④目的にそった作品を選び出させる

子どもは，教師の示す評価基準を最もよく満たしていると考える作品を選び出し，教師は，それを評価基準と照らし合わせて見取る。子どもは，作品を見直すことで，自分の学びを振り返ることが強化される。

⑤ペーパーテストによる評価

ここに現れる子どもの知識･理解等のよさを，ポートフォリオに組み込むこともできる。

作品を見取るには，従来の評価計画をもとに，各観点における達成度を数段階の尺度で表した評価基準をつくらなければならない。これは，例えば，評価規準に三つ以上の要素を含むものを選び，１番重要な要素，２番目に重要な要素を考え，以下のような基準表を，学年で相談しながら作成するとよい。

3	すべての要素を含む
2	１番目と２番目に重要な要素を含む
1	１番目の要素のみ

［文献］

西岡加名恵（2003）『教科と総合に活かすポートフォリオ評価法』図書文化

エリザベス・F・ショアー　キャシー・グレース（貫井正納他 訳）（2001）『ポートフォリオガイド10のステップ』東洋館出版社

高浦勝義（2000）『ポートフォリオ評価法入門』明治図書

田中耕治　西岡加名恵（1999）『総合学習とポートフォリオ評価法』日本標準

エスメ・グロワード（鈴木秀幸訳）（1999）『教師と子供のポートフォリオ評価』論創社

埼玉県教育委員会（2002）『埼玉県小学校教育課程評価資料』

KEY WORD
理科とものづくり（→p.30）
モーターカー
メトロノーム

ものづくりの活動

POINT
●理科の「育てたい資質･能力」を明確にしてものづくりの活動を位置付ける。
●「繰り返し改善していく」「実感していく」という特性を生かしてものづくりの活動を位置付ける。

1．ものづくりの充実

平成29年７月告示の小学校学習指導要領解説理科編では，ものづくりの活動について以下のように述べている。

> 「Ａ物質・エネルギー」の指導に当たっては，実験の結果から得られた性質や働き，規則性などを活用したものづくりを充実させるとともに，「エネルギー」，「粒子」といった科学の基本的な概念等を柱として，内容の系統生が図られていることに留意する必要がある。

> これまでのものづくりの活動は，その活動を通して解決したい問題を見いだすことや，学習を通して得た知識を活用して，理解を深めることを主なねらいとしてきた。今回，学んだことの意義を実感できるような学習活動の充実を図る観点から，児童が明確な目的を設定し，その目的を達成するためのものづくりを行い，設定した目的を達成できているかを振り返り，修正するといったものづくりの活動の充実を図ることが考えられる。

このことから，「Ａ物質・エネルギー」の領域の指導において，児童が設定した目的を達成するためにものづくりを行い，つくったものを通して目的を達成していく活動を充実させていくことをねらっていると考えられる。

2．ものづくりで育つ力

ものづくりの授業を通して育つ力には，以下のようなものがあると考えられる。

①制作物にかかわる知識・実感してわかる
②知識を適用する力
③発想する力／創造性
④計画する力
⑤調整する力／活動を振り返る力
⑥続ける力
⑦他者とかかわる力
⑧製作物への思い入れ／物への感性／達成感／成就感

ものづくりには，自分の個性や考え，努力が次第に目に見える形となり，他者からも評価され得る作品となって残るという特徴があり，自分の努力や成長を確認できるという利点がある。また，ものづくりの楽しさや完成の達成感を味わうことは，自ら主体的に取り組む態度や創造力，ひとつのものに取り組む集中力や忍耐力，協調する態度を醸成することができる。

理科の授業では，ものづくりを通して，どのような資質・能力を育成したいのかを規定した上で，児童に目的意識をもたせて活動させていく。つまり，製作することが目的ではなく，目的を達成するために製作し，その活動を通して資質・能力を育成していくのである。

この活動を実現するには，目的を達成するために，ねばり強くやりぬく続ける力（⑥）が必要となる。また，他者との情報交換によって，自分の作品をより目的達成に近づけていくこと（⑦）も必要となる。そして，最も重要なのが状況を把握し，目的が達成できているかどうかを振り返りながら，調整・修正を加えていくこと（⑤）である。さらに，その前提として，製作していくものへの思い入れなどの感性（⑧）も大切である。

3．ものづくりの授業のポイント

(1) 理科におけるものづくり

理科における「ものづくり」の活動は，大きく分けて，次の①～③のように位置付けられる。

①単元を通して「ものづくり」を行い，学習内容を獲得し，実感してわかっていく。

②自分の仮説や予想を確かめるための観察・実験装置を製作し，その結果から，考えを創っていく。

③獲得した知識を適用した「ものづくり」を行い，より実感してわかっていく。

①の例としては，第４学年「電気の働き」があげられる。モーターカーを製作し，単元を通して，そのモーターカーをより速く走らせるための改造をしていく。そのなかで，児童は電池の数やつなぎ方と電流の強さを関係付けたり，電流の強さとモーターの回転数やモーターカーの速さを関係付けたりしながら，「乾電池の数やつなぎ方を変えると，豆電球の明るさやモーターの回り方が変わること」を実感しながら考えを獲得していく。

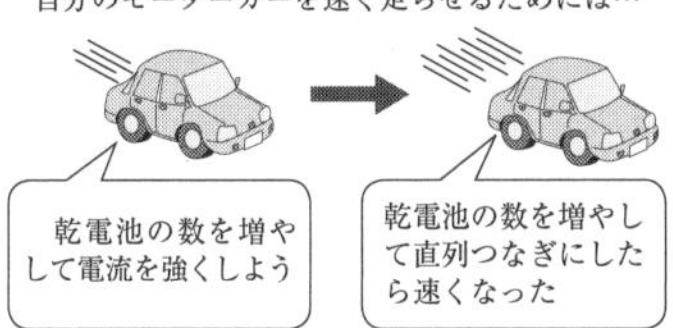

乾電池の数を増やして電流を強くしよう
乾電池の数を増やして直列つなぎにしたら速くなった

②の例としては，第５学年「電流の働き」があげられる。「導線の巻き数を増やすと電磁石は強くなる」という自分の仮説や予想を確かめるために，児童は，導線の長さを同じにして，巻き数を変えた数種類のコイルを製作する。そして，コイルに同じ強さの電流を流して電磁石の強さを調べていく。そのなかで，自分の実験の結果，自分の仮説や予想，実験方法や結果の妥当性を検討しながら自分の考えを創っていく。

乾電池の数	巻き数	長さ
1個	50回	6ｍ
1個	100回	6ｍ
1個	200回	6ｍ

確かめたいこと以外は同じにしないと確かめられないね

きっと，巻き数が増えると電磁石は強くなる

③の事例としては，第５学年「振り子の運動」があげられる。それまでの学習で獲得した「糸につるしたおもりが１往復する時間は，おもりの重さなどによっては変わらないが，糸の長さによって変わること」や「おもりが他のものを動かすはたらきは，おもりの重さや動く速さによって変わること」という知識を適用して，おもちゃやゲームなどの「ものづくり」を行っていく。そのなかで，獲得した知識をより実感していく。

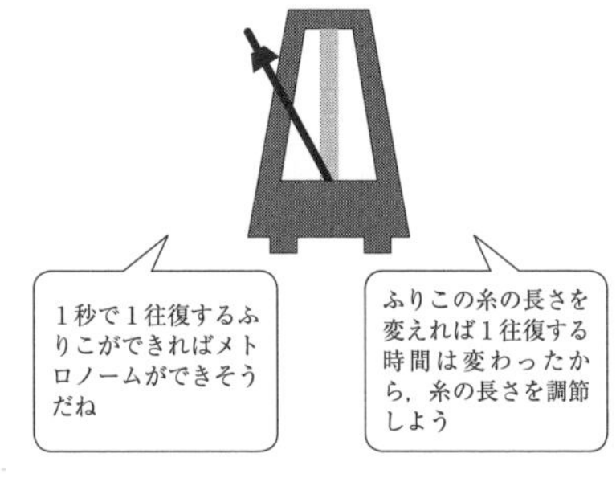

１秒で１往復するふりこができればメトロノームができそうだね
ふりこの糸の長さを変えれば１往復する時間は変わったから，糸の長さを調節しよう

［文献］

文部科学省（2018）『小学校学習指導要領解説　理科編』東洋館出版社

東京都小学校理科教育研究会（2003）『平成14年度都小理研究紀要（第17号）』

前田将司（2002）「『ものづくり』で育つ資質・能力の分類」広島大学大学院修士論文

厚生労働省（2001）「ものづくり教育・学習に関する懇談会報告書」『若年者に対する熟練技能技術者によるものづくり教育・学習の在り方について』

KEY WORD
予備実験
安全指導 (→p.194)
実験の工夫・改善
廃液 (→p.215)
廃棄物 (→p.217)
洗浄 (→p.212)

事前準備・事後処理

POINT
- 安全な実験のための準備・点検，素材選び
- 実験したあとの片づけ・使用した薬品の廃棄方法，実験キットとして保管する

1．事前準備

子どもが実験していることを想定し，

・子どもの期待や計画に沿う
・安全面と扱いやすさを考えて器具を選ぶ
・操作方法と扱いやすい量を決める
・薬品濃度と配り方，回収方法を試す

などの視点から，教師自身が実験の見通しをもつことが重要である。また，自分の経験を思い起こして準備をするのではなく，改めて教師自身が試す（予備実験する）ことによって，より子どもの見方や考え方にそった観察・実験をすることができるようになる。

(1) 子どもの「もう一度」に応えられる準備

教師が提示する実験は，繰り返して示せるように準備する。そのとき，何がどのようになっているのかが一見してわかるような，単純な実験セットの用意を目指す。また，使用する薬品の量は，子どもたちが実験に使う量を超えないように，安全確保に努める。

どこで，どのように見せるかも大事なことである。教師用の実験机に呼び集めるときに机上でじかに行うか，小さな台の上で行うか，子どもの視線と実験内容を考えて，見やすいように準備する必要がある。子どもたちの実験机の周りに子どもたちを集め，子どもが準備した道具の点検と実験操作の確認を行えるようにすることも，内容によっては効果的である。

(2) 器具は，丈夫，安定，扱いやすさで準備

実験をするために使う道具や器具は，それぞれの道具や器具のもつ特性を考えて，丈夫で安定していて，扱いやすいものを選ぶ必要がある。例えば，ビーカーならば，50mℓか100mℓ，200mℓか300mℓ，ときには500mℓと使用目的にそって選択する。そのためにも，1学年が使用する分は，常に理科室に用意しておきたい。また，使用する大きさの容器に合うかくはん棒などの道具類もあわせてそろえておく必要がある。

ガラス器具は，曲げてあるところや縁の部分などを中心に，使用前にひびが入っていないか調べ，安全確保に努める。

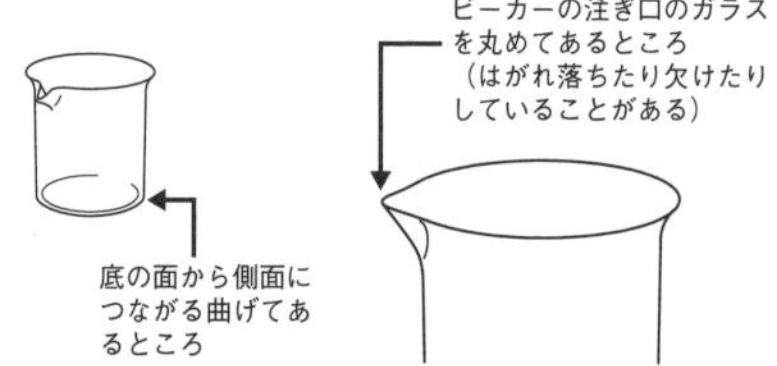

■ ビーカーのひびが入りやすいところ

(3) 実験の進め方と必要量をつかむ

実験をどのように進めるかによって，必要な道具類が増えていくことが考えられる。できるだけ少ない道具類で，実験を進めていくことができるようにしていくことが重要である。

そのときに，子どもがどのようなことを考えて進めているかにそっていくことが重要である。一連の実験のなかを，小さなまとまりに分けて考えるようにし，まず，何をするのか，それが終わったら次に何をするのか，それをどのように配置して，次に何にかかるのかを予期しておく。当然子どもによっては，その順番が変わることもあるが，行っている内容は変わらない。教科書の実験の手順は，基本の考え方として尊重できるが，子ども自身の思いや願いがあれば，それにそうためにも，実験手順を小さなユニットに分けて考えておきたい。

(4) 観察・実験の方法の工夫・改善

身近にある対象や道具の活用を図り，授業の時間を離れても追究できるようにしたい。例えば，3年生では，家庭にある自分の持ち物を対象に磁石に引き付けられる物と引き付けられない物を調べるなど対象を広げる。また，6年生

では，動物と水や食べ物とのかかわりや植物と水のかかわりなど，自分たちの身のまわりの生活の中やニュース・テレビ番組などを通して，考えを広げるための資料収集に努める。

また，子ども自身が体感を通して考えられる道具を使って，追究することも考えられる。例えば，５年生のてこの学習では，素手では持ち上げることに苦労するようなものでも，１本の棒を工夫して使うことによって，簡単に持ち上げることができることを体感することから，学習を展開することもできる。てこで重量のかかるものについては，特に支点にかかる力を想定して，それに十分耐えられる支点を用意する必要がある。また,棒についても安全を考慮して,棒自体が重くなっても丈夫なものを用意する必要がある。

(5) 地域環境の事前調査

学習にあたって，博物館やプラネタリウム，植物園などの施設を利用したり，地域に出かけてその環境を活用したりして学習を進めることを重視する。そのためには，地域の自然環境に詳しい教職員や研修センターの指導員などから資料を集めたり，現地を見て回ったりして，活用できる学年と内容，活用方法を調べ，計画的に学習が進められるようにしておく。

(6) 反応がとらえやすい試薬の濃度

常に新しい試薬が用意されているとは限らない。実験にあたって，濃度を調整しておく必要がある。例えば，６年生の水溶液で用いる塩酸は，ふたを開けたときに白い煙が出るものは表示に近い濃いものである。前年に使われた残りと思われるものやうすめた表示のあるものについては，金属と反応するかを確かめておく。また，金属片も表面が酸化して反応しにくくなっているものもあるので，反応することを確かめておく。BTB 溶液やヨウ素液などの試薬も，あらかじめ適切な状態になっているか調べておく必要がある。保管状態によっては，BTB 溶液が緑色をしていないものもある。リトマス紙も毎年新しいものを用意するようにしたい。実験の前には，使用する薬品等について，使えることを確かめておく必要がある。

２．事後処理

(1) 使用した薬品の処理

薬品類は,所定の場所に片づける。薬品庫は,薬品の性質によってしまうところが決まっているので，その規定通りに片づける。そして，薬品の使用台帳に使用した量などを書き込み，在庫量が次の使用で不足することが見込まれるときには，補充しておく。

実験で使用した試薬類は，酸性とアルカリ性に分けてそれぞれの廃液容器に処理する。廃液容器は，３L 程度の広口のポリタンクが使いやすい。最終の処理は，地域のゴミの処理方法に従って処理する。

(2) 使用した器具の洗浄

使用したガラス器具などの洗浄は，使用した学級で丁寧に水洗いしていることが多い。また，希釈した洗剤液を用意し，その中に使ったガラス容器を入れ，しばらく放置したあと水洗しているところもある。各学校のきまりに従って行う。特に，水酸化ナトリウム水溶液を使ったときには，希塩酸で洗ってから，水洗いするようにし，水酸化ナトリウム水溶液が残らないようにする。また，ひびが入ったものがあれば，破損したガラスの入れ物に処理する。

(3) 器具の保管

主な器具の保管について留意点をあげる。

〈ガラス器具や計量器具など〉それぞれの保管方法に従い，大きさごとにそろえて保管，整理する。

〈顕微鏡〉レンズや鏡を柔らかい布でふいてからしまう。

〈上皿てんびん〉皿をきれいにしたあと，重ねて片方にのせてからしまう。

〈振り子の実験器具など〉それぞれの備品がそろっていることを確認してから，所定の位置に片づける。

〈乾電池やボタン電池を使っている道具類〉長期間使用しないときには電池をはずして，液もれによる故障を予防する。

なお，施錠することが決められているところは施錠し，鍵も所定の位置に片づけ，次の使用に支障が生じないようにする。

KEY WORD
エキスパート
地域施設活用（→ p.92, 130 ～ 134）
理科支援員

人材活用

- 地域の学習環境を自然・施設・人材の観点から整理する。
- 人材活用のねらいを明確にし，効果的な場面を検討して指導計画に位置づける。
- 人材との事前の打ち合わせを綿密にし，授業において有効なものになるようにする。

1．理科学習における人材活用の意味

児童の資質・能力を育成するには，個に応じた指導法による学習指導を展開する必要がある。

その指導法の一つとして学習環境の整備が挙げられる。理科室や校内環境の整備を進めるとともに，地域の環境（自然，施設，人材）の活用が考えられる。児童は思考活動の中で，エキスパート（専門家・地域の方々・保護者・教職員など）から，体験を通して学び，多様な考え方や新たな知識を得る機会を得ることができる。

2．学習指導と人材活用

（1）事象との出会いの場面

（例）第５学年「動物の誕生」

メダカの飼育について身近な人から学び，児童の主体的に取り組む態度の涵養につなげる。

〈人材〉

・昨年飼育した６年生
・メダカに詳しい教職員
・地域の愛育家　　など

〈打ち合わせの観点〉

生命尊重，飼育の仕方，観察の仕方，産卵時の注意，学習後の飼育の仕方

（2）実験・観察の場面

（例）第４学年「月と星」

朝の月の観察もできるが，月や星の観察は夜が多い。夜の観察会を計画し，観察の技能や天体に対する興味・関心を高めるようにする。

〈人材〉

・天体に詳しい地域の方，理科教員
・地域の施設の学芸員

〈打ち合わせの観点〉

望遠鏡や双眼鏡の使い方，肉眼で観察する仕方や記録の仕方，星や月にまつわる話，事前・当日の展開案，安全面の確保

※保護者・学校との連携も確実にしておく。

（3）まとめ・発展の場面

（例）第６学年「土地のつくりと変化」

自分たちの住む土地がどのようにつくられ，変化していくのかを実地踏査・モデル実験・資料の活用・施設の利用などから得られた情報をもとに多面的に考えながら，土地のつくりと変化に対するより妥当な考えをつくっていく。その際，調べた内容やつくり上げた考えについて専門家から講評をもらい，理解を深めるようにする。

〈人材〉

・役所の土木課の担当者
・博物館の学芸員，高等学校の地学系の教員

〈打ち合わせの観点〉

・児童がどのような問題意識をもち，どのようなことを調べたり考えたりしているのか。
・助言の内容

（4）情報収集の場面

（例）第４学年「季節と生物」

桜の開花やツバメの巣立ちなどの情報を他の都道府県の市町村から得て，比較することで，日本全体の季節の変化に気付くことができる。

3．理科における新しい人材活用

地域によっては，行政が財政的な支援をする形で，理科支援員や観察・実験アシスタントなどの制度がある。これまでの外部の人材を活用して，理科の授業をつくっていこうという取り組みの発展的な形ともいえる。

また，学校の教育活動が多面化し，教員だけですべてをこなすことは難しくなりつつあることから，理科専科教員の導入も進んでいる。理科専科教員については次項に譲る。

［文献］

稲垣佳世子・波多野誼余夫（1989）『人はいかに学ぶか』中公新書

KEY WORD
科教員
科支援員

理科専科教員

POINT
- 専科教員の特性
- 理科専科の役割
- 学校の実態に合った担当授業の振り分け

1. 専科教員の特性

理科専科の配置される小学校が増えることが想定される。図画工作科や音楽科と異なり小学校全科の教員免許取得者が専科として配置される。専科教員の特性や留意点は以下の3点を挙げることができる。

(1) 専科として学校運営に参画

学級担任とは異なる立場で学校経営に携わることで学校全体の課題やフォローすべきポイントが見える。授業だけでなく生活指導や学校行事，学校環境整備などでも縁の下から学校を支える役割が専科には強く求められる。

(2) 教科としての専門性の向上

担当学年の複数の学級で指導する専科は，通常では年間で1度きりの単元を複数回指導することができる。何年分もの指導経験を得られる機会があり，短期間で教師自身の武器となる教科指導の根幹を形成することができる。

(3) 専科の難しさ，意識したいこと

学級担任と異なり授業時間外での児童との関わりが少ないので，各学級の支援が必要な児童について等の児童に関する情報を担任と共有して指導に生かすことが強く求められる。

2. 理科専科としての役割

理科専科と学級担任が担当する理科主任の役割に大きな違いは無いが，専科には学校全体の理科教育を担うという視点が強く求められる。

(1) 全体把握や理科支援員への作業指示

理科専科は自身の授業だけでなく，理科を指導する他学年との連携や学校全体の理科的環境を考えての準備が求められる。支援員が配置されている場合は作業要請も行う必要がある。年間を通して理科室でどの時期に，どの単元の学習が行われるのか見通しをもつ必要がある。例えば6年生の水溶液や5年生の物の溶け方などが重なると，短い休み時間での切り替えが求められる。そこで，専科教員には見通しをもった計画を立てることが必要となる。

理科室の整備は原状復帰を基本に，誰でもができる作業についてはルーチン化して教員や支援員に周知することが大切である。

(2) 理科への興味・関心を高める取り組み

学年を超えて指導を行う理科専科は，理科学習の問題解決の流れを定着させるため児童に対して一貫した指導が可能である。理科室の掲示を工夫して児童が日常的に触れれるようにしたい。

3. 学校の実態に合った担当授業の振り分け

理科専科には学校全体の理科指導技術を高める役割が求められる。以下に例を挙げる。

(1) 単元ごとに専科と学級担任で指導を分担

理科専科が理科室での実験を核とした単元を担当し，学級担任が生物や天体・気象などの継続観察が求められる内容を担当する方法もある。各学年で理科室の用具など使用時期が重なるものを確認して単元の順番を入れ替える工夫も必要となる。この方法では，児童が教室用と理科室用の2冊のノートを用意するとよい。

(2) 全単元を理科専科が担当

理科の全単元を専科が担当する場合，時間割は固定されるため天気や植物といった自然環境に左右される単元が課題となる。その他に，植物の観察，気温や影の位置の記録など学級担任に依頼できる場面は連携することも必要となる。

4. 今後にむけて

理科はICTとの親和性が高く，「実験の動画記録」「思考ツールを使った考察」「児童同士の思考共有」等の活用が期待される。理科専科は，教科のもつ問題解決の流れをICT機器と組み合わせて効果的に授業を行う工夫が一層求められてくる。

KEY WORD
地域施設（→p.130～134）
博物館（→p.130）
科学学習センター
プラネタリウム（→p.133）
植物園（→p.132）
動物園（→p.132）

地域施設活用

●子どものよりよい理解のためには，実感を伴った理解が必要。
●事前準備を十分に行い，地域施設の積極的な利用で，子どもの実態に即した体験学習を。

1．施設利用の必要性

平成29年告示の学習指導要領解説（理科）の「指導計画の作成と内容の取扱い」において，博物館や科学学習センターなどとの連携，協力を図る理科学習の必要性が論じられている。

現在，全国の博物館及びその類似施設の数は5500か所を超えている。

博物館だけではなく，それぞれの地域にある科学学習センターやプラネタリウム，植物園，動物園，水族館などは，各地域の身近な自然に関する豊富な情報源である。各施設では子どもの学習用プログラムを用意しているところもあり，体験から学び取るたいへんよい機会となる。

また生涯学習の基礎を培うという観点から，子どもが地域施設を活用し，自ら学ぼうとする姿勢を育成するためにも，指導計画に位置づけ，積極的な利用を勧めたい。

2．留意点

地域施設の利用には，以下のことに留意する。

①施設利用の目的を明確にする

地域施設を利用するときは，時間に限りがあることが大半である。限られた時間を有効に使うために，利用する目的と対象を明確にしておく。

②マナー指導を徹底する

施設内には一般の利用者もいる。他の利用者に迷惑をかけないようマナー指導を徹底しておく。

③施設内でも指導者であることを自覚する

施設内では専門員が実習指導をしたり，子どもの質問に答えたりするが，専門員とともに子どもたちの指導にあたったほうが，より効果的である。そのための事前準備も必要である。

④事前の打ち合わせをする

利用目的のために，どのような指導を専門員にお願いするか，どのような手伝いをしてもらいたいか，事前の十分な打ち合わせが必要である。

3．事前準備

①学習形態の確認

施設を利用する際，子どもの実態に即した施設プログラムや学習シートの準備のために，学習形態を明確にしておくことが必要である。

発見学習型…学習への動機づけとして利用する。

調べ学習型…学校では解決できない子どもの疑問や問題を解決する。

まとめ学習型…単元の終了後に施設の展示を利用して学習内容を確認する。

探究活動型…学習完了後に各自が関心をもった内容や追究したいことを調査活動する。

②学習資料の準備

施設にはプログラムとともに学習資料が準備されているところもある。児童用学習シート，児童用展示解説書，指導者用手引書等，事前の実地踏査とともに，これら学習資料を入手し，課題作成をしたり，引率する際の参考にしたりするとよい。

4．教員研修の場としての活用

最近の多くの施設が，教員対象の研修プログラムを用意している。教員自らの学びの場としても，地域施設を積極的に活用していくようにしたい。

［文献］

小川義和（2001）「専門的施設と連携した体験的な学習の進め方」『教職研修　1月増刊号 No.5 社会体験・自然体験の指導テクニックとプラン』pp.97～102　教育開発研究所
文部科学省（2017）「平成27年度社会教育統計」『社会教育調査報告書』

授 業 編
(3)指導計画と評価

KEY WORD
季節の変化への対応
単元の配列の偏り
育てたい力
単元

年間指導計画

POINT 年間指導計画の作成は，基本的には使用している教科書に依存していることが多い。しかし，理科のように季節の変化に応じた対応が求められる教科においては，地域，学校，子どもの実態に応じた年間指導計画の作成が求められる。そのためのヒントを示す。

1．年間指導計画を立てるにあたって

年間指導計画は，多くの学校においては，教科書に従って立てられているであろう。それは，教材の利便性とともに，学習内容がもれなく載っているため，教科書に準じていれば，特別な配慮を要しないという便利さがあるからと思われる。しかし，基本的には，各学校の特性を生かして，年間の指導計画が作成されることが望まれる。そこで，本稿では年間指導計画を作成するにあたっての基本的な考え方を論じることにする。

そこで，以下の３点から論じることにする。
①季節　②単元配列の均一化　③育てる力

２．季節について

自然を主な対象とする理科において，年間指導計画を作成するうえで，季節は，第一に検討すべき事項である。特に，生物や天気にかかわる内容には，切っても切れない関係にある。そこで，特に季節に関係する内容を例にあげながら，年間指導計画作成にかかわる留意点を考える。

第３学年のＢ区分の内容においては，植物や昆虫の体のつくりや成長を扱っている。これらの内容においては，植物や昆虫の成長に合わせて学習を展開していくことになる。そのために，季節を配慮しての年間指導計画となる。

この指導計画の例を見ると，明らかに１学期は，昆虫や植物の成長に合わせてそれにかかわる単元をおいている。しかし，地域による違いを考慮して，Ａ区分の季節の変化に影響されない内容を一つ，１学期においている。このことによって，生き物の成長が間に合わない地域が対応できるようにしている。(特に第４学年以上の学年で上下の２巻になる教科書）では，その配慮がさらに求められる。

第３学年の年間指導計画の例

月	学習内容
4	身の回りの生物(身近な自然の観察)
5	身の回りの生物(植物の成長と体のつくり)①
6	身の回りの生物(昆虫の成長と体のつくり)①
7	風とゴムの力の働き
8	身の回りの生物(植物の成長と体のつくり)②
9	身の回りの生物(昆虫の成長と体のつくり)②
10	光と音の性質
11	太陽と地面の様子
12	物と重さ
1	電気の通り道
2	
3	磁石の性質

このように，年間の指導計画を作成する際には，季節の変化に大きく左右される生き物を扱った内容について最初に考えていくことになる。また，天気の変化や天体にかかわる内容の配列も季節や天候に大きく左右されるので，地域ごとの検討が求められる。

３．単元の配列を考慮して

前述した第３学年のように，季節変化に左右される生物の成長を扱っている内容が多く含まれている学年では，年間指導計画は，季節変化に大きく影響され固定化してしまう傾向がある。そこで，他の学年を参考にして，単元配列のバランスについて考えてみたい。

第４学年の内容は，季節の変化をＢ区分「季節と生物」の内容が追いかけていくものとなっているので，季節ごとにＢ区分の内容が配列されてしまう。そこで，Ｂ区分の内容を埋めるように他の内容をバランスよく配置していくことになる。

この指導計画では，季節と生き物の変化を年間におきながら，その間に他の内容や天気・天体の内容を配列している。そのことによって，一時期に似通った内容が集中せずに学習活動が展開できるようにしている。

第４学年の年間指導計画の例

月	学　習　内　容
4	季節と生物① 天気の様子
5	人の体のつくりと運動
6	電流の働き
7	季節と生物② 月と星（夏の星）
8	
9	空気と水の性質
10	月と星 季節と生物③
11	金属・水・空気と温度（温まり方）
12	金属・水・空気と温度（温度と体積）
1	冬の星
2	季節と生物④
3	金属・水・空気と温度（水の三態）

ただし，第４学年の内容は，考え方によっては物質と状態の変化として深くかかわった内容がA区分の内容に含まれている。すなわち，力と様子の変化を扱う「空気と水の性質」，温度と体積変化を扱う「金属・水・空気と温度（温度と体積）」や同じく温度と状態の変化を扱う「金属・水・空気と温度（水の三態）」などである。以上のような内容的な関連を考慮して年間指導計画を立てる場合には，関連する内容のどの部分を先に学習するのか，また，その順序はどのようにしたら効果的な学習展開となるかを考えることになる。

４．育てる力を考慮して

平成29年度に告示された小学校学習指導要領では，各学年で主に育てたい問題解決の力が明示されている。それを参考にして，各学年や各内容で育てたい問題解決の力を検討することができる。

そこで，それらの力をもとにして，単元の配列を考えることができる。すなわち，前の単元までに培ってきた力を次からの問題解決活動に生かし，その力を活用し，さらに深めていこうというものである。

この考えで年間指導計画が作成されている例として第５学年の指導計画があげられる。

第５学年は「予想や仮説を基に解決の方法を発想する」という力を育てることを重点としている。

そこで，年間指導計画の最初の段階に「植物の発芽・成長・結実」の単元をおいている。この単元は，季節の変化が大きく関係することもあって，この時期に配置されているという理由もある。

第５学年の年間指導計画の例

月	学　習　内　容
4	植物の発芽，成長，結実①
5	動物の誕生①
6	動物の誕生②
7	
8	天気の変化①
9	植物の発芽，成長，結実②
10	天気の変化②
11	流水の働き
12	電流がつくる磁力
1	物の溶け方
2	
3	振り子の運動

しかし，この単元の内容は，子どものこれまでの栽培経験を生かして，「発芽の条件」や「成長の条件」を考え，その考えを実験によって確かめていく展開が比較的行いやすいといえる。それだけに，子どもが自らの考えを確かめる解決の方法を発想しやすい。さらに，「予想や仮説を基に解決の方法を発想する」を養う第５学年の初めにおき，徹底的に解決の方法を発想する力を育てる場として位置づけていくことができる。

その後，順次「結実」や「流水の働き」「電流の働き」「振り子の運動」へと展開して，それぞれの単元の中で児童が自らの考えを確かめる解決の方法を発想していけるようにしていくのである。

こうした，育てる力をもとにして年間指導計画を作成していくことが可能である。

５．まとめ

年間指導計画を作成していくには，様々な要件を考慮して作成していくことが求められる。これまでに述べてきたことに加えて，他学年との関係を考慮する必要もある。

例えば電気に関する内容が全学年におかれている。そのため，学校の電気に関する教材の配備状況に応じて，四つの学年の電気の内容について，学習実施時期が一致しないような工夫も必要となってくる。

以上のように，年間指導計画を各学校で作成する際には，様々な点を考慮して作成していくことが求められる。

KEY WORD
単元
単元展開構想図
単元展開細案
教材開発

単元の指導計画

問題解決の活動を取り入れた単元展開を構想していくためには，これまでに開発された展開をもとにして，子どもの実態やねらいをふまえた単元展開を構想していきたい。また，その構想は単元展開構想図という形に整理しておくことが大切である。

単元の指導計画を作成するには，多くの学校においては教科書の展開に従う場合が多いであろう。ここでは，自分なりの単元展開を工夫していく際の考え方や方法を紹介していきたい。

なお，あくまでも本稿では，問題解決活動を取り入れ，子どもの思考過程を尊重した展開をいかに工夫するかについて述べていくことにする。

子どもの思考の連続性に関しては，初等理科教育研究会が長年にわたって尊重してきたものである。それは，問題解決の過程で，追究する内容が子どもの思考にそったものになっているかを検討することである。また，そのことを検討することによって，子どもが何のためにそのことを追究するのかが，その子ども自身の問題となっているかどうかにつながるのである。

すなわち，子どもがものを考えていったとき，飛躍がないかである。そのことを考慮するためにも，単元の展開を作成するためには，単元展開構想図というものを作成することが望ましい。また，単元の展開を考えていく際には，様々な展開例を見て，それぞれの展開のよさや問題点を明らかにする。そこから，新たな展開や，参考にした展開のなかで，授業を行う指導者が最も納得できる展開を行うことである。

こうして，単元展開の細案を作成していくことになる。その手続きを整理すると，以下のようになる。

展開例の収集・検討（同一単元の展開例）

↓

おおまかな展開の構想（展開構想図）

↓

単元展開細案の作成

以下，次の項目の順に論を進めていく。

①単元展開構想ならびに構想図について

②単元展開細案の作成

③単元展開構想にかかわる教材の開発

1．単元展開構想ならびに構想図について

単元展開を構想するにあたっては，前述したように，まず複数の展開案を集めてそれを類型化する。そして，子どもの実態にふさわしい，あるいはその単元で育てたい力に基づいた単元展開を構想していく。

単元展開案を集めるのは，使用している教科書以外の展開や，指導にかかわる書籍，あるいは初等理科教育研究会が発行している「初等理科教育」などの雑誌に展開例が多数紹介されているので，容易に収集が可能である。その後，問題解決過程，および扱う内容をどのように配列して単元を展開しているのかを検討する。

この検討の際には，本書の「授業編（1）授業の創り方」を参考にして，展開構想を考えていくことを勧めたい。

次に，ある程度の展開構想が考えられてきたら，展開構想図を作成したい。

単元展開構想図は，単元の指導計画を作成する際にも，授業を進めていくうえでも役に立つものである。単元展開構想図は，ひと目で単元全体の展開が見えるようにするものである。そのことによって，指導計画作成中も，授業を実施している間も，今どこを行っているのかを頭の中に入れながら行えるのである。

具体的にはどのように作成し，どのような形のものなのかを紹介しておく。

様々な形のものが考え出されてきているが，その表現の違いは，作成の意図にわずかながらの違いがあったことによる。

指導計画（活動の流れ）〈９時間扱い〉

第５学年「動物の誕生（魚の成長）」

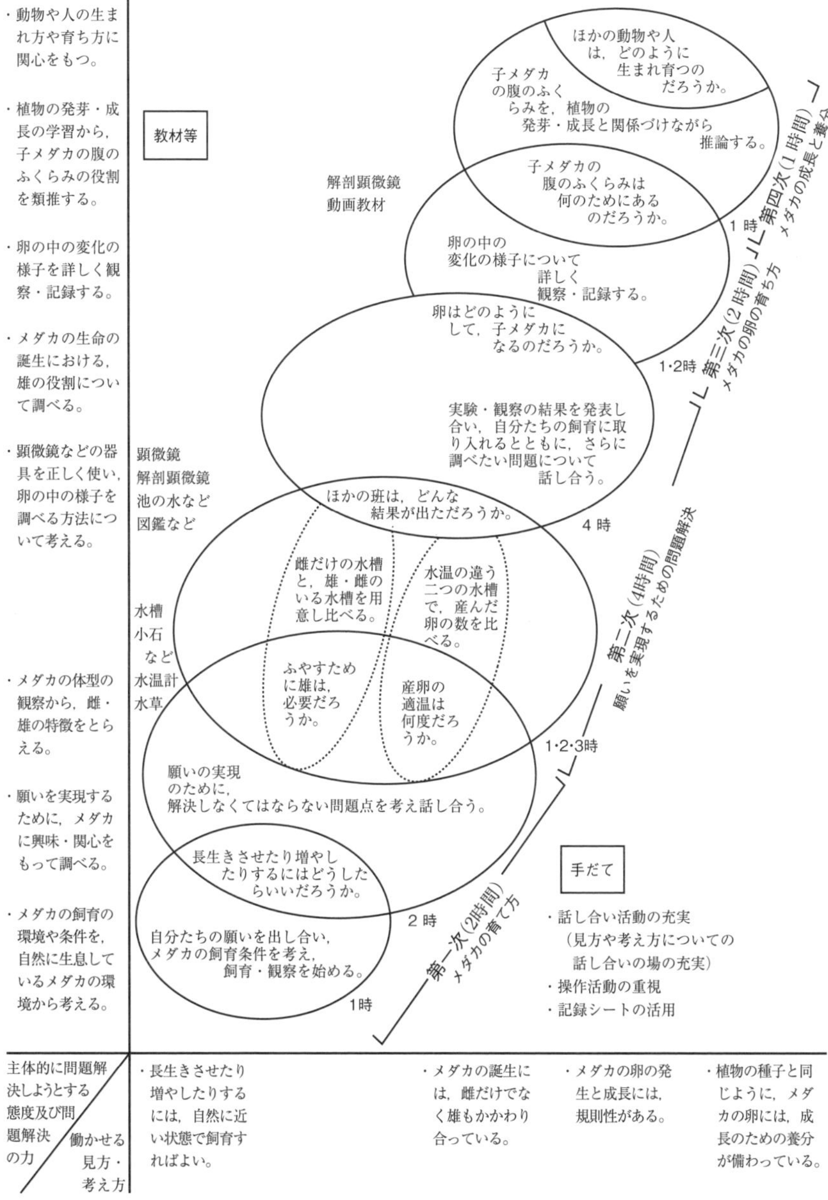

・動物や人の生まれ方や育ち方に関心をもつ。
・植物の発芽・成長の学習から，子メダカの腹のふくらみの役割を類推する。
・卵の中の変化の様子を詳しく観察・記録する。
・メダカの生命の誕生における，雄の役割について調べる。
・顕微鏡などの器具を正しく使い，卵の中の様子を調べる方法について考える。
・メダカの体型の観察から，雌・雄の特徴をとらえる。
・願いを実現するために，メダカに興味・関心をもって調べる。
・メダカの飼育の環境や条件を，自然に生息しているメダカの環境から考える。
教材等
解剖顕微鏡
動画教材
顕微鏡
解剖顕微鏡
池の水など
図鑑など
水槽
小石
など
水温計
水草
ほかの動物や人は，どのように生まれ育つのだろうか。
子メダカの腹のふくらみを，植物の発芽・成長と関係づけながら推論する。
子メダカの腹のふくらみは何のためにあるのだろうか。
1時
第四次（1時間）メダカの成長と養分
卵の中の変化の様子について詳しく観察・記録する。
卵はどのようにして，子メダカになるのだろうか。
1･2時
第三次（2時間）メダカの卵の育ち方
実験・観察の結果を発表し合い，自分たちの飼育に取り入れるとともに，さらに調べたい問題について話し合う。
ほかの班は，どんな結果が出ただろうか。
4時
雌だけの水槽と，雄・雌のいる水槽を用意し比べる。
水温の違う二つの水槽で，産んだ卵の数を比べる。
ふやすために雄は，必要だろうか。
産卵の適温は何度だろうか。
第二次（4時間）願いを実現するための問題解決
1･2･3時
願いの実現のために，解決しなくてはならない問題点を考え話し合う。
長生きさせたり増やしたりするにはどうしたらいいだろうか。
2時
自分たちの願いを出し合い，メダカの飼育条件を考え，飼育・観察を始める。
1時
第一次（2時間）メダカの育て方
手だて
・話し合い活動の充実（見方や考え方についての話し合いの場の充実）
・操作活動の重視
・記録シートの活用
主体的に問題解決しようとする態度及び問題解決の力
働かせる見方・考え方
・長生きさせたり増やしたりするには，自然に近い状態で飼育すればよい。
・メダカの誕生には，雌だけでなく雄もかかわり合っている。
・メダカの卵の発生と成長には，規則性がある。
・植物の種子と同じように，メダカの卵には，成長のための養分が備わっている。

■ 展開構想図の例①

○単元展開構想図の例

単元展開構想図として，以下の三つの例を紹介する。前述したように，いずれも１枚で単元全体が見取れるように表現されている。

①円形で活動の一つ一つを表し，つないでいく形のもので，軸に時間と育つものを表現している。

②流れ図(フローチャート風)に表現したもので，多くの人がこの形の構想図を作成している。

③展開細案に近い形で表現しているが，図などを入れて，活動内容がより見やすい形に表現されている。作成に少し手間がかかるのが欠点である。

２．単元展開細案の作成

展開の細案に関しては，基本的には時間の流れにそって，子どもの主な活動とそれに伴う教師の主なはたらきかけ（手立て）を記述していく。この細案で最も大切にされるのが，教師の主なはたらきかけである。このはたらきかけの中で子どもが主な活動ができるようにするために，どのようなはたらきかけをいかに行うのか具体的に記述される必要がある。そのための詳細は，本書の「授業編（１）」ならびに「授業編（２）」が参考になる。

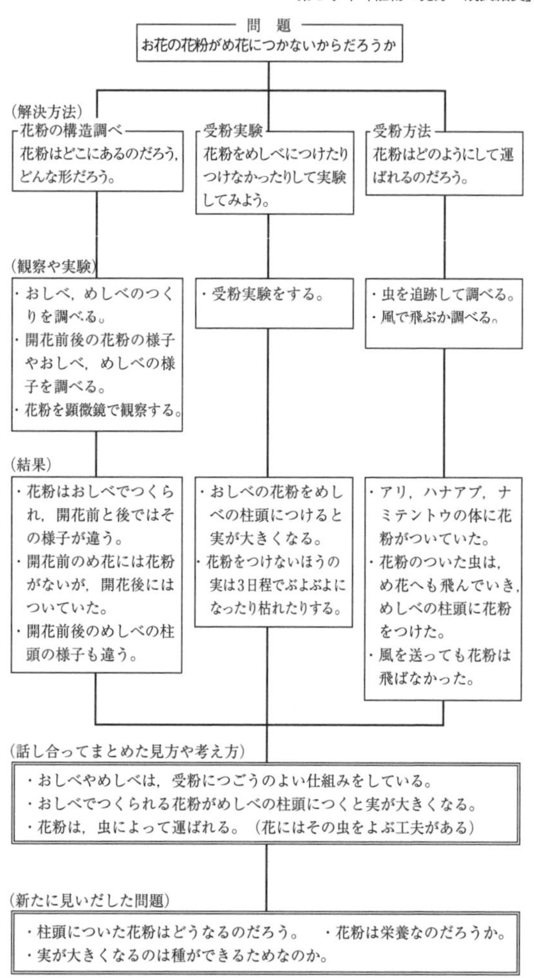

■ 展開構想図の例②

３．単元展開構想にかかわる教材の開発

単元展開構想の完成に向けて，もっとも大切なのが教材である。単元の最初の段階で，いかなるものを提示するのかが，理科の授業をつくるうえでは重要であり，展開はここで決まると言っても過言でない。

そこで，指導案によっては，「子どもの活動」「教材」「教師のはたらきかけ」の３項目を入れて表現したものもある。そのことは，理科における学習が「子ども」「教材（もの）」「教師」の三つの要素で成立しているということを示しているといえる。

理科においては，特に教材（もの）が要になっている。それだけに，学習の中に取り入れるものによって展開が大きく左右される。理想的な教材とは，提示しただけで子どもの主体的な追

(展開例) 第4学年「電流の働き」

■ 展開構想図の例③

究活動が自然に展開していくようなものなのだろう。そうした優れた教材の開発が，現場の教師に強く求められている。

［文献］

木下邦太郎編（1991）『理科研究授業のモデル指導案と展開』明治図書出版

奥井智久・角屋重樹編著（1994）『小学校中学年理科の指導と評価』『小学校高学年理科の指導と評価』教育開発研究所

角屋重樹編著（1998）『子供を理科好きにする授業入門』小学館

角屋重樹ほか編著（2003）『これからの理科研究授業　小学校中学年編　小学校高学年編』明治図書出版

KEY WORD
複式における課題と利点
教育計画
学習指導の類型
同単元同内容指導
学年別指導

複式学級用指導計画

複式学級用年間指導計画は，複式学級における学習指導の類型を選択し，その長所や配慮事項などをふまえ，長期的な見通しをもって，地域，学校，児童の実態に応じた作成が求められる。少人数になるほど，個々の子どもにあった単元構成や配当時間など，年間を見通した授業の工夫が必要となる。

1．年間指導計画を立てるにあたって

複式学級では，少人数のため，子どもは大きな集団での社会的経験の場が不足がちになる。学年別の指導の場合，子どもは教師の直接的な指導を受ける時間が少ない。２個学年で編制しているため，学級を構成する子どもが毎年変わることが多いことなど課題がある。しかし，次の三点の利点を生かすことで発想の転換が可能である。

①少人数のため，教師は個に応じた指導が行いやすい。
②学年別の指導の場合，子どもは教師がつかない時間帯に，数多くの自学自習を経験できる。
③２個学年で編制しているため，子どもは，上学年と下学年という二つの立場を経験できる。

こうした利点を生かすには，複式学級をもつ学校経営の在り方と学習指導について，自ら学び自ら考える力の育成の観点から見直し，子どもも自身が考え，判断し，表現する能力を伸ばしていける教育計画をいかに立てるかを考えなくてはならない。

以下は，そのポイントである。

①子どもの実態をとらえ，子どものよさを生かす指導目標を設定する。
②指導内容の重点化や教材の精選をし，上・下両学年の指導内容の系統性，子どもの能力・特性を生かした学年別指導や同単元指導の計画など，具体的な指導計画を作成する。
③間接指導は，自らの課題追究の場，発展させる場，子ども自身が観察・実験を進めていく場として，指導過程に位置づける。
④少人数の利点を生かし，表現力の向上を目指し，子どもの思いを生かせる学習方法を充実させる。
⑤個々の子どもの学習状況を的確にとらえる評価の工夫をする。

2．学習指導の類型

複式学級における学習指導では，２個学年の子どもを同時に指導するために，指導内容や指導方法について組み合わせを考慮したり，工夫する必要がある。

地域や学校の実態，子どもの心身の発達段階と特性，教科の特質などを考慮した複式学級の指導の形態は，以下のような類型に分けられる。

①学年別指導

一人の教師が異学年を異単元別々に指導する形態で，直接指導と間接指導のバランスをとりながら学習の成立を図る指導である。

②同単元指導

２個学年を同一単元で指導するが，内容はそれぞれに異なったものを与える指導であり，学年別要素を含んでいる面がある。

③同単元同内容指導

一般に同内容指導と呼ばれ，２個学年の指導内容を同一にして指導する方式である。

複式学級における理科の指導計画は，完全複式（１－２年，３－４年，５－６年の３学級編制）の学校では同内容指導二本案（A・B 年度二本案）が多く，変則複式・欠学年・転出入児童の多い学校では，学年別指導が多い。

3．計画立案にあたっての留意事項

(1) 同単元同内容指導二本案（A・B 年度）による指導計画

同内容指導案は，上・下両学年の内容を，A年度とB年度の２か年間に，単元相互の関連性や教材の順次性を配慮して，A年度とB年度のいずれの年度においても，両学年に同時に同じ目標のもとに，同じ程度に指導しようとする案である。

複式学級の場合，学年差を重視した指導形態

よりも学級を単位に考え，複式学級を能力差のある子どもで編制されているととらえ，同内容指導二本案によって，理科の基本的で大切な観察・実験に，教師の直接指導や個別指導の時間を多くし，子どもの興味・関心や能力に応じて一人一人の学習を成立させたり，上・下学年の協力や話し合いによって学習を活発化させ，思考力や表現力を伸長させる。

指導内容の構成は，中学年・高学年のそれぞれの２か年で学ぶ内容を，領域や分野において難易の片寄りがないように，Ａ年度とＢ年度に平均的に配分することが大切である。また，片寄りのある両学年の教材の内容については，大単元に構成したり，継続観察の教材は２か年間繰り返したりして，再編成することが必要である。

両学年で同じ教材を用いるために，「わたり」「ずらし」（次ページ参照）のわずらわしさがないことや，観察実験の指導がしやすい利点があるが，ここでは，単に複式の単式化というだけでなく，下学年の子どもへの配慮を十分に考えた指導と教材研究が必要である。

〈第３・４学年の年間指導計画（寒冷地）例〉

Ａ年度（90時間）

月	単元	学年	時間
４月	身の回りの生物(身近な自然の観察)	３年	２時間
	空気と水の性質	４年	11時間
５月	身の回りの生物（植物の成長と体のつくり）（１）	３年	７時間
６月	風とゴムの力の働き	３年	12時間
７月	金属･水･空気と温度（水の三態）	４年	11時間
８月	〃		
９月	身の回りの生物（植物の成長と体のつくり）（２）	３年	４時間
10月	太陽と地面の様子	３年	10時間
11月	電気の通り道	３年	10時間
12月	物と重さ	３年	８時間
１月	電気の働き	４年	15時間
２月	〃		
３月	〃		

Ｂ年度（105時間）

月	単元	学年	時間
４月	光と音の性質	３年	７時間
５月	季節と生物（１）春	４年	６時間
	天気の様子（１）	４年	４時間
６月	身の回りの生物（昆虫の成長と体のつくり）（１）	３年	７時間
	季節と生物（２）夏	４年	５時間
７月	月と星（夏の星）	４年	２時間
	身の回りの生物（昆虫の成長と体のつくり）（２）	３年	８時間
８月	〃		
９月	月と星	４年	８時間
	季節と生物（３）秋	４年	６時間
10月	人の体のつくりと運動	４年	12時間
11月	磁石の性質	３年	12時間
	天気の様子（２）	４年	７時間
12月	〃		
	季節と生物（４）冬	４年	６時間
１月	金属･水･空気と温度（温まり方）	４年	６時間
２月	金属･水･空気と温度（温度と体積）	４年	６時間
３月	季節と生物（生物の１年）	４年	３時間

(2) 同単元同内容指導二本案の長所と短所

〈長所〉

・子ども一人一人をじっくり見つめ指導する時間的なゆとりができ，個々の子どもの能力・特性に配慮した支援がしやすい。

・指導内容が基本的なものに絞られ，指導計画や教材教具・資料の準備が能率的にできる。

・理科の最も基本的で大切な観察・実験に，教師の直接指導や個別指導の時間を組み入れることができる。

・共通の学習場面が多くなることにより，集団による多様な思考の交流や深化が図られる。

〈短所〉

・学年差があり，子どもの負担が大きい。

・変則複式，欠学年，子どもの転校の場合，混乱をきたす場合がある。

・教科書を２年分子どもに渡しておく必要がある。

・指導計画を緻密に立てておく必要がある。

・市販テストなどを使う場合にも２年分用意しておかなければならない。

(3) 同単元同内容指導計画作成上の留意点

・単元の配列にあたっては，理科の特質から，系統性と順次性を重視し，さらに季節にも配慮する。

・同教材による同内容指導で行うが，学年差・個人差を十分に考慮し，異程度指導や複線化を図るなど学習展開を工夫することが必要である。

・学習内容の難易を考え，一方の年度に片寄らないように配慮し，Ａ・Ｂ年度の平均化が図られるようにする。

・学習内容が，Ａ・Ｂ年度にできるだけ平均的に配列されるように配慮する。

⑷ 学年別指導による指導計画

学年別指導とは，２個学年の子どもにそれぞれ別の教科，あるいは，同じ教科でも異なる内容を指導するものである。この場合，一人の教師はそれぞれの学年の子どもに異なる内容を指導するので，一方の学年に指導している（直接指導）間は，もう一方の学年は，自主的に自分たちの学習を進めていく（間接指導）ことになる。

両学年の子ども一人一人が基礎・基本を確実に身につけることができるように，単元の指導計画を工夫する必要がある。子どもの実態や学習内容などに応じて，直接指導と間接指導の場面を工夫し，単元全体を見通して計画を立てることが大切である。このことにより，教師が直接にかかわり重点的に指導を行う時間を確保し，子どもはじっくりと時間をかけて考えることができる。さらに，単元全体の学習過程をずらすことにより，単元の導入時に子どもがゆとりをもって学習に取り組むことができる。

１単位時間の学習過程のずらし方は，固定的に考えず，学習内容や子どもの実態に応じて柔軟に考える必要がある。直接指導と間接指導における子どもの学習活動を具体的に想定し，意図的・計画的に教師のわたりを学習過程に位置づけ，①問題把握　②解決努力　③定着　④習熟・応用　の四つの段階を組み合わせることが重要である。

○学習過程の「ずらし」

A学年 ①問題把握 ②解決努力 ③定着 ④習熟・応用
（直接）　（間接）（直接）（間接）

B学年 ①習熟･応用 ②問題把握 ③解決努力 ④定着
（間接）　（直接）　（間接）（直接）

２個学年の学習過程の各段階をこのように，ずらして組み合わせることを「ずらし」と呼ぶ。

教師が一方の学年から他方の学年へ交互に移動して直接指導する。この学年の間をわたり歩く教師の動きを「わたり」と呼ぶ。

○単元全体の学習活動の流れ

A 学年①単元の導入②単元の展開③単元のまとめ
④単元の導入

B 学年①前単元のまとめ②単元の導入③単元の展開
④単元のまとめ

⑸ 学年別指導の長所と短所

〈長所〉

・学年の発達段階や学習内容の系統をふまえた指導ができる。
・転入・転出する子どもや欠学年の状況などに左右されず，どんな学級編制でも実施可能である。

〈短所〉

・学年ごとの課題把握や習熟応用の段階の指導に十分な時間がとれず，徹底した指導ができにくい。
・学習活動に深まりがなく，個別指導など能力差に応じた一人一人を生かした指導に工夫が必要である。
・教師の準備が２倍以上かかる（教材研究，授業構成の工夫など）。
・学級の人数が少ない場合，学年一人で学習する場合も出てくるため，班学習ができない。

⑹ 学年別指導計画作成上の留意点

・間接指導を充実させるために，子ども一人一人に対応できる同時間接指導を行ったり，各段階を半分ずつずらして組み合わせるなど，両学年の学習状況に応じた指導をする時間帯を設定する工夫をする。
・間接指導の時間は，子ども一人一人が自ら学び自ら考える力を育む時間としてとらえる。直接指導のなかで学習意欲を喚起し，子ども自身に学習の仕方や手順を理解させ，少人数の利点を生かし，間接指導でのつまずきなどを予測し，その活動に応じた指導をする。
・子どもが自主的･主体的に学習を進め，基礎･基本を確実に身につけるためにも，間接指導で子ども一人一人に応じた指導を充実させる。

［文献］

全国へき地教育研究連盟（2000）『21 世紀を拓く教育シリーズⅢ　へき地・複式・小規模学校 Q&A』

北海道立教育研究所・北海道教育大学（2001）『複式学級における学習指導の在り方～はじめて複式学級の担任する先生へ～』

北海道立教育研究所・北海道教育大学（2003）『複式学級における学習指導の在り方～学年別指導の実践事例～』

KEY WORD

導案に求められるもの
導計画（→p.94，96）
時案
標（→p.104）

指導案作成

POINT 指導案は，指導案を作成する目的によって形式が異なって当然である。研究授業の場合には，最も主張したいことを明確に示すことが求められる。しかし，授業を行うことだけを目的にした指導案では，最低求められる要件がある。それに基づいて指導案は作成される。

指導案は，授業を創るうえで必要なものである。あくまでも授業を行うために作成される指導案であるが，研究授業を行う際に作成される指導案には研究としての主張があり，その主張が明確に示されたものとしての指導案が求められる。

そこで，本稿では，指導案として何が求められ，それはどのような形で表現されるべきかを論じていきたい。

1．指導案に求められる内容とは

指導案は，研究授業など，その目的によって形態が異なってくるであろう。しかし，本来の目的である授業を創り，実践していくための指導案として，最低限以下の要件が求められるといえる。

1）この単元で育てたい力は何かの記述
2）1）に対する子どもの実態は何かの記述
3）2）の実態の子どもに1）の力を育てていくためには何を行っていくのかの記述
4）3）で示した手立てを具現化する単元の指導計画ならびにその細案の作成
5）4）に基づく本時案の作成

上記の1）から5）までの要件を含んだ指導案に基づいて授業が行われるといえる。なお，この細案と本時案の中に，評価が含まれていく。

次に，具体的にどのような形で表現されていくのかについて，例をあげて紹介したい。

2．指導案の表現形式

これまでも述べてきたように，指導案を作成する目的に応じて変化していくものであろう。そこで，ここでは，前述した五つの要件を含んだ指導案の形を示してみる。

右に示した指導案は，前述した指導案に求められる要件のうちの1）から3）までが表現されている。

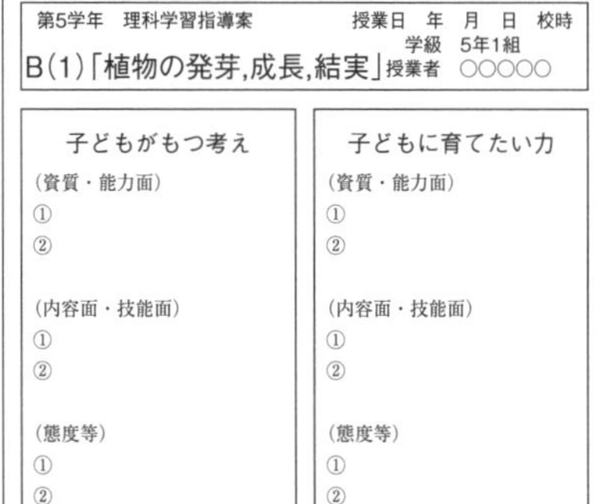

第5学年　理科学習指導案　　授業日　年　月　日　校時
学級　5年1組
B(1)「植物の発芽,成長,結実」授業者　○○○○○

子どもがもつ考え	子どもに育てたい力
（資質・能力面） ① ② （内容面・技能面） ① ② （態度等） ① ②	（資質・能力面） ① ② （内容面・技能面） ① ② （態度等） ① ②

本単元における主な具体的な手だて
①子どもが考えを明確にもてるようにするための手だて
②子どもが自ら実験方法を考えることができるようにするための手だて

なお，1）にあたる内容を単元の目標や具体的な目標という形で表現することができる。この目標を示すことよって，学習指導要領との関連が明確になる。

また，指導計画や本時案は，以下のような項目で示されていく。

電磁石を強くするには（第6時間目）
1　本時の目標
電磁石の働きを強くするためには，どのようにしたらよいのかという問題に対する自分の仮説を，考えた方法で調べることができる。
2　本時の展開

子どもの主な活動	教師の主な手立て(◆)と評価(☆)
電磁石を強くするにはどうしたらよいのだろうか。	
○自分たちの立てた仮説を確かめるための実験を，グループごとに行う。 （仮説Aグループ：巻く数） ・巻く数を増やしても思ったほど強くならないな。	◆同じ仮説を立てた子どもどうしを同じグループにして，協同で実験できるようにする。 ☆自分たちの仮説が確証されるにはどのような結果が出るのか予想して実験を行い，予想と結果を比べることができる。 〈思考力・判断力・表現力等〉 （記録分析）

指導案の本時案の一部の例

本時案の一部を示したが，指導計画の細案も同じような形式で表される。

KEY WORD
理科の目標（→p.34）
学年目標
内容区分（→p.9, 34）
単元の目標
具体的な目標
評価（→p.106）

目標について

POINT
学習指導要領に示された目標ならびに内容に基づき，単元目標や具体的な目標がつくられていく。この過程を，理科の目標や学年目標の構造にふれながら考えていく。

小学校学習指導要領は，目標，学年の目標，学年の内容から構成されている。そこで，本稿では，平成29年度に告示された小学校学習指導要領理科に基づき，理科の目標について論じることにする。

1．理科の目標について

小学校理科の目標は，以下のようになっている。

> 自然に親しみ，理科の見方・考え方を働かせ，見通しをもって観察，実験を行うことなどを通して，自然の事物・現象についての問題を科学的に解決するために必要な資質・能力を次のとおり育成することを目指す。
> (1) 自然の事物・現象についての理解を図り，観察，実験などに関する基本的な技能を身に付けるようにする。
> (2) 観察，実験などを行い，問題解決の力を養う。
> (3) 自然を愛する心情や主体的に問題解決しようとする態度を養う。
> （平成29年度告示 学習指導要領　小学校理科の目標）

この理科の目標にせまるために，学習指導要領では，次に，学年の目標をあげている。

2．学年の目標について

学年の目標は，各学年ごとに（1），（2）の二つずつを提示している。この二つは，小学校理科の学習内容を大きく二つに区分けしていることからできている。すなわち，A区分「物質・エネルギー」，B区分「生命・地球」である。

この2つの区分ごとに学年の目標が定められている。第3学年の例を以下に示す。

> (1) 物質・エネルギー
> ①物の性質，風とゴムの力の働き，光と音の性質，磁石の性質及び電気の回路について<u>の理解を図り，観察，実験などに関する基本的な技能を身に付けるようにする。</u>
> ②物の性質，風とゴムの力の働き，光と音の性質，磁石の性質及び電気の回路について追究する中で，主に<u>差異点や共通点を基に，問題を見いだす力を養う。</u>
> ③物の性質，風とゴムの力の働き，光と音の性質，磁石の性質及び電気の回路について追究する中で，<u>主体的に問題解決しようとする態度を養う。</u>
> (2) 生命・地球
> ①身の回りの生物，太陽と地面の様子についての理解を図り，観察，実験などに関する基本的な技能を身に付けるようにする。
> ②身の回りの生物，太陽と地面の様子について追究する中で，主に差異点や共通点を基に，問題を見いだす力を養う。
> ③身の回りの生物，太陽と地面の様子について追究する中で，生物を愛護する態度や主体的に問題解決しようとする態度を養う。
> （平成29年度告示 学習指導要領　小学校理科第3学年の目標）

この第3学年の目標を見ると，①には共通して「…についての理解を図り，観察，実験などに関する基本的な技能を身に付けるようにする」と書かれている。つまり①は習得する知識，技能の内容を示している。②には共通して「差異点や共通点を基に，問題を見いだす力を養う」と書かれている。この記述が平成29年度告示の学習指導要領で明記された「問題解決の力」の1つである。同様に，第4学年では「既習の内容や生活経験を基に，根拠のある予想や仮説を発想する力」，第5学年では「予想や仮説を基に，解決の方法を発想する力」，第6学年では「より妥当な考えをつくりだす力」を養うことがそれぞれ書かれている。つまり，各学年で重点を置いて育成を目指す問題解決の力を目標として位置付けている。③には共通して「主体的に問題解決しようとする態度を養う」と書かれている。また，（2）生命・地球に関する目標に，第3・4学年では「生命を愛護する態度」，第5・6学年では「生命を尊重する態度」を育成するように書かれている。これらは理科の目標のうちの「自然を愛する心情」を重視したことに伴い，位置付けられている。こうして，学習指導要領をもとにして，理科の目標ならびに学年の目標が示されたことになる。

そこで次に，単元の目標を考えることにする。

3．単元の目標

単元の目標の作成は，教科書の教師用指導書などを参考に作成されている場合が多い。基本的には，前述してきた「理科の目標」「理科の学年目標」「理科の内容」に関する学習指導要領の記述をもとに作成する。

例えば，第5学年「植物の発芽，成長，結実」の発芽と成長に関する単元では，「植物の育ち方について，発芽や成長の様子に着目して，それらに関わる条件を制御しながら調べる活動を通して，予想や仮説を基に，解決の方法を発想し，表現する力を育てるとともに，植物の発芽や成長に必要な条件を理解し，観察，実験などの技能を身に付け，生命を尊重する態度や主体的に問題解決しようとする態度を育てる」といった目標となる。この目標は，第5学年の目標と内容を合わせて作成されている。

> (2) 生命・地球
> ①生命の連続性，流れる水の働き，気象現象の規則性についての理解を図り，観察，実験などに関する基本的な技能を身に付けるようにする。
> ②生命の連続性，流れる水の働き，気象現象の規則性について追究する中で，主に予想や仮説を基に，解決の方法を発想する力を養う。
> ③生命の連続性，流れる水の働き，気象現象の規則性について追究する中で，生命を尊重する態度や主体的に問題解決しようとする態度を養う。
>
> （平成29年度告示 学習指導要領　第5学年の目標より）

> 植物の育ち方について，発芽，成長及び結実の様子に着目して，それらに関わる条件を制御しながら調べる活動を通して，次の事項を身に付けることができるよう指導する。
> ア　次のことを理解するとともに，観察，実験などに関する技能を身に付けること。
> (ア) 植物は，種子の中の養分を基にして発芽すること。
> (イ) 植物の発芽には，水，空気及び温度が関係していること。
> (ウ) 植物の成長には，日光や肥料などが関係していること。
> (エ) 花にはおしべやめしべなどがあり，花粉がめしべの先に付くとめしべのもとが実になり，実の中に種子ができること。
> イ　植物の育ち方について追究する中で，植物の発芽，成長及び結実とそれらに関わる条件についての予想や仮説を基に，解決の方法を発想し，表現すること。
>
> （平成29年度告示 学習指導要領　第5学年の内容B(1)より）

これはあくまでも作成の例であり，この学習内容を通していかなる力を子どもに育てていくのか考え，単元の目標が作成されるべきである。

4．具体的な目標

単元目標に関しては，3．で述べてきた単元の目標に加えて，具体的な目標を設定している。この具体的な目標は，指導要録に示されている評価の3観点ごとに目標が示されたものである。次ページの授業編「評価について」を参照に，具体的な目標を設定することができる。

［文献］

文部科学省（2018）『小学校学習指導要領解説 理科編』東洋館出版社

角屋重樹ほか編（2002）『子どもが感じ考え実感する理科の授業と評価』（3年 4年 5年 6年）教育出版

奥井智久監修　角屋重樹編著（2003）『新しい理科教育の理論と実践の方法』現代教育社

角屋重樹監修・著（2004）『小学校理科の単元展開と評価』文溪堂

KEY WORD
評価規準
評価基準
観点別評価
評価方法（→p.18）
指導と評価の一体化

評価について

文部科学省が告示した学習指導要領ならびに国立教育政策研究所の教育課程研究センターが示した評価規準に基づき，評価についての解説を行っている。基本的に評価は，いつ，どのような観点で，どのような内容を，どのような方法で行うかを示す必要がある。

１．観点別学習状況における３観点評価

従来から文部科学省（旧文部省）は，学習指導要領と指導要録の様式において，学校教育で身に付けるべき学力とその評価に関する大きな枠組を示してきた。学校教育法第30条第２項が示す学力の三つの要素と学習指導要領に示す目標に照らしてその実現状況を見る評価（絶対評価）をいっそう重視しており，指導要録も学力の三つの要素の育成を目指してきた。平成27年に行われた中央教育審議会において，目標に準拠した評価を更に進めるためには，三つの要素との関係をより一層明確にする必要があるとの趣旨のもと，従来の４観点評価から３観点評価へと整理された。その観点は「知識･技能」「思考･判断･表現」「主体的に学習に取り組む態度」の３つである。

小学校理科においても，３観点の観点別学習状況を絶対評価し，評定はそれらの観点を総合的に絶対評価したものである。

２．小学校理科の観点の趣旨

〈知識・技能〉

自然の事物・現象についての性質や規則性などについて理解しているとともに，器具や機器などを目的に応じて工夫して扱いながら観察，実験などを行い，それらの過程や得られた結果を適切に記録している。

〈思考・判断・表現〉

自然の事物・現象から問題を見いだし，見通しをもって観察，実験などを行い，得られた結果を基に考察し，それらを表現するなどして問題解決している。

〈主体的に学習に取り組む態度〉

自然の事物･現象に進んで関わり，粘り強く，他者と関わりながら問題解決しようとしているとともに，学んだことを学習や生活に生かそうとしている。

この評価の観点の趣旨は，各学年の目標に基づいて，「学年別の評価の観点の趣旨」として，第３学年から第６学年まで整理されている。

３．評価規準の設定

国立教育政策研究所の教育課程研究センターでは，小学校理科として，各学年の評価の観点の趣旨に基づき，「A　物質・エネルギー」「B　生命・地球」の区分ごとに「内容のまとまりごとの評価規準」を設定し，さらに大項目ごとに応じた「評価規準の具体例」を示した。

これらの評価規準は，学習指導要領の目標に照らして，その実現状況を「おおむね満足できる」と判断される状況（B）で示している。そのため，「内容のまとまりごとの評価規準」は，原則として学習指導要領の記述をもとに，また，「評価規準の具体例」は，原則として学習指導要領及びその解説（文部科学省刊行）の記述をもとに文章が作成されている。

理科で示している「評価規準の具体例」は，実際の授業単元の評価規準とほぼ一致し，そのまま活用できるものであるが，学習指導要領の内容項目（ア，イなど）をいくつかに分けて複数の授業単元を構成する場合，いくつかの内容を相互に関連付けて授業単元を構成する場合などは，それに応じた評価規準の設定が必要となる。各学校では，「評価規準の具体例」などを参考として教科用図書（教科書）や指導計画に応じた評価規準を設定し，指導と評価の一体化を図った授業の改善を行う必要がある。

４．評価規準と評価基準

「評価規準」という用語は，平成３年の文部省の指導要録の改訂通知以降に用いられている用語であり，新しい学力観に立って児童が自ら獲得し身に付けた資質や能力の質的な面，平成

元年告示の学習指導要領の目標に基づく幅のある資質や能力の育成の実現状況の評価を示すという意味で用いられ，平成10，20年告示の学習指導要領の下での指導要録改訂でも引き続き使われている。国立教育政策研究所教育課程研究センターの「評価規準の作成，評価方法の工夫改善ための参考資料」に示された「内容のまとまりごとの評価規準」は，児童が身に付けた資質や能力の質的な状況を，３観点から分析的に示したものであり，その状況は，「おおむね満足できる」状況（B）を示している。

一方，「評価基準」は，学習の評価における判定のためのよりどころとなる量的な尺度として，一般に「おおむね満足できる」（B）を基に，「十分に満足できる」（A），「努力を要する」（C）の３段階の尺度を用いることが多いようである。

評価規準の設定に加えて，A，B，Cの各基準を設定して評価を行うことも多く行われてはいるが，教師に負担があることも事実である。また，児童生徒の資質や能力の質的な面での高まりや深まりを考えることがおろそかになり，尺度に当てはめてしまう評価をしてしまうことも懸念されるので，考慮する必要がある。

５．指導と評価の一体化

(1) 日常における評価活動

指導と評価の一体化を図るためには，授業の中で子どもたちが活動している状況をそのまま評価できる方法で行うことが重要である。また，授業の中で子どもたちの学習に影響を与えたり，授業を進めていく教師の活動を制限したりしてしまうことのないように評価していく必要がある。

実際の評価に当たっては，授業中の発言分析や観察・実験等の活動における行動観察等においても，通常一人ないしは二人の授業者が授業を進めながら行うことができる評価方法を考える必要がある。また，子どもたちの学習の過程や結果を残しているノートや観察カード，レポート，話し合い活動のために作成した説明資料などに記述されている内容についての記録分析，自分やグループの考えを具体的に組み立てた実験装置の状況，ものづくりの活動の結果としてできあがった作品のアイデアや機能性などの完成度等についても，従来にも増して積極的に評価の対象として用いることにより，指導と評価の一体化を意図した評価方法としていく必要がある。

(2) 評価の進め方

実際に評価と指導を一体化して進めていくためには，次のような手順が必要となる。

①単元の目標を設定する。
②単元の評価規準を３観点で設定する。
③学習前の子どもの姿や単元の特性から単元を構想する。
④指導と評価の計画を作成する。
⑤評価資料の準備及び評価規準の確認を行う。
⑥授業中，授業直後の評価と指導を行う。
⑦総括的な評価を行う。（観点の総括，評定への総括）

(3) 評価方法

① 教師評価法

〈自然観察法〉子どものありのままの姿を評価する方法

- 行動観察法：子どもの行動を観察し，評価する。
- 発言分析法：子どもの発言，つぶやき，会話を分析し，評価する。
- 記録分析法：計画カード，記録カード等の記録を分析し，評価する。
- 作文分析法：主に文章や作文に書かれた内容を分析し，評価する。
- 作品分析法：作品をつくる過程やできた作品を分析し，評価する。

〈実験観察法〉実験的に評価場面を設定して評価する方法

- ペーパーテスト法：紙面の問題を解かせ，それを分析し，評価する。
- アンケート法：アンケートをとって，それを分析し，評価する。
- 面接テスト法：子どもに面接して，その様子を分析し，評価する。
- パフォーマンステスト法：具体的な器具や装置などの扱い方やそれらを使っての観察や実

験を行わせ，その様子を分析し，評価する。

② 自己評価法：評定尺度などに自分の取り組み状況などを評価したり，ポートフォリオを活用した評価をしたりする方法

③ 相互評価法：友達どうしやグループの成員が互いに取り組み状況などを評価する方法

④ 保護者評価（家庭連絡）法：保護者が家庭での子どもの取り組み状況を見て，文章などを書いたり連絡したりして，子どもの様子をとらえ，評価する方法

⑤ 専門家・協力者評価法：授業にかかわった専門家や協力者から子どもの様子をとらえ，評価する方法

(4) 観点別学習状況の評価のつけ方

① 補助簿の作成

実際の評価は，単元の目標に沿って，観点を明らかにし，評価規準（おおむね満足できる状況）を設定し，それに基づいて，評価資料を準備し，授業の事前，事中，事後に子どもの様子を多様な評価方法で見取ることになる。

この場合，評価の状況を下に例示するような補助簿などに整理して，観点別学習状況の評価を積み重ねていくことが必要となる。

② 単元における観点別学習状況の評価の総括

このような補助簿の記録を単元後に総括して，単元の観点別学習状況の評価の総括を行う。

総括の方法については，一般的に，「A，A，A」なら「A」，「B，B，A」なら「B」などのように，過半数の場合の総括をしたり，「A，A，B，B」などの場合には，進歩状況を加味して「A」あるいは「B」と総括する方法がある。次ページに示した例は，この児童の場合の総括例である。

また，Aを3，Bを2，Cを1と得点化して，平均を出して総括する方法もある。例えば，「A，A，B，B」という状況は，「(3＋3＋2＋2）÷4＝2.5」となり「B」と総括し，「B，C，C，C」という状況は，「(2＋1＋1＋1）÷4＝1.25」となり「C」と総括することができる。

さらに，単元の特性に応じて評価規準に重み付けをして総括する方法もある。例えば，「A，A，B，B」という場合でも，前の2つの「A，A」に重み付けをして，「A，A，A，A，B，B」のように判断し，「A」と総括することができる。

このほか，理科では，TT 指導や少人数指導の複数の教員による評価を工夫したり，博物館

■ 補助簿の例（小学校第３学年）

過程	観点	評価規準	評価方法	○○○○(児童氏名)
第1次	主体的に学習に取り組む態度	チョウに関心をもち，進んでその卵を探したり，飼育したり，幼虫を観察したりしている。	行動観察（チェックリスト）	Ⓐ自分からすすんでチョウの卵を探し，餌を毎日代えて，飼育している。
	知識・技能	チョウの卵や幼虫の特徴をとらえて観察し，分かりやすく記録している。	記録分析（観察カード）	Ⓑチョウの幼虫の特徴に気づいて，記録している。
第2次	主体的に学習に取り組む態度	チョウを粘り強く継続して飼育したり，さなぎの様子に関心をもって観察したりしている。	行動観察（チェックリスト）記録分析（観察カード）	Ⓐ自分からすすんでチョウの世話をし，毎日の記録を行っている。
	知識・技能	チョウが一定の順序で育つことを理解している。	ペーパーテスト（単元末）	Ⓐ
第3次	思考・判断・表現	チョウの育ち方と他の昆虫の育ち方を比較し，差異点や共通点を基に，問題を見いだし，表現している。	記録分析（ノート・ワークシート）	Ⓑチョウとバッタの育ち方を比較し差異点に気づき，調べたい問題を考えている。
	知識・技能	チョウとバッタの育ち方の違いを理解している。	ペーパーテスト（単元末）	Ⓐ

（十分満足できる状況Ⓐ，おおむね満足できる状況Ⓑ，努力を要する状況Ⓒ）

■ 観点別評価の総括例

主体的に学習に取り組む態度	第１次でA，第２次ではA，A，第４次でAの「A，A，A，A」であり，単元を通して主体的に取り組む様子が見られたので，十分満足できる状況（A）と判断した。	A
思考・判断・表現	第３次でB，第４次でB，単元末のペーパーテストでBの「B，B，B」であったので，おおむね満足できる状況（B）と判断した。	B
知識・技能	第１次でB，第３次でA，第４次でB，単元末のペーパーテストでAの「B，A，B，A」であったが，観察記録や立体作品の表現を重視し，おおむね満足できる状況（B）と判断した。	B

や野外での学習にかかわった専門家などにも評価の協力を求めたりすることができる。そこでは，教員が直接見ることのできない活動の様子や取り組み状況を他の教員や専門家がとらえていることもある。したがって，他の教員や専門家の人々に，活動の様子を聞き取るなども重要な評価の情報となる。さらに，子ども自身による自己評価や相互評価の資料を評価情報として活用できる。

③ 学期末における観点別学習状況の評価の総括（通信簿）

学期末の観点別学習状況の評価の総括は，上述の単元ごとの観点別学習状況の評価の総括と基本的には同様な方法を用いることが考えられる。そして，その結果を通信簿（通知票）に示すことになる。通信簿は，毎学期の学習の結果を総括的に保護者に知らせるとともに，子どもの励みとすることをねらいとし，学校も家庭も学習状況を捉え，評価を共有化する大切なものである。

理科の評価を通信簿にどのように表すのかは，各学校で工夫していくことであるが，多くの場合，指導要録の記述に準じて，観点別学習状況の評価と文章などによって記載されているようである。そこでは，当然，自ら学ぶ意欲や問題解決の能力，個性の伸長などに資するよう，子ども一人一人のよい点や可能性，進歩の状況などの評価（個人内評価）をいっそう工夫しなければならない。

下の例は，理科の３観点について，「十分に満足できる状況（A)」を◎で，「おおむね満足できる状況（B)」を○で，「努力を要する状況（C)」を△で示したものと，文書表現を併用した方法である。このほかにも，観点の趣旨を具体的に表現して評価を記号で示したもの，観点別学習状況の評価と評定を併用したものなど，様々な形がある。

(5) 評定への総括

観点別学習状況の評価と評定とは，ともに目標に準拠した評価であり，観点別学習状況の各観点は，評定を行う場合の基本的な要素である。

基本的には，３観点の評価が，「A，A，A」(順に主体的に学習に取り組む態度，思考・判断・表現，知識・技能）であれば「３」，「B，B，B」であれば「２」，「C，C，C」であれば「１」ということになる。

■ 通信簿の例（小学校第３学年）

	評価の観点	１学期		２学期		３学期
理科	主体的に学習に取り組む態度	◎	チョウの飼育や観察の活動では，すすんで他の動物と比べたり，成長による体の変化を調べたりして自然への興味・関心を深めました。	◎	豆電球と乾電池を使ったおもちゃでは，豆電球の点灯を工夫したものが作れました。	
	思考・判断・表現	○		○		
	知識・技能	○		○		

観察・実験 編

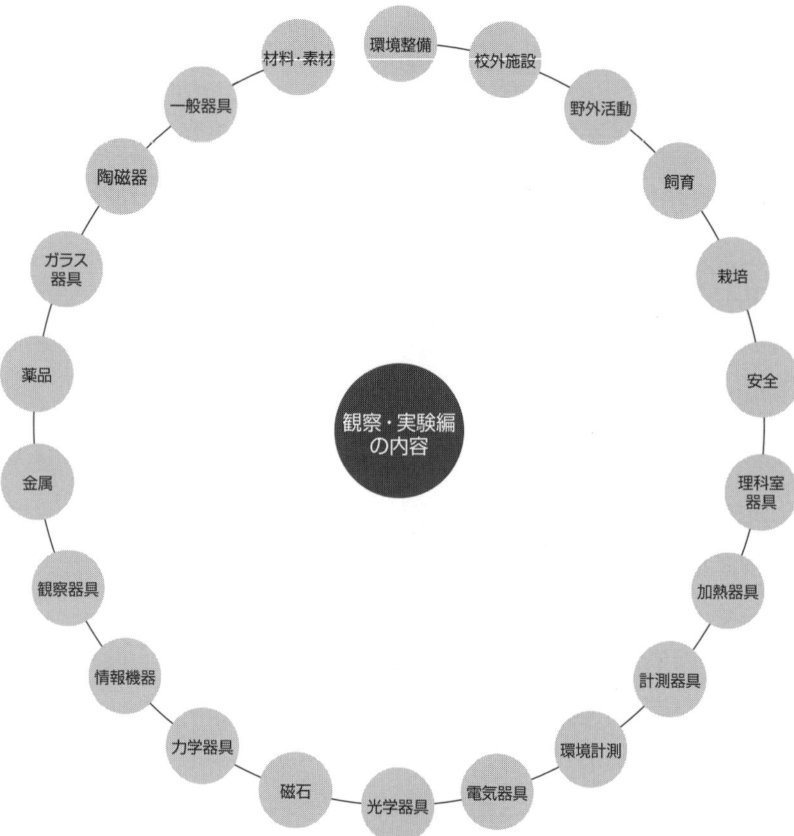
観察・実験編
の内容
環境整備
校外施設
野外活動
飼育
栽培
安全
理科室
器具
加熱器具
計測器具
環境計測
電気器具
光学器具
磁石
力学器具
情報機器
観察器具
金属
薬品
ガラス
器具
陶磁器
一般器具
材料・素材

KEY WORD
続観察
斗コーナー（→p.70，118）
級文庫

教室
全学年の学習

いつでも子どもたちがいる教室。子どもたちが理科を体感できるような設営や学習記録が残る工夫を行いたい。また，植物の栽培，動物の飼育に取り組みやすい環境をつくりたい。

子どもがふざけあって，水槽・ポンプ等のガラスや電気器具を壊すことのないよう注意する。水槽は，日光が直接当たらない明るいところに置き，真夏時の水温上昇に留意する。虫眼鏡は，レンズを通した日光による火災の危険もあるので，置く場所に注意が必要である。

①継続観察できる環境づくり

動物や植物の継続観察用に，教室の側面の棚（ない場合には長机などを置く）の上に水槽や鉢を置くとよい。観察がしやすいように，近くに虫眼鏡や解剖顕微鏡などを置いたりすれば，子どもたちの興味もいっそうわくであろう。

水槽と解剖顕微鏡

②学習の記録が残る設営

子どもたちが観察した動植物の成長過程や季節変化などの記録を掲示する。

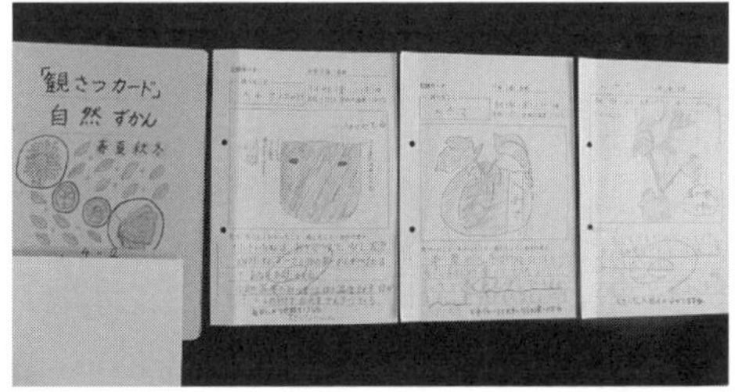

③理科に関する図書

子どもたちが理科に関心をもつように，学級文庫の中に，理科に関する本や調べ学習に使える図鑑などを置いておく。

④発見コーナーの設置

子どもが発見したことを掲示する場所を設置することで，子どもの科学への興味や関心を高めることができる。

《継続観察できる環境づくり》

（飼育・栽培例）

3年生…モンシロチョウの幼虫
（鉢植えのキャベツで育てるとよい）
ホウセンカやヒャクニチソウ
（教材園のものと比べさせるとよい）

4年生…アゲハやツマグロヒョウモンなどチョウの幼虫

5，6年生…メダカ，グッピーなど

※地域の特性に応じて，子どもたちが意欲的に飼育・栽培に取り組める動植物を選択する。その際，育て方については十分に調査し，生命を大切にする指導も必要である。

《学習の記録が残る設営》

教室の背面等の一角に理科コーナーを設けて，子どもたちの学習の記録を掲示するとよい。

3，4年生などは，スペースがあれば1年間の動植物の移り変わりを写真や学習記録を使って並べていくような掲示をする。その際に，4年生は気温の移り変わりも一緒に掲示する。

《理科に関する図書》

子どもたちの関心を高める図書

・昆虫，植物などの学習図鑑
・天文に関する事典
・科学手品，ものづくりの本
など

KEY WORD
掲示物
展示物（→ p.69，118）
器具の使い方
理科室の配置（→ p.116）
理科室の安全指導（→ p.194）

理科室

各種観察・実験

POINT 理科室は，教師・子どもが必要とする器具や材料が整理されていること，安全面への配慮がなされていること，そして，子どもの興味・関心を引きつけることが大切である。

薬品とその処理，器具の管理，防火や耐震への対処など，理科室特有の安全・危険防止対策に十分留意しなければならない。

①理科室構成の工夫

前面：理科学習における「めあて」「学習の進め方」など，理科学習と結び付くようなものを掲示する。

側面：明るい南側は，動植物などの飼育栽培を行う場所とする。

側面：廊下側は，子どもに呼びかける資料や道具，本棚などを置く場所とする。

背面：子どもたちが，自ら道具を取り出して実験できるように，置き場や，器具の取り扱いについての要点等を掲示する。

②理科室設営の工夫

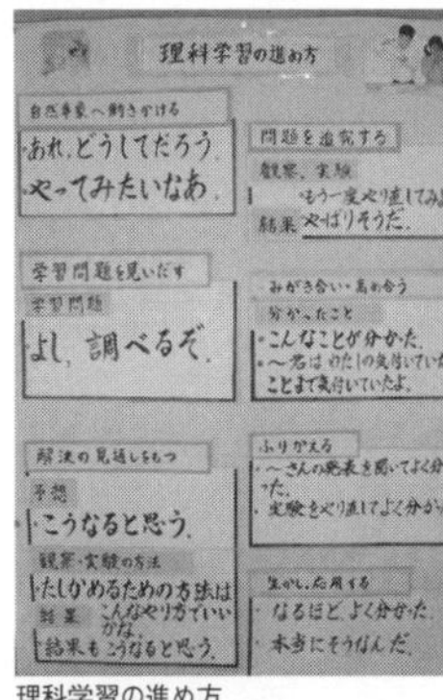

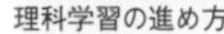
理科学習の進め方

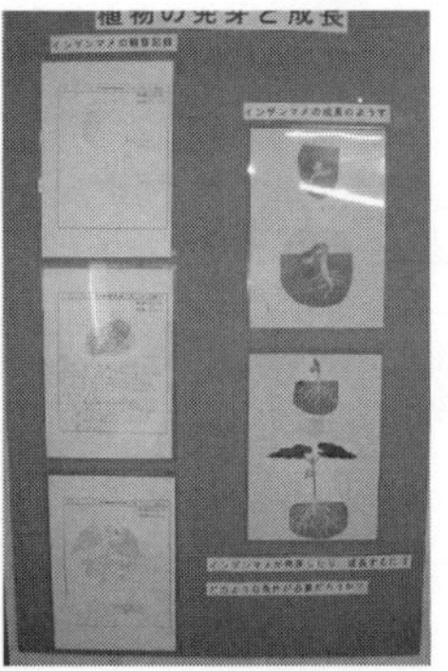
観察記録を生かした設営

観点を示した展示

クロメダカ

野生のメダカで，数が減っています。卵を産んだら観察しましょう。
ほかの種類のメダカとまぜないようにしましょう。

（例）

《理科室構成の工夫》

前面…常に子どもたちが目にするので，あまり派手にならず，シンプルな掲示がよい。

側面…動植物の展示については，種類の紹介や観察の観点を合わせて掲示する。
本棚や道具置き場は，子どもが使いやすいように配置しておくことが大切である。

背面…何がどこにあるかがはっきりとわかるように道具を保管しておくことが大切である。また，主な器具の使い方（温度計，アルコールランプ，ガスバーナー等）を常時掲示しておくとよい。

廊下…掲示板を設置して，理科に関する情報やイベントなどの案内を掲示する。また，理科に関係のある委員会活動（栽培委員会，気象委員会等）の活動にも利用する。

《理科室設営の工夫》

- 理科学習の進め方として，問題解決の流れを，わかりやすく示したものを掲示する。
- 子どもの観察記録等を活用し，学習の経緯がわかるような設営を心がける。
- 動植物をはじめ，理科室に置くものには，それが何なのか，子どもたちにどんな視点で見てほしいのかという観点を示すことが大切である。

KEY WORD

品の管理（→p.88，121，198，6）
品・道具の管理（→p.88，214）
材の保管
科室の配置（→p.116）
科室の安全指導（→p.194）

理科準備室

各種観察・実験

理科準備室は，薬品や理科室に置けない備品等を保管したり，予備実験を行ったりするので，何がどこにあるか誰にでもわかるように整理しておくことが大切である。

薬品棚が地震等で倒れない工夫が必要である。薬品は使用状況を記録する帳簿を準備し，廃液の処理は業者に依頼する。刃物などの危険な道具は，理科室ではなく，理科準備室内に保管する。

①薬品の管理

備え付けの薬品庫

設置した薬品棚

必ずかぎをかけて，管理を行う。薬品の使用状況を記録できるような帳簿を準備し，確実な管理を心がける。

②備品・道具等の管理

備品・道具棚

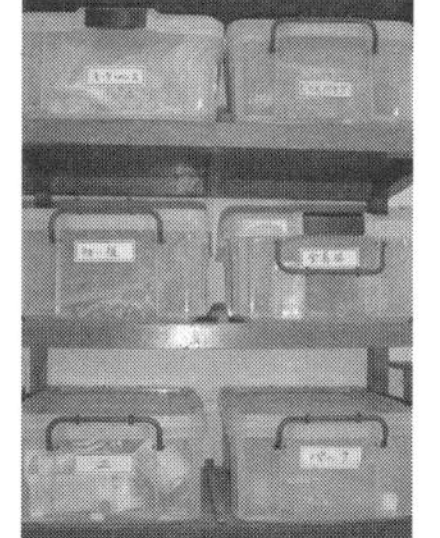

材料等の棚

理科室に置くことのできない取り扱いの難しいものや危険なものは，準備室での管理を行う。誰でも使えるようわかりやすく，整理しておくことが大切である。

③教材の保管

授業で使った教材や板書資料等は，保管しておけばよい資料となる。学年ごとに，棚やファイルに保管する。

各学年の教材ファイル

《薬品の管理》

準備室に備え付けの薬品庫がある場合には，その薬品庫を活用する。ない場合や，十分にスペースがない場合には，市販の薬品棚を活用する。

万が一の地震等でも，倒れてびんなどが割れないような工夫が必要である。

また，実験で使った後の廃液を入れておくタンク等も準備し，薬品庫で管理する。処理は，業者等に依頼することになるが，教育委員会等と連携して取り組むとよい。

《備品・道具の管理》

教材備品については，備品台帳で確実な管理を行う。また，必要な備品などは計画を立てて年次ごとに購入していく。

刃物などの危険な道具は，数や状態を確実に把握し，事故のないように管理を行う。

授業で使うことのできる材料は，普段から子どもたちに集めさせておくとよい。

ペットボトル,プリンカップ,空き缶,マヨネーズ等の容器，イチゴパック，インスタントコーヒーのびん　など

《教材の保管》

ワークシートやプリント等は学年ごとにファイルしておく。

教材等は，広い引き出し棚や大きめのファイルに保管し，いつでも使えるようにしておく。

KEY WORD
実験机
給排水設備
ガス栓
実験器具収納棚（→p.213, 214）
掲示板

理科室の配置

各種観察・実験

理科室は，普通教室では実施しにくい観察・実験が行えるよう，教師にも子どもにも都合のよい諸設備の配置が求められる。また，共同作業などが円滑かつ安全に実施できるとともに，器具の分類・格納の仕方が，だれにでも明確にわかるよう配慮されている必要がある。

薬品は，耐火・耐震を考慮して，固定してかぎのかかる薬品庫に保管する。また，廃棄物の分別処理，ガスや実験で発生する気体の換気などに，十分注意する必要がある。

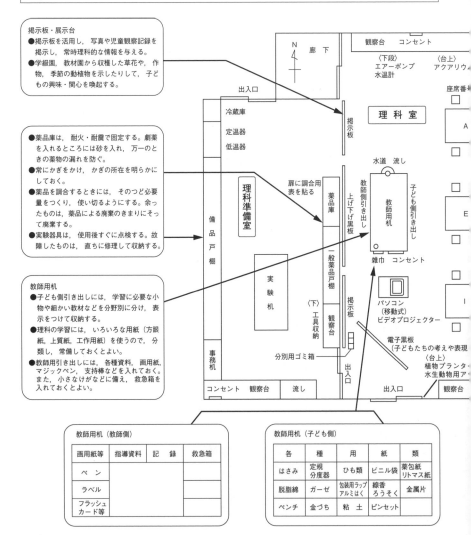

掲示板・展示台
- 掲示板を活用し，写真や児童観察記録を掲示し，常時理科的な情報を与える。
- 学級園，教材園から収穫した草花や，作物，季節の動植物を示したりして，子どもの興味・関心を喚起する。

- 薬品庫は，耐火・耐震で固定する。劇薬を入れるところには砂を入れ，万一のときの薬物の漏れを防ぐ。
- 常にかぎをかけ，かぎの所在を明らかにしておく。
- 薬品を調合するときには，そのつど必要量をつくり，使い切るようにする。余ったものは，薬品による廃棄のきまりにそって廃棄する。
- 実験器具は，使用後すぐに点検する。故障したものは，直ちに修理して収納する。

教師用机
- 子ども側引き出しには，学習に必要な小物や細かい教材などを分野別に分け，表示をつけて収納する。
- 理科の学習には，いろいろな用紙（方眼紙，上質紙，工作用紙）を使うので，分類し，常備しておくとよい。
- 教師用引き出しには，各種資料，画用紙，マジックペン，支持棒などを入れておく。また，小さなけがなどに備え，救急箱を入れておくとよい。

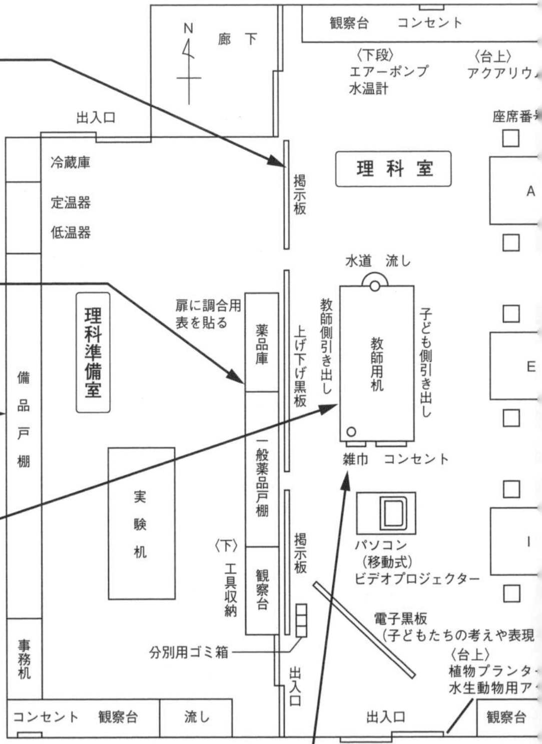

廊下　N　観察台　コンセント　〈下段〉エアーポンプ　水温計　〈台上〉アクアリウ
座席番号
出入口　冷蔵庫　定温器　低温器　掲示板　理科室　A
水道　流し　扉に調合用表を貼る　薬品庫　上げ下げ黒板　教師側引き出し　教師用机　子ども側引き出し　E
理科準備室　備品戸棚　実験机　一般薬品戸棚　雑巾　コンセント
〈下〉工具収納　観察台　掲示板　パソコン（移動式）ビデオプロジェクター　I
電子黒板（子どもたちの考えや表現
分別用ゴミ箱　事務机　出入口　〈台上〉植物プランタ　水生動物用ア
コンセント　観察台　流し　出入口　観察台

教師用机（教師側）

画用紙等	指導資料	記　録	救急箱
ペ　ン			
ラベル			
フラッシュカード等			

教師用机（子ども側）

各	種	用	紙	類
はさみ	定規 分度器	ひも類	ビニル袋	薬包紙 リトマス紙
脱脂綿	ガーゼ	包装用ラップ アルミはく	線香 ろうそく	金属片
ペンチ	金づち	粘　土	ピンセット	

子ども用机
●1グループ4人くらいが望ましい。
●机上での作業（切る，たたく，つぶすなど）に，ベニヤ板（90cm×60cm）を準備するとよい。使わないときは下の棚に収納する。
●机には，電源（交流，直流），ガス栓，水道が設置されているが，水道の蛇口には，ビニルホースをつけるとよい。
●各机には，雑巾を備えつける（タオルは二つに折って，大きく薄手にすると，面が広く乾きやすい）。

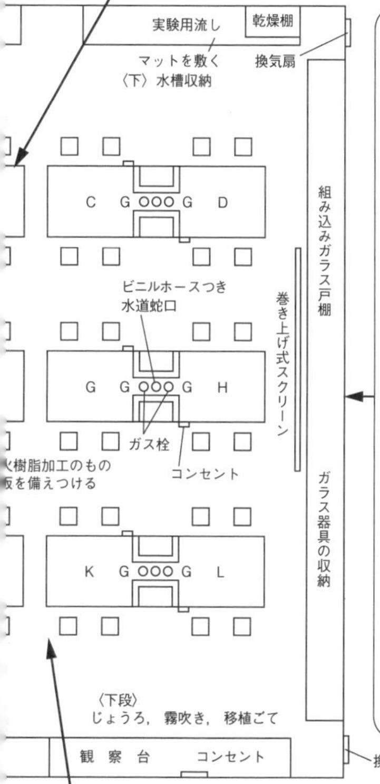

察台
観察に必要な器具（解剖顕微鏡，顕微鏡，移植ごて，じょうろなど）を下に収納する。
安全用具（保護めがね，ビニル手袋）をとりやすい所に置く。

実験用流し　乾燥棚
マットを敷く
〈下〉水槽収納
換気扇
組み込みガラス戸棚
巻き上げ式スクリーン
ガラス器具の収納
C　G ○○○ G　D
ビニルホースつき
水道蛇口
G　G ○○○ G　H
ガス栓
コンセント
樹脂加工のもの
板を備えつける
K　G ○○○ G　L
〈下段〉
じょうろ，霧吹き，移植ごて
観　察　台　　コンセント
換気扇

戸棚
●重い器具や使用頻度の少ないものは，下段のほうへ置き，使用頻度の多いものは，上段に入れて，使用しやすくする。
●使用頻度の多いものほど，子どもが動きやすい位置に収納し，分野別に集めておくとわかやりすい。
〈例〉各種ビーカーとかき混ぜ棒，試験管と試験管立て，フラスコとゴム栓，アルコールランプと三脚，カセットコンロ，加熱用金網，電球とソケット，乾電池
●器具は，グループ数に合わせて，トレーやバットに入れたままで戸棚に収納しておくと，取り出しやすい。
●器具に簡単な使用法をつけておくとよい。
●器具の名前を書いたラベルが貼ってあると便利。（または器具の収納（配置）図があるとよい。）

●木製の椅子の場合，脚にゴムの滑り止めをつけると，危険防止および騒音防止になる。
ゴム

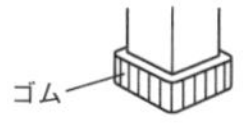

〔その他〕
●理科の器具は，その品目も多く，常に目に触れるようにしておかないと，見すごされて使われなくなる。年度の始めには，全職員で点検および実技研修などをして，器具を活用するよう努力したい。

《実験机》

各机にグループ番号と座席番号を表示しておくと，用具の準備・片づけや指導上・管理上からも便利。金属製の椅子は，座高調整のできるものが子どもにとってよい。木製角型は，実験台と工作台の兼用にできる。

《給排水設備》

・流しにマットやすのこを設置すると，器具の破損を少なくできる。
・蛇口は立ち上がり型のものがよく，口にビニル管を取り付けると，はね返りが少なくなる。

《ガス栓》

・元栓は，教師が随時開閉できる準備室内か出入口付近に設置し，元栓の開閉方向を床などに明示しておくとよい。
・プロパンガスの場合は，必ずプロパンガス用のガスバーナーを使用する。
・ガス漏れの調査は，火気厳禁とし，ゴム管との接続部などに石けん液を塗って行う。ガスの放出と換気に注意する。
・ガス栓とコンセントは離して設置。

《実験器具収納棚》

器具や材料は理科室内に収納し，子どもの目に触れるようにしたい。収納棚から取り出しやすいように，箱や皿，バット内に器具を入れておくとよい。学年別，区分別，単元別に整理したり，実験別にセットしておく方法もあるが，数が増えて管理が難しくなる。

KEY WORD
科学的な探究心
学習の日常化
地域の自然を生かす
学び合い
安全上の配慮
掲示の仕方（→ p.69）

理科コーナー

全学年の学習

子どもの科学的な探究心を呼び起こすようなコーナーづくりが大切である。季節を感じさせたり，見るだけでなく実物に触れながら疑問を感じさせるような工夫をしたい。子どもの作品の活用も効果的である。

昆虫標本や植物標本を展示する際は，防腐剤や除湿剤を用いる。また壁面に掲示する場合は，掲示物の落下防止にも配慮が必要である。常設掲示と季節や学習に応じて変化する掲示の両方から工夫する。

①観察・実験を通して科学的な探究心を抱くコーナー

孟宗竹を一輪ざしとして活用し，校内で見られる季節の植物を飾った例。委員会活動等で子どもたちが飾ったり，植物にまつわるクイズを出したりすると関心も高まる。

浮沈子（ふちんし）などの科学的なおもちゃを廊下に置き，子どもが遊びながら自然の不思議さに目を向けていくことができるコーナーの例。クラブ活動等で作成した子どもの作品の活用もよい。

3年「電気の通り道」で事象提示に用いたおもちゃ。アルミニウム箔を敷いた台の上の動物の顔を揺らすと豆電球が点滅する仕組み。どんな仕組みになっているのか，触れながら考える。

季節の星座を掲示した例。観察のヒントとなる。

6年「土地のつくりと変化」の学習で活用した地層の剥ぎ取り標本。地層の構成物や層の重なり方をじっくりと観察でき，土地のつくりやでき方を追究したいという思いが高まる。

《観察・実験のできるコーナーづくり》

子どもが実際に観察したり実験したりして，自然事象に興味をもったり，疑問を抱いたりすることができる。

1）身近な地域の自然を生かして

身近に見られる植物や昆虫の観察を通して，日常的に自然を見ようとする目を養いたい。写真資料の掲示もよいが，可能な限り実物を飾りたい。草花だけでなく季節の野菜なども一輪ざしにしてみるとよい。牛乳びんやペットボトルなどの透明な容器を用いれば，根の生え方なども観察できる。また，昆虫は飼育ケースで飼い，解説や子どもの観察記録などを添えると，継続的な観察につながる。委員会活動などと連携を図り，子どもたちが世話をしたり，地域の植物や昆虫に関する情報を発信する場としても活用すると，自然を通して郷土を見つめる場にもなる。

2）科学的な探究心を呼び起こすために

例えば，少し大きめの岩石を置いておき，「この石は何kg？」「この石を指一本で動かすには？」といった言葉を一言つけておくだけでも子どもは興味をもつ。また，電気回路や磁石の性質を利用したおもちゃなどをいつでも触れられるようにしておくと，子どもは遊びながら考え始める。「なぜ？」「もっと調べたい」といった探究心を呼び起こすコーナーづくりに努めたい。

常設掲示としては，地域の博物館や

②互いの作品から学び合うコーナー

子どもが作成した標本を展示した例。授業で使わなくなった岩石標本なども展示しておくとよい。透視できるようにガラス製やプラスチック製の展示ケースを活用して上面から透視できるように表示し，ガイド文を添える。防腐剤や除湿剤を入れておくと長持ちする。

夏休みの自由研究の作品例の掲示。自由研究の進め方を併記したり，観察のポイントなどの解説を加えると，ほかの子どもの参考となる。

③学びを振り返るコーナー

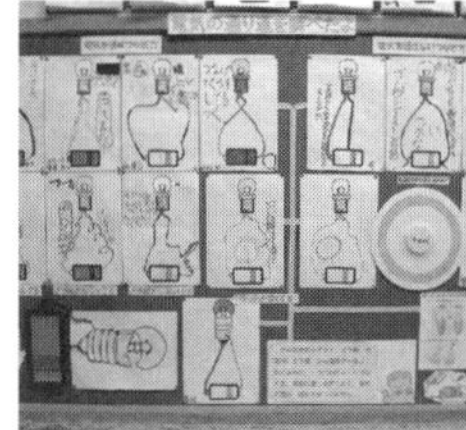

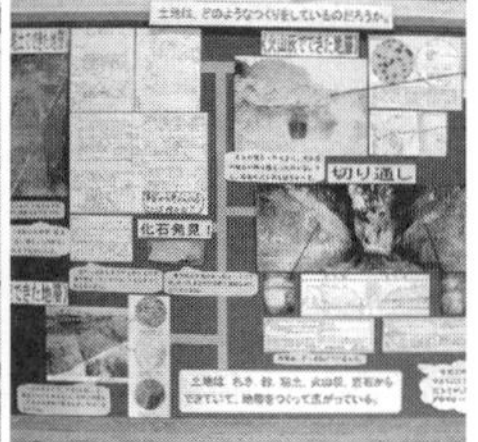

学習のあしあとを掲示した例。どのような観察・実験を行い，何と何を比較したり，関係づけたりして，どのような考えをつくり出したのか，子どもの思考の流れを構造的に整理し，掲示することにより，子ども自身が主体的に学習を振り返ることができ，かつ学び方が身についていく。

④野外観察を通して郷土の自然を見つめるコーナー

地域の豊かな自然を植物や野鳥などのテーマごとに紹介した例。野外観察の際の手がかりとして有効である。水車の回る観察池は，子どもたちが見て楽しむこともできる。

科学館等の行事案内の掲示コーナーや理科研究記録，各種標本，子どもの作品の掲示コーナー，実験器具の使い方やノート記録の仕方を説明した学習コーナーなどがあるとよい。

《地域の博物館や科学館の情報の掲示》

行事案内等は施設ごとに掲示し，新しい情報を常に貼り重ねていくとよい。科学ニュース的な新聞や環境問題をテーマにした資料等も掲示するとよい。

《標本や子どもの作品の活用》

使用時期が限定された標本や，学習指導要領の内容変遷に伴って使われなくなった標本なども，展示するとよい。また，夏休みなどを利用して子どもが取り組んだ研究記録や各種標本も，適切なガイド文を添えて展示することで，有効な学習刺激材料となる。

《季節に応じた掲示の工夫》

各季節の星座や植物，昆虫等の資料は，時期ごとに変化を加えていくとよい。昆虫や動物，植物の育ち方や暮らしなどは，写真資料やグラフを活用しながらその成長過程や季節の移り変わりがわかるように，気温の記録とともに随時加えていく。

《学びを生かす掲示の工夫》

子どものノートや観察・実験の結果を生かし，学習した内容を構造的に整理し，学習の振り返りや学び方の習得に生かす。実験器具の使い方等も学年ごとに掲示しておくと，観察・実験に生かすことができる。

《野外掲示の工夫》

校庭や学校の周辺に見られる植物や昆虫，野鳥などについての情報を看板に記しておくと，野外観察のヒントとなり，地域の自然へ目を向けようとする姿が見られるようになる。

観察池では，メダカや川魚等を飼育したり，水車等を設置したりすると，楽しみながら観察することができる。

KEY WORD
理科教育振興法
総括表
設備表

理科教育等設備台帳（理振台帳）

POINT　理振台帳は，理科教育振興法に基づいて購入した物品を管理する台帳であるが，その他の予算で購入した物品も管理する台帳となっている。よって，理科室にある観察・実験器具等の年度毎の整備表でもある。本表を見れば自校理科室の観察・実験器具等の整備・廃棄状況が一覧で分かる表となる。

理科室の管理者（理科主任等）の違いによって，本台帳の整備状況に違いがあってはならない。担当になった場合は，当該年度の現有状況を明確に調査し，本台帳に記録することが重要である。理科教育振興法に基づき，作成されるものであるので，その管理は大切な業務となる。

①総括表作成の留意点

小学校理科教育等設備整備台帳（理科設備）
総括表

令和2年3月31日現在の現有額 0円	令和2年度 学校規模（5月1日現在） 学級数：1～6学年　学級／うち特別支援学級　学級数　学級／障害種別 児童数　人	令和3年度 学校規模（5月1日現在） 学級数：1～6学年　学級／うち特別支援学級　学級数　学級／障害種別 児童数　人
基準金額①	11,630,000 円	11,630,000 円
前年度末現有額②	0 円	0 円
差引①－②＝③	11,630,000 円	11,630,000 円
当該年度の整備額④	0 円	0 円
うち国庫補助金額	0 円	0 円
廃棄等による処分額⑤	0 円	0 円
当該年度末の現有額②＋④－⑤＝⑥	0 円	0 円
台帳作成者　職・氏名		
台帳作成責任者　職・氏名		

②設備表作成の留意点

小学校理科教育等設備整備台帳（理科設備）
設備表

整備設備 基準品目 区分	品目	最重点設備○	構成品名	基準数量(組)	台帳経路 令和2年3月31日現在の現有状況 数量(組)①	現有額②円	当 補助金交付設備○	数量(組)③
計量器				47	0	0		0
	長さ測定用具			1	0	0		0
	体積測定用具			1	0	0		0
	重さ測定用具			32	0	0		0
			上皿てんびん	11				
		○	電子てんびん	21				

《総括表作成の留意点》

- 「学校規模」は，当該年度の5月1日現在で作成した「学校基本調査」に記載された学級数等を記入する。特に，児童数については年度内に転出入による増減があるが，5月1日現在の児童数を記入すること。
- 廃棄等による処分を記入するため，理科室内の観察・実験器具等は消耗品や備品のどちらの対象であっても，廃棄まで管理する必要がある。

《設備表作成の留意点》

- 「最重点設備○」は，交付要綱別記2別表に定める「最重点設備」であり，所属校で現有していなければ本補助金や学校予算で購入する必要がある。
- 各年度における「当該年度整備状況」は，補助金以外による設備を含め，整備された全ての設備の数量（組）及び整備額を記入すること。なお，当該年度整備状況における整備額は，取得価格が1組1万円未満の設備は含まないものとすること。
- 「補助金交付設備○」は，補助金が交付されている設備である場合，「○」を記入すること。
- 「当該年度整備状況」における「うち財産処分制限対象（補助金交付設備のみ）」は，補助金が交付されている設備のうち，取得価格が1個又は1組50万円以上の場合に数量(組)及び整備額を記入すること。

KEY WORD
品庫
品棚

薬品管理簿・薬品管理台帳

POINT 薬品庫や薬品棚に保管してある薬品を法令に従い，厳正に管理，把握するために必要なものが薬品管理簿・薬品管理台帳である。特定の様式はないが，記載しやすいものを準備し，理科室を安全に管理したい。学校設置者が特に定めた様式等がある場合がある。学校設置者の規定等を確認する。

薬品管理簿・薬品管理台帳には，薬品名，取得年月日，使用日時，使用量，使用目的，使用者，残量の記入は必須である。加えて，薬品の性質や留意点，管理者の点検印があるとよい。また，保管場所，主な使用単元なども明示されているとよい。

①薬品管理簿・薬品管理台帳の工夫

ノート形式･ファイル形式があるが，ファイル形式にして，薬品ごとに１枚のプリントを準備した方が整理しやすい。作成したものは，薬品庫，薬品棚の近くにペンと共に置き，目につきやすいようにする。

《薬品管理簿・薬品管理台帳の工夫》

ファイル形式の利点は，綴じ込み式のため年度更新，保管が行いやすいこと，ノート形式に比べて，薬品が記載してあるページが開きやすいことが挙げられ，記入する負担が少なくなる。

形式例

薬品管理簿・薬品管理台帳の例

薬品名	塩酸（３%）	購入日	令和２年９月５日	保管場所	薬品庫下段
薬品の性質	・揮発性がある。　・気体をそのまま吸い込んではいけない。 ・金属と反応する濃度に希釈してある。				
主な使用単元	６年生　「水溶液の性質」				
使用・購入・残量・点検					
年月日	概要	使用者	使用量	残量	点検印
R３．４．１	繰越	岩崎		１００ml	石井
R３．１２．１	水溶液の性質	岩崎	８０ml	２０ml	石井
R３．１２．６	新規購入			５２０ml	石井

※宮城県総合教育センター（小学校・理科主任のための薬品管理について），大阪府教育センター（中学校・高等学校 理科実験に使用する化学薬品等の保管・管理及び盗難や事故発生時の対応について）をもとに作成

②小学校で扱うことの多い薬品

劇物

アンモニア水，塩酸，過酸化水素水，水酸化ナトリウム，メタノール，ヨウ化カリウム，ヨウ素，ヨウ素液

危険物

エタノール，過酸化水素水，メタノール

《記入の仕方》

新規購入時や使用時，学期末などに使用者が記入する。

《小学校で扱うことの多い薬品の管理》

必要な分だけを購入し，次年度に繰越がないように配慮することが，適切な管理につながっていく。

KEY WORD

栽培
土づくり（→p.171，173）
花壇（→p.128）
肥料

教材園

各学年の植物関連学習

学校内の校舎外に作られた，理科学習のための施設。学年・学級園，栽培園，農園，実験用教材園，野草園，樹木園，水生植物園，温室などがある。

教材園を管理する際に，害虫を駆除する場合が出てくる。そのときの農薬散布には，手袋やマスクをしたり，風向きに注意したりしながら十分注意を払うようにする。

①整備の視点

小学校の教材園の管理・運営は全職員で行うのが望ましい。校務分掌の中に緑化係（理科主任が兼ねる場合が多い）をおき，組織的・計画的に運営することが必要である。

②学習栽培園・栽培する植物

学校園，学級園，栽培園，農園，実験用栽培園等と呼ばれているが，各学年の主な栽培植物は次のとおりである。

（理科学習と関連づけた植物）

1年生　アサガオ
　　　　ヒマワリ　など

2年生　ナス
　　　　ミニトマト
　　　　ピーマン
　　　　キュウリ　など

3年生　ホウセンカ
　　　　フウセンカズラ
　　　　サルビア
　　　　オシロイバナ
　　　　マリーゴールド　など

4年生　ヘチマ
　　　　ニガウリ
　　　　キュウリ　など

5年生　インゲンマメ
　　　　ヘチマ
　　　　ヒョウタン
　　　　カボチャ　など

6年生　ホウセンカ
　　　　ジャガイモ
　　　　インゲンマメ　など

ナス

サルビア

ヘチマ

インゲンマメ

ジャガイモ

③定植の際の留意点

背丈が低いものから定植していく。つる性植物については棚を用意する。

《土づくり》

土は黒土（腐植壌土）がよい。乾きやすいので腐葉土や堆肥を入れて，有機質を添加する。pH5.2以下で，酸性が強い場合は石灰などを混ぜて中和する。粘土質の場合は，通気性のあるボラ土などを混ぜ，腐葉土や堆肥などを添加する。

学年・学級園は，次年度にまたがるものがあるので，継続的に使用できるよう学級数以上のスペースがほしい。植物は連作を嫌うものがある点からも，持ち上がり方式が望ましい。

《肥料》

窒素，リン酸，カリは，肥料の3大要素といわれている。

窒素（N）

葉や茎になる成分。

植物の成長に必要なタンパク質や葉緑素を作る。

リン酸（P）

花を咲かせ，実をつけ，根の発育をよくし，葉の数を増やす成分。

カリ（K）

植物の体内で養分の合成や，蓄積，移動の役目をしたり，花を大きくし，植物を充実させ，寒さや病気に対する抵抗力をつける。

《肥料の種類》

菜種油かす，骨粉，鶏ふん，草木灰，魚粉，堆肥，化成肥料，固形肥料，石灰

KEY WORD
生管理
染病・寄生虫予防
害対策
の確保と保管
れ合い
活科・理科学習との関連

飼育舎

4年「人の体のつくりと運動」5年「動物の誕生」6年「人の体のつくりと働き」

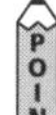

飼育舎は，日当たりや風通しのよい場所に設置し，水はけをよくする。直接触れ合うことができて，子どもの手で比較的世話のしやすい丈夫な動物がよい。また，餌の確保が容易にできる動物を選ぶようにする。日頃の世話や触れ合い，観察を通して，愛着を深めさせたい。

衛生管理を徹底し，飼育動物の病気予防と児童への感染予防に努めることが第一である。まずはこの視点から，飼育舎の設置場所や構造，飼育動物を決め，日常の世話の仕方を指導する。

①整備の視点（設置場所と構造）

伝染病や寄生虫予防のため，日当たりのよい南側で，風通しのよい場所に設置する。

金網を張り，イヌ，ネコ，イタチ等による被害や，逃亡を防ぐ。
施錠し，盗難やいたずら等の人的被害を防ぐ。

排泄物等が流れ出やすいように水はけをよくする。

動物を運動させたり，児童と触れ合ったりすることができるスペースを確保する。

繁殖しやすい動物を飼う場合は，飼育舎の数や広さを十分検討し，計画的な飼育を行う。

②飼育動物選定の視点
～生活科・理科学習との関連を図る～
○継続飼育が可能な動物を選定する。

病気や寄生虫をもっていないか。

病気，感染症などに比較的強く，丈夫か。

餌の確保が可能か。

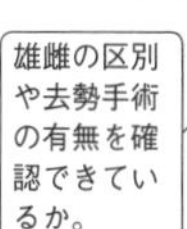

雄雌の区別や去勢手術の有無を確認できているか。

子どもに危害を加える恐れがないか。

子どもに適度な世話(排泄物の始末や餌やり等)ができるか。

○生活科学習での活用を考慮して選定する。
・徐々に成長していることや見た目に変化がわかりやすい動物（ニワトリをヒヨコから飼うなど）
・触ったり抱いたりして，親しみをもってかかわることのできる動物（ハムスター，モルモット，ウサギなど）
○理科学習での活用を考慮して選定する。

６年生の「人の体のつくりと働き」の学習において，次のような飼育動物の活用が考えられる。
・ウサギの餌とふんのヨウ素デンプン反応の違いから，デンプンが体内で消化されていることを調べる。
・ウサギの耳の内側を観察し，血管が体じゅうに行きわたっている様子を調べる。

《設置場所と構造》

飼育舎は，職員室等から見通せる場所に設置すると管理の目が行き届く。また，生活科の学習において継続的な飼育を行う場合は，低学年教室の近くに設置すると世話や観察がしやすく，愛着も深まりやすい。

《餌の確保と保管》

市販の飼料のほかに，給食室や近所の青果店等から野菜くずをもらったり，教材園を利用して餌となる植物を栽培するのもよい。飼料を保管する場所や容器は，野鳥やネズミが来ないように密閉したり，ネズミ返しをつけたりする。野菜などは腐るので，そのつど使い切るようにする。

《世話》

飼育舎や用具はいつも清潔にしておく。特に，排泄物や餌の食べ残しの始末は毎日行い，不潔な状態から生じる動物の病気を予防する。また，動物を脅かしたり，しつこいことを繰り返すと，人を警戒するようになって攻撃の行動を示すようになるので，適切な接し方や安全な抱き方を指導する。低学年の子どもが世話をする場合は，高学年の委員会活動と連携を図ることで，動物の世話を通して，高学年との交流も期待できる。世話の際は，マスク，ゴム手袋，長靴等の着用が望ましい。世話の後は，必ず石けんでの手洗いや消毒，うがいをさせる。

KEY WORD
赤土・黒土
川砂・海砂
水道・ホース（→ p.286）
遊び（泥だんご，箱庭，砂像）
病原菌対策（シートをかぶせる）
岩石標本（→ p.289）

土場　砂場　岩石園

5年「流れる水の働きと土地の変化」 6年「土地のつくりと変化」

子どもにどんな活動が想定されるのかを考えて設置する。水道，ホースが近くに必要。土場の土は赤土や黒土，砂場の砂は川砂や海砂がよい。岩石園は標本用と遊び用に分けて考える。

砂場・土場ともに犬・猫などのトイレに使われてしまうことがあり，病原菌に汚染されやすい。子どものいない時間帯は，シートをかぶせるなどの対策が必要である。

①土場・砂場の設置

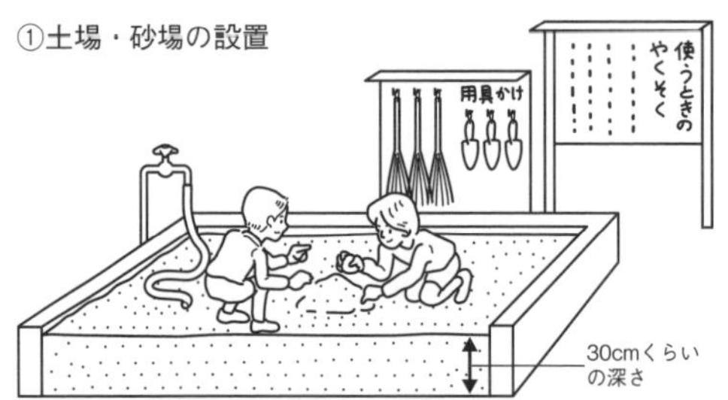

周りの土地よりも高く作り，周りの土の混入が防げるようにしておく必要がある。また，流水を使った実験が多く考えられるため，近くに水道とホースが準備してあるとよい。

②土場・砂場の活用場面

○土場を使った泥だんご（低学年から）
○砂の山・川・トンネルづくり（低学年から）
○土場を使った箱庭（中学年から）
○砂場での砂像（中学年から）
○雨水の行方と地面の様子（４年生）
○土場での流水実験（５年生）
○土場・砂場での堆積実験（６年生）

③岩石園の設置

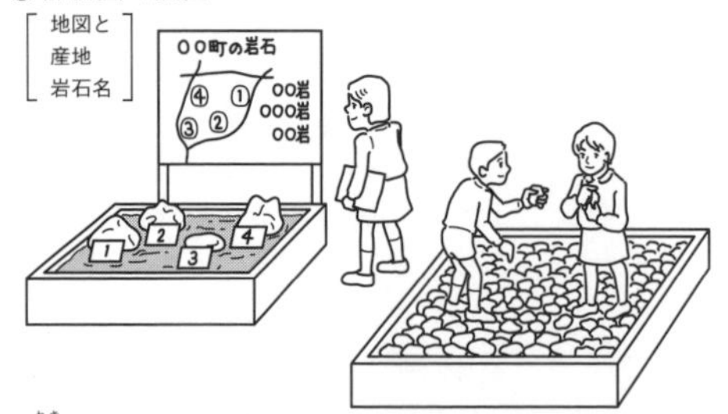

礫（れき）岩，砂岩，泥岩等の岩石を配置し，粒の大きさの違いが実感できるようにする。また，地域の特徴的な石を配置しておくと，子どもの疑問に対し，「比べてみてみようか。どれと似ているかな。」などと，一緒に考えることができる。

《土場・砂場の設置》

土場に適している土は，火山灰に由来する赤土や黒土がよい。粘土質や礫質のものは，固さや手触りの面で適していない。砂場の砂も，川砂や海砂など，粒の大きさがある程度そろっているものが適している。

土場，砂場ともに雨によりかたくなってくるため，活動の種類を考え，掘り返してやわらかくしておくことが必要である。運動用の砂場とは分けて設置できると便利である。

《土場・砂場の活用場面》

〈泥だんごづくり〉だいたいどんな土でもつくることができる。コツは表面をジャージの布でよく磨くこと。

〈砂像づくり〉砂を枠（底を抜いたバケツなど）に入れ，水を加えて混ぜる。セメントの要領でよい。水がある程度抜けた頃に型枠をはずし，彫塑の要領で削っていくとよい。

《岩石園の設置》

〈岩石表面を観察しやすくする方法〉岩石が風化し表面がわかりづらくなってきたら，表面をたわしで洗って乾かし，透明ラッカーを一部分に吹きつけると観察しやすくなる。

〈石置き場の設置〉展示用とは別に，河原の転石等を枠の中に置いておく。子どもたちが石の仲間分けをすることにより，「比較する力」を高めることができる。

KEY WORD
作百葉箱（廃品活用）
温の測定
葉箱の条件
作日時計（緯度と真太陽時）
度計（→p.233，234，240，241）

百葉箱　日時計

3年「太陽と地面の様子」4年「季節と生物」「天気の様子」5年「天気の変化」

百葉箱，日時計ともに，設置する場所が重要である。また，それぞれ既製品もあるが，工夫しだいで，自作のものでも十分使用に耐えるものを作ることができる。

百葉箱は木製のため年一度の白ペンキ塗りが必要である。これを行うともちがよい。温度計を割ってけがしないように注意する。百葉箱・日時計ともに設置する場所に十分留意する。

①百葉箱の設置について

百葉箱は，気温を測るための条件を整えるように作られている。

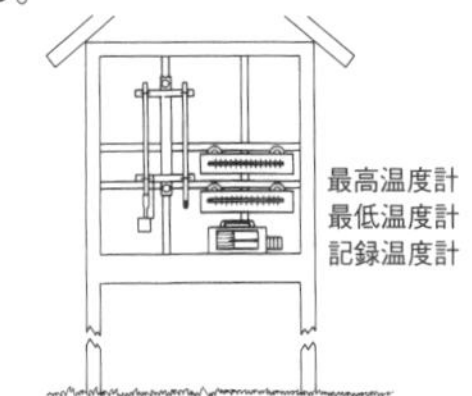

扉は北向き。地面には芝を植える。柵をして必要な人だけが使用する場とする。

②自作の百葉箱・風向風速計の工夫

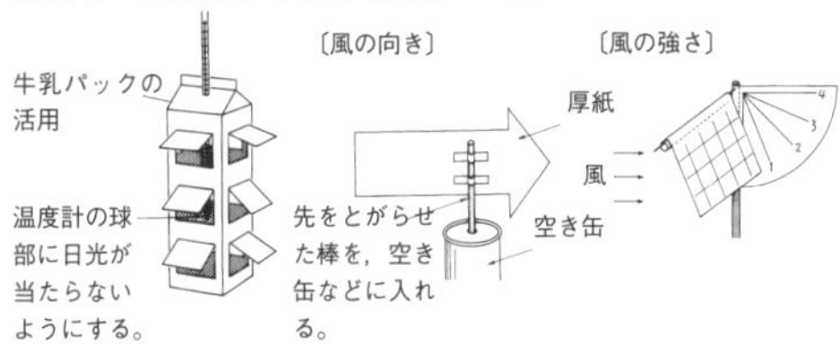

③日時計の設置について

子どもがよく目にする場所で，運動や遊びのじゃまにならないところに設置する。校門前なども適している。

④自作の日時計について〈こま型日時計〉

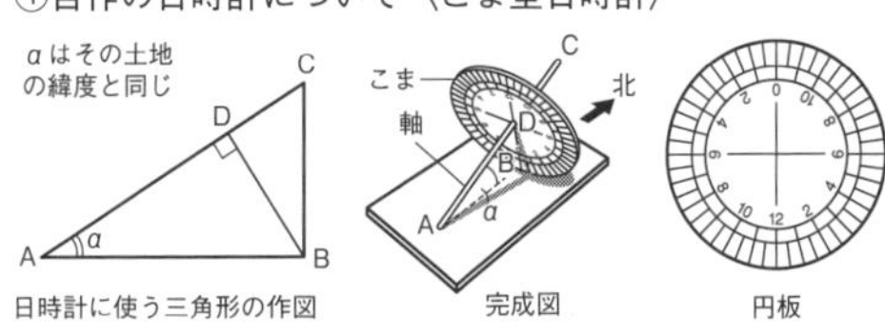

日時計に使う三角形の作図　　完成図　　円板

測った時刻と時報とを合わせるには，明石からの時差を考える必要がある（真太陽時を測定するため）。

《百葉箱に入れておく器具》

最低限………乾球温度計，記録温度計
あるとよい…乾湿計，最高温度計，最低温度計，気圧計

《気温を測る条件》

○建物から離れた日かげの風通しのよいところに温度計を置く。
○地上から1.5mくらいの高さで測る。
○温度計に雨がかからないようにする。
○液の動きがないことを確かめて目盛りを読むようにする。

《気温測定の高さ》

気温とは，太陽に温められた地面の熱によって温まった空気の温度である。地面から離れるほど気温は低くなるので，一定の高さで測る必要がある。

《いろいろな日時計》

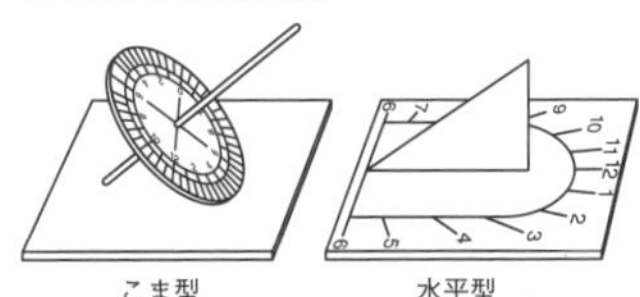

こま型　　水平型

〈軸の長さと円板の半径との比〉

緯度	じくの長さ	円板の半けい	緯度	じくの長さ	円板の半けい
30°	100	57.7	38°	100	78.1
31°	100	60.1	39°	100	81.0
32°	100	62.5	40°	100	83.9
33°	100	64.9	41°	100	86.9
34°	100	67.5	42°	100	90.0
35°	100	70.0	43°	100	93.3
36°	100	72.7	44°	100	96.6
37°	100	75.4	45°	100	100.0

KEY WORD
身近な生物
人と自然とのかかわり
環境教育
生態系

ビオトープ

3年「身の回りの生物」4年「季節と生物」6年「生物と環境」

ビオトープは，人と共生してきた身近な生物と触れ合い，生物の営みや生物どうしのつながりを通して，人と自然とのかかわり，生態系の仕組みや自然環境について体感的に学ぶことができる場となる。生物が自然にやってくる環境にすることが大切である。

植物を踏み荒らしたり，池の中にペットボトルを投げ入れるなど，ビオトープの環境に悪影響を与える行為に注意する。活動にあたっては，虫刺されなどに気をつけたい。

①学校ビオトープ整備の視点

・自然体験や観察の場としての環境教育的な機能が重要であり，地域在来の身近な生物に親しめる場所として整備する。
・はっきりとした目的と，しっかりとした計画を立てる。目標とする環境（池や草地など）や生物（トンボやバッタなど），活用方針などにより整備の方法は大きく異なる。

②維持・管理

継続的な管理体制をつくり，生物の生息に適した環境を維持する。植栽した植物や導入した生物の記録をきちんと残しておかないと，どの生物が自然にやってきたのかわからなくなる。

③ビオトープの活用

〔生活科〕身近な生き物や，自然との触れ合いの場。
〔理科〕観察の場，教材となる生物の採集の場。
〔総合的な学習の時間〕ビオトープの作成。モニタリングを継続して行い，生物相の成立過程や地域の生物相との関係をみたり，生物どうしのつながりや生活の様子などの観察を通して，生態系や自然環境の仕組みについて学ぶ場。

ビオトープ(石を使った例)

ビオトープ(丸太を使った例)

学校内に設置された水域ビオトープ（設置後1年目の状況）

ビオトープを活用した授業（池の中の生き物探し）

《ビオトープとは》

人為の影響のいかんにかかわらず，生物の生息・生育地であり，生活できる環境条件を備えた場所のことである。すなわち，原生林も，里山の雑木林も，ため池も，それぞれ個々のビオトープとしてとらえられる。しばしば「人為的に再生・創造した自然的な水辺」という意味に誤解されていることが多いので注意が必要である。

《目標生物》

目標とする生物があると整備や管理方針が立てやすく，子どもの場に対する親しみもわく。学校規模のビオトープでは，一般にトンボなどの昆虫が適当である。目標生物は，あくまでもそこに生息する生物の代表である。ビオトープの一員として他の生物とのつながりのなかにあり，特別扱いされるものではない。目標生物の人為的導入は通常好ましくなく，自然にやってくるような環境をつくることが重要である。ただし，地域で稀少となった生物の保全のために活用される場合は，その生物に限り人為的に導入されることもある。

《ビオトープ活用上の注意点》

生息する生物と触れ合える場とすることが大切である。自由に観察や採集などができる場とすることが望ましいが，過剰な採集や石を投げる，捕食性の生物を放流するなど，環境を悪化さ

④ビオトープの作成

学校に設置されるビオトープは，小規模な水域ビオトープが一般的である。以下に作成手順の一例を示す。この方法は随所に子どもが参加できるのも特徴である。ほかにコンクリート製の池の利用や，プラスチックや発泡スチロール製のコンテナを利用することもできる。

1）ビオトープの計画

ワークショップ形式で子どもに案を作成させるのもよい。子どもが主体的に調べて考えるように指導する。基本的な情報は，必要に応じて指導者が与えるようにする。

2）池の形を造成

地面に目印のラインを引き，少し深めに掘る。小型重機を用いると簡単に掘れる。仕上げは人力で行う。

3）池の防水と土入れ

池底全体をおおうように防水シートを敷き詰める。岸は土を盛って小高くし，その上にシートをかぶせ，さらに土で埋めて固定する。観察ポイントとなるところには，丸太や石を足場として配してもよい。防水シートは，屋上防水用などの製品が耐久性も高く長持ちする。シートを敷き終えたら，厚さ15㎝程度になるように土をかぶせて踏み固める。土は，掘削時に出たもので構わない。

4）水を張って水草を植栽する

植栽は，水を張ってから数日後に行うとよい。ビオトープの機能を早期に発揮することができる。水草は，種類によって生育に適した水深が異なるので，事前に調べておく。ビオトープの環境に悪影響を与えず，自然にやってくることのできないメダカやタニシなどもよく導入される。ただし，むやみに導入したり，外来生物を持ち込んだりして繁殖させる行為には注意しなければならない。一定のルールづくりをするとよい。

《水域ビオトープ作成上の要点》

［設置場所］基本的に日あたりのよい開けた場所が好ましい。適度な木陰などがあると水温上昇が防げる。水草が繁茂すると適度な日かげができ，それほど水温は上昇しなくなる。水道などの水源から近いと水管理が楽である。

［面積］広ければより多様な環境となるが，1㎡程度の池でもシオカラトンボなどは十分生息できる。コンテナを利用する場合は，数を並べると大きな池を作ったのと同様の効果が得られる。

［水深］通常は，最深部で30㎝程度あれば十分である。岸から中心に向かって緩やかに深くなるようにする。冬季に凍結する地域では，底までこおらない深さにする必要がある。

［水源・水質］水源は水道水でも井戸水でも構わない。蒸発した分はまめに追加する。水道水でも問題ない。流れや循環の機能を設置してもよい。

［植栽］学校周辺に生育する植物を用いるのが望ましい。あるいは他の学校などから分けてもらうとよい。植木鉢などを用いて植栽することもできる。水草は，ビオトープから付近の池や川に広がらないように十分注意する。導入したメダカなども同様に注意する。

［入れてはいけない生物］大形になり他の生物を食べ尽くすものや生態系被害を及ぼす特定外来生物（扱いは法律に従う）

コイ，フナ，金魚，ブラックバス，ブルーギル，アメリカザリガニ，スクミリンゴガイ（ジャンボタニシ），アカミミガメ（ミドリガメ）など

繁殖力が強く生態系に悪影響を与える外来種の水草…ホテイアオイ，ボタンウキクサ，オオフサモ，オオカナダモ，キショウブ　など

KEY WORD
土づくり・肥料（→p.171, 173）
腐葉土・ボラ石・赤玉
苦土石灰
プランター
病害虫
教材園（→p.122）

花壇

各学年の植物関連学習

POINT
花壇は，ほんの少しのスペースがあればでき，自分の好きなように花々を咲かせることができる。ちょっとした工夫で自然の変化を学習できる。また，プランターは持ち運びができるという面でより身近で，小さなスペースで栽培できるため，観察に向いている。

花壇を管理する際は，水の管理が大切である。害虫に注意し，早い段階で駆除する必要がある。また，花の丈に注意して植え付けをしなければならない。

①整備の視点

○２年に一度は，上下（50㎝程度）の土を入れ替えて土をほぐしたほうがよい。その際，ボラ石や赤玉，腐葉土を混ぜ，やわらかい土づくりをしなければならない。

○植え替えの時期（学校花壇では，前期・後期で分けることが多い）には，腐葉土，堆肥，苦土石灰（日本の土壌は酸性なので，中和のために使う）を混ぜ込む。

○プランターは，水はけに十分注意する。

②花壇づくり・植え付けの仕方

〔花壇の植え付け１〕（花壇全体を使って植え付ける場合）１種類の花を植える場合が多いが，日光の当たり方に注意しなければならないため，少し北側を高くしておくとよい。

〔花壇の植え付け２〕（花壇に畝を作り，水はけをよくして植え付ける場合）花の丈を変えるなどの工夫が必要である。広い花壇に植え付ける場合は，中央もしくは北側に宿根草や常緑低木を植え，四季の花を植える部分と区別するなどの工夫をするとよい。

〔プランターの場合〕プランターにはいろいろな種類があるが，植える花によって使い分けるのがよい。持ち運びという面で利点はあるが，水の管理に注意しなければならない。底面に，ボラ石や赤玉を入れるとよい。長方形のほかに，壁に掛けたり，上に積み上げたりするプランターもあり，楽しみながら栽培ができる。

《土づくり》

土をふるいにかけ，植物の根や固まった土などを取り除いたり細かくしたりする。その土に腐葉土，赤玉（冬場は少なくするかバーミキュライトを使うとよい），ボラ石，堆肥，苦土石灰を混ぜ込み，水はけ，水もちのよい状態にする。プランターの場合は，混ぜ込む前に日光消毒を十分にする。堆肥の量には十分注意する。

《肥料》

肥料には様々な種類があるが，その成分によって使い分けなければならない。主に，窒素（N），リン（P），カリウム（K）が主成分であり，その比率によって，成長・開花・植物の充実などの使い分けをする。このほかに，発根剤，成長促進剤，植物活力液などがあるが，あくまでも肥料ではないので，それだけでは不十分である。

《病害虫》

主な病害虫として「うどん粉病」「灰色カビ病」「アブラムシ」「ネキリムシ」「ハダニ」などがある。これに対し殺虫殺菌剤があり，それぞれの病害虫に効く薬が違うので，専門店で相談するとよい。また，学校などで使う場合は手袋を使い，風向きに注意して，休日前に散布するのがよい。

《花の種類》

花の種類には，球根，宿根草，一年草，二年草，常緑低木などがある。

KEY WORD

季
樹
定
木（→ p.189）
木林（→ p.142）

樹木

各学年の植物関連学習

四季の流れを観察することができ，自然のはたらきを調べられる。また，昆虫などの生き物とのかかわりを観察することもできる。

日光を必要とするので，植え方に注意しなければならない。また，広葉樹は秋に葉が散ることを考慮しておかなくてはならない。果実のなる木では，ハチに注意することも必要である。

①整備の視点（植樹）

小学校で樹木を植樹する場合は，四季の変化との関係を観察できるようにする必要がある。また，樹木は根が大きく張るので，場所に注意しなければならない。

植物は光合成をして育つため，日光がよく当たるようにする必要がある（日かげで育つ樹木もある）。

②四季の樹木

花の咲く季節や葉の色などで四季の変化がとらえられる。

サクラ

サルスベリ

イチョウ

ツバキ

③昆虫が集まる樹木

アゲハチョウはカラタチやミカン，サンショウ，クスノキなど，クワガタムシはクヌギ，クリ，コナラなどに集まる。

カラタチ

コナラ

《四季》

四季の変化を感じることができる樹木はたくさんある。その植樹の仕方としては，円上に東西南北で植えていく方法や，一列に並べて四季で移り変わっていくようにする方法などがある。しかし，人工的な配置は，子どもが自然の林を理解するうえで，誤解を招くまねくおそれもあるので注意する。

《植樹》

移植に向かない樹木や環境にそぐわない樹木があるので，十分に調べてから行う。また，若木よりも成木のほうが植樹に向くものもある。基本的に広葉樹のほうが根が大きく張り，針葉樹はあまり根が張らない。そのため，風当たりの強い場所には広葉樹が向いている。

季節の行事などで使われる樹木（ナンテンなど）もあるので，植えておくと活用できる。

《剪定》

学校などで樹木を育てる場合は，子どもの生活に支障を起こさないためにも，剪定をしなければならない。しかし，剪定を行うと樹木の体力が弱くなるので，剪定場所，季節などに注意する。

剪定位置にも注意しなければならない。できるだけ古く，細い枝を剪定したほうがよい。また，幹に近すぎると病原菌が入りやすく，木を枯らしてしまうので注意する。

KEY WORD
地域の特色

博物館

各学年の生物関連学習　6年「土地のつくりと変化」自由研究など

博物館は，その地域を中心とした植物・昆虫・岩石などが展示されているため，その地域の自然の特徴などが把握できる。

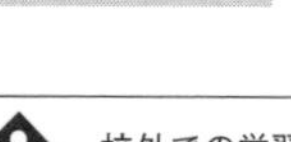

校外での学習となるため，往復の交通安全指導が必要である。また，子どもが家族などと出かける機会があることも考慮しておきたい。

①博物館の特徴

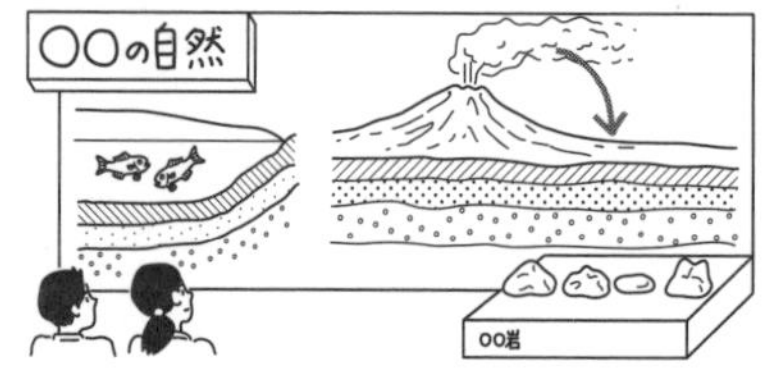

②標本の活用

③移動講座・派遣講座の活用

④各種講座・教室・催し物の活用

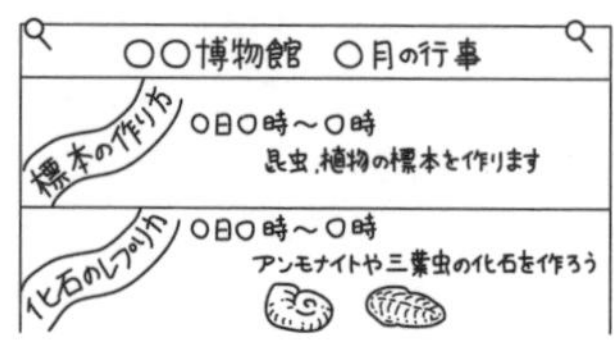

《博物館の特徴》

収集，広報，研究を主な目的として運営されている。理科に関しては，地域の植物や動物あるいは岩石など，自然全般に対しての展示や説明などがある。

《標本の活用》

植物・昆虫・岩石などの標本から，標本づくりのヒントを知ることもできる。また，展示などで，生物の生態や土地のでき方なども調べることができる。自由研究の相談や採集物の名前なども親切に教えてくれる。

《移動講座・派遣講師の活用》

施設によっては，学芸員が派遣講師として来校し，授業を実施したり，移動講座（移動博物館）などの活動を行ったりしている博物館もある。授業を依頼する場合は，授業のねらい，内容，子どもの既習の内容等の打ち合わせを事前に行い，より良い授業を実施できるようにする。

学芸員は，詳しい知識や多くの実践経験などもあり，教材研究の際に様々な相談をしてみるとよい。

《各種講座・教室・催し物の活用》

博物館によっては，定期的に教室や講座を開いたり，子ども向けの催し物を行ったりしているところが多い。積極的に参加して様々な情報を得ることができる。

休日を利用して，親子での参加を呼びかけ，子どもの関心や興味をより高めたりすることもできる。

KEY WORD

験

科学館

各学年の自由研究など

POINT　科学館は，科学全般にわたって科学の楽しさ・おもしろさが体験できるため，子どもの興味・関心が高まる。また，日常の科学や日頃体験できない科学に触れることができる施設も多い。

校外での学習となるため，往復の交通安全指導が必要である。また，子どもが家族などと出かける機会があることも考慮しておきたい。

①科学館の特徴

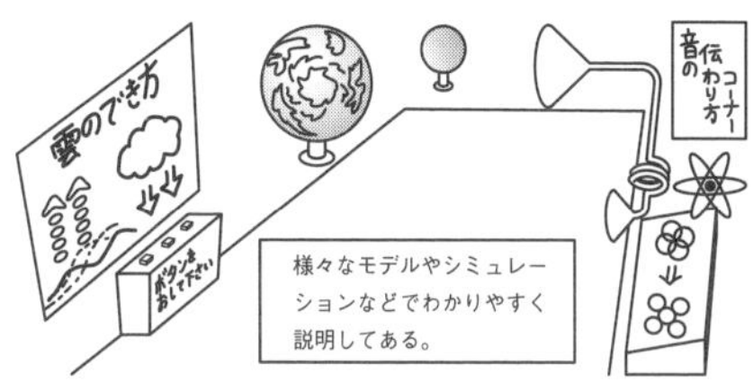

②モデルやシミュレーションの活用

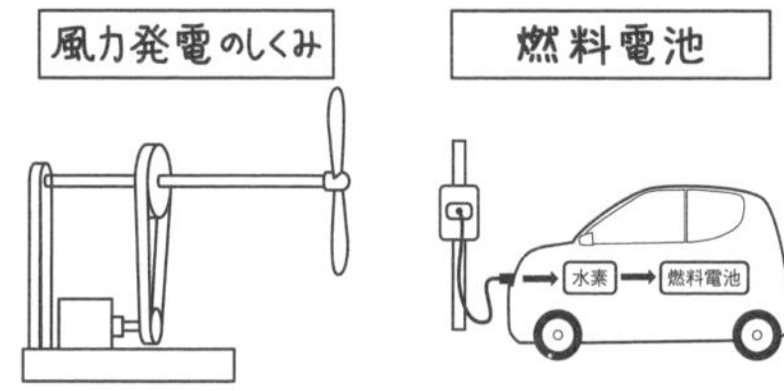

③体験型の展示の活用

④各種教室・催し物の活用

《科学館の特徴》

身近に起こる自然現象から，宇宙の様子や科学技術などについて，わかりやすいモデルやシミュレーションなどの展示を通して理解できる。

また，展示だけにとどまらず，体験型の展示も整っているところもあり，楽しみながら科学への興味・関心を高めることができる。

《モデルやシミュレーションの活用》

発電の仕組みや発電と環境との関わり，天気の変化，土地のでき方などをジオラマやシミュレーションでわかりやすく説明し展示してあるところも多い。

また，教室や理科室の設営の参考にもなる。

《体験型の展示の活用》

日常では体験できないものを，実際に体感できるように工夫してあったり，その施設ごとに特色ある体験装置があるので，ぜひ活用していきたい。

《各種教室・催し物の活用》

多くの科学館などでは，休日を利用しての催し物や展示および科学教室などを開催している。そのような催し物に積極的に参加することで様々な情報を得ることができる。

また，博物館などと同じように，親子での参加を呼びかけ，子どもの関心や興味を，より高めたりすることもできる。

KEY WORD
地域施設活用（→ p.92）
体験
地域の特色
教育プログラム

動物園　水族館　植物園

4年「季節と生物」 5年「植物の発芽・成長」「動物の誕生」 6年「人体の働き」「生物と環境」

動物園，水族館，植物園などは，多くの種類の動植物を集めているところである。ただし，各施設にはスペースに限りがあるために，自然の姿を切り取った形や凝縮した形になっていることを念頭において観察したい。

校外での学習となるため，往復の交通安全指導が必要である。また，子どもが家族などと出かける機会があることも考慮しておきたい。動物等と触れ合う活動では，子どものアレルギーなどに配慮する必要がある。

①動物園・水族館・植物園の特徴

②教育プログラムの活用

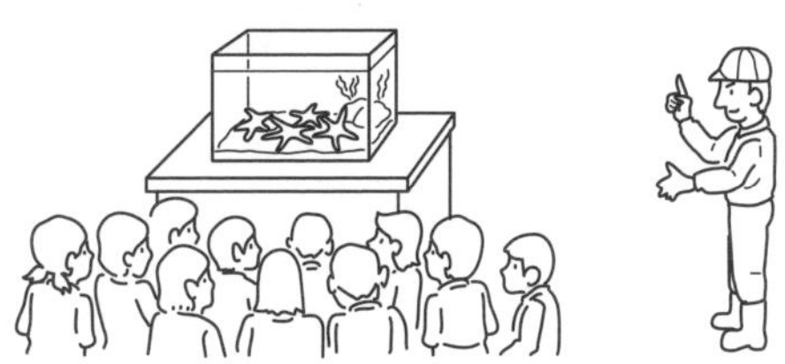

③体験型の展示の活用

④催し物の活用

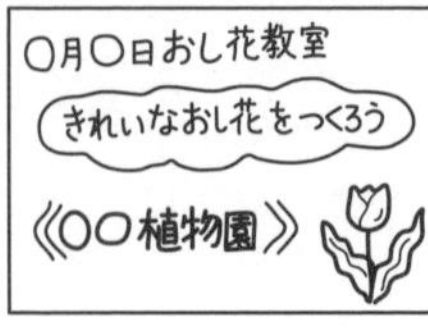

《動物園・水族館・植物園の特徴》

地域あるいは世界の動植物の様子を直接観察することができる。また，その生態や特徴などの学習ができる。一方，珍しい動植物，絶滅危惧種にあげられているものなどもあり，地球規模での環境問題に目を向けるきっかけにもなる。子どもにテーマをもたせ，視点を与えておくと，自由研究などのヒントになる。

《教育プログラムの活用》

施設によっては，学校との連携を図るために教育プログラム「○○講座（教室）など」を作成し，積極的に地域連携を進めている施設もある。

日程をはじめ，おおまかな取り組みが決まったら，施設と内容や都合のよい時間帯などをあらかじめ打ち合わせておくと，充実したものになる。

《体験型展示の活用》

水族館の「タッチプール」や動物園の「ふれあい動物園」など，体験型の施設も多い。見た目だけでなく，手触りや模様，体のつくりなどを観察することで生きていくための生物の巧みさなどに気付くきっかけにもなる。なお，必ず動物のアレルギーなどを把握したり，保護者に了承を得たりしておく。

《各種講座・教室・催し物の活用》

施設によっては，定期的に教室や講座を開いたり，子ども向けの催し物を行ったりしている。

KEY WORD

或施設活用（→ p.92）
学館（→ p.132）
体観測（→ p.212）
や星の観察
体写真（→ p.276）

プラネタリウム

4年「月と星」6年「月と太陽」

天体の観察・観測は，実際に観察するのがよいが，地理的条件や天候に左右されることも多い。また，時間的に自宅での観察・観測になるために，授業の中で，全員に同じ経験をさせられるプラネタリウムなどは有効である。また，学習後の確認としての活用も有効である。

モバイル式（移動式）プラネタリウムもあるが，校外施設での学習が多いと考えられる。そのためには，往復の交通安全指導が必要である。また，子どもが独自に出かけることがあることも考慮しておく。場合によっては，保護者への協力を呼びかけることが必要である。

①プラネタリウムの特徴

②校外学習での活用

わかりました。
プログラムの
中から選んで
おきましょう。
夏と冬の
星の動きを
中心に見せたい
のですが…
よし，
休みの日に
もう一度
来てみよう。
今夜，
おうちで
星を見て
みようかな…

③プラネタリウムのソフトの活用

《プラネタリウムの特徴》

国内で約300か所ものプラネタリウムがある。太陽の動き，月の満ち欠けや動き，星の動きなどを焦点化し，疑似体験できる。また，実際に天体の美しさを感じてみたいという意欲も育てることができる。

《モバイル（移動式）プラネタリウム》

体育館などに，大きなドームを設置して，プラネタリウムを実施できる。1学級程度が交互にみることになるが，校外のプラネタリウムと同じプログラムを疑似体験ができる。解説者に近いことから質問等もでき，子どもの学びを深めることができる。

《校外学習での活用》

施設によっては，教育委員会や学校と連携して，学習指導要領にそった教育プログラムを開発している施設も多い。また，その内容を，ホームページなどに掲載しているところもあり，活用し授業に生かしていくこともできる。

《プラネタリウムのソフトの活用》

校外に出ることが困難な場合は，パソコンソフトの活用が考えられる。

これらとプラネタリウム，そして実際の星空の観測を併用することで，子どもたちは，意欲的に学びながら天体への興味や関心を深めていくことができる。

KEY WORD
地域施設活用（→ p.92）
調べ学習
自由研究
図鑑・絵本
地域資料

図書館

各学年の調べ学習など

多くの本がそろえてある図書館だが，視聴覚教材も充実しているところが多い。科学や自然に関する専門書から，子ども向けの絵本までそろっている。絵本や図鑑などで，授業に使えるものや授業のヒントになるものも多い。

図書館への往復の交通安全指導が必要である。また，子どもが独自に出かけることがあることも考慮しておきたい。

①図書館の特徴

②絵本や図鑑の活用

子ども向けの科学雑誌などは，
わかりやすく説明してある。

③デジタル教材の活用

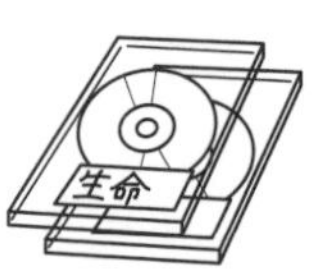

④地域性を生かした資料の活用

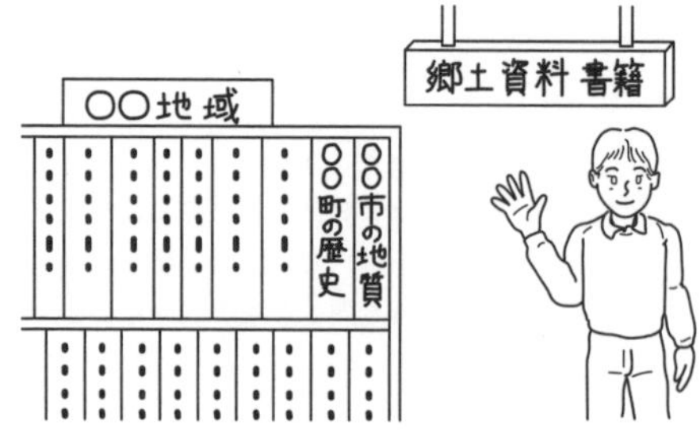

《図書館の特徴》

様々なジャンルの本や視聴覚教材がある。専門的分野のものから入門的なもの，大人向けから子ども向けまでそろえてある。

「日本十進分類法（NDC）でジャンル別に整理されており，資料を選びやすい。自然科学は「4」に分類されている。

《絵本や図鑑の活用》

科学の話をわかりやすく絵や写真，マンガなどで説明してあるものも多く，授業で十分使えるものがある。

なお，配布用などにコピーや印刷するときは，著作権などに十分配慮することが必要である。

《デジタル教材の活用》

施設によっては，DVDや電子書籍サービスなどデジタル教材も充実していて，貸し出しを行っているところもある。どんなものがあるのか，問い合わせておきたい。

《地域性を生かした資料の活用》

施設によっては，地域で作られた調査資料，論文集，写真集など，地域に密着した詳しい資料などがあり，地域素材として活用できる。

《調べ学習用資料の貸し出し》

調べ学習用に，事典や資料などをまとめて一定期間，クラスや学校に貸し出してくれるシステムをもつ施設もあるので，問い合わせて活用するとよい。

KEY WORD
備・服装（→p.193）
前準備（→p.136）
通機関
急対応（→p.137）
護者への連絡
全指導（→p.194，196，209，0，211）

計画と下見

各学年の生物関連学習　5年「流れる水の働きと土地の変化」　6年「土地のつくりと変化」

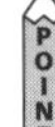

野外へ出かけて，何を指導したいのか，その内容に最も合う場所はどこかを探し出して指導法を考える。現地へはどのようにして安全に子どもを連れていくのか，その計画を具体的に立てる。

下見に行くときは，スズメバチなどの危険な生物がいないかチェックする。また，危険な場所，トイレ・水飲み場なども忘れずに点検しておく。

①下見のポイント

野外へ子どもを連れていく場合，何の準備もなしに行ってはならない。事前に必ず下見を行い，危険，事故の可能性などを確認しておく必要がある。

また，トイレが問題になることも多い。水飲み場，休憩場所，雨が降った場合の対応なども，下見のときに考えておく必要がある。

下見に行く際には，どの地点で何の指導を行うのか，具体的な指導内容を組み立てておく必要がある。内容が不明確なまま連れていったのでは，せっかくの野外活動の効果は半減してしまう。

指導したい内容によっては，いろいろな候補地の下見を繰り返し，最も適した場所を探し出すことも必要である。

②計画のポイント

〔交通機関の手配〕

現地へどうやっていくのか，きちんと計画を立てる。徒歩なのか，交通機関を使うのか。使うとすれば，金額，出発と到着の時刻も調べておく。

〔教育委員会への手続き〕

区域外に出たりバスなどを使ったりする校外学習は，月の行事予定に載せたり，教育委員会へ書類を提出しなくてはならない場合もあるので，ゆとりをもって計画を立てる。

〔保護者への連絡〕

校外へ引率するのであるから，学級便りなどを通じて，きちんとした計画を保護者にも知らせておく必要がある。様々な準備するものも合わせて知らせておく。

〔できるだけ複数の指導者で〕

野外では，地震や災害発生等の予想がつかない。万一の場合，指導者が複数であれば，役割を分担できて迅速な対応ができる。保護者の助けも得られれば，より安心である。

《下見のチェックポイント》

□現地へ行くまでの交通機関と所要時間，金額
□交通事故の可能性
□川，池などの水の事故の可能性
□がけ，深い森などの事故の可能性
□マムシ，スズメバチ，クマなどの危険動物の存在
□川の学習では，当日の天気だけでなく，１週間くらい前からの天気，特に大雨に注意したい。ときには，当日の直前に再度下見をしておくことも必要である。
□ウルシ，ツタウルシなどのかぶれる植物の生育
□トイレ，水飲み場の存在
□休憩するのに適当な場所

《バスの利用》

貸し切りバスを使う場合，特に現地でバスが転回したり駐車するスペースがあるかどうかが問題になることが多いので，チェックしておく。

バス会社によっては，路線バスを増発してくれるところも多い。貸し切りに比べて割安になるので，問い合わせてみるとよい。

《保護者への連絡》

保護者へは，当日の持ち物や服装をきちんと連絡するようにする。現地へ行ってから，忘れ物があっても対応できないし，適した服装でなければけがや事故につながるおそれもある。

KEY WORD
計画と下見（→p.135）
タイムスケジュール・目的の確認
天候調査
野外に適した服装（→p.193）
安全指導（→p.194，196，209，210，211）
緊急対応（→p.137）

事前準備と実施

各学年の生物関連学習　5年「流れる水の働きと土地の変化」　6年「土地のつくりと変化」

現地で何をどのように指導し，どのような作業をするのかを具体的にしておく。事前指導で目的を明確にしておき，現地で何をするのかを確認してから実施する。

野外へ出かけると，子どもは慣れていないせいもあり，疲労を訴えることも多い。指導者（引率者）は，常に子どもの健康観察を行い，熱中症等への対策として適切に休憩をとる必要がある。

①事前準備のポイント

野外へ出かける際には，それなりの成果を持ち帰りたい。そのためには，事前の準備が大切である。

・下見のときにどこで何を指導するかのイメージをつくる。
・次に，具体的にどこで何を子どもにさせるのかを考える。
・作業にかかる時間・移動にかかる時間の目安など，タイムスケジュールも立てる。

※たまに出かけるのだからと，内容を盛りだくさんにしがちであるが，現地では驚くほど時間が早く過ぎていくものである。十分なゆとりをもった計画を立てるようにする。
※実施に向けた日程，タイムスケジュールを表にまとめ，実施までの準備についてもチェックしていくようにしたい。
※動植物はそれぞれ活動時期に違いがある。対象とする生き物に合わせた時期に計画する必要がある。

②事前指導のポイント

野外へ出ると，突然いろいろな状況に出合い，子どもの意識がバラバラになってしまうことが往々にしてある。何をするために野外へ出るのか（目的），事前に教室内でしっかり確認することが大切である。

・現地へ行ってから，何をしてよいのかわからないという状態をつくらないためにも，事前に学習内容の予告をしてから出かけるようにする。
・その学習を行うために「何が必要かな？」などの発問をし，子どもが主体的に問題に向き合う場をつくっておく必要がある。

※遊びに行くのではなく，学習に行くのだという自覚をもたせなければ，思うような成果は上がらない。

③実施・中止のポイント

まずは天候調査が大切である。晴れか雨かというだけではなく，風速，気温も大切な要素となる。また，川などへ行く場合は，上流の山地での天候が重要である。下流が晴れていても，上流が雨ならば増水の危険がある。無理をせず，危険な兆候があるときは，早めに「中止」を決断する。

《事前準備のチェックポイント》

□どんな道具がいくつ必要か。
□その道具は，子どもが用意するものか，教師が用意するものか。
□その作業にどのくらいの時間がかかるか。
□次の活動ポイントまでどのくらいの時間がかかるか。
□子どもの疲労度はどの程度になるか。
□どこでどのように休憩をとるか。
□目的の動植物の活動時期であるか。
□川の下見，大雨があったときには直前に再度の下見，増水がないか。

《野外での活動例と準備》

・スケッチをとる
　スケッチ用紙，筆記用具
・調べる
　図鑑など
・写真を撮る
　タブレット（デジタルカメラ）
・採集する

〈植物の場合〉
　新聞紙，ビニル袋など
〈虫などの場合〉
　虫かご，捕虫網，プラスチックケース，フィルムケース，ビニル袋など
〈プランクトンの場合〉
　プランクトンネット，広口びん，フィルムケースなど

・その他
　水筒，敷物，リュックサックなど野外に適した服装

KEY WORD
故
中症
帯電話からの119番
血
ナフィラキシーショック
イズンリムーバー

緊急対応（安全）

各学年の野外活動関連学習

万全の注意をはらっていても，起こるのが事故である。何かあったとき，指導者が一人では身動きがとれない。野外へ出かけるときは，できるだけ複数の指導者を手配する。ここでは，一般的な緊急対応の流れを示した。

命にかかわるような事故の場合は，負傷者や病人を一刻も早く医療機関へ送らなくてはならない。救急車が来るまでの間は，応急処置を施す必要がある。普段から応急処置の学習をしておく。

①事故発生
②意識があるかどうかを調べる
③意識がない場合
・呼吸,心拍を調べ，しっかりしている場合は，顔を横向きにして寝かせ（おう吐物がのどにつまるのを予防），直ちに救急車を手配する。
・呼吸，心拍がない場合は，人工呼吸と，心臓マッサージをしながら，救急車の来るのを待つ。
④意識がある場合
ショック状態を起こすことがあるので，静かに寝かせたまま様子を見る。けがの程度によっては，救急車を手配する。
⑤出血のある場合
血止めをする。傷の上からきれいなガーゼなどを当てて押さえているだけで，たいていは止まる。
⑥学校や近くの病院へ連絡
携帯電話などで，
直ちに連絡する。

⑦指導者とともに病院へ

救急車を必要としない程度の場合，車があれば車で，なければタクシーを手配する。

⑧学校から保護者へ

学校から，事故にあった児童の保護者へ連絡を入れてもらい，児童をどう家庭へ戻すか確認する。

⑨残った指導者

他の児童の動揺を最小限に抑え，実習を継続するか，中止するか判断する。

⑩中止の場合

残った児童と指導者は，それ以上事故が起こらないように，安全に注意しつつ学校へ戻る。

事故は，けがとは限らない。熱中症で意識を失うことも考えられる。どちらも日陰で横に寝かせ，頭を冷やしてやったり，水やスポーツドリンクを飲ませる。顔が青いときは，足を高くする。重い場合は，医療機関へ。命にかかわることもあるので，甘く見てはいけない。

《携帯電話で救急車を呼ぶ際》

携帯電話で119番すると，所轄の消防につながらないことがある。その場合は，場所を連絡すると転送されるので，電源は切らずに，電波が届くようにしておく。119番は使用せず，管轄の消防本部の電話番号を携帯電話に登録しておく方法もある。

また，入り口や目安となる場所に，道案内の者を配置しておくとよい。

《止血》

きつくしばって止血すると壊死の可能性があるので，数分ごとにゆるめる必要がある。しばって止血をするよりも圧迫するほうがよい。

《スズメバチに刺された場合》

アナフィラキシー（生体の異常なアレルギー性反応）ショックを起こすことも考えられる。この場合は，一刻も早く医療機関へ送るようにする。

ポイズンリムーバーは，傷口から強力な吸引力でヘビやハチの毒液を対外に吸出することができる。安価で軽量なため，応急措置として準備する。

KEY WORD
川原の観察（→p.139，210）
装備・服装（→p.193）
地形図
観察バインダ
ルーペ（→p.278）

川原

5年「流れる水の働きと土地の変化」６年「土地のつくりと変化」

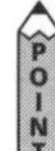

川原の石の大きさや形，並び方や表面の様子を調べ，水の流れた方向や速さなどを予想させる。また，流域の地形と石の様子や水の流れを調べさせ，自然の力の大きさを感じとるようにする。

河川や川原の観察をさせるときには，滑りやすい石や角張っている石などでけがをしないようにするなど，危険防止には，細心の注意をしなければならない。

①適する場所

河川の観察は，曲流しているところや川原（石ころが多い場所）が適している。

②観察の方法

1）曲流している川の内側と外側で石の大きさを比べる。

ひもで一定の枠を決めて，その中から50個ぐらいの石を採取して調べる。
ひも
川

2）川原の石の並んでいる向きを調べる。

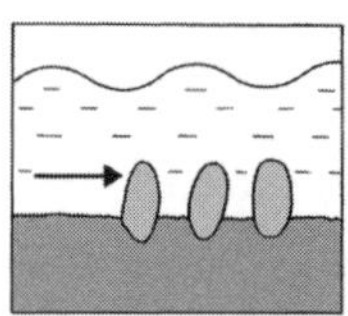

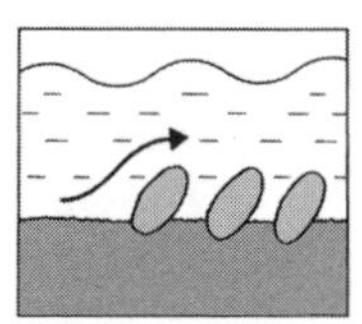

このように並んでいる石から，川の流れていた方向がわかる。

3）上流と下流で石の表面の様子（滑らかである・角張っている・ざらざらしている）を調べる。

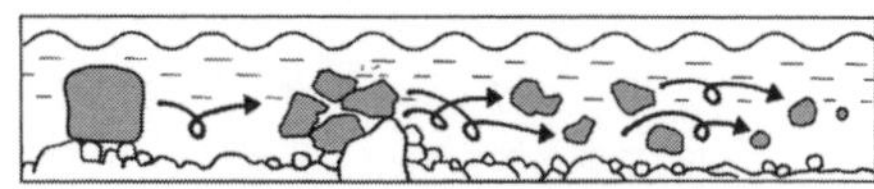

石にぶつかって砕けて，しだいに小さくなる。

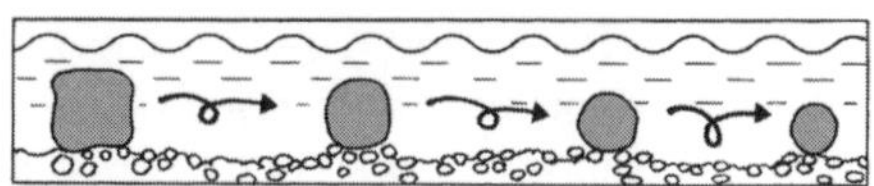

砂や礫の上を転がるうちに角がとれ，丸くなる。

《曲流している場所》

曲流しているところとそうでないところの礫（れき）の大きさを比較させる。また，可能であれば，川底の違いにも気づかせる。

《石の大きさや並び方》

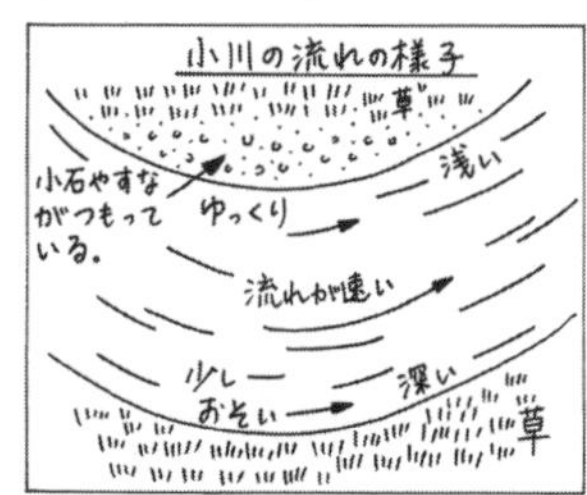

記録例１

記録例２

川原の観察では，川を横断的に観察させ，石の大きさや並び方，石の重なり方に着目させて観察させると，いろいろな発見につなげることができる。

枠を決めて採取させるのは，目立ったものばかりを採取しないようにするためである。

KEY WORD
前指導・装備(→p.136, 137, 193)
がりの内側・外側
れの速さ
原の石の並び方
全指導（→p.194, 210）
急対応（→p.137）

川

5年「流れる水の働きと土地の変化」6年「土地のつくりと変化」

川の曲がりの部分へ出かけ，川の様子をじっくりと調べさせたい。実際に川に入って，石や砂を流したり，木片やおがくずを流したりしながら，川の削る作用，運搬する作用，堆積する作用を現地で観察して確認する。

川は，その日によって水の量が違う。気を抜くと水の事故につながるので，十分注意する。また，素足で入らない，膝より深いところへ行かないなど，約束事を徹底する。

①川の内側と外側を調べる

曲がりの内側の様子と，外側の様子を比べる。

②川の中央と川岸の流れの速さと強さを調べる

・流れの速さを調べる

木片を
投げ入れる

・流れの強さを調べる

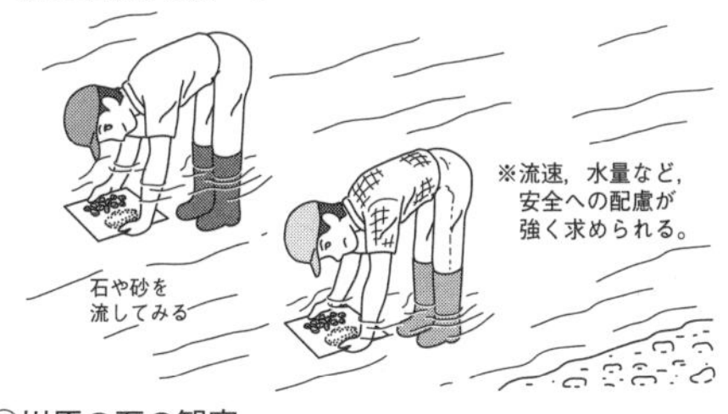
※流速，水量など，
安全への配慮が
強く求められる。
石や砂を
流してみる

③川原の石の観察

川原の石の並び方を調べる。

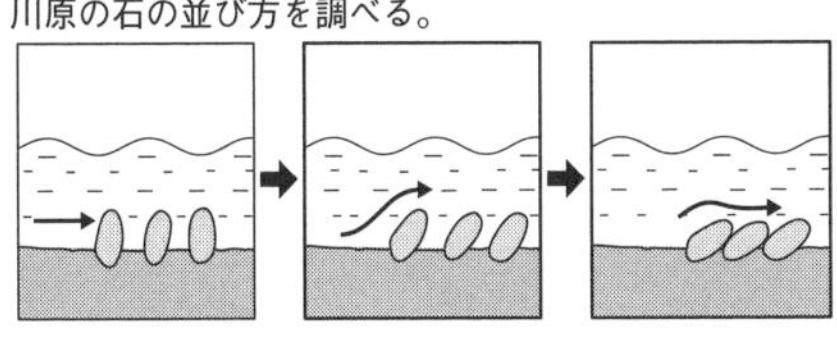

《川の内側と外側》

現場に着いて最初の行動は，全体の地形を観察することである。川の曲がりの内側は川原になっており，外側はがけになっていたり，護岸されていたりする。外側は流れが速く，土地を削る。内側は流れがゆるやかで，堆積する。

《流れの速さ》

流れの速さを調べるには，木片，割りばし，おがくずなどを流してみるのが一般的である。笹舟を作らせて流すのも面白い。

《流れの強さ》

手のひらや板の上に，泥，砂，小石などと，大きさの違うものを並べ，流れる水の中に静かに沈める。

長ぐつのくるぶしの深さの場所，長ぐつ半分の深さの場所，長靴$\frac{4}{5}$の深さの場所などというように具体的に目安を決めて，深さを変えて実験する。

曲がりの内側は浅いが，外側に行くと深くなり，流れも速くなり，石がどんどん流されていくことがわかる。

《川原の石》

川原の石の並び方を見ると，すべての石が横になっている。さらに，上流側から見ると，どの石も平らな面を上流にむけ，のっぺりと並んで見える。逆に下流側から見ると，石が盛り上がったように並んで見える。水流に対して最も安定した形で堆積しているからである。

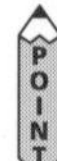

KEY WORD

装備・服装（→p.193）
顕微鏡（→p.279）
プレパラート（→p.281）
ホールスライドガラス（→p.280）
プランクトンネット（→p.333）

池

4年「季節と生物」6年「生物と環境」

POINT 身近な池などに生息・生育している動物や植物がどのような生き方をしているのかを調べさせ，動物と植物がかかわりあって，生活していることを気づかせる。自然に対する興味・関心を高める指導を重視する。

池は，子どもにとって身近な自然であり，好きな場所である。動植物の様子や分布などの学習のほかに，泥や砂の感触などの五感を育てる絶好の機会でもあるが，深みなどもあり，池の周囲を調べて安全の確認をしておく必要がある。

①観察の視点

1）池と周辺

池と周辺を見ると，池の中と周辺に生育している植物は異なることがわかる。水中にはアシ，マコモ，スイレン，ガマなどの植物が生えているが，周辺の湿地には，カヤツリグサ，イボクサ，モウセンゴケなどが生育している。

2）水面と水中および水上

池の中に生育する植物でも，水面や水中および水上に生育する植物が違うことがわかる。水面にはウキクサ，スイレン，ジュンサイなどが育ち，水中にはフサモ，マツモ，エビモなどが育っている。また，水面からとび出して育つ植物には，ハス，アシ，マコモ，ガマなどがあって，すみ分けをしていることがわかる。池のそばに生えるどの植物も，水や湿地を好む植物ではあるが，湿地や水中，水中でも水面と水の中など，環境によって場所を選んで生育している。

また，春・夏・秋によって，池や周辺に生育する植物が異なるので，1年に2～3回続けて観察し，連続して記録していくと，気温による1年間の変化がよくわかる。

②活動例

水中にはいろいろな微小生物が生育していることに気づかせ，低倍率の顕微鏡などで観察させる。

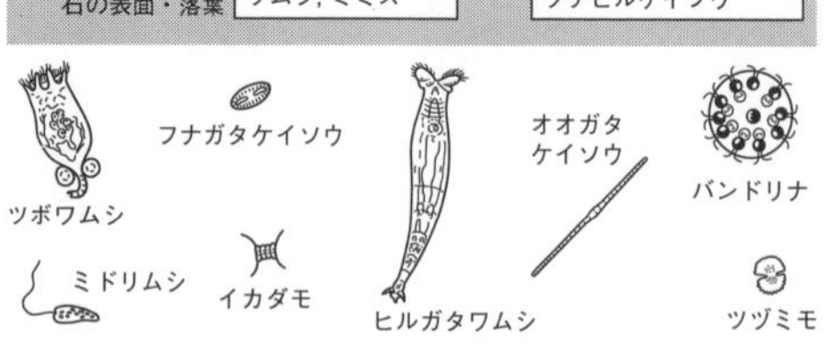

《植物の様子や分布》

植物の様子を調べる際に，葉の形や根の様子を調べさせ，水の抵抗との関係に着目させることも可能である。

池の近くで観察させることも必要であるが，池全体を見渡せる場所があれば，少し距離をとって観察させると，植物の分布が理解できる。植物の分布を調べさせるには，ある程度大きな池を選んで調べさせる。植物のつくりの特徴に気づかせるために，種類ごとにスケッチをさせるとよい。

《水鳥の様子》

飛来する鳥に目をやり，季節による変化を調べさせる。

《プレパラート》

プランクトンなどは，プレパラートを作って顕微鏡観察させる。

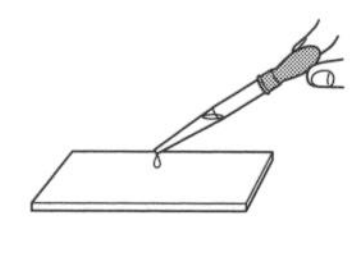

調べたい水を，1滴スライドガラスにのせる。

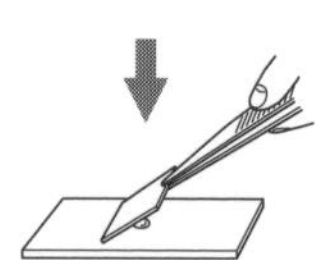

カバーガラスを静かにかけて,周りの水をろ紙で吸い取る。

《ホールスライドガラス》

水中の生物を観察するときに使われるくぼみのあるスライドガラスである。

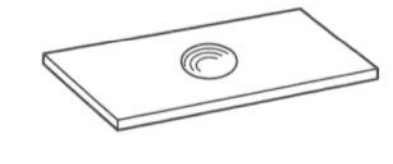

KEY WORD

レパラート（→ p.281）
微鏡（→ p.279）
ランクトンネット（→ p.333）

水中の小さな生物

6年「生物と環境」

水中の小さな生物を観察する目的は，水中にいる小さな生物を魚が食べていることを知ることにある。一方，日常では見えない場所で，小さな命が存在していることの神秘を知る機会でもある。

田んぼ，ビオトープ，池やプール，川などから小さな生物を採集するときは，たとえ水深が浅かったとしても十分に安全を配慮し，油断せずに採集を行う。

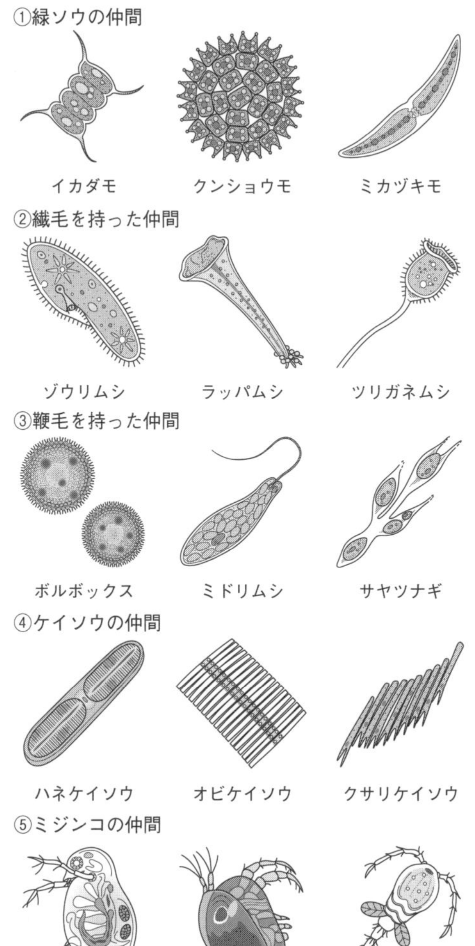

《同定は無理せずに》

水中にはたくさんの水中微生物がいる。それを同定することは専門家でないかぎりは難しい。学習内容としては，左の図を参考にして，似た生物を「○○の仲間」とおさえれば十分である。

《動機づけをしっかり行う》

水の中の小さな生物にも命がある。よく動き，捕食する動物もいる。ミジンコは目や心臓がよく見える。クンショウモやイカダモ，ケイソウなどはその形がとてもきれいである。日常では見ることのない，水中の小さな生物の世界を興味をもって見ることができるように導入をする必要がある。そのために，教科書の図・写真やデジタル教材を見ることで導入するのも，一つの方法である。

《事前の観察による多様な生物の存在》

せっかくの水中の小さな生物の観察も，観察するものがなければ子どもたちの興味も半減する。多様な生物が確実にいる水を採取する。6月～7月，田んぼやビオトープの水が適切。

《なるべく一人1台》

顕微鏡はなるべく一人1台用意したい。自分の目でじっくりと観察できる環境の工夫をする。

《量は適切に》

生物の量は多すぎても少なすぎてもよくない。適切な量でプレパラートを作成する。

KEY WORD
装備・服装（→ p.193）
針葉樹・広葉樹（→ p.129）
常緑樹
落葉樹
ビオトープ（→ p.126）
樹木（→ p.129，189）

雑木林

3年「身の回りの生物」 4年「季節と生物」 6年「生物と環境」

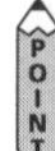

POINT　身近なところに生息・生育している動物や植物がどのような生き方をしているのかを調べさせ，動物と植物がかかわりあって，生活していることに気づくようにする。また，自然に対する興味・関心を高める指導を重視する。

スズメバチやウルシの木など，人に危害を加える動植物の存在を知らせ，注意深い行動を心がけるよう，事前に指導しておく必要がある。

①適する場所

近くに山があるところであれば，適する場所はいくらでもある。いろいろな高さの樹木が生えているところや樹木の下に雑草が生えているところなどは絶好の場所である。

②活動例

・林の全体の様子を離れた場所から観察させる。
・林に入ったら，周りとの違い（明るさ，温度，湿度）に気づかせる。五感を育てるために，肌で感じさせることも大切である。また，昆虫採集の場として活動できる。

1）針葉樹と広葉樹

林の中の樹木を，高さや葉の形によって種類分けしてみる。

針葉樹……針のような細かい葉をもった木で，日光を得ようと高く上に伸びて競争する。スギ，ヒノキ，マツなど。

広葉樹……幅広い平たい葉をもった木で，枝を大きく張って日光を多く受けて生き残ろうとする。ツバキ，クスノキなどの常緑樹と，ブナ，クリ，コナラなどの落葉樹がある。

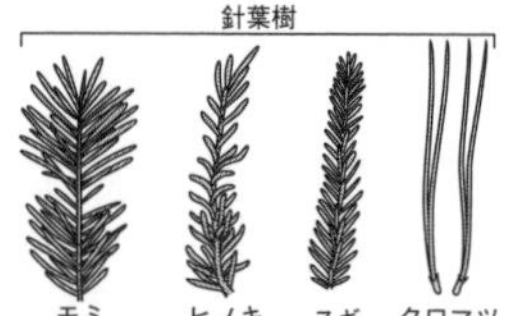

2）高木・中木・低木・下草

林の中の木を，高さによって，高木，中木，低木，下草に分け，林の仕組みを調べてみる。名前は図鑑などで調べる。

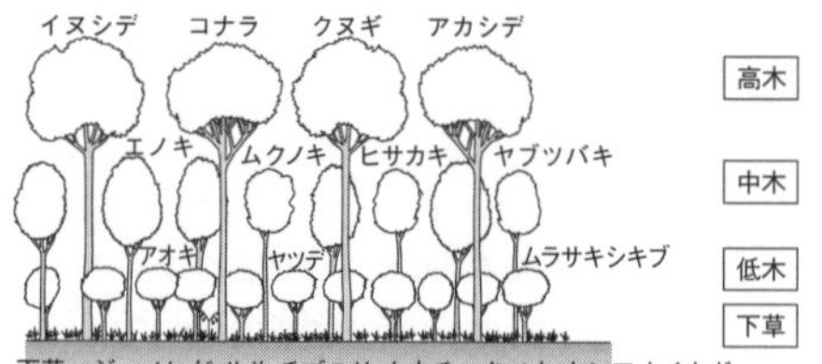

下草…ジャノヒゲ,ササ,チゴユリ,ホウチャクソウ,カンアオイなど

雑木林

《落葉樹と常緑樹》

冬になる前に，古くなった葉をいっせいに落とす木を落葉樹という。これに対して，一年じゅう緑色の葉をつけている木を常緑樹という。落葉が目立たないが，実際には2～3年で葉の交代が行われている。

落葉樹が葉を落とすのは，暖かくなって新芽が成長を開始するまでの寒い冬に，冷たい空気に触れる部分をできるだけ少なくして，休眠するためである。したがって，落葉樹の多くは，北の寒い方に生えている。

針葉樹の多くは葉の構造が寒さに強い仕組みをもっていて，常緑樹である。

《陽地と陰地の植物》

林の周りと林の中の植物とを比較してみる。林の周りは日当たりがよいので，クズやセイタカアワダチソウ，ススキ，マツなどが生育しているが，林の中には，少ない日光でも生育できるアオキ，ヤツデ，カシなどが見られる。このように，植物は，環境に適応して生きのびていることがわかる。

KEY WORD

備・服装（→p.193）
虫採集（→p.150，152～159）
息環境の整備・虫嫌いの子
険生物（→p.200～208）
全指導（→p.196，209）
急対応（→p.137）

昆虫など

3年「身の回りの生物」 4年「季節と生物」 5年「植物の結実」 6年「生物と環境」

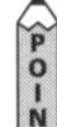

虫たちを観察したり，採集したりするためには，虫たちが生息できる環境を整えておかなくてはならない。普段から，食草や吸蜜植物を植えておいたり，石を転がしておくなど，先を見越した環境整備が必要である。

虫とりは，草むらをかき分けたりするために，草かぶれなどを発症することがある。また，ハチの巣など危険な場所に近づくことも考えられる。事前の下見をしっかりしておく。

①校地内での活動

虫は，どこにでもいそうであるが，いざ探すとなれば，なかなか見つからないことが多い。普段から，校地内に虫の生息できる環境を作っておく必要がある。

②校地外での活動

きれいに手入れのされた公園などは，虫は少ない。草が生えて，自然に近い環境の公園があれば理想的である。

空き地は，持ち主がいるので無断で入り込むことはできない。農地などの私有地で活動する場合は，事前に持ち主の許可を得てから利用させてもらうようにする。

③ハチとアブの見分け

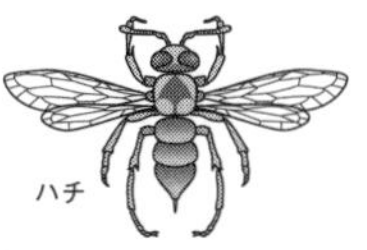

・アブ…ハエと同じ顔をしている。
・ハチ…アリと似た顔をしている。
※ハチは，アブに比べて胸部と腹部の間が細い。
※ハチには手を出さないように指導する。

④危険な虫

・血を吸いに来る虫…カ，ブヨ，ヌカカ，ウシアブ，ダニ　など
・つかまえると刺す虫…マツモムシ，カバキコマチグモ　など
※危険な虫については，教師・児童ともに事前に学習しておく必要がある。刺されるなどして，赤くなったりかゆみが生じたら，水で洗い流す。

《虫のすむ環境》

ダンゴムシ，ワラジムシ，ハサミムシ，ゲジ，ムカデ，ヤスデ　など
…大きな石の下，枯れ葉の下，草むらの中など，日かげに多い。

モンシロチョウ
…アブラナ，キャベツ，ハボタンなど，アブラナ科の植物を植えておく。

アゲハチョウ
…サンショウ，カラタチなど，ミカン科の植物を植えておく。

オビカレハ
…サクラ，バラ

コオロギ，スズムシ
…草むら，大きな石の下

バッタ，キリギリス，カマキリ　など
…ススキなどイネ科の草むら

カブトムシ，クワガタムシ
…クヌギやナラ類の林，堆肥置き場

《持ち物》

捕虫網，虫かご，プラスチックケース，フィルムケース，ビニル袋など

自分が虫なら，人間から身を守るためにどうするのか考えさせ，興味をもたせるとよい。虫は，逃げたり隠れたりするために，虫とりは難しくも楽しい課題となることが多い。

たまに虫嫌いの子もいるので，そのときは無理強いをしない。世話をするうちに改善することもあるので，時間をかけながら見守っていきたい。

KEY WORD
装備・服装（→ p.193）
スプリング・エフェメラル
太陽の光
乾燥・結実・ロゼット
安全指導（→ p.196, 209）
緊急対応（→ p.137）

野草

各学年の植物関連学習

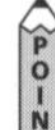

季節によって，植物は次々と入れ替わっていく。太陽の光を奪い合う競争が常に続いているためである。そして，厳しい冬は種子をつくったり，ロゼットになったりして，それぞれ冬を乗り越える工夫をしている。１年間かけて植物の知恵に気づかせていきたい。

野外へ植物の観察に出かけると，ヤブカやブヨに悩まされる。児童には虫よけスプレーや，虫さされの薬を持たせたほうがよい。長袖，長ズボンなどの服装にも注意させる。

①春の野草観察のポイント

春が近づいてまだ草の生い茂る前に，近くの林へ観察に出かけたい。この時期はスプリング･エフェメラル（春の妖精）と呼ばれる春に花を咲かせる植物たちが大急ぎで花をつけている。

カタクリ

キクザキイチゲ

②夏の野草観察のポイント

初夏から夏にかけては，イネ科の植物が生い茂る。秋に咲く植物が成長しているのを見つけることができる。

オオアワガエリ

③秋の野草観察のポイント

秋はキク科とタデ科の植物が多い。結実など冬にむけて備え始めている植物たちの様子に気づかせたい。

ミゾソバ

イヌタデ

④冬の野草観察のポイント

タンポポ，マツヨイグサ，ヒメジョオンなど，ロゼット状態で冬を越すために，地面に張り付いている。

ヘラオオバコのロゼット

早春は落葉樹の葉も茂らず，林床に直接太陽光が当たっている。そこをねらって春の花たちは花を咲かせ，実をつけてしまう。植物の成長には，太陽の光が大切であることが，これらの植物の観察からわかってくる。花が咲いて１か月もすると，草や木が生い茂り，林の中は薄暗くなっている。咲いていた花たちは，実をつけて枯れ始めている。畑地などでは，スベリヒユなど，乾燥に強い雑草が横に大きく伸びていく。

《学習の視点》
・気温と咲く花の種類
・咲く場所と花の種類
・昼の長さと花の種類

《春に見ておきたい花》
カタクリ，フクジュソウ，キクザキイチゲ，オオイヌノフグリ，ホトケノザ，ハコベ，エゾエンゴサク，エンレイソウ　など

《夏に見ておきたい花》
オオアワガエリ，カモガヤ，ツユクサ，マツヨイグサ　など

《秋に見ておきたい花》
ブタクサ，ヒメムカシヨモギ，イヌタデ，ミズヒキ，ミゾソバ，ヨメナ，ノコンギク　など

《秋に拾っておきたい実》
ミズナラ，コナラ，クリ，カシワ，オニグルミ，トチノキ　など

※地域によって生育する植物が違うので，調べてみるとよい。

KEY WORD

層の観察（→p.146，200，210）
石ハンマー（→p.290）
ーペ（→p.278）
位磁針（→p.242）
ーリング試料（→p.291）
石標本（→p.288，289）
ジタルカメラ（→p.268）

露頭

6年「土地のつくりと変化」

土地のつくりと変化についての様子を直接観察させることができる場所で，適切な観察場所があれば，自然のすばらしさや偉大さに気づかせることができる。説明することではなく，自ら気づかせる指導が大切である。

地層がむき出しになっているので，がけ崩れに十分注意する。サンプルの採取はできるだけ控え，どうしても必要な場合は，小さいもので表面が新しいものにする。

①観察に適する場所

- 最近では，道路の切り通しもコンクリートなどでおおうことが多くなり，適当な場所が少なくなっている。しかし，注意深く観察すると，思わぬところに意外な箇所を発見することがあるので，日頃からチェックしておくようにしたい。
- 新しく道路が切られたところや宅地造成地，採石場などもポイントになる。また，川岸にも露頭が現れているところがある。水辺に近いところなど，事前に十分な調査が必要である。
- ひもが張れるような場所があれば，同じ層をひもでつないでみると，地層の広がりを視覚的にとらえることができる。

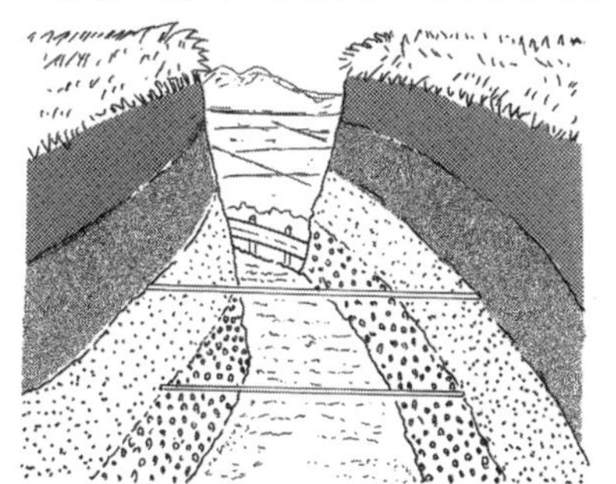

②露頭スケッチの例

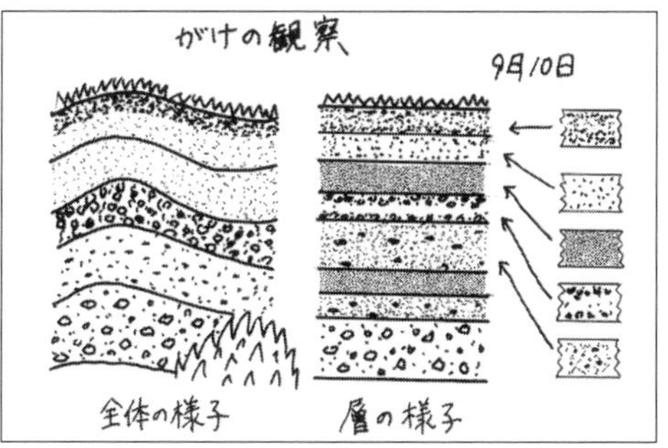

《活動の留意点》

採石場を活用する場合は，事前に管理者に相談し，できれば説明してもらうことも一つの方法である。

また，採石場には，角がとがっている岩石がたくさんあり，観察場所に着くまでの途中でも十分注意させる。

近くに適当な場所がないときには，学校のボーリング試料を活用して指導することもできるが，やはり，大事なことは，小規模でもいいから実際の様子を観察させ，補充的な指導としてボーリング試料を活用するとよい。

《スケッチのさせ方》

露頭のスケッチは，まず全体をスケッチし，次に個々の層を細かくかくようにし，それぞれの地層を構成している砂や粘土，砂礫，ときに化石の存在に気づかせるようにしたい。

例えば，砂礫層に注目させ，どこまで続いているかを考える。対岸の露頭に同じ砂礫層がないか，まわりこんで裏のほうにも同じ層がないかを調べ，地層の広がりをとらえさせる。

また，それぞれの層の横に，採集してきたものをサンプルとして貼っておくのもよい。その際は，セロハンテープで貼り付けたり，ボンドを紙に薄く塗って，そのまま貼り付ける。

なお，デジタルカメラも有効に活用していくとよい。

KEY WORD

事前指導・装備（→p.135, 136, 193）
露頭（→p.145）
層理・堆積
火砕流・火山灰・軽石
礫・砂・シルト・粘土
岩石標本（→p.288, 289）

地層

6年「土地のつくりと変化」

POINT 地層は，過去の記録を保存しているため，「地層はタイムカプセル」といわれる。ぜひ現地へ出かけ，自分の手で実際に触り，過去の謎を解き明かしていきたい。もちろんその前に，指導者が下見をして，指導内容をおさえておく必要がある。

露頭観察で最も気をつけなくてはならないのが，落石である。がけの上から石を落とすだけで，勢いのついた石が直撃すれば，命にかかわるけがにつながる。児童にも十分気をつけさせる。

①露頭のスケッチ

露頭観察は，まず露頭全体のつくりを調べることである。

②しま模様の調査（例）

しま模様を作っているものを細かく調べていく。

	礫（れき）	砂	シルト	粘土
目で見ると	大きさが2㎜以上	粒がはっきりわかる	粒はわからない	粒は見えない
手ざわりは	ゴロゴロジャリジャリ	ザラザラサラサラ	ザラッとした感じ	ヌルヌルスベスベ
身近にあるもの	小石 河原の石 ジャリ	砂場の砂 海の砂	水たまりの底の方のどろ	図工で使う土粘土
食べ物でいうと	コーヒーシュガー，米粒，あめ玉	仁丹，グラニュー糖，ごま粒	白砂糖	小麦粉 でんぷん粉 龍角散

③粒の角ばり方を調べる

角があるかどうかで，転がってきたのかどうかが見えてくる。また，小石がすべて丸くて横向きに埋まっている場合は，水のはたらきを受けた証拠となるので，注意させたい。

《露頭の観察》

露頭に着くと，すぐに掘りたくなるが，まずはスケッチをしながら，全体像をはっきりさせる。そのとき，崩れそうなところ，石の落ちそうなところなど，危険箇所を確認する。

《しま模様の観点》

・色，厚さ，かたさ
・構成する物質
・粒の大きさ
・粒の角ばり方
・積もり方
・化石の有無
・軽石や火山灰の有無

《礫（れき）》

礫が丸くなっていて，川原の石に似ていると，川や海のはたらきでできたことと結びつく。

しかし，火砕流堆積物でも，軽石の角は丸くなっている（ただし，円礫というほどではないのが普通）。

《シルト》

堆積物の粒の大きさによる分類の一つで，砂と粘土との中間の細かさのもの。主に長石や石英などの鉱物片。

《粘土》

子どもは，粘土をかたまりとして認識していることが多いので，指につけて手ざわりを感じさせたい。指と指をこすり続けていると，ヌルヌルから，粘りつくようになり，最終的には乾いてスベスベになっていく。

④積もり方を調べる

積もり方で，水や空気のはたらき（淘汰）を受けているのかどうかが見えてくる。

一つの層理の中で，垂直方向に級化構造（大きな粒が下，上に向かって粒は小さくなる）が見られるものは，土石流や，海底でのがけ崩れのような状態で積もったことを示している。炭酸系ペットボトルなどに土を入れて振る実験は，その状態を表す。

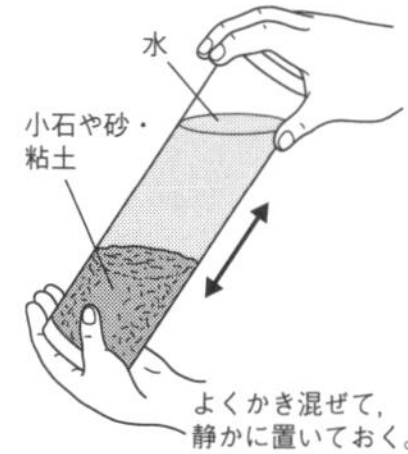

⑤層の境目を調べる

層の境目を移植ごてなどを使って掘り，層が奥まで続いていることを確かめる。

⑥サンプルを採る

地層の観察だけでなく，それぞれの層のサンプルを採集するようにしたい。スケッチに，採集したポイントと番号を記入し，ビニル袋に少量ずつサンプルを採る。ビニル袋には，マジックで，採集日，採集したポイントの番号などを記入しておく。

《積もり方》

水の中で積もった地層は，粒の重さによって積もる場所がおのずと定まってくるために，一つ一つの層理（地層の断面に現れる平行なしま模様のこと）では，均質な粒で層が構成されていることが多い。

しかし，降下軽石も空気中を飛んでくる間に，重さによって振り分けられるので，同じくらいの粒で層をつくる。

ただしこの場合は，転がらずに積もるために，粒は角ばってゴツゴツしている。

《層の境目》

層によって色や粒が違うことを，表面だけのこととしてとらえている子どももいる。境目を実際に掘らせてたり，層を横に追って続きぐあいを調べて，地層が奥と左右の広がりをもつものであることを実感させたい。

《サンプル》

サンプルは，欲張ってたくさん採っても，カバンが重くなるだけで，余った分は使い道がない。少しあれば十分なことを理解させておく。ジッパーつき袋を用意しておくとよい。

《サンプル袋への記入例》

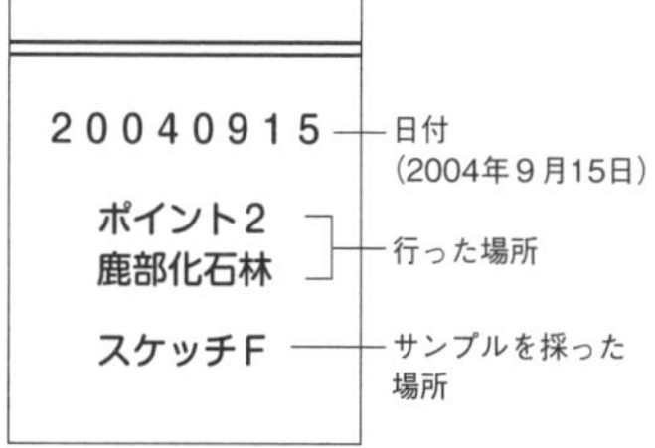

KEY WORD
星座早見（→p.149）
懐中電灯（赤色 LED 電球）
サーチライト型の懐中電灯
天体望遠鏡（→p.276，294）
双眼鏡（三脚に固定）
安全指導（→p.211）

夜間観測

4年「月と星」6年「月と太陽」

POINT　夜間の天体観測は，天候に左右され，保護者の付き添いも必要なため，何度も実施できるものではない。興味をもってもらうことをいちばんに考え，サーチライトを使って星座の紹介をしたり，月のクレーターを見せたりして，宇宙の神秘に触れさせたい。

夜間の集合になるので，保護者の付き添いが必要である。段差のない平らなところで，見晴らしのよい場所を選ぶとよい。「走り回ったりしない」などの事前指導も徹底しておく必要がある。

①星の動き

まず，星が動いていることを実感させたい。そのためには同じ場所で数分間，一つの星を見つめさせるとよい。シートなどに寝ころんで，目立った星を一つ選んで見続ける。そのとき，天頂の星ではなく，木々の梢や屋根や電線の近くなどの星を見るようにする。できれば，このとき，星が動いているのではなく寝ころんでいるこの地球が動いているのだということも感じさせたいものである。

②星座の観察

たくさんの子どもたちに同じ星を見せたいときは，サーチライト型の懐中電灯を使うとよい。「この星がこと座のベガ，これがはくちょう座のデネブ，これがわし座のアルタイル…」などとサーチライトを当てながら説明すると，星まで届くような光芒が走り，大変わかりやすい。

③月の観察

月のクレーターは天体望遠鏡で観察するが，双眼鏡でも見える。手持ちでは見にくいので，三脚に固定するとよい。

観察日を決める場合は，まず，月齢を調べる。満月前後では明るすぎて星座が見えないし，下弦の月では月の観察ができない。理想的なのは，三日月前後である。早めに集まった子どもから望遠鏡で月のクレーターなどを見せておく。星座の観察を始める頃には月が低くなり，月明かりも気にならない。

《星の動き》

6，7月頃は8時を過ぎないと薄明が終わらないので，観測時刻にも注意する。あまり寒くなく，しかも日暮れが早い時期となると，9～10月頃が星座の観察には適している。この頃は，夏の大三角も十分見える。

《星座の観察》

観察中は，懐中電灯をつけないように注意しておく。せっかく暗闇に目が慣れ，星が見えやすくなったところで明るい光を見ると，一瞬で瞳が閉じて星が見えにくくなる。

参加者が星座早見を使う場合は，できるだけ小さい電灯（赤色LED電球または，赤いセロハンでカバー）を使うように事前指導しておくとよい。

《月の観察》

月の暗い部分は「海」と呼ばれ，凸凹に見える「クレーター」は，隕石が衝突してできたといわれている。月の半径は地球の約4分の1で，地球で体重30kgの人は月では5kgになってしまうことなども説明するのもよい。

KEY WORD

ガ
と座
の大三角形
そり座
リオン座
くちょう座

星座早見

4年「月と星」

日時の目盛りと時刻の目盛りを合わせることと，方位の文字が真下にくるように持って夜空に掲げることが大切である。星座早見を使うと，実際の夜空の星と対比できる。

星座早見は様々なものが販売されている。そのため，月日目盛りが他と異なることがある。事前に確かめておくと良い。パソコン天文ソフトや星座アプリで夜空の様子を投影し，星座早見で確かめることも考えられる。

①星座早見の使い方

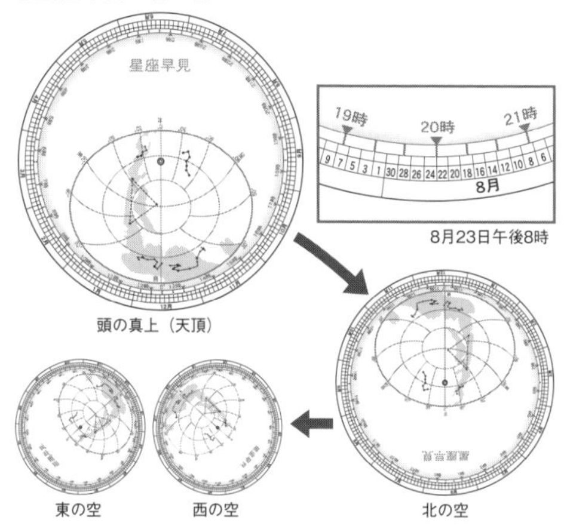

②星座の形

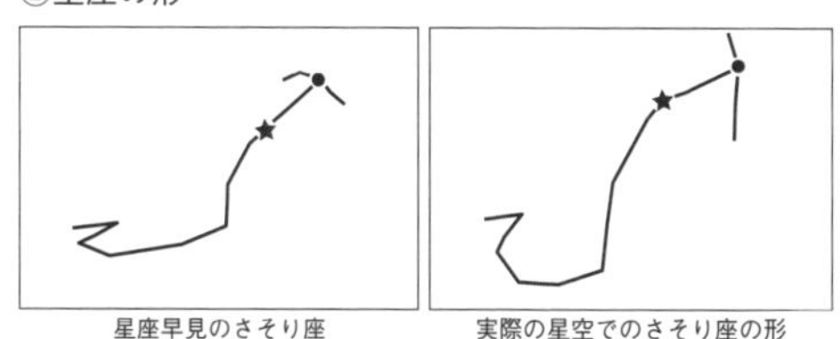

星座早見のさそり座　　実際の星空でのさそり座の形

③星座の動きのシミュレーション

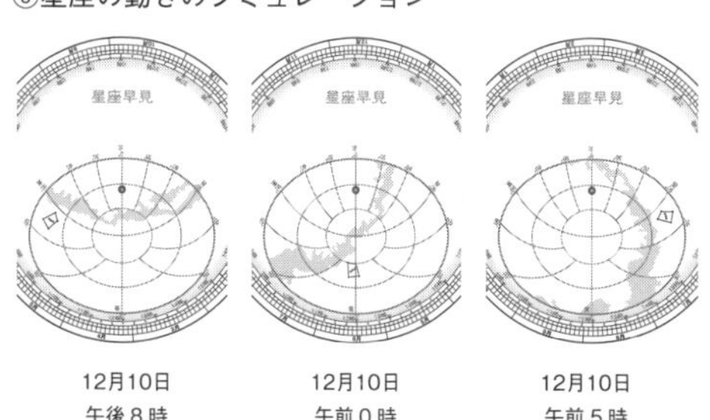

12月10日 午後８時　　12月10日 午前０時　　12月10日 午前５時

《星座早見と主な星座めぐり》

星座早見の使い方の習得を確認しながら進めるためには，次のような工夫がいる。

「こと座のベガ」が頭の真上（天頂）にある８月23日午後８時（他の日時でもベガが天頂にあればよい）に合わせる。そこから「夏の大三角」を探す。

次に「南」の字を下にして掲げ，南の空のいて座・さそり座を探す。そして，北の空のカシオペヤ座と北斗七星を探す。

最後に東と西の空の見方を示す。

《星座の形》

さそり座など南の空の星座の形は，星座早見だと横に引き延ばされた形となり，実際の星空の形とは違うことを観察の前に伝えておく。

《星座の動きを調べる》

東の空に，オリオン座やはくちょう座が出てきたころの時刻に合わせる。

１時間ごとの星座の位置を確かめる。すると，星座の動きをシミュレーションできる。

オリオン座の三つ星は，東の空では縦に並び，西の空では横に並んでいることや，はくちょう座が東の空では横を向いているのに，西の空では頭から地平線に飛び込んでいくように見えることもわかる。

KEY WORD
服装（→p.193）
捕虫網
移動用具
危険生物（→p.200～208）

昆虫採集

3年「身近な自然の観察」「昆虫と植物」 4年「季節と生物」 6年「生物と環境」

捕虫網は，用途にあったものを選び，採集するときにチョウやトンボを傷つけないようにする。採集した昆虫は，直射日光下や高温になる場所に放置しない。

採集時にけがをしないように，夏でも長袖や長ズボンなどを着用したほうがよい。

①服装と持ち物

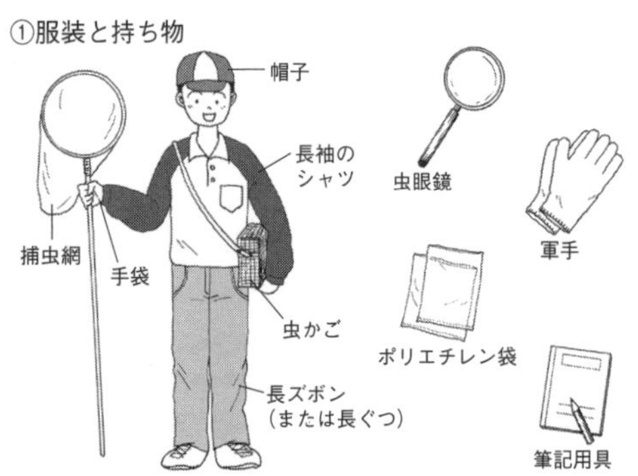

②採集の仕方

・飛んでいる虫

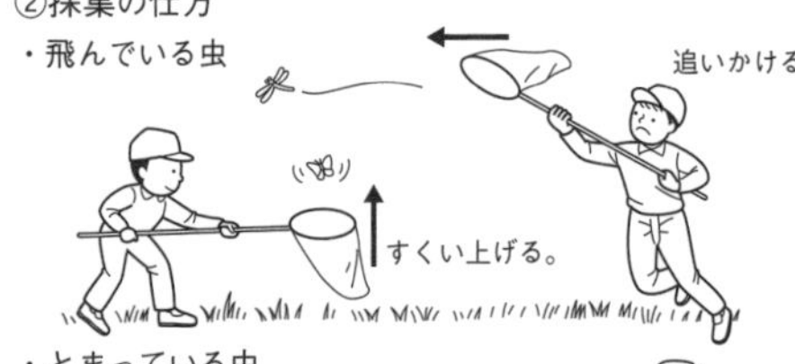

・とまっている虫

③三角紙の折り方（三角紙ごとケースに入れる）

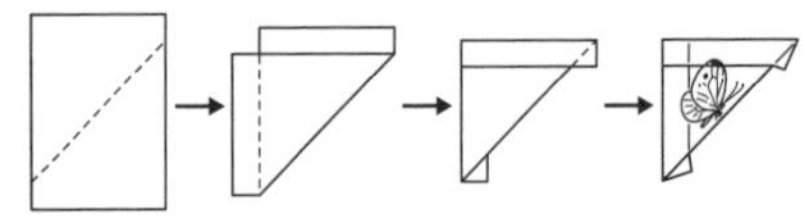

《服装の準備》

服装は，夏でも，長袖や長ズボンを着たほうが，けがの防止になる。また，必要に応じて手袋や長ぐつを用意するとよい。

《捕虫網》

昆虫を採集するときの網は，なるべく柔らかい繊維でできていて，底の深いものを使うとよい。繊維が柔らかいと，チョウやトンボを採集するとき，はねを傷めにくい。また，底が深いと，採集した昆虫が網の中から逃げにくい。市販されているものは，魚を採るものや昆虫を採る網と分かれているので，子どもが持ってくる場合，採集対象に合わせた網の選び方をするとよい。

《入れ物》

採集したものを入れる容器として，いちばん注意したいことは，昆虫を傷つけないことである。そのために，チョウやトンボなどは，はねを傷めないようにジッパー袋や三角紙を準備するとよい。その中にチョウやトンボを入れて動かないようにすることで，はねを傷つけないですむ。また，採ったものを入れて移動できるように，厚紙の箱やプラスチック製密閉容器などを用意しておくとよい。

移動・保管中に容器の中が高温になったり蒸れたりすると，昆虫が弱ったり死んだりする。高温期には，クーラーボックスを利用するとよい。

KEY WORD
水槽（→p.315）
ろ過器（フィルター）
ヒーター
エアーポンプ
水草（→p.188）
水質の調整

水槽

5年「動物の誕生」6年「生物と環境」

POINT メダカなどを飼育する場合には，水槽の準備が必要であるが，魚を入れたあとにやり直すのは困難なので，計画的に準備する。また，ろ過器やヒーター，エアーポンプなどを使って生き物がすみよい環境を保つようにする。

水槽は設置する場所を考え，破損や落下がないようにする。ヒーターなどで温度管理をする場合は，水温の変化に気を配る。ぬれた手でプラグを電源に差し込まないようにする。

①水槽を設置し底に砂利を敷く

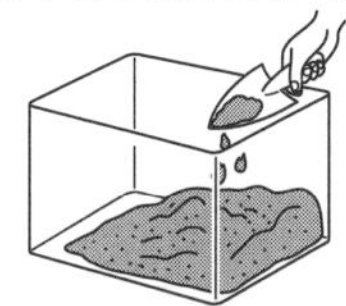

平らで落下の心配のないところを選び，水槽を設置する。水を入れると重くなるので，十分に強度のある場所を選ぶ。砂利は手前を低く，奥ほど高くすると，立体感が出る。

②ろ過器・ヒーター・エアーポンプなどをセット

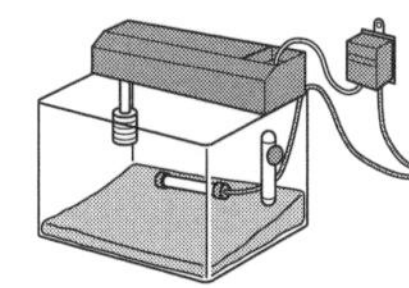

ヒーターはガラス面に直接触れないようにする。電源はまだ入れない。エアーポンプは水面より高い位置に取り付ける。

③水を半分入れて飾りを配置

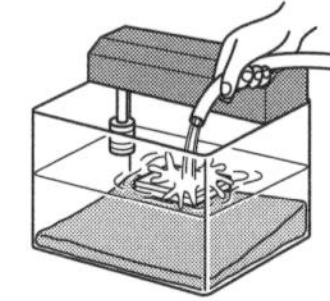

板等で水を受けながら入れると砂が舞い上がらない。石や流木を魚の隠れ家にする場合は，同時に作っておく。

④水草を植えて水を加える

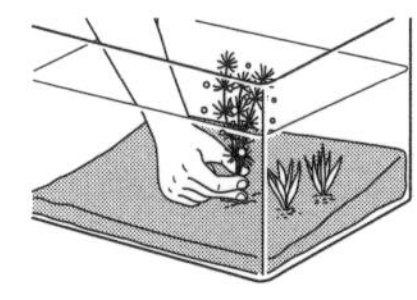

全体のバランスを考えながら水草を植える。植えるときは，砂利に穴を掘って根を差し込み，また砂利を戻して根の周りを固める。

⑤水質の調整

・塩素を中和する。
・必要に応じて水質改良材を入れる
・pH を測る
・ろ過バクテリアを入れる

※魚を入れる前に，１日程度水槽の試運転をするとよい。

《水槽の底に砂利を敷く》

水槽には，ガラス製とアクリル製がある。ガラス製は重くて値段が高いが，長持ちする。アクリル製は軽くて割れにくいが，傷がつきやすい。用途によって選ぶとよい。砂利は米をとぐ要領でよく洗ってから使用する。

《ろ過器・ヒーター・エアーポンプ》

水温の調節には，ヒーターとともにサーモスタットを使うとよい。

ろ過器には，パワーフィルター，底面フィルター，上部フィルター，スポンジフィルター，投げ込み式フィルターなどがある。用途によって選ぶ。

《水草》

水草は，魚の出すCO_2（二酸化炭素）を取り込み，魚に必要なO_2（酸素）を出してくれる。うまく育てるためには十分な光とCO_2，養分などのバランスが必要である。

《水質の調整》

セットしたあとも，アンモニアの量が増えるなど水質が変わることがある。そのため，時々はpHなどをチェックして，魚によい状態を保つようにする必要がある。１～２週間に１回は水の半分を捨て，新しく継ぎたす。

《バクテリア》

水槽内の水質は，バランスよいバクテリアの繁殖によって維持されている。餌の与えすぎや必要以上の水替えは，バクテリアの繁殖を阻害する。

KEY WORD

飼育（→p.153～168）
プラスチック飼育容器
イチゴパック
ペットボトル（→p.336）

飼育容器

3年「昆虫と植物」 4年「季節と生物」

POINT 飼育容器にはいろいろなものがある。飼育するものに合わせて，容器の材質や種類，大きさなどを選ぶ。ふたやしきりの役割を知らせ，飼育の工夫をさせたい。

ガラス容器などの場合，破損によって破片でけがをする場合がある。水替えなどのときには，十分に注意する必要がある。また，ペットボトルを加工して使う際のけがに注意する。

①プラスチック容器

・子どもが，扱いやすく安価で手に入れやすい。
・飼育するものの大きさや数によって，大きさを考えて選びたい。

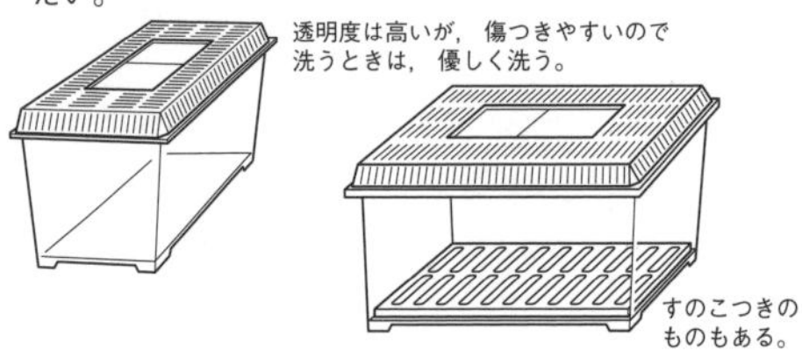

透明度は高いが，傷つきやすいので
洗うときは，優しく洗う。
すのこつきの
ものもある。

②廃物の利用例

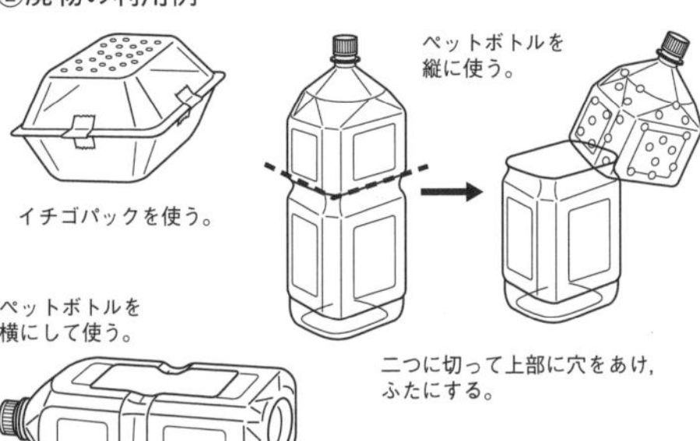

横にして使う。
二つに切って上部に穴をあけ，
ふたにする。

③ふたやしきり

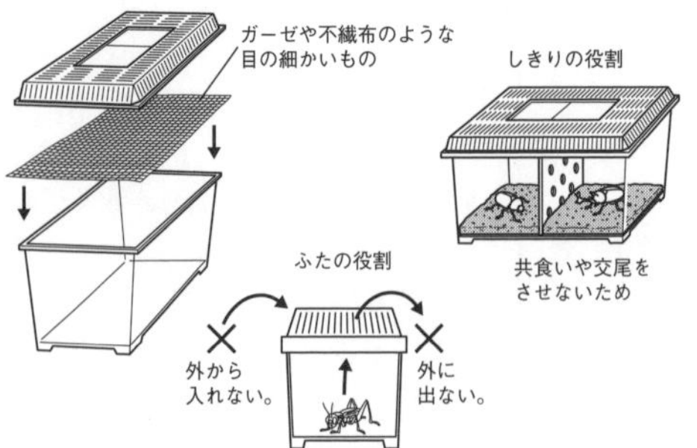

ガーゼや不織布のような

ふたの役割
共食いや交尾を
させないため

《プラスチック容器》

透明度があり，軽くて丈夫だが，傷がつきやすい欠点がある。洗うときなどは，中の砂や土を水で洗い流した後，柔らかい布で軽くこするようにする。

傷ついて中が見えなくなったものは観察しにくいため，鉢などに利用するなどして，新しいものに取り替えていきたい。

量販店，ペットショップでもすぐに入手できるが，インターネットなどの通信販売などでまとめ買いをすると，単価も安くなる。

《廃物の利用》

観察のために短期的に飼育する場合，イチゴパックやプリンカップ，ペットボトルなどを利用して，子どもに作らせるのも，価値ある学習活動である。しかし，ペットボトルの切断や穴あけなどは，教師がするなどして十分な注意が必要である。

《ふたやしきり》

ふたは，逃げ出すのを防ぐだけでなく，外からの他の虫などの侵入を防ぐ働きもする。コバエなどの侵入を防ぐためには，目の細かいガーゼか不織布などを使うとよい。

しきりは，なわばり争いや共食いなどを防いだり，つがいが交尾をしないようにするためにも使う。カブトムシ，クワガタムシなどは，交尾がすむと，雄はまもなく死んでしまう。

KEY WORD

ンシロチョウ
育計画
ャベツ（→p.183）

モンシロチョウ

3年「昆虫と植物」

年間を見通した計画を立て，キャベツやアブラナなどを栽培することで，モンシロチョウの観察ができる。

モンシロチョウの飼育のためには，農薬を使用しないでキャベツを栽培しておく必要がある。

①モンシロチョウの飼育計画

	《キャベツの栽培》	《モンシロチョウ》
2月	キャベツの種まき	さなぎ・成虫
4月 ↓	キャベツの移植（畑や花壇） プランター 夏キャベツの種まき 移植	↓ 卵を産み付ける ↓ 幼虫
10月	キャベツの栽培	↓ 成虫

・さなぎで越冬し，春に羽化する。暖かい地方では，１年に数回世代交代が見られる。

・越冬したさなぎから羽化した成虫が春に見られる，その成虫が産んだ卵が育ってチョウになるのは６月頃である。

②卵の採取

教材園にキャベツ（またはアブラナなど）の畑を作っておき，チョウがとまって飛び去ったあとの葉の裏側を探すと卵が産み付けてある。葉につけたまま採取して飼育する。キャベツがしおれないように，葉の根元に水をしみ込ませた脱脂綿をつけるか，ペトリ皿などに水を入れて根元をつけておく。

③モンシロチョウの成長

およその日数	大きさ（mm）
4～6日	卵……1mm
20日	1齢……2～3mm ↓ 脱皮 2齢……5mm ↓ 脱皮 3齢……7～8mm ↓ 脱皮
25日	4齢……20mm前後 ↓ 脱皮 5齢……30mm前後
9～12日	さなぎ～成虫

④鉢植えのキャベツの利用

鉢植えのキャベツにモンシロチョウの卵を見つけたら，ネットをかけ，幼虫を外敵から守る。また，このネットを大きなものにすると，成虫から産卵，再び成虫まで飼うことも可能である。

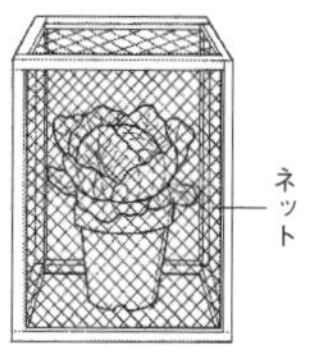

《キャベツの準備》

モンシロチョウは，２月から10月まで見られ，キャベツやアブラナなどによく卵を産み，子どもたちも関心をもって観察をすることができる。

〈飛翔数の多い時期（東京）〉

…４～７月，10～11月（最多は６月）

観察を継続的に行うために，まず，モンシロチョウが生息できる環境を作る必要がある。そのために，モンシロチョウの食草を栽培するとともに，成虫の吸蜜植物も用意する。

モンシロチョウの幼虫が好んで食べるキャベツは，２月頃から準備を進める。また，キャベツのほかには，アブラナやコマツナ，ダイコン，カラシナ，クレソンなどがよい。店で売られているものは農薬が含まれている場合が多いので，必ず洗ってから与える。

《成虫の飼育》

成虫になったモンシロチョウの観察は難しい。花壇やプランターをビニルでおおい，モンシロチョウが飛びかうようにする方法もあるが，夏はほとんどの場合，熱で死んでしまう。ネットを利用するとよいが，アリやクモの侵入で食べられてしまうことが多い。

成虫の飼育は，室内の直射日光の当たらない明るい窓ぎわに置き，餌は人為的に与える必要がある。いずれにせよ，大変手間がかかる。

KEY WORD
卵
若齢幼虫，終齢幼虫
さなぎ・成虫
サンショウ・カラタチ
飼育容器（→p.152）

アゲハ

3年「身の回りの生物」

成虫の寿命は2～4週間程度で，雌はこの間にサンショウやミカンなどの柑橘系（ミカン科）の葉に100個くらいの卵を産み付ける。卵は幼虫・さなぎを経て約45日で成虫になる。

幼虫のなかには，体毛に毒をもつものもいるので注意して採集したい。原則として，幼虫は，素手でつかまず，葉ごと採集する。ケースの中は，常に衛生的に保つことと，飼育のあとは，手洗いなどを習慣づける。

①卵・幼虫の採取

春から秋に，幼虫の餌になる植物（食草）を目印に探せば卵や幼虫が見つかる。見つけたら葉ごと持ち帰り，飼育箱に入れる。

卵
（約1㎜，淡黄色）

若齢幼虫
（鳥のふんのような白と茶色）

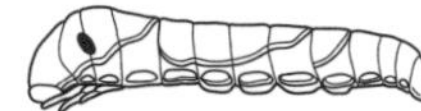

終齢幼虫
（緑色，驚かすとくさいにおいのする黄色の角を出す）

②幼虫の飼育

始めは鳥のふんのような色だが，4回脱皮をした5齢幼虫になると緑色に変わる。

逃げ出さないようにふたはしっかりと閉める。

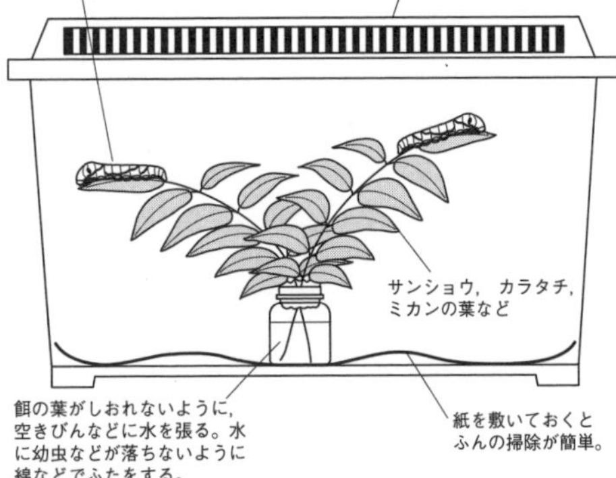

餌の葉がしおれないように，空きびんなどに水を張る。水に幼虫などが落ちないように綿などでふたをする。

紙を敷いておくとふんの掃除が簡単。

飼育箱は，日光の当たらない涼しいところに置く。ふたをすれば水槽などでもよい。

③さなぎについて

さなぎになったら絶対に触らない。春から夏の間は2週間ほどで成虫になる。秋にさなぎになったもの（休眠さなぎ）は冬を越すので，飼育箱を日の当たらないベランダなどに置く。

④成虫の飼育について

アゲハの成虫の飼育は難しく，すぐに死んでしまうことが多いので，観察が済んだら，なるべく逃がすようにする。

《幼虫の飼育》

卵や若齢幼虫のときは小さな飼育箱でもかまわない。終齢幼虫は若齢幼虫の100倍も餌を食べるので，大量の餌が入る大きな飼育箱を用意する。餌の不足は成長に影響するので，餌を切らさないように注意する。

餌の入れ替え，ふんの掃除は毎日行い，飼育箱の中は常に清潔にしておく。不潔だと幼虫が病気になることがある。もし病気にかかった幼虫が出た場合，他の幼虫に感染しないよう，その幼虫を取り除いて飼育箱を掃除する。

幼虫には，直接触れないようにし，移動させる場合は，水をしみこませた筆でくっつけると幼虫を傷つけずうまく移せる。

《さなぎについて》

2週間ほどで羽化するさなぎと越冬するさなぎの違いは，幼虫のときの気候による。短日条件で飼育すると，休眠さなぎとなり，寒い季節を過ごさないと羽化しない。

《キアゲハ》

成虫は前のはねの根元が広く黒色でおおわれているので，アゲハと区別できる。

ニンジンやミツバ，パセリなどセリ科の植物を食草とする。

アゲハの終齢幼虫
（5齢）

キアゲハの終齢幼虫
（5齢）

KEY WORD
フコ
の葉

カイコガ

3年「昆虫と植物」

ほとんどのチョウやガの幼虫は，アゲハチョウの幼虫と同じように飼うことができるが，種類によって餌となる植物が違う。

飼育箱は，アゲハと同じようなものでよいが，幼虫の餌は違う。幼虫は，直接手で触らないようにする。

①カイコガについて

まゆから絹糸をとるために飼育されるようになり，改良されてきた。その結果，カイコガは飛べなくなり，幼虫も飼育容器から逃げなくなった。成虫になると餌を食べることはない。成虫期は４～５日と短く，雌は，ほぼ産卵直後に死んでしまう。

カイコガの成虫

カイコガの幼虫（５齢）

②飼い方の留意点

成　長	飼　　育
幼　虫	幼虫は，手で触らないようにする。カイコは単食性で桑の葉しか食べない。その葉がぬれていたり汚れていると，病気になってしまうので，葉の管理には注意する。
さなぎ	カイコは何回も脱皮を繰り返し，生まれてから25日ほどで５齢になり，さらに10日ほどするとまゆを作り始める。カイコの背中が黄色っぽくなったら，まゆを作る足場を準備する。
まゆづくり	まゆを作る糸は，幼虫の口器にある吐糸口から押し出される。吐糸口の直径により，糸の太さが決まる。まゆを作る糸の長さは1500～2000mである。幼虫はでき上がったまゆの中でさなぎになる。
成　虫	まゆは２日で完成し，さらに３～４日すると，幼虫はまゆの中でさなぎになる。それから２週間して，成虫のガになって出てくる。

《カイコガについて》

カイコとは，カイコガの幼虫の呼び名である。カイコガの成虫は，黄または黄白色で，毛におおわれた太い胴をもつ。

はねを広げると，約４cmにもなる。カイコは，野生のクワコをもとに，何世紀もの間飼育され改良されてきた昆虫であるため，野生のものは見られない。

《幼虫》

カイコガの幼虫や卵を外で採ってくるのは無理なので，カイコ飼育セットなど，市販の飼育セットを利用してもよい。

桑の葉は枝ごと与え，幼虫が新しい葉に移ったら古い葉は捨てる。

《成虫》

カイコガの成虫は雌の出すにおいにひかれて，雄がダンスをするように近づき交尾をする。交尾のすんだ雌は，紙を敷いたケースに入れておくだけで産卵する。

《養蚕》

まゆから作る絹糸や絹布，養蚕のことを体験することで，かつての日本の産業との結びつきへの展開も考えられる。

また，さなぎは，今では家畜や魚の餌にされたりしているが，かつては食用にされていたこともある。

KEY WORD
昆虫採集（→ p.150）
飼育箱（→ p.152）
イネ科植物
共食い

トノサマバッタ　キリギリス

3年「身の回りの生物」4年「季節と生物」

バッタは日本全国に広く分布し，丈夫なので日光と餌があれば比較的簡単に飼育できる。大きな鳴き声で「ギィーチョン」と鳴くキリギリスは，日本では昔からなじみの深い虫である。

身近な昆虫で，飼育しやすい。飼育容器を清潔に保つことと，世話したあとの手洗いを習慣づけたい。

①採集について

夏から秋にかけて日当たりのよい草むらや河原に生息しているので，姿を見つけたら虫採り網などですばやくつかまえる。

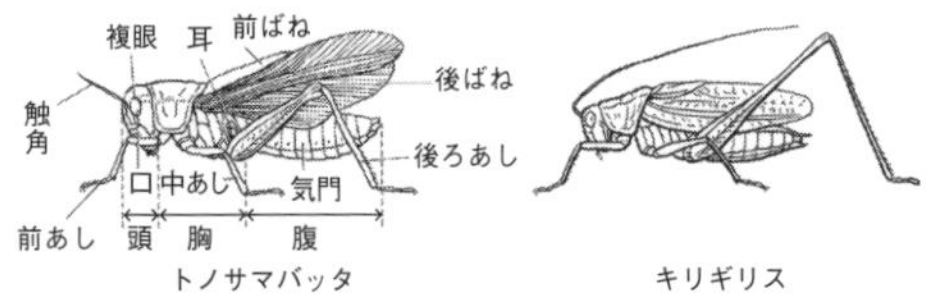

②飼育箱

飼育箱は大きめのものを用意し，餌となるイネ科の植物を入れる。狭いところでたくさん飼うと，共食いすることがあるので注意する。

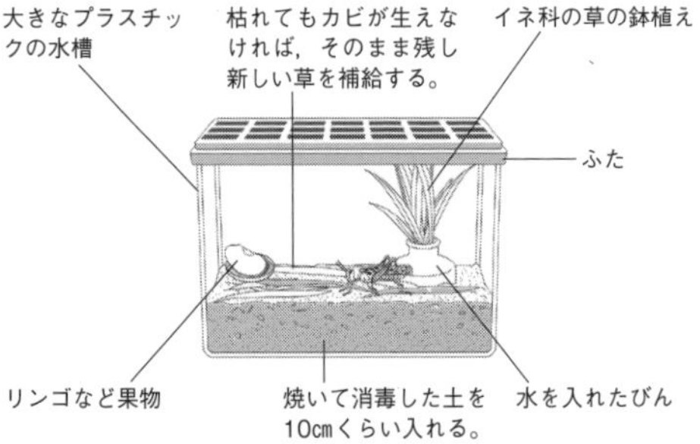

③餌

イネ科の植物やリンゴを与える。キリギリスはかつお節や煮干しも与える。

《採集について》

朝夕など涼しいときは動きが鈍くなるのでつかまえやすい。

キリギリスは両手を耳に当て，鳴き声が強く聞こえる方を探すと見つけやすい。

ふつうのトノサマバッタは緑色だが，餌の少ない場所に集団で暮らしているトノサマバッタは，餌を求めて飛び回るので，飛行能力に優れた「飛行型」と呼ばれる茶色っぽいトノサマバッタになる。

《飼育箱》

飼育箱は，普段は風通しがよく，直射日光の当たらない明るいところに置くが，バッタやキリギリスは太陽の光が必要なので，1日に30分くらい太陽の光に当てる。

産卵用の土の入ったケースがあれば，必ずしも全体に土を敷く必要はない。土は消毒のために日光に十分当て，乾煎りして使う。ケースの土は乾燥しないように，時々霧吹きで湿らせる。

《餌》

バッタは日本だけでも約50種類もいるが，どのバッタもリンゴを食べる。ところが，餌になる草は種類によって違う。食べる草がわからないときは，とりあえずリンゴを与えておきながら，同時にいろいろな草も与えて食べる草を調べるようにする。

KEY WORD
昆虫採集（→p.150）
飼育箱（→p.152）
共食い
夜行性

スズムシ　コオロギ

3年「身の回りの生物」4年「季節と生物」

スズムシとコオロギは，はねをこすり合わせて音を出す秋の虫の代表である。湿り気のある草むらなど身近なところで見られ，夜にわなを仕掛けておけば採集も比較的簡単である。鳴き声も美しいので飼育させてみたい。

身近で飼育しやすい昆虫だが，餌の不足や数が多すぎると，共食いをしてしまうので注意する。また，餌などが腐りやすいので，様子を見て衛生を保つようにしたい。

①採集

湿り気のある草むらに空きびんなどを埋め，落とし穴を作る。中には餌を入れておびき寄せる。

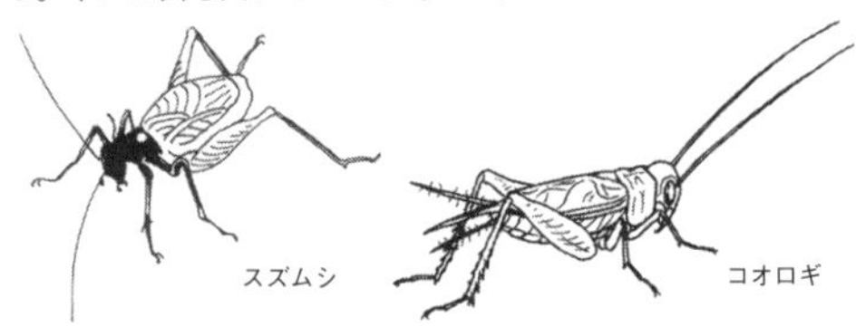
スズムシ
コオロギ

②飼育箱

飼育箱は大きめのものを用意し，木切れや素焼きの植木鉢のかけらなどで昼間休むための暗がりを作る。

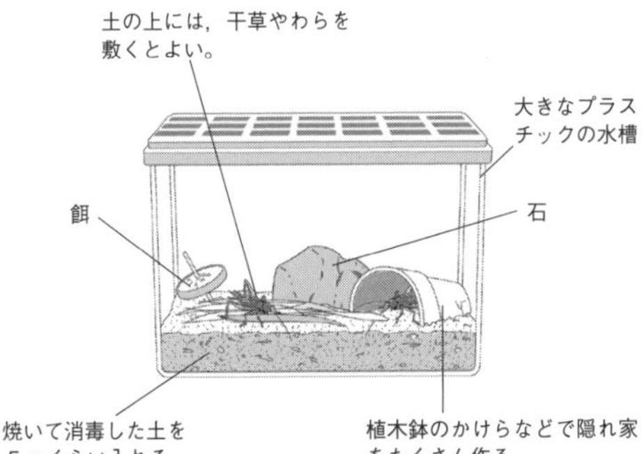
土の上には，干草やわらを敷くとよい。
大きなプラスチックの水槽
餌
石
焼いて消毒した土を5㎝くらい入れる。
植木鉢のかけらなどで隠れ家をたくさん作る。

③餌

動物性の餌と植物性の餌を与える。

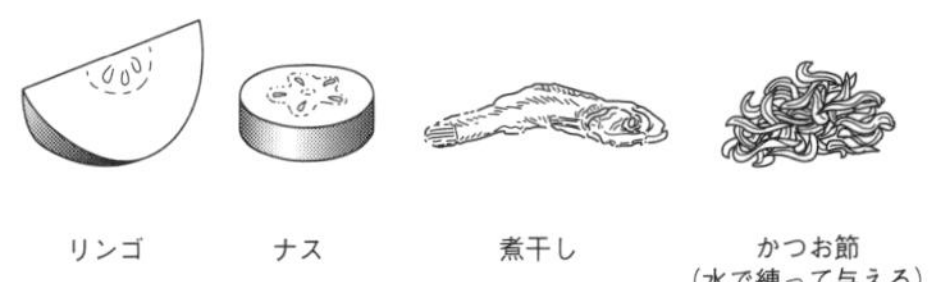
リンゴ
ナス
煮干し
かつお節
（水で練って与える）

《採集》

落とし穴にはスズムシやコオロギ以外の虫も入るかもしれない。肉食性の虫が入ると，スズムシなどは食べられてしまうことがある。

手でつかむとあしが取れてしまうことがある。つかまえるときは内側に網を張ったコップなどを上からかぶせれば，スズムシやコオロギは自分から上ってくる。

《飼育箱》

スズムシやコオロギは夜行性である。昼間ゆっくり休ませるために隠れ家を作る。素焼きの鉢の割れた半分などもよい。

産卵用の土の入ったケースがあれば，全体に土を敷く必要はない。土は消毒のために日光に当て，乾煎りして使う。ケースの土は乾燥しないように時々霧吹きで湿らせる。

《餌》

餌は腐ったりカビが生えたりしないように竹串に刺して立てたり，小皿にのせたりして，床にじかに置かないようにする。

餌は2～3日おきに取り替える。

KEY WORD
水槽（→ p.315）
ポンプ
ろ過器
肉食性
池（→ p.140）

水生昆虫

3年「身の回りの生物」 4年「季節と生物」 6年「生物と環境」

水生昆虫のなかには，水田の農薬の使用や水質汚染などで，なかなか見られなくなったものもある。飼育するときには，常に水をきれいにしておくように心がける。

水生昆虫のなかには刺すものもいるので，扱いには気をつける。校外の池や川に採集に出かけるときは，現地の事前調査を行い，事故防止を十分に心がける。

①水生昆虫

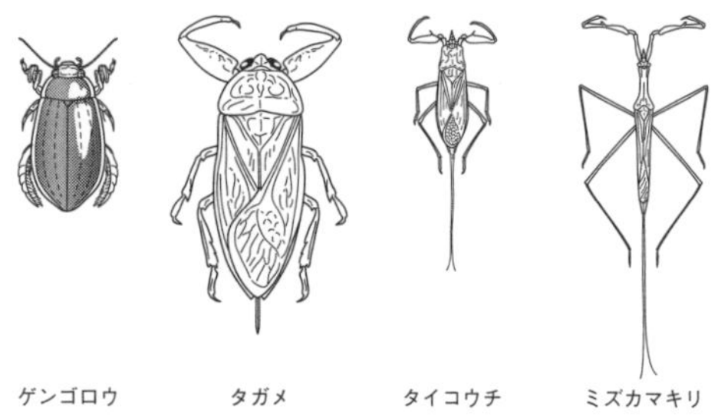

②飼育箱

大きめの水槽に，砂利，水草を入れる。水をろ過するためにポンプを使うと便利である。

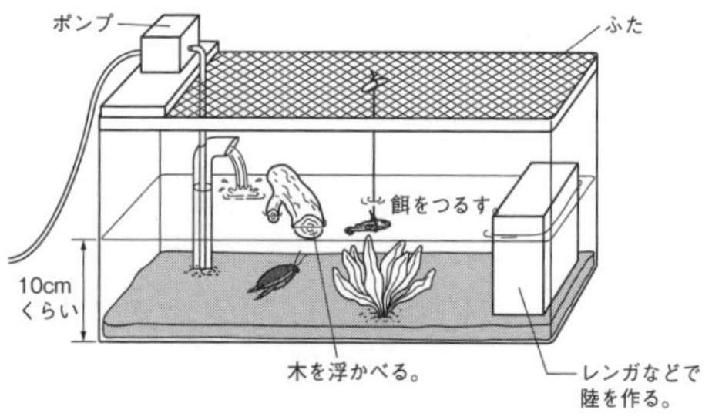

③餌

水生昆虫の多くは肉食性で生き餌が基本である。

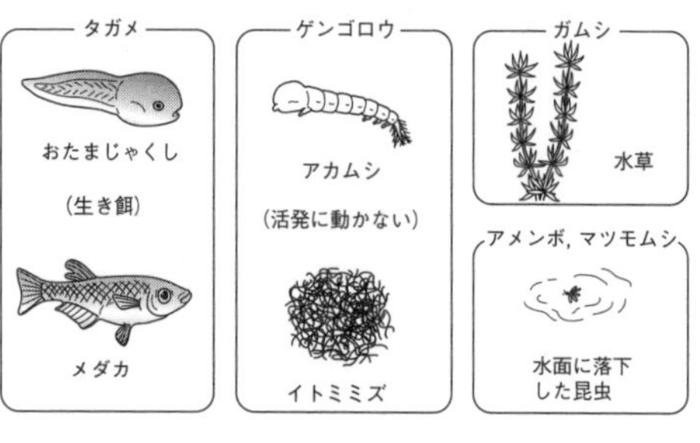

《水生昆虫》

水の中でくらしているが，泳ぎがあまり上手ではないものもいる。呼吸は魚と違い，水面から空気を取り入れている。

《採集》

タガメやゲンゴロウなどの大形種は，採集が困難なものが多いが，小形種は身近な水辺で採集できるものも多い。ヒメゲンゴロウやコシマゲンゴロウなどは，プールで採集できることもある。

《飼育箱》

こうら干しをするので，流木やレンガなどの一部を水面上に出して，上陸できるようにしておく。

水生昆虫は飛ぶことができるので，飼育箱には必ずふたをする。

春から夏にかけては産卵時期なので，ペットボトルを切ったものにミズゴケを詰めて上部が水面から出るように置き，産卵場所を作る（タイコウチやミズカマキリに有効である）。ペットボトルには，昆虫が上に登りやすいように割りばしや草の茎を輪ゴムで巻きつけておく。

《餌》

夏は2～3日，冬は5～6日に1度餌を与える。種類によって餌が異なるので注意する。食べ残しは水の汚れとなるのですぐに取り除く。煮干しなどは，糸につるして与えるとよい。

KEY WORD
槽（→p.315）
み置きした水
化
食い
（→p.140）

トンボ（やご）

3年「身の回りの生物」 4年「季節と生物」

成虫を飼育するのは難しいので，池や川，プールなどで幼虫（やご）を採集してきて飼育し，餌のとり方，泳ぎ方，脱皮や羽化の様子などを観察する。共食いに注意するとともに，羽化が近づいたら羽化用の支柱を立てる。

校外の池や川に採集に出かけるときは，現地の事前調査を行い，事故防止を十分に心がける。

①やごの採集

水網を使ってやごを採集する。

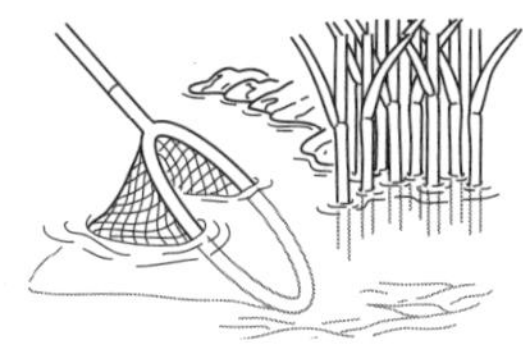

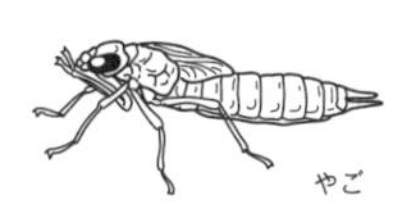

池や川のほかに，プール掃除の際にも採集することができる。

②やごの飼育

準備…水網，水槽，水草，砂，支柱，剣山

水槽の底に砂を敷き，一晩くみ置きした水を入れる。3～4本束ねた水草を植える（やごの数が多いときは多めに）。

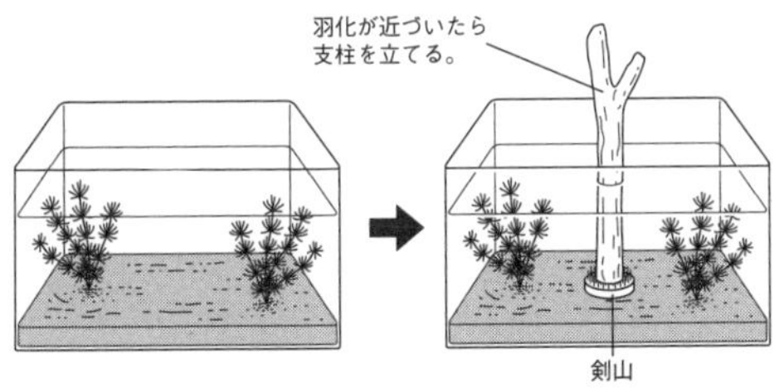

生き餌しか食べない。アカムシ（ユスリカの幼虫）やイトミミズを1日に1～2回与える。水替えは1週間に1回程度は行う。

③卵の採集

多くのトンボは，雌が水中に卵をばらまくので，雌をつかまえて，腹端を水につけて卵を産ませる。

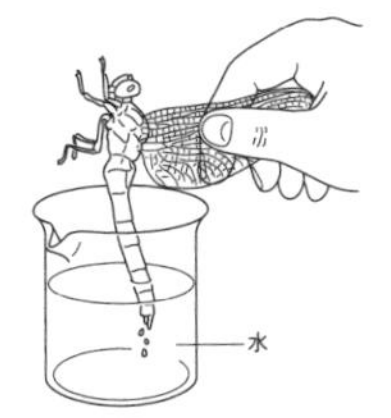

《採集》

採集場所は，自然環境の保たれた池や川を選ぶとよい。水草などにつかまったり砂や泥の中にもぐったりしているので，水草や砂，泥ごとすくい，水草なども一緒に持ち帰る。

プールで採集する場合，9～10月頃にヨシやススキなどの草を束ねてプールに浮かべておくと，ギンヤンマやイトトンボの仲間が植物組織内に卵を産みこむので，いろいろな種類のヤゴが採集できる。

《飼育》

1匹ずつ飼育する場合は，ガラスコップやペットボトルを半分に切ったものを使うこともできる。水草はやごの隠れ家となるほか，水をきれいにして酸素を補うはたらきがある。

大形のものと小形のものを一緒に入れたり数多く入れすぎたりすると，共食いをする。羽化が近くなるとはねになる部分が盛り上がり，餌をとらずにうろうろと歩き回るようになる。

アカムシやイトミミズは，熱帯魚店などで購入することができる。

《卵の採集》

植物組織内に卵を産みこむものは，産卵の現場を確認して，その植物ごと採集する。アキアカネなどは翌春までふ化しないので注意する。ふ化した幼虫はミジンコなどを与えるとよいが，飼育は難しい。

KEY WORD

水槽（→p.315）
飼育箱（→p.152）
共食い
雑食

ザリガニ

4年「季節と生物」 6年「生物と環境」

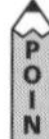

アメリカザリガニは，名前のとおり大正時代にアメリカからウシガエルの餌として連れてこられた。特定外来生物には指定されていないが，近年水辺の生態系に大きな影響を与えているので，絶対に教室内から逃がさないように注意する。

校外の池や川に採集に出かけるときは，現地の事前調査を行い，事故防止を十分に心がける。ザリガニのはさみに挟まれたり肉食の水生昆虫に刺されたりしないように注意する。

①採集について

田んぼ，小川，用水路，池や沼の草の陰や岩陰に潜んでいるので，水網ですくったり，たこ糸にスルメや煮干しを結んで釣り上げる。様々なところに生息しているが，流れが速く水温の低いところは好まない。水の汚いところでも生息する。

②飼育箱

共食いを防ぐため，なるべく大きな水槽を用意し，隠れ家となる水草や石，植木鉢のかけらなどを入れる。エアーポンプとフィルターを使うと，水をきれいに保てる。

③餌について

アメリカザリガニは雑食性で，様々なものを食べる。1日に1～2回与え，食べ残した物は取り出す。

④脱皮

・アメリカザリガニは脱皮をしながら成長する。脱皮したばかりのザリガニは柔らかいので，取り扱いに注意する。
・成長したものは年に1～2回，子は最初の1年間で，7～10回脱皮をする。
・脱皮しそうなザリガニは，他のザリガニにおそわれないように，分けて飼うようにするとよい。

《採集》

ザリガニを持つときは背中をつかむ。はさみや脚を持つと取れてしまうことがある。もし挟まれたときは，尾を水につけると放してくれる。

《飼育箱》

暑い時期は，極端に水温が上がらないように風通しのよい日陰に置く。寒い時期は室内に置く。逃げることがあるので，必ずふたをする。

水替えは最低でも週に1回（ろ過装置がない場合，夏は週に1～2回，冬は1回程度）は行うようにする。水が臭ったらすぐ水を替えるようにする。夏は月に1度，底に敷いた砂利や隠れ家にしているものも洗う。その際，水槽や砂利，隠れ家は日光消毒する。

《雄と雌》

雌は産んだ卵を腹につけ，ふ化するまで守る。このため，雄よりも長い腹脚をしている。はさみ脚は，雌に比べて雄のほうが大きい。5～6月と9～10月に産卵し，雌は100～600個の卵を腹につける。卵を産んだ雌は，雄とは別にして飼う。腹脚を動かして新鮮な水を卵に送ったり，卵についたごみやカビを取り除く様子が観察できる。

《餌》

数が多すぎたり，餌が少ないと共食いをするので注意する。アジなどのカロチンのない餌ばかり与え続けると，しだいに色が薄くなってくる。

KEY WORD
槽（→ p.315）
草（→ p.188）
晶
雄の見分け方
卵床

メダカ

5年「動物の誕生」

魚を飼うときは，くみ置きの水を使い，水温を同じにしてから魚を水槽へ入れる。メダカの卵は採集や観察が容易で，発生の教材として優れている。オスとメスで体型やヒレの大きさがほとんど同じ。オスの背ビレの付け根には切り込み，尾ビレが四角でメスは卵を生んでふ化させる（卵生）。

校外の池や川に採集に出かけるときは，現地の事前調査を行い，事故防止を十分に心がける。

①飼い方

水槽に砂利を敷いて，くみ置きしておいた水を入れる。水道水を使うときは，必ず塩素を中和する。水草は，水を半分ほど入れたところで植え込む。

②餌

・人工の餌，イトミミズ，ミジンコなどを与える。
・日中，食べ残さない程度に少量ずつ与える。

③雄と雌の見分け方

背びれと尾びれの形状の違いから雄と雌を見分けることができる。

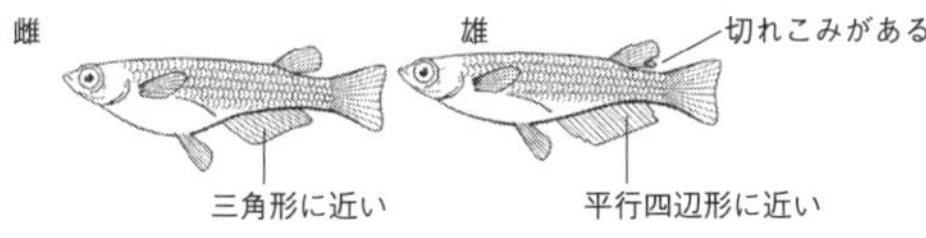

④産卵

水温が20℃くらいになる（5月頃～）と，早朝産卵し，朝8時頃には産み終える。朝10時頃までであれば，腹に卵をつけたメダカの泳いでいる様子が観察できる。

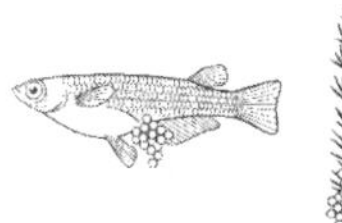

《飼い方》

水草を多めに入れておけば，ろ過装置がなくてもそれほど水替えの必要はなくなる。1か月に1回程度。

・水草は，3～4本束ねておく。
・水槽は直射日光の当たらない明るい場所に置く。
・メダカの入っている水と水槽の水温を同じくらいにしてからメダカを入れる。

《餌》

メダカの口は，水面に浮いている餌を食べやすい形になっているので，水に浮く餌を中心に与える。

メダカの餌

《産卵》

産卵期に入ったら，午前と夕方の2回，餌を十分に与えるようにする。

産卵直後は雌の腹に卵がついているが，半日ほどたつと，卵についている細い糸で水草に付着する。採集するときは，卵のついた水草ごと取り出し，別の水槽に移すとよい。

メダカの卵は透きとおっていて，卵の中で子が成長していく様子をルーペなどで観察することができる。3日ほどで心臓の動きや血液の流れも見られるようになり，10日ほどでふ化する。

KEY WORD
水槽（→p.315）
水草（→p.188）
卵胎生
食塩水

グッピー　金魚

5年「動物の誕生」

もともとは，外国から輸入されてきた熱帯魚である。オスとメスで大きさが異なり，オスは色彩豊かなヒレをもち，メスは体内で卵をふ化させ産む。(卵胎生)。水槽の水は，くみ置きの水を使い，水温を同じにしてから魚を水槽に入れる。

グッピーは熱帯性の魚のため，冬はヒーターで25℃以上の水温を保つ必要がある。

グッピー

①飼い方

基本的にメダカと同じようにして飼うことができる。熱帯性の魚のため低水温に弱いので，冬はヒーターで25℃以上に水温を保つ必要がある。

②産卵

グッピーは卵胎生で，雌の腹の中で受精した卵が成長し，ふ化した稚魚が出てくる。親と一緒にしておくと食べられてしまうので，雌の腹が大きくなってきたら産卵用のケースに移すようにする。

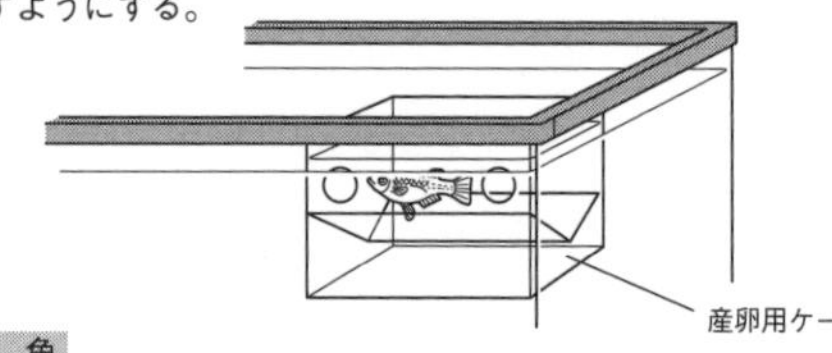

金　魚

①飼い方

水槽に砂利や小石を敷き，くみ置きしておいた水を入れる。水草は，水を半分ほど入れたところで植え込む。

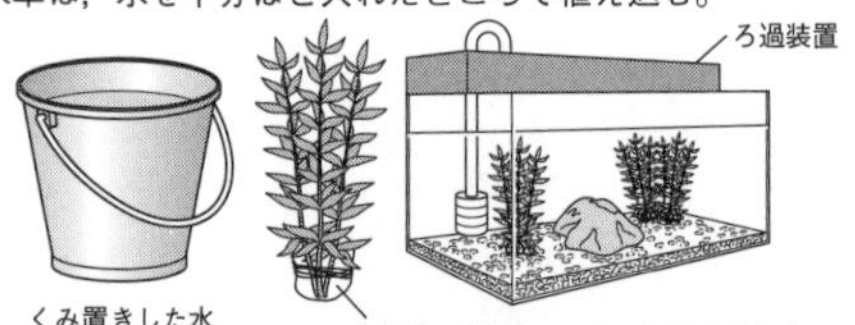

ろ過装置を取り付けた水槽での飼育が望ましい。水替えは1か月に1回程度（ろ過装置使用の場合）。

②餌

・人工の餌，イトミミズ，ミジンコなどを与える。
・1日2～3回，食べ残さない程度に少量ずつ与える。

③病気への対応

おかしいと思う魚がいたら，薄い食塩水（0.5～1％）を入れた別の水槽に移し，病気に応じて治療する。

《グッピーの飼い方》

グッピーは，雄雌同数で飼育するのが望ましい。

《グッピーの産卵》

産卵用のケースは，熱帯魚店で入手できる。ケースがない場合は，腹の大きくなった雌を別の水槽に移し，産卵が終わったところで元に戻すとよい。

《金魚の飼い方》

ろ過装置を使用することで，水替えの手間が省けるだけでなく，水槽で飼える金魚の数を増やすことができる。金魚が大きくなると水草が抜けやすくなるので，小石などと一緒に3～4本束ねて植えておくとよい。

《金魚の餌》

餌の量は，金魚が食べつくすのを見ながら少しずつ与えて，量を決めておくとよい。水温が10℃くらいに下がったら，餌はあまり与えないようにする。

《病気への対応》

早期発見，早期治療が大切である。おかしいと思ったらすぐ隔離して，うすい食塩水で温浴させるとよい。

回復しない場合は，症状に合わせた専門の薬で対処する。

KEY WORD

集方法
育容器 (→p.152)
卵のさせ方
虫採集 (→p.150)

カブトムシ　クワガタムシ

3年「身の回りの生物」4年「季節と生物」

カブトムシやクワガタムシは甲虫のなかでも人気が高く，飼育もしやすい。ペットショップで買うこともできるが，ぜひ採集して飼育してみたい。産卵させることも比較的容易なので，幼虫の飼育も行える。

校外の林などへ採集に出かけるときは，現地の事前調査を行い，事故防止を十分に心がける。樹液やトラップにはスズメバチなどの危険な昆虫も集まるので注意する。

①成虫の採集

〔採集用具〕

ふたつきバケツ
中が蒸れないように小さな穴をあけるとよい。

たたき落とす。

〔採集方法〕

樹液に集まっている。
光に集まっている。
木の上にかくれている。

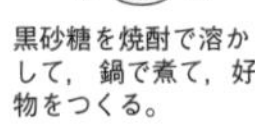
黒砂糖を焼酎で溶かして，鍋で煮て，好物をつくる。

カブトムシをおびき寄せるため，好物を木の幹などに塗る。

日中に木の根元にいる。穴をあけたら，必ず穴をうめること。

〔採集するときの注意〕
- 必要以上にたくさん採らない。
- 土を掘り返したりした場合は必ず元に戻す。
- 樹液やトラップにはスズメバチなど，危険な昆虫も集まるので気をつける。
- 農地などの私有地で採集するときには，事前に了解を得てからにする。

《成虫の採集》

クヌギやコナラなどのナラ類，ヤナギなどの林に生息するものが多い。成虫は夏を中心に見られるが，種類によって異なる。クワガタムシには成虫で越冬し数年間生きる種類もある。夜行性の種類が多い。しかし，日中でも風通しがよい木陰にある樹液や，樹液の出ている木の幹のすきまや根元などを丁寧に探せば意外と採集できる。幹のすきまにかくれているときは，ピンセットなどがあると採集しやすい。ただし，木を傷つけないように注意する。

また，一晩中ついている明かりの下に板きれや石などを置いて，かくれる場所を作っておくと，朝そこにかくれていることも多い。昆虫は，一般に水銀灯や蛍光灯，誘蛾灯などの白や青色の光によく集まり，ナトリウム灯などオレンジ色の光にはあまり集まらない。

《幼虫の採集》

カブトムシの幼虫は，林に近い農家の堆肥置き場などで，晩秋から春にかけて採集できる。春に採集すれば飼育期間も短くてすむ。スコップなどで丁寧に掘り返して探す。幼虫は大食漢なので，持ち帰る数は少なくしたほうがよい。

クワガタムシの幼虫は，湿った朽木の中にいることが多い。ナタなどで朽木を割って採集するので危険をともない，過剰な採集は生息環境を荒らすこ

②成虫の飼育

飼育容器の蓋をこじ開けて逃げることがあるので，しっかり閉まる容器を使う。さらに，ふたの上におもしをのせておくとよい。ふたと本体の間にガーゼや不織布をはさんでおくとコバエの侵入を防げる。

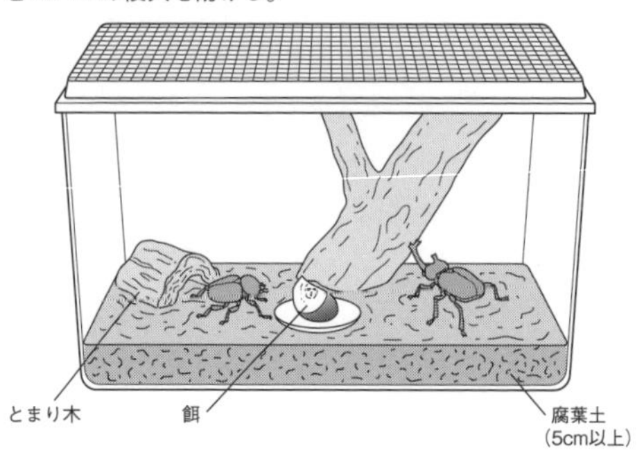
とまり木
餌
腐葉土
(5cm以上)

〔成虫の餌〕

果物	よい	バナナ	パイナップル	リンゴ
	よくない	スイカ	モモ	メロン

果物のほか，乳酸飲料や市販の昆虫ゼリーなどがよい。

③幼虫の飼育（カブトムシ）

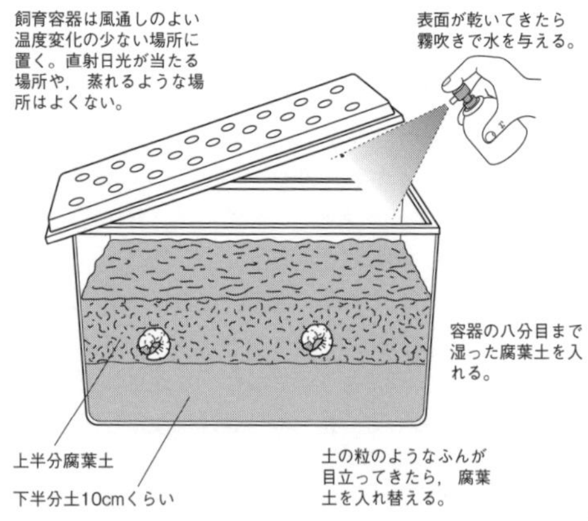
飼育容器は風通しのよい温度変化の少ない場所に置く。直射日光が当たる場所や，蒸れるような場所はよくない。
表面が乾いてきたら霧吹きで水を与える。
容器の八分目まで湿った腐葉土を入れる。
上半分腐葉土
下半分土10cmくらい
土の粒のようなふんが目立ってきたら，腐葉土を入れ替える。

６月頃に土の中でさなぎになるので，その時期になったらそっとしておく。3週間くらいで羽化して土の上に出てくる。

とにつながるので，あまり勧められない。

《成虫の飼育》

狭い容器にたくさん飼うと，けんかをして弱りやすい。なるべく広い容器で少なく飼うのがよい。

容器の底には広葉樹のおがくずや市販の昆虫マットなどを最低５cm以上入れて，中に潜れるようにする。乾燥に弱いので湿り気を十分に与え，乾いてきたら霧吹きなどで湿らす。ただし湿りすぎるのもよくない。

果物は小さな皿の上に置いて与えると世話が楽である。リンゴなど水分の少ないものがよい。乳酸飲料は綿などに含ませて，皿に置いて与える。餌は２～３日に１回程度取り替える。

飼育容器は風通しのよい明るい場所に置く。直射日光が当たる場所や，蒸れるような場所はよくない。

成虫の体には小さなダニがつくことがある（人間には害はない）。その場合は，古い歯ブラシなどで取り除く。

《産卵のさせ方》

一つの容器に雄１匹・雌２匹程度にしてゆったりと飼育する。カブトムシの場合は腐葉土，クワガタムシの場合は広葉樹のおがくずや市販の昆虫マットを，容器の半分以上入れる。クワガタムシは朽木に産卵することが多いので，産卵用の朽木を半分埋めた状態で入れておく。

《幼虫の飼育》

カブトムシは腐葉土，クワガタムシは朽木を食べる。どちらも広い容器で少なく飼う。クワガタムシは互いにかみあうので，ふたに穴をあけた広口びんなどに餌をつめて，１匹ずつ個別に飼うとよい。カブトムシは，産卵した卵が翌年に成虫となる。クワガタムシは種類によって異なり，数年かかるものもある。

KEY WORD
育舎（→ p.123）
卵
気と症状

ニワトリ

5年「動物の誕生」 6年「生物と環境」

POINT

理科や生活科などの教材だけでなく，児童の情操教育のためにも，校内の飼育舎でニワトリやウサギなどは飼育されることが多い。しかし，衛生面や子どものアレルギーなどにも，十分配慮しながら飼育していきたい。

子どもの体質（アレルギー，ぜんそく，皮膚炎など）に十分配慮したい。飼育舎を衛生的に保つことはもちろんだが，活動後の手洗い，うがいの習慣は身につけさせたい。また，気性の荒い鳥もいるので，つつかれたりかまれたりしないよう配慮する。

①ニワトリの種類と特徴

○白色レグホン（卵用）　○プリマスロック（卵肉兼用）

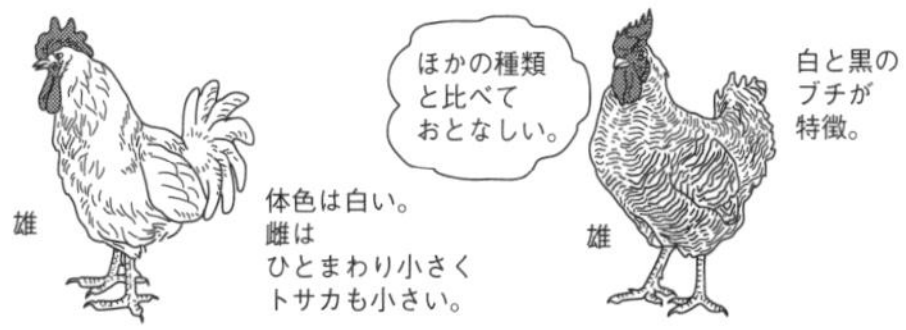
雄
体色は白い。
雌は
ひとまわり小さく
トサカも小さい。
ほかの種類
と比べて
おとなしい。
白と黒の
ブチが
特徴。
雄

○チャボ（愛玩用）　○シャモ（闘鶏）

体が小さく飼いやすい。

雄

けんかどりと
いわれていて，
気が荒い。

○ウコッケイ（愛玩用：中国原産）

皮膚は黒い。
とさかには白くふわりと
した毛がある。
卵は栄養がある
といわれて高価で
ある。

②ニワトリの飼育舎（10羽くらいを飼育する場合）

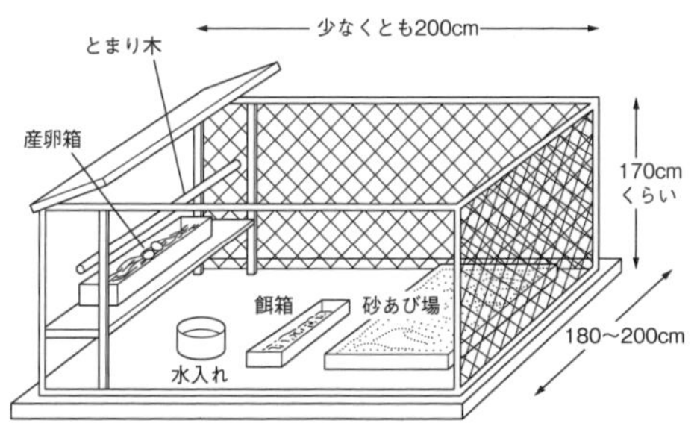
少なくとも200cm
とまり木
産卵箱
170cm
くらい
餌箱
砂あび場
180～200cm
水入れ

ネコやイヌが入らぬように注意する。

《ニワトリの種類と特徴》

一般に飼育されているのは，白色レグホンやチャボなどである。白色レグホンは卵用多産種の代表で，なかには年間365個の卵を産んだものもいる。愛玩用のチャボやウコッケイなどは小さめの卵を生み，チャボなどはよく卵を抱く。

シャモは，気性が荒く，学校での飼育用には適さない。

また，地域で昔から改良され，飼育されているのもある。例えば，名古屋コーチン（愛知県），サツマドリ（鹿児島県・宮崎県），インギードリ（鹿児島県）などがいる。

《飼育舎》

地面が乾いていて，日当たりのよい場所を選ぶ。また，冬の北風や夏の西日などは，ニワトリの健康によくない。

風通しも大切であるが，飼育舎のにおいなどが教室や近所の住宅等に影響しないように気をつけたい。

ニワトリが，羽についた虫を落としたり，新陳代謝を盛んにするために，砂浴び場を作ってやる必要がある。

また，砂や小石は，歯のないニワトリにとって，砂のうで消化するために必要である。

③餌について

○市販の配合飼料

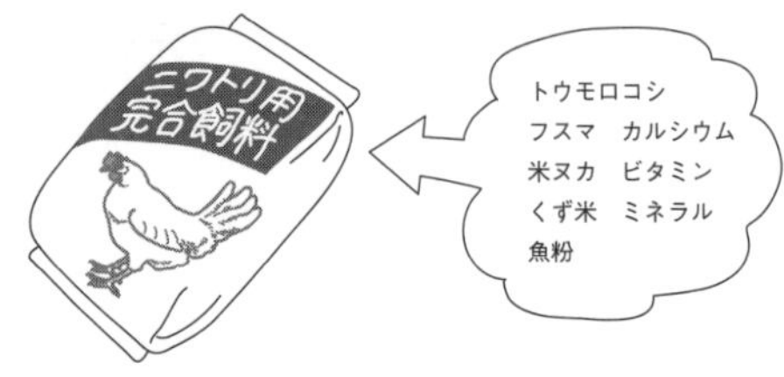

○自家製の飼料

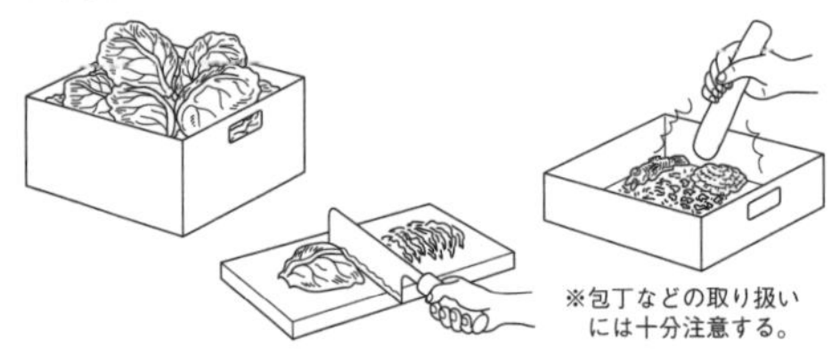

④産卵のさせ方

白色レグホンの場合，雄１羽に雌10羽，日本種は３～４羽を一緒に飼うとよい。

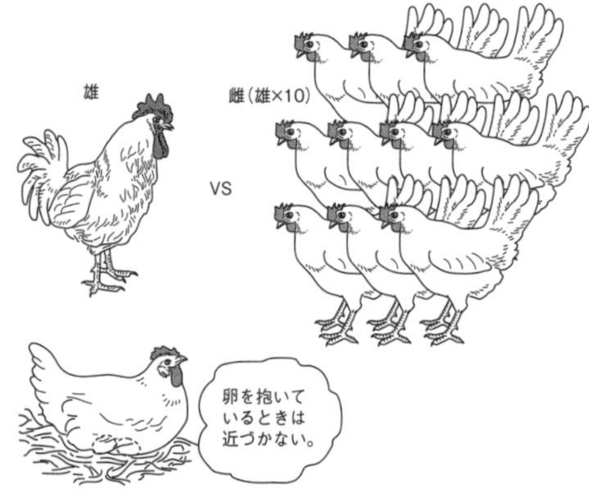

⑤かかりやすい病気と症状や手当て

・下痢…原因は砂や小石の不足なので床に砂をまき，消化のよい餌を与える。
・ニューカッスル病…口を開けてゼイゼイと息をし，首をかしげ，羽をたれ，立てなくなって死ぬ。原因はウィルスで，治療薬はないため，すぐに市町村の畜産課へ通報する。
・鶏コクシジウム…急性のときはひなは血便，羽を立てて食欲不振，仮眠状態になる。原因は原虫。ふんを調べてもらい，サルファ剤を与える。
・かいせん症…ダニの仲間が足のうろこの中に寄生する。ひどくなると顔にも寄生してガサガサになる。

《餌について》

市販の配合飼料は，農業協同組合やペットショップ，小鳥店，ホームセンター，量販店などにある。一般に，小ビナ，中ビナ，大ビナ用と成鶏用がある。自家製の場合，キャベツなどはスーパーマーケットや給食センターなどに頼んでおくとよい。

ひなや産卵中の成鶏には，カルシウム分の多い貝殻粉や魚粉などを多めに与える。成鶏の配合飼料は，30分くらいで食べきるくらい，自家製の場合は少し多めに与える。

餌の水分が少ないと，水をよく飲むので，水は常に切らさないよう配慮する。

《産卵のさせ方》

抱卵は，春くらいからがよい。21日目ほどからふ化し始める。ふ化日が近づいたら，ぬれたわらなどで湿り気を与える。

《かかりやすい病気と症状や手当て》

ニワトリに異常が見られたら，まず，子どもたちを近づけないようにして処置にあたりたい。続けて死んでしまうときは，すぐに，畜産課や獣医に連絡するよう，職員間でも申し合わせておく。

飼育のあとは，
手洗いとうがい
を忘れずに。

KEY WORD

育舎（→ p.123）
ナウサギ
ウサギ

娠と出産

ウサギ

4年「人の体のつくりと運動」 5年「動物の誕生」 6年「生物と環境」

理科や生活科などの教材だけでなく，情操教育のために，ニワトリやウサギなどが校内の飼育舎で飼育されることが多い。衛生面や子どものアレルギーなどに十分配慮しながら飼育していくようにする。

子どもの体質（アレルギー，ぜんそく，皮膚炎など）に十分配慮する。飼育舎を衛生的に保つことはもちろんだが，活動後の手洗い，うがいの習慣を身につけさせる。

①ウサギの種類と特徴

○イエウサギ（カイウサギ）

目が赤い
毛は白色

○アンゴラ種

フランスで古くから飼育されている毛用のウサギ。毛は10㎝ほどでやわらかい。

○ロップイヤー種

耳が大きくたれさがっているのが特徴。
毛はうすい褐色。
イギリス原産で大型。

○チンチラ種

フランス原産で毛の色は青っぽい灰色で，毛がやわらかい。

②ウサギの選び方のポイント

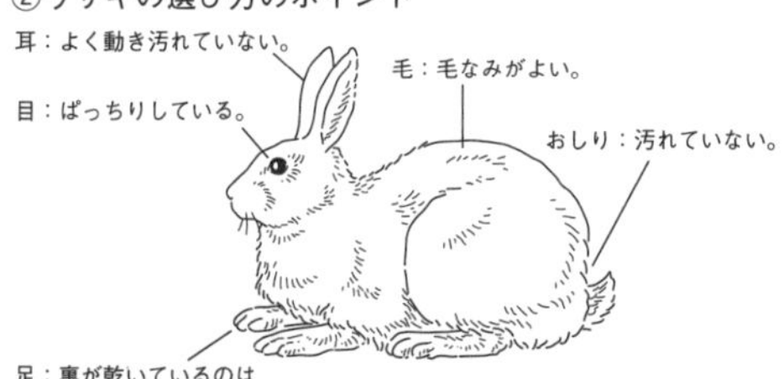

目：ぱっちりしている。
毛：毛なみがよい。

足：裏が乾いているのは健康なサイン。
ふん：ポロポロしたふんがよい。

③ウサギの持ち方

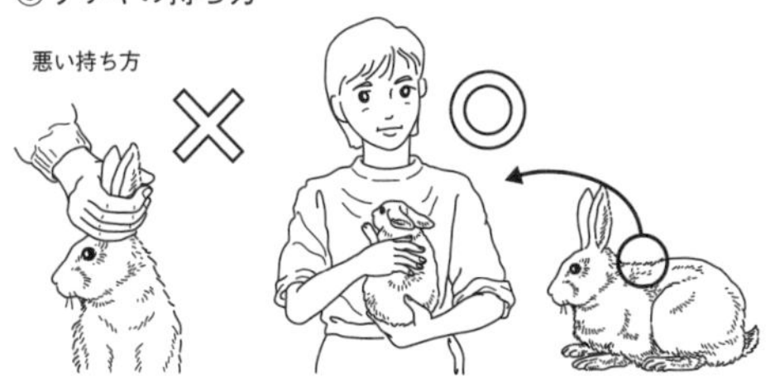

悪い持ち方

《種類と特徴》

ウサギの仲間は，アナウサギとノウサギの二つに大きく分かれる。

一般に飼育されているのはイエウサギで，スペインのアナウサギから改良されたものである。排尿が多く，においもきついので，こまめに世話をすることがポイントである。多産で，管理をしないと増えてしまい，飼育舎が手狭になることもある。

幼稚園や小学校などで，連絡を取り合い，譲ってもらうとよい。

《選び方のポイント》

よいウサギは，物音に敏感に反応し，動作が活発である。また，毛並みがきれいで汚れていないものを選ぶ。

《持ち方》

耳は，放熱のために毛細血管が発達しており，持ってはいけない。首の近くの背中の皮のたるみをつかんで，片手をそえて抱くようにする。

《歯》

ウサギの歯は，ネズミと同様に一生伸び続ける。1年に10㎝以上も伸びるといわれる。そのため，かじり用の木片などを与えておく必要がある。

④飼育舎の作り方

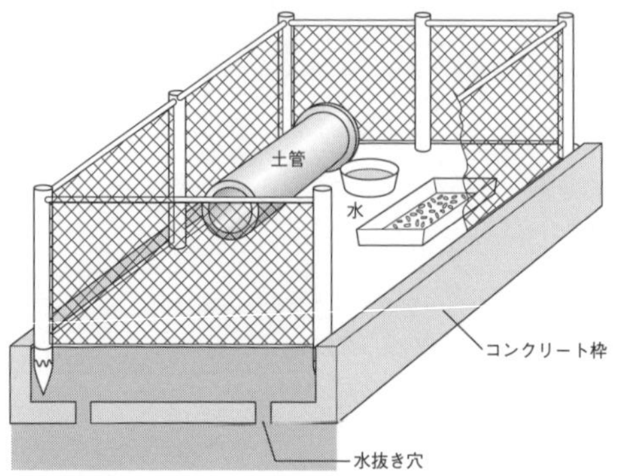
土管
水
コンクリート枠
水抜き穴

⑤餌について

○市販の配合飼料と野菜，野草など

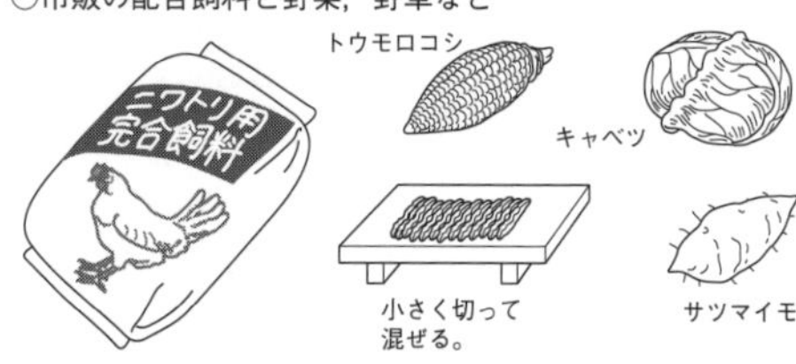
トウモロコシ
キャベツ
ニワトリ用
完合飼料
小さく切って
混ぜる。
サツマイモ

○市販のウサギ用ペレット

数日間給餌できる容器
これを補助食
として考える。
あけたら小分け
にして冷蔵庫に
保管しておく。
ペレット状の餌

⑥妊娠と出産について

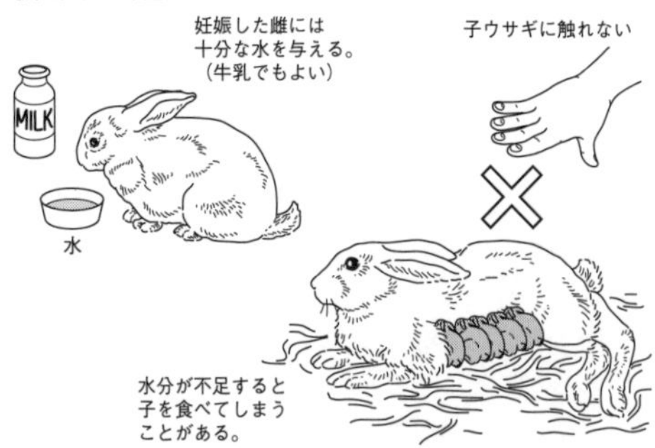
妊娠した雌には
十分な水を与える。
（牛乳でもよい）
子ウサギに触れない
MILK
水
水分が不足すると
子を食べてしまう
ことがある。

《飼育舎》

1）日当たりと水はけのよいところ。

2）穴を掘るので，地下１mぐらいのところに，コンクリート枠を作る。（底に水抜きの穴をあける）

3）犬や猫に襲われないよう，金網や柵をする。

4）土管などを地表に置いておくのもよい。

《餌》

市販の配合飼料は，農業協同組合やペットショップ，量販店などにある。ニワトリ用の配合飼料と野菜などを混ぜて与える。野菜は，ニワトリの飼育と同様，キャベツなどをスーパーマーケットや給食センターなどに頼んでおくとよい。

〈餌に適した野草〉

タンポポ，シロツメクサ，ハコベ，レンゲ

〈餌に適さない野草〉

キツネノボタン，ヒガンバナ，クサノオウ，タケニグサ

約１時間で食べ終わるくらいの分量を１日２～３回与える。

・ぬれた餌は，乾かして与える。

・水気の多い野菜（ハクサイ，ダイコンなど）は控える。

餌の水分が少ないと水をよく飲むので，水は常に切らさないよう配慮する。

《妊娠と出産》

雌は生後８～10か月で繁殖可能になり，年に２～３回，１回に５～６匹の子ウサギを産む。春から夏にかけてが最も育てやすい。

雌は，自分のおなかの毛を，巣の底に敷く習性がある。出産前後は，母ウサギは神経質になっているので，暗くしてやり，子ウサギには触れないようにする。母ウサギが落ち着きを失い，かみ殺すこともある。

KEY WORD

培（→p.122，171，173）
材園（→p.122）
3年　ホウセンカ, オクラ（→p.186）
4年　ヘチマ（→p.175）
5年　インゲンマメ（→p.180）
6年　ジャガイモ（→p.178）

栽培計画

各学年の植物栽培関連学習

年間を通して観察する植物を決め，きちんと栽培計画を立てて取り組むことが大切である。栽培する植物は，できるだけ育てやすく，児童が興味・関心をもつ草花を選ぶ。種まきは最も適した方法でタイミングよく行う。

各学年の指導内容や地域性，気候条件などに適した植物をきちんと決めて，見通しをもって活動できるよう，1年を見通した栽培計画を立てる。

①各学年の植物教材の内容

3年	夏生一年生の双子葉植物から栽培を通して，植物の育ち方（種子から発芽し子葉が出て，葉が繁り，花が咲き，花が果実になったあとに固体は枯死する），体のつくり（根，茎，葉）を2～3種類，比較しながら調べる。
4年	季節によって成長に伴う変化が明確で，身近な夏生一年生植物を，落葉樹と対比しながら調べる。
5年	種子が大きく，観察しやすいものを選び，発芽，成長，受粉と結実，花のつくり（おしべ，めしべ，がく，花びら）などを調べる。
6年	茎が切りやすく，維管束が見やすい植物，身近で入手が簡単で，葉でデンプンがつくられる植物を調べる。

②各学年で取り上げる植物の例

3年	ホウセンカ，オクラ，フウセンカズラ，オシロイバナ，サルビア，マリーゴールド，ヒャクニチソウ，ヒマワリ　など
	比較学習するので，成長の段階がだいたい同じになるように種まきの時期を考える。
4年	ヘチマ，キュウリ，ヒョウタン，ツルレイシ　など
5年	インゲンマメ，トウモロコシ，カボチャ，アサガオ，ヘチマ，ヒョウタン，ツルレイシ　など
6年	ホウセンカ，ヒメジョオン，ジャガイモ，インゲンマメ　など

③栽培方法を決める

・露地栽培，鉢やプランター栽培
・花壇，畑，教室

《ヒマワリ》

小さな花の集まり（集合花）であり，タンポポなども同様である。

背の高いものから低いものまで多様な種類がある。プランターより地植えのもののほうが茎が太く，背も高くなる。月一回追肥をすると良く生長する。

《ヒャクニチソウ》

芽の出る温度は比較的高いが，苗を育てるのは簡単。日当たりがよいことが大切で，土質はあまり選ばない。

《ヘチマ》

ポットに3～4粒の種をまき，本葉が開き始めたら1本立ちにする。市販の苗を購入してもよい。

《インゲンマメ》

教材性が高く，栽培しやすい。つるありとつるなしがあり，つるなしは鉢などで手軽に育てられる。

《ジャガイモ》

たねいもを育てる。霜の心配のなくなった早い時期に堆肥を入れた畑に種いもを植える。平うねに種いもを植え，成長とともにうねをあげていく。

KEY WORD
栽培（→p.122，171，173）
露地栽培
プランター・鉢（→p.171）
苗床・マルチ
ポット・ジフィーポット

栽培準備

各学年の植物栽培関連学習

上手に栽培するためには，栽培方法や種選び，種の育て方などの栽培準備にきちんと取り組むことが大切である。

栽培する植物の種まきや苗植えの時期を逃さないようにする。用具・栽培方法は，目的に応じたものを選択する。

①栽培方法の選定

露地栽培…作物を自然の気象条件のもとで栽培すること。ガラス室やビニルハウスなどの施設栽培に対して，日照，降雨，風，霜などの自然の影響を直接受ける。

プランター…大，中，小といろいろなサイズ，形のものがある。木箱や発泡スチロールの箱，ペットボトルなどでも代用できる。土が少なく乾燥しやすいので水やりが定期的に必要である。

手軽に移動できるので，日の当たる場所や風の当たり方で移動させることも大切である。

鉢…材質，形，大きさなどの異なるものが各種あるので，用途に応じて選択する。

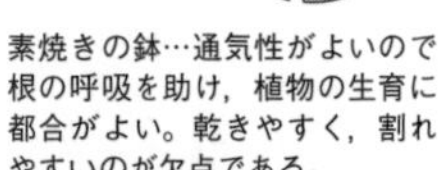

素焼きの鉢…通気性がよいので根の呼吸を助け，植物の生育に都合がよい。乾きやすく，割れやすいのが欠点である。

プラスチック製の鉢…軽くて扱いやすく比較的安い。乾燥しにくいので管理は楽だが，通気性が悪いのが欠点である。

②種の育て方

鉢やトロ箱で育てた苗を植え替えしながら育てる方法と，畑やプランターに直まきし，間引きしながら育てる方法がある。植え替えを嫌う植物は，ポリポットやジフィーポットにまいて発芽させ，そのまま植え付ける方法もある。

苗床…種まきから植え付けまでの間，適切な大きさの苗に育てる施設，場所を苗床という。

ポット…育苗用に使う。大きさがいろいろあるので，栽培するものによって使い分ける。

ジフィーポット…通気性，保水性に優れ，植物の生育を促進するポット。苗が育ったら，ポットから苗を出さずにポットのまま植えられるので，植え傷みもない。

ビニルポット

ジフィーポット

《種や苗の選定》

- 種をまく時期を確かめてから買う。種はなるべく残さずにまく。
- 苗を買って植え付けると手軽に栽培できる。茎がしっかりしていて葉の色つやのよい苗を選ぶ。

《畑の準備》

- 土を起こす。
- スコップで20～30cmの深さに掘り起こしながら畑全体に堆肥と石灰を土に混ぜてすき込む。スコップで起こした土は，レーキ（熊手）で土の塊をくずしながら表面を平らにしておく。
- 秋の収穫の終わったときに土を起こしておくと，土の中にいた虫の卵や雑草の種などが表面に出て，越冬することができず大変よい。

《マルチ》

地温を高めたり，土の乾燥を防いだりするために土の表面をおおうこと。わらやもみがら，ポリエチレンや和紙のシートなどで株の根元の土をおおう。地温の調節など，苗を育成する過程で役立つ。

《教材園》

できるだけ年度ごとに教材園のローテーションを行うことができるよう，配置などを工夫する。

発泡スチロール（発泡ポリスチレン）やペットボトルを利用したプランターを準備するなど，子どもが気軽にかかわれる環境づくりを心がける。

KEY WORD
ートモス
ーミキュライト
斗の成分
斗の与え方
づくり（→p.173）
才園（→p.122）

鉢・プランターの土づくり　肥料

各学年の植物栽培関連学習

POINT 鉢やプランターの土づくりは，畑の土をそのまま使うと水はけが悪くなるので，畑の土に赤玉土や腐葉土を混ぜ合わせて，オリジナルの土をつくることが大切である。植物を育てるためには，バランスよく肥料が土に含まれるように工夫する。

花壇や畑の土と鉢やプランターの土は，別ものと考え，水はけのよい土を混ぜ合わせることが大切である。肥料は，育てる植物にあわせて，与え方，時期，与える種類を選択し，効果的に活用する。

①鉢・プランターの土づくり

鉢やプランターに使う土は，花壇や畑の土をそのまま使うとうまくいかない。

○土粒が固くてくずれにくいもの（赤玉など）
○しっかりした繊維質のもの（腐葉土，ピートモスなど）
○水はけや通気性がよいもの（バーミキュライトなど）

以上のものを混ぜ合わせて土づくりをするのがよい(赤玉:腐葉土＝7：3)。また，花壇や畑の土を使うときは，これらのものを混ぜ合わせて使用する。これらのものがちょうどよく配合された土（培養土）が，市販のものでも入手できるので，利用してもよい。

花壇や畑の土を鉢やプランター用に入れ替えることは，大変なだけでなく，植物にとってよいことではない。雨水がすぐ乾いて，乾燥しやすくなる。

《鉢・プランターの土》

花壇や畑の土は，たくさん養分を含んでいても，きめが細かくてやわらかい。そのため，鉢やプランターに入れると，水はけや通気性が悪く，根の生育に適さない。

〈ピートモス〉

水苔やシダが堆積したもの。

〈バーミキュライト〉

蛭（ひる）石を焼いた調整用土で，養分をまったく含まない土。

花壇や畑の土は，鉢やプランターの土とまったく別ものと考え，上手に使い分けるようにする。

②肥料の成分とはたらき

肥料は，植物が健やかに生育するために与える栄養分である。そこで，肥料の成分やはたらき，使い方をよく理解したうえで使用しなければ，効果は得られない。

1）窒素（N）	葉肥と呼ばれ，葉や茎の生育を促進する。
2）リン酸（P）	実肥と呼ばれ，開花や結実を促進する。
3）カリ（K）	根肥と呼ばれ，植物の体を丈夫にし，病気にかかりにくくする。

この3大要素は，市販の肥料に必ず含まれており，成分表示があるが，肥料の種類によって，含まれる成分の割合は，様々である。育てる植物の特性に合った配合比率の肥料を選ぶようにするとよい。

《肥料の３大要素》

肥料の３大要素は，植物にとっての必要量が多く，その他の成分は，必要量に応じて使われる。

・Nが多いもの…葉を楽しむ観葉植物などが向いている。
・Pが多いもの…花や実を楽しむ植物などが向いている。
・Kが多いもの…根野菜，球根，室内用の植物などが向いている。

肥料は，ほかに有機肥料（腐葉土，堆肥など）をあわせて使うと，植物の

○肥料に含まれるその他の成分

カルシウム	植物の細胞を丈夫にして，根や実の成熟を促進する。
マグネシウム，硫黄，鉄，マンガン，亜鉛　など	植物の体の調子を整える。

これらの要素は，量はさほど必要ではないが，欠乏すると生育が悪くなる。また，他の要素が効果的にはたらくためにも役立っている。

③肥料の与え方

肥料は，植物の種類や状況に合わせて，使い方，与える時期，目的がちがうので，用途に合わせて使い分ける。

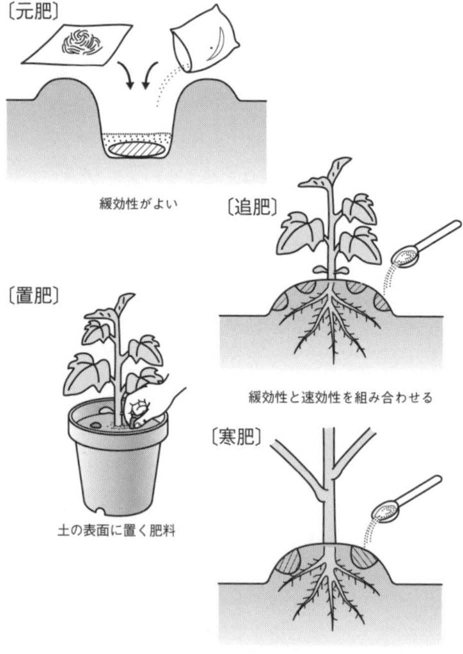

肥料を与えるタイミングの原則は，「植物の生育期」に与えることである（寒肥は冬季間与える）。

肥料の効果と種類

緩効性肥料	主に固形の肥料で，効き目が長持ちする。
速効性肥料	主に液体の肥料で，すぐ効くが，効き目が持続しない。

育ちもよく，特に生活科や高学年の野菜づくりではおいしい実をつけることができる。市販の堆肥だけでは動物性（牛ふん，鶏ふんなど）や植物性（腐葉土など）でかたよりがでるため，自分で「オリジナル堆肥」を作ることがよく行われる。

《元肥（もとごえ）》

植物を植える前に，土に混ぜておく肥料。緩効性の肥料を使って，効き目が持続するようにするとよい。

《追肥（ついひ）》

植物を植えたあと，成長していく過程で追加していく肥料。緩効性と速効性の肥料を組み合わせて使用するとよい。

《芽出肥（めだしごえ）》

球根や木などの新芽の時期に与える肥料で，速効性の肥料を使う。

《置肥（おきひ・おきごえ）》

鉢やプランターで育てる植物のために，土の表面に置く肥料。緩効性の肥料は効果が長くて便利である。

《お礼肥（おれいごえ）》

花や実の収穫後，弱った植物の体力を回復するために与える肥料。速効性の肥料で，早期回復を図るとよい。

《寒肥（かんごえ）》

冬の間，活動を休んでいる植物に，春の活動エネルギーを与える目的の肥料。

《肥料を与える時期》

肥料は生育期に与えると，効き目が成長に影響して効果的である。

緩効性肥料は，植物を植える前や植えてすぐに一度与えると，そのシーズンは効果が持続する。

速効性肥料は効き目が早く，効果があるが，そのときだけしか作用しないので，定期的に何回も与えるようにする。

KEY WORD
物の栽培（→p.122，169，170）
づくり（→p.173）
土再生
料（→p.171）
肥
ンポスト

花壇・畑の土づくり

各学年の植物栽培関連学習

種まきや苗を植え付ける前には，必ず肥料をやって土の質をよくすることが大切。肥料には，「チッ素・リン酸・カリ・カルシウム・マグネシウム」のバランスのよいものを選ぶ。最近では，有機肥料づくりとして「ミミズコンポスト」の活用も有効である。

畑に適した土は，「水はけがよい」「通気性がよい」「病原菌や害虫がいない」「肥料を適度に含む」「土に異物がない」などの条件がポイントである。

①苗を植える土

1）雪がとけて，土が見えるようになったら（関東以南で2月頃，東北以北で3月頃），前年の栽培でかたくなった土を掘り起こす。
2）起こした土は，そのまま寒風に当てる（できれば1か月くらい）。
3）石灰を1㎡当たり200gくらい，腐葉土やピートモス，堆肥などの有機物を1㎡当たりバケツ1杯くらい混ぜ，土壌改良する。
4）元肥として，緩効性肥料（長く効き目が続く肥料）を1㎡当たり，200gくらい混ぜるとよい。

②種まき用の土

1）苗を植える土に種を植えると，いろいろな菌が入っているため，種が腐る可能性がある。苗床には，新しい無機質な土を使う。
2）畑に直まきするときは，種まきするところだけ消毒をする。

《土づくり》

前年の土は，かたくて肥料もないので，そのままだと植物の根が十分に育たない。プランターや鉢の土も一緒に捨てて，新しいものに取り替える。

石灰を混ぜるのは，雨の多い日本の酸性土壌を改良するためである（野菜は酸性土壌を嫌う）。

準備は，植え込みの2週間くらい前に終えるように計画を立てて行う。

〈土壌改良したときの利点〉

・殺虫・殺菌効果がある。
・水はけ，水もちがよくなる。
・通気性がよくなる。
・肥料の効きがよくなる。

《種まき用の土》

種まき用の土は，赤玉やバーミキュライトなどが混ざっていて，ホームセンターなどで簡単に手に入る。

消毒は，ハンドシャベルなどで土をすくい，目の細かいざるに入れて，蒸し器で蒸すとよい（70～80℃くらいで4～5分）。冷めたら畑にもどす。

《古土の再生》

再生の時期は，晴天が続き，日ざしが強くなる夏（7～8月頃）がよい。コンテナやプランターの土，鉢植えの土は，繰り返し使うことができないため，活力をよみがえらせる必要がある。

直射日光は，数日くらい当てる。活力剤や土のリサイクル剤などの栄養剤（ホームセンターなどで市販されてい

③古土の再生

1）古くなった土をビニルシートに広げる。
2）古くなった土の異物（石や枯れた根や草）を取り除き，できればふるいにかける。
3）土を少し湿らせて黒い袋に入れ，直射日光に当てて，消毒する。
4）土に新しく腐葉土や赤玉などを混ぜておく。

④肥料

肥料は，植物が健やかに生育するために必要な栄養分を補うものであるので，その目的に応じて使い分ける。窒素（N），リン酸（P），カリ（K），カルシウム（Ca），マグネシウム（Mg）など。

⑤堆肥づくり

堆肥づくりは，気温が高い春から秋が適している。

落葉堆肥の場合，落葉広葉樹なら何でも使えるが，イチョウ，桜，クスノキは，発酵に時間がかかりすぎるので，向かない。堆肥づくりでは生ごみに集まるハエの駆除が問題になるが，コンポストによる方法は比較的その心配がなく，作りやすい。

〔コンポスト〕

コンポストは，自分で堆肥づくりをするためのごみ箱大の容器である。畑に限らず学校や家庭の庭などに置き，生ごみを入れて作る。ここでは，もっと手軽に堆肥づくりを楽しむ方法を紹介する。混ぜるとなおよい。土をあけたコンテナやプランターも洗って，乾燥させておく。

《肥料の成分とはたらき》

窒素，リン酸，カリは，肥料の３大要素と呼ばれ，比較的多量に必要とされ，植物の生育になくてはならない肥料である。また，カルシウム，マグネシウムなどは，必要量は少ないが，不足すると生育が悪くなる。

肥料は，これらの要素を育てる植物の種類にあわせて配合したものを使用する。肥料には，緩効性（固形タイプ）と速効性（液体タイプ）のものがあるので，無駄なく，肥料の効果を持続させるには，組み合わせて使うことが大切である。

ベランダ堆肥は，土を多めにかける。落葉堆肥は，においが出ないので，心配ない。

ミミズコンポストは，新聞紙を多めにかける。時間がたつと下に水がたまり，液肥となる。そのまま入れておくとミミズがおぼれてしまうので，時々水抜きをする。

ベランダ堆肥

ポリバケツ（牛乳パックでもよい）に古土と同量の生ごみ（細かく切って水切りをしておいたもの）を入れ，上から土をかける。よくかき混ぜてからふたをする。

毎日足して混ぜてを繰り返し，いっぱいになったら密閉して置く。

２～３週間で堆肥になる。

落葉堆肥

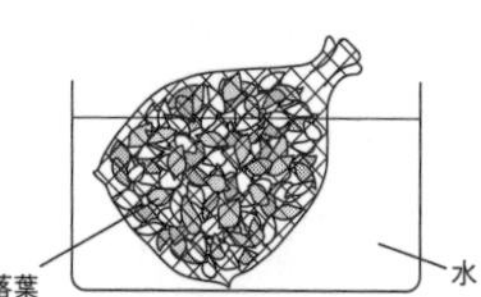
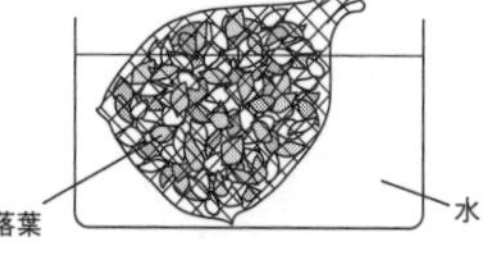

落葉（カエデ，プラタナス，モミジ，クヌギ，コナラ，ブナなど）をネットに入れ，水に数時間浸す。

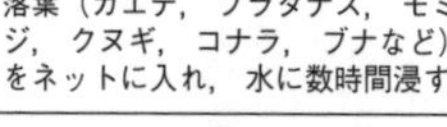

取り出して水を切り，ポリエチレン袋に入れて口を閉じないでたたむ。これをたくさん作り，段ボールに入れてふたをして，日かげに置く。

３～４か月くらいで堆肥になる。

ミミズコンポスト

ミミズ箱（市販のものか，ぬれてももれないもの）にぬらしたココナッツ繊維を敷き，シマミミズを入れる。

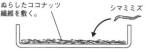

ぬらしたココナッツ繊維を敷く。

シマミミズ

ミミズが下にもぐったら生ごみを入れ，ぬらした新聞紙を上から生ごみが見えなくなるくらいたくさんかける。

じょうろなどで十分水をかける。ミミズの重さの半分くらいの生ごみを数日に一度足し，底からよく混ぜる。

３～６か月で堆肥ができる。

KEY WORD
チマ棚
昷
長
植え
培計画（→p.169）
肥（→p.171）

ヘチマ

4年「季節と生物」5年「植物の発芽，成長，結実」

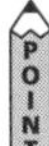

気温とともにヘチマが成長することを体験的に観察させるためには，5月早々に植えて，観察を始めるようにしたい。

気温の低い時期のヘチマの成長と高い時期の成長を比較させたい。その際，しっかり記録をとることが大切である。

ヘチマはインド原産の高温性植物で，夏の暑さや病気に強く育てやすい。初めは成長が遅いが，夏の高温の時期は1日に20～30㎝もつるが伸びる。

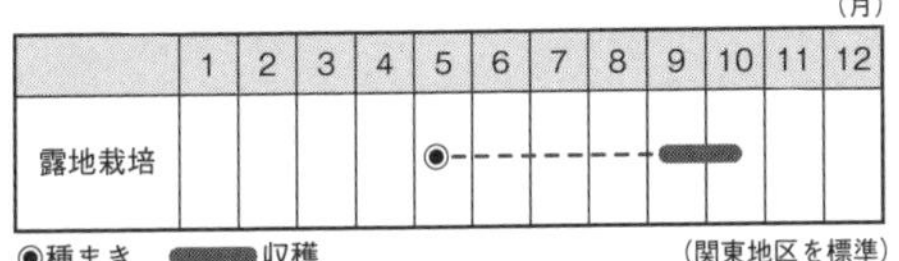

（月）

	1	2	3	4	5	6	7	8	9	10	11	12
露地栽培					◉---	----	----	----	━━	━━		

◉種まき　━━収穫　（関東地区を標準）

①準備

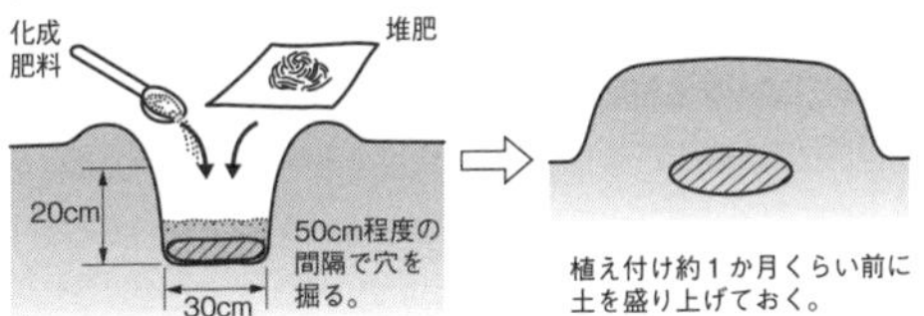

化成肥料
堆肥
20cm
30cm
50cm程度の間隔で穴を掘る。
植え付け約1か月くらい前に土を盛り上げておく。

②苗の植え付け

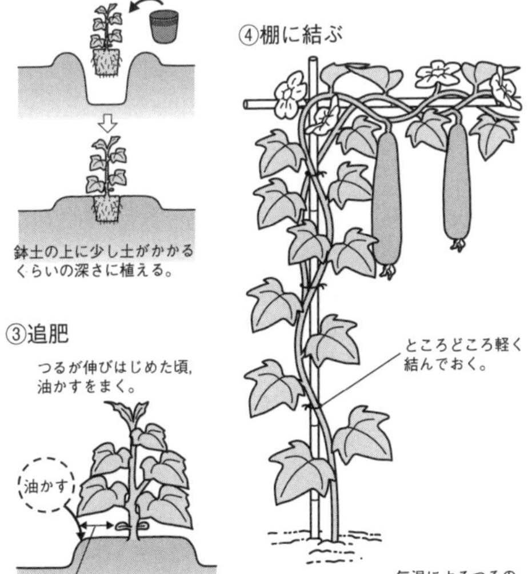

鉢土の上に少し土がかかるくらいの深さに植える。

④棚に結ぶ

気温によるつるの伸び方を計測する。

《準備》

・4月中に，ヘチマ棚は使用可能かどうかを点検する。棚がなければパイプの柵や塀にはわせてもよい。

・1～2週間前に，植える場所に肥料（1株当たり堆肥2～3握り，化成肥料小さじ2杯程度）を入れて準備しておく。

・種子から育てると時間がかかるので，苗を購入して植えるとよい。苗は4月下旬に注文しておく。

・子どもたちには，事前に春の動・植物を観察して記録させ，ヘチマを含めた生き物全体を1年間継続して学習することを動機づけしておく。

《植え付け》

・苗の根の深さくらい土を掘って植え込む（5月上旬に植える）。

・苗の数は，4人に1本くらいにする。

《追肥》

つるが伸び始めた頃，1本の苗に油かすを大さじ2杯程度，株元から20㎝くらいのところにまく。2か月後にも追肥する。

《棚に結ぶ》

・つるが伸びてきたら，ひもで棚にところどころ軽く結ぶ。

・らせん状のつるや雄花，雌花を詳しく観察させたい。夏の急激な伸び方と気温の関係も把握させたい。

KEY WORD
ニガウリ，ゴーヤ
気温
成長
苗植え
栽培計画（→p.169）
追肥（→p.171）

ツルレイシ（ニガウリ）

4年「季節と生物」5年「植物の発芽，成長，結実」

気温とともにツルレイシが成長することを体験的に観察させるためには，5月早々に植えて，観察を始めるようにしたい。

気温の低い時期のツルレイシの成長と高い時期の成長を比較させたい。また，記録をとることも大切にしたい。

ツルレイシ（ニガウリ，ゴーヤとも呼ぶ）は，沖縄で盛んに栽培され食べられている。暑さに強く病害もほとんどなく育てやすい。特有の苦みがあって，ビタミンCが豊富なため，最近は，他県でも多く栽培されるようになっている。

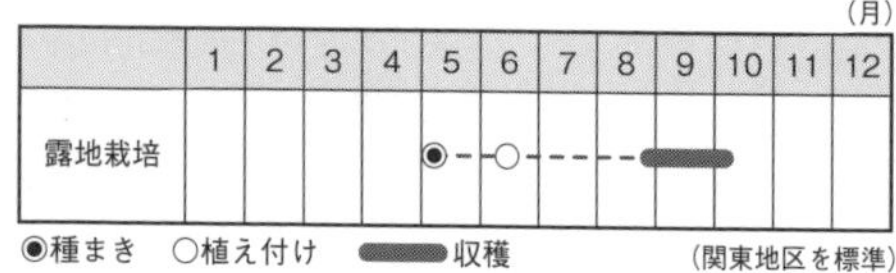

（月）

	1	2	3	4	5	6	7	8	9	10	11	12
露地栽培					◉	○			━	━		

◉種まき　○植え付け　━収穫　（関東地区を標準）

①準備から植え付け

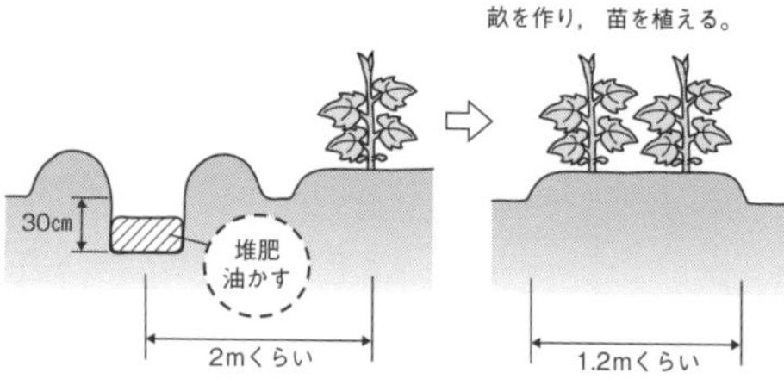

②棚に結ぶ

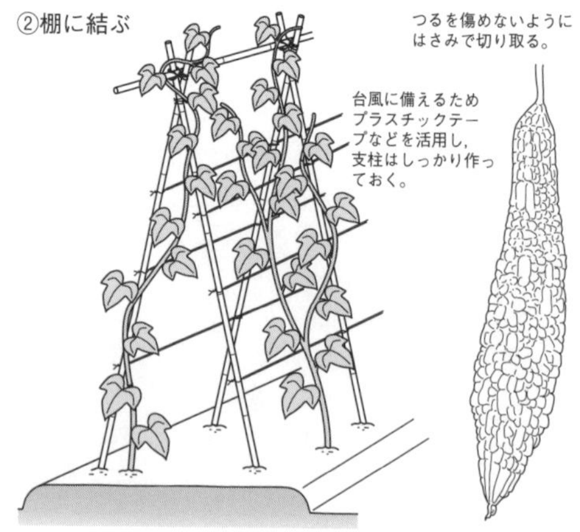

つるを傷めないように
はさみで切り取る。
台風に備えるため
プラスチックテー
プなどを活用し，
支柱はしっかり作っ
ておく。

原産地は不明で，熱帯アジアといわれている。日本には江戸時代初期に伝来し，九州や沖縄で栽培されてきた。

《準備》

・植える場所が決まったら，４月中に竹かビニルパイプで支柱柵を作っておく。
・１～２週間前に，肥料（１株当たり堆肥４～５握り，油かす大さじ１杯程度）を入れた畝を準備する。
・種子から育てると発芽率が悪く時間もかかるので苗を購入して植えるとよい。苗は４月中旬に注文しておく。
・子どもたちには，事前に春の動・植物を観察して記録させ，ツルレイシを含めた生き物全体を１年間継続して学習することを動機づけしておく。

《植え付け》

・苗の根の深さくらい土を掘って植え込む（５月上旬までに植える）。
・苗の数は，４人に１本くらいにする。

《追肥》

親つるが伸びた頃，油かすと化成肥料を１株当たり大さじ１杯程度，株の周りにまく。２か月後にも追肥する。

《棚に結ぶ》

・巻きひげがからみついて伸びてきたら，ひもで棚にところどころ軽く結ぶ。
・らせん状のつるや雄花，雌花を詳しく観察させたい。夏の急激な伸び方と気温の関係も把握させたい。

KEY WORD
・成長
トキャップ
植え
計画（→p.169）
（→p.171）

カボチャ

4年「季節と生物」5年「植物の発芽，成長，結実」

気温とともにカボチャが成長することを体験的に観察させるためには，４月末までに植えて，観察を始めるようにしたい。

気温の低い時期のカボチャの成長と高い時期の成長を比較させたい。また，気温と生長（伸びた量）の記録をとることも大切にしたい。

病害などに強く，吸肥力が旺盛なので，少ない肥料でよく育つ。連作に強いので，毎年同じ場所で栽培することが可能である。

（月）

	1	2	3	4	5	6	7	8	9	10	11	12
ホットキャップ栽培			◉	○			▬					

◉種まき　○植え付け　⌒ホットキャップ被覆　▬収穫
（関東地区を標準）

①準備

元肥：１株当たり１握りの堆肥と油かす，１株当たり各小さじ１杯の化成肥料。

②植え付け

ホットキャップ栽培　50cmくらい　2.5mくらい　ホットキャップ　割り竹

成長したら，テントの上部を切り取って換気する。

③追肥

親つると子つるを両側に配置すると，成長してもこみ合わない。

第１回の追肥は，つるが50cmくらいになったとき，
第２回は，果実が10cmくらいになった頃，化成肥料をまく。

④受粉

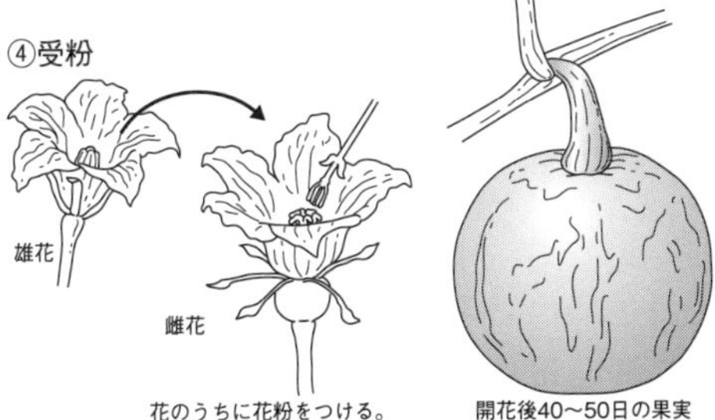

花のうちに花粉をつける。　開花後40～50日の果実

大きくは，日本カボチャ，西洋カボチャ，ズッキーニなどのペポカボチャの３種類に分けられる。現在，流通しているものの多くは西洋カボチャである。

《準備》

・４月中旬までに，肥料を入れた畝を準備する。元肥は１株当たり堆肥１握り，油かすと化成肥料を各小さじ１杯程度畝全体に施す。
・種子から育てると時間がかかるので，苗を購入して植えるとよい。苗は４月中旬に注文しておく。
・子どもたちには，事前に春の動・植物を観察して記録させ，カボチャを含めた生き物全体を１年間継続して学習することを動機づけしておく。

《植え付け》

・苗の根の深さくらい土を掘り，植え込む（４月下旬までに植える）。
・苗の数は，４人に１本くらいにする。
・苗ごとにホットキャップ（ポリエチレン）をかぶせる。

《追肥》

親つるが50cmくらい伸びたころ，畝の両側に１株当たり小さじ１杯程度の化成肥料を与える。小さい実ができたころ再び追肥（大さじ１杯程度）する。

《観察》

子葉，本葉，つるの伸び方や雄花，雌花を詳しく観察させたい。夏の急激な伸び方と気温の関係も把握させる。

KEY WORD
3月植え付け
種いも
栽培計画 （→p.169）
元肥 （→p.171）
芽かき・土寄せ
病害虫

ジャガイモ

6年「植物の養分と水の通り道」

葉によく日光を受けたジャガイモと，あまり日光を受けないもの全体についての成長，およびデンプンのでき方の違いを比較させる実験に使われる。なお，緑色に変色した皮や芽には，ソラニンが含まれるので，食する場合にはしっかりと取り除く必要がある。

種いもを植えるのは，4月の新学期に入ってからでは遅い。ジャガイモをうまく生育させるには，前学年の3月，しかも3月の中旬までには植えておきたい。

ジャガイモは寒い気候を好み，15～20℃の気温で最もよく育つ。いもはサツマイモと異なり，地下の茎がデンプンを貯蔵して肥大したものである。新しいいもは，種いもの上につくので，やや深く植えることと，土寄せが大切である。

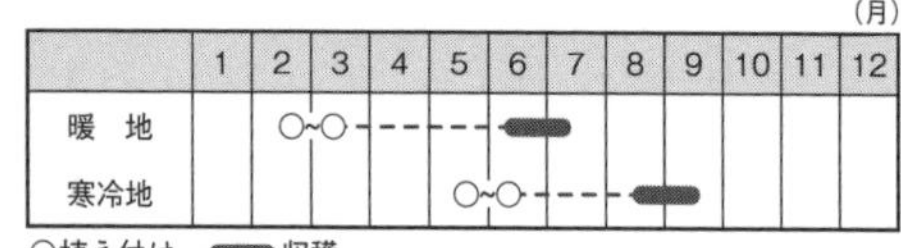

（月）

	1	2	3	4	5	6	7	8	9	10	11	12
暖 地		○～	○	- - -	- - -	▬▬						
寒冷地					○～	○	- - -	▬▬	▬▬			

○植え付け　▬▬収穫

①準備

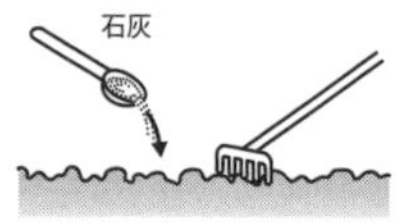

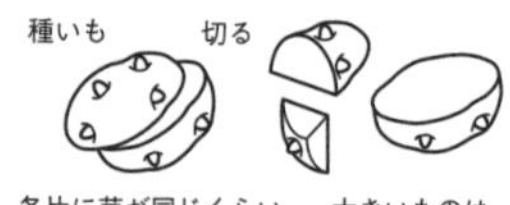

大きいものは2～4個に切る。

②元肥入れ

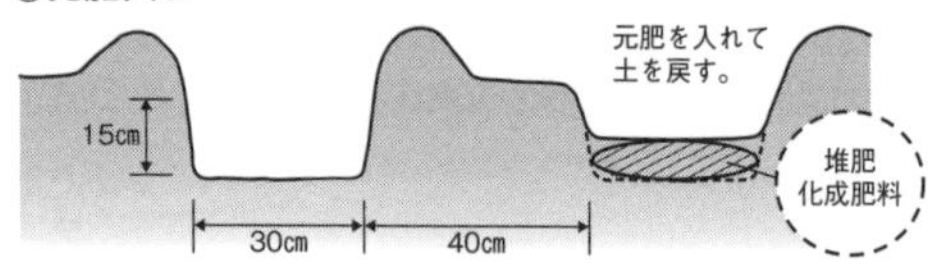

元肥を入れて土を戻す。

③植え付け

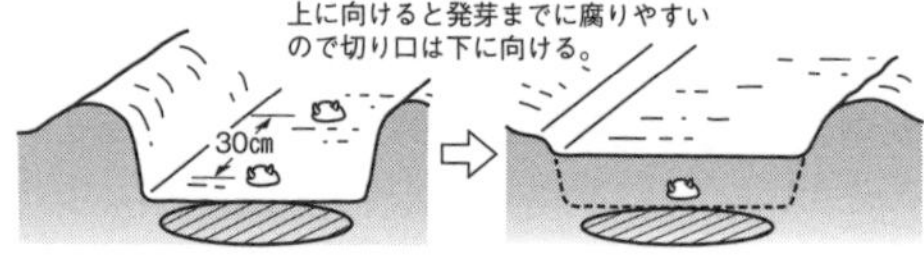

上に向けると発芽までに腐りやすいので切り口は下に向ける。

④芽かきと土寄せ

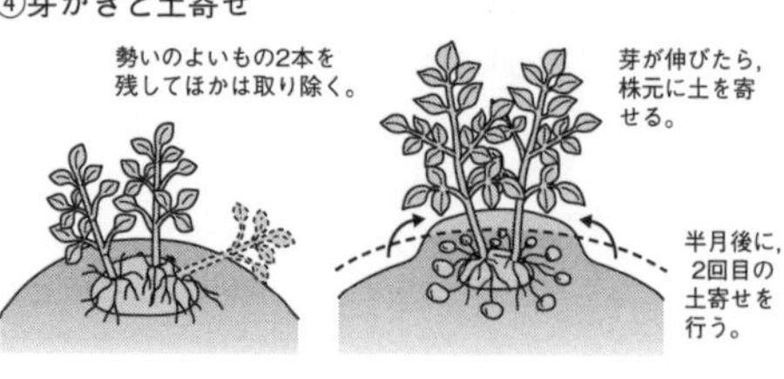

勢いのよいもの2本を残してほかは取り除く。
芽が伸びたら，株元に土を寄せる。
半月後に，2回目の土寄せを行う。

《準備》

・冬の間に畑に石灰（1㎡当たり大さじ3杯程度）をまいて耕しておく。
・3月上旬までに畝を作り，元肥を畝の長さ1m当たり堆肥3握り，化成肥料大さじ2杯程度入れ，土をかぶせておく。
・種いもは芽のある場所を残して適当に切る。

《植え付け―3月中旬》

・畝の溝に種いもを30cmくらいの間隔で配置する。いもが腐らないように切り口を下に向けて置き，土を10cmくらいかけておく。

《芽かき》

・1個の種いもから多くの芽が出てくるので，8～10cmになった頃，勢いのよい芽を2本残して抜き取る。

《土寄せ・追肥》

芽が15cmくらい伸びたら，株元に5cm程度の厚さに土を寄せる。土寄せの前に，畝1m当たり大さじ1杯程度の，化成肥料を追肥しておく。約半月後に2回目の土寄せをする。土寄せが足りないと，いもが地上に露出してしまい品質が悪くなる。

《病害虫》

6月頃，葉に黒い湿性の病斑が出る病気がいちばんの大敵である。出始めの頃にダイセン水和剤を散布する。また，殺菌剤を1～2回散布するとよい。

KEY WORD
植え
めの畝
培計画（→ p.169）
肥（→ p.171）
るぼけ

サツマイモ

6年「植物の養分と水の通り道」

サツマイモをうまく生育させるためには，植え付ける畝の中心にわらや草などを入れて，根に酸素を多く供給できるようにすることが必要である。

肥料を多く施しすぎると，つるぼけといって，つるばかり伸びていもが肥大しなくなる。

サツマイモは暖かい気候を好み，水はけのよい砂質地のものがおいしい。ジャガイモと異なり，地下の根がデンプンを貯蔵して肥大したものである。あまり手をかけなくても栽培できる丈夫な作物である。

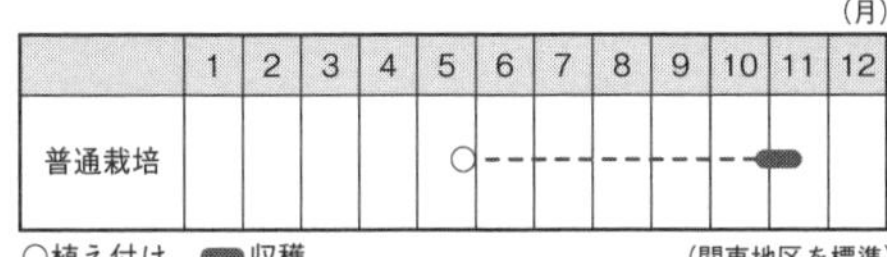

（月）

	1	2	3	4	5	6	7	8	9	10	11	12
普通栽培					○	- - -	- - -	- - -	- - -	- - -	▬	

○植え付け　▬収穫　（関東地区を標準）

①準備

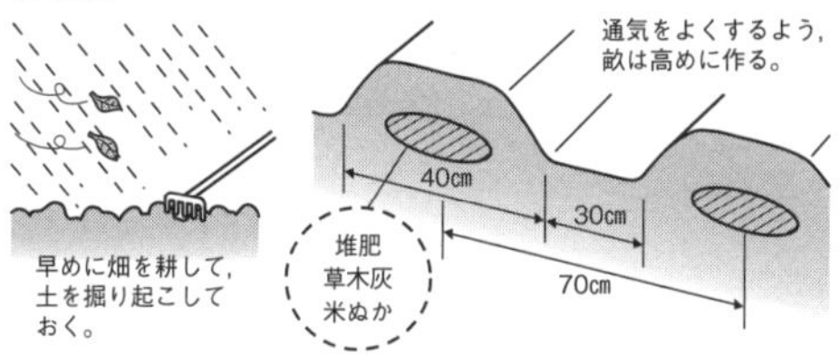

早めに畑を耕して，土を掘り起こしておく。
通気をよくするよう，畝は高めに作る。
40cm
30cm
70cm
堆肥
草木灰
米ぬか

②植え付け

地中に節数を多く埋めるようにする。
30cm
苗は，節数が7～8節，長さ30cmくらいで茎が太いものがよい。

③追肥

化成肥料

葉の色がうすい場合は，化成肥料を追肥する。
窒素成分が多すぎるとつるぼけになるので注意する。

《準備》

・4月中に畑を耕し，風雨にさらすようにする。

・5月中旬までに，畝1m当たり3握りの堆肥，草木灰と米ぬか各大さじ1杯を畝の中心に置き，高めの畝をつくる。

・苗の品種は，ベニアズマ，ベニコマチ，紅赤，農林1号などがあり，5月中旬までに注文しておくようにしたい。

《植え付け—5月下旬》

畝の上に30cmの間隔で斜めにさすように植え込む。

《追肥》

肥料は与えすぎないようにするが，葉の色がうすい場合は，化成肥料を1株当たり1つまみ程度与える。肥料が多すぎると，つるだけが伸びるつるぼけになるので注意する。

《つるの整理》

つるが1～2m伸びてきた頃，葉が重ならないように，また，つるから出る根が定着しないようにつるを持ち上げ，日光に葉が十分当たるように整理する。

《収穫》

霜が降りる前の晴天の日を選んで収穫する。いもを傷つけないように，シャベルやくわを深く入れて掘り取る。

KEY WORD
種まき
畝づくり
矮性種
栽培計画（→p.169）
追肥（→p.171）

インゲンマメ

5年「植物の発芽，成長，結実」6年「植物の養分と水の通り道」

５年生で，発芽と成長の教材として鉢植えしたインゲンマメを使うが，観察後には畑に植え替えて，ぜひ果実を収穫するまで育てさせるようにしたい。

つる性のインゲンマメが場所をとるのに対し，つるなし種は背が低く，実ができるまでの期間も短いので扱いやすい。

インゲンマメは高温性で，早まきしすぎると晩霜にやられるので，霜の心配がなくなってから種まきをする。また，酸性土壌に弱いので，事前に畑に石灰をまいて耕しておく。

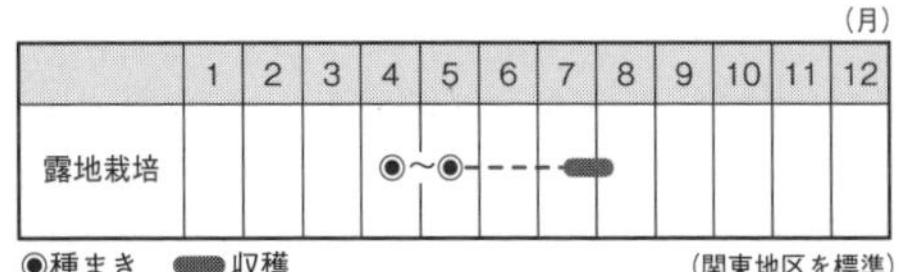

（月）

	1	2	3	4	5	6	7	8	9	10	11	12
露地栽培				◉〜	◉---	---	▬					

◉種まき　▬収穫　（関東地区を標準）

①準備

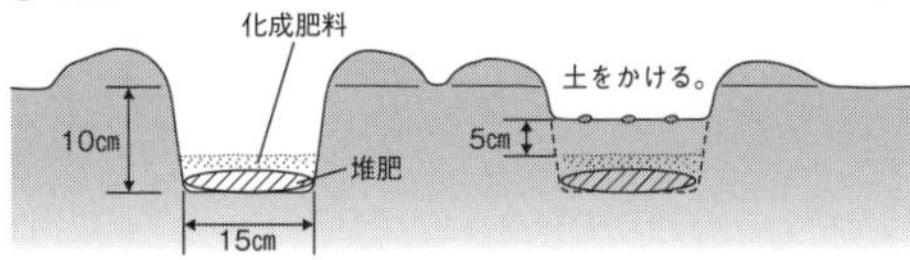

②植え付け

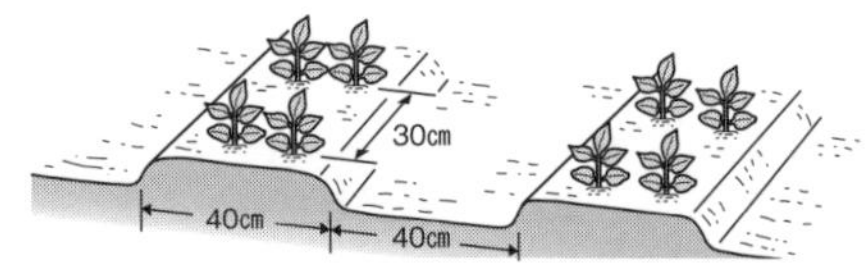

③追肥

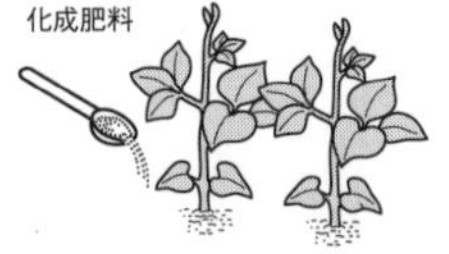

④支柱立て（つる性種）

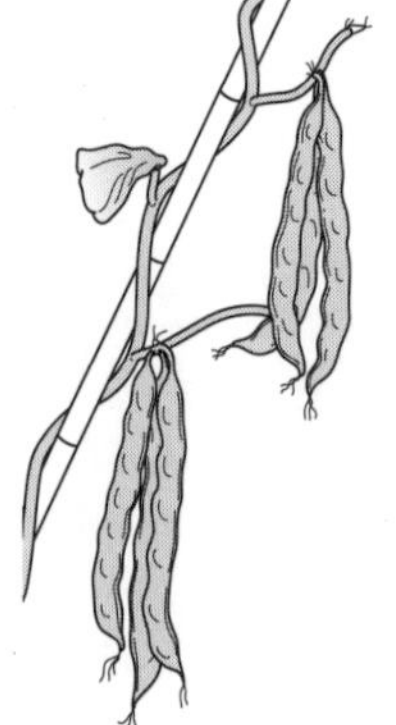

《準備》

つるが長く伸びる「つるあり種」と，つるが伸びない矮性の「つるなし種」がある。矮性種のマスターピース，マントル，江戸川などから選び，４月中旬までに注文しておくとよい。

・４月中旬に畑に石灰をまいて耕しておく。
・４月下旬までに，畝１ｍ当たり４握り程度の堆肥，化成肥料小さじ１杯程度を畝の溝に施す。

《種まき─じかまき》

５月上旬に，畝の溝の肥料の上に５cmほど土をかけ，その上に30cmの間隔で種子を植える。種子の上に20～30cmの土をかける。

《追肥》

肥料は与えすぎないようにするが，草丈20cmの頃，株の周りに化成肥料を１株当たり２つまみ程度施す。第２回目は，さらに20日後に同じくらいの量を与える。

《病害虫》

ウイルス病にかかりやすいので，媒介者のアブラムシを防ぐため，薬剤を初期から散布するとよい。

《収穫》

果実のふくらみが目立たない６月頃，若いうちに収穫するとよい。

KEY WORD
やり
料要求
気対策
培計画（→p.169）
肥（→p.171）

ナス　キュウリ

4年「季節と生物」5年「植物の発芽，成長，結実」

ナスはたくさんの肥料を要求するのが特徴である。一方キュウリは，根にたくさんの酸素を要求するのが特徴で，病気に注意が必要である。

ナスは，日当たりをよくして水やりを頻繁にする必要がある。キュウリは，病気対策をこまめに行うことが求められる。

ナス

高温を好み，栽培期間が長い。水，肥料を要求する。

①畑の準備

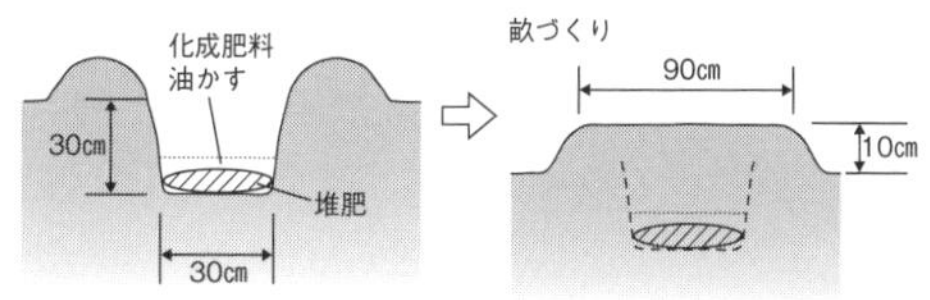

②苗植え

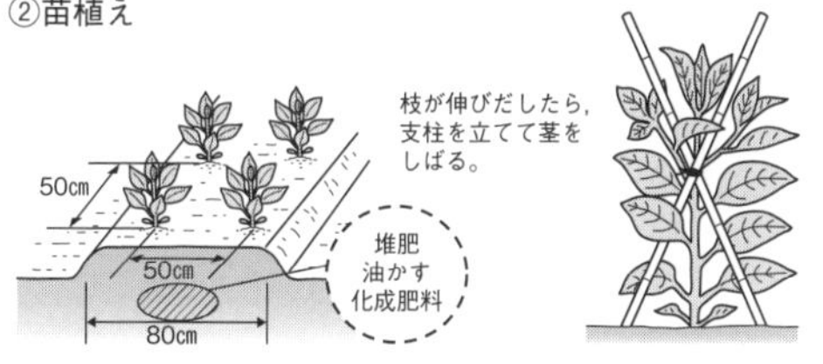

キュウリ

温度や水分に敏感で茎葉がもろく，風にも弱い。

①畑の準備と植え付け

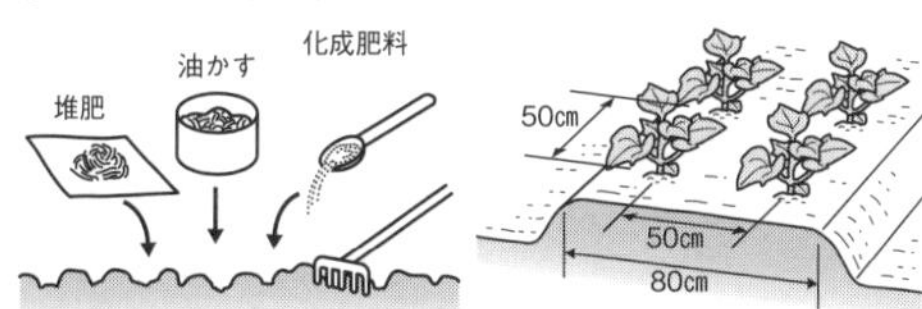

②追肥など

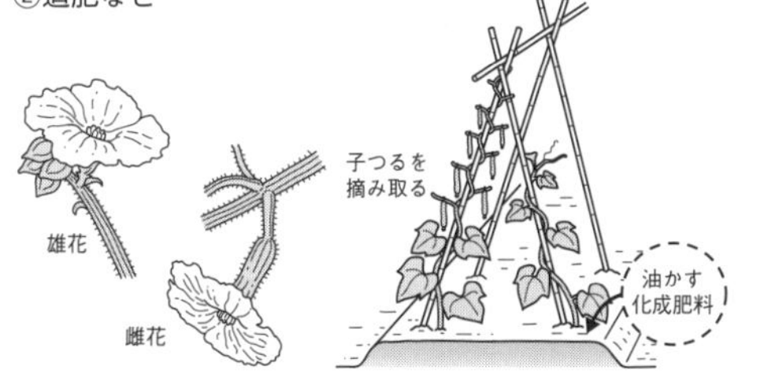

《ナス》

- ５月中旬までに畝づくりをしておき，苗を購入して植え込む。
- 畝の長さ１m当たり，大さじ３杯程度の化成肥料と油かす，５握り程度の堆肥を入れる。
- 40～50cm伸びた頃，下方のわき芽は除いてしまう。同じ頃，斜めに支柱を立てる。
- ハダニなどがつくので，２～３回薬剤を散布する。
- 追肥は，株から40cmくらいのところに，堆肥５握り，油かす大さじ３杯，化成肥料大さじ２杯程度を施す。

《キュウリ》

- ４月下旬までに，畑に１㎡当たり堆肥10握り，油かすと化成肥料各大さじ５杯程度を土に施して畝をつくる。
- 購入した苗を畝に植え，そのあと支柱を立てる。
- ベト病にはダイセン水和剤，アブラムシにはDDVP乳剤の倍液を散布する。
- 追肥は２～３週間に１回，化成肥料，油かすを畝の長さ１m当たり各大さじ２杯程度与える。
- 子つるの先を摘み取って，むやみにつるを伸ばさない。雄花と雌花の違いを観察させたい。

🔑KEY WORD
連作
病気対策
追肥（→p.171）
芽を摘む

ミニトマト　ピーマン

3年「昆虫と植物」

ミニトマトは連作を嫌うので，３～４年間はトマトを栽培していない畑を使う。ピーマンは追肥を多くしなければならない。茎がもろいので，早くから支柱を立てる必要がある。果実をつけている期間が長いので，何回も収穫することができる。

ミニトマトは，ジャガイモと離して育てる必要がある。ピーマンは，追肥をこまめに行うことが大切である。

ミニトマト

病害に強く，一般のトマトより育てやすい。

①植え付け

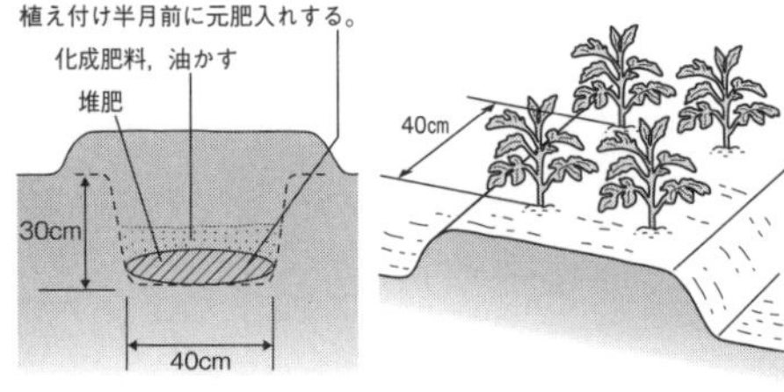

②支柱立て・追肥

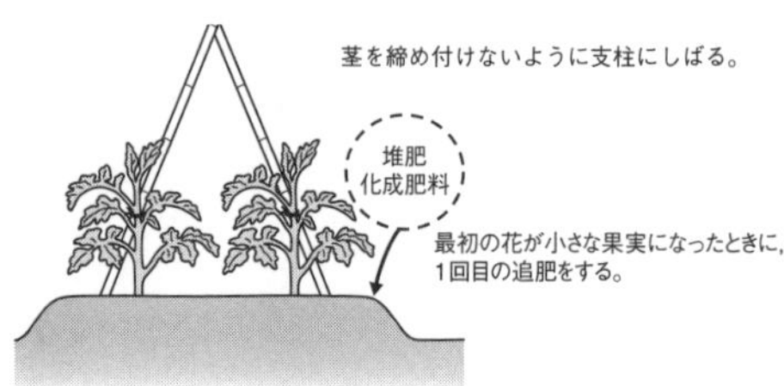

茎を締め付けないように支柱にしばる。
堆肥
化成肥料
最初の花が小さな果実になったときに，
1回目の追肥をする。

ピーマン

低温に弱いが高温に強く，長く果実をつける。

①植え付けと管理

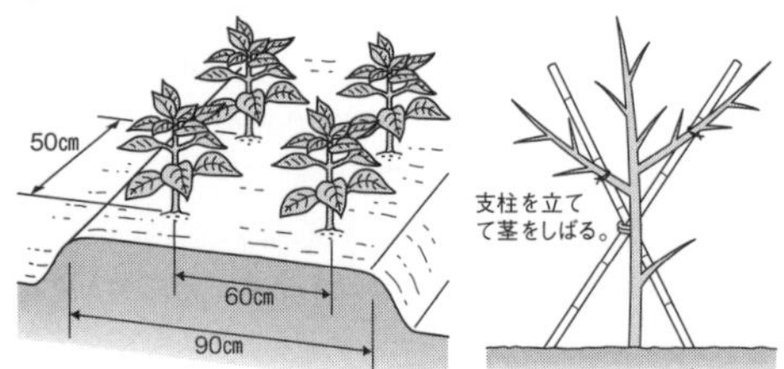

②追肥

植え付け半月後に株の周りに化成肥料をまき，軽く土に混ぜる。その後２～３週間に１回くらい化成肥料をまき，土と混ぜる。

《ミニトマト》

- ５月上旬までに畝づくりをし，肥料（畝の長さ１ｍ当たり化成肥料と油かすを大さじ２杯，堆肥５握り程度）を入れておく。
- ５月中旬に，苗を購入し，畝を盛り上げて苗を植え込む。
- 40～50cm伸びた頃，支柱を立て茎を支柱に軽く結ぶ。
- わき芽を手で摘み取り，幼い果実も５個くらい残して摘み取る。
- 梅雨時には薬剤を散布する。
- 追肥は，小さい果実ができた頃，１株当たり油かすと化成肥料を各大さじ１杯程度与える。その後は，３週間おきに施すとよい。

《ピーマン》

- ５月上旬までに，ナスと同じように肥料を入れた畝を作る。
- 苗は，購入したあとに鉢で少しの間育て，大きくしてから植え付ける。
- 支柱は交差させて，風に負けないようしっかり立てる。
- アブラムシがつきやすいので，薬剤などで防ぐ。
- 追肥は２～３週間に１回くらい，化成肥料を１株当たり小さじ２杯程度，畝の両側にまいて土に混ぜる。
- 可能なら根元にわらを敷き，トマトのように，下部のわき芽を手で摘み取る。

KEY WORD
冷地
温多日照
ンシロチョウ（→ p.153）
媒花
肥（→ p.171）

キャベツ　トウモロコシ

3年「昆虫と植物」 5年「植物の発芽，成長，結実」

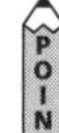

キャベツには，春・夏・秋まきがあるが，春まきが学習課程に合致している。モンシロチョウをよび寄せ，卵を産み付けさせるために栽培しておくとよい。トウモロコシは，株の数を一定以上植えないと受粉できない。

キャベツは暑さ対策と害虫防除が課題である。トウモロコシは，苗植えではなく種まきをする。

キャベツ

寒さに強いが暑さに弱く，夏の暑さ対策が大切。

①準備

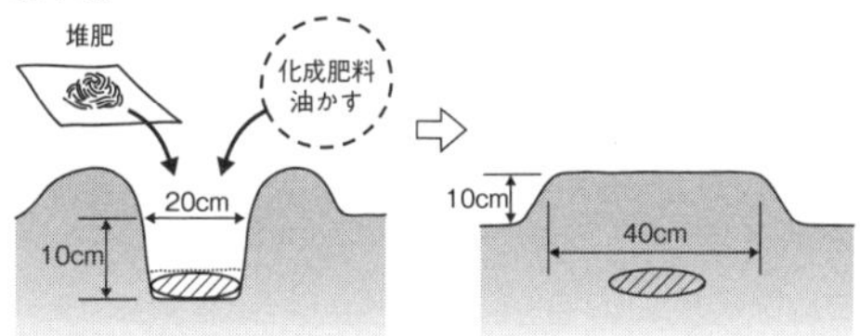

②植え付け・追肥

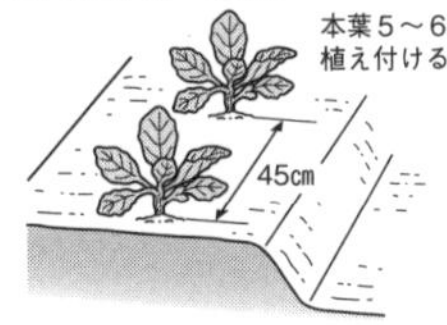

生育中に2～3回追肥し，畝のわきを耕す。

トウモロコシ

高温多日照でよく育ち，吸肥力は抜群で強い。

①種まき・間引き

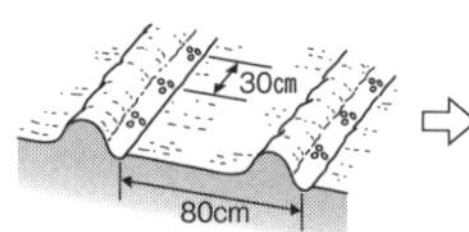

1か所に3粒まいて，4cm程度土をかぶせる。

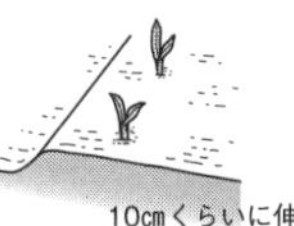

10cmくらいに伸びた頃，間引いて１本とする。

②追肥・受粉

化成肥料を列の片側にまく。追肥したあと，土寄せをする。

先に咲いた雄花の花粉が雌花につく。
小さいものは取り除く。

2列以上に植えるほうが，花粉がよくつく。

《キャベツ》

- ５月上旬までに肥料（畝の長さ１m当たり堆肥５握り，化成肥料と油かす各大さじ１杯程度）を入れて，畝づくりをしておく。
- ５月中旬，苗を購入して植え込む。
- 育てる途中で，１株当たり小さじ１杯程度の化成肥料を２～３回与え，畝のわきを耕して土に空気を入れる。
- どの時期にも，害虫防除を早めにすることが大切である。
- 晴天時には，朝夕水やりをする。
- 放置しておくと割れてしまうので，固くしまったら収穫する。

《トウモロコシ》

- ４月下旬までに肥料を入れた畝を作り，種を購入する。
- 種子は，上の畝に１か所に３粒ずつ直まきし，４cmほど土をかける。２列に植えると受粉しやすくなる。
- 草丈が10cmくらいになったら，間引いて１本だけ残す。
- 追肥は，化成肥料を１株当たり１つまみずつ列の片側にまき，株近くの土を寄せて株を強化する。
- 下部の小さい雌花は取り除き，上の大きな雌花を残す。果実の毛が茶色になったら収穫する。
- ヘチマやアサガオが昆虫を媒介にして受粉する虫媒花であるのに対し，花粉が風に運ばれて受粉する風媒花である。

KEY WORD
芽切り
植え替え
支柱
栽培計画（→p.169）

アサガオ

5年「植物の発芽，成長，結実」

アサガオは，寒さにあまり強くないので，苗が小さいうちは気温20℃くらいのところで育てる。種まきは温暖地で4月下旬～5月上旬，寒冷地で5月中旬～下旬が目安である。

アサガオは連作がきかないので，新しい土を使う。種子はかたいので，種子に傷をつけ，それを一晩水につけてからまくと，発芽率がよくなる。

①種子をまく

アサガオの種子はかたく，そのまま植えても発芽しない種子が多くなるので，一晩水につけてからまくとよい。

一晩水につけた種子を，1.5㎝の深さにへそを下にしてまき，土をかける（日当たりがよく，雨の当たらないところに置く）と，1週間くらいで発芽する。（10日くらいかかることもある）

※最初からポリポットにまく場合は，発芽して本葉が4～5枚になるまで育てる。

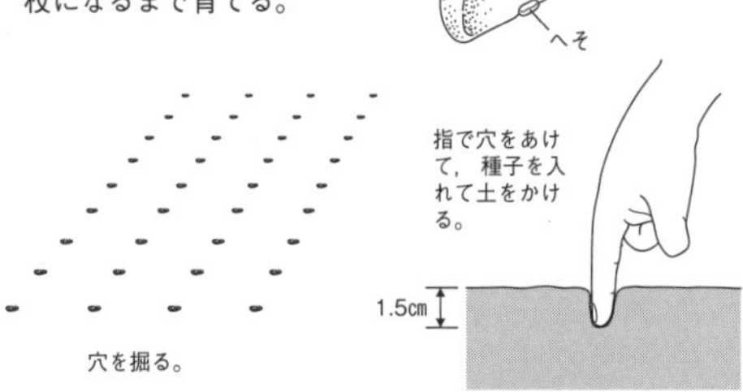

へそ
指で穴をあけて，種子を入れて土をかける。
1.5㎝
穴を掘る。

②植え替える

苗床に植えた場合は，双葉が出たら，根を傷めないように根に土をつけたままポリポットに植え替える。土は，草花用（市販の物でもよい）に腐葉土を4割くらい混ぜた，やわらかい土を使用する。植え替え後に，水をたっぷり与える。

③鉢に植える

本葉が4～5枚になったらポリポットから出して，土のついたまま，プランターや鉢に植え替える。

本葉が7～8枚出てくると，つるが伸びて枝分かれしてくるが，丈夫そうなつるを残して余分なつるは取ってしまうと，大きな花が咲く。

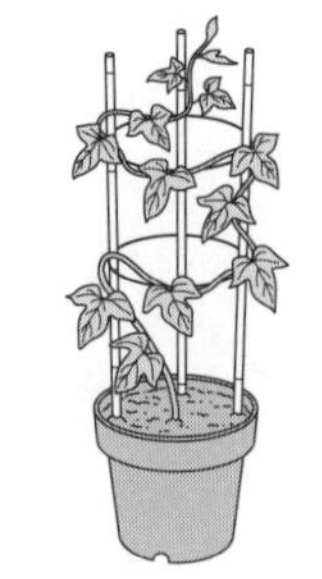

茎が20～30㎝になったら，支柱を立てる。

《種子をまく》

アサガオは，アジアやアメリカ大陸の暑い地方が原産の1年草で，種子がかたい。

発芽しやすくするため，種子の一部分をカッターナイフやつめ切り，はさみなどを使って，中の白い部分がわずかに見える程度にけずってから，水につける方法もある。これを芽切りという。

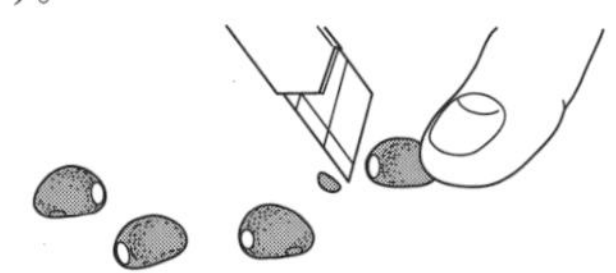

苗床に植える。寒冷地は，朝晩冷えるので，室内がよい。肥料はそんなに必要ない。

《植え替える》

アサガオは根が細く，切れてしまうと再生できないので，苗床に植えた場合は，必ず双葉のうちに植え替える。ポリポットに1株ずつ植える。1週間に1度程度，水やりをする。

《鉢に植える》

なるべく日当たりのよいところに置く。月に3回くらい液体肥料を施す。アサガオの花は，夏至を過ぎないと咲かない（夜が長くなったと感じる頃につぼみがつく）。室内で育てる場合は，夜は袋をかぶせるとよい。

肥料は少なめにする（多いと病気になりやすい）。

KEY WORD
引き
え替え
培計画（→ p.169）

ヒマワリ

3年「身近な自然の観察」「昆虫と植物」

ヒマワリは，花も葉も大きく育つので，成長したときにほかの花のじゃまにならないよう注意する。

成長には十分な水分が必要である。土が乾燥し始めたら，たっぷりと水やりする。

①種子をまく

4月から6月にかけて種子をまく（寒冷地は，5月中旬以降）。直まきがいちばんよいが，鳥に食べられてしまう可能性があるので，ポリポットにまいてもよい（発芽は，1週間程度）。

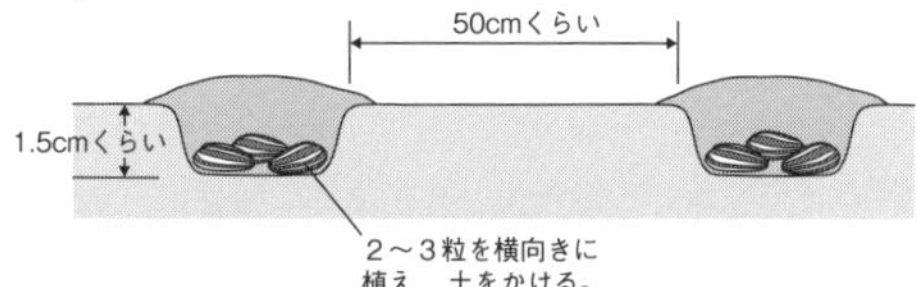

②間引きする

本葉が出たら，元気のよい苗を残し，間引きをして育てる。

暖かい地方は外でよいが，寒冷地は日当たりがよく，風通しのよいところに置く（20～25℃が望ましい）。水は，土が乾いたらたっぷり与える（朝夕2回）。

③植え替え

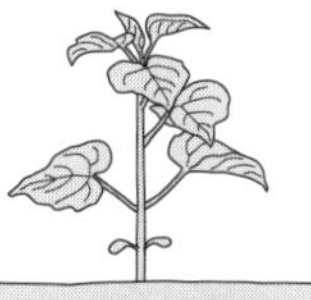

ポリポットに植えたものは，鉢やプランター，花壇などに植え替える（つぼみが出る前に行う）。

土はついたままにし，根を傷つけないように植え替える。

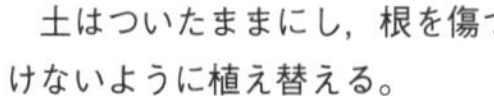

④開花

花は，7月から9月初めが最盛期である。大きいもので2～3mにもなり，花も，3～5個つける。鉢植えの場合は，花の直径が15cmくらいで，草丈が40cmくらいのものが多い。

⑤種子

花が枯れて，花の中心部分が盛り上がって首が垂れたら，茎ごと切り取り，風通しのよい日陰に下げて乾燥させる。十分乾いたら種子をとって保管する。

《種子をまく》

ヒマワリは，北アメリカ原産の1年草。種子は，食料にしたり，油をしぼったりして利用されている。直まきの場合は大きくなるので，ほかの花のじゃまにならないように植える。

種子は，かたくて厚みのあるものがよい。早く種子をまくと，大きな花が咲く。最近では，鉢植え用のヒマワリの種子も市販されている。

《植え替え》

あまりひどい長雨の場合は，軒下に移したほうがよい。

本葉が出たら，液体肥料を与える。与えすぎると大きくなりすぎるので注意する。

植え替えのときに，腐葉土や赤玉などの肥料を混ぜた土を加える。直まきの場合は，そのままでよい。

《開花》

いちばん上につく花が，いちばん大きい花になる。

《種子》

大きい花は，1000～2000個もの種子がとれる。大きな花の厚みのある種子を採取して，涼しくて暗いところに保管しておくと，翌年使える。

KEY WORD
インド・マレーシア・中国
維管束・道管
アフリカ
栽培計画（→p.169）

ホウセンカ　オクラ

3年「身近な自然の観察」「昆虫と植物」6年「植物の養分と水の通り道」

3年では，夏生一年生の双子葉植物を2～3種類取り扱い，比較しながら成長のきまりや体のつくりなどを学習する。種子の観察や種まき，芽ばえ，体のつくりなど，栽培を通して観察する。

ホウセンカはとても丈夫で生育が早く，栽培が容易。土質は選ばないが，日当たりのよいことが大切である。オクラは排水と日当たりのよい場所で栽培する。寒さに弱いので，気温が十分に上がってから種子をまくようにしたい。

ホウセンカ（ツリフネソウ科）

①種子のまき方・育て方

・種子が大きいのでそのままま く。直まきでも床まきして苗を育ててから植え替えてもよく育つ。芽が出たら1本だけ残す。

・日当たりのよい，やや湿ったところを好む。日当たりがよくないと花つきが悪くなる。乾燥に弱いので土の表面が乾いたら水やりをする。

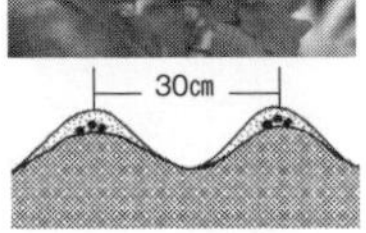

霜の降りなくなる5月に入ったら，2～3粒ずつ種子をまき，5～10mmの厚さに土をかける。

②実

・実は熟すと自然にはじけて種子が勢いよく飛ぶ。熟し始めたら袋でおおうようにしながらとる。

オクラ（アオイ科）

①種子のまき方・育て方

・低温に弱いので5月中～下旬に種子をまく。発芽しにくいので，一晩皿に入れた水に種子を浸し，発芽しやすくする。

・根つきがあまりよくないので，なるべく直まきがよい。

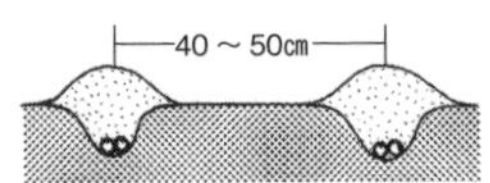

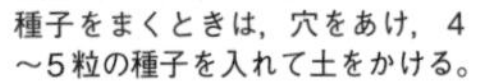

種子をまくときは，穴をあけ，4～5粒の種子を入れて土をかける。

・本葉が3～4枚になったら，育ちのよい苗1本にして土寄せする。

・草丈30cmくらいになったら支柱を立てる。

・わき芽が出たら早めに摘み，一本立てにする。

②手入れ・収穫

・株もとに草やわらを敷くと，夏の乾燥や地温の異常な上昇を防ぐことができる。

・花が咲き始めたら，月に2回肥料を追肥する。

・実が7～8cmになったら，はさみで切り取って収穫する。遅れると実はかたくなる。

《ホウセンカ》

一年草。3～4月に種子をまき，移植，定植すると，夏から秋まで咲き続ける。とても丈夫で生育が早いので，栽培は容易である。

原産地はインド，マレーシア，中国南部で，もともとは日本にはなかった。今では，世界じゅうで観賞用の植物として広く栽培されている。日本では江戸時代から栽培され，花の汁で爪を染めたといわれる。

維管束が茎から葉や花に通じている様子を見るのによい材料で，赤インクを切り口につけて水にさしておくと，すぐに道管が染まってくる様子が見られておもしろい。熟した実に触れると，はじけて種子が勢いよく飛ぶ。

《オクラ》

25～30℃が生育の適温。草丈は約1mで，根がまっすぐに伸びる。大きな薄黄色の花を咲かせる。次々と実がなるため，長期間収穫が楽しめる。

原産地はアフリカで，暑い夏によく育つ。大きな黄色い花はフヨウ，ムクゲに似ていて美しい。下から上へと花を咲かせ，実をつけていく。実の形が貴婦人の指のように見えることからレディスフィンガーと呼ばれる。日本には20年くらい前から一般に普及した。花は午前中に開花して，午後にはしおれる。連作を嫌うので，1～2年は同じ畑で栽培しないようにする。

KEY WORD
る性植物
ズ
培計画（→p.169）

フウセンカズラ

3年「身近な自然の観察」「昆虫と植物」

3年の栽培植物は，種子から成長して種子の確認ができるもので，根・茎・葉からできていることが学習できる植物がよい。フウセンカズラは，実のおもしろさなどが味わえて，子どもの興味をひくのによい。

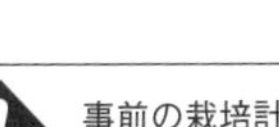

事前の栽培計画が大切である。何と何をどのように植え，どう育てるかなど，計画の立案が必要となる。

①フウセンカズラとは

ムクロジ科のつる性一年草である。風船のようにふくらんだ果実が次々とつき，独特の風情があり，ほかに仲間を見ない珍しい草花である。つるは3ｍくらいにも伸び，垣根や棚にからませるのもよい。最近では，園芸店にも出回っている。

②栽培の仕方

野生種に近いため，きわめて丈夫である。畑・鉢・プランターなどどこでもよく，土も選ばない。つる性の植物であるため，支柱などの準備が必要である。

4月の暖かくなってきた時期に種子をまく。排水性だけに注意すれば，比較的簡単に芽が出る。直接土にまいてもよく，暖地では，こぼれ種からも芽を出す。

7月から8月頃に開花し，11月まで果実をつける。

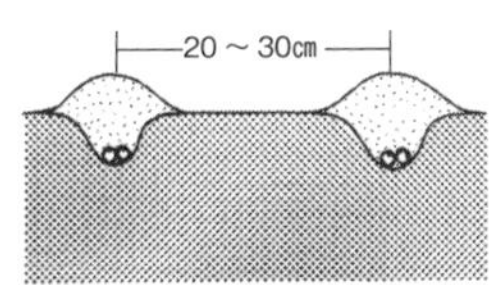

肥料を入れた花壇に畝を作り，畝に沿って種子をまいたあとに5～10㎜の厚さに土をかける。

③実や種子の利用

風船のような実ができ，その実を指で押さえてみると，ポンポンと音を立てて破裂する。また，実に目や鼻をかいて顔を作ったり，針金を通してみるのもおもしろい。

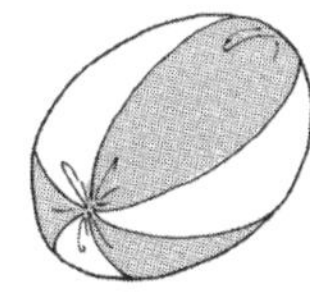

採取した種子は，翌年用として保管するほか，お手玉の中身として利用したり，種子の白い部分に目や鼻などをかくと，猿の人形づくりなどができる。

《3年生での栽培植物の例》

3年で栽培する植物には，地域性などを考慮していろいろなものが考えられる。教材園で育てたり，鉢植えで育てたりしてみるとよい。

・ホウセンカ　・ヒマワリ
・オシロイバナ　・ナス
・トマト　・ピーマン
など

《クズ》

つる性の植物の例としてクズがあげられる。つる性のマメ科の植物で，日本全国どこでも見ることができる。秋には，葉が落ちる。花の時期は7～9月で，色は赤紫色，木に巻きついているのが特徴で，長さは10mにもなる。

学校の敷地に植えると，ほかの植物をおおってしまうため，野外のものを利用することが好ましい。

昔から食用だけでなく，薬用としても利用されていて，日本人にはなじみ深いものである。

楽しみ方としては，クズの根を水にさらしてデンプンをとり，くず粉を取り出して和え物や炒め物として使う。

KEY WORD
光合成
ランナー
ホテイアオイ
カナダモ
水槽（→p.151）

水草

5年「動物の誕生」

水草は水中の窒素化合物などを栄養分として二酸化炭素を吸収し，酸素を放出したり水中を浄化したりするという，非常に重要なはたらきをしている。水槽で生き物を飼うときには，水草を入れて自然界のバランスを保つようにする。オオカナダモ，ホテイアオイともに外来種であり，河川等への放出等は生態系に影響があるので行わないように注意する必要がある。

水草は，日光が当たると光合成を行うため，日当たりのよいところに置くことが必要である。ホテイアオイは，オオカナダモほどは酸素を放出しないうえに，水面の面積が少なくなるため，酸欠になりやすいので注意が必要である。

①水草を入れる前の準備

水槽や池に入れる前に，一度水洗いをする。

水草には，巻貝や藻類などがついていることがあるので，葉を傷めないよう，水を張ったバケツの中などで作業を行う。枯れた葉や変色した葉は，はさみで切り取る。

②植え込み

水洗いとカットが終わったら，水槽や池に植え込む。

〔ホテイアオイ〕

水に浮き，夏の間にうす紫の花を咲かせる。水槽や池などに浮かべて育てる。

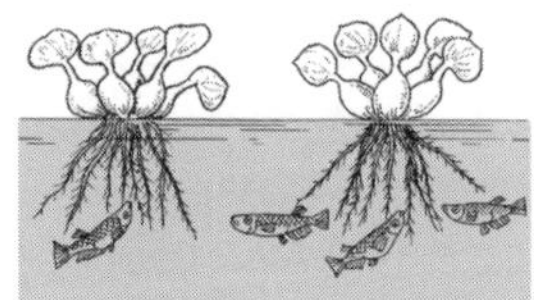

根がフサモのように細かく，メダカや金魚などの卵が付着しやすいので，魚を増やすの使われる。

〔オオカナダモ〕

根元からカットして，浅く植え込む。水中で盛んに酸素を放出する。

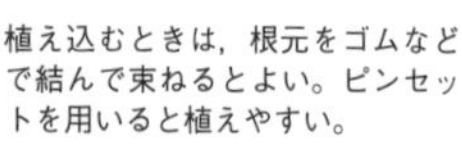

植え込むときは，根元をゴムなどで結んで束ねるとよい。ピンセットを用いると植えやすい。

③育て方

ホテイアオイの鉢植えの方法

- 鉢の底に肥料を入れて，その上に花壇の土と腐葉土を混ぜたものを入れて植え込む。
- 鉢の大きさは，深さが10㎝以上，直径20㎝以上のものがよい。

《ホテイアオイの増やし方》

①株が育ってくると，株の根元から横に枝が伸び，その先に子どもの株ができる。これをランナーという。

②ランナーが伸びたら，それを親の株から切り離し，別の鉢に植え込む。

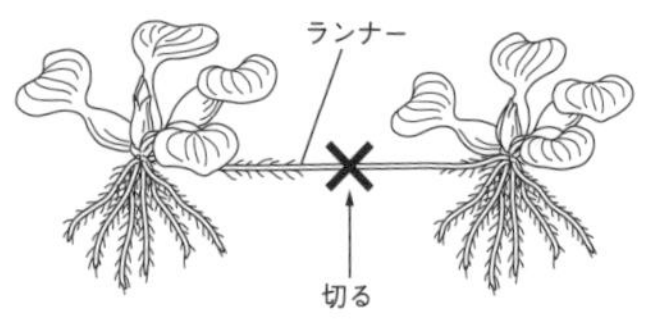

必ず日当たりをよくしておく。日当たりが悪いと，花が咲かない。

冬は，水がこおらないところに置いておく。暖かいところでは，外でも楽に冬を越せる。

《水草と魚との割合》

日中には，水草は二酸化炭素を取り入れて酸素を放出し，逆に魚は酸素を取り入れ二酸化炭素を出す。そこで，水草と魚とのバランスが大切である。水草が多すぎると，そのバランスがくずれるため，水質が悪化（藻が生えたり）する。

そこで，水草を育てるためには，二酸化炭素の補給（市販のボンベ）をするとよい。魚への配慮も必要であるので，過剰とならないよう，また日中に行うようにする。

KEY WORD
ョウやガ（→p.153～155）
（→p.142）
芽・果実
木（→p.129）
んぐり

樹木

4年「季節と生物」6年「生物と環境」

学校内に植えられた樹木は，美観のための校庭整備として利用することも大切ではあるが，学習教材として利用できる樹木も，あわせて植樹して利用するようにしたい。

誤食して食中毒を起こす，接触してかぶれる，とげでさされる，樹木にいる昆虫に触れて皮膚炎を起こすなどの，病気やけがも予想されるので，観察するときは十分注意をはらう。

樹木を観察したり遊びに使用するには，冬芽，植物の体のつくり（茎・葉・花・果実），昆虫の食草，越冬の仕方，人間とのかかわりなど，いろいろな視点を考慮したい。

①昆虫の飼育に使われる樹木の例

昆　虫	樹　木
カイコ	クワ
キアゲハ	カラタチ，ミカンなどのミカン科
アオスジアゲハ	クスノキなどのクスノキ科
オオムラサキ	エノキ
テングチョウ	エノキやニレ科

②葉の形を見るのに適した例

サクラ（単葉）

トチノキ（掌状複葉）

ニセアカシヤ（羽状複葉）

③小鳥の餌になるのに適した例　（　）内は果期

ヤツデ　（4～5月）
ヤマザクラ　（5～6月）
ウワミズザクラ（6～7月）
イヌビワ　（8～10月）
ガマズミ　（9～11月）
ムクノキ（10月）
クスノキ（11～12月）
ナンテン（11～1月）
アオキ　（12～3月）

④花の形を見る

〔花弁がない花〕
マツ，イチョウ，ケヤキ，シラカバ
〔花弁が離れている花（離弁花）〕
サクラ，ミカン，クスノキ，エノキ
〔花弁がくっついている花（合弁花）〕
カキ，ツツジ，キョウチクトウ

《チョウやガの幼虫の餌》

幼虫から飼育するためには幼虫の餌が必要であるが，幼虫は，種によっては特定のものしか食べない。食草とする樹木の葉が，校庭などの近くにあると飼育しやすい。

《植物の葉を見る》

樹木は，針葉樹と広葉樹に分けられる。針葉樹には，針状の葉（マツ，スギ），鱗状の葉（ヒノキ，サワラ）と幅の広い葉（ナギ，イチョウ）がある。広葉樹には，1枚の葉からなる単葉と複数の小葉からなる複葉が見られる。それぞれのいろいろな葉の形，葉縁の切れ込み，葉の基部や先端の変化などに注目したい。冬に葉を落とす落葉樹と葉を落とさない常緑樹で，季節の変化を比較し観察させるとよい。

《小鳥の餌となる樹木》

校庭内で，巣箱を掛けたり水飲み場や餌場を設ければ，多くの小鳥を観察することができる。同時に，小鳥が来やすいように小鳥が食べる実をつける樹木があることが大切である。樹木は，実のなる時期や期間が種によって異なるため，年間を通して何らかの植物が実をつけているようにそろえておくとよい。アオキなどのような雌雄異株の樹木では，雌株，雄株の両方の株を植える必要がある。

《花の形を見る》

花をよく見ると，マツやイチョウな

⑤冬芽を見るのに適した樹木の例

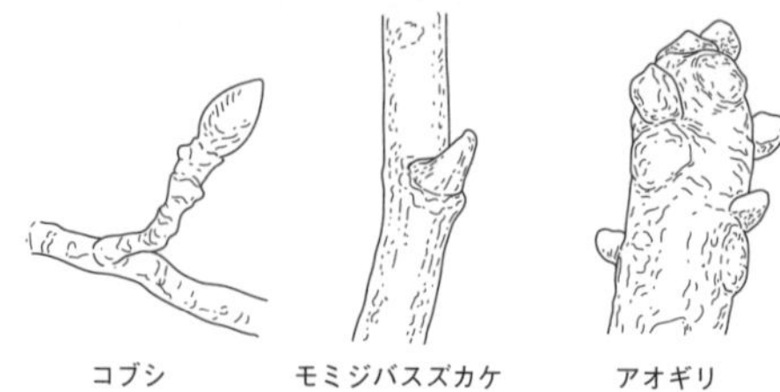

⑥果実を見るのに適した例

⑦どんぐりでの遊び方

〔くびかざり〕

1）どんぐりをできるだけたくさん拾う（同じものでなくてもよい)。
2）きりでどんぐりに穴をあける。
3）穴をあけたどんぐりに麻ひもを通して，自分のサイズに合わせて輪を作ってみる。

〔迷路〕

1）お菓子などが入っていた箱を用意する。
2）箱の中にしきりを作って迷路にする。
3）スタート地点とゴール地点を作って，箱の上にラップでふたをする。スタート地点とゴール地点には，どんぐりが入る穴をあけておく。
4）どんぐりをスタートの穴に入れて，ゴールまで転がして遊ぶ。

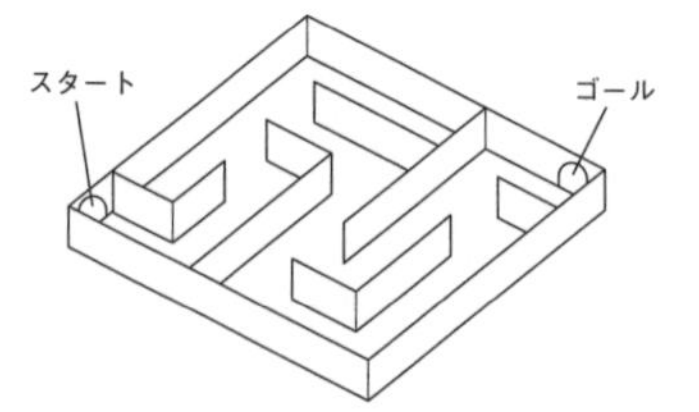

どは花弁がない原始的な花である。少し進んで，花弁があっても離れているサクラやミカンなどの花もある。最も進化した花は，がくや花弁がくっついているカキやツツジである。

《冬芽の様子》

樹木の冬芽には，鱗片がないマンサク，ハクウンボク，鱗片で保護されているホウ，コブシ，アオギリ，サクラ，葉柄の基部で保護されたモミジバスズカケ，半ば埋もれているエンジュなど，冬をいろいろな形で過ごしている。鱗片の様子，冬芽のつく位置や数，葉痕の形など種によって特徴がある。季節の変化の一環としての観察とあわせて行うようにしたい。

《果実の様子》

子房が成熟してできた果実には，水分を多く含む果実（液果：カキ)，乾燥して裂開せず翼のある果実（翼果：イロハカエデ)，果皮の堅い果実(堅果：コナラ）などがある。

一見，一つの果実のように見える果実のなかには，一つの花の多数の雌しべが成熟し，多数の果実が集まってできた集合果（カジイチゴ)，多数の花の果実が集まってできた複合果（イヌビワ)，子房以外の部分が加わってできた果実（リンゴ）などがある。これら果実の構造を観察することのほかに，風や動物などによる果実や種子の散布の方法や，発芽の様子についても観察させたい。

《どんぐり》

コナラ，シラカシなどブナ科の堅い果皮をもつ果実をいう。形や殻斗（総包の変化したもの，どんぐりの帽子と呼んでいる部分)は種によって異なる。どんぐりを集めて遊びに利用したり，クリやスダジイのように，あくぬきせずに食べたり，コナラ，クヌギのように，あくぬき後に食べたりする。

KEY WORD

し床
し穂
玉土
沼土
し芽（→p.192）

さし木

3年「身近な自然の観察」

さし木は，仲間の木の枝を切り取ってさすことである。種子をまいて育てる木は，さし木のほうが成長も早く，比較的簡単に増やすことができる。

さし木もさし芽と同様に植物のたくましい生命力によるものである。水のやりすぎは根を腐らせるので，注意が必要である。

①さし木に適した時期

時期	植　物　名
3月	バラ，キク，レンギョウ，ムクゲ，ポプラ，プラタナス，ユキヤナギ　など
4月	カーネーション，スギ，ゲッケイジュ，ヒバ類　など
5月	キク，サツマイモ，ツツジ，サツキ，ジンチョウゲ，サザンカ，ツバキ　など
6月	アジサイ，クチナシ，ヤナギ　など
7月	ゼラニウム，マツバギク　など
9月	モクセイ，アオキ，サカキ，ヤツデ　など

②さし木の方法

1）庭に穴をあけたパック（プラスチック製容器など）に，用土を入れて，たっぷり水をまく。

・通気性，保水性，排水性の優れた鹿沼土などを選ぶ。

・赤玉土…赤土を粒の大きさによってふるい分けしたもの。

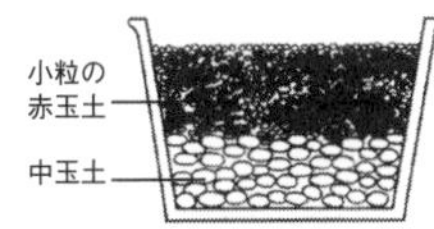

園芸用品店などで市販されている小粒の赤玉土，バーミキュライトなどを購入するとよい。中玉土を使う場合は，下の方へ敷く。

2）さし穂をとる。

・枝の先から10㎝程度のところを，カッターで切り取る。

・葉を3～5枚残しておく。

・切り取ったら水揚げさせるため1時間ほど水につけておく。

3）1.5～2㎝くらいに，斜めに浅くさしておく。

・日かげに置き，土が乾かない程度に水を与える。

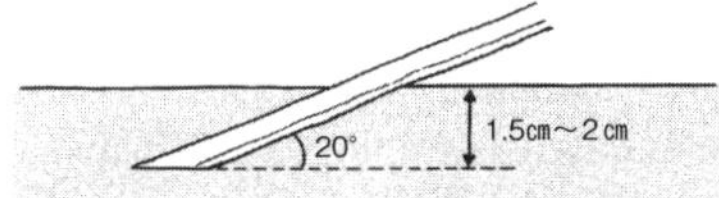

4）植え替える。

1か月後，土を落としてさし穂を出してみる。根が出ていれば，新しい鉢に植え替える。

《さし木の時期》

バラ・ボケなどの落葉花木は，3月頃の新芽が伸びる前にさし木すると，よく成長する。植物が活発に活動する前なので病気にもかかりにくい。

ツバキ，サザンカ，ツツジなどの常緑花木は，春に伸びた新芽が成長しきった頃，よいさし穂となる。自然条件に恵まれているため，根がつきやすい。

《さし床》

赤玉土，鹿沼土などの肥料分のない，水はけのよい土を選ぶ。鉢の大きさは，枝を斜めにさすので，やや大きさめで浅めのものがよい。

《さし穂》

よく切れるカッターで斜めにカットし，十分水揚げができるようにする。水につけて水揚げするとき，葉に水がかからないように注意する。葉を取り除くのは，水の蒸散を防ぐためである。

《だんごさし》

さし床が鹿沼土や砂粒の大きなものだと，風などで揺れ，出たばかりの根が傷つく。さし穂の切り口に赤土をだんごにしておくと，さし穂が動くのを防ぎ，根を傷めずよく根づく。

《移植の時期》

さし木は，さし芽と違って2～3か月かかる。そこで，春にさしたものは秋に移植し，夏から秋にさしたものは，次の年の春に移植する。根づいても，1人前に育つには2～3年かかる。

KEY WORD
育苗箱
赤玉土
発根剤
鹿沼土
バーミキュライト
さし木（→p.191）

さし芽

3年「身近な自然の観察」

さし芽とは，切り取った枝や茎や葉の養分で，新しく発根させる繁殖方法である。すべての植物ができるわけではない。梅雨の頃がさし芽の好適期である。

さし芽で根づくのは植物のたくましい生命力によるものである。さし芽のさす部分は，成長が盛んな若い部分がよい。水枯れや，水のやりすぎに注意する。発根剤の使用もよい。

①さし芽ができる植物の例

マリーゴールド	マツバボタン	インパチェンス
ゼラニウム	ポーチュラカ	キンギョソウ
ベゴニア	センパフローレンス	アジサイ
シロタエギク	バーベナ　など	

②さし芽の仕方

時期…５～６月の成長期が最適といえるが，発根できる温度が確保できれば，いつでも可能である。

採取…その年伸びた新芽のなかから，日によく当たっている部分のしっかりした枝先を切り取る。

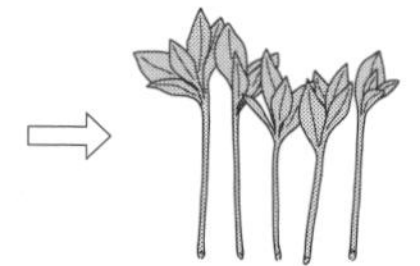

水揚げ…穂先の葉を数枚残して下葉を取り除き，さし穂を１～２時間水に浸す。

さし床…平らな植木鉢か箱（木箱や発泡スチロール箱）を利用。用土は，鹿沼土や赤玉土，バーミキュライトなどの通気性・保水性に優れたものをつめて，十分水を含ませる。

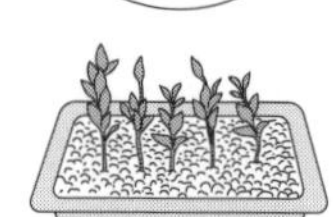

さし方…割りばしなどを使って床に穴をあけ，さし穂の切り口を傷めないように注意しながらさし，軽く周りから押さえて用土に固定する。

管理…日かげに置いて，用土の表面が乾いたら噴霧器などで水を与え，水枯れのないようにする。

③移植の時期

キクやゼラニウム，ベゴニアなどは，２～３週間で根づき，約１か月で移植できる。

バーベナ：２～４日，マリーゴールド：４～７日，マツバボタン：２～３日で発根する。

《発根剤》

発根を促す成長剤の一種であり，切り口につけることで，その発根作用が促進される。

《さし芽の時期》

①春ざし（３月ごろ）

バラ，レンギョウ，ムクゲなどの落葉花木の仲間がよい。

②つゆざし

梅雨の頃は，自然の湿り気や温度などの条件に恵まれているので，根がつきやすい。この時期には，キク，マリーゴールド，マツバボタン，アジサイなどがよい。

《さし床》

さし穂の本数を考慮して，平らな植木鉢か箱を利用する。小さな植木鉢は，すぐに水が乾くので，鉢ごと水の中に入れる。

《さし床の用土》

花壇や畑の土は，肥料や栄養分を含んでいるため，さし芽用の土には適さない。そこで，鹿沼土や赤玉土や川砂などの排水性に優れ，やわらかい土を使用する。雑菌が含まれていないことが大切である。

《管理の仕方》

夏は，日光がおだやかに当たる半日かげに置き，朝・夕水を十分かける。冬は，保温（温度管理）をし，水は日中にかける。水を与えすぎると，発根が進まなくなるので注意する。

KEY WORD
袖・長ズボン・帽子
ュックサック
靴・軍手・タオル
前指導（→p.136）
全指導（→p.196）

装備　服装
野外活動関連学習

野外では，けがや事故の危険性が高くなる。そのようなとき，服装一つで危険を回避できるし，程度を軽くできる可能性が高まる。自然を甘く見ないで，自分の身は自分で守る意味からも，きちんとした身なりで活動する意識を育てたい。

けがの予防，病気の予防，疲労の予防など，服装や装備には様々な意味合いがある。格好がよい，悪いという尺度ではなく，野外活動での必要性という尺度でものを考えたい。

①服装・装備・持ち物

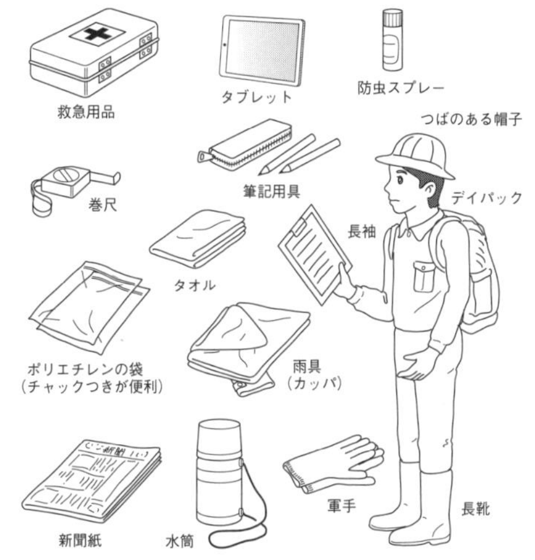

・必要に応じて着替えや弁当，タブレット，デジタルカメラなど。
・クマの出る地域ではクマよけの笛や鈴など。

②目的によってあると便利なもの

地層学習に…
移植ごて，ハンマー，タブレット，タガネ，5寸釘，マイナスドライバー，古い歯ブラシ，油性ペン，クリノメーター，地形図　など

川の学習に…
おがくず，木片，割りばし，着替え　など

虫とりに…
捕虫網，タモ，図鑑類，プラスチックケース　など

野草観察・採集に…
図鑑類，荷札，油性ペン，タブレット　など（先頭の指導者が荷札に植物の名前を書いてつけていき，最後尾の指導者がそれを回収していく）

《服装》

野外では，虫さされ，草かぶれの危険があり，肌はなるべく出さないほうがよい。また，転んだりしたときも，衣服が1枚あるのとないのとでは，けがの程度がかなり違う。帽子は，暑さよけのほかに，けがの防止の意味もあるので，必ず着用させる。

靴は長靴が自由度が高くて重宝する。また，マムシの被害を防ぐこともできる。手指の保護に，軍手は欠かせない。タオルを首に巻くと，汗をふくのに使え，ダニの進入を防ぐこともできる。

《持ち物》

カバンは，両手が自由に使え，重さも肩に均等にかかるリュックサックがよい。虫よけスプレーや，救急絆創膏などは，子ども各自に用意させる。

暑い季節は，熱中症対策として水筒，保冷剤，ぬらしたタオルなども持たせる。甘いおやつやジュース類は，スズメバチを呼ぶ危険もあり，持たせないほうがよい。

どんな場合でも雨具は持つようにする。ビニルカッパなどが扱いやすいが，折りたたみ傘も余裕があれば持たせたい。

新聞紙は，ものをくるむだけでなく，風よけになったり，植物をはさんだりと様々な用途に利用できるので便利である。

KEY WORD

事前指導
消火用備品（→ p.198）
分別廃棄（→ p.199，215，216）
ガスコンロ
換気
理科室（→ p.114，116）

理科室の安全指導

各種観察・実験

ここでは，室内での観察・実験の活動にかかわる注意点を，基本的な事項にしぼって紹介する。日常的な指導と点検が，いざというときに生きる。日頃から，そのことの大切さを，子どもにも理解させることが事故の未然防止に大事である。

火の扱いとガラスの破損によるけがには，日常的な指導と十分な注意が必要である。実験用ガスコンロの使い方についての指導も徹底する。また，一般的に，実験するときは椅子をしまって，立って行う。

掲示の文言（例）

観察・実験するときは
○机上は整理されているか
火や薬品を扱うときは、教科書やノート（紙類）を片付ける
○実験器具は、中央にあるか
○椅子を机の中にしまい、立って行う

注意事項を掲示しておく。

貯留量は容器の$\frac{2}{3}$くらいまで

アルカリ性
酸性

廃棄物は分類する。

服装の注意
○袖口はめくり，上着のチャック，ボタンをしめる
○長い髪の毛の人は髪を束ねる
○くつはちゃんとはき，転ばないようにする

備品棚
転倒防止のため固定する。

秒針つき壁時計
換気扇
12:23
大型掲示タイマー
教師用机の下などに
常備しておく。
防火用砂
消火用水
消火器
ぬれた雑巾
換気に十分
気をつける。
机のまん中で実験
し，ノートなどの
燃えやすいものや
汚れて困るものは
置かない。
ぬれた雑巾
（2枚程度用意）
液が飛び散ること
があるので，安全めがね
をかける。
厚さ5㎜程度の板
を敷く。（テーブ
ルがひずむと水も
れの原因となる）
水槽の破損に注
意し，むやみに
動かさない。

《事前指導》

教師の話をきちんと聞く態度を身につけさせる。器具・機材の取り扱いについては，指導を徹底する。また，説明を聞いてすぐ実験に入るのではなく，実験の方法や手順をノートにまとめさせ，活動内容を十分理解させてから実験するようにする。書くことにより，子どもの理解が深まる。

《掲示資料の活用》

理科室の使用ルールや実験の基本操作の安全指導について紙に書いて貼っておくと，参考資料となる。

《役割分担》

グループごとに，掲示係・操作係・記録係など役割分担させ，輪番にしながら学習すると，責任をもち，学習でき理解も深まり，事故も少なくなる。

《大型掲示タイマー》

実験時間指示のため，よく見える場所に大型掲示タイマーを設置しておく。

《消火用備品》

教師用机の下には，消火器のほかに，防火用砂バケツ，消火用水，ぬれた雑巾や布を常備しておく。

《分別廃棄》

燃えるごみ箱のほかに，酸・アルカリ（薬品），破損ガラス，乾電池等不燃物の廃棄について，分別した廃棄容器を用意し，置く場所を決めておく。

《実験》

実験は，机のまん中で行い，原則として立って行う。燃えやすいものや汚れて困るものは置かない。安全のため，常にぬれ雑巾を準備しておく。実験用ガスコンロや着火用ライターなど，火の扱いは特段に留意し，理科室でなく準備室に保管する。室内の換気にも十分注意する。後片づけは全員でするが，最終点検は，班の中で役割分担して行い，教師がチェックする。

KEY WORD

事前指導（→p.136，209）
下見（→p.135）
休憩場所
トイレ
装備・服装（→p.193）
緊急対応（→p.137）

野外活動の安全指導

野外活動関連学習

野外観察に出かける場合，思いつきや部分的な安全対策だけで，子どもの安全に十分に配慮した指導計画がなされない場合が多い。地域の教材化の観点から野外活動を実施し，子どもたちとともに観察記録を積み重ね，最終的に観察マップができるように計画したい。

野外には，危険がいっぱいである。しかし，野外観察の意義を踏まえて，子どもの安全に配慮した計画に基づき，必ず下見をして安全確保に努めるようにしたい。

危険な場所には行かない。
列を離れない。
帽子
手袋
夏でも長袖
夏でも長ズボン
落石に注意する。
流路，河原の位置を確認する。
大雨の後は，入念なチェックが必要である。
目印を決めて，行動する範囲を約束する。

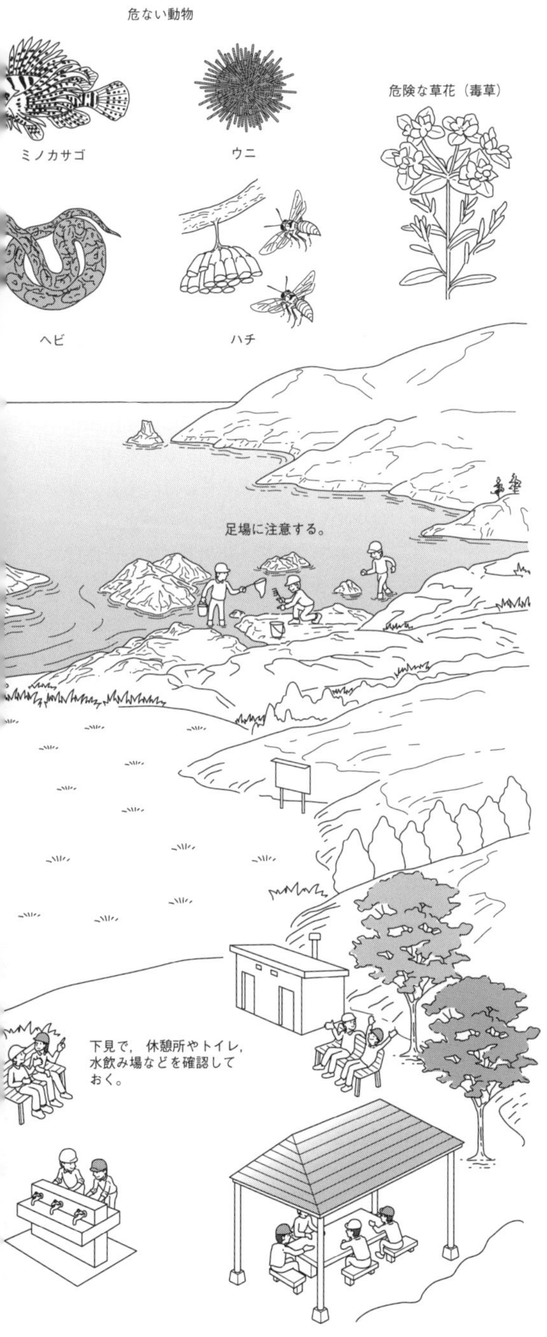

「川」「地層」「昆虫」など，学習内容によって適切な場所を選択し，各学年の年間指導計画に位置づけて，野外活動を取り入れる。

《事前指導》

野外観察地，観察日程は事前に知らせ，図鑑などによって観察する対象や調べる観点を明確にさせる。何を学んでいるかわからず，単なる遊びで終わってしまうおそれがある。

また，その場所に生息することが予想される危険な生物についても，前もって調べさせるとよい。

なお，夏でも長袖の服，長ズボンを着用することなど，健康や安全上適した服装で参加することを徹底することも必要である。また，熱中症対策として，帽子，水筒などを持つことを指導する。教師は，冷却剤や塩分を摂取できる物などを持参する。

《下見》

環境は常に変化しているので，下見は計画ごとに必ず実施する。休憩場所，トイレなどの確認も必要である。日陰になる場所等を確認し，熱中症対策をしておく。校外学習実施届けに留意事項を記載しておく。

《現地での指導》

- 道幅に広がって歩いたりして，他人に迷惑をかけないようにする。
- むやみに草花を採集しない。
- 危険な場所には近寄らない。必要に応じて指導者の立つ位置を決めて，監視する体制をとる。
- 木や岩などの目印を決め，その範囲内で活動することや，笛の聞こえる範囲内で行動することを約束する。
- 「この崖が危ない」「これがマムシで毒がある」「この巣はハチの巣で触ると刺される」など，その場で具体的な事例を指導する。

KEY WORD

薬品の保管，管理（→p.214）
火災事故の消火法
毒物・劇物
薬品台帳
耐震対策
理科室（→p.114，116，194）

薬品　火事

各種観察・実験

学校で使用する薬品はその種類が多く，なかには容易に発火または引火して爆発事故や火災の原因になるものがある。毒物・劇物はもちろんのこと，薬品の保存については，火災の危険性，吸湿性・潮解性，風解性・変質性を理解したうえで，適切な保存をする。

学校で取り扱われる薬品は少量であるが，保健所の検査の対象になり，管理を徹底する必要がある。

①薬品の管理

小学校では，薬品数が15～20種類程度と多くはない。

一般薬品　保管用薬品　グループ用薬品　グループ用予備薬品

の４種に分けて，薬品棚（薬品庫）に整理して保管する。

〔小学校で扱う劇物に指定されている薬品〕

塩酸，アンモニア水，水酸化ナトリウム，ヨウ素，エタノールなど

②保管・整理の観点

・手軽に作業（整理）できること。
・ひと目でわかるように配列すること。
・施錠できること。
・元の位置に返しやすいこと。
・薬品台帳に記載を必ず行うこと。

※毒物・劇物は鍵のかけられる保管庫に保管する。
※薬品庫は，その部屋の中でいちばん乾燥した冷暗所で風通しのよい場所，一般的には北側に配置する。

③防火の点検

実験における災害のうち，最もよく起こり，留意が必要なのが火災である。日常的な点検を忘れないようにする。

・消火用器具（消火栓，消火器，消火砂）
・防護用具（マスク，手袋）
・非常用器具（非常はしご，救命袋）
・非常口を確認し，室内の可燃物を最小限にする。

④火災時の対応

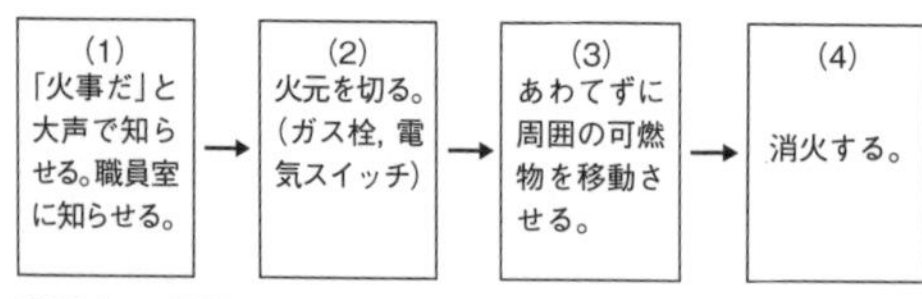
(1)
「火事だ」と大声で知らせる。職員室に知らせる。
(2)
火元を切る。（ガス栓，電気スイッチ）
(3)
あわてずに周囲の可燃物を移動させる。
(4)
消火する。

⑤消火の種類

全量燃焼…少量の溶剤などは，ほかに引火しないように全量燃やしてよい

二酸化炭素消火器…有機溶媒の引火や電気火災の初期消火に有効であり，後始末が容易で何度も使える

粉末消火器…小火災から大火災まですべての場合に使う

強化液消火器…さらに火災が広がった場合に使う

《日常的な管理》

薬品庫については，鍵をかけることと，その鍵の管理を徹底する。

残量薬品の管理は，月に１度あるいは学期に１度は，薬品台帳と使用量・残量を照らし合わせるようにする。毒物・劇物については必ず施錠する。その際，できる限り担当者以外の管理責任者とともに行う。

《薬品台帳》

薬品台帳の形式については様々な様式が考えられる。例えば，薬品の盗難被害を疑うような事例にあった場合，「この薬品庫からは使われていない」ことが証明できるようなシステムを考えるべきである。そのことによって，現在量を知ったり，今後の運用計画に使用したりすることがねらいである。また，保健所の検査では提出を求められる。

《衣服に火がついた場合》

あわてずに人に消火を頼むか，廊下や床に出て転がって消す（ただし，ナイロン，テトロン等の衣類は，火熱によって溶融し，皮膚に密着して大火傷を起こす場合がある）。

《耐震対策》

薬品庫そのものの耐震工夫（転倒防止等）もさることながら，庫内も薬品トレー（薬品整理箱）や耐震ボトルトレーなどを活用し，転倒による破損を防ぐ工夫をしなければならない。

KEY WORD

リ傷
ラス破損事故
別収集（→p.215，216）
験マナー
ラス破損容器（→p.216）
斗室（→p.114，116，194）

われもの　破損

各種観察・実験

化学実験ではガラス器具を多く使用するので，ガラス破損も多い。理科室や理科準備室には，専用容器を備えて分別収集する必要がある。また，われものをどのようにして集め，廃棄容器に捨てるのか，子どもには安全指導として具体的に指導をしておく。

われものを扱う場合に注意すべきことは，収集時における切り傷等の事故である。収集するのは教師か子どもか，指導者は敏速に判断し，的確で適切な指示を出さなければならない。

①事前指導

事故対策として，最初に理科室での実験マナー（約束事）を具体的に指導しておく。

実験前	・理科室へは始業５分前に集合 ・遅刻してあわてて入室すると危険であることの認識 ・器具等を引っかけない服装（リボンや装飾品など） ・引火等の危険のない身なり（長い髪を束ねたりする，そでをめくるなど）
実験中	・実験操作の手順や薬品類の扱いについては留意点を簡潔かつ明確に指示する。 ・立って行う，理科室内で走らない，実験操作ではあわてない。 ・児童全員が実験操作を中断するための合図の確認をする（ベル音，ブザー音など）。 ・子ども同士のトラブル等で集中力が欠け，安全確保が不安になった場合，躊躇せずに実験を中断する。
実験後	・片づけ作業は，授業時間に含めて合理的に行えるよう指示する。 ・ガス・水道・電気の確認，椅子の整頓，戸締まりなど，当番の確定をする。

②授業中の破損事故

平素から実験事故発生時に，子どもから教師へ報告・連絡・相談をさせやすい雰囲気をつくっておくことが必要である。誰が片づけ，どこへ廃棄するのかなど，具体的に指示をする。

消耗した乾電池

ガラス片など

《実験マナー（約束事）》

理科室内の安全を確保するためには，子どもと教師が危険事項を想定し，十分な指導を事前にしておくべきである。マニュアルを見やすい場所に掲示するとよい。

《比較的頻繁に発生する事故の例》

・熱した試験管や金属，三脚などの加熱器具に不用意に触れることによる火傷。
・試験管，ビーカー，スライドガラス，カバーガラス等の破損による切り傷。

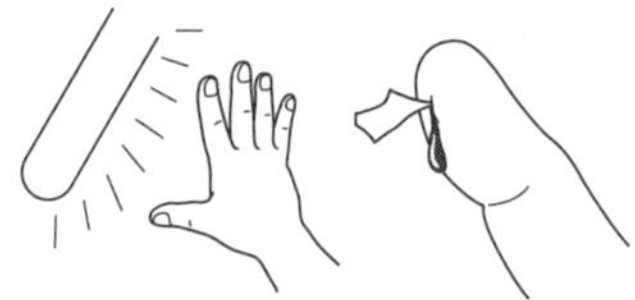

皮膚に刺さったガラス片を取り除く手術は簡単にできるように思えるが，最も難しい手術の一つである。無理に突き刺さった異物を取り除いて大出血する事例は多くある。保健室と連携し，医療機関に委ねるようにすることが大切である。

ガラスによる外傷を想定し，消毒薬，傷テープなどは，理科室または準備室に常備しておく。

《ガラスの処理》

ガラス片は手でひろわないで，ほうきや掃除機で集め，ガラス用のごみ箱に分別する。

KEY WORD
猛毒をもつ植物
身近にある有毒植物
チョウセンアサガオ・トリカブト
ジギタリス・ウメ・アサガオ
スイセン・ヒガンバナ
ツツジ・ヤマゴボウ・イチイ

危険植物（有毒）

野外活動関連学習

毒をもった植物は数百種に上るため，特に事故に遭いそうなものをいくつか選んでみた。ほかにもハシリドコロ，ドクゼリ，シキミ，ドクウツギなど，危険なものは数多い。

同じ種類でも，食べられるものと毒をもつものがある。あるものが食べられるから，これも大丈夫だろうという考えをもってはいけない。食べられるとわかっているものだけを食べるようにする。

①猛毒をもつ植物

チョウセンアサガオ

チョウセンアサガオの実

トリカブト

②身近にあって児童が口にしやすい有毒植物

コンフリー（食用）

ジギタリス

若いウメの実

《チョウセンアサガオ》

チョウセンアサガオの仲間は，野生化して町中の空き地などに生えていることもある。猛毒で，汁のついた手で目をこすっただけでも大変なことになる。花が見事なので，ダチュラ，エンジェルトランペットなどと呼ばれ，栽培されていることも多い。子どもが最も触れやすい猛毒植物である。

《トリカブトの仲間》

根の汁は，アイヌ人がクマをとるために矢の先に塗ったという猛毒である。自生しているのは野山なので，チョウセンアサガオに比べれば手にする危険性は少ない。トリカブトは全草が猛毒で，蜜まで毒である。紫の美しい花を咲かせるため，切り花で使われることもある。また，小さい頃はニリンソウやモミジガサなどの山菜とよく似ているために，誤って食べて中毒することも多い。

《ジギタリス》

花壇に植えられていることが多く，花が大きいので蜜を吸って中毒する子どもがいる。ジギタリスの毒は心臓毒で，大量に摂取すれば心臓麻痺を起こす。コンフリーと葉が似ているので，誤っておひたしにして食べて中毒することもある。

《ウメ》

ウメは青いときは青酸成分をもっているため，食べると中毒して死に至る。

アサガオ

スイセン

レンゲツツジ

ヒガンバナ

アセビ

ヨウシュヤマゴボウ

ヤマゴボウ

イチイの実

また，種子の中に特に強い毒があるので，種子を割って食べるのは危険である。梅干しなどで親しんでいるだけに，青いウメの中毒は大変多い。

《アサガオ》

教材としてよく使われているが，元々は牽牛子（ケンゴシ）という薬として持ち込まれたものである。種を食べると，強烈な下痢を起こす。子どもで2～3粒なら腹痛と下痢くらいですむが，それ以上であれば，医師の診察が必要である。

《スイセンやヒガンバナ》

花壇などによく植えられているうえ，生命力が強く，野生化していることも多い。小さな球根から芽吹いた頃は，ニラ，ノビル，アサツキによく似ているために，間違って食べられることがある。食べると激しい胃腸炎を起こす。

《ツツジの仲間》

毒性の強いものが多い。特にアセビは，少量でも命にかかわることがある。ツツジの花の蜜を吸う子どもがいるが，大変危険である。ツツジも，アセビも，庭先によく植えられており，子どもが口にする可能性が高いので注意したい。

《ヤマゴボウの仲間》

秋になると濃い紫の実をつけ，つぶすと美しい汁が取れるが毒である。また，アザミの根をヤマゴボウとして売っている地域もあり，それと間違えて食べて中毒することもある。町中でも野生化していることがあり，子どもの身近にあることが多い。

《イチイ》

実は，とろりと甘くておいしいが，種には毒を含んでいる。赤い部分は食べられるが，種子は食べずに出さなくてはならない。種子には心臓毒が含まれており，多食すると，心臓麻痺などを起こす。

KEY WORD
毒キノコの迷信
ドクツルタケ
テングタケ

危険植物（毒キノコ）

野外活動関連学習

毒キノコというと，すぐ踏みつぶしたりする人が多いが，毒キノコこそ，じっくりと観察し，覚えるべきものである。それが中毒しない最も早道となる。ここでは２種類だけ紹介したが，ぜひ毒キノコに関心をもたせたい。

毒キノコは，食べなければ中毒しないのであるから，むやみに恐れる必要はない。観察の方法や見分け方に注目させたい。

①毒キノコの迷信

「食べられるキノコは茎がまっすぐ裂ける」「毒キノコは色が毒々しい」「ナスと一緒に煮れば，毒消しになる」

このように，毒キノコについていろいろいわれているが，すべて迷信である。毒キノコに共通した特徴はない。

キノコの種類は数千種になり，まだ名前もついていないものがあるくらいだが，毒キノコは数十種にすぎない。食べられるキノコを覚えるより，毒キノコを最初に覚えるべきである。キノコは，見た目だけでなく，においや，味，手ざわりも総動員して観察し，特徴を覚えていきたい。

②猛毒のキノコ

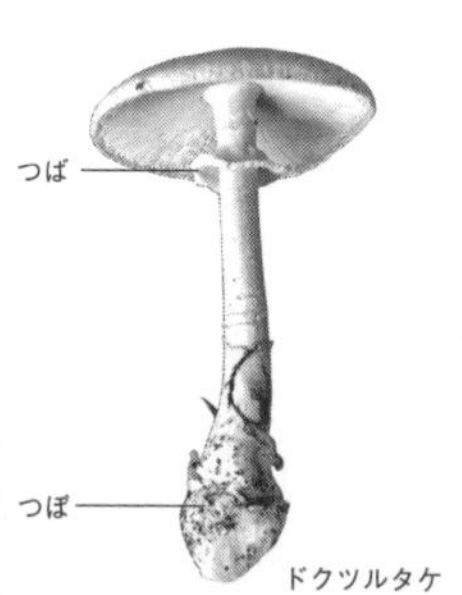

ドクツルタケ

③学校などに生える毒キノコ

テングタケ

《ドクツルタケ》

ドクツルタケは，純白で美しいキノコである。清楚なその姿からは考えられないほどの猛毒をもっていて，１本で死に至る。

根元に袋状の「つぼ」，かさの下にエプロンのような「つば」がついており，これらがついたものはテングタケの仲間なので，ほぼ猛毒と考え，絶対に食べないようにする。

ドクツルタケは，日本で最も恐ろしいキノコなので，見つけたときは，じっくりと観察させたい。独特のいやなにおいがするので，一度かぐと忘れられない。

《テングタケ》

テングタケは，マツの植えられた校庭のすみなどに生えることが多い。大型で，茶色いかさに白いイボがのるので，見分けやすい。テングタケも，つぼとつばをもつ。

テングタケのもつ毒性であるイボテン酸は，グルタミン酸の数倍のうまみ成分をもつ。

ドクツルタケに比べれば，毒の程度は低い。相当苦しむが，死に至ることはほとんどない。

KEY WORD
清・ハブ・マムシ・スズメバチ
バキコマチグモ・ツチハンショウ
オカミキリモドキ・マメハンミョウ
オバアリガタハネカクシ
オムカデ・アンボイナ
ョウモンダコ・オニヒトデ
ツオノエボシ・クラゲ

危険動物（猛毒）

野外活動関連学習

毒をもつ動物にもいろいろあるが，ここでは，命にかかわるもの，身近にいて危険なものを紹介している。地域の自然を見直し，危険動物を把握しておく必要がある。

ヘビも，ハチも，クモも，ほとんどの場合は，自分から攻撃してくることはない。どうすれば被害に遭わないかを，子どもに理解させておくことが大切である。

①ハブ・マムシ（毒ヘビ）

日本の毒ヘビにかまれた場合，素人のできる治療法は全くない。かまれたらとにかく医療機関へ連れていき，専門的な治療を受けるしか方法はない。それまで次のことに注意する。

1）あわてるな。走るな。（血のめぐりを早くしない）
2）やたらにしばるな。（しばるとかえってよくない）
3）やたらに切るな。（切っても毒は出ない）
4）氷などで冷やすな。（冷やすとかえってよくない）

ハブ

マムシ
マムシの模様は銭形が左右交互に並び，特徴的である。目は，猫の目のように縦長の楕円形である。

②ハチ

スズメバチ

ハチが来ると，手を振り回して追い払おうとする人が多いが，これは逆効果である。ハチが来ても，静かにしていて，ハチが飛び去るのを待つのが賢明である。

ハブもマムシも，かまれて数時間たってからでも血清は間に合うので，あわてないことが必要である。また，長靴をはいていれば，かなり安全である。

《ハブ》

日本の毒ヘビで最も危険なのは，南西諸島に生息するハブである。家の中にも入り込み，攻撃的で，人が近づいただけでかみつく。毒のまわりは遅いので，あわてずに医療機関へ運ぶ。

《マムシ》

マムシは，毒ヘビとして有名であるが，実はおとなしく，自分から攻撃しては来ない。ほとんどの場合，人間が殺そうとしたり，不注意で踏みつけたりしてかまれている。50cm以上離れていれば安全である。見つけても放っておくことである。毒のまわりは遅いので，あわてずに医療機関へ運ぶ。

《ハチ》

日常的に最も危険なのはスズメバチである。刺されるとアナフィラキシーショックを起こして死に至ることもあり得る。刺された場合は，医療機関で適切な処置が必要になる。アンモニアは全く効果がないばかりか，皮膚炎を起こすおそれもある。

巣に近づかないことが第一だが，人が近づいたときに，大あごをカチカチ鳴らして威嚇してきたときは危険である。あわてずにゆっくりと離れる。

③カバキコマチグモ

カバキコマチグモの母は，この中で卵を守り，かえった子に自分の身体を食べさせて死ぬ。冬には，牙と殻しか残っていない。

④ツチハンミョウ

⑤アオカミキリモドキ，マメハンミョウなど

マメハンミョウ

⑥アオバアリガタハネカクシ

⑦オオムカデ
（トビズムカデ，アカズムカデ，アオズムカデ）

アカズムカデ

《カバキコマチグモ》

日本のクモ類で，毒グモの名に値するのはこのクモだけである。夏から秋にかけて，ススキの葉などを巻いて，産室を作る。これを不用意に開いて指をかまれることが多い。かまれると灼熱痛を覚え，ひじまではれ上がる。

クモの仲間は，自分から襲ってくることはないので，素手で不用意に触らないというのが大切である。どのクモでも，かまれるとかなり痛い。

《ツチハンミョウ》

アリと似た姿をしているため，女王アリと間違えて子どもがつかまえることがある。つかまえると，カンタリジンを含む黄色い毒液を分泌し，皮膚につくと水疱性の皮膚炎を起こす。また，この虫を乾燥させて粉にしたものは猛毒で，昔から暗殺の毒薬として使われてきたといわれている。

《アオカミキリモドキ　など》

アオカミキリモドキ，マメハンミョウ，キイロゲンセイなども，ツチハンミョウ同様カンタリジンを含む毒液を出し，水疱性皮膚炎を起こす。灯火に飛んできて，接触することが多い。

《アオバアリガタハネカクシ》

夜に灯火に飛んでくることが多い。接触性の線状皮膚炎を起こす。放置すると，治るのに２週間以上かかる。

《オオムカデ》

オオムカデの仲間は，夜間，家屋に侵入し，かむことがある。かまれると激痛を覚え，リンパ節などがはれて，熱が出ることがある。

⑧アンボイナ

⑨ヒョウモンダコ

⑩オニヒトデ

⑪カツオノエボシ

⑫クラゲの仲間

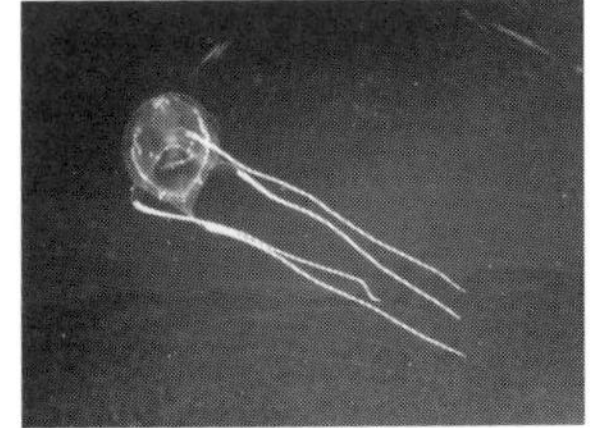

アンドンクラゲ

《アンボイナ》

アンボイナなどイモガイ科の大形種は貝類で最も猛毒をもち，ハブガイとも呼ばれる。刺された場合の治療方法はなく，死亡例は通常６時間以内である。助かる場合は，24時間以内に症状が治まる。紀伊半島以南の珊瑚礁では，注意が必要である。

《ヒョウモンダコ》

体長12㎝くらいの小形のタコであるが，かまれるとテトロドトキシンによる呼吸麻痺で死亡する。治療方法はない。相模湾以南，伊豆七島，珊瑚礁では注意が必要である。

《オニヒトデ》

本州中部以南の珊瑚礁に生息する。素足で珊瑚礁の上を歩いて刺されることが多い。手袋をはめていても，触れるのは危険である。珊瑚礁では，靴をはいて歩くようにする。

刺されると，最悪の場合には死亡することもある。医療機関での手当てが必要である。

《カツオノエボシ》

夏から秋にかけて，各地の海水浴場などに流れ着き，大きな被害を出すことがある。水面に浮いている気胞体は10㎝くらいのものだが，水中の触手は10mを超える。一つでも気胞体があったら，30m以内は危険と考えなくてはならない。刺されると最悪の場合には死亡することもある。医療機関での手当てが必要である。

《アンドンクラゲ》

体長３㎝前後の小形のクラゲで，特徴ある形をしている。８～９月頃，海水浴場に集団で流れ着き，大きな被害を与えることがある。クラゲ類に刺されると，痛みのために筋肉がけいれんし，溺死することもある。

KEY WORD
ヒグマ・ツキノワグマ
アオダイショウ・シマヘビ
スッポン
マガキガイ
ガンガゼ
ゴンズイ

危険動物（けが）

野外活動関連学習

POINT　ここでは，野外でけがにつながるような動物を選んだ。ほかにも追いつめれば反撃してくる動物は多い。ネズミやウサギのようなおとなしい動物でも，歯は鋭いので，かまれると大けがになることもある。野生動物には近寄りすぎないことが大切である。

かみついたりする動物でも，自分から好んで人間を襲うものはいない。人間が注意することで，被害は相当防ぐことができる。

①ヒグマ・ツキノワグマ

運悪くクマにあってしまった場合，目をそらさずに，後ずさりして離れる。背を向けて逃げると反射的に襲ってくる。

ヒグマ

ツキノワグマ

②アオダイショウ

アオダイショウの幼蛇とマムシの幼蛇は，模様が似ている。目を見て丸い目だとアオダイショウである。

③シマヘビ

シマヘビは，目を見ると，赤い目をしていて，瞳はやや楕円形である。

《クマ》

国内の野外では，いちばんの脅威はクマであるといわれている。特に北海道では，一歩山へ入ると同時に，クマのテリトリーに入ることを意味する。クマは自分から人を襲うことはめったになく，人の気配があれば，自分から避けようとする。音を鳴らしたりして，人がいることを事前にクマに知らせるようにすることで，被害を避けることができる。

《アオダイショウ》

性質がおとなしく，つかまえても，落ち着かせればかむことは少ない。しかし，かまれれば歯が鋭いため，深い傷になる。さらに，雑菌の感染も心配である。

《シマヘビ》

アオダイショウに比べ性質が荒く，つかまえようとするとかみついてくる。カラスヘビは，シマヘビが色彩異変（黒化型）したもので，さらに性質が荒いといわれる。黒い４本の縦じまが目立つが，ほとんどないものもいる。自分からは襲ってこないので，手を出さないで観察する。

④スッポン

⑤マガキガイ

⑥ガンガゼ

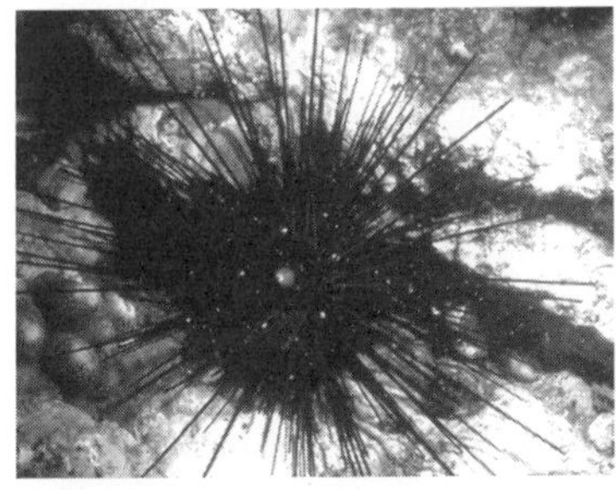

⑦ゴンズイ

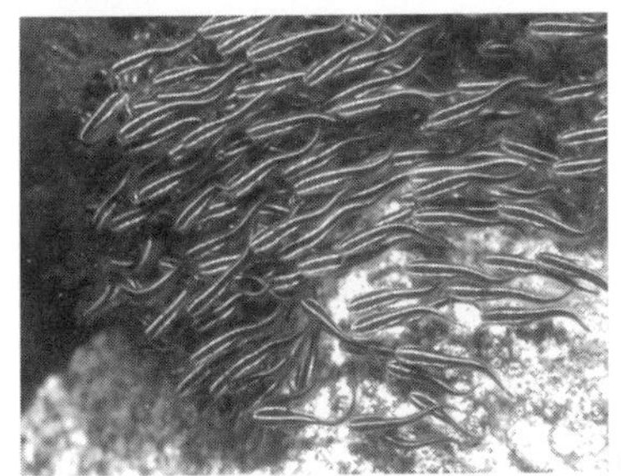
ゴンズイの群れ

《スッポン》

鋭い歯をもち，素早くかみつく。かみつく力は強く，肉がちぎれることもある。かまれたら水に入れてやるとよい。放して逃げていく。ツメも鋭く，引っかかれると傷になる。毒はないので，普通の外傷としての処置をする。傷が深ければ，医療機関へ行く必要がある。

《マガキガイ》

イモガイに似ているが，殻が厚い。毒はないが，ふたにのこぎり状の突起があり，この動きで手を深く切る。特に子どもは，貝を握りしめるので危険である。房総半島以南の岩礁地帯や珊瑚礁などに生息する。

《ガンガゼ》

熱帯系の長いとげをもつウニで，黒潮の影響を受ける沿岸に広く生息する。とげは毒があるうえに折れやすく，刺さると外科的に摘出しなくてはならないこともある。

磯遊びなどのときには運動靴をはき，不用意に岩の下などに手を入れないようにする。

《ゴンズイ》

２本の黄色い縦じまの目立つ魚で，本州中部以南に生息する。潮だまりには幼魚が生息し，ゴンズイ玉といわれる群れを作る。これを素手ですくったりすれば，毒のとげに刺されて被害にあう。毒はかなり強く，痛みがひどくはれあがる。医療機関へ行って手当てしてもらう必要がある。

KEY WORD
かぶれる
とげが刺さる
ヤマウルシ・ツタウルシ
ギンナン・オニグルミ
アメリカオニアザミ・ミヤマイラクサ
ノイバラ・ハマナス

危険植物（かぶれ，傷）

野外活動関連学習

接触性皮膚炎を起こしたり，とげが刺さったりする事故は，毎年かなりの数に上る。野外へ出かけるときは，十分な下見をしておく必要がある。特に，ウルシに弱い子は，近くへ行っただけでかぶれるので注意する。

子どもの身近にありそうな，かぶれる植物，とげの刺さる植物をいくつかあげたが，まだまだ多くの種類がある。地域にどんな危険植物があるかを十分調べておく必要がある。

①かぶれる危険のある植物

ヤマウルシ

ツタウルシ

ギンナン

オニグルミ

②とげの刺さる危険のある植物

アメリカオニアザミ

ミヤマイラクサ

ノイバラ

ハマナス

《ヤマウルシ・ツタウルシ》

秋に真っ赤に紅葉するので，よく知られているが，皮膚の弱い人では，近寄っただけでもかぶれることがある。ウルシのかぶれはひどいので，皮膚科の診察を受ける。

《ギンナン（イチョウの実）・オニグルミ》

秋に実を拾うのが楽しみであるが，皮膚の弱い人はかぶれることがある。ビニル袋を手にはめて拾うなどするとよい。

《アメリカオニアザミ》

最近，都市部の道ばたなどに増えている。とげがするどく，とても触れない。種子は，綿毛が発達しており，ケサランパサランのようにとてもよく飛ぶため，遊びに使えるが，とげが危険なので注意が必要である。

《イラクサ》

全草に細かいとげが生えていて，とげにギ酸などの毒性を含む。そのため，刺さると激しく痛みただれる。セロハンテープなどでとげを抜き，医師の診察を受ける。

《ノイバラ・ハマナス》

バラの仲間なので，とげがあり，知らずに踏み込むと被害を受けることがある。また，ノイバラの実は，毒を含み，食べると呼吸麻痺を起こす。

KEY WORD
外活動（→ p.135，136，196）
が・虫さされ
通安全・交通マナー
動範囲・約束事
中症
がい・手洗い

野外観察中の行動

野外活動関連学習

野外で起こりうるけがや事故への対応を考え，さらにそのようなことが起こらないように，様々な約束事を決めておく。起こった場合，指導者は，冷静に最善の処置ができるように心構えをしておく必要がある。

楽しい野外活動も，事故があってはならない。日頃の授業においても，いざというときに子どもたちが落ち着いて行動できるよう指導しておくことが大切である。

①事前準備

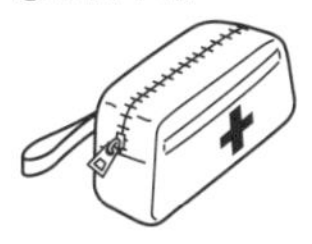
けがや虫さされに備えた救急バッグ

集合合図のためのホイッスル

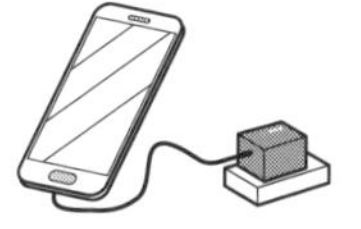
携帯電話の充電

②現地に向かう

・きちんと並んで歩く
・信号の確認をする教員を配置する
・対向する人や自転車が通れなくて迷惑にならないようにする

③現地

・自然公園などの活動では，出かけてもよい区域をはっきりさせ，子どもが一人でいなくなることのないように注意する。
・時間や場所で何回か区切りをつけて集合させる。
・集合の笛の合図を確認する（人数確認は小集団で並ばせ，班長に確認・報告させるなどの約束事を徹底）。

適宜，日かげで休ませるなどの配慮をする。

・むやみに草花をつまない，さわらない。
・危険な場所には行かない。
・危険な動物，植物について事例をあげ指導する。

④帰ったとき

・現地でいろいろなものに触れてきている。まず，石けんで手を洗い，うがいをしたあと，ゆっくりと，野外活動の反省をしたり，まとめをしたりする。

《事前準備》

けがへの対処，事故のときの連絡方法，合図や危険を知らせたりする方法について，子どもに安全指導しておく。

《道路での約束の例》

・きちんと列になって歩く。
・歩道いっぱいに広がらない。
・信号が点滅したら渡らない。
・交差点では，自分の目で安全確認をする。
・大声で騒いで，近所の家に迷惑をかけない。
・ほえる犬を刺激しない。

《現地での約束の例》

・着帽する（熱中症の危険）。
・勝手に先生より先に行かない。
・目印を決めて，行ってよい範囲を決めておく。
・笛が鳴ったらすぐ集まる。
・池や川には子どもだけで行かない。
・無駄に草花を踏み荒らしたり，虫を殺したりしない。
・スズメバチなどがいたら，いたずらしたりせずに，すぐ先生に報告する。
・崖などに勝手に登らない。
・植物，石など必要以上に採取しない。

《衛生》

外から帰ってきたら，うがいと手洗いをするというのは，日常的に習慣づけておく。

KEY WORD
野外活動（→ p.135，136，196）
水の事故・落石・崖崩れ
ハンマー・シャベル
服装（→ p.193）
河川（→ p.138，139）
地層（→ p.145，146）

川や露頭での行動

5年「流水の働き」 6年「土地のつくりと変化」

川や露頭は，普段あまり行くことがないために，思わぬ事故が起こりかねない。下見のときに十分な安全対策を立てるとともに，子どもにも約束事を徹底しておく。長靴や軍手，帽子などの身支度も，安全対策として重要である。

子どもは，川の中や崖の斜面などは歩き慣れていないために，短時間で疲労することが多い。疲労すると，思わぬところで転んだりして事故につながることもあるので，十分気をつけたい。

①川での行動

川は常に流れているために，ほんのわずかな時間で，流れの様子が変わっていることがある。下見のときには浅瀬だったのが，子どもを連れていったら深みになっていたということもありうる。下見を過信せず，現地ではもう一度安全確認を行うようにする。特に，上流での天候をスマートフォン等で確認し，増水のおそれがある場合は避難できるようにする。

子どもを水に入れる前に，下流側に指導者を立たせる。また，上流側にも同行した指導者を同時に立たせ，流木等が流れてこないかを確認する。

ひざより深いところへ行かせてはならない。腰まで水につかれば流されて水の事故につながる。

②露頭での行動

下見のときに十分安全確認してから，現地に連れていく。段丘礫が多く入った地層や，火山灰からなる地層などは，落石，崖崩れの危険が大きいので，特に念入りな点検が必要である。

《川での約束の例》
・決められた範囲から外へ行かない。
・勝手に石等を投げない。
・川には素足で入らない。
・生き物を大切にする。

どうしても川に入るときは，長靴またはズック靴，水中用靴などをはく。素足で入ると，ふやけた足の裏を川の石で深く切ることがある。また，水中の石はコケがついて，非常に滑る。一歩一歩確実に歩くように指導する。

子どもは，長靴を持っていないことも多い。しかし，地学での野外活動では，長靴一つで活動の幅が広がり，安全性も増すのでぜひ用意させたい。ライフジャケットの着用がのぞましい。また，校外学習実施届を必ず提出し，計画的に実施する。

《露頭での約束の例》
・長靴，軍手，帽子を用意する。
・崖に登らない。
・石を転がさない。
・崩れそうなものがないか確認する。
・ハンマーやシャベルを振り回さない。
・土を飛ばさない。
・むやみに崖を崩さない。

露頭にも持ち主がいるので，持ち主に事前に連絡をするとともに，観察実習の終わったあとは，後片づけをするなどの気配りが必要である。

KEY WORD
装（防寒具，帽子，手袋）
イロ
袋
間観測（→ p.148）

夜間観測中の行動

4年「月と星」 6年「月と太陽」

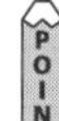

野外で，しかも暗い中での観察は危険が伴うので，危険箇所のチェックや子どもへの安全指導を徹底することが大切である。指導者は，観察面の指導と安全管理面の指導，緊急対応の役割分担を行うため，最低３人以上で行うようにする。

学区内（主に４年生）の場合は，夜間の集合になるので，保護者の付き添いが必要である。６年生では，移動教室などで実施する。いずれの場合も，実踏を行い，段差のない平らなところ，石，大木がなく，見晴らしのよい場所を選ぶ。安全な行動などの安全指導も徹底しておく必要がある。

①場所の選定【学区内・移動教室等共通】

明るいうちに下見して安全面を確認しておく。

・平らであるか，段差（溝）はないか
・流木，大きな石がないか
・危険な生き物情報はないか
（例）毒をもつ生き物　チャドククガ（幼虫，成虫），スズメバチ，ヘビ，マダニなど
（例）かぶれる植物　ウルシ，ツタウルシ
（例）アレルギーへの対応　ブタクサ，ヨモギなど，

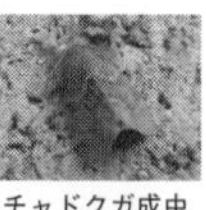
チャドクガ成虫

チャドクガ幼虫

○移動教室の場合

昼と，暗くなってからの２回，実踏を行う夜の状況によって，観察しやすい場所（灯りがない場所，集合しやすい場所）など再度確認する必要がある。

②防寒・防虫対策【学区内，移動教室共通】

冬はもちろんのこと，夏でも晴れた夜は冷え込むので，防寒具を身につけるようにするとよい。使い捨てカイロなども効果的である。寝袋などに入って，観察する方法もある。

夏は，蚊やブヨ（ブユ・ブト）なども多いので，防虫対策の面からも長袖・長ズボン・帽子・手袋は必要である。

③観察中

星座早見盤，方位磁針，望遠鏡を適切に扱うよう指導する

星座早見盤

④終了後

○学区内の場合

保護者が来ているか確認する。子どもだけでは絶対に帰さないようにする。

○移動教室等

宿舎まで，落ち着いて学級ごとに戻るように指導する。

《場所の選定》【学区内・移動教室共通】

〈チェックポイント〉

・平らであるか，段差（溝）はないか
・流木，大きな石がないか
・危険な生き物情報はないか
・空が暗く星座の星が見えるか。
（星座の観察は，四等星まで見えないと難しい。月や惑星なら，市街地でも十分である）
・水銀灯やサーチライトなどの光害がないか（海岸でイカつりなどの集魚灯があると星は見えない。校舎内の電灯はできるだけ消しておく）。

《観察中》【学区内・移動教室共通】

・望遠鏡に触ったり，三脚につまずいたりしないよう注意する。
・望遠鏡をのぞいている人に触れないよう注意する。
・近隣に迷惑にならないよう声量にも注意する。
・救急薬品を準備しておく。

※お手洗いや集中力の面から，長くても１時間以内に終了する。集中した指導は15分間程度がよい。

《終了後》

○学区内

保護者同伴が望ましいが，保護者が迎えに来る場合は時刻などの連絡をしっかりしておく。

○移動教室等

宿舎まで，落ち着いて学級ごとに戻るように指導する

KEY WORD
洗浄ブラシ（→ p.330）
トラップ

洗浄

各種観察・実験

POINT ガラス器具をきれいにすることは，化学実験の基本といえる。実験に用いるガラス器具は，見た目にきれいなだけでは十分ではない。きれいに見えても薬品が付着している場合もある。付着している物質により実験に影響が出る場合もある。化学的にきれいであることが必要で，実験は器具の洗浄から始まるといえる。

ガラス器具を洗う場合，ガラスのひび割れに気づかずに扱って指に切り傷を負うことがある。事前にガラスのひび割れを調べることは，実験指導者の基本である。

ガラス器具は，汚れたらすぐに洗う。すぐに洗えば落ちる汚れも，長時間放置しておけば落ちにくくなる。すぐに洗えない場合は，水に浸しておく。どの洗浄の場合も，純水（精製水や蒸留水）を洗浄びんに入れ，最後にすすぐと，水道水に含まれる不純物が残らなくてよい。

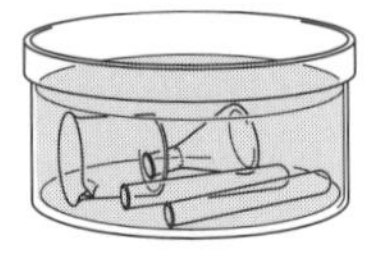

①水洗いによる洗浄

ガラス器具の洗浄は，最初によく水洗いする。多くの汚れは水に溶けるので，これだけで十分な場合も多い。水溶液だけの実験では，ブラシを使わず水道水で数回ゆすぐだけで十分きれいになる。洗浄は，まず外側を洗い，次に内側を洗う。

②洗剤による洗浄

〔油性のものや有機物がある場合〕

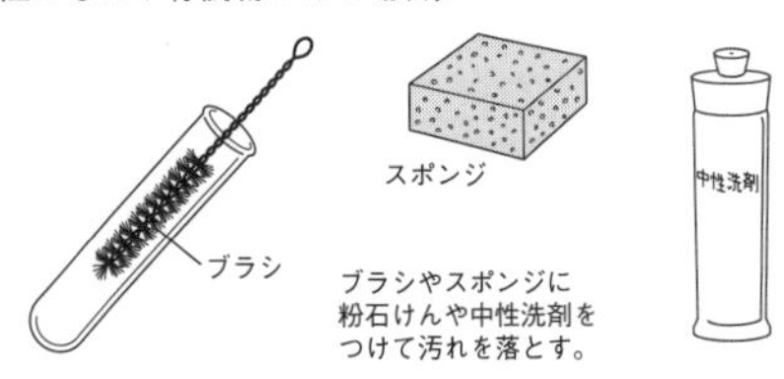

ブラシ
スポンジ
中性洗剤
ブラシやスポンジに粉石けんや中性洗剤をつけて汚れを落とす。

クレンザーはガラス壁を傷つけることがあるので，目盛りつきの試験管やメスシリンダー等には使用しない。

ガラス器具の汚れが落ちたかどうかは，水を流したあとのガラス表面を観察するとよい。ガラスは本来，水にぬれやすい性質をもっているので，きれいに洗浄できたガラスの表面では❶水はむらなく広がり，水切れもよい。汚れたガラスでは，❷あちこち水をはじいている部分が見られ，水切れも悪い。

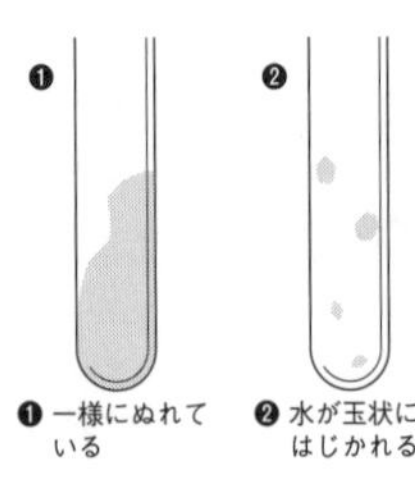

実験で使用するガラス器具は，可能な限り，子ども自身に洗わせたい。そのためには，実験机または流しには，各ブラシや洗剤を用意しておく。ただし，ブラシの先端の毛が落ちたものはガラスを痛める危険があるので，早めに取り替えるようにする。

《石灰水による汚れ》

器具を希塩酸に入れて汚れを落としたあとに水洗いする。

《ガラス実験器具のすり合わせ部分》

煮沸するか，希酢酸水溶液に長時間浸したあとに水洗いする。

《ゼラチン（たんぱく質）や寒天の汚れ》

煮沸する。

理科室の流し台は，排水溝が固体でつまらないようにする工夫が必要となる。それには，トラップのついた流し台を設置する。また，流しの底面に網様の敷物（すのこ）を用意して，ごみを拾い取れるようにするとよい。なお，割れたガラス片などには十分注意すること。

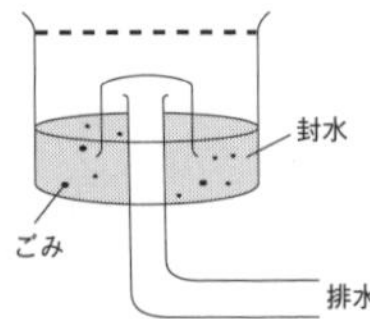

KEY WORD
（→p.212）
器
イヤー
室（→p.114，116）

乾燥台

各種観察・実験

洗浄したガラス器具は，最後に水道水で十分にすすぎ，汚れがないか確認したあと，洗浄びんから純水（精製水，蒸留水）を注いで数回洗い流し，その後乾燥させる。乾燥方法には，自然乾燥，乾燥器による乾燥などがある。

乾燥器を使った乾燥方法では，ガラス器具を乾燥器から取り出す際，火傷を負う場合がある。軍手や防熱器具（厚い布，るつぼばさみ等）を活用してけがを防ぎたい。

①自然乾燥

自然乾燥では水が早く切れ，ごみなどが入らないようにガラス器具を逆さまにしておくとよい。そのためには，試験管立て，水切りかご，乾燥台，乾燥板等を使い，ガラス器具の転倒防止にも配慮する。

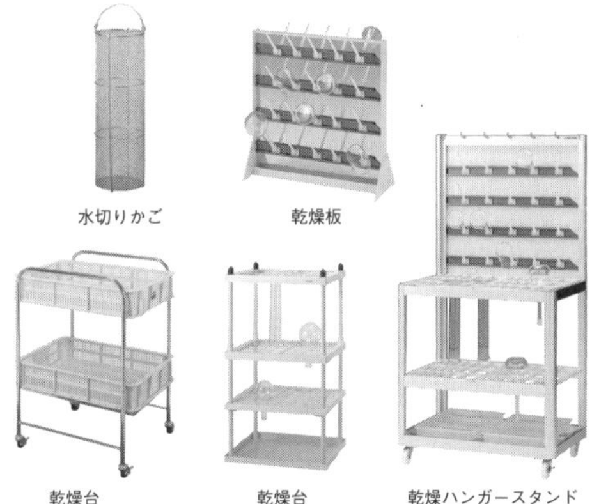

水切りかご　乾燥板

乾燥台　乾燥台　乾燥ハンガースタンド

②乾燥器による乾燥

乾燥を急ぐ場合は，乾燥器を使用する。

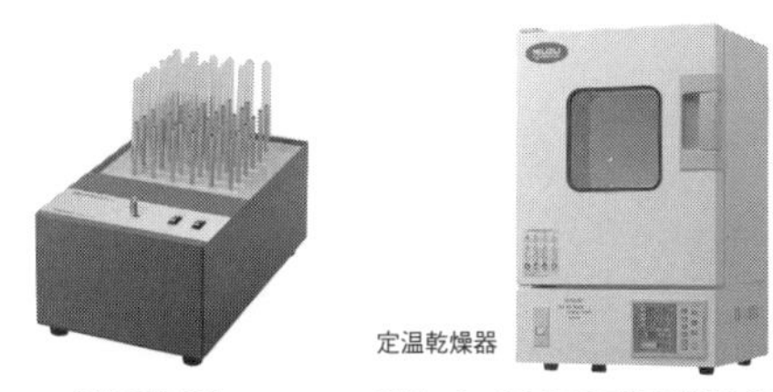

試験管乾燥器　定温乾燥器

※ビーカーやフラスコ類を乾燥させることもできる。

③電子レンジによる乾燥

- 乾燥を急ぐ場合やフラスコ等，その形状からなかなか乾燥しにくい器具には便利である。
- 器具の口を上に向けて蒸気が出やすいようにし，金属製の支持台は用いずに，ボール紙などで器具を固定して使う。

《洗浄方法》

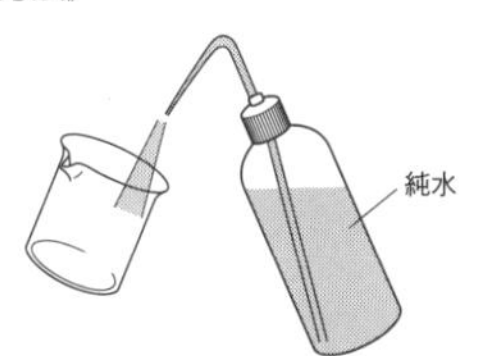

試験管立てや試験管の保管場所に余裕がある場合は，各班ごとに器具を用意し，洗浄方法を指導したあと，子どもたち自身で洗浄させたい。

指導者は器具の補充点検をすれば，次の実験時間までには器具は乾燥している。

《火傷に注意》

乾燥器から出すガラス器具は，かなり加熱されているので，素手で扱って火傷をすることのないよう，軍手などの用意をする必要がある。

《定温乾燥器》

定温乾燥器の周囲には，燃えやすいものを置かないようにし，電源スイッチの切り忘れがないようにする。

また，定温乾燥器に入れる器具には，引火性の高い物質でぬれたものはさけなければならない。

《メタノールの使用》

乾燥を急ぐ場合，ガラス器具内を純度の高い少量のメタノールですすいだあと，ドライヤーで器具内に風を送り込むと，いっそう早く乾く。

KEY WORD
カラーボックス
薬品運搬台車
かごやバット
防災対策
理科室（→p.114，116）

運搬　保管

各種観察・実験

理科室内の各実験机に器具や装置を運んだり，準備室から理科室へ実験用品を運んだりするためには，キャスターのついた運搬台が便利である。また，準備室での器具の保管には，ひと目でわかり，誰でも簡単に使用できる工夫が必要となる。

地震等による保管棚の転倒防止策を工夫したり，運搬途中では，薬品等の転倒防止に配慮した台車を用いるようにしたい。また，理科室・準備室設計においても配慮が必要である。

①収納・運搬用器具

薬品整理箱，試験管格納箱，メスシリンダー格納箱，手さげバスケット,各種整理箱，備品運搬箱，備品収納箱などがある。

メスシリンダー格納箱

②薬品保管

薬品収納庫，薬品トレー，試薬ビン転倒防止ホルダー，薬品運搬台車など，多くの種類の収納器具・運搬器具が市販されている。

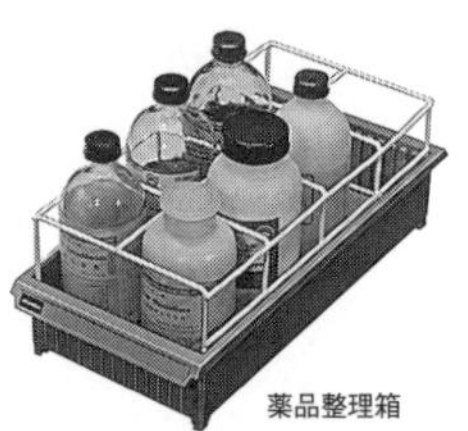

薬品整理箱

③理科室・準備室の整備面

できる限り同一種の収納器具を，余裕をもった数だけ用意するとよい。さらに，準備室機能として，保存用薬品とグループ用試薬品とを分ける工夫をするなど，収納を合理的かつ機能的に行っていきたい。

④児童による器具の運搬

各グループに渡すことができるようトレーやボックスを用意しておく。児童が移動する際には，必ず一方通行としておくことで，子ども同士がぶつかることを防げる。片付けの際も同様に行うとよい。

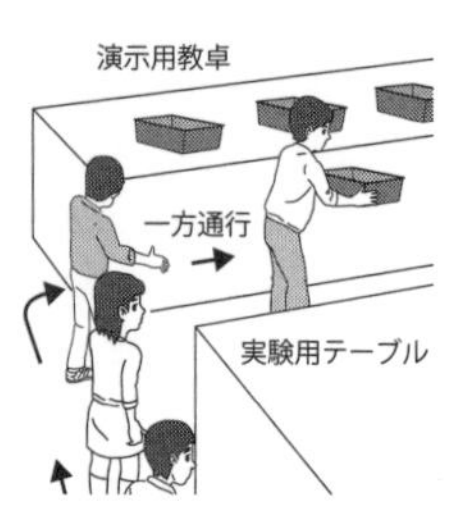

《収納ボックス》

各種の収納ボックス類は，量販店や○○円均一店などで安価に購入できる。カラーも豊富であるので，工具・文具（はさみ，テープ，カッターナイフ，クラフトテープ，接着剤，針，グラフ用紙等），部品（電気パーツ類，クリップ等），材料（ストロー，割りばし，各種の糸類，フィルムケース等），小物実験器具（モーター，ルーペ，磁石等）などを仕分けするのに適している。

《透明容器の利用》

内容物が外から見える種類のタッパー類（小物収納），衣類ケース（大容量の収納に適している）等を用いるのもよい。

いずれにしても，収納保管の効率は，工夫によって大きく左右される。日頃から，どのようにしたら使い勝手がよくなるかを考えるようにしたい。

《防災対策》

盗難被害への防止として，各種保管庫の施錠を徹底するとともに，地震災害への危険防止策の検討が重要である。薬品保管庫の転倒防止，薬品びんの転倒による破損防止，備品保管棚の転倒防止など，考えられる限りの防災対策を施さなければならない。

KEY WORD
液入れ
境保全
棄物処理法
質汚染防止法
棄責任
科室（→p.114，116，194）

廃液

各種観察・実験

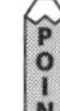

廃液の処理については，環境教育の観点からも重要な課題として認識すべき事柄である。毒性の少ないものを除き，予算の許す限り実験廃液処理は業者委託とし，実験室（理科室）からは三次洗浄水（三回目にすすいだ水）のみを放流することが理想である。

不要薬品の廃棄時に起こる事故例は，混合時や貯蔵時である。混合による反応やその結果生成する物質により，発火・爆発を起こしたり有毒ガスを発生したりする可能性があるからである。

①分別して集める

廃液は，原則として２回目の洗浄液（すすぎ水）までを収集する。廃液が「酸・アルカリ・その他」の貯留区分のいずれに該当するのかをよく考えて決め，処理方法が不明な場合は，理科主任や施設管理者等の関係者と協議する。

廃液入れ（貯留容器）は，破損，腐食しにくいもの（ふたつきポリ容器10～20リットルが一般的）を用い，貯留量は容器の$\frac{2}{3}$を限度とする。

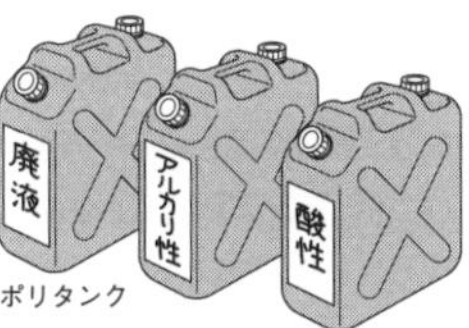

ポリタンク

容器には，貯留区分を明示する。投入記録表（ノート）を備えて，廃棄日時，廃棄者名，成分，濃度，量等を記入できるようにする。薬品管理簿の作成・記入が必要である。

②むやみに混合しない

薬品のなかには，混合するだけで激しく反応して発火したり，爆発したり，有毒な気体を発生したりするものがある。

次の廃液は相互に混合してはいけないものの例である。

1）「過酸化物，塩素酸塩，過マンガン酸カリウム，過酸化水素水等の酸化剤」と「有機物」
2）「硫化物，シアン化物，次亜塩素酸塩」と「酸」
3）「塩酸等の揮発性酸」と「濃硫酸等の不揮発性酸」
4）「濃硫酸」と「他の酸」

③廃液処理

アンモニウム塩とアルカリの下水道への排出は，有害物質を含まない廃液の場合，次のように処理する。

1）酸性またはアルカリ性の水溶液は,中和したのち排出する。
　※小学校第６学年の「水溶液の性質」で希塩酸とアンモニア水を混合し，中和する。

$$H^{+}Cl^{-} + NH_4{}^{+}OH^{-} \rightarrow NH_4Cl + H_2O$$

（塩化アンモニウムと水）

2）例えば，食塩水など無害な塩類の水溶液は，多量の水で希釈したのち排出する。
3）水溶性有機物を含む水溶液は，ヘキサン等で抽出し，水層は排出，有機層は焼却処理する。

学校における廃棄薬品は，廃棄そのものの量は比較的少ないが，その種類が多いことが特徴としてあげられる。

環境保全のためにも，廃棄薬品の回収，再利用などによる廃棄薬品の排出量の減少，適切な処理が必要になる。そのためには，廃棄薬品の特性を理解したうえで，回収・処理・再利用を安全に行うことが重要である。

《水質汚濁防止法》

水質汚濁防止法によって，工場排水の基準が定められている。学校はこの基準からはずされているが，重金属イオンを用いた実験を行うときは，一時的に基準量を上回ることも考えられる。公害防止の観点からも注意する必要がある。特に水銀は排出してはならない。

水質汚濁防止法の規定は，「濃度規制」である。中和したり，低濃度まで希釈したりして放流することが大切である。

《廃棄責任》

処理業者に委託して廃液を捨てる場合，廃棄薬品に含まれている物質の濃度，種類の記録を明記し，処理業者が処理可能であるか否かをあらかじめ確認する必要がある。また，業者委託すれば廃棄責任が業者に移譲されるのではない。廃棄物処理法では，最終的には依頼者の責任となるので，学校は業者の行う処理管理を監視・確認する必要もある。

KEY WORD
分別回収
環境汚染
理科室（→p.114，116，194）
われもの・破損（→p.199）

廃棄物

各種観察・実験

POINT　理科室から出る廃棄物（ごみ）は，化学薬品だけでなく，薬品容器，ガラス器具，プラスチック，金属くず，ろ紙，脱脂綿，ガーゼ，電池など種々雑多である。これらは通常，一般廃棄物として処分されることになる。

廃棄物（ごみ）の処分は，有害廃棄物が含まれていると環境汚染の原因になるので，安全な形にしたあとに処分しなければならない。また，破損ガラスは収集時の取り扱いに十分注意する。

①ガラスの破損

化学実験では，ガラス器具を多く使用するので，ガラスの破損も多い。そのため，実験室（理科室）や準備室には，破損ガラス専用の容器が必要である。

容器は，18リットル缶（一斗缶）の上ふた部分を切り取ったものやワックス缶，エンジンオイル缶などがよい。教材会社では専用の廃棄容器も販売されている。

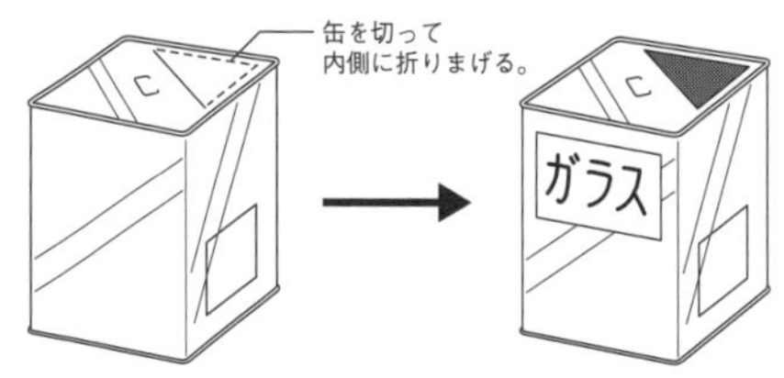

破損ガラス入れの工夫例

また，容器にラベルを貼ったり色分けなどをして，破損ガラス専用であることがひと目でわかるよう，工夫するようにしたい。

②ごみの分別

1）ガラスびん（薬品びん），ガラス器具
水や有機溶媒などで２回以上内側を洗浄し，容器や，器具に付着している残留物質を洗い落としたあと，一般廃棄物として処理する。

2）電池類
ショートしないように，電池の両極にビニールテープ等を貼り，産業廃棄物として処理する。

3）ろ紙，紙，ガーゼ，布　など
有害物質が付着した紙類，布類はポリエチレン袋に入れて密封し，業務委託する。

4）有害物質を含まない一般廃棄物
ノート，ワークシート等の紙類，空き缶，陶器類，プラスチック類，電気部品等は，学校の置かれている自治体に定められたルールに従って，一般廃棄物として分別処理する。リサイクルのため資源回収される品目がある場合は，さらに分別収集する必要もある。

《破損ガラス入れ》

破損ガラス入れは，市販のゴミ容器でもかまわないが，容器にふたつきのものや容量の大きいものは，それだけ破損ガラスを貯めてしまいかねない。

また容器自身も，破損ガラスによって傷ついていくことになるので，容器を工夫して準備するとよい。

薬品びんの内側洗浄に使用した水や有機溶媒は，2回目までの洗浄液(すすぎ液)を保存し，薬品廃液として処理する。

《マンガン・アルカリの乾電池と二次電池》

単三型などの充電池が普及しているが，マンガンやアルカリなどの一次電池は，充電器に挿すと火災などの事故の原因となる。電池の種類が混ざっていないか，定期的にチェックするとよい。

《ごみの分別》

実験室（理科室）や準備室からは，多種類，多量のごみが発生する場合がある。さらに，最近はどの自治体でもごみの資源回収や分別回収が行われるようになっている。したがって，専用の収集容器が複数個必要となる。

間違って投入しないよう容器にラベルを貼ったり，色分け・形分けして，簡単に間違いなく廃棄できる工夫をしたい。

廃棄物（ごみ）の収集は，その取り扱いが，ともすれば安易になりがちになるものである。環境教育の観点からも，子どもには，正しい取り扱い方を知らせていきたい。

KEY WORD
セットコンロ
スボンベ
ーナーヘッド

実験用カセットコンロ

4年「金属, 水, 空気と温度」 5年「物の溶け方」 6年「燃焼」「水溶液」「植物の養分」

アルコールランプのかわりに実験用カセットコンロを加熱実験用に使うことができる。ガスボンベ式であり，手軽で安全性が高い。

実験用カセットコンロは手軽で安全性は高いが，基本的にガス加熱器具なので，引火等の使用上の注意が必要である。また，コンロにボンベをしっかりと装填することや，燃料の残量などの点検・保守は不可欠である。

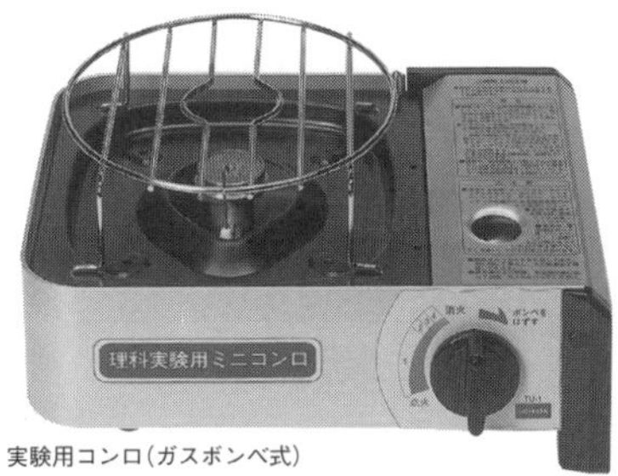

実験用コンロ（ガスボンベ式）

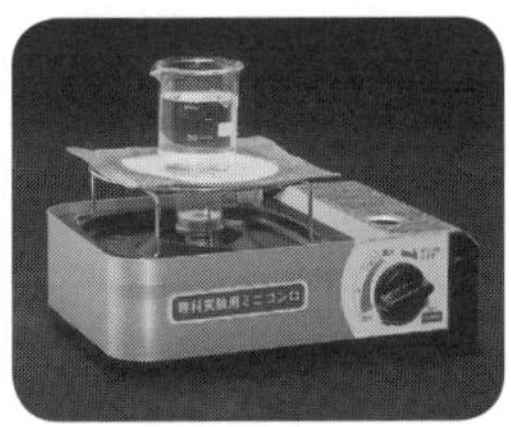

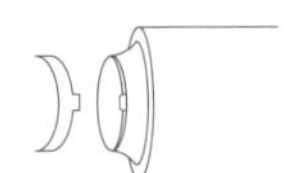

コンロの凸部とボンベの凹部の切り抜きを合わせるように装着すること。

三脚が不要

※内部の配管やバーナーヘッドは経年劣化する消耗品なので製造年月日を確認し，10年程度で新しいものに買い換えること。

[危険性について]

・ボンベが熱せられないように注意する必要がある。二台を連結して使用し，爆発した事故も起きている。

鉄板

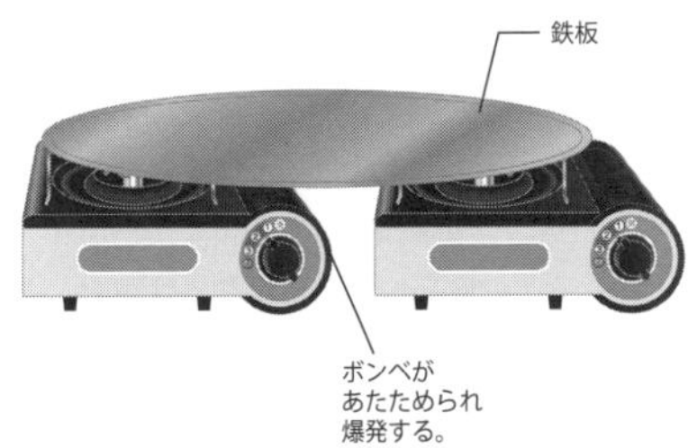

ボンベがあたためられ爆発する。

《主な特徴》

メーカーによりいろいろな形のものがあるが，基本的には家庭用カセット式ガスボンベを使用する加熱器具である。

バーナーヘッドの大きさから，あまり大きな容器の加熱には適さない（おおむね140㎜ぐらいまで）。

扱いは，家庭用カセット式コンロとほぼ同じであるが，使用前には取り扱い説明書を熟読し，点検と正しい使用法を心がけるようにする。

長所として以下のようなことがある。

・一般に自動点火装置をもち，着火が簡単である。
・火力の調節が可能である。
・アルコールランプと比べ火力が強い。
・バーナーヘッドの形状の違いから，家庭用のカセットと異なり，1点加熱が可能である。
・大形の五徳が付属しているタイプのものは，本体のみで加熱実験が可能である（三脚は不要）。
・家庭用カセット式ガスボンベを使用するので，燃料の入手が簡単である。

《ガスボンベ》

ボンベ式加熱器具の特徴として，長時間の連続使用時，あるいは極低温での使用においては，ガス圧が低下し，火力が弱くなることがあるので注意したい。

KEY WORD

トーチ型アルコールランプ
メタノール（→ p.299）
燃料用アルコール（→ p.299）
三脚（→ p.220）
マッチ（→ p.222）
金網（→ p.220）

アルコールランプ

4年「金属，水，空気と温度」5年「物の溶け方」6年「燃焼」「水溶液」「植物の養分」

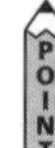

アルコールランプを使用するにあたって，アルコールの量やしん，ガラスの口や容器のひび割れなどを事前に点検し，いつでも使える状態に準備しておく必要がある。また，マッチのすり方や点火，消火の仕方を十分に練習しておく。

ガラス器具と同様な配慮のほかに，引火・爆発等の事故が起こる可能性があるので，取り扱いには十分に注意をはらう。アルコールが目や皮膚についたら多量の水で洗い流す。また，メタノールは失明や死にいたる毒性もあるので，絶対に飲用してはならない。

①アルコールランプの点検

☑ガラスにひび，かけはないか。あれば使わない。
☑ふたはぴったりと合っているか。
☑上に出るしんはきつすぎず，ゆるすぎず，５㎜くらいになっているか。
☑口はかけていないか。かけていれば使わない。
☑中のアルコールは８分目になっているか。多いと傾けたときにこぼれる。
☑しんの長さは十分か。
☑ふたに割れ，かけはないか。あれば使わない。

②周りの準備

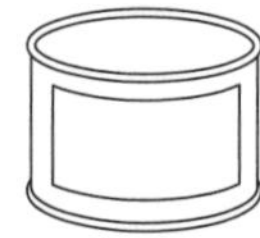

空き缶等を利用した燃えさし入れ（水を少量入れておく）

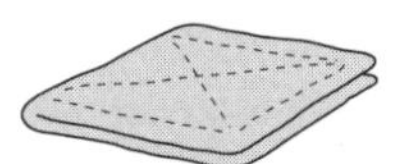

ぬれた雑巾を机の上に準備しておく。（消火用として，できれば２枚用意しておく）

③火のつけかた

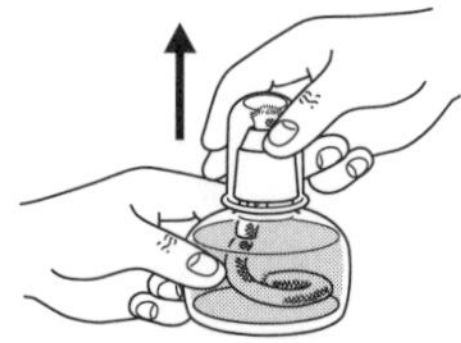

下をおさえてふたをとる

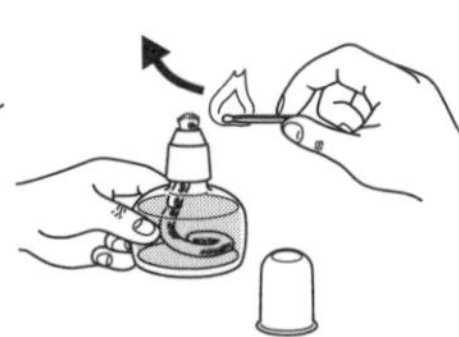

横（斜め下）からマッチ（点火用ライター）の火を近づける（マッチの軸がしんに触れないよう指導する）。上から火を近づけると，火傷をすることがある。

マッチによる発火の仕方を何回も練習させる。

《点検》

ろうと等を利用し，アルコールを８分目ほど入れる。多すぎると傾いたときにこぼれる危険がある。こぼれたら必ずふき取るようにする。口の周りは欠けやすいので注意する。

異なるランプが混在する場合は，各パーツの組み合わせが正しいかを確認する（大きさがあわないことがあり，危険である）。しんの全長が短すぎるとアルコールの吸い上げが悪くなるので，短くなった場合は交換する。

アルコールランプの使い方については，指導者はもちろん，子どもにも左のチェックリストを指導し，自身で点検できるようにしておく。

《周りの準備》

机上に不必要なもの，可燃物がないか確認する。椅子を机の下へ片づけ，立って実験をする。実験するときの邪魔にならず，いざというときに行動しやすい。高さを加減するときは，必ず安定したものの上に置く。ナイロンやポリエステルなどの燃えやすい化学繊維の服，長い髪などの引火に注意する。また，アルコール蒸気・燃焼ガスを吸い込まないように気をつける。

《注意事項》

・火をつけたまま燃料は補給しない。
※アルコールの量が半分になったら，火を消し，炎口部分が冷えてからアルコールを注ぎ足す。量が少なくな

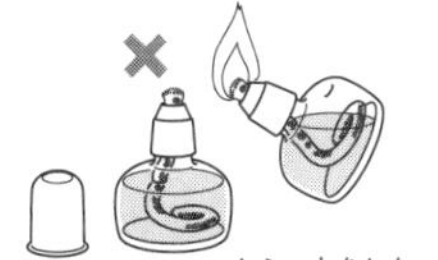

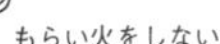

もらい火をしない。

不安定なものにのせない。

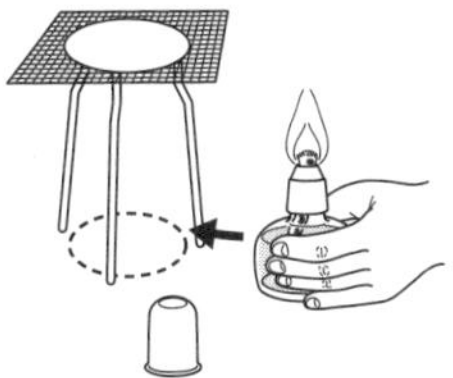

三脚の下に，ゆっくり滑り込ませる。（この際，持ち上げないようにさせる）

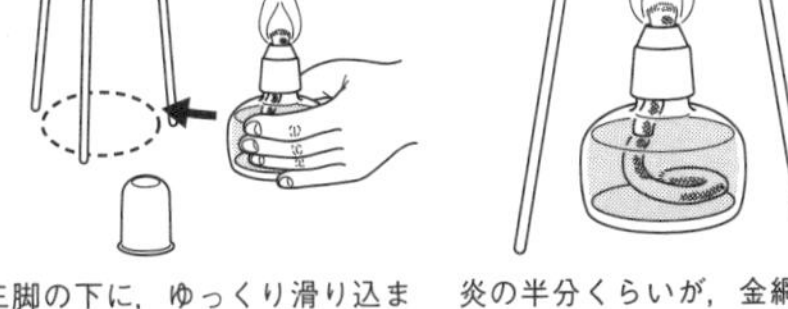

炎の半分くらいが，金網に当たるよう高さを加減する。

④消火

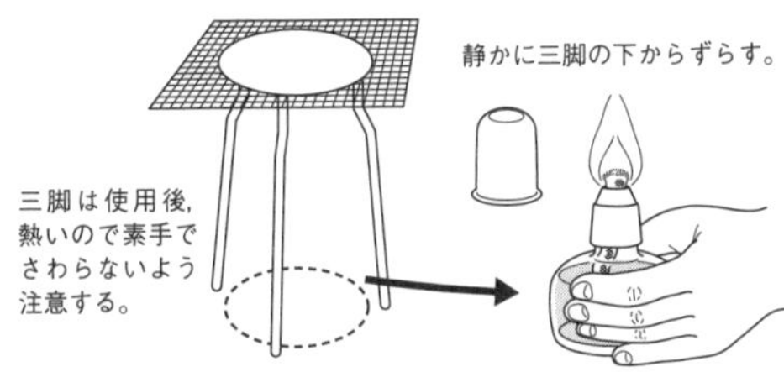

静かに三脚の下からずらす。

三脚は使用後，熱いので素手でさわらないよう注意する。

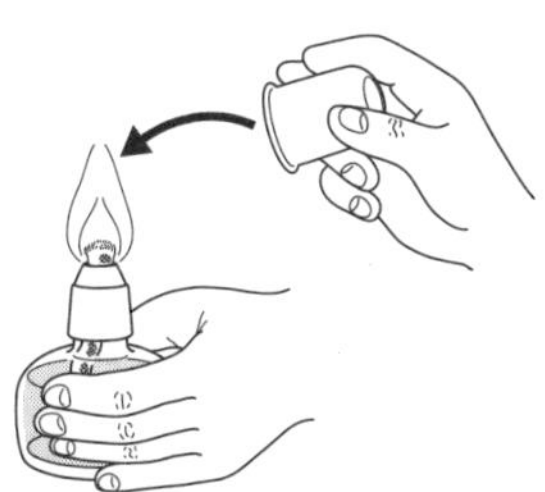

キャップを横から（斜め上から）おおうようにしてかぶせる。上からだと火傷をするおそれがあるので危険である。

※火を消したら，一度ふたをはずし，冷えてからふたをし直す。（熱膨張のため，ふたがとりにくくなることがある）

⑤トーチ型アルコールランプ

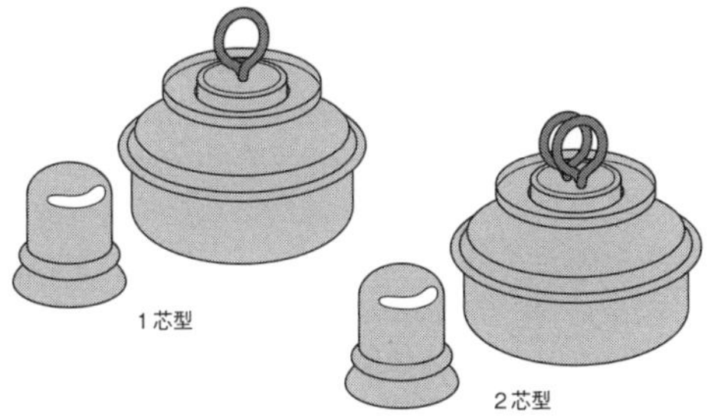

ると，上部にアルコール蒸気と空気の混じった可燃性のガス層が生じ，爆発の危険がある。

・点火した状態で持ち歩かない。
・もらい火をしない。
・不安定な台の上に乗せない。
・炎を息吹き消さない。
・こぼしたときには換気する。

※万一机にこぼれたアルコールに火がついてもあわてないで，自然に燃えつきるのを待つ（理科室の机は燃えにくいようにできている）。早期に消化する場合は，ぬれ雑巾をかぶせる。

《燃料用のアルコールについて》

燃料用アルコールは，メタノール（70％）とエタノール（30％）の混合物である。メタノールは，「毒物及び劇物取締法」により「劇物」に指定されている。アルコール蒸気と空気の混合割合と燃焼限界等から，約11～43℃で引火の危険がある。つまり，常温で引火性がある。

《トーチ型アルコールランプ》

トーチは銅製のパイプにガラス繊維がしんとして入っており，この毛細管現象で燃料を吸い上げている。

〈長所〉

・容器内のアルコールに引火しない。
・しん自体が燃焼するわけではないのでしんが長持ちする。
・本体が金属製で丈夫である。

〈短所〉

・中のアルコール量がわからない。
・炎が細く見えにくい。
・火力が強いので容器の一部を強熱することがある。
・単価が高い。

トーチ型は，構造上トーチの穴が詰まりやすいので，指定の燃料以外の使用は避ける。トーチ型は，しんが1本のものと2本のものがあり，2本のもののほうが火力が強い。

KEY WORD
セラミックつき金網
ステンレス金網
アルコールランプ（→p.218）
ガスバーナー（→p.221）

鉄製三脚　三角架

4年「金属，水，空気と温度」5年「物の溶け方」6年「燃焼」「水溶液」「植物の養分」

三脚は意外とすわりが悪いので，セットしたときにぐらつきがないかよく点検する。金網の古いものは石綿（アスベストで発がん性がある）を使用していたので，使用する前に点検しておきたい。

金属製器具は，加熱後に高温になっていることが多いので，火傷には十分に注意する。

①三脚

使用する前に，がたつき変形がないかを確かめ，すわりがしっかりしないものや，上の環の水平でないものは使用しない。

②加熱用金網

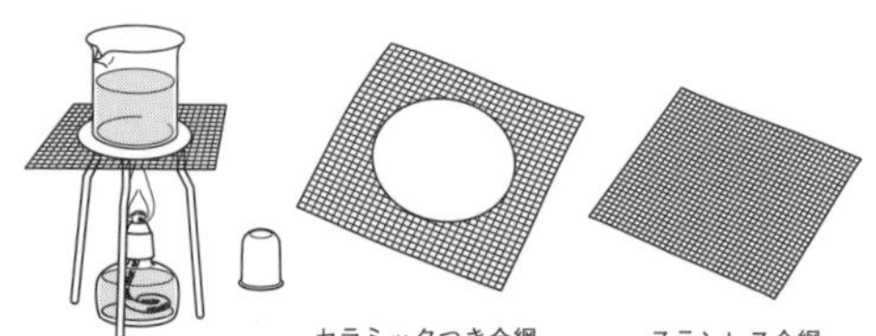

セラミックつき金網　　ステンレス金網

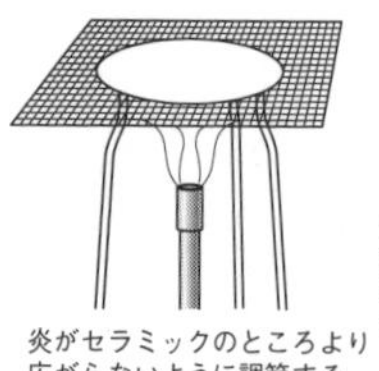

炎がセラミックのところより広がらないように調節する。

熱源を中央にすえ，炎をセラミック面より大きくしない。また，セラミック面より大きな器具はのせない。セラミックの周りの金網を加熱すると，金網面が酸化して破損の原因となる。

③三角架

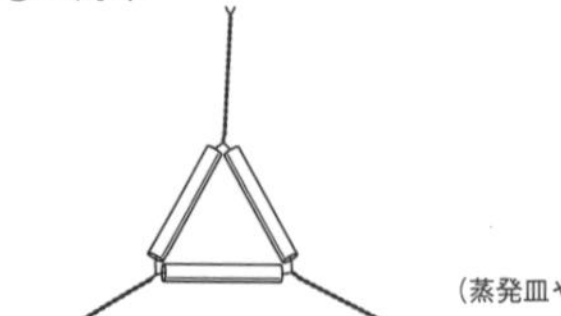

（蒸発皿やるつぼは三角架の上にのせる）

《鉄製三脚》

高さが異なる種類があり，それぞれ使用する器具にあった高さのものを使用する。新しい三脚は，加熱すると塗料のにおいがするので，事前に加熱しておくとよい。

保管が悪いと脚が曲がったり，上の環がいびつに変形したり，水平にならないものがあるので気をつける。

《セラミックつき金網》

ビーカーやフラスコの加熱にはセラミックつき金網を用いる。

加熱中はセラミック部に水をたらしたりしない。セラミックがはがれているものを使用するとその部分が赤熱され，ガラス器具を破損する場合があるので注意する。破損している網は使用しないようにする。

セラミックつき金網は湿気に弱いので，湿気を避けて重ねて保管する。

《ステンレス金網》

鉄製の金網より耐久性もあり，最近では使用されることが多くなっている。網目の細かい厚めなものがよい。底の形に合わせやすいので，丸底フラスコの加熱には都合がよい。

《三角架》

素焼きの管の割れているものは使用しない。管を固定している針金が焼ききれる場合があるので，その際は新しい針金と交換しておく。

KEY WORD
マッチ（→ p.222）
炎の色

ガスバーナー

4年「金属，水，空気と温度」 5年「物の溶け方」 6年「燃焼の仕組み」「水溶液の性質」

プロパンガス用と都市ガス用，天然ガス用で規格が異なる。アルコールランプに比べて火力が強く，長時間使い続けることができるが，点火や操作で難しい面がある。

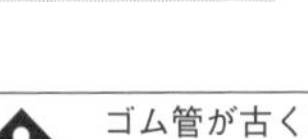

ゴム管が古くなって裂け目などができていたり，ホースが固くなってくせがついていて，安定して設置できなかったときは，使用せずに交換する。また，元栓とバーナーの接続部は，ガス管接続用のソケットとプラグを使用するとよい。使用中のガスもれや換気に十分注意をする。

ガスバーナーの構造

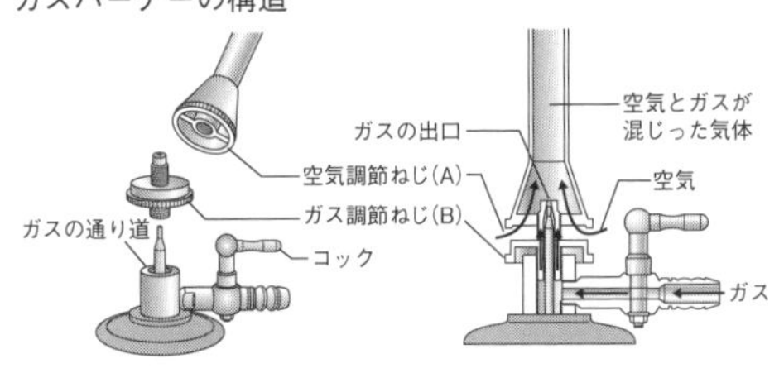

点火

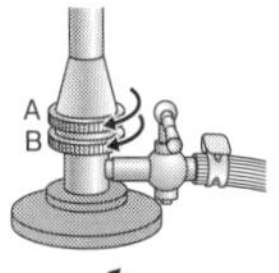

①A，Bのねじが閉まっていることを確認する。

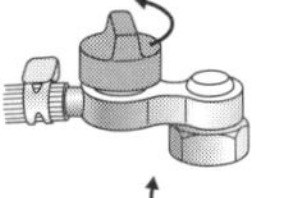

②元栓を開く。

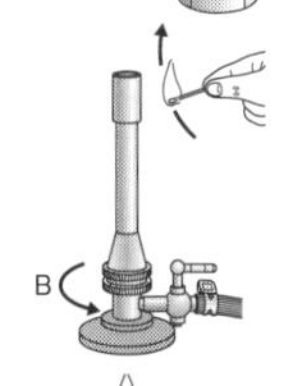

③コックを開いて斜め下から近づけ，Bを少しずつゆるめて火をつける。

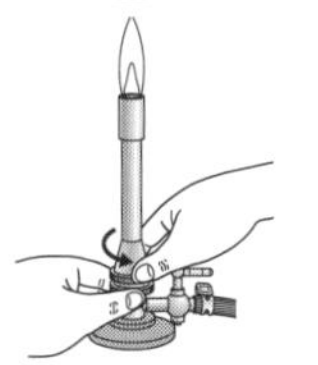

④Bで炎の大きさを調節する。次に，片手で固定しAだけをゆるめ，空気の量を調節する。炎の色がオレンジ色から青色に変わる（右項参照）。

消火

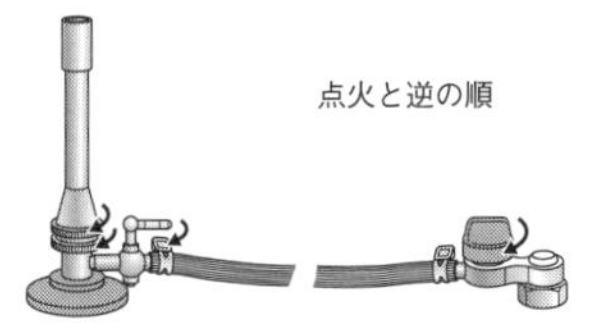

点火と逆の順

《ガスバーナーの構造》

使い方の指導の前に分解して構造の理解をさせるとよい。

ガスバーナーの構造を理解することにより，正しい使い方が理解しやすくなり，事故防止にもつながる。

《点火時の注意と練習》

マッチの火をつけるときは，バーナーの口をのぞきこまない。大きな炎が突然出ることがあり危険である。二人一組になり，「調節ねじを回す」「マッチの火をつける」など左の①～④の順序を確認しながら交代で練習をさせるとよい。

《炎の色》

黄色…空気量が不足している。

青色…青い色の炎の中に三角形が見えるくらいがちょうどよい。

緑色…空気量が多い。バーナー自体が加熱していて危険である。

※炎は絶対に吹き消してはいけない。

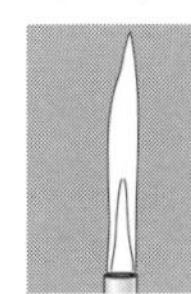

空気の量が少ない　適正

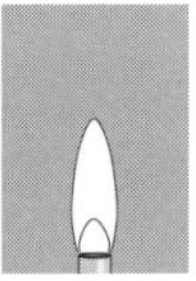

空気の量が多い

《使用後》

ねじは，必要以上に強く締めない。使い終わったばかりのバーナーは熱いので，十分に冷えてから片づける。ガス用のゴムホースは直射日光に弱いので，暗く安全な場所に保管する。

KEY WORD
マッチ（→p.222）
ガスマッチ
ライターの管理

マッチ　燃えさし入れ　ライター

4年「金属，水，空気と温度」5年「物の溶け方」6年「燃焼」「水溶液」「植物の養分」

マッチ，ライターは，アルコールランプ，ガスバーナー，線香などの様々なものに火をつけるときに使う。また，燃えさし入れは，加熱器具を使用するときには，常に用意をする。

マッチをする機会は，日常的にあまりないので，練習が必要である。また，点火するときに火傷などの事故が起きやすい。安全面，火災などの危険への配慮が大切である。

①マッチの使い方

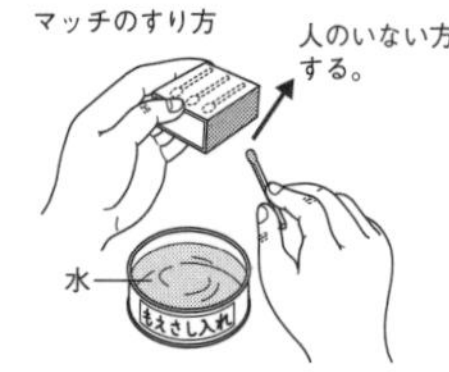

手前から向こう側に向けてこすりつける。マッチの軸は，火薬のある側を手前にする。

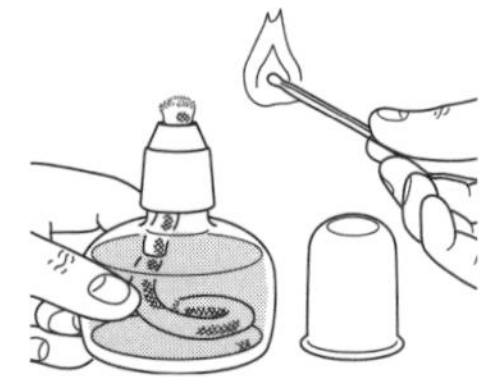

火がついたら，マッチを水平か，先をわずかに上に向けて，持つと熱くない。
加熱器具に点火するときは上からでなく，横から火口に近づけて点火する。

②燃えさし入れ

燃えさしは，息で吹き消したり，振って消したりしないこと。火のついた方を上に向けておけば消える。消えたのを確認してから燃えさし入れに入れる。また，水を入れておくことを忘れない。

③ライター（ガスマッチ）

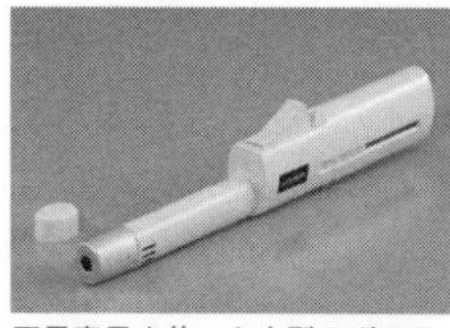

圧電素子を使った大型のガスライターで，マッチのように点火に使用する。ガスは，液化ブタンガスを使用している。ガスの補充もガスボンベで可能なので，繰り返し使用できる。着火レバーのロックを解除して，着火レバーを引くと点火できる。５秒以上点火し続けない。点火が終わったら，炎が完全に消えたかを確認する。また，炎口付近は，のぞきこんだり触れたりしない。

《マッチの保管》

保管場所としては，理科準備室など施錠できて，涼しく乾燥し，可燃物が近くにない場所がよい。無造作に子どもの手の届くところには置かない。また，マッチは，１個ずつセロハンで包むか，小さなポリ袋に入れ，空き缶などに保管するとよい。

《実験で使用するとき》

マッチと箱の点検をしてから，１回の実験ごとに必要な本数プラス数本程度ずつ入れる。また，使用後に回収もれがないか，グループ番号とマッチ箱の番号を対応させるように渡すとよい。

《燃えさし入れの準備》

スチール製の空き缶を利用する。切り口は，手を切らないようにやすりがけをしておく。実験終了後に，燃えさし入れのマッチは，大きめの空き缶にすべて移す。そのまま入れっぱなしにしておかない。

《ライターの管理》

一本一本に通し番号をつけ，使用後に本数を確認する。保管するときは必ずロックをして，鍵のかかる準備室などにしまう。マッチと同様，可燃物が近くにないようにする。ガスの充塡をするときは，ガスボンベを下に置いて，ガスライターを立てて押し込むようにすると安全である。

KEY WORD
在ばさみ・クランプ・支持環
レコールランプ（→p.218）
スバーナー（→p.221）
度計（→p.233）
験管（→p.311）
ラスコ（→p.313）

鉄製スタンド

4年「金属，水，空気と温度」 5年「物の溶け方」 6年「燃焼の仕組み」「水溶液の性質」

加熱するときなどに，フラスコ，棒状温度計，金網などの様々な実験器具を固定したり，支えたりすることができる。フレキシブルスタンドは，軽いものを支えるときに便利である。

実験器具を固定するとき，自在ばさみなどのねじを締めすぎると割れることがあり，ゆるいと脱落の危険がある。また，スタンドは重いので両手でもち，片手は下から支えるようにする。加熱実験での使用後はスタンド全体が熱くなっているので，冷えてから片づけるようにする。

①スタンドの使い方

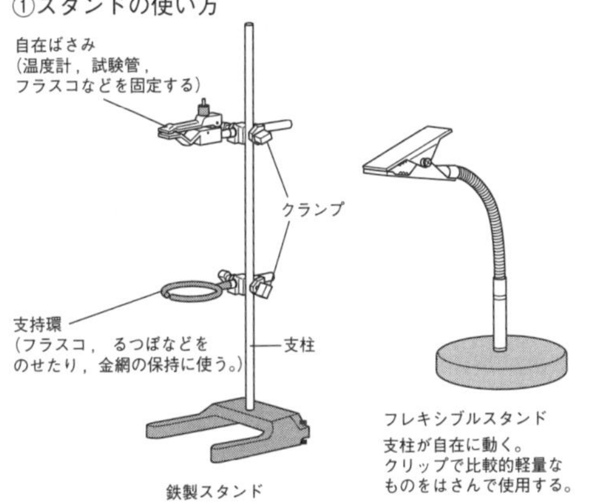
自在ばさみ
（温度計，試験管，
フラスコなどを固定する）
クランプ
支持環
（フラスコ，るつぼなどを
のせたり，金網の保持に使う。）
支柱
鉄製スタンド
フレキシブルスタンド
支柱が自在に動く。
クリップで比較的軽量な
ものをはさんで使用する。

②実験器具の取り付け

1）アルコールランプまたはガスバーナーを置き，次に金網を支持環の上に置く。
2）フラスコなどをその金網の上に置き，自在ばさみで固定する。
3）炎と加熱器具の位置関係を調整する。

③使用例

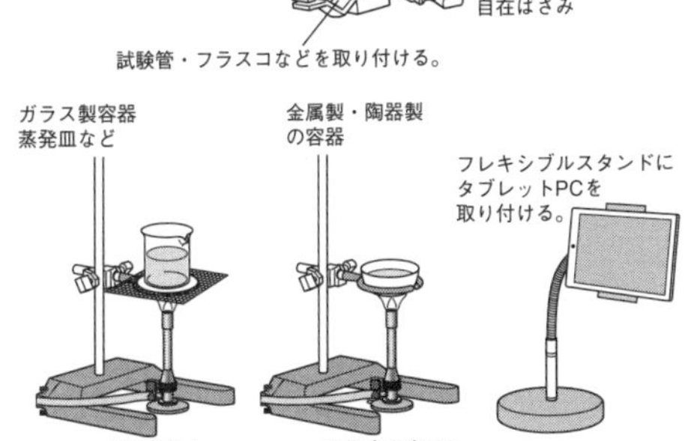
温度計などを取り付ける。
自在ばさみ
試験管・フラスコなどを取り付ける。
ガラス製容器
蒸発皿など
金属製・陶器製
の容器
フレキシブルスタンドに
タブレットPCを
取り付ける。
金網を敷く。
直接炎を当てる。

《鉄製スタンドの管理》

実験内容によっては，支持環などを必要としない場合がある。そのときは，使用しない部品を90度にひねり，必要な部品だけを使用するようにする。使用後の保管は，加熱器具を使用した場合，スタンド全体が冷えてから布でふき，自在ばさみ，支持環などをいちばん下に下げる。自在ばさみや支持環は，しっかり固定し，支柱に取り付けたままにしておく。保管場所は，様々な実験場面で使用することが多いので，取り出しやすい場所がよい。

《器具の取り付け》

実験器具の位置関係を見ながら，ねじをある程度固定したあと，微調整しながら各ねじをきちんと締め直す。器具の取り付けは，下から上が基本である。クランプのねじの向き，支持環，自在ばさみごとのねじの色を同じにしておくと，指導がしやすい。

《加熱実験以外の利用》

自在ばさみに磁石をつり下げて磁石の極を調べる実験，自在ばさみに振り子のひもを結んで振り子の周期を調べる実験，地層のでき方のモデル実験などに利用することができる。

フレキシブルスタンドは，小型カメラなどを取り付けると，教材提示装置として使うことができる。

KEY WORD
支柱
地はい
つる
巻尺（メジャー）

ものさし　巻尺

各学年の生物の関連学習　6年「土地のつくりと変化」

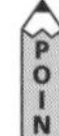

竹製のものさしは，汎用性があるので人数分は準備室に用意しておきたい。また，巻尺はいろいろな長さのものがあるが，理科の学習では，10メートル程度あれば十分である。長さを比べるのであれば，紙テープを準備して事前に目印となる目盛り等を書いておいてもよい。

植物等を傷つけたり，児童の怪我をしたりすることを予防するためには，金属製のものさしや巻尺（メジャー）等の使用は避けた方がよい。

①ヘチマの実の大きさの測り方

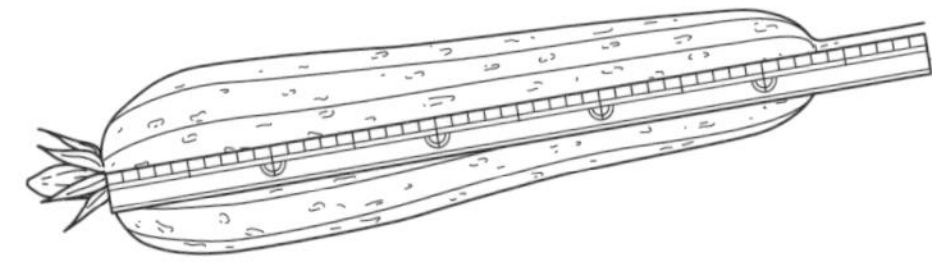

雌花のがくの下の子房の長さを測定する。ものさしの端をがくのつけ根に置き，子房のつけ根までを測定する。（ツルレイシ，ヒョウタン等も同様）

②つる性植物の成長の記録

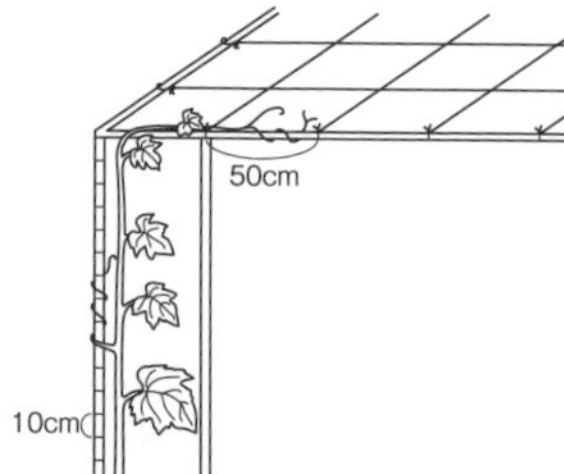

あらかじめ，立てる支柱に等間隔に印をつけておき，そこにつるを巻きつけたり，結束バンド等で固定したりすると長さが分かりやすい。
また，紙テープで長さを測り取っておくと，教室での掲示に使え，日常的に児童が成長を意識することができる。

③土地の測定の仕方

地層は野外であるため，表面が風化していたり，上層から崩れて覆いかぶさったりしているいることがある。地層の様子を観察する時には，表面を削り，観察したり，測定させたりするようにする。

④ものさし，巻尺の保管

使用した後に，土などがついていないようにきちんとふき取り保管するようにする。特に，巻尺は土がついたまま巻き取ると，次回に伸ばせなくなったり，破損したりすることにつながる。

《ヘチマの実》

つるになっている実の大きさを測定する時には，数人グループでさせると実が固定できるので，測定しやすい。また，がくのつけ根の横と子房の端の真横から見るようにすると，測定しやすい。

《つるの長さの測定に注意》

正確に測ろうとして，支柱からつるをとらないようにする。

カボチャなどの地面を這う植物は，巻尺の端を棒などで固定すると，測定しやすい。また，必要のない子づるや孫づるは，実の成長のためにも早めに取り除くようにする。

《安全上の注意》

地層等の測定は，周辺の安全に十分に気をつけさせる。特に危険な個所は無理をして測定せずに，教師が大体の大きさを知らせるようにする。

《巻尺（メジャー）》

巻尺は起点が０のものとそうでないものがある。できれば，同じものを準備し，使用する際は始まりを０に合わせることを確認する。

KEY WORD

包紙（→ p.229）
きじ（→ p.231）
ンセット（→ p.331）
節ねじ・分銅・指針
子てんびん（→ p.227）

上皿てんびん

5年「物の溶け方」

最大秤量が，100g，200gなど種類があるが，ビーカーをのせて液体を量り取ることを考えると，200gまで量れるものを用意したほうがよい。

秤量以上に重いものを測定すると，てんびんの感度が低下するおそれがある。薬品などを量るときは，皿を汚さないように薬包紙をのせる。

①調節

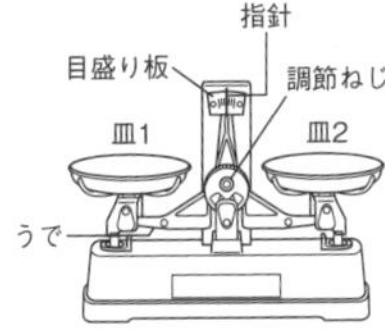

上皿てんびんを水平な台の上に置き，調節ねじで指針がまん中に来るよう調節する。

②使い方１（決まった重さのものを量り取る場合）

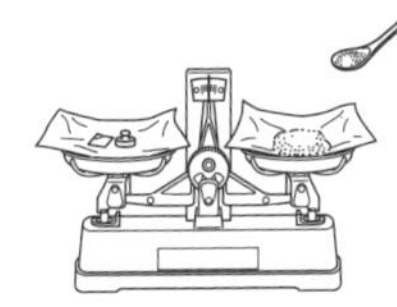

両方の皿に薬包紙をのせる。量りたい重さの分銅を左にのせる。右の皿に量りたいものを薬さじなどで，つりあうまでのせていく。

③使い方２（物の重さを量る場合）

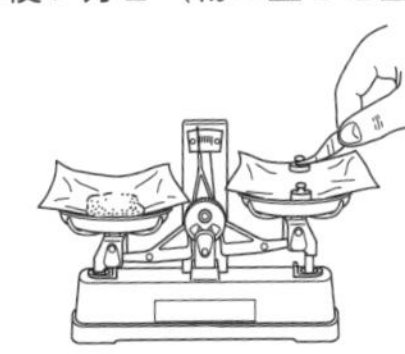

重さを知りたいものを左の皿にのせる。
右の皿に，重たい順に分銅をのせていく。
指針が左右に等しく振れるようになったら，そのときの分銅の重さを合計する。

④分銅の持ち方

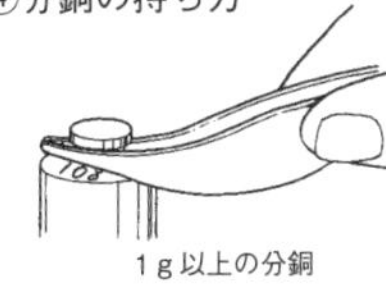

１g以上の分銅

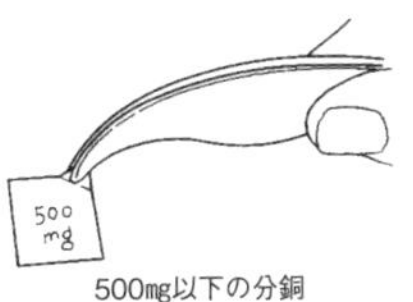

500mg以下の分銅

⑤保管

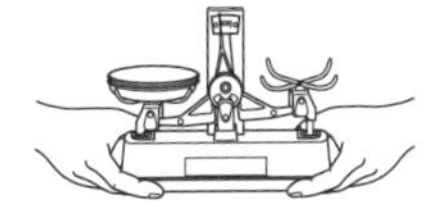

保管する場合は，２枚の皿を一方に重ね，うでが静止した状態で保管する。持ち運びの際は，両手でしっかり持ち，うでが動かないようにする。

《調節》

調節ねじは，上皿てんびんのまん中にあるタイプと，両側の皿の下のうでのほうについているタイプがあるので，それぞれの調節方法に従って行う。うでの番号と皿の裏側に表示された番号を合わせる。

《使い方１》

左利きの人は，分銅を右にのせて，量り取りたいものをのせるようにする。

１g以下の調整は，薬さじの反対側の小さいほうのさじを使って行う。

《使い方２》

上皿てんびんは，基本的にのせ下ろしを行うほうを利き手で行うことになるので，この場合も，左利きの人は反対になる。

《指針の振れ》

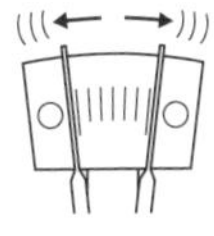

針が完全に静止していなくとも，中心を境に左右に等しく振れていれば，つりあっている。

《分銅》

分銅は，必ずピンセットでつかむように指導する。手で触れるとそこからさびやすく，分銅の重さが変化してしまうことがある。

《保管》

２枚の皿をどちらか一方に重ねておくのは，てんびんの支えと調整の歯の部分が動くことによって，すり減ってしまうことを防止するためである。

KEY WORD
０点調整
電子てんびん（→p.227）
風袋

自動上皿はかり

３年「物と重さ」

自動上皿はかりは，算数科でも使用する道具である。特に小学校３年生「重さ」の学習で用いることになる。その際に初めて，「g」や「kg」を学習することになる。カリキュラムでの指導時期を工夫するなどし，関連させながら指導したい。

皿はかりは，重い物を量る時に向いている。手軽に測定することはできるが，精度はそれ程高くないため，５年生「物の溶け方」で用いる実験道具としては，少量しか量れないが精度が高い上皿てんびんや電子てんびんを用いるようにしたい。

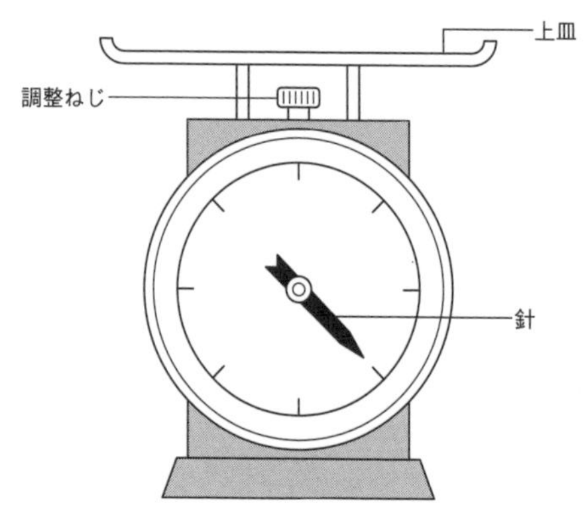

①設置

水平で安定している上皿の上に置くようにする。運ぶ際には，両手ではかりの下部を持つようにし，決して上皿を持って運ばないように指導する。

②調整

調整ねじを回し，針を目盛りの０に合わせるようにする。古いものは針の動きが悪くなっているものもあるので，台を軽く上下させ，動きを確認しておくようにする。

③量り方

測定するものは上皿に静かに載せるようにする。

④片付け方

上皿が汚れている時は，きれいにふき取る。特に水分がついたままにならないように，気をつけるようにする。

《種類》

自動上皿はかりは，台ばかりと呼ばれていたものである。最大秤量が，市販の物では，100g，500g，１kg，２kg，４kg，８kg，12kgと様々のタイプがある。測定する対象によって，適切に選択して使用したい。

《粉や液体の測定》

容器を用いることになる。初めから容器の重さを調整ねじで使わせることも必要である。しかし，容器が重くなりそうな時は，調整ねじでは調整しにくいため，容器の重さの取り上げ方についても考えておきたい。

《人の重さを量る時》

体重計を使うとよいが，近年はデジタル表示のものが多くなっている。保健室等に針が動く体重計がある時には，自動上皿はかりの取り扱いと同じことに注意しながら，測定させたい。

KEY WORD
包紙（→p.229）
量と感量・0点調整
準器調整
圧の影響
平・重ねない保管
皿てんびん（→p.225）

電子てんびん

3年「ものの重さ」5年「物の溶け方」6年「水溶液の性質」

POINT 秤量がデジタルで示されるので読み違いは少ない。また，秤量の大きさだけで感度レベルを調整することができる。0点調整を行い，測定するものだけの質量を測定できるので，大変便利である。最近は，量販店でも安価なものが売られていることが多い。

計量皿に重さが加わると故障の原因になるので，収納するときには，本体を直接積み重ねないようにする。また，学習内容によっては，小数点以下の小さな数値は誤差範囲とするなど，誤差指導が必要になることがある。

①設置

水平で安定している台の上に置き，スイッチを入れる。

②調整

何も載せていない状態で，ゼロ点調整ボタンを押して，表示を「0」にする。ただし，粉末や液体を量るなどする時は，薬包紙や容器等だけを先に載せ，調整することを指導する。

（例）3.7gの薬品を計量するとき

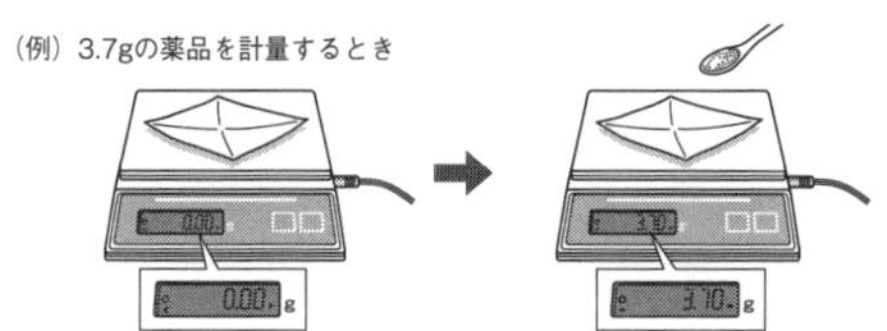

薬包紙をのせて，表示板の数値を0にセットする。　表示板の数値が3.7gになるように，薬品を薬包紙にのせていく。

③量り方

測定する物は上皿に静かに載せるようにする。表示が一定の値で変わらなくなった時に値を読む。

④片付け方

上皿が汚れている時は，きれいにふき取り，重ねて収納しないように気をつける。

<物（食塩）を水に溶かす前後の重さの量り方>

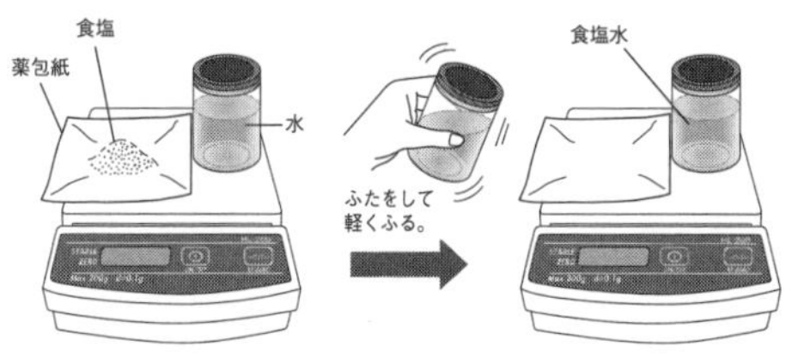

1）食塩を水の溶かす前の全体の重さを量る。
2）食塩を水に溶かす。
3）食塩を水に溶かした後の全体の重さを量る。
※全体の重さとは，薬包紙や容器を含めた重さである。

《準備》

市販されている電子てんびんは秤量と感度により様々あるが，小学校の実験では，秤量は児童用として300gまで測定できるものと，教師用として2000gまで測定できるものの2種類は備えておきたい。また，学校の実態に合わせて，グループや2人組などの実験を考慮し，必要数準備しておきたい。

感度が必要以上に高いものであると，誤差指導が必要になってくる。

《水平な置き方》

誤差を少なくするために行う。水準器がついている場合は，真上から見ながら，気泡が中央の輪の中に入るように水平調節ねじを調節する。

《風の影響》

測定する物の表面積が大きいと，風圧を受けて数値が変わることがある。風よけのケースつき電子てんびんもあるが，丸めた画用紙で作ったフードで，電子てんびんの周りをおおって測定する程度で十分である。

KEY WORD
重量
秤量と感量
０点調整
風袋（→ p.226）
押し引きばねはかり
ニュートン（N）

押し引きばねはかり

6年「てこの規則性」

一般的な「ばねはかり」は，重量の大きさ（重量）を測定する道具であるが，ここで紹介する「押し引きばねはかり」は，従来の引っ張る力と共に押す力も測定することができる。てこの規則性を調べる上で，様々な活用の工夫が考えられる。

水平にして使う場合と垂直にして使う場合など，０点調整をその都度行う。また，過度な負荷をかけてしまうとばねの部分が伸びてしまったり破損してしまったりするので，決められた範囲内での使用を守るようにする。

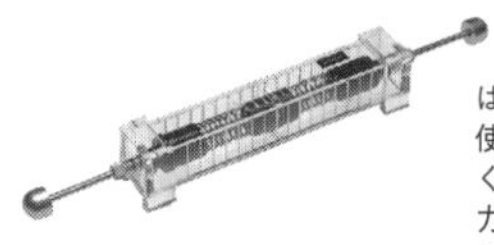

ばねはかり逆スケールつきを使うと，押した力でものが動く場合の必要な力と上に引く力の大きさの両方を測定することができる。

①一般的なばねはかりとしての使い方

事前に，指標が正確に０を示しているか，秤量はいくらか，最小目盛りはいくらかを確認しておく。

引っ張る力を量る物は，鉄製スタンドにつるして安定した状態で使う。

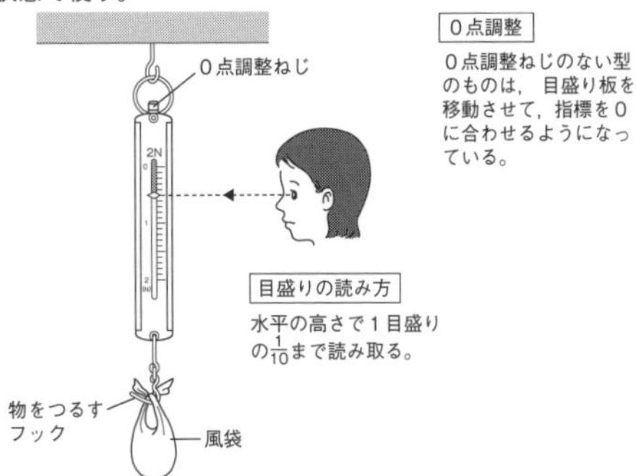

０点調整
０点調整ねじのない型のものは，目盛り板を移動させて，指標を０に合わせるようになっている。

②てこの規則性での使い方

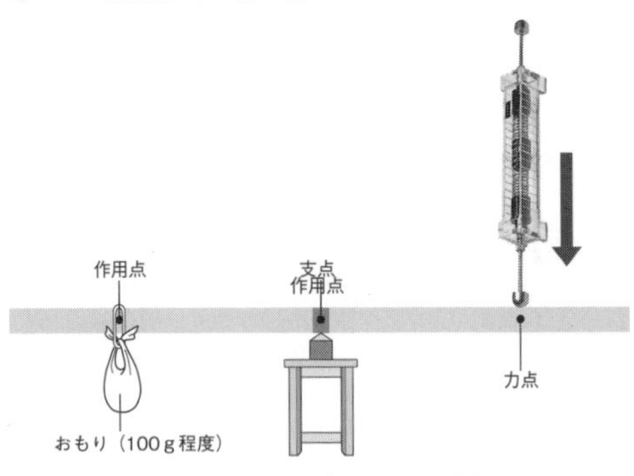

※力点の測定は，押し引きばねはかりの範囲内

押し引きばねはかりには，引っ張る力の測定と押す力の測定の２つの用途があるので，学習内容によって使い分けるようにする。

《秤量・感量》

ばねはかりは，力の大きさを量る器具で多様な秤量がある。実験用には秤量100g，200g 程度であるが，力の大きさを測定する場合には大きな力を測定できるものも市販されている。感量は秤量のだいたい100分の１くらいとなっている。

《ニュートン（N）》

ばねはかりの目盛りの単位には，N を使用しているものがある。9.8N が質量１kgに働く重力なので，１N は約100g である。

《目盛りの読み方》

はかりを水平にして使う場合にも，はかりに垂直に目の位置を合わせて読むこと。また，最小目盛りの$\frac{1}{10}$まで読むことを習慣づけさせたい。

《風袋がある場合》

風袋の重さも，秤量の$\frac{1}{10}$程度であれば，ゼロ点調整が可能である。終わったら，次に使うことを考え，元に戻すようにする。

KEY WORD

皿てんびん（→ p.225）
子てんびん（→ p.227）
さじ（→ p.231）
スシリンダー（→ p.230）

薬包紙　計量カップ　計量スプーン

5年「物の溶け方」 6年「水溶液の性質」

薬包紙は，固体の薬品を取り出すときに使う10㎝四方ほどの表面が加工してある紙である。計量カップや計量スプーンは，それほどの正確さを要求されない場合に，簡単に量り取れるので便利である。

一度使った薬包紙は，再使用しない。また，湿気の少ないところに保存する。計量カップ・計量スプーンにはプラスチック製と金属製のものがあるが，目盛りはそれほど正確ではない。

①薬包紙

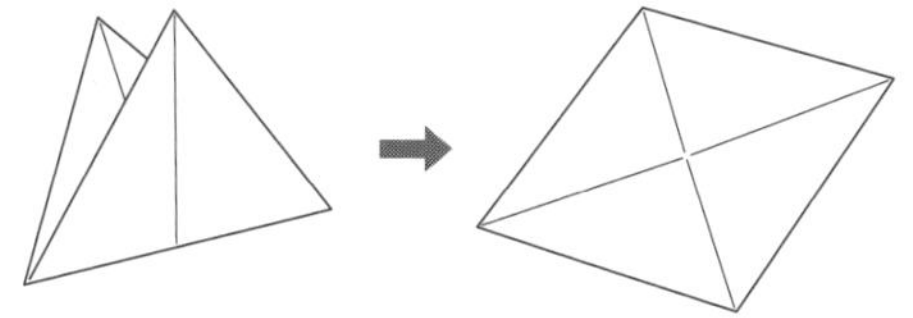

2箇所で三角形に谷折りにして開いて折り目をつけ，折り目のへこんだところに薬品をのせる。

②てんびんで薬品の重さを量る

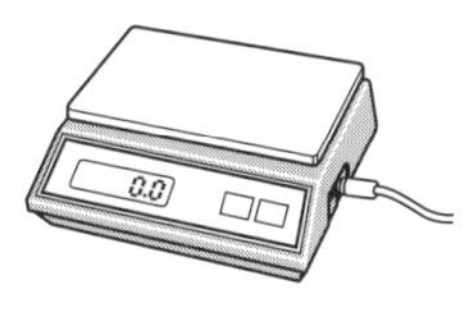

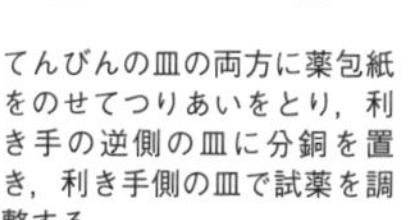

てんびんの皿の両方に薬包紙をのせてつりあいをとり，利き手の逆側の皿に分銅を置き，利き手側の皿で試薬を調整する。

電源を入れたら薬包紙をのせて「風袋引き」などのボタンで薬包紙の重さを引いた状態（表示を0にする）にしてから薬品を量り取るとよい。

③計量カップ

50～200mLくらいの体積を量るときに使う。横から見て，水の場合は液面の最も下の部分を読み取る。

④計量スプーン

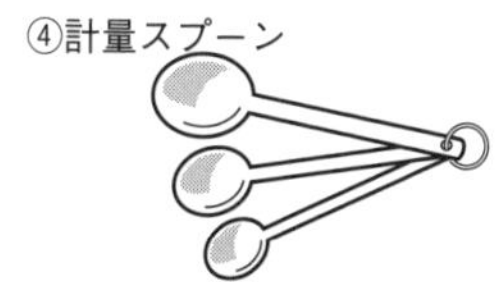

少量のものの体積を量るときに使う。食塩やミョウバン，ホウ酸が，さじのすり切り何ばい水に溶けるかを調べるときに使うと便利である。

《上皿てんびんで量り取る》

分銅をのせるほうの皿にも，薬包紙をのせることを忘れないようにする。量り取りたい重さの分銅を左の皿にのせ，量り取るものを右の皿にのせる（左利きの場合は反対）。

《電子てんびんで量り取る》

薬包紙の重さは，およそ0.2ｇである。電子てんびんに薬品をのせる前に，薬包紙の重さを引いておくと量りやすい。

なお，小学校の実験では，薬包紙の代わりに，小カップや使いすての小皿を使って，薬品を量り取るのも便利である。また，水酸化ナトリウムなど潮解性のある試薬については，ビーカーなどに直接量ることもある。

《計量カップ》

200mLのカップが一般的であるが，180mLや300mLのものもあるので注意する。メスシリンダーよりも精度が落ちるが，簡易的に水のおよその体積を量るときには便利である。

《計量スプーン》

容量15mLの大さじと5mLの小さじセットが基本で，これに10mLや2.5mLが加わったものもある。

KEY WORD

ピペット（→p.232）
転倒防止（安全リング）
駒込ピペット（→p.232）

メスシリンダー

5年「物の溶け方」 6年「水溶液の性質」

ガラス製とプラスチック製があり，液体の体積を正確に量ることができる。容量は多種類あるが，児童用としては，100mLか200mLで十分である。目盛りを読むときには，目の高さに注意し，液面の最も下（水銀のように液面が盛り上がっているときは上）の部分を真横から読み取る。

ガラス製の測定器具は精密にできていて，正確に測定することができるが壊れやすい。転倒して破損することが多いので，器具の先にゴムを巻いておくとよい。測定するときには，水平な台の上で操作する。

①手順

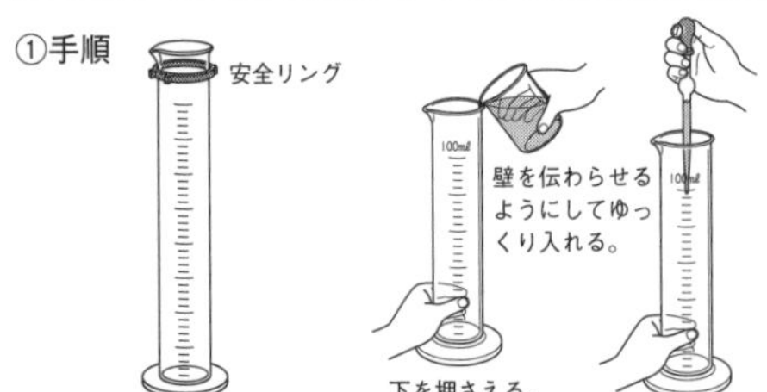

安全リング
100mℓ
壁を伝わらせるようにしてゆっくり入れる。
下を押さえる。

水平な台の上にメスシリンダーを量り取る量よりもやや少なめに入れたあと，ピペットで少しずつ加えて正確な量を量り取る。

②目盛りの読み方

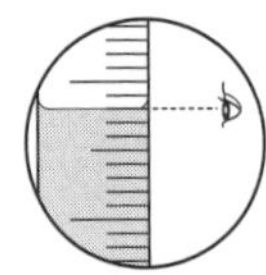

目の位置を液面と同じ高さにして，真横から見る。水の場合は，液面の最も下の部分を読み取る。

③固体の体積の量り方

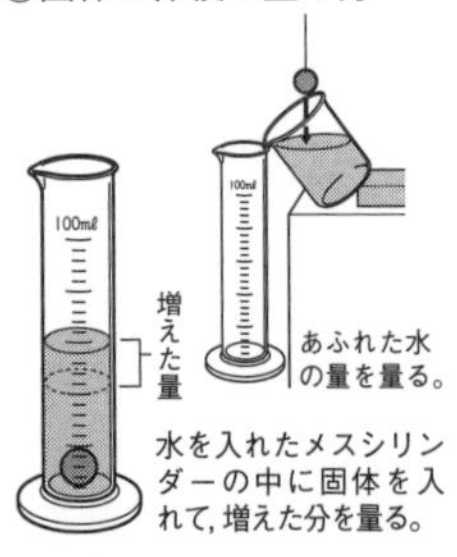

水を入れたメスシリンダーの中に固体を入れて，増えた分を量る。

④気体の体積の量り方

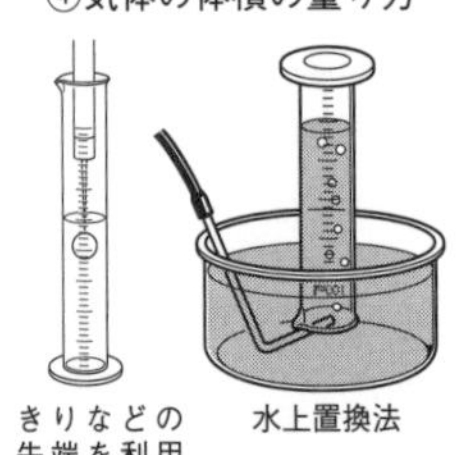

きりなどの先端を利用して沈める。

水上置換法

⑤使用後

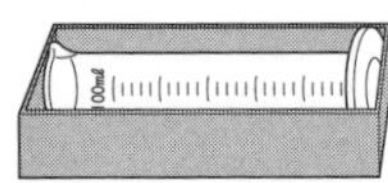

倒れやすいため，収納箱を作って寝かせておくと安全である。

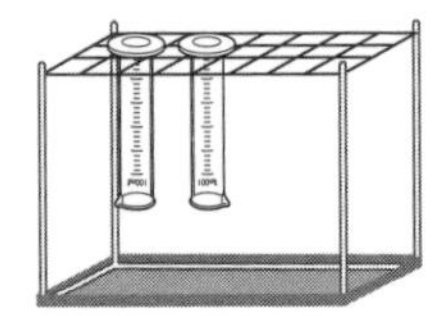

ドライボードやメスシリンダーラックなど，乾燥しながら保管する器具もある。

ガラス製とプラスチック製があり，規格によって測定精度が異なるので，測定する量に合わせて選択する。

容量（mL）：5，10，20，25，50，100，200，1000，2000

児童用には，100mLか200mLで十分。教師用として，500mL，1000mLがあると便利である。

《手順》

ガラス器具は壊れやすいので，ゴムを巻く（安全リング）などの工夫をするとよい。倒れないように，必ず手でメスシリンダーを押さえる。

《目盛りの読み方》

1目盛りが何mLなのかを確認させておく。

液面が盛り上がっている液（水銀などの例がある）の場合は，最も高い部分を読み取る。

《固体の体積の量り方》

大きいものを量るときは，別の容器に沈め，あふれた分を量る。水に沈まないものを量るときは，きりなどの先端で押し沈め，増えた水の量を量る。

《気体の体積の量り方》

水上置換法によって，水を満たしたメスシリンダーの中に気体を集めて量る。

《使用後》

洗剤をつけて洗ったあと，よく水洗いをしてから，収納箱に入れておく。

※ガラス製の精密な測定器具は，加熱したり加温乾燥したりしない。

KEY WORD
テンレス製
ラスチック製
品の純度
品の量り取り方
燥保管
ミカルスティック

薬さじ

5年「物の溶け方」 6年「水溶液の性質」

薬さじにはプラスチック製とステンレス製があり，大小のさじの使い分けをする。使用後のふき取り保管をしっかりする。

ステンレス製の薬さじは，粉末の試薬をとって放置しておくと，空気中の水蒸気により潮解したり，さびついたりするので注意する。

①薬さじ

薬さじは，粒状または，粉末状の薬品や試料を取り出すのに使う。

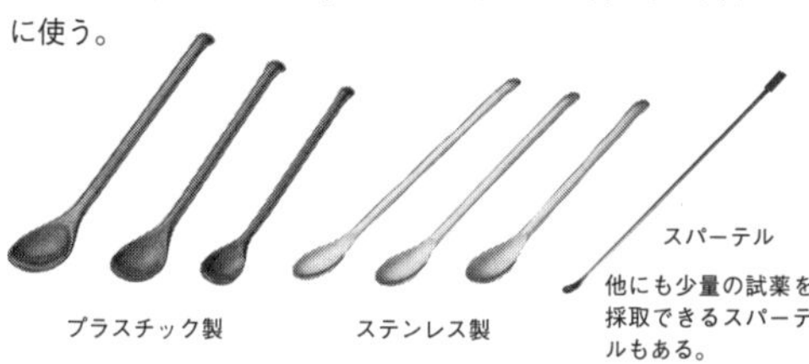

プラスチック製　　ステンレス製

他にも少量の試薬を採取できるスパーテルもある。

②使い方

ガラス製の容器に移すときは，容器の底近くまでさじを差し入れてから静かに薬品を落とす。

中味が少なくなったら，びんを傾けて取り出す。

ビーカーの上にびんの口をおいて薬品をとり，ビーカーの底で返すとこぼれにくい。

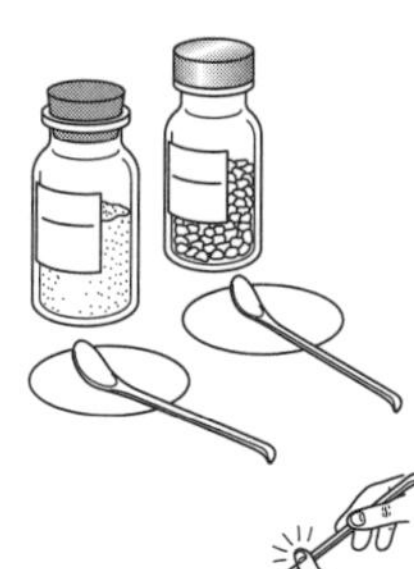

複数の種類の薬品をとるときは，混ざるため，同じさじを使わない。何本ものさじを用意し，それぞれの専用として各びんのそばにきれいなろ紙などを敷き，その上に置く。

指でさじの柄を軽くたたき，薬品を少しずつ落として，てんびんがつりあったときにたたくのをやめる。

《薬さじの扱い方》

薬品が飛散するおそれがあるので，低い位置で扱う。

びんの底のほうで薬品を扱う場合でも，容器を傾けて静かに行う。

・アルカリ性の強い薬品を扱うときはプラスチック製，粘りけの強い試料はステンレス製を使う。

・硬い試料を入り口から落とすと，ガラス容器を割るおそれがあるので，容器の奥に薬さじを入れてから落とすよう習慣をつけておく。

・純度の高い薬品の場合は，特に厳重に不純物が入らないようにする（ラベルに示してある純度を確認する）。

・薬品の純度を保つ

いったんびんから取り出した薬品は，余った場合には元に戻さず，別の試薬びんに入れて保管する（さじや入れた容器の汚れがついている）。

濃度が示してあるものは戻さないで，うまく量り取るようにする。

《使用後》

次に使うために，薬品さじは洗って乾燥させ，大きさと向きをそろえてしまう。

《ケミカルスティック》

直形のステンレス製の薬さじで，固まってしまった薬品を砕いて取り出すのに便利である。

KEY WORD
メスピペット
ホールピペット
駒込ピペット
先端破損
メスシリンダー （→ p.230）

ピペット

5年「物の溶け方」 6年「水溶液の性質」

POINT　メスピペットは，吸い込みの際に先をしっかり液につけるようにする。また，目盛りの線は真横から読み取る。1mL以下の細かな液体の量を量り取るのにも使うことができるため，定量的な学習に発展できる。

メスピペットは測定の際の吸い込みすぎに注意する。ガラス器具の長いものを両手で扱うので，周囲のものにぶつけて破損したり，破損したもので身体を傷つけやすい。

①ピペットの種類

②メスピペット・ホールピペットの使い方

1）測定する指標の線より上の部分まで吸う

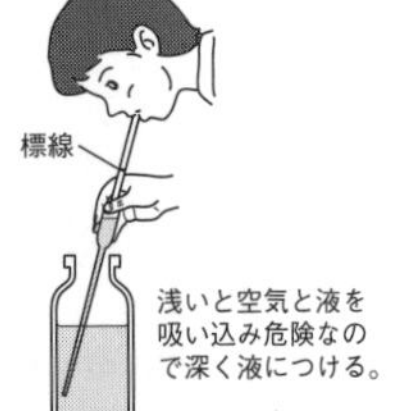

ピペットの先を深く液体につけ，上端を口にくわえて，指標の線（量り取る量を示す線）の３cmくらい上まで余分に吸い上げ，人差し指でピペットの口をふさぐ。

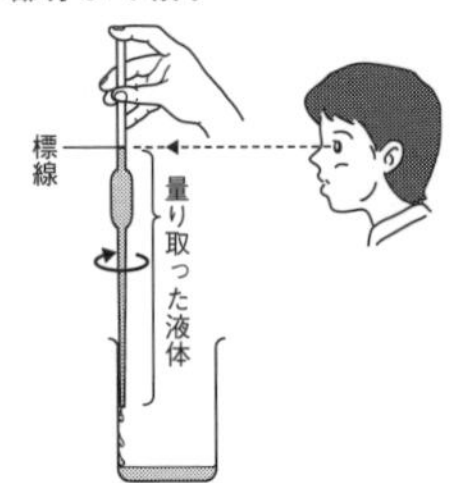

手早く利き手で持ち，人差し指とピペットの口のすきまを調節して液を落とす。必要量とぴったり一致したら，指先でピペットの口をふさぐ。

2）量った液体を移す

ピペットの先を容器の壁につけ，人差し指と口の間にすきまをあけると，自然に薬品は流下する。

③駒込ピペットの使用

液体の外で乳頭を親指と人差し指で押し，液体に入れる。

先端を液につけた状態で，乳頭から親指と人差し指を外し，液体を吸い上げる。

再び液面より取り出し，乳頭を親指と人差し指で押し，滴下しながら量を調整する。

※乳頭に液体が入り腐食するので，液が入ったまま，乳頭を下にしない。

《ピペットの種類》

メスピペットや駒込（こまごめ）ピペットがある。これらは，1，2，5，10，20mL 用などがあり，中間に細かい目盛りがついているので，ごく微量でも量り取ることができる。ホールピペットは一定量の液体を量り取るもので，中間量は測定しない。

《使い方》

先が浮き上がって空気を勢いよく吸い込み，薬液が口に入っては危険なので，深く液につけて静かに行う。量るときは必要な量より少し余分に吸い取って，上のゴム棒をつまんで余分な液体を少しずつ滴下する。

ピペットと眼の位置は直角を保ち，指標の高さに合わせる。

《量った液体の移し方》

最後の１滴は，ピペットの球部を手で柔らかく握り，中の空気を膨張させて押し出す。また，容器壁を液体が伝わるようにすると，液体の表面張力で引き出されるようになる。

《破損》

ピペットの先をぶつけて破損することが多い。破損したものや破片を放置しないよう，終了後の点検をこまめに行う。

《洗浄・保管方法》

乳頭とピペットは外して洗浄・保管する。

《乳頭の種類》

乳頭は，安価であるが腐敗しやすいゴム製と，耐久性のあるシリコン性がある。

KEY WORD
温の計り方
葉箱
温の計り方
銀温度計
録温度計（→ p.240）

アルコール温度計

3年「太陽と地面の様子」 4年「金属・水・空気と温度」 5年「物の溶け方」

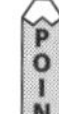

アルコール温度計は，小学校において，もっともポピュラーな温度計であり，3年生から6年生まで用いる。−20 〜 105℃用のものが一般的である。目盛りを読むときは目の高さに注意し，目盛りを垂直に読み取る。使用前にチェックし，正しい温度表示のもののみ使うようにする。

ガラス計測器具であり，衝撃や転倒，落下などにより破損しやすい。また，温度計をかくはん棒の代わりに用いたり，振り回してけがをしたりしないように指導を徹底する。

①使用前の点検

- 使用目的に合った測定範囲のものを選ぶ。
- 1目盛りが何度になっているか確かめる。
- 液柱切れはないか確かめる（温度計の上部を十分に熱してから球部を熱するとつながる）。
- 温度計によって誤差があるので，事前に湯につけたりして同じくらいのものを選んでおく。

②目盛りの読み方

間にあるときは，近いほうの目盛りを読む。
高学年では，10分の1まで読み取らせる。
目盛りに垂直な方向の真横から目盛りを読み取る。

③空気の温度（気温）の計り方

- 温度計の上の方を持つ。
- 温度計に太陽の光が当たらないようにする（下じきなどを使ってもよい）。

空気の温度の計り方

水の温度の計り方

土の温度の計り方

※器具や壁面に温度計が触れないようにする。

◆気温と百葉箱

気温は，次のように条件をそろえて計る。

- 風通しのよい場所
- 直接日光が当たらないところ
- 地面から 1.2 〜 1.5m の高さ

百葉箱は，これらを満たすように作られている。

いっぱんにアルコール温度計といわれているものは，中に灯油が入っていて，最近では，「赤液（棒状）温度計」と呼ばれている。

小学校においては，−20 〜 105℃の温度計があれば十分であるが，気温用に−30 〜 50℃，沸騰用に 0 〜 105℃も使える。また，沸騰で100℃以上になると予想する子ども用に，200℃以上まで測れるものも数本は用意しておきたい。

《温度計のチェック》

実験の前のチェックを習慣づける。沸点や凝固点を調べる場合は，事前に氷を入れた氷水に温度計をまとめて入れ，0℃になっているもののみ使う。

《保管・管理》

アルコール温度計は，0℃付近の調整は確かだが，100℃近くなると精度が落ちる。冷暗所に置く。

《目盛りの読み方》

斜めになっている温度計も，目盛りに垂直な方向から読み取る。

《気温・地温・水温の計り方》

直射日光などを避け，温度計の液だめに直接触れて，体温などが伝わらないようにして計る。できれば1分以上慣らしてから測定を開始するとよい。

《水銀温度計》

水銀の温度計は，アルコール温度計に比べ精度が高く，100℃近くでも正確なので，沸点の測定に向いている。

KEY WORD
デジタル表示
ポイントの温度
100℃以上
気象観測
パソコンでの処理
プログラミング機器

デジタル温度計

4年「金属・水・空気と温度」「天気の様子」

今日のセンサー技術の向上により，パソコンと連動させて活用できるデジタル温度計が多く見られるようになってきた。その特徴をよく理解し，目的に応じて使えるようにする。

精密機器であり，センサー部分は繊細である。高価なものもあるので，取り扱いには十分注意したい。

①センサーの種類

金属製のセンサー部分をもち，データをデジタルで示すものである。

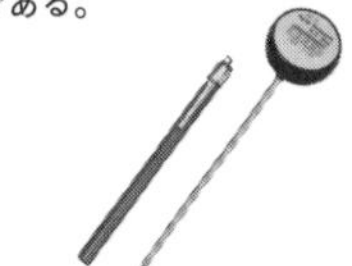

センサー部一体型

センサー有線型

センサーを用いた計量器は多種・多様である。室内・室外の温度を同時に測定したり，最高・最低温度をワンタッチで表示できるものがある。

また，テスターのなかには，温感センサーを用いれば，電圧だけでなく温度を測れるものもある。

デジタル室内外温度計

②気象観測に用いる

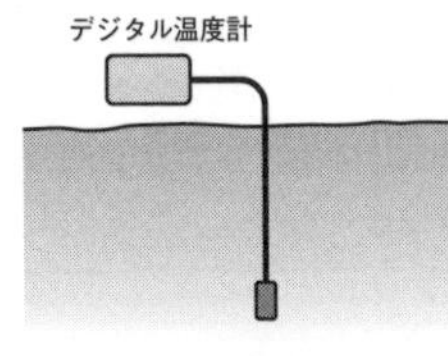

地中温度を調べる。

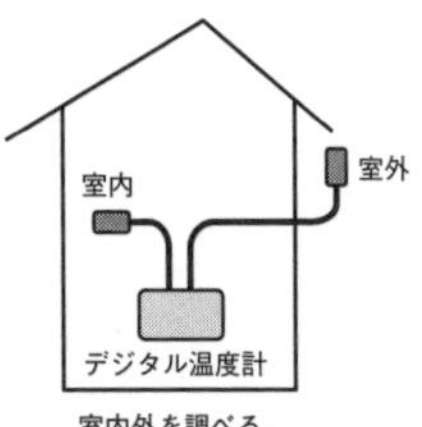

室内外を調べる。

③パソコンでの処理

パソコンと接続させることによって，連続的な変化の観測や効率よいデータ処理をすることができる。

④プログラミング機器

機器を用いて温度や湿度などを測定し，その結果を表示したり，動作などの条件として用いたりすることもできる。

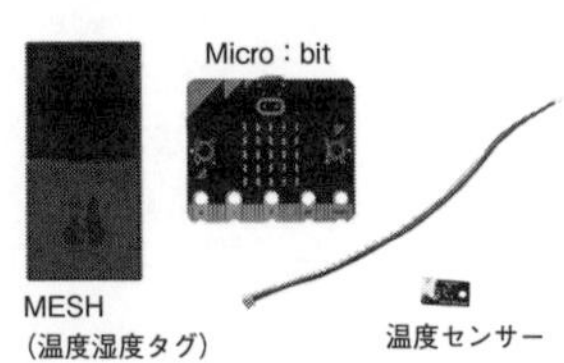

MESH
（温度湿度タグ）

Micro：bit

温度センサー

温感センサーを用いたデジタル温度計は，性能，価格ともに多様な機器が市販されている。気温用は，測定範囲が－50～70℃くらいであり，調理用は～200℃くらいまでである。オプションで，K型熱電対（800℃くらいまで計れる）をもつものもある。

また，センサー部一体型，複数のセンサーをもつもの，パソコンにデータを転送できるものなど多様である。

《保管・管理》

理科準備室など，普段は子どもの手に触れない場所に保管しておいたほうがよい。長く使用しないときは，電池を抜いておく。

《気象観測に用いる》

長い線をもつものを活用して地中深くのデータを得たり，複数センサーを活用して，室内外で同時にデータを得ることができる。

《物の温まり方の測定》

調理用や高温用を用いて，水温や金属の温まり方を数値化して調べることができる。

《パソコンでの処理》

高価な機種には，1分おきのデータを蓄積したり，パソコンにデータを転送したりできるものがある。パソコンによりデータをグラフ化するなど，処理の仕方によって，様々な変化を見ることができる。

KEY WORD
温の計り方
の温まり方

放射温度計

3年「光と音の性質」「太陽と地面の様子」

物体から放射される赤外線を利用して，物体の表面温度を接触することなく測定することが出来る。アルコール温度計などと異なり，短時間で測定ができる。日光で温められる物体の温度，地面の温度を測定することが出来る。

赤外線を感知する精密機器であることから，赤外線レンズにゴミやほこり，水滴が付着すると測定精度に影響がでる。金属など表面温度が高いときは，近づきすぎて測定対象物に触ったり，輻射熱によるやけどに注意する。

①光と音の性質

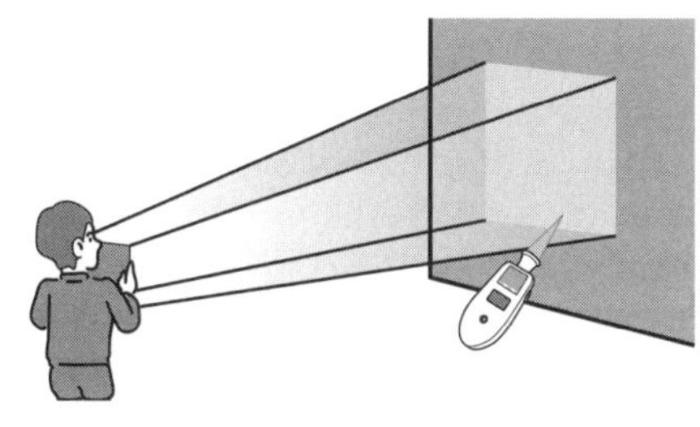

平面鏡を使って物に日光を当てると，物が暖められることを，放射温度計を使って測定する。

②太陽と地面の様子

太陽の光が当たっている地面と当たっていない地面の温度を測定する。

放射温度計は測定する物体表面の平均温度を算出するため，適切な距離より離れすぎると，下図のように物体表面以外の部分も入ってしまい，正しい値が測れない。そのため，放射温度計には最適な測定領域の直径と測定距離が設定されている（D:S 比）。

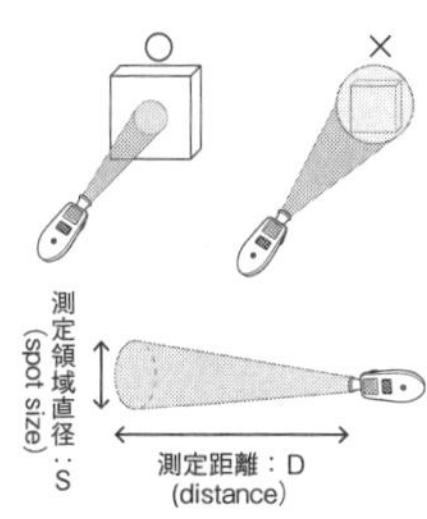

例えば，D:S 比＝1:1 の放射温度計で地面を測定する場合，10cm の領域を測定するならば，10cm 離れた距離で測定する。小学校理科で利用する D:S 比＝1:1 もしくは 6:1 が適切である。

また，測定範囲（℃）は－55 ～ +220，－60 ～ +240，－50 ～ +1000などと機種により異なるが，小学校では－60 ～ +240ぐらいが適切である。

《保管の際の注意事項》

水滴やほこりが測定部の赤外線レンズに付着すると，正しく測定できない。また高温の場所に置いておくと故障の原因となるため，ビニールカバーなどをつけ適切な場所で保管すること。

KEY WORD
温度測定
色の変化

示温テープ（サーモテープ）

4年「金属・水・空気と温度」

熱の伝わり方を調べたいものの表面に貼り付けるだけで，一定の温度を超えるとテープの色が変わることから，熱の伝わり方を観察するのに適している。小学校教材として販売されているものは可逆性示温テープであることから，繰り返して使うことが出来る。

テープの耐熱性が低いことから，金属板や金属棒に貼り付けて実験すると，テープが溶けたり縮んだりする可能性がある。

①金属，水，空気と温度：水の温まり方

1）使い方

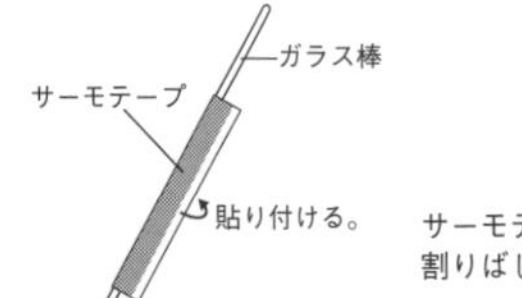

2）水の温まり方を調べる実験

決められた温度以上になった部分から，テープが変色を始める。その場所から順に温まっていることが，視覚的にとらえられる。

水の入った試験管に入れ，水を温める。

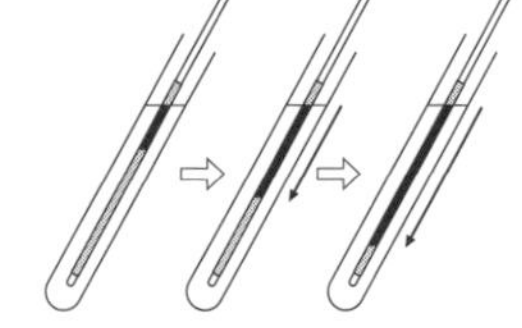

テープの色の変化を観察する。

②金属，水，空気と温度：金属の温まり方

示温テープを金属板に貼り付けて，金属が温まるときの温度変化の様子を観察することが出来る。金属板に貼り付けた際は，温度により示温テープが溶けたり，変色したりする可能性があるため，注意する。なお，示温テープを用いた時と示温シールを用いた時では，観察できる温度変化の様子が異なるため，実験に応じて使い分けると良い。

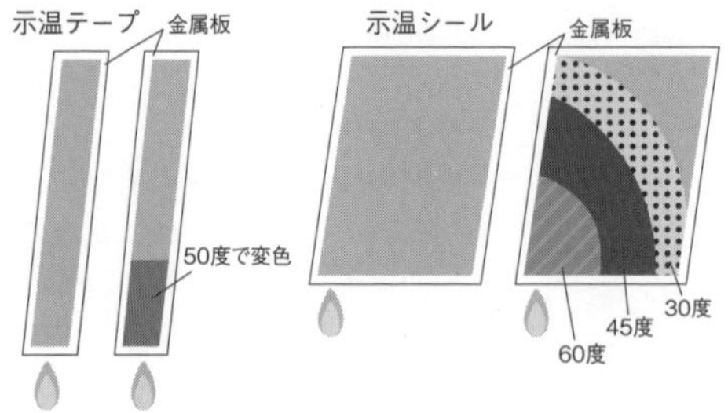

示温テープは，熱により化合物の構造が転移することを利用して作られたもので，示温塗料の素材により，異なる温度領域で変色する。どの温度領域をもつ示温テープを実験に用いるのかは，教科書会社によっても異なるが，水の温まり方を観察するうえでは，40～50℃の温度領域で変化するものが適している。

熱の変化を調べたいものの表面に貼り付けて利用する。熱による示温テープの色の変化は，明瞭かつ簡単に観察することが出来る。温度上昇時は，± 2℃の精度で変色するが，温度降下による変色は精度が低いため，観察の際はこの点を理解した上で使用すること。

関連教材として，示温シールがあり，これは示温テープの色の変化とは異なり，温度上昇による色の変化が段階的に生じるため，金属板上の熱の伝わり方やビーカー内の温度変化を温度の違いごとに観察することが出来る（左図）。

《保管の際の注意事項》

小学校理科教材で使用する示温テープは，可逆性であり繰り返して利用可能であるが，直射日光の当たらない冷暗所で保管する。なお，耐久性は水の中では1か月しかないため，水の温まり方の実験をしたのちは，水の中に入れたままにしないようにする。

KEY WORD
度測定
の変化

示温インク（サーモインク）

4年「金属・水・空気と温度」

POINT　水に示温インクを溶かしいれて使用する。温度の上昇を色の変化として視覚的に捉えることが出来ることに加え，温度が上昇し色が変化した水が，動く様子も観察できることから，示温テープとは異なり温度上昇による水の動きも捉えることが出来る。

感温変色性色素には微量のホルムアルデヒドが含有されていることから，示温インクを長時間皮膚に付着したままの場合や，皮膚の敏感な児童に対しては，まれにかぶれを起こすことがある。

①金属，水，空気と温度：水の温まり方

推奨される濃度に示温インクを水に溶かす。薄すぎると，温度上昇による色の変化が分かりづらいため注意する。

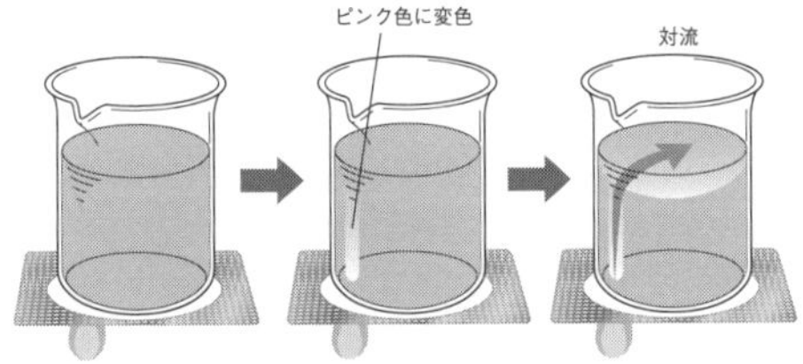

②金属，水，空気と温度：金属の温まり方

示温インクにはペースト状のものも販売されており，金属板や金属棒に塗って温まり方を調べることが出来る。ペーストは水で簡単に洗い流せるようになっている。

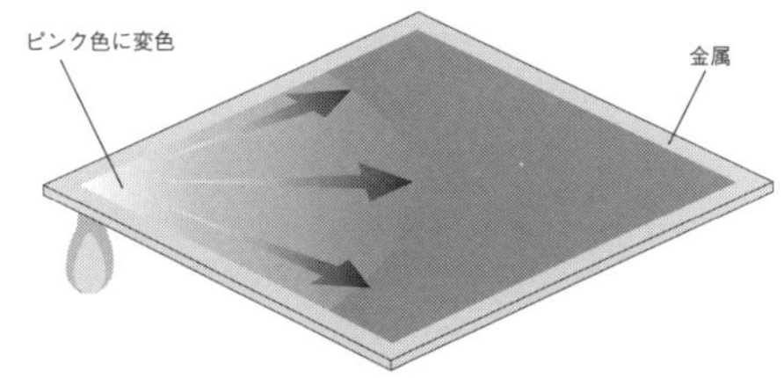

示温インクは常温で青色，温めるとピンク色に変色するインクで，温度変化を色の変化として視覚的に捉えることが出来る。成分は感温変色性色素，蛍光顔料，食塩水であり，この中の感温変色性色素が温度によって，可逆的に（発色）←→（消色）の変化をしている。つまり，特定の温度（40℃）より低温側では発色し，高温側では消色する。そのため，感温変色性色素の青色が消えると，蛍光顔料のピンクが表れてくる仕組みになっている。成分の性質上，感温変色性色素と蛍光顔料の比重の違いにより，静置しておくとピンク色が上層に，青色が下層に蓄積する。よって，実験に使用する際は必ず良く混ぜる必要がある。

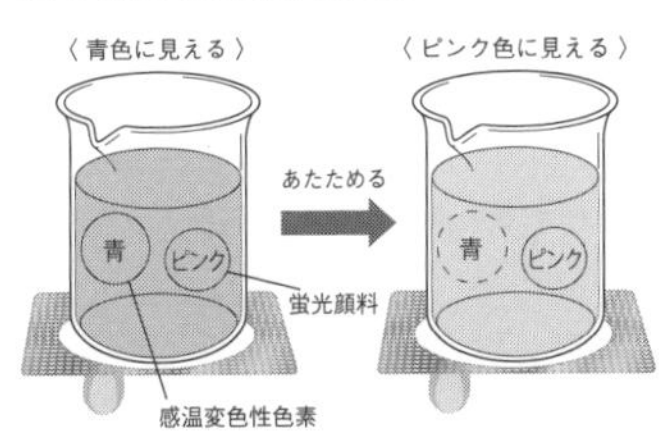

《保管の際の注意事項》

実験後の繰り返しの利用は推奨されていない。水で希釈して捨てる。直射日光を避けて，暗所に保管する。

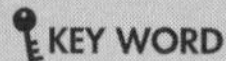

KEY WORD
気体採取器
チップホルダー
カバーゴム

気体検知管

6年「人の体のつくりと働き」「燃焼の仕組み」「生物と環境」

気体検知管は，気体の有無を調べるのではなく，気体の濃度や，濃度の微少な変化を正確に測定することができる検知管式気体濃度測定器である。検知管は１回使用で，変色層の長さから濃度を測定する。

検知管の両端のガラス部分を折り，気体採取器に接続し，測定したい気体を50mℓ通気させる（100mℓ用もある）。ガラスを折るときや，折れたガラス部分を扱うときに十分注意したい。

①点検

事前に，気体採取器の気密性を点検しておく。

②使い方

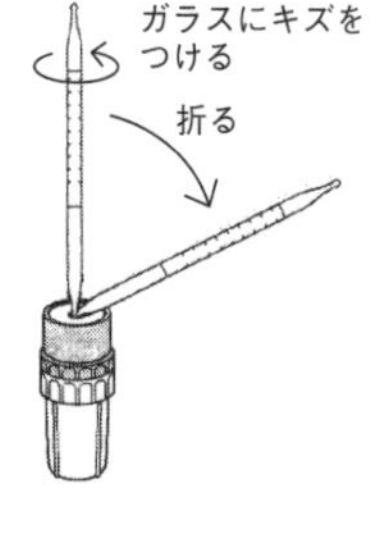

1）チップホルダーを使って，検知管の両先端ガラス部分を折り取る。
2）カバーゴムを矢印のある側に取りつける。
3）検知管を気体採取器に取り付ける。このとき検知管の先端にカバーゴムをつけて，ガラスで指を切らないよう配慮する。

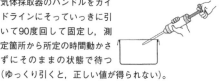

気体採取器
検知管
しっかりと差し込む。
カバーゴムをつける。
ハンドルの向きをガイドマークに合わせる

4）気体採取器のハンドルをガイドラインにそっていっきに引いて90度回して固定し，測定箇所から所定の時間動かさずにそのままの状態で待つ（ゆっくり引くと，正しい値が得られない）。

5）検知管を取りはずし，目盛りを読み取る。

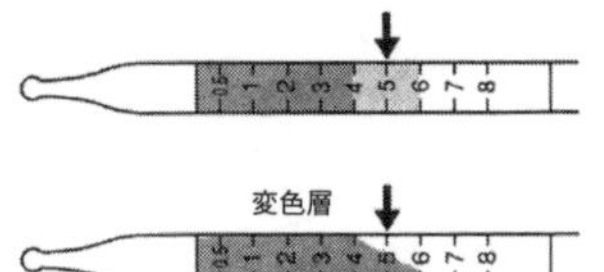

変色の境界に濃淡が出た場合や斜めになった場合は，中間で読み取る。

③後始末

カバーゴムは取りはずして再使用する。使用済みの検知管を回収する（製品により扱いが違うところもあるので，説明書をよく読んでから行う）。メーカーによっては使用済の回収をしている。

※検知管は，中に微量だが有害な薬品を含むため，一般ゴミとして捨てない。

《検知管の種類》

児童用の簡易型としては,「ガステック」と「北川式」の２種がある。それぞれの検知等で測定範囲が決まっているので, 特性をよく確かめて活用する。

●うすい二酸化炭素用
測定範囲0.03～1.0%，0.05～1.0%など（空気中の二酸化炭素量の測定）

●濃い二酸化炭素用
測定範囲0.5～8.0%，1.0～10.0%など（人や動物の呼吸，燃焼による二酸化炭素の変化の測定）

授業における実験では，二酸化炭素の変化前にうすい二酸化炭素用検知管，変化後に濃い二酸化炭素用検知管を使うことが多い。

●酸素用
測定範囲2.0～24.0%，6.0～24.0%など

酸素用検知管は，変色途中でかなり熱くなるので，触るときに注意しなければならない。

《安全への配慮》

ガラスを折って使用するので，取り扱いに十分注意する。また，検知管を人に向けないことを子どもに周知徹底させる。検知管は，気体を吸入させる向きが決まっているので，気体採取器に取り付けるときに確認する。

《その他の気体検知》

酸素，二酸化炭素のほかに，一酸化炭素，二酸化硫黄，窒素酸化物などの濃度を調べる検知管も市販されている。

KEY WORD
焼
の仕組み
合成
体検知袋（→ p.238）

気体センサー（二酸化炭素センサー，酸素センサー，CO_2・O_2チェッカー）

6年「燃焼の仕組み」「人の体のつくりと働き」「生物と環境」

二酸化炭素，酸素などの気体の濃度をデジタルに測定できる精密機器である。単独の気体濃度を測定するものや，二酸化炭素と酸素の両方の気体を測定できるものもある。気体検知管のような廃棄物は出ない。

気体検知管と比べて，使い方が簡単で安全性も高いが，高価な精密機械であるため，取り扱いには十分注意する必要がある。

①燃焼の仕組み

気体検知管を利用した場合と異なり，センサー部分を集気びんに入れたまま，酸素や二酸化炭素の濃度変化を継続的に調べることが出来る。

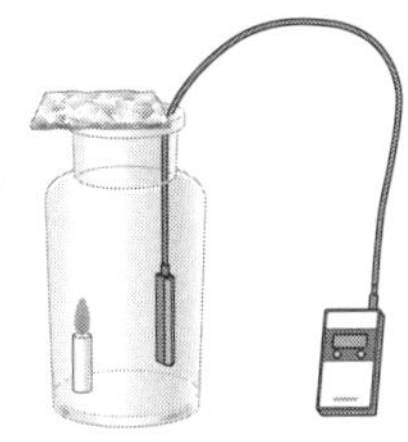

②人の体のつくりと働き

ポリエチレンの袋に空気を集めて入れたものと，呼気を吹き込んだものを準備し，二酸化炭素と酸素の濃度を測定することで，呼気に含まれる空気の変化を調べることが出来る。

③生物と環境

晴れた日に，ホウセンカにポリエチレンの袋をかぶせ，ストローで息を吹き込む。この時の酸素と二酸化炭素の量を気体センサーで測定する。1時間後に再度気体センサーで濃度を測定し，空気の変化を調べる。

ガスセンサーは環境検知や医療の場で利用されているが，小学校第6学年で行うガスセンサーは，二酸化炭素と酸素の2種類である。これらを測定するための装置として，①二酸化炭素の濃度を測定できる濃度計，②酸素の濃度を測定できる濃度計，③二酸化炭素と酸素の両方の濃度を測定できる濃度計の，3点がある。これらは，商品名によってさまざまな呼び方がある。

測定原理には，個体センサー式，電気化学式，光学センサー式などがある。主に，二酸化炭素には光センサー式のNDIR（Nondispersive Infrared，非分散型赤外線）式センサーが利用され，酸素の濃度測定は電気化学式のガルバニ電池式が用いられる。それぞれ，センサーの保管方法が異なるため，説明書に従い正しく保管・操作するようにする。また，これらセンサーは，気体を検知するセンサー部分が消耗品となっており，どの機種も2年程度で交換が必要である。

感度も良く，簡単に利用できる気体センサーであるが，高額であることがデメリットとなっていた。しかし，近年，センサー部分の交換が安価で，小型化した空気亜鉛電池を利用した新型の酸素センサーが開発されている（高橋三男考案）。

KEY WORD

百葉箱（→ p.125）
バイメタル
ペン先
温度計（→ p.233，234）
放射温度計（→ p.235）

記録温度計

4年「天気の様子」 5年「天気の変化」

1日や1週間の気温を自動的に測定して記録する。最低・最高気温や気温の時間的変化を読み取ることに役立つ。記録紙は円筒状に設置し，時計仕掛けで回転させて記録をとる。1日巻きと7日巻きがあり，円筒状に合わせてグラフ軸が湾曲している。自記温度計ともいう。

百葉箱内に設置して使用するのが通常である。普通の室内に置くのであれば，直射日光の当たらない風通しのよい場所に設置する。水がかかる場所や，ものや人がぶつかりやすい場所は避ける。

①使い方

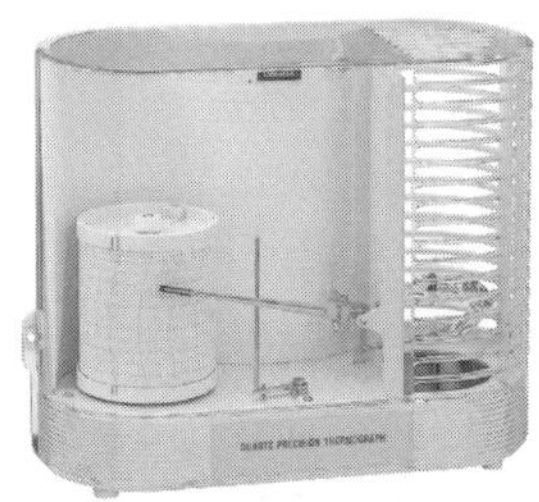

1）記録紙を正しい位置に設置する。
2）ペン先が正しく記録紙に接触するようにする。
3）記録を読み取る。

デジタルタイプのものも市販されている。

パソコンとつないでデータを移し，グラフ化することができる。

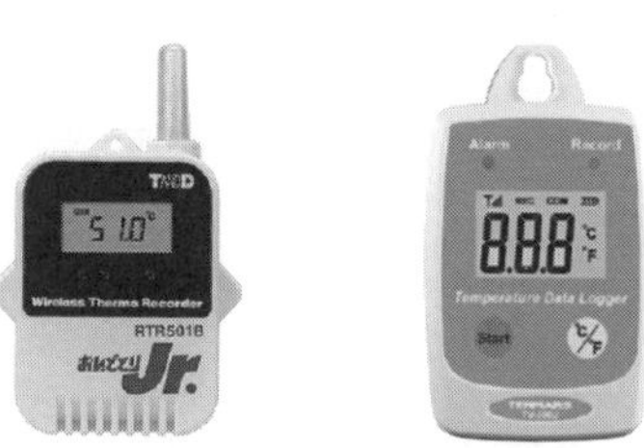

1日の気温の記録にするか，1週間の気温の記録にするかは，記録紙と自動円筒の速度を変えることで，調整できる。

《使い方》

記録紙の時刻線とペン先がずれないようにする（ペン先が記録紙に接触していてもインクが出ず，記録がとれていないことがある）。できれば設置後しばらくしてから動作を確認した方がよい。

器械を20～30度手前に傾けたとき，ペン先が記録紙からわずかに離れる程度がよい。

1℃単位まで目盛りがあり，0.1℃まで目分量で読み取る。

《デジタルタイプのもの》

百葉箱内に設置し，後日パソコンに接続してデータを移す。測定する時間間隔や日数などを調整できる。

②手入れ

常に清潔にしておくことが大切である。

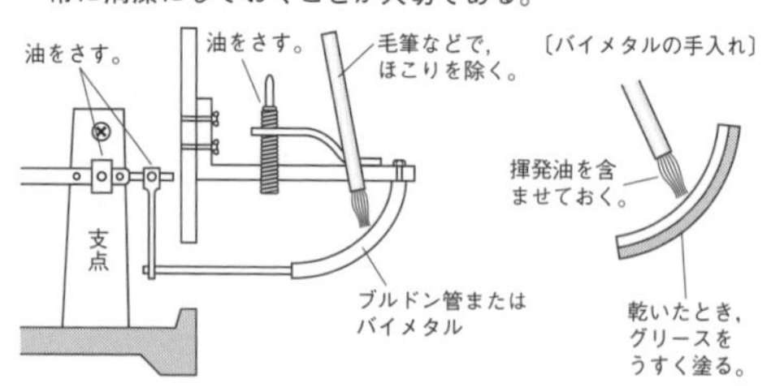

《手入れ》

ペン先の汚れはアルコールで洗う。記録用紙は専用のものを使う。回転しながら記録するので，グラフ軸が回転に合わせて湾曲している。

インク補充のタイプのものは，専用の所定のインクを使う。インクの補充は，先のとがったもので，インクだめに八分目くらいまで入れる。

KEY WORD

葉箱（→p.125）
度計（→p.233, 234, 235）

湿度計

4年「天気の様子」5年「天気の変化」

アナログ式のものには毛髪などが湿度により伸縮する性質を利用したものと，水の蒸発による気化熱によって生じる湿球と乾球の温度差から求めるものがある。デジタル式のものは半導体等を用いたセンサーで湿度を計測し，電気抵抗式と静電容量式のものがある。

アナログ式は乾湿球の温度差や，吸湿量の違いによって針を動かして湿度を計測する仕組みであり，空気中の水蒸気に反応して伸縮するまで時間がかかる。湿度の計測は温度の計測と比較して，正確な計測が難しく，湿度計の種類によりその精度も考えて使用する必要がある。

①アナログ式

乾湿球湿度計（乾湿計）

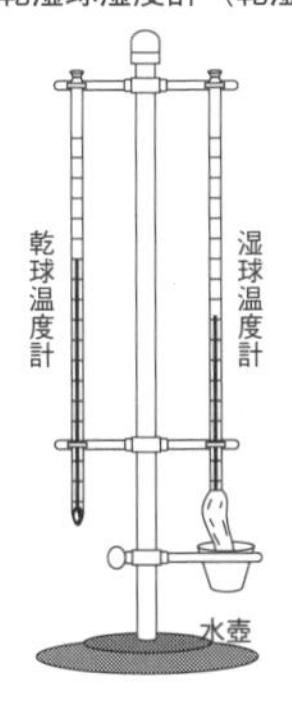

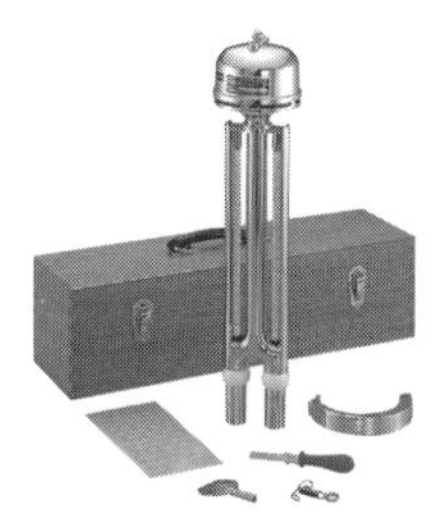

アスマン通風乾湿計

電動式（ゼンマイ式）ファンにより，一定の気流が乾湿両温度計の球部に触れるようになっている。直射熱，輻射熱の影響を受けにくい。

バイメタル式（文字盤式）

②デジタル式湿度計

《乾湿球湿度計》

通常は百葉箱に設置する。乾球・湿球両方の温度計の温度を測定して，湿度を求める方式の湿度計である。スポイトで濡らす型の乾湿計では湿球温度計の球部を濡らし，水壷を備えたものは球部が濡れているかを確認しそれぞれの温度計の温度を測定する。

通風しない場合には，湿球温度が安定するまでに15分程度かかることが多い。また，気温が0℃以下のときも安定するまでに時間がかかり，通風していても10～20分を要することがある。そのため観測時刻に先立って湿球を湿らす。体を近づけることによって温度や湿度が変化しないように素早く読み取る。読み取りの順序ははじめに乾球温度，次に湿球温度とし，最後に乾球温度を再度読み確認する。

《バイメタル式湿度計》

ゼンマイ巻にした金属板に収縮率の異なる感湿剤を張り合わせ，湿度変化によって曲がるようにしている。感湿剤の変化によってゼンマイが巻いたり戻ったりした動きで針が動く。

《デジタル式湿度計》

アナログ式と比較して反応速度が早いのが特徴である。小型で連続した観測ができることから，自動観測に適している。直射日光の当たらない風通しの良い場所で使用する。

KEY WORD
磁力
電流計（→ p.248）
磁石（→ p.258）
地球
エナメル線（→ p.250）

方位磁針

3年「磁石の性質」「太陽と地面の様子」 4年「星と月」 5年「電流がつくる磁力」「天気の変化」 6年「土地の作りと変化」「月と太陽」

方位磁針は，磁石の性質を利用して，方角を調べるための器具である。コイルなどに電流を通したときに磁界が発生することを調べたり，月や星の方位を調べたりするときにも使う。

方位磁針の上面はガラスやプラスチックでできているので，床に落としたりぶつけたりしないように注意する。

①手順

・事前に方位磁針を並べてみて，正確に南北を指しているか確認する。方位磁石どうし影響し合うので注意する。
・方位磁針で方角を調べるにときは，付近に磁力を帯びたものがないかを確認する。鉄の机である場合もあるので注意する。
・方位磁針を手の平の上に水平に置く。
・色がついている針の先と文字盤の「北」を合わせる。
・調べたい方向の文字を読む。

②注意する点
・方位磁針の針ははずれやすので，床に落としたりぶつけたりしないよう気をつける。
・方位磁針は水にも弱いので，ぬれた手で触らない。
・方位磁針は，磁石のそばに置くとくるってしまい，正しい方位を示さなくなるので注意する。テレビやステレオなどの電化製品が近くにある場合も，正確な方位を示さない。

③電流計への応用
方位磁針とエナメル線を使って，電流が流れているかどうかを調べる簡単な電流計を作ることができる。

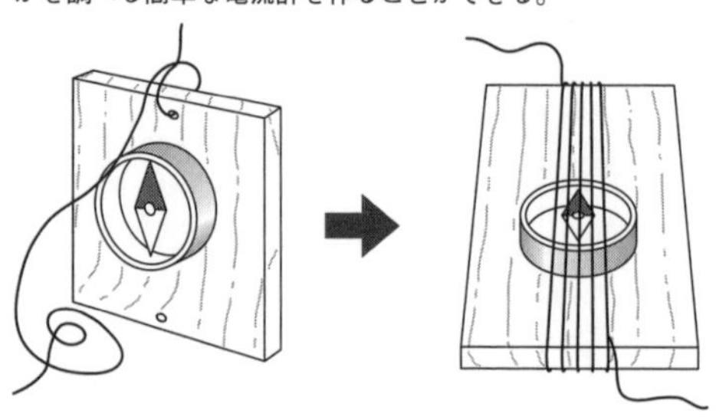

《南北を指すわけ》
磁石が地球上で南北を指すのは，地球の北極付近にＳ極，南極付近にＮ極があって，地球自身が一つの大きな磁石になっているからである。これは，地球内部の核の流体運動によって電流が生じ，その結果，地球に磁界が生じるためと考えられている。

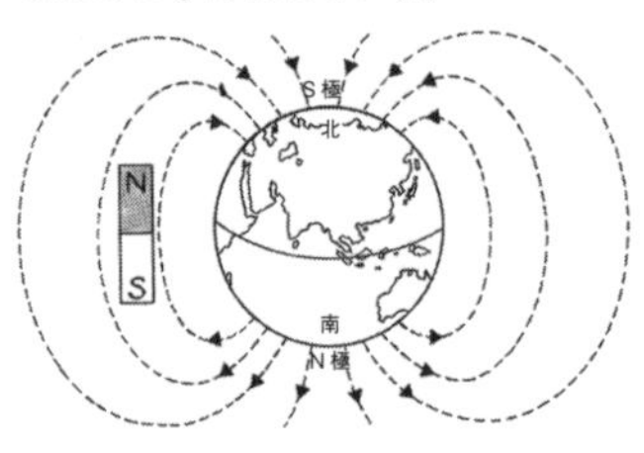

《磁針の向きの修正》
ＮとＳの指す向きがくるっている場合は，方位磁針に磁石のＳ極を近づけ，まん中からＮ極の針の先にこすっていくと，その磁力によって正常なＮ極になる

《電流計への応用》
①方位磁針を接着剤で木板に貼り付ける。板の両端に，エナメル線を通すための穴を２か所あける。
②方位磁針の上から，エナメル線を４～５回巻き，エナメル線と針が平行になるように置く。
※回路につないで電流を流すと，方位磁針の針が振れる。強い電流ほど，針の振れが大きくなる。

KEY WORD
性
性
ルカリ性
示薬（→ p.300）
H（→ p.300）
ラサキキャベツ（→ p.307）

リトマス紙　pH 試験紙

6年「水溶液の性質」「生物と環境」

リトマス紙は，対象が酸性か中性かアルカリ性かを調べるときに使う指示薬の一つで，青赤の２色がある。酸性の場合，青色リトマス紙が赤く変化し，アルカリ性の場合は，赤色リトマス紙が青く変化する。pH試験紙は，より詳しく対象のpH値を調べることができる。

リトマス試験紙は水分を吸収しやすいので，できるだけ湿気の少ない場所に保管するようにする。特に青色リトマス紙は空気中の二酸化炭素に反応し薄赤くなってしまう。また，取り出すときも手の水分を吸収して変化してしまうので，必ずピンセットを使って実験するよう指導する。

①リトマス紙

持つときには必ずピンセットを使う。

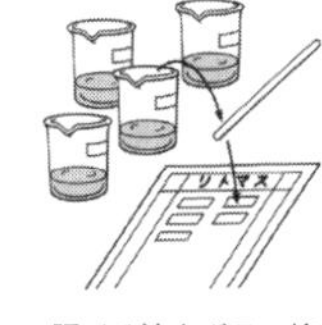

調べる液をガラス棒につけ，リトマス紙の端につけて調べ，色の変化を見る。

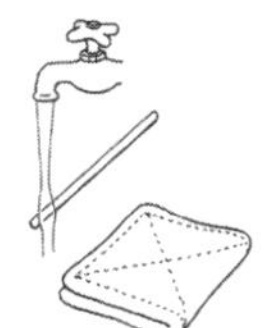

ガラス棒は，測定のたびに必ず水洗いして，布でふき取って使用する。

〔変化が小さい場合〕

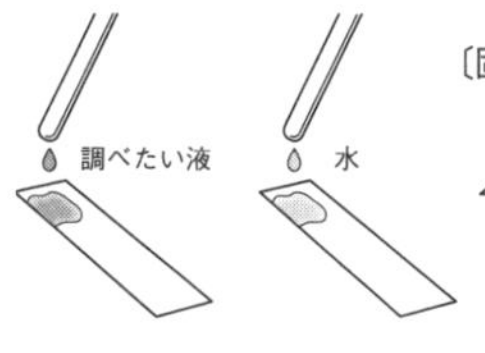

水をつけた場合と比較して確かめる。

〔固体の調べ方〕

リトマス紙を水でぬらし，粉末をその上にのせて調べることもできる。

② pH 試験紙

適当な大きさに切り，調べたい液体をつける。変化した試験紙の色を標準変色表で探し，pH 値を調べる。

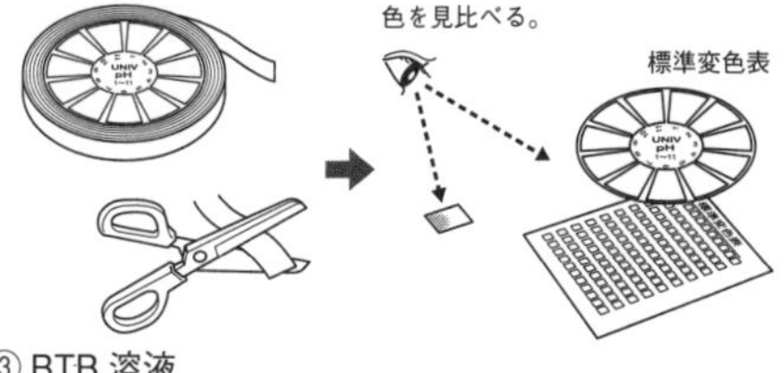

③ BTB 溶液

プールの pH 測定にも用いる。調べたい液に数滴滴下し，色の変化により pH 値を調べる。

酸性	中性	アルカリ性
黄 ――	緑 ――	青

《リトマス紙》

リトマスゴケからとれる天然色素（リトマス）をアルコールに溶かす。それにうすい塩酸を入れて変色させたもの（赤色リトマス液）や，うすいアンモニア水を入れて変色させたもの（青色リトマス液）を，それぞれ吸い取り紙にしみ込ませ，乾燥させたものである。

《リトマス紙の保管》

密閉し，乾燥した状態で保存する。

なお，変色した場合でも，ビーカーなどの中でアンモニア水の蒸気に触れさせ，青色にして使用することが可能である。赤色リトマスの場合は，酢酸の蒸気に触れさせると元に戻る。

《pH 値》

酸性は７より小さな値，アルカリ性は７より大きな値になる。

強酸性←→	中性←→	強アルカリ性
1	7	14

《そのほかの指示薬》

ムラサキキャベツを細かく切り，ビーカーに水と一緒に入れる。ビーカーを湯せんしてかき混ぜ，液が紫色になったら上澄み液を取り出す。

（ムラサキキャベツの抽出液の呈色反応）

酸性←→	中性←→	アルカリ性
（濃赤）	（紫）	（黄）

ムラサキキャベツ以外にも，アントシアニン（色素）を含む，ムラサキイモ，ブドウなども試示薬をつくることができる。

KEY WORD
COD
pH・水素イオン濃度（→ p.300）
透明度（→ p.245）
透視度（→ p.246）

パックテスト

5年「物の溶け方」6年「水溶液の性質」「生物と環境」

液体の化学的性質を簡易的に分析する方法。分析操作が簡単なことから，授業などで使用させることが可能である。パックテストには，チューブ状の反応容器の中に分析項目に応じた反応薬が入っていて，１検体につき１個使用する。

パックテストを行うにあたっては，事前調査によってデータの確認をしておきたい。なお，野外調査の場合の安全確認，実験にかかわる廃棄物処理の指導も徹底する。

①パックテストの基本的な使用法

1）パックテストについているラインを引き抜き，チューブ内に検液を吸い込む口をあける（糸がない場合は，画びょうであける）。
2）チューブを押して中の空気を追い出し，吸い込み口からスポイト式に検液をチューブ内に吸い込む。
3）チューブの半分くらいまで吸い込み，よく振ったあと，指定の反応時間後に標準変色表と比較し，調査項目の濃度を調べる。

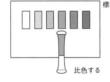

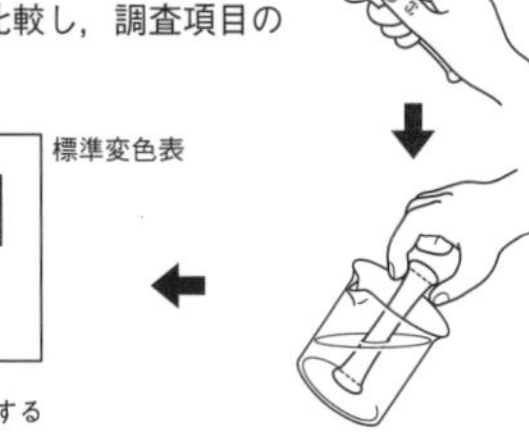

②パックテストの種類

分析項目と調査濃度によって，様々な種類が市販されている。

項　目	わかること
COD（Chemical Oxygen Demand）化学的酸素要求量	水に混入していている物質が酸化されるときに使う酸素の量。値が高い場合，生活排水や工場排水などの流入の可能性が考えられる。水中の酸素が物質の分解に使われるため不足し，生物への影響や浄化作用の低下が考えられる。
アンモニウム体窒素	値が高い場合，生活排水や工場排水，農業排水などの流入の可能性が考えられる。生物遺骸の分解や排泄物などから供給される。汚染源が近いことを示す指標ともなる。
亜硝酸体窒素	値が高い場合，生活排水や工場排水，農業排水などの流入の可能性が考えられる。生物遺骸の分解や排泄物などから供給される。アンモニウム体窒素の酸化や，硝酸体窒素の還元で生成する。
硝酸体窒素	値が高い場合，生活排水や工場排水，農業排水などの流入の可能性が考えられる。生物遺骸の分解や排泄物などから供給される。亜硝酸体窒素の酸化で生成する。
リン酸体リン	値が高い場合，生活排水や工場排水，農業排水などの流入の可能性が考えられる。富栄養化により植物プランクトンの大量発生などの影響を与える。
pH水素イオン濃度	水の性質を示す基本的項目。酸性，アルカリ性のめやす。

《使用に際しての注意点》
・調査目的を明確にしたうえで分析項目を適切に設定する。
・調査項目に適したパックテストを選択する。
・調査地点の適切な選定を行う。
・パックテストは使用期限を確認し，冷暗所に保管する。野外調査の場合には，保冷バッグなどに入れて運ぶ。

《サンプリング時の注意点》
・調べる水でサンプリング容器を２～３回洗い（共洗い），混入の防止をする。
・新鮮なサンプルで分析を行う。
・実験室に持ちかえる場合には，保冷バッグなどを活用して早く分析する。

《同時に調べておく項目》
〈水に関する項目〉
水温，色，におい，油，ゴミ，泡，透視度，電気伝導度
〈川の様子に関する項目〉
川幅，水深，流速，流量，川底の様子，川の側面の様子
〈生物に関する項目〉
魚，鳥，昆虫，植物，ほ乳類
〈その他の項目〉
気温，日時，天気

《データの分析について》
・そのデータが何を意味するかを考察する。
・他の調査項目との比較で，地域の特徴を把握する。

KEY WORD
質調査（→ p.244）
明度板
視度（→ p.246）

透明度

6年「生物と環境」

水質を調査する際の視点の一つで，湖沼や海などの水の透明さの程度を示す数値。直径30cmの白色の平らな透明度板を静かに水中に沈め，その透明度板がちょうど見えなくなる限界の深さ（単位はm）で表す。

透明度調査は，通常，調査したい湖沼などに船を出し，水中に沈めた透明度板を水面から見て測定する。この調査のために子どもを船に乗せることは危険が伴うので，救命胴衣の着用など，安全面に注意しなければならない。

①操作

目盛りのついたロープによって，透明度板の見える限界の距離を測定する。

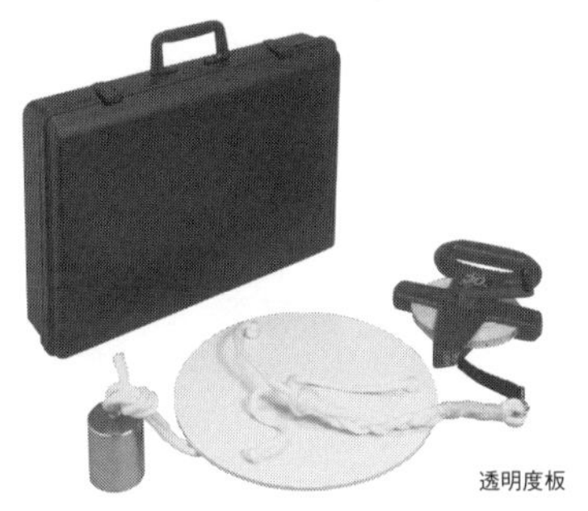

透明度板

②値の決め方

透明度板を静かに水中に沈め，透明度板が見えなくなる限界の深さ（単位はm）を0.1mの単位まで読み取り，その場所の透明度とする。

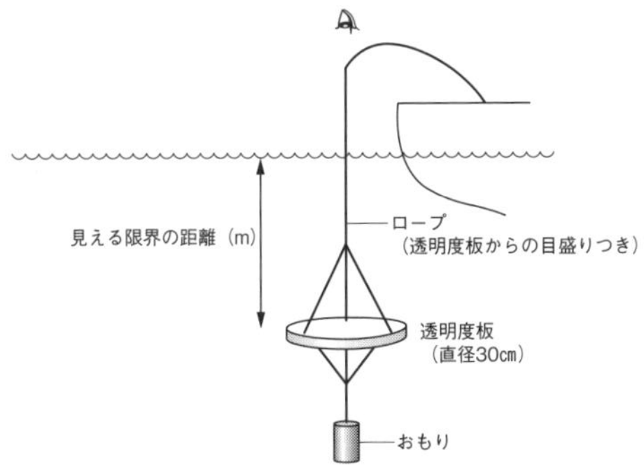

透明度板が見えなくなる深さと，次にこれをゆっくり引き上げて見え始めた深さを，何度か上げ下げを繰り返して確かめ，その平均値をとるとよい。

測定者の視力によるばらつきも考えられるので，複数の人が交代で行い，平均をとるのもよい。

この方法での水質調査は，調査の目的地まで船を出す必要があり，子どもが測定する場合は危険も伴う。また，水深が浅い場所や河川のように，水の流れが大きい場所では，この方法による透明度の測定は難しい。

《透明度と透視度》

橋の上や岸から調査したい場所の水が採水可能な場合は，透視度を測定することでも，水の濁り具合が測定できる。ただし，透明度と透視度の数値は一致するものではないため，比較する場合にはどちらかの測定方法で統一する必要がある。

《値の決め方》

測定する透明度は，水の濁り具合のほかに，水面の波の状態，空の状態，日射等によって左右されるので，測定は波の静かなときに，船影などを利用して，太陽や空の反射がない状態で測定するのが望ましい。また，透明度板が流される場合もあるので，おもりの重さを調整するなどして，なるべく真下に沈めるように心がける。

《使用後》

透明度板の表面は，白色のつや消しラッカーで塗装したものである。板の反射の仕方によって透明度の測定に影響を与えるので，表面が汚れたらすぐに塗り直すようにする。

KEY WORD
水質調査（→p.244）
標識板
透明度（→p.245）

透視度

6年「生物と環境」

POINT

採水した水の濁りぐあいを測定する方法の一つ。透明度板を用いて透明度が測定できないような場所であっても，その場所の水が採水できれば，透視度計を用いて水の濁りぐあいを測定することができる。装置も簡単で，自作することも可能である。

水の濁りぐあいを調査するために採水を行うが，その際は必ず大人同伴で行うなど，子どもの安全には十分に注意する必要がある。

①透視度計の原理

透視度計は，ガラスや塩化ビニル製の円筒に底面からの高さが印されている。底面には標識板があり，筒に採水した水を入れ，上から底面の標識板を見る。二重十字が明らかに識別できるまで排水し，そのときの水位の高さを読むことによって透視度とする（単位は㎝）。したがって，水が濁っているほど数値は小さくなる。

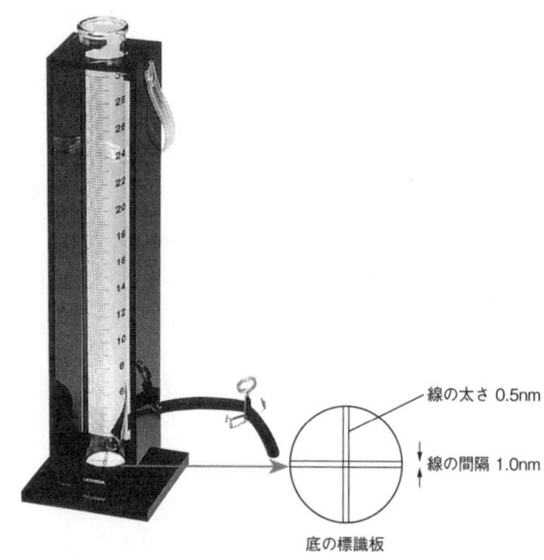

②手順

・調べたい水を採水する。
・採水した水を透視度計に十分に入れる。
・真上から標識板を見ながら，排水コックを開ける。
・標識板の二重十字線がはっきり見えたところでコックを閉め，そのときの水の高さを読む。

③測定上の注意

・直射日光を避け，日陰で測定する。
・採水してからできるだけ早く測定する。時間をおくと，水中の濁りの原因物質が変化してしまったり，お互いに吸着し合ったりして，透視度が変化してしまう可能性がある。

透明度板を用いて測定した透明度とは測定原理も異なり，数値に互換はない。水の濁りぐあいを比較する場合には，どちらかの方法で統一して調査する必要がある。

《採水》

水の濁りぐあいを測定したい地点の水を採水する。岸や橋の上からロープをつけたバケツやおもりをつけたペットボトルなどを用いて採水することができる。

採水した水の透視度は，その場で測定することが望ましい。保存する場合は，その水で共洗いした容器（ペットボトルなどでも可）を用い，空気に触れないように密封して保存する。また，透視度計に注ぐ前に容器をよく振り，濁りの原因物質をよくかき混ぜて，採水したときの状況に近づけるようにする。

《装置の自作》

透視度計そのものは原理が簡単であるため，自作も可能である。その際は，円筒から水を排水する方法と，標識板を糸などでつって上下させる方法もある。標識板はパソコンで作成・印刷し，ラミネート加工することで，簡単に作成できる。

KEY WORD
電球
線（→ p.250）
気抵抗
原装置（→ p.254）

テスター

4年「電流の働き」 5年「電流がつくる磁力」 6年「電気の利用」

テスターは，1台で電気抵抗，電流，電圧，導通などを測定できる便利な器具である。教材開発や教材準備にも利用できる。理科室に1台あるとよい。価格は1000円～数万円まで幅広くあるが，2～3000円程度のもので十分である。

テスターはレンジにAC（交流）200V程度まで用意されているものが多く，家庭用のコンセントの電圧も測ることができる。しかし，高い電圧の測定には感電やショート時の危険性が伴うため，児童には絶対にコンセントに挿さないように注意が必要である。

①電圧の測定

小学校の授業で電圧の測定をすることはないが，教師の予備実験等で行う場合，以下のようにする。

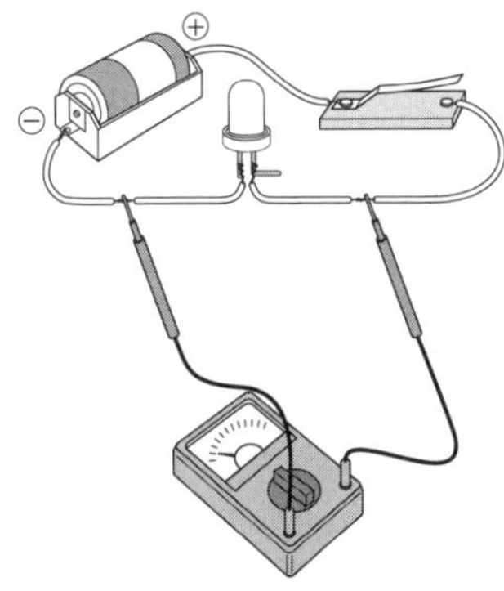

1）中央のつまみを回し，適切なレンジを選ぶ。
2）テスト棒を測定したい素子（上図の場合はLED）の両端に接触させる。
3）測定値を読む。

②電流の測定

電流計と同じように回路に直列につなぎ，測定値を読む。

③導通のテスト

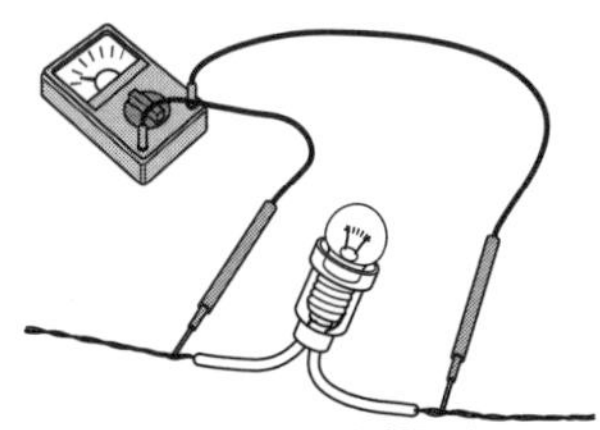

豆電球が切れていないかを確認できる。

・発光ダイオード（LED）は発光に必要な電圧が種類によって異なるので，LEDにかかる電圧を測定することがある。

・電池の電圧を測定し，実験に使用できるかどうかを事前にチェックするときには電圧を測定する。新品の状態で1.5V～1.6Vを示す。授業で使用する機器によって，必要な電圧が異なる。
・豆電球のフィラメントや導線の断線をテストできる。多くのテスターは導通があればブザーが鳴る。テスト前にテスト棒同士を接触させてブザーがなるか確認しておく。

KEY WORD
直流用
交流用
豆電球
導線（→p.250）
電磁石
簡易型検流計

電流計　検流計

4年「電流の働き」5年「電流がつくる磁力」6年「電気の利用」

回路に流れる電流の大きさを測定することができる。直流用と交流用があるが，小学校では交流用は使用しない。電流計を使用する際は，電流を測定したい部分に直列に接続して使用する。検流計は，電流計に比べて取り扱いが簡単であり，電流の向きの変化がとらえやすい。

未知の電流を測定するときは，損傷しないよう，必ずレンジの大きい端子から使うようにする。使用するとき，強い磁石の近くや強い電流の流れる場所の近くに置かないようにする。衝撃にも弱いので，ショックを与えないように注意する。

①電流計と検流計

直流電流計

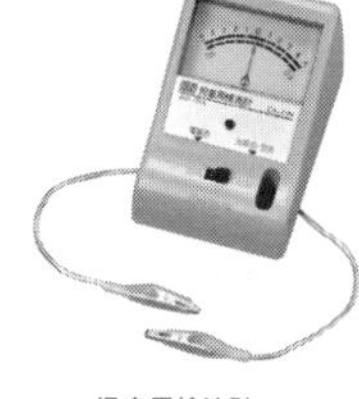

児童用検流計

②電流計の使い方

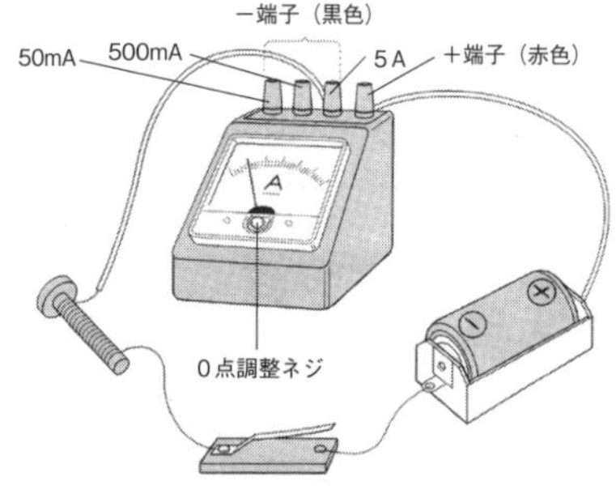

1）電流計を水平な場所に置く。指針が0を示しているか確認する。合っていないときには，調整ねじを回して合わせる。

2）電流計を回路に直列に接続する。＋端子（赤色）は，電源の＋側に，−端子（黒色）は，最も大きな5Aの端子に電源の−側を接続する。そして，針の振れが小さい場合，500mA→50mAへとつなぎ替えていく。

③電流計の目盛りの読み方

右図の場合の電流の量
・5Aの端子に接続したとき…2.6A
・500mAの端子に接続したとき…260mA
（50mA用の目盛りを読んで10倍する）
・50mAの端子に接続したとき…26mA

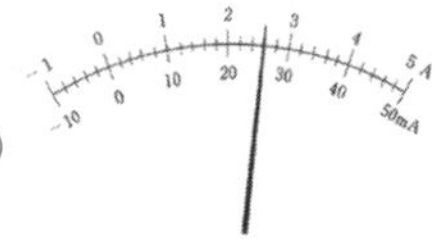

《電流計》

直流用と交流用があり，直流用は「−」，交流用は「〜」のマークが入っている。直流電源は，乾電池等の電源である。交流用は，小学校の学習では使用しない。

《接続の仕方》

端子の＋と−をまちがえると，指針の振れが逆になり破損することがあるので注意する。−端子には50mA，500mA，5Aの端子があり，その端子で測定できる最大の電流の大きさを示している。端子ごとに1目盛りの大きさが異なっている。

未知の電流には，必ず5A端子から接続する。指針の振れが小さいときは，一つ下のレンジの端子に接続し直して実験する。

電源を入れて指針が逆に振れたり，振り切れたりしたときは，すぐ電源を切って回路を確認する。

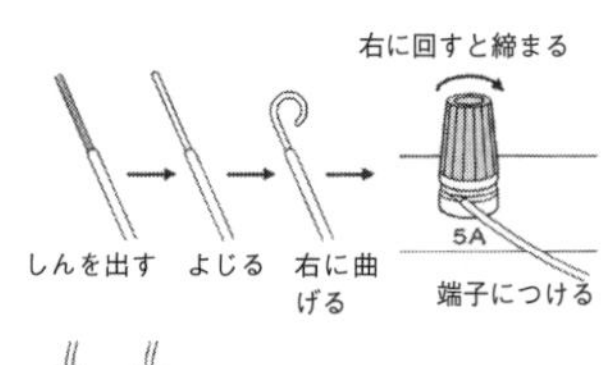

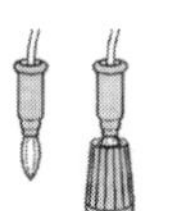

バナナプラグで差し込む方法

ミノムシクリップではさむ方法

ねじをゆるめて穴に通してから締める方法

④電流計の構造（メーターの部分）

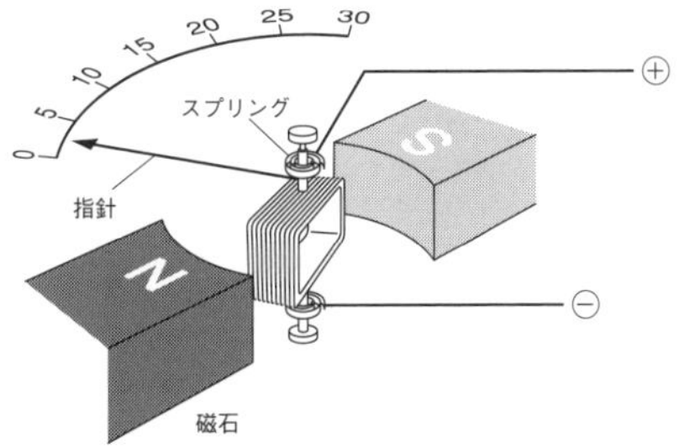

電流を流すと，「スプリングの弾力」と「コイルの回転力」のつりあう角度まで回転して止まる。

⑤検流計（児童用簡易型）

高感度型検流計（ガルバノメーター）があるが，小学校向けの児童用の簡易型検流計が理解しやすい。

⑥検流計の使い方

・電流の強さによってレンジを使い分ける。
・正確な電流量を調べるのではなく，電流の有無や強さを比較する「めやす」として用いられる。

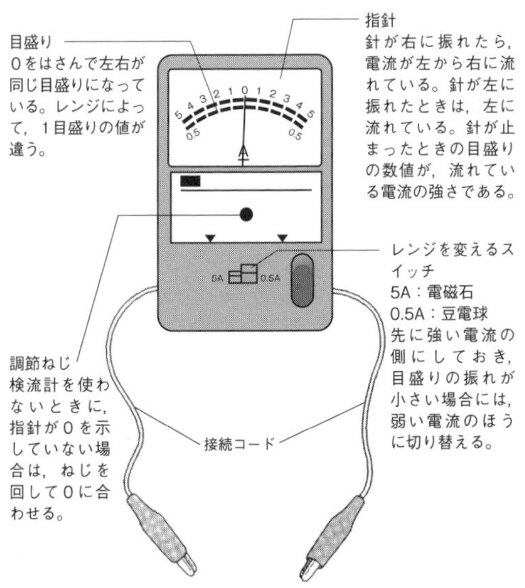

⑦検流計使用上の留意点

調べたい回路に必ず直列にしてつなぐ(電流計とは異なり，電池の＋極と－極を気にしないでつないでよい)。

・電池だけと直接につないではいけない。
・直流用なので，交流や家庭用電源などの電流を使用してはいけない。

《電流計の構造》

磁石の中に置かれたコイルに針が取り付けられている。

コイルに電流を流すと磁界が発生し，磁石の磁界との反発・吸引力で針が回転するという仕組みになっている。

指針の回転力は流れる電流に比例するので，指針の回転角によって，電流の強さを知ることができる。

《検流計》

電流の向きと大きさを調べることができる。特に，電流の向きの変化をとらえることについては，電流計よりも適している。

《検流計の構造》

検流計も電流計と同様に，コイルと磁石のそれぞれの磁界が反発・吸引し合うことによって，指針が回転する仕組みになっている。

《デジタルテスターの利用》

1台で電圧，電流，抵抗値などが測定可能な「テスター」と呼ばれる測定器具がある（詳細は p.246）。従来の電流計のように回路の導線を付け替えることなくレンジを変えることができる。

KEY WORD
電流計（→ p.248）
電圧計（→ p.247）
ビニル線
エナメル線
ニクロム線
モーターづくり

導線

3年「電気の通り道」 4年「電流の働き」 5年「電流がつくる磁力」 6年「電気の利用」

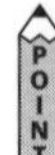

用途によって，ビニル導線，エナメル線，また，それぞれの太さなどを使い分ける。エナメル線は銅線にガラス質の被覆をしたものの総称で，被覆の種類によってホルマル線，ポリウレタン線，ポリエステル線などとも呼ばれる。

被覆を剥がす際に，カッターやハサミなどで怪我をしないよう注意する。また，エナメル線の両端で目などを傷つけないよう，児童が扱う際には注意喚起する。

回路を作る場合，電流が流れやすい（電気抵抗が小さい）導線として，昔から銅がよく使われてきた。銅は，銀についで電気抵抗が小さい金属である。

①ビニル線

・電気を通しやすい銅や銀の導線にビニルを巻いたもの。ポリ塩化ビニルは，ゴムや磁器と同様に絶縁体と呼ばれ，電気を通しにくい。
・被覆するビニルに着色できるため，色分けして活用が可能。

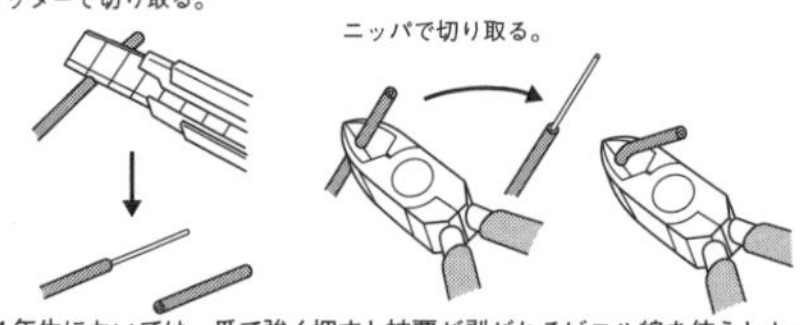

カッターで切り取る。
ニッパで切り取る。

3・4年生においては，爪で強く押すと被覆が剥がれるビニル線を使うとよい。

②エナメル線

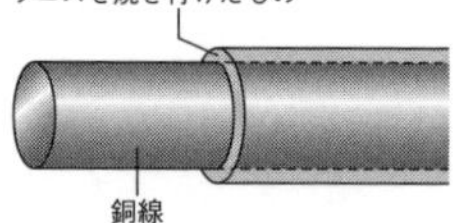

ワニスを焼き付けたもの
銅線

・被覆の色が透明のものもあるが，紙やすりで削れたのかどうかが確認しづらいため，被覆が焦げ茶色のものを選ぶとよい。接点につなぐ際には，紙やすり等でエナメルをはがす必要がある。
・絶縁性，耐熱性，耐酸性に優れ，被覆部がうすいため操作しやすい。

③ニクロム線

トースターや電気コンロなどで発熱線として使われている。ニッケル，クロム，マンガン，鉄の合金で，電流が流れると発熱することを実感させられる材料。

④スイッチ

電気のおもちゃづくりの際に，クリップやアルミニウム箔などを使ってスイッチを作らせることがある。その際に重要なことは，接触抵抗があることである。きちんと密着させておかないと電流が流れないので注意する。

《金属の電気抵抗》

断面積1㎟，長さ1ｍのとき

物　質	抵抗（Ω）
銀	0.016
銅	0.017
金	0.024
アルミニウム	0.028
鉄	0.098
ニクロム	1.1

《エナメル線とモーターづくり》

エナメル線を電池に巻いて，コイルを作り，下に磁石を置いた状態で電流を流すとモーターができる。ただし，エナメル線の片方は半分だけ削る必要がある。その際は，直径0.8㎜以上のものを用意したい。

《電磁石の巻数と電気抵抗》

教科書で扱う電磁石の巻数は200回程度であり，導線の長さを一定にして巻数を変えていく。単元末に発展的な学習でより多くの巻数の電磁石を作る活動を設定することがある。その際，巻数を増やすため，導線の長さを長くすることになるが，電気抵抗が無視できない大きさとなり，電流が減り，磁力は弱くなっていくことに留意する必要がある。

KEY WORD
- 然放電
- 部抵抗
- ンガン電池
- レカリ電池
- 泉（→ p.250）

乾電池　発光ダイオード（LED）

3年「電気の通り道」4年「電流の働き」5年「電流がつくる磁力」6年「電気の利用」

豆電球，モーター，電磁石などの電源として使われる。乾電池１つの電圧では，一般的な発光ダイオードを点灯させることはできない。電池ボックスを使って，回路の接触不良を避けることが大切である。

アルカリ乾電池，マンガン乾電池の２種類があるが安全のためマンガン乾電池を使用したい。アルカリ乾電池はショート回路になると発熱や発火の恐れがあるので指導を徹底する。電磁石はショート回路に近いので，マンガン乾電池を使用する。

①自然放電・内部抵抗

乾電池には使用推奨期限（製造日から２～３年程度）が定めれている。推奨期限が過ぎてもすぐ使えなくなるわけではないが，乾電池の電気エネルギーは，製造されてから使わなくても徐々に消耗される。このように，使わないのに電気エネルギーが減ることを自然放電という。

乾電池は使ううちに内部抵抗が増え，乾電池内の電圧が低下する。電池内の抵抗はどの電池にも存在し，内部抵抗の小さいものが電流容量の大きな電池である。

②乾電池の種類と大きさ

リチウム電池やボタン電池，補聴器用の空気亜鉛電池も乾電池である。ここでは，円筒形の乾電池について記述する。

円筒形の乾電池は単１から単５まであり，数字が大きくなると電池の大きさは小さくなる。

電圧はどれも1.5Vで大きさによって違いはない。ただし，電流は異なり，単１がより大きな電流を取り出せる。

乾電池の性能が向上したことと，機器の消費電力が少なくて済むようになったため，単１や単２の乾電池は用途が限られてきている。代わって，単３や単４が使われる機器が増えている。

③発光ダイオード

授業では，高輝度の白色を使うことにより，豆電球と比較する。写真のように２本の端子が出ているものが一般的である。端子の間隔が狭いため，ミノムシクリップ等で接続するとショートする可能性がある。接続が容易な豆電球タイプもあり，こちらは，豆電球用のソケットを転用できる。

発光に必要な電圧は種類により変わる。赤や黄色などは約２V，白や青などは約3.5Vであることが多い。乾電池１つでは点灯しないので，注意が必要である。低電圧ダイオードは1.2Vで点灯する。

《乾電池の保管・購入》

・新しいものを必要な分だけ購入する。

・涼しい場所に保管しておく。

《電池の使用法》

連続使用すると，早く消耗してしまう。使わないときは，機器からはずしておくと長持ちする。

乾電池は，使っているうちに内部抵抗が増えてしまう。そのため，古いものと新しいものを混ぜて使うと電気の流れが悪くなり，新しいものまですぐに消耗してしまう。

したがって，乾電池を変えるときは，全部一度に変える必要がある。

《発光ダイオード》

LED（Light Emitting Diode）とも呼ばれ，端子の長いほう（アノード）を電源の＋極，短いほう（カソード）を－極に接続したときに発光する。

赤・青・緑・白色が一般的であるが，紫外線や赤外線を発生するものもある。また，内部に赤，青，緑のLEDを内蔵させることにより，自在に発光色を変化させることができるフルカラーダイオードもある。

発光ダイオードの特徴は，

・熱があまり出ない。

・寿命が長い。

・豆電球より少ない電流で光る。

KEY WORD

乾電池（→ p.251）
直列つなぎ
並列つなぎ
シリコン半導体
ソーラーカー
ソーラーハウス

光電池（太陽電池）

6年「電気の利用」

近年，持続可能エネルギーとして太陽光発電が注目され，各地に太陽電池パネルが設置されている。光電池は太陽光だけでなく，室内照明でも発電することからこう呼ばれる。基本的な構造は太陽電池と同じである。電池という名称はついているが，電気を貯める働きはない。

光電池自体は児童が扱っても割れたり，破損したりすることは少ないが，光電池から出ている導線が切れるなどして故障することがある。

①光電池の仕組み

光電池は，接合させたN型とP型のシリコンの接合部に光を当てるときに起こる電子の移動を，電流として取り出せるようにしたものである。乾電池と違い，光が当たるという外部からの要因で電流が発生するため，光の量によって得られる電流の強さが変化するのが大きな特徴である。

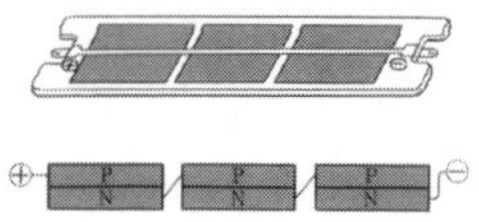

発生する電流は，面積に比例して増加するが，電圧は面積に関係なく，約0.5Vと決まった値である。そのため，教材として使う光電池は，3枚の電池を直列に接続してある。

②光電池の利用

シリコン半導体などは，太陽の光が当たると電気が起きる。この性質を利用して発電するのが光電池である（腕時計・電卓・信号機・公園の時計・人工衛星の電源・ソーラーハウス・ソーラーカーなど）で使われる。

〈光電池と光の当たり方〉

光電池

光に対して斜めにすると，光の当たる量が減ってしまう。

光電池のよさは，安全でクリーンなエネルギーであり，環境に優しいという点で教材としての価値がある。

光に直角に当たるようにしたほうが，発電量が多くなる。

電気を起こす量に限界があり，強い光が当たっても，一定以上に発電量が増えない。

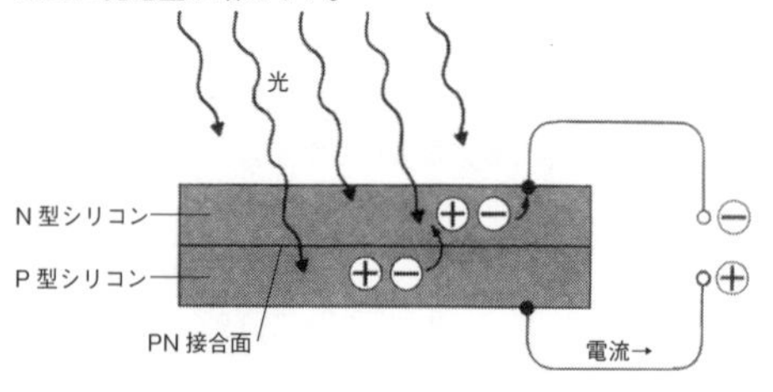

《光電池（こうでんち）の特徴》

メリット

・光があれば発電できる。
・太陽光を使えば永続的に電気を取り出せる。
・廃棄物が出ない。

デメリット

・光の量によって発電量が変化する。
・室内の照明程度だと発電量が少なく，つなぐものによっては動作しない場合がある。

《教材として》

・光電池用モーターは，消費電流70mA（0.07A）程度で動くが，乾電池用の普通のモーターは消費電流が500～600mAと8倍近くを必要としている。事前に授業を行う場所の光量のもとで予備実験を行うことが必要である。
・電子オルゴールは消費電流が少ないので，光電池の動作確認には便利である。

《太陽光パネル》

太陽光発電システムは，太陽光パネルを何枚も設置して発電を行う。この設置する枚数が多ければ多いほど，発電量も多くなる。

光エネルギーをどれくらい電気エネルギーに変換できるかが変換効率（発電効率）である。現状では，20%程度である。これは，気温25℃の時であり，1℃上昇すると0.5%効率が落ちる。

KEY WORD
電
流
電・放電
性
熱・吸熱

手回し発電機　コンデンサ

6年「電気の利用」

発電と蓄電のための器具。コンデンサは電気をためて，発光ダイオードやモーター，電子オルゴールなどを作動させることができる。児童が電気をエネルギーとして捉え，変換を意識させるのに適している。

手回し発電機は高速で回すと高い電圧が発生する。発光ダイオードや豆電球，電子オルゴールなどは高い電圧で破損する。特に発光ダイオードは発煙や破裂，異臭を発することもある。

①手回し発電機

中に直流モーターが入っており，モーターの軸を回転させることにより電磁誘導が起こり，直流電流が発生する。ハンドルの回転という運動エネルギーが電気エネルギーに変換することが実感できる。手回し発電機を２つ繋いで一方のハンドルを回転させるともう一方の手回し発電機のモーターに電流が流れ，ハンドルが回転する。

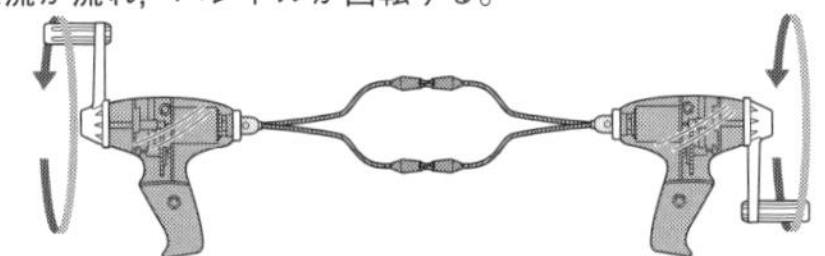

豆電球やモーターなど，必要な電流が大きいものは手応えが大きく，発光ダイオードや電子オルゴールなど電流が小さいものは手応えが小さい。

ハンドルを速く回転させると高い電圧が発生する。高速で回すと，10V 以上の電圧が発生することもある。これは，乾電池を６個以上直列に接続したのと同じであり，注意が必要である。

②コンデンサ（電気二重層コンデンサ）

電気を蓄電（充電）したり，放電したりすることができる電子部品である。手回し発電機や光電池，乾電池等で充電することができる。

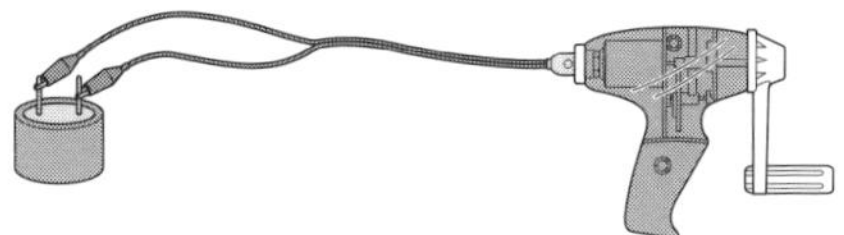

手回し発電機に直接コンデンサをつないで充電することができる。はじめは手応えが大きいが，やがて，手応えが小さくなり，手を離すとハンドルが回転するようになる。これは，蓄電された電気が導線を通って手回し発電機のモーターを回転させるからである。逆流防止機能がついた手回し発電機やコンデンサもある。

コンデンサに蓄電された電気を使って，豆電球や発光ダイオードを点灯させたり，モーターを回転させたりすることができる。点灯時間や回転時間の差は消費電流の差である。

《手回し発電機の種類》

高い電圧が発生しないようにリミッターと呼ばれる電圧を制御する装置が付いているものもある。リミッターは電圧を３V程度にしているものが多い。

また，通常，手回し発電機はハンドルを回す方向によって，電流の向きが変わるので，どちらに回しても一定方向に電流が流れるようにしているものもある。手回し発電機にラジオやサイレンの機能をつけたライトがある。また，携帯電話の充電を行えるものもある。

初期の電話機では交換手を呼び出すために手回し発電機で電流を作り，ベルを鳴らす仕組みになっていた。

《コンデンサの種類と容量》

小学校理科の授業で使われるのは電気二重層コンデンサである。これは，他の種類に比べ，圧倒的に貯められる電気の量（電気容量）が多い。

電気容量の単位はファラド（F）で，1F 程度の容量のものが使いやすい。1F のコンデンサに蓄電すると，豆電球，LED，モーターともに数分以内に消灯，回転停止するので，繰り返し実験をすることができる。

コンデンサが膨らんだり，液漏れしたりしている場合は，故障・寿命と考えられる。

KEY WORD
電流計（→ p.248）
電圧計（→ p.247）
電磁石

電源装置

5年「電流の働き」

日本の家庭用コンセントは電圧100Vの交流である。これを乾電池１個から6個分に相当する直流1.5～9V程度に変換するのが電源装置である。電磁石のようにたくさんの電流が流れる回路で使うのは有効である。

高い電圧が出力できるので，電圧を０の状態にしてから必要な電圧まで調整していくような操作が必要である。高価な機器のため，購入時期により，機種が異なっている場合がある。また，経年劣化している場合もあるので，授業前に教師による点検が必須である。

①電源装置の種類

A　乾電池のイラストが描かれているタイプ

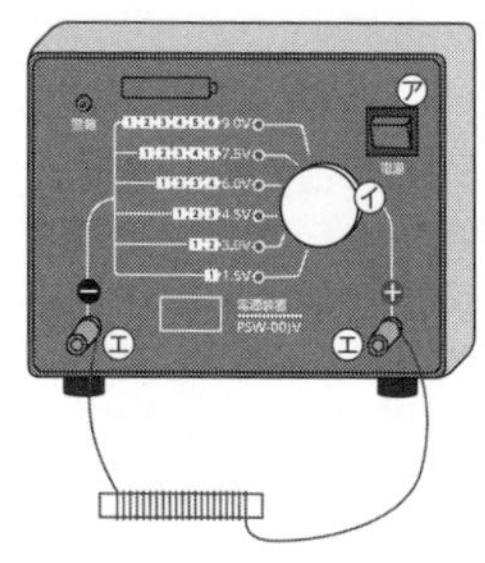

電池の数で電圧を表しています。
上から9.0V, 7.5V, 6.0V, 4.5V, 3.0V, 1.5V です。

B　電圧を連続的に調節できるタイプ

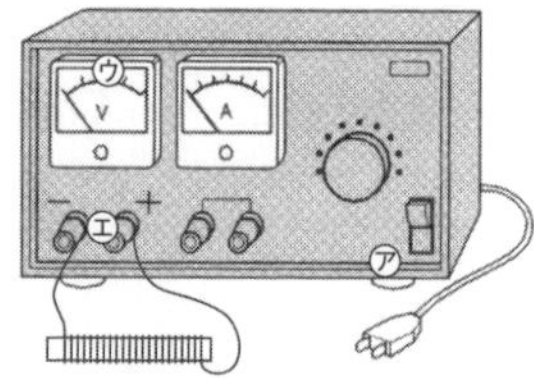

㋐電源スイッチ
㋑電圧調整つまみ
㋒出力用電圧計
㋓直流端子(＋，−)

②電源装置の使い方

1）電圧調整つまみを０に合わせ，電源スイッチが切れていることを確かめてから，プラグをコンセントに差し込む。
2）＋，−の端子に，電磁石や豆電球などをつないで回路を作る。
3）電源スイッチを入れて，電圧調整つまみを少しずつ上げていく。
4）実験が終わったら，電圧調整つまみを０の位置に戻して電源を切る。
※交流・直流を切り替えられるものがある場合は，必ず直流にして実験を行う。

乾電池を用いた実験は，手軽で子どもにも扱いやすいという長所があるが，電磁石の実験などでは，乾電池の消耗が激しく，すぐに電圧が下がってしまうという欠点がある。電源装置を使うと，安定した実験ができるために，条件制御の実験を行う際には大変有効である。

電圧を上げすぎると，コイルが発熱したりショートしたりするので，針の動きを見ながら調節つまみを動かすように指導する。

学校で新規に購入する場合，左のA乾電池のイラストが描かれているタイプを選択したい。小学校では「電圧」は学習内容にないため，メーターを見ながら電圧を調整するタイプは児童にとって，意味が見出しにくいこと，これに対して，イラストが描かれている方は，乾電池で「乾電池２つを直列」といった既習内容をもとに考えられることが理由である。

KEY WORD
イル・磁界（→p.256）
流子・ブラシ
アレスモーター

モーター

4年「電流の働き」5年「電流がつくる磁力」6年「電気の利用」

児童にとって，電流の向きを意識する必要がない豆電球に対し，モーターは，回転方向が変化することから，「電流の流れる方向」を考える必要が出てくる。エネルギー変換の視点では，電気エネルギーを運動エネルギーに変換する道具と捉えることができる。

モーター単体では，軸の回転が分かりにくいため，プロペラをつけることがある。軸にしっかりと固定していないと，回転しながら軸から離れ，目を傷つける恐れがある。また，プロペラの近くに物があると，回転時にぶつかり，プロペラが破損して破片が飛び散る恐れがある。

①回転の仕組み

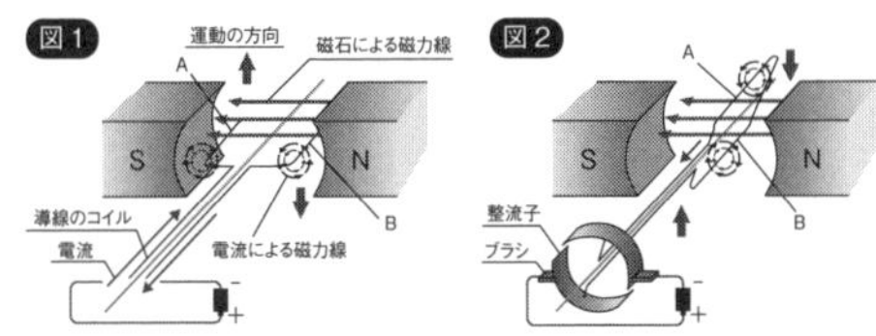

図1のように，磁界の中にコイルを置いて電流を流すと，Aの部分には上向きの力，Bの部分には下向きの力が働き，回転力が生まれる。コイルに働く力は，垂直の位置ではゼロになるため，このままではここで，回転が止まる。そこで，コイルが垂直の位置にきたところで電流の向きを逆にすることにより，コイルに働く力が逆になり，回転が連続する（図2）。

この電流の切り替えは，「整流子」と「ブラシ」で行う。

②モーターづくり

5年「電流がつくる磁力」の学習では，モーターづくりが設定されていることがある。上述の電流の向きを逆にする仕組みがないため，電流を止めることと，スムーズな回転による慣性の力で，回転の停止を乗り越える必要がある。

（1）回転の半周分電流を止める

コイルの両端のうち，一方はエナメルを全て剥がし，もう一方は，下半分だけを剥がす。

このことにより，回転の半周分は電流が流れない。

（2）スムーズな回転

エナメル線は直径0.4mmを使用し，試験管に10回程度巻く。図のように両端の銅線は円の中心を通るように真っ直ぐにする。横から見ても真っ直ぐになるようにする。

ずれている例　　　　真っ直ぐな例

コイルを回転させる力，逆向きの力は中学校でフレミングの左手の法則を学習するので，ここでは深入りしない。

《身の回りのモーター》

携帯電話のバイブレーションから，模型，電気自動車，新幹線まで生活の中には大小さまざまなモーターが使われている。

小学校の授業で使われることが多い模型用のモーターの構造は中心にコイルがあり，周囲に永久磁石がある。コイルの回転が軸を回転させる。この方式では，永久磁石が大きく，どうしても重くなってしまう。

携帯電話に使われるモーターはコアレスモーターと呼ばれる。中心に永久磁石があり，その周囲をコイルが取り囲んでいる。

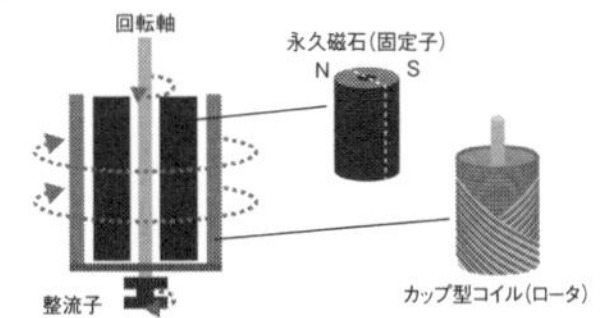

モーターは，回転軸がブレないように作られているため，ただ回転しても，携帯電話のブルブルは発生しない。

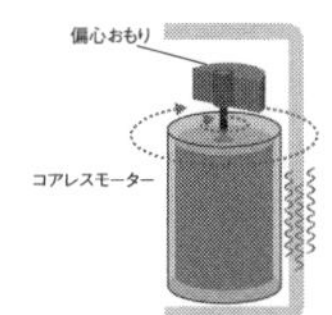

図のように重心をずらしたおもりをつけることにより，振動させている。洗濯物が偏った状態で脱水すると洗濯機全体が振動するのと同じである。

KEY WORD
磁界
エナメル線・鉄心
電流計・検流計（→ p.248）

コイル（電磁石）

5年「電流がつくる磁力」

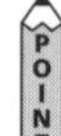

針金など紐状のものを螺旋状または渦巻状に巻いたものをコイルという。理科の授業では導線を螺旋状に巻いたものを指す。コイルに直流電流を流すとコイルの内部を中心に磁界が発生する。その際，コイルの中に鉄を入れると鉄が磁化され，電磁石となる。

完成したコイルで怪我をすることはないが，製作過程では注意が必要である。鉄心の太さにもよるが，導線の長さは１ｍを超えることもある。エナメル線の切断面は鋭利であり，両端を持って運ぶように指導しないと，目に入って怪我をすることがある。巻いている時も他端に注意するよう促す。

①コイルに使う導線

一般的にはエナメル線を使うが，細いビニル被覆線を使うこともある。エナメル線は直径0.３～0.4mm 程度，被覆が濃い茶色のものがよい。紙やすりで削るときに，しっかり削れたかどうかがわかるからである。

導線

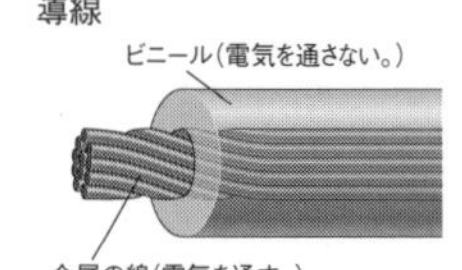

整流子

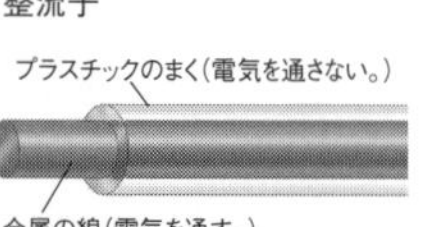

②鉄心

鉄心はボルトとナットを使うとよい。ストローを通しておくと,鉄心を抜いたときの磁力の変化を調べることができる。

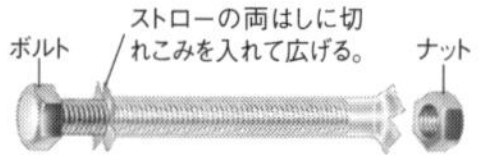

ボルト
ストローの両はしに切れこみを入れて広げる。
ナット

ナットでとめる。

③コイルの巻き方

コイルは両端を20cm 程度余らせて，授業で使う最も多い巻数（例えば200回巻き）で巻く。その後，例えば200回巻きから解いて150回巻き，100回巻きと減じていく。授業の展開に合わせて，逆にしてもよい。余った導線は厚紙などに巻き取り，全体の長さが変化しないようにする。長さを変化させてしまうと，電気抵抗が変化し，コイルに流れる電流が変化してしまうからである。

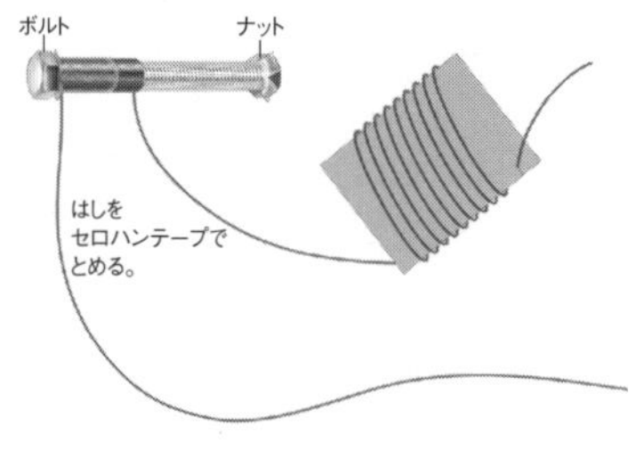

《身の回りのコイル》

電流計や検流計の針を動かしているのは磁力である。針の根本にコイルが固定されており，回路に流れる電流がコイルに流れるようになっている。コイルの近くには磁石があり，コイルが発生させる磁界と磁石の相互作用により，コイルが動き，それに伴って，針が動くようになっている。

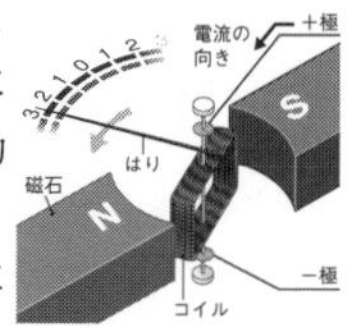

《身の回りの電磁石》

消火栓についている警報ベルは電磁ベルと呼ばれ，電磁石の力で鐘を叩いて大きな音を発している。また，自動車やバイクのウィンカーを点滅させているのはウィンカーリレーと呼ばれる部品である。これは,電磁石によって,スイッチをON･OFF させている。ウィンカーのカチカチという音は，ウィンカーリレー内の金属接点が動く音である。近年は，IC ウィンカーリレーという金属接点がないものも使われており，この場合は別途，電子ブザーでカチカチという音を出している。

《電磁石の磁力の測定》

スチール製のゼムクリップがくっつく数などで測定する。クリップは安価で操作も容易であるが，操作の仕方により,引き付けられる数が変わり,データが一定にならないことがある。

KEY WORD
ンデンサ
電容量

電子オルゴール（電子メロディ）
6年「電気の利用」

乾電池等を接続するとあらかじめ記録された曲が流れる電子部品。動作電圧1.2～3.6V　消費電流140～300μA程度。発光ダイオードの$\frac{1}{100}$，豆電球の$\frac{1}{1000}$ほどの微弱な電流で鳴らすことができるため，光電池や手作り電池（レモン電池，木炭電池など）で鳴らすことができる。

手回し発電機に直接つないで音楽を鳴らす場合，高い電圧が発生して，電子オルゴールを壊す恐れがあるので注意する。また，ケースから出ている赤と黒の導線は強度があまりないので，丁寧に扱うように指導する必要がある。

①電子オルゴールの構造

ケースの中に圧電スピーカー，メロディーICが入っている。メロディーICの中には，予め音楽データが内蔵されており，曲の変更はできない。メロディーICから出力された電気信号が圧電スピーカー内の圧電セラミックを振動させ，その振動が金属板を振動させることにより，音が出る。圧電スピーカーの小さな穴から見える金属板から音が出ている。

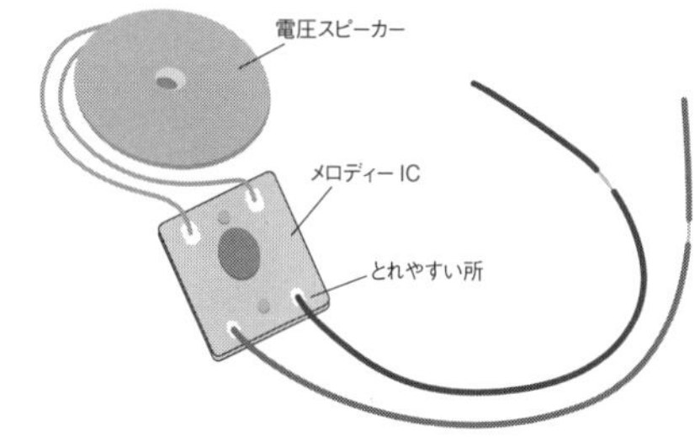

②コンデンサとの接続

6年「電気の利用」でコンデンサと電子オルゴールをつなげた時に，どれくらいの時間，曲が鳴り続けるかを計算で求めることができる。

$t = \{C \times (V_0 - V_1)\} \div I$ である。

Tは時間，Cはコンデンサの静電容量，V_0は蓄電した時の電圧，V_1は曲を鳴らし切った時の電圧，Iは回路に流れる電流である。1Fのコンデンサに2.3V蓄電し，1.2Vになるまで鳴らし，電流が200μA流れたとすると，

時間＝1×（2.3-1.2）÷0.0002＝5500（秒）

計算上は約90分鳴り続けることになる。

《複数の曲を用意する》

コンデンサに電子オルゴールをつないで，曲を鳴らす実験を行う場合，教室で同じ曲が流れると，自分の班のものか，隣の班のものかが判別できないことがある。班ごとに異なる曲の電子オルゴールを使うことが必要である。

《導線がとれた場合》

左図に導線がとれやすい箇所を示した。対応策として，ケースの内側に導線の結び目を作るなどして，はんだ付けしてある部分に力が加わらないようにするとよい。取れた場合は，半田ごてを使って，とれた部分をハンダで修理すると使えるようになる。時間がかかると，半田ゴテの熱で，ICが壊れることがあるので，半田ごてを当てる時間は数秒程度にする。

半田ごては1000円程度でホームセンターなどで購入できるので，理科室に常備するとミノムシクリップに導線をつける時などに使え，便利である。

《コンデンサの容量》

理科の授業で使うコンデンサは電気二重層コンデンサと呼ばれるものである。ためられる電気の量を静電容量といい，1F～数10Fまで多様である。静電容量が大きければ蓄電にも時間がかかる。

KEY WORD
回路図
JIS（日本産業規格）
実体配線図

電気用図記号

4年「電流の働き」 5年「電流がつくる磁力」 6年「電気の利用」

小学校学習指導要領解説理科編では，4年「電流の働き」に「実験の結果を整理する際に，乾電池，豆電球，モーター，スイッチについて，電気用図記号（回路図記号）を扱うことが考えられる。」とあり，第4学年から板書やノートの記述等で児童が使えるようにしたい。

板書やノートなどに電気用図記号を使って回路図を書くことにより，誤った回路やショート回路などを防ぐ事ができる。

①電気用図記号（回路図記号）

JIS（日本産業規格）で定められた記号である。指導要領解説で例示されたものは次の4つである。

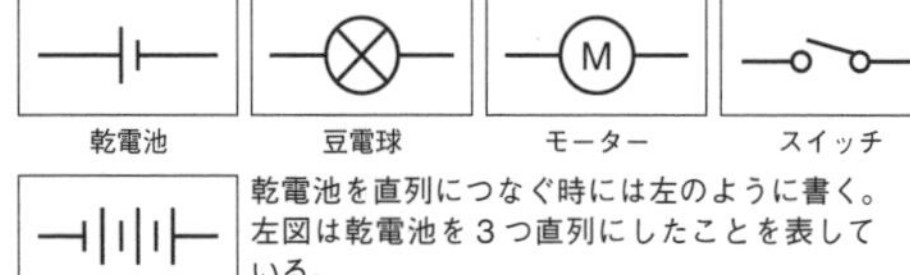

乾電池を直列につなぐ時には左のように書く。左図は乾電池を3つ直列にしたことを表している。

②実体配線図と回路図

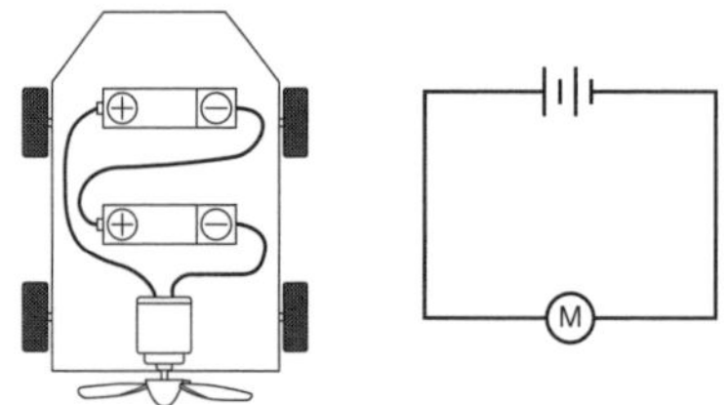

左が実体配線図で，部品や導線の様子をそのまま表現している。これに対し，回路図は，ルールに則って，簡潔に描いている。以下の3つの理由から，児童が記号を使って，回路図を書けるように指導していく必要がある。

1）ノートに実体配線図を書くのは時間がかかること。
2）同じ配線となっている場合でも，導線の取り回しや乾電池の位置などによって違う回路に見えてしまうことがあること。
3）電流の流れを辿ることで，動作を理解できること。

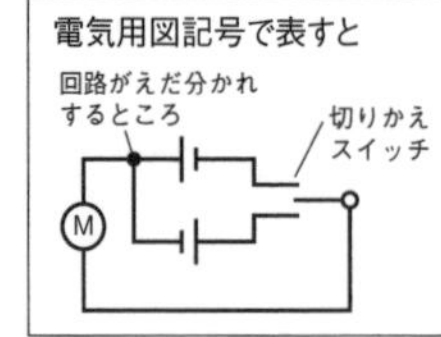

図は，スイッチの切り替えによってモーターの回転が変わる回路である。乾電池の＋極から電流を辿ると，その仕組みがわかる。

《他の電気用図記号》

小学校で扱う電気素子の電気用図記号には次のようなものがある。

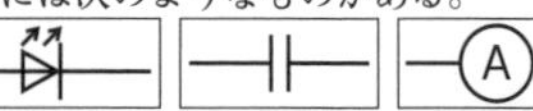

発光ダイオード　コンデンサー　直流電流計

なお，電気用図記号は過去に改訂を経ており，古い書籍では，旧記号を用いているものもあるので，注意が必要である。

《電気用図記号の指導》

指導要領解説では，「実験の結果を整理する際に」扱うとされているが，実態に応じて，実験の計画の段階で記号を用いることも考えられる。

授業で扱う記号の種類を多くすると，記号を覚えることに力が注がれてしまい，本来の学習内容の理解が疎かになる恐れがある。左に示した4つ以外の記号は児童の実態に合わせて，取捨選択する必要がある。

《電気回路図のルール》

電気回路を記号で作図する際にはいくつかのルールがある。

①導線は直線で書く。
②導線の曲がり角は直角にする。
③導線の角には部品を書かない。
④導線を接続するところには･を書く。
⑤導線を接続しないところは，そのまま交差させる。

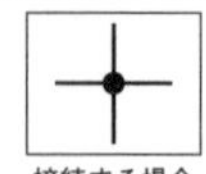

接続する場合　接続しない場合

KEY WORD
面鏡
面鏡
面鏡
射角・反射角

鏡

3年「光の性質」

鏡はガラス面に金属（アルミニウムなど）をメッキして作る。光を反射して景色などを写し出すことができ，いろいろな場面で利用されている。光の直進性や集光されたときの明度や温度などを調べるため，操作性，安全性に優れたものを用意する必要がある。

鏡は扱い方によっては破損し，指を切ったり手を傷つけたりする危険が伴うので，その扱い方には十分気をつけさせる。反射させた日光を，人の顔に当てないような指導も必要である。

①鏡の種類

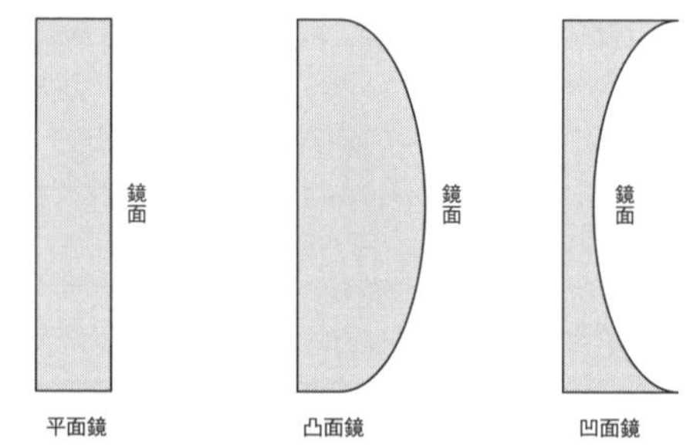

鏡には反射面が平らになっている平面鏡のほかに，反射面が出っぱっている凸面鏡と，逆に反射面がへこんでいる凹面鏡がある。

②鏡の性質

光をはね返すはたらきがある。

M　A＝Bとなる。
入射角　反射角
A　B
O
平面鏡

③光を集める（熱を集める）

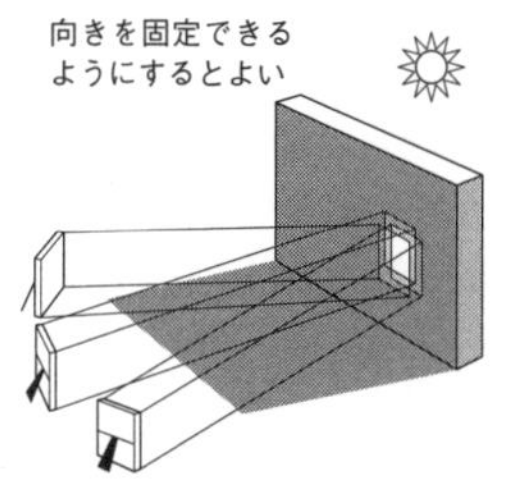

向きを固定できるようにするとよい

平面鏡を何枚か使って，一点に光を集めると，明るさが増し，温度も上がってくる。

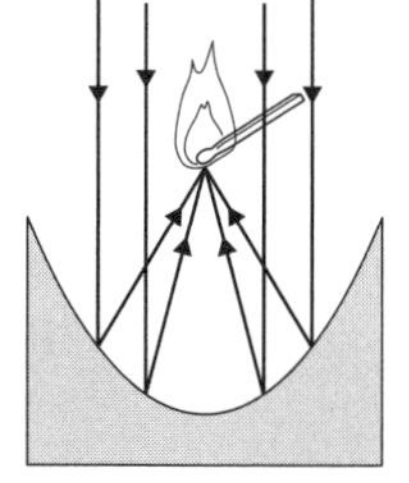

凹面鏡を使うと，太陽の光を一点に集めることができ，ものを焦がし，燃やすほどの熱が出る。

鏡は，ガラス面に銀膜を作り，酸化鉛で保護したものが一般的である。反射望遠鏡用などには，銀やアルミニウムを真空蒸着したものが使われている。

《鏡の種類》

凸面鏡は，平行な光が広がるように反射するため，ものが小さく映り，広い範囲を見ることができる。交差点などにある道路反射鏡などに使われている。

凹面鏡は，平行な光を一点に集めるように反射する。虫眼鏡に似たようなはたらきをする。鏡の近くのものは大きく映り，離れると逆さに映る。

《鏡の性質》

平面鏡は，光の当たる点Oで垂線OMに対していつでも左右対称になるように反射する。AとBは同じ角度になる。また，鏡によって反射すると裏返しの状態になって光が進むので，文字が裏返った状態になったり，左右の動きが逆になって見える。

《光を集める（熱を集める）》

光はエネルギーの流れである。光自体は熱ではないが，光が当たると光のもっているエネルギーが熱に変わる。光を集めると熱も集まり，ものを焦がしたり燃やしたりできる。

オリンピックの聖火は，アテネのオリンピアの地の晴天の日に，凹面鏡を使って，太陽光線より採火している。

KEY WORD
凸レンズ・凹レンズ
対物レンズ・接眼レンズ
虫眼鏡（→p.278）
カメラ（→p.288）
天体望遠鏡（→p.288，294）
焦点・焦点距離

レンズ

3年「光の性質」

POINT

レンズは光を曲げるはたらきをする。削り方や素材によって曲がり方が違う。虫眼鏡（ルーペ），カメラ，望遠鏡など身近なものに，数多くレンズが使われている。光は吸収されると熱に変わり，一点に集めるとものを焦がすこともできる。

レンズは扱い方によっては破損し，けがをする危険を伴うので扱いには十分注意をさせる。レンズで直接太陽を見たり，虫眼鏡で集めた太陽光を人体や衣服に当てることは，絶対にさせないように十分注意する。

①レンズの種類

凸レンズ　　凹レンズ

②レンズの性質

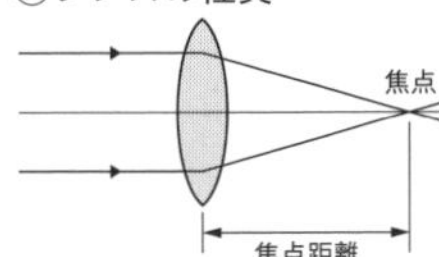
焦点
焦点距離

凸レンズは光を一点に集めるように曲げる。

焦点距離

凹レンズは光を広げるように曲げる。

③レンズのはたらき

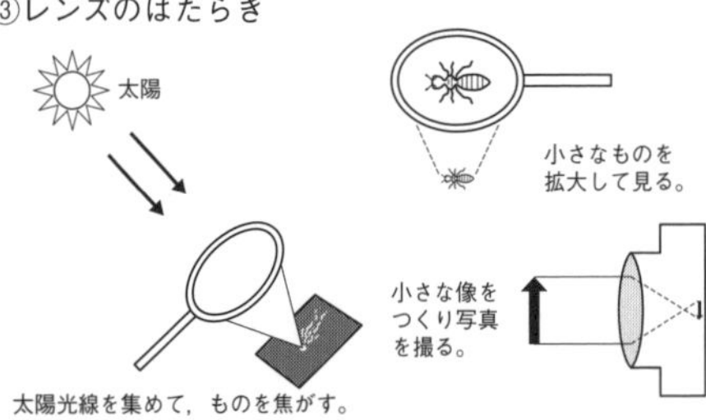
太陽
小さなものを
拡大して見る。
小さな像を
つくり写真
を撮る。

太陽光線を集めて，ものを焦がす。

④望遠鏡

レンズの組み合わせで望遠鏡ができる。

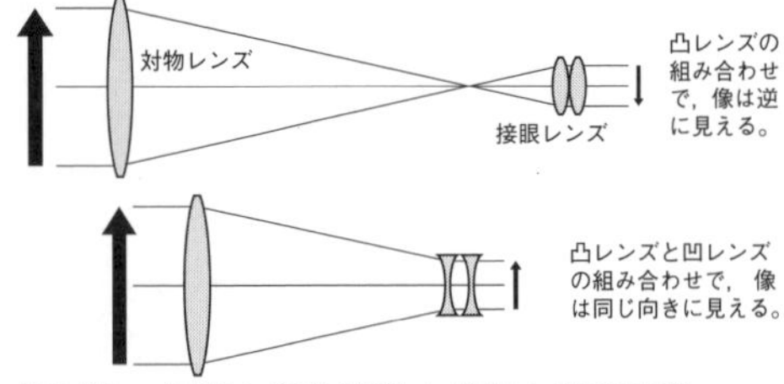
対物レンズ
接眼レンズ
凸レンズの
組み合わせ
で，像は逆
に見える。
凸レンズと凹レンズ
の組み合わせで，像
は同じ向きに見える。

倍率（倍）＝（対物レンズの焦点距離）÷（接眼レンズの焦点距離）

レンズは光を曲げるはたらきをする。曲面（削り方によって変わる）や材質によって，曲がり方に違いが出る。なお，光が曲がるのは光が通過する物質によって速度が変わるためである。ガラスだけでなく，水や氷でもレンズをつくることができる。

《レンズの性質》

凸レンズは，平行な光を一点（焦点）に集めるように光を曲げるはたらきがある。レンズの中心から焦点までの距離を焦点距離という。凹レンズは，逆に光を広げるように曲げるはたらきがある。

《レンズのはたらき》

凸レンズを使うと，太陽光線を一点に集めることができ，ものを焦がすことができる。小さなものを拡大して見ることもできる。レンズを使うと遠くにあるものの形を小さく写す像をつくることができる。カメラは，この性質を使って写真を撮ることができる。

《望遠鏡》

レンズを組み合わせると，遠くにあるものを大きく拡大して見ることができる。凸レンズを組み合わせた場合，逆向きに見える望遠鏡ができる。凸レンズと凹レンズを組み合わせると，同じ向きの望遠鏡を作ることができる。また，レンズを重ねると，初めより焦点距離が短いレンズのはたらきをする。

KEY WORD

製磁石
ェライト磁石
レニコ磁石
ム磁石
オジム磁石
マコバ磁石

磁石の種類

3年「磁石の性質」 5年「電流の働き」

理科室の磁石といえば鋼製の磁石が一般的であったが，現在では手頃なフェライト磁石や強力なネオジム磁石など，いろいろな磁石が出まわっている。その材質や形状による特徴を知り，用途にあった使い分けをするとよい。

ネオジム磁石などの強力な磁石では，指などをはさんでしまう危険性がある。特に子どもたちに使用させる場合には，十分に注意する必要がある。

①いろいろな磁石

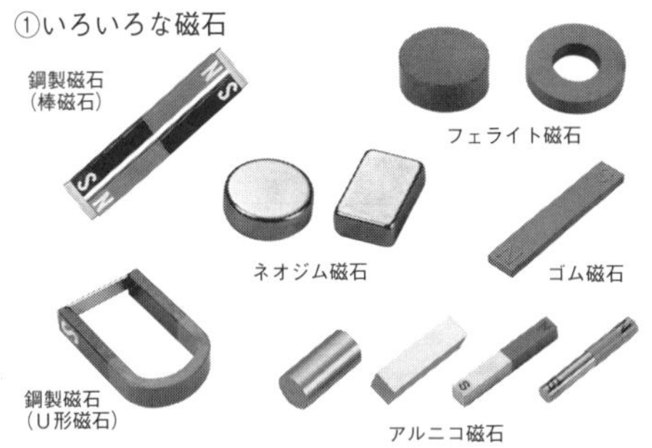

②フェライト磁石を使った実験

宙に浮くクリップ・磁石（吸着・反発を利用した実験）

③ゴム磁石を使って調べる

磁石を何回割ってもNとSの2極ができる

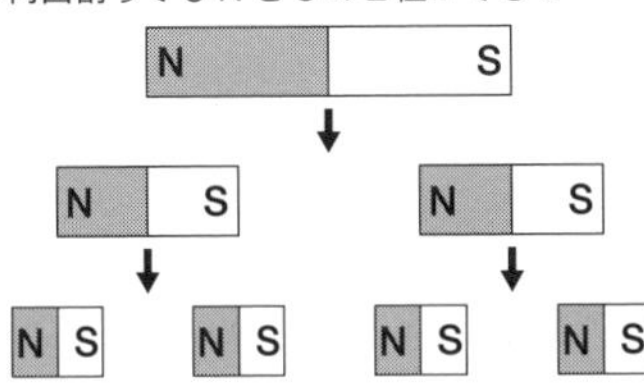

④ネオジム磁石を使った実験

ネオジム磁石は非常に強力なため，普通の磁石でつくもの（強磁性体：鉄・ニッケル・コバルトなど）のほかに，わずかに磁石に吸い寄せられるもの（常磁性体：アルミニウム・酸素など）や，わずかに磁石から逃げようとするもの（反磁性体：水・窒素・石墨，鉛筆の芯など）を確認できるが，子どもがこれを混同しないように注意する。

《鋼製磁石》

一般的に，古くから理科室にある多くの磁石がこのタイプのものである。鋼鉄に着磁したものであるが，保磁力が低いという欠点がある。

《フェライト磁石》

酸化鉄を原料に作られたもの。値段が安く，様々な形に加工しやすく，保磁力も高いことから広く利用されている。ただ，割れやすいという欠点がある。

《ゴム磁石》

ゴム素材にフェライトの粉末を混ぜ合わせたもの。薄く，やわらかいという特性をもち，切ったり文字を書いたりという加工もしやすいが，磁力はあまり強くない。

《アルニコ磁石》

鉄・アルミニウム・ニッケル・コバルトが主原料。磁力が強く，高価である。温度の影響を受けにくいが，保磁力が低いのが欠点である。

《ネオジム磁石》

現在一般的に手に入れられる磁石のなかでは最高の磁力をもつ。ただ，さびやすいことと，磁力の強さから指をはさむなどの危険性があるので，注意が必要である。また，衝撃に弱く割れやすい。

《サマコバ磁石》

サマリウムとコバルトを主原料とする。ネオジム磁石についで磁力が強く，さびにくいが，値段が高く割れやすいのが欠点。

KEY WORD
保磁用鉄片
保磁力
分子磁石
着磁
消磁
磁化用コイル

磁石の保管

3年「磁石の性質」 5年「電流の働き」

磁石を保管するときには，磁力の低下を防ぐことと，磁力の影響を受けやすいものを近くに置かないという二つの点に留意する。磁力がなくなっているものや，極の逆転しているものもあるので，実験する前に確認しておく必要がある。

方位磁針を子どもたちに持って帰らせたりする際にも，筆入れやランドセルの磁石の影響で極が入れ替わったりすることがよくある。磁石の影響を受けないように十分に注意させたい。

①保管方法

磁石の影響を受けやすいもの(磁気カード・フロッピーディスク・カセットテープ・パソコンなど) を近くに置かないようにする。

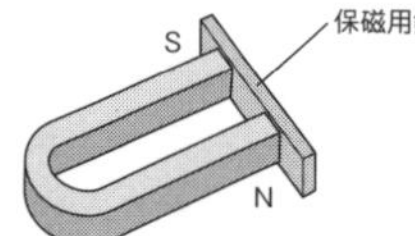

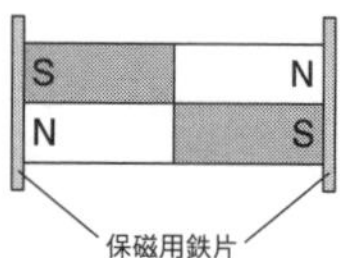

付属の保磁用鉄片をN極とS極に付着させ保管する。磁石どうしが干渉し合わないよう一つずつ箱などに入れ，分けて保管することが望ましい。

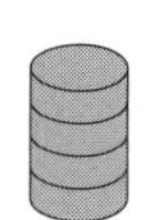

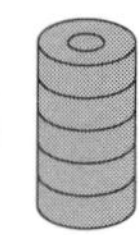

円形磁石の極

表裏がN極・S極になっているものと，N極・S極が隣り合わせになっているものなどがある。どちらも磁石どうしを重ね合わせて保管するとよい。

②着磁・消磁の方法

〔準備〕・磁化用コイル　・磁石

棒磁石を下図のようにセットし，コイルに電流を流す。

向きを正しくセットしないと，極が逆になってしまうので注意する。また，長く電流を流しすぎると発熱する。

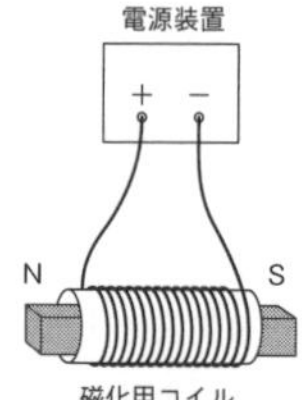

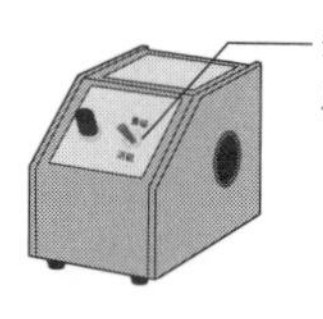

③極が入れ変わった方位磁針の直し方

棒状のフェライト磁石のS極を，針の中心からN極（多くが赤や青に着色している側）の方へ一方向に動かし，N極の針につけるようにする。

《保磁力》

磁石はその種類によって，その磁力を保っていられる力（保磁力）に差がある。保磁力の低い磁石では，磁力が弱まったり，ひどい場合には極が逆転することもありうる。そのため保管には十分に注意し，実験の前には極を確認する。磁力が弱まったときには，着磁して磁力を戻す。

保磁力の低い磁石	保磁力の高い磁石
・アルニコ磁石 ・鋼製磁石	・ネオジム磁石 ・フェライト磁石 ・サマコバ磁石

《分子磁石》

磁石はどんどん細かく砕いていっても，それぞれが極をもった磁石としての性質をもっている。このことから，磁石はその小さな磁石一つ一つ（分子磁石）が集まってできていると考えることができる。磁力をもった磁石は，この分子磁石の向きがそろった状態，磁力を失ったものは，分子磁石の向きがばらばらに向いた状態と考えられる。

《着磁と消磁の仕組み》

直流は電流の方向と大きさが変わらず，交流は電流の方向と大きさが周期的に変化する。そのため，直流では分子磁石の極の向きがそろって着磁することができ，交流では分子磁石の極の向きがばらばらになって消磁されることになる。針金やクリップなどは，磁石と接触したりしただけで，簡単に着磁している場合がある。

KEY WORD
置エネルギー
动エネルギー
心
定誤差
牛制御
り綱・ブランコ

振り子

5年「振り子の運動」

振り子とは重力のはたらきで周期運動を行うようにしたものである。おもりの重心を考えることと，測定誤差を理解させることが大切である。登り綱やブランコは，子どもが体感できる振り子運動である。

振り子を勢いよく振ると，おもりが飛んでいく場合がある。登り綱やブランコをするときは，落ちないように気をつける。特に，登り綱は，大きく揺れさせることを目的として設置されていないので，事前に取り付け器具の点検などをしておく。

①振り子の原理

振り子とは一方を固定し，つり下げたひもの下端におもりを下げ，重力のはたらきで周期運動を行うようにしたものである。振り子の周期は，糸の長さによって変わる。

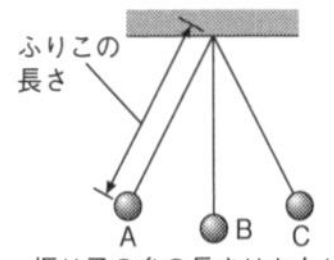

振り子の糸の長さはおもりの上端までではなく，おもりの重心までの距離とすることに注意する。

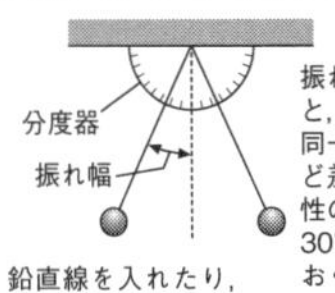

鉛直線を入れたり，分度器を使うとわかりやすい。

振れ幅が大きくなると，振り子の周期を同一と見なせないほど差が生じる。（等時性の破れ）授業では30°ほどにとどめておくとよい。

②重心の教え方

同じ大きさのおもりを縦つなぎにしたものと横つなぎにしたものを比較させる（または，粘土の形を変えて調べる）。

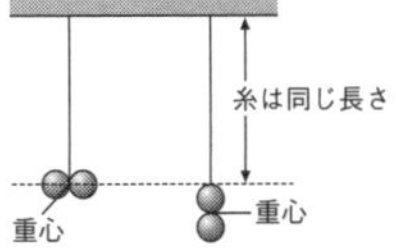

③測定誤差

小数点以下は四捨五入するという考えを話し合いで得る。

（例）10″81→10″ 8　　　10″79→10″ 8

重さの明らかに違うものを用いることも有効である。

④振り子の例

綱の長さが長いため測定しやすいが，落ちないように注意する。また，乗る位置によって速さが変わってくる。

乗るときの姿勢で重心が変わることを考慮しておく。また，事前にさびていないか点検をしておく。

⑤身のまわりの振り子

メトロノーム

振り子時計

《振り子の原理》

地点Aの振り子は，重力で下に落ちようとする。そこで振り子の円周方向の力がはたらいて地点Bに行く。このとき，位置エネルギーが運動エネルギーに変わる。その後は慣性のはたらきで進むが，重力によって引き戻されるようになり，同じ高さに来たところで静止する。その運動を繰り返す。

《条件制御（条件統一）》

振り子の「長さ」「重さ」「振れ幅」の三つについて，条件を制御して調べる。

調べること	長さ	重さ	振れ幅
長さ	変える	同じ	同じ
重さ	同じ	変える	同じ
振れ幅	同じ	同じ	変える

最低3回ずつ調べ，平均値か中央値をとる。大きく記録の違うものが出た場合はやり直す。測定するときはなるべく二人組で行い，一人は振り子の動く回数を数え，一人は秒数を計る。回数を数える人は正面から見るようにし，回数を声に出すとよい。

《測定誤差》

同じ振り子を同時に数人で計り，測定値が異なることから，測定者によって生まれる誤差に目を向けさせる。

また，重さの明らかに違うもので比べると，あまり変わらないため，「重さで速さが相当変わる」と思っている子どもたちは，誤差だと気づく。

KEY WORD
支点
力点
作用点
棒の重さ
てこ実験器

てこ

6年「てこの規則性」

てこは，棒をある点で支え，その点を中心に回転できるようにしたものである。輪軸もてこと原理は同様である。授業では実用てこを使って重いものを持ち上げ，てこの便利さについて実感させるとよい。そこで得た手ごたえを，定量的な数として調べていくこととなる。

実験用てこを使って実験するとき，おもりを下げる棒は，折れたり曲がったりしない丈夫なものを使う。おもりが誤って落ちても安全なように，砂を袋に入れてつるすのがよい。また，おもりを下げた棒を急に離すとけがをすることがあるので注意する。

①てこの原理

棒の重さを考えなければ

$A \times L_1 = B \times L_2$ である。

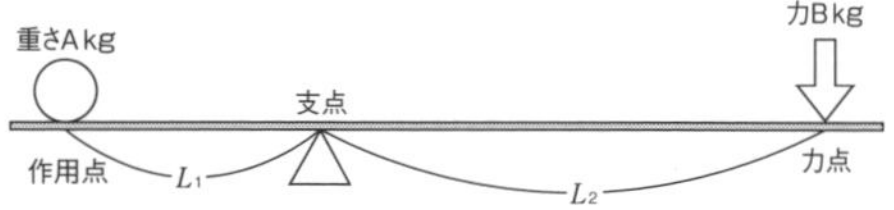

②実用てこ

棒に印をつけることで支点からの距離に目が向く。棒は重さに耐えられるようなものを選ぶ（洗たくざお，木の棒）。

また，おもりは，落ちないようにしっかりと固定ができて，重さを簡単に変えることができるものがよい。

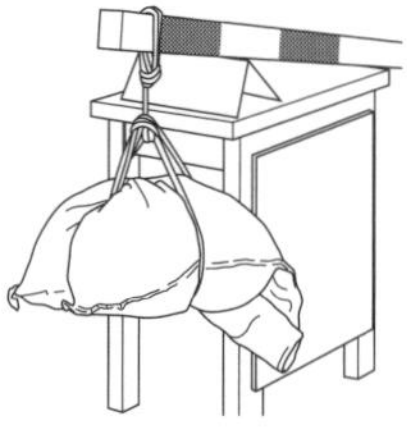

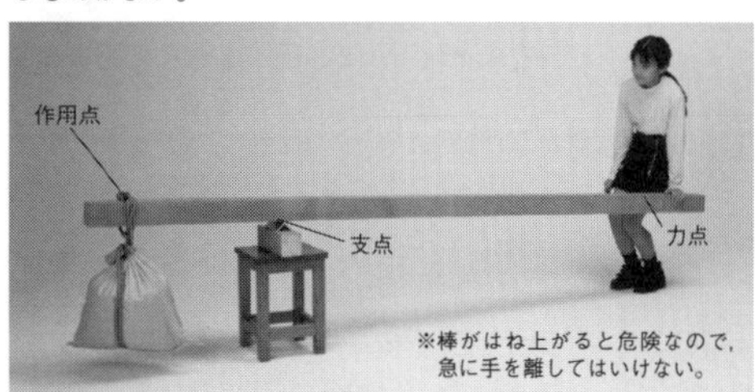

③輪軸

直径の異なる二つの円筒を組み合わせて，てこの原理を応用する装置を輪軸という。

てこと同じ構造をしており，やはり等式が成り立つ。

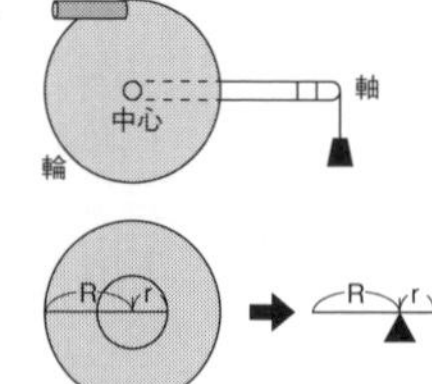

《てこの原理》

棒の一端に加えた力は支点の反対側にはたらき，その大きさは，加えた力と支点からの距離の積に関係している。

《支点の工夫》

支点には大きな力がかかるため，建築用に使われているL型金具のような十分な強度のあるものがよい。太い角材を加工する方法もある。

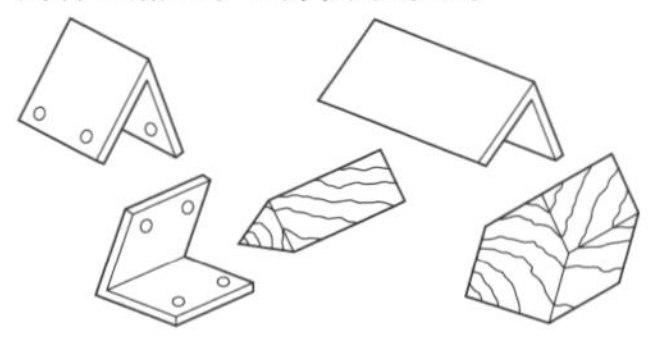

《実用てこ》

導入で用いるおもりは，子どもが自力では持ち上げられないものを使うと効果的である。棒を使ってそのおもりを簡単に持ち上げることで，活動意欲も高まる。その後，子どもが「軽くなった」「重くなった」と言うことを取り上げ，どれだけ軽く（重く）なったのかを数で調べていく。おもりは，砂を袋に入れたものなどを使えば，まちがって足に落ちてもけがをすることがなく，安全に実験を行うことができる。

《輪軸》

輪軸を応用したものに，ドライバーや自転車がある。

④実験用てこ

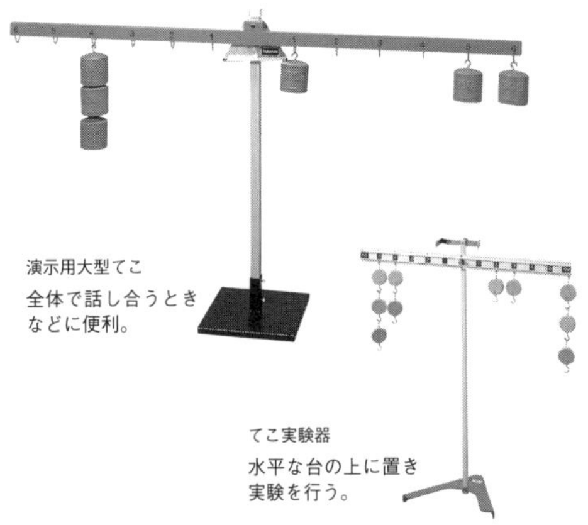

⑤てこの３形態

てこの形としては三つの形態がある。①で述べた以外には，支点が中央にない下の二つの図のような例がある。

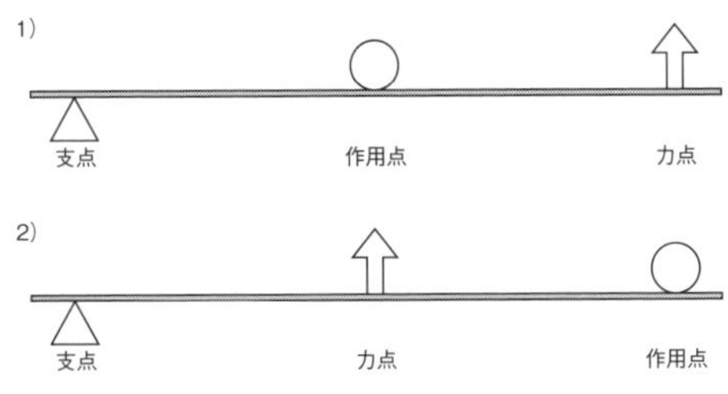

⑥身のまわりのてこ

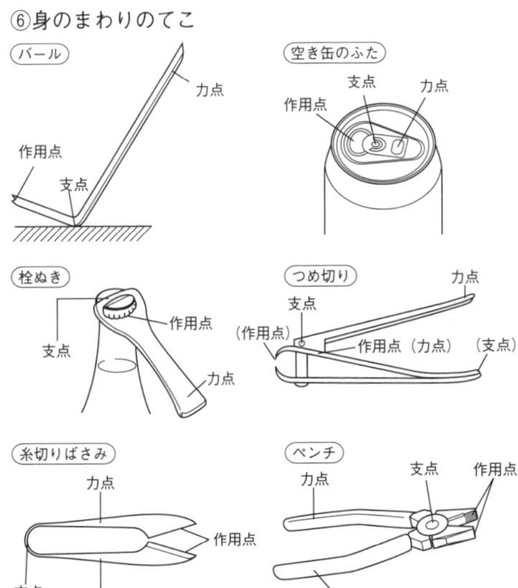

《実験用てこ》

実験用てこを用いる利点は，支点が中央に決まっているため，棒の重さを無視した状態で実験ができることと，児童が定量的な操作をしやすいことである。

棒を傾ける力のはたらきは，
「支点からの距離」×「おもりの数」
である。

支点が棒の中心にないときは，棒の重さも考える必要がある。

《演示用てこ》

単元のまとめや子どもが実験用てこなどで結果を得たあとに，全体で説明するときに使用すると，実験方法なども説明できてわかりやすい。おもりがかけやすくなっている。

《てこの3形態》

①の場合が学習で用いるてこであるが，そのほかにも二つの形態がある。

1）の形態は小さな力で動かすことができる特徴がある（栓抜きやホッチキスなど)。

2）の場合には大きな力を必要とするので，小さな力で作業をしないといけない場合に有効である（糸切りばさみやピンセットなど)。

《身のまわりのてこ》

てこのはたらきを利用した様々なものがある。それらに目を向けさせることにより，形態の違いやてこの仕組みのたくみさに気づかせることができる。

つめ切りは，図で示したように，二つのてこの組み合わせによって機能している。

KEY WORD
ストッパー
玉
摩擦力
空気の力
アクリルパイプ
注射器（→ p.321）

空気でっぽう

4年「空気と水の性質」

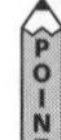

空気でっぽうを使った遊びを通して，空気の力について調べる問題をもつことができる。市販のものはアクリルパイプでできていて，玉は発泡スチロールのやわらかいものが多い。注射器はプラスチック製とガラス製があり，サイズも様々であるが，プラスチック製のものが安全で加工もしやすい。

空気でっぽうで遊ぶときに，人やガラスに向けないことや，飛ばすときには同じ方向に向けることを約束する。注射器のガラス製のものは強く押し込んだり落としたりして割れることがあるので注意する。空気の押し縮みを調べるときは，プラスチック製を使うようにする。

①空気でっぽう

玉を飛ばすときは，絶対に人やガラスに向けないことを約束する。的などの目標物を置くと，子どもの意欲も高まりやすい。

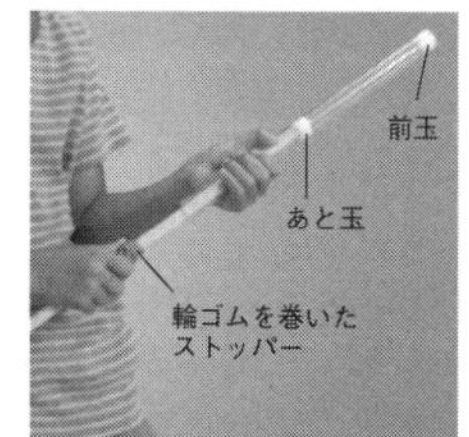
前玉
あと玉
輪ゴムを巻いた
ストッパー

筒と押し棒には目盛りをつけるとよい。

②空気の力を実感させる事象

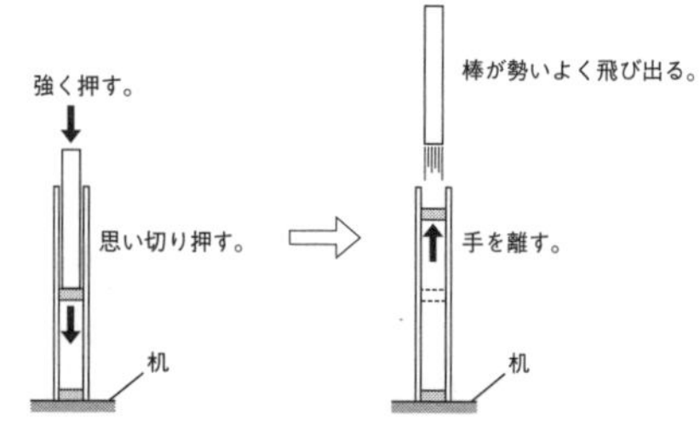
強く押す。
思い切り押す。
机
棒が勢いよく飛び出る。
手を離す。
机

③注射器

空気や水が押し縮められるか確かめたり，空気が押し戻したりする様子を調べることができる。

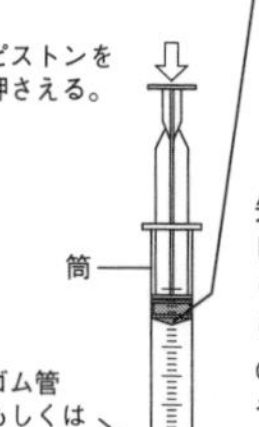
ピストンを
押さえる。
筒
ゴム管
もしくは
ゴムマット

ガスケットはゴムのため変形することがあり，水の実験の際は，「水は圧し縮められた」とならないよう注意が必要。

先の方はゴム管をつけ，ビニルテープで固定したり，ゴムマットを敷いたりして（100円ショップの捺印マットが手に入りやすい）空気がもれないようにする。

緩衝材
衝撃からものを保護する。

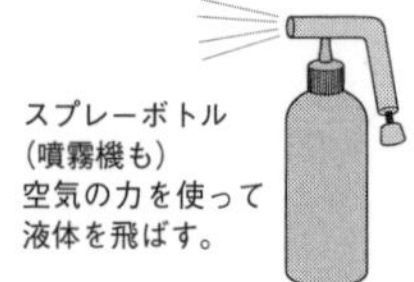
スプレーボトル
（噴霧機も）
空気の力を使って
液体を飛ばす。

《空気でっぽう遊び》

空気でっぽうの玉と筒の間に摩擦力があり，空気が縮められて元に戻ろうとする力（弾性）がその摩擦力より大きくなったとき，玉が飛び出す。ジャガイモの玉を使うと勢いよく飛び出し，意欲が高まる。また，ジャガイモの玉は，使っていくうちにだんだんと空気がもれるようになり，新たな課題をもつことができる。

《空気の力を実感させる事象》

玉をつめた空気でっぽうの筒の中の空気がもれないように，棒を差し込む。もう押せないというところで棒を離すと，棒が勢いよく飛び出す。勢いよく棒が飛ぶので，蛍光灯に当たったり，人に当たったりしてけがをしないように気をつける。

《注射器》

大きさは様々なものがある。実験で使うのは針のない注射筒である。ガラス製とプラスチック製とがある。ガラス製は，割れやすいので注意する。児童用はプラスチック製がよい。空気や水が押し縮められるかどうか調べるときは，筒をしっかりと押さえるようにする。水を押し縮める場合は，力まかせにしてけがをしたり，注射器が壊れたりすることがあるので気をつける。

《空気の利用》

空気の性質を利用したものは身の回りにある（左図）。

KEY WORD

ジタルカメラ（→p.268）
計算ソフト
レゼンテーションソフト
索エンジン
内LAN・ホームページ
育機器（→p.71）

学習者用コンピュータ

ＩＣＴ関連学習

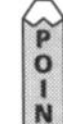

学習者用コンピュータは，一斉学習，個別学習，協働学習のどの場面でも用途がある。理科学習の特質や活用する利点を十分に踏まえたうえで，適宜コンピュータを適切に活用することで，学習の場を広げたり，学習の質を高めたりできる。

情報セキュリティ・情報モラル・落下や水没・健康面への配慮などに注意して使用することが必要である。充電やソフトウェアの更新ダウンロードが十分な環境の整備も必要になる。学習用ソフトウェアの導入時は，必要とするライセンス数の確保やコンピュータの仕様の確認に注意したい。

①学習用コンピュータに必要な機能

・学習用ソフトウェア（アプリ）が安定して動作する。
・授業運営に支障がないように短時間で起動する。
・安定した高速接続が可能な無線ＬＡＮが利用できる。
・見やすく，文字も判別しやすい画面サイズである。
・キーボードの機能を有する。
・写真・動画撮影ができるようにカメラ機能がある。

②学習用コンピュータの活用

〔観察・実験などを行う場面〕

○第３学年「身の回りの生物」

Webサイトやアプリの植物図鑑を使って，校内に生息する野草の名前や特徴を確認しながら観察する。

■千葉県立中央博物館「野草・雑草検索図鑑」

○第５学年「天気の変化」

数日後の天気を予想するため，より広い範囲の雲の量や動きなどの気象情報を収集し，まとめる。

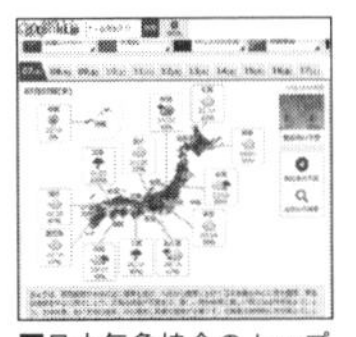
■日本気象協会のトップページ

〔結果を整理し，その結果を基に結論を導きだす場面〕

○繰り返しの実験が難しい実験の場合，実験の様子を写真や動画で記録し，グループで繰り返し確認する。

○学習用ソフトウェア（アプリ）を使って，観察・実験の写真と共に考えを整理して表現したり，お互いの考えを見せ合うことで自分の考えを見直し，より妥当な考えをつくりだしたりする。

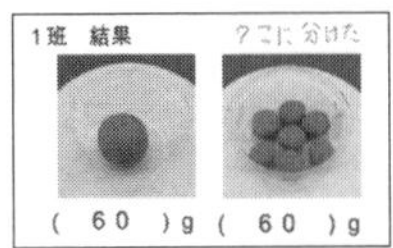

■ Google「Jamboard」

「Jamboard」は Google LLC の商標です。

《学習用コンピュータの活用に向けて》

学習用コンピュータを効果的な活用に向けて，コンピュータの充電・保管ができる充電保管庫や，インターネット検索をしても安定的に稼働する環境を確保できる無線ＬＡＮ環境の整備も欠かせない。

充電保管庫

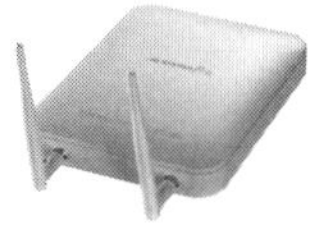
無線 LAN アクセスポイント

また，ワープロソフト・表計算ソフト・プレゼンテーションソフトなど教科横断的に活用できるソフトウェアを使いこなす操作スキルも最低限必要である。

《学習用コンピュータの活用》

インターネット検索による情報収集だけでなく，理科学習を支援するWebサイトやソフトウェアを利用することで，学習方法や学習形態の幅を広げることができる。また，時間変化を伴う観察・実験では，写真・動画撮影をすることで，繰り返し観察・実験の様子を見直すことができ，より詳細に結果を捉えることが可能になる。活用する場面を適切に選択し，丁寧な指導の下で効果的に活用することが重要である。

KEY WORD
パソコン
プレゼンテーションソフト
（→ p.267）
教育機器（→ p.71）

デジタルカメラ（カメラ機能）

記録・ＩＣＴ関連学習

デジタルカメラ（学習者用コンピュータのカメラ機能）は，画像や映像をデータとして保存できる。そのため，観察・実験記録の補助だけでなく，前時の学習の様子を映しての振り返りや，データを使って環境整備や器具の整理，オリジナルの教材作成など様々な活用が考えられる。

理科学習では，子ども自身が屋外で使用することも多いため，防水・防塵・耐衝撃に優れたデジタルカメラを揃えることが望ましい。破損防止のため，ケースに入れて運んだり，正しい持ち方を伝えたりするとよい。子どもの姿を撮影した場合は，肖像権に配慮する必要がある。

①観察・実験の記録

②観察・実験結果の再確認・共有

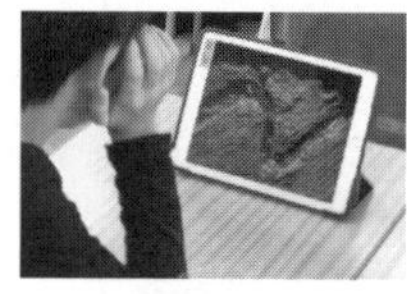

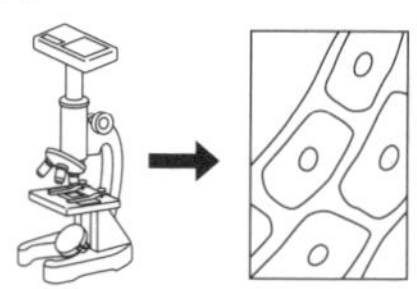

③前時の学習の振り返り

④理科室等の環境整備・器具の整理

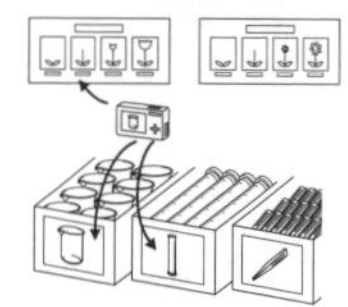

⑤オリジナルの教材作成

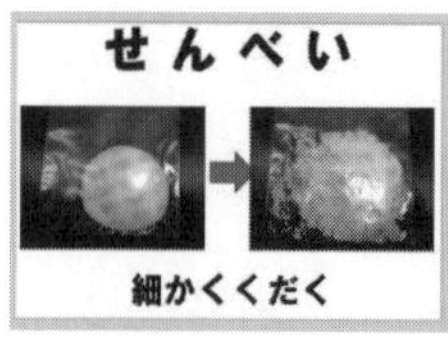

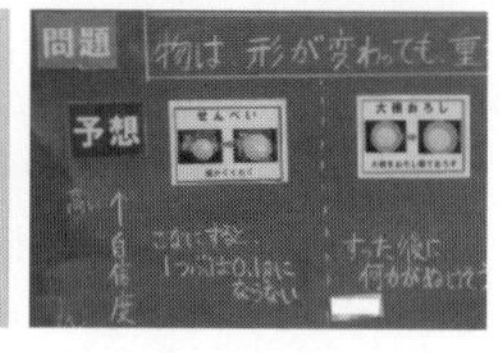

《デジタルカメラの特性》

撮影後すぐに画像を確認でき，要らない画像はいつでも消去できる。画像の印刷や加工も容易に行える。

《デジタルカメラの活用》

植物や動物を季節ごとに撮影し，継続的に画像を保存することで長期的な観察が可能になる。また，場所や時間をこえての比較観察が可能になる。

繰り返し実験をすることが難しい場合，実験の様子を写真や動画で記録することで，実験結果を再確認でき，より細かく分析できる。アダプターを使うと顕微鏡の観察結果も画像保存して共有できるため，上手に観察できなかった児童の支援に利用できる。

前時の板書や子供の学びの姿を撮影しておけば，それを拡大掲示したり，大型提示装置で映し出したりすることで，前時までの振り返りをより効果的に行うことができる。

画像は拡大・縮小して印刷できるので，実験器具を撮影して写真付きの表示を作成し，器具の整理に利用できる。また，授業での掲示物や配布資料など，オリジナルの教材作成にも大いに活用できる。

KEY WORD

DMI 入力端子
子黒板

大型提示装置・実物投影装置

ＩＣＴ関連学習

大型提示装置と実物投影装置を組み合わせて使用することで，視覚的な説明が容易になり，観察・実験方法の確認や児童同士の考えの共有などに有効である。ただし，画面に一度に表示できる情報には限りがあり，情報を提示し続けることが難しいことを理解した上での活用が求められる。

大型提示装置については，教室最後方の子供の視認性を確保できているか十分確認する必要がある。大型提示装置と実物投影装置ともに，利便性と安全性を確認し，仮設置もしたうえで使用することが求められる。また，遮光カーテンの設置などで画面をより見やすくする工夫も大切である。

①大型提示装置

コンピュータや実物投影装置と接続して教科書や教材を大きく映す掲示機能と，画面を直接触っての操作・書き込み・保存などを可能とするインタラクティブ機能がある。

〔使用上の注意点〕

・教室の明るさや最後方からの視認性を考慮したサイズか確認する。

・HDMI 入力端子が複数あるか確認する。もしくは HDMI 入力端子のハブや切替器を用意する。

②実物投影装置（書画カメラ）

大型提示装置と接続して教科書や教材を大きく映す掲示機能がある。映像の一部を隠す機能や映像の一部をハイライト表示する機能を備えた製品もある。

〔使用上の注意点〕

・カメラの下の台に右の図のような紙を置くことで，どこを中心にどちらを上にして置けばよいのか分かりやすくする。

・児童も明るさ，ズーム，フォーカスといった操作ができるようにしていく。

③大型提示装置と実物投影装置の活用

○観察・実験などの活動で気付いたことを実際の様子を映しながら説明する。

※ノートに描いたイメージ図を映すといった活用もある。

○器具の使い方や観察・実験の手順などの説明資料を映し，児童に見通しをもたせる。

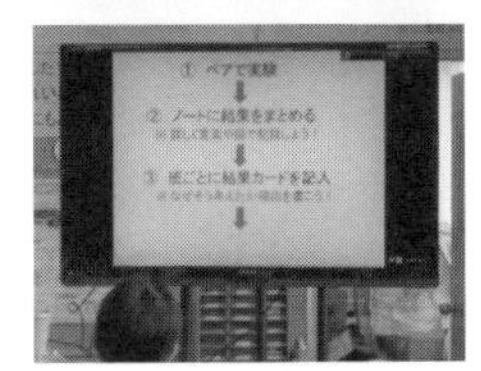

《大型提示装置》

「電子黒板」のようにインタラクティブ機能が充実した製品の場合，学習用ツールがあり過ぎると，かえって使いづらくなることがある。普段の授業で使いやすいツール以外はアンインストールするとよい。また，電源コードや HDMI ケーブルは必要以上に長くならないように束ね，発火や転倒事故が起きないように安全に配置することが大切である。

《実物投影装置（書画カメラ）》

自動焦点機能や明るさ調節とともに，画像の一時保存の機能もあると便利である。子ども自身も説明の手段として当たり前のように操作できるように指導していくことが大切である。

《大型提示装置と実物投影装置の活用》

事象提示や観察・実験器具の使い方の説明，図を用いた子どもの考えの共有など，大型提示装置と実物投影装置は理科学習の様々な場面で有効に活用することができる。また，プレゼンテーションソフト等で作成した説明資料の提示や，デジタル教材の視聴にも役立つ。

ただし，画面に一度に表示できる情報量には限りがあり，情報を提示し続けることが難しいことを理解した上で使用することが重要である。

KEY WORD
学習用コンピュータ（→ p.267）
プログラミング教育（→ p.22）
MESH
micro:bit
Scratch

プログラミング教材

6年「電気の利用」

「電気の利用」で使用するプログラミング教材としては，温度センサーなどの計測機能，モーターやLEDなどの電気で働く器具に対する電流を調節できるスイッチのような電流制御機能，児童が体験的にプログラミングできる機能の３つの機能を備えた教材がそれぞれ必要となる。

プログラミング教材は，使用頻度は少ないが，計測機能や電流制御機能を備えた精密機器で高価であるため，高温多湿を避けて，故障や破損に十分に注意したうえで安全に管理する必要がある。学習用コンピュータ内のプログラミングをするためのアプリの更新にも注意したい。

①理科におけるプログラミング教育の意義

プログラミング教育は，

1）急速な情報社会の進展への対応
2）日本の国際競争力の維持や発展
3）学校や社会における ICT 活用の遅れの解消

などに向けて必要といえる。近年の科学技術の発展の動向に最も近接している教科は理科であるため，理科でのプログラミング教育は重要となる。

②理科でのプログラミング教育の実施

《小学校プログラミング教育のねらい》

○「プログラミング的思考」を育むこと。
○プログラムの働きやよさ，情報社会がコンピュータ等の情報技術によって支えられていることなどに気付くこと。
○コンピュータなどを上手に活用して身近な問題を解決したり，よりよい社会を築いたりしようとする態度を育むこと。
◎各教科等の内容を指導する中で実施する場合には，各教科等での学びをより確実なものとすること。

《プログラミング教育に適した理科の内容》

理科での学びをより確実なものとしながら，コンピュータを使ってのプログラミングを体験する学習活動を行い，プログラムの働きや日常生活との関連に気付くとすると，第６学年「電気の利用」が最も適しているといえる。

《実施に必要な学習環境》

○学習用コンピュータ
（プログラミング教材に対応したソフトウェアの事前ダウンロードが必要な場合もある。）
○プログラミング教材
○プログラミング授業の補助教材
（アイコン型マグネット・アイコン型付箋・発表ボード）

《理科におけるプログラミング教育》

プログラミング教育は単元内の学習の一部分において実施されるのみであり，理科学習においてプログラミングは「目的」ではなく「手段」である。そして，教科の目標を，プログラミング体験を通じて一層達成するために位置付けていく必要がある。

《プログラミング体験を円滑に行うために必要なこと》

「電気の利用」の単元内でプログラミング体験に充てられる授業時間数は数時間程度である。その中で児童は教材の操作手順を習得することとなる。

そのため，あらかじめ児童に学習用コンピュータの操作スキルを十分に習得させておくことが求められる。

情報活用能力の育成のために，発達段階に応じたカリキュラムの作成も必要である。「電気の利用」のプログラミング教材として本校では何を扱うのかを明確にし，その教材を円滑に操作できるようになることを見通してカリキュラムを作成するとよい。

③第６学年「電気の利用」に最適なプログラミング教材

《教材に必要な機能》

1）計測機能

明るさセンサーや人感センサー，温度センサーなど周囲の環境情報を計測できる。

2）電流制御機能

モーターやLEDなどの電気で働く器具に対する電流を調節できる。スイッチとして捉えるとよい。

3）体験的にプログラミングできる機能

学習課題に即して，児童が体験的にプログラミングを行い，試行錯誤しながら取り組むことができる。

《ソニー「MESH」》

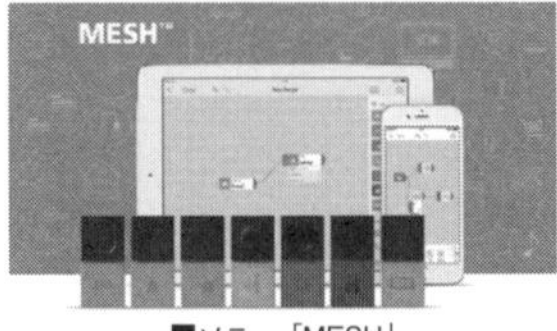

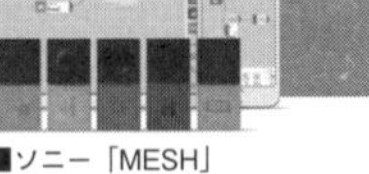

■ソニー「MESH」
画像：MESH公式サイト meshprj.com

■スイッチサイエンス「MESH ブリッジ」

〔「MESH」と組み合わせて使用する教材〕

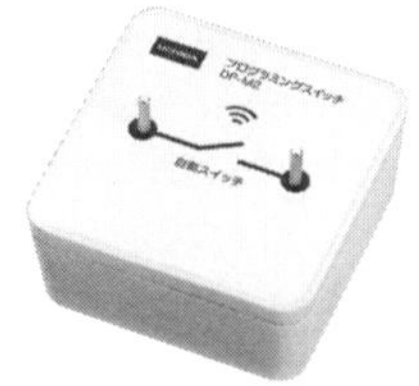

■内田洋行「プログラミングスイッチ MESH用」

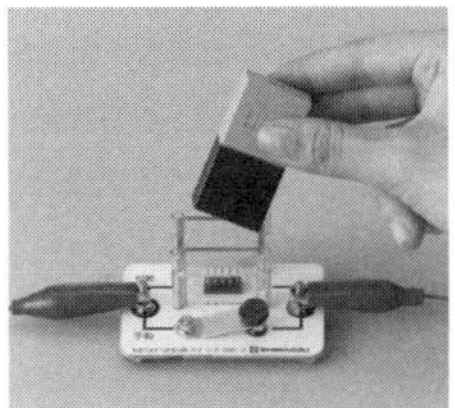

■島津理化「MESH GPIO用スイッチ」

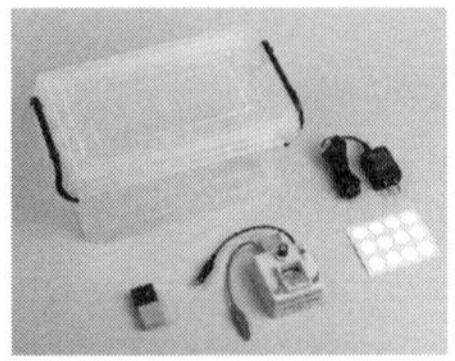

■ヤガミ「プログラミング実験セット」

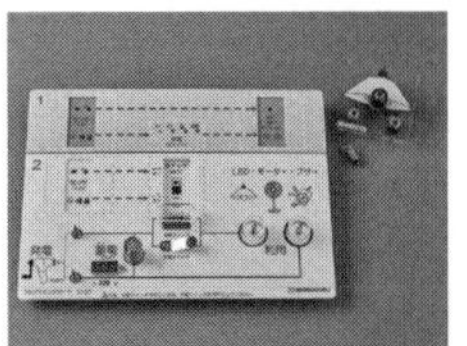

■島津理化「プログラミングボード」

《その他の教材》

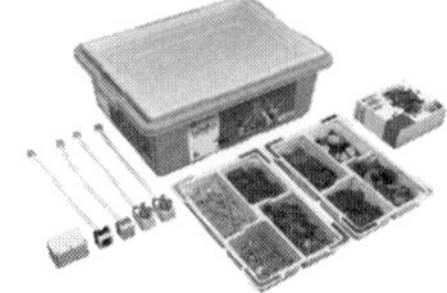

■レゴ「SPIKE™ ベーシック」

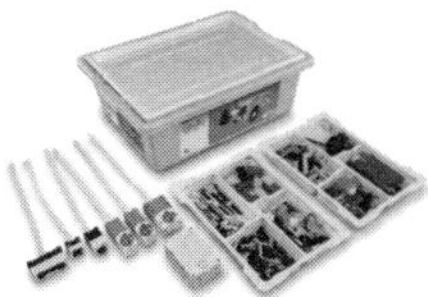

■レゴ「SPIKE™ プライム」

《MESH》

MESHはタグと呼ばれるセンサーによって，明るさや人感，温度などが測定できる。GPIOタグは電源出力ができる。これらのタグを組み合わせて，専用のMESHアプリを操作することで，様々なプログラミングを作ることができる。コンピュータとMESHタグはBluetoothで接続される。MESHブリッジがあると，Bluetooth機能のないコンピュータ（chromebook等）でも利用することが可能になる。

《プログラミングスイッチ MESH用》

《MESH GPI O用スイッチ》

《プログラミング実験セット》

本体にGPIOタグを差し込み，端子とLEDやモーターをつなぐことで，これまでの理科学習と同様の電気回路にMESHアプリによるプログラミングで調節可能なスイッチとして組み込める。そのため，「電気の利用」での既習内容を活かして学習に取り組める。

《プログラミングボード》

１つのボードにMESHタグを接続し，配線作業をすることなく実験できる。コンデンサも組み込まれており，蓄電した電気量が表示され，プログラミングによってどの程度効率よく利用できたかが分かる。

《SPIKE™ ベーシック》

《SPIKE™ プライム》

学習ユニットとレゴパーツ，プログラミングソフトウェア，高性能ハードウェアを組み合わせてさまざまなものを作り，動かすことができる。アイコンをつないでプログラムを作るアイコン型か，Scratchをベースとした Scratch型のアプリがある。

■BBC 「micro：bit」

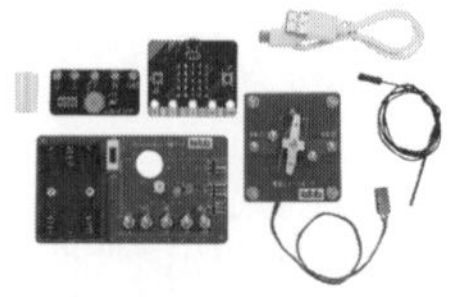

■ナリカ 「電気の利用　MB セット」

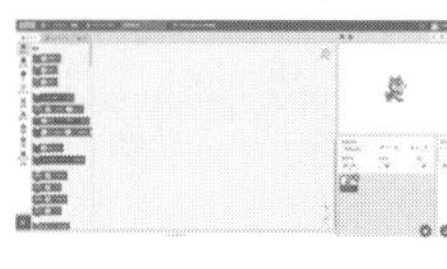

■MIT メディアラボ 「Scratch」

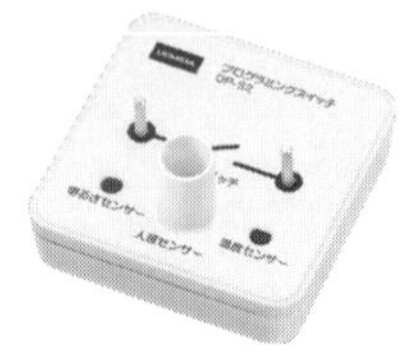

■内田洋行 「プログラミングスイッチ Scratch 用」

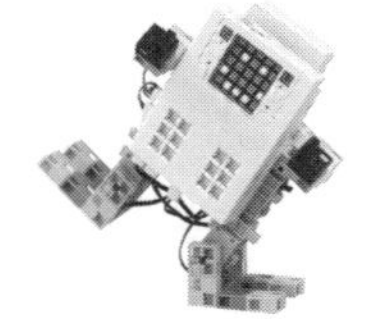

■アーテック 「アーテックロボ2.0」

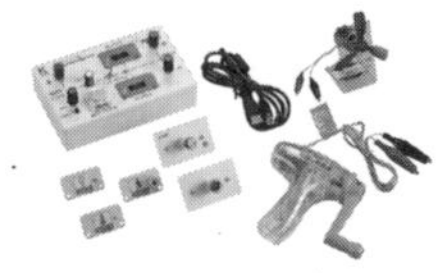

■ケニス 「電気の利用実験器」

④「電気の利用」でプログラミング授業する際の確認事項

※「MESH」を用いて授業を行うと想定した場合

《学習環境》

・学習用コンピュータが用意されている。

・教室や理科室にプログラミングの操作説明などをするための大型提示装置が設置されている。

・「電気の利用」の実験器具セット（豆電球・LED・乾電池ボックス・導線クリップなど）がグループ数分ある。

《学習用コンピュータ環境》

・コンピュータの OS が iOS/iPadOS バージョン10.0以降，Android バージョン5.0以降，Windows10バージョン1703以降，Chrome OS バージョン89以降のどれかである。

・コンピュータに Bluetooth が搭載されていて，MESH タグをペアリングできる場合は，端末の OS に適した MESH アプリをコンピュータにインストールしておく。

・Chromebook や Windows8.1 や 7 が OS の Windows 端末の場合は，MESH ブリッジを用意する必要がある。コンピュータと MESH ブリッジを接続し，MESH タグとのペアリングを行う。なお Chromebook を使う際は，ブラウザ版 MESH アプリを使用することになるので注意が必要である。

《micro:bit》

《電気の利用　MB セット》

片手に収まる大きさのマイクロコンピュータで，LED や光・温度・動きセンサーが搭載されている。ウェブブラウザからブロックエディター，Javascript，Scratch などを使ってプログラミングでき，専用ソフトのダウンロードが必要ない。MB セットには micro:bit 専用スイッチボードがあり，これまでの理科学習と同様の電気回路にプログラミングで調節可能なスイッチとして組み込める。

《Scratch》

《プログラミングスイッチ Scratch 用》

Scratch はウェブブラウザでプログラミングできるソフトである。プログラミングスイッチには，明るさセンサーと温度センサーが搭載されており，端子と LED やモーターをつなぐことで，これまでの理科学習と同様の電気回路に Scratch によるプログラミングで調節可能なスイッチとして組み込める。そのため，「電気の利用」での既習内容を活かして学習に取り組める。

《アーテックロボ2.0》

ブロックとモーターやセンサーなどのパーツを合わせてロボットを組み立てる。そして，ダウンロードした Studuino ソフトを使ってプログラミングし，ロボットの動作を制御することができる。

《電気の利用実験器》

光センサー，人感センサー，温度センサーを専用のボードに接続し，CD-ROM でインストールした専用ソフトを使ってプログラミングする。

⑤「電気の利用」でのプログラミング授業の準備

※「MESH」と「プログラミングスイッチ」の場合

《MESH タグと学習用コンピュータのペアリング》

授業中に他のグループの MESH タグに反応して誤作動が起きないように，グループごとに使用する MESH タグと学習用コンピュータのペアリングを行い，同じ番号のシールを貼る。

《実験器具セットと実験用回路の写真》

授業で使う実験器具をセットでケースに収納し，MESH タグと同じ番号のシールをケースのふたに貼り，グループごとに配布する。

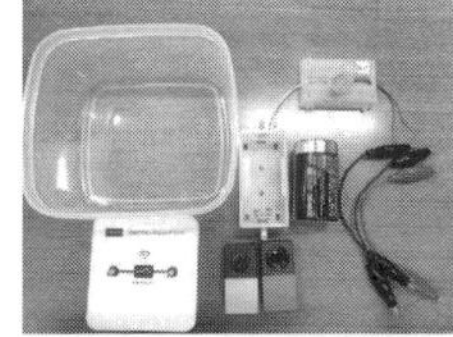

LED と乾電池のつなぎ方などに手間取ると，肝心のプログラミングに集中できなくなるため，実験用回路の写真をプリントにして配布する。

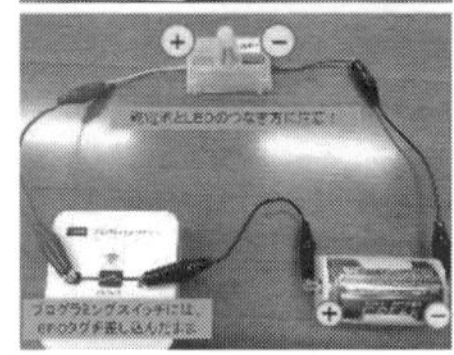

《MESH タグの形をした付箋やカード》

学習用コンピュータは 1 グループに 1 台用意し，児童一人一人が十分にプログラミング的思考を働かせるために，個人で考える場面では MESH タグ型の付箋を，グループで検討する場面では MESH タグ型のカードを用意する。

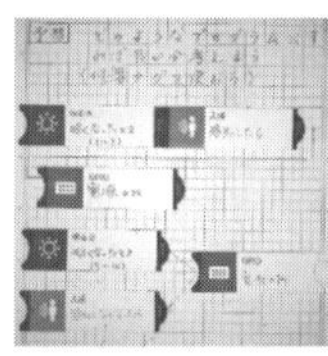

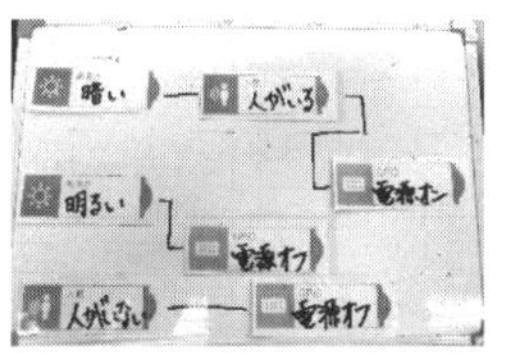

《プログラミングを通して学習する具体的な場面設定》

屋外に設置する光センサーや人感センサー搭載の LED ライトは，夜に人が来た時に点灯する仕組みなので，「電気を必要なときだけ利用し，無駄な利用を減らす」という視点で電気の効率的な利用を学習する場面設定に利用できる。

《プログラミング授業の環境整備》

教室に大型提示装置があると，アプリを操作する場面を実際に映しながら説明でき，効率よく指導できる。児童が作成したプログラミングを映せば，学級全体で考えの共有化も図ることができる。

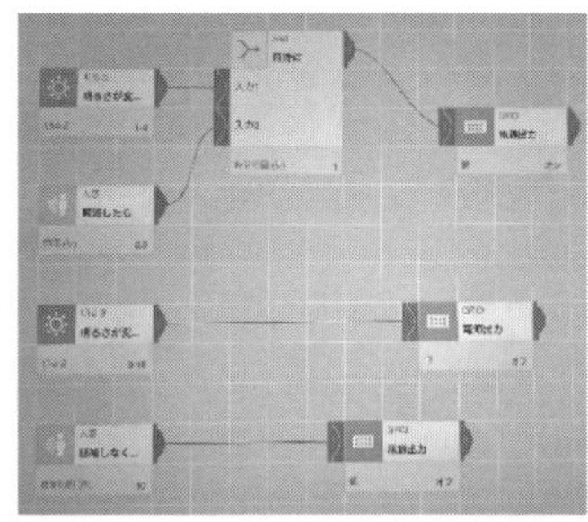

《プログラミング授業の展開》

日常生活と関連したプログラミングを通して学習する具体的な場面を設定することがまず重要である。

ここで，授業の最初からいきなりコンピュータを使用すると，グループ内の特定の一人だけが操作し，他の児童は操作できない状況が生じやすい。児童全員がプログラミング的思考を働かせるため，コンピュータを操作する前にプログラムを設計する学習活動を設けることが大切である。プログラミングで使用するアイコンを模した教材（付箋やカード）を使用し，ノートや発表ボード上で考えさせる。そして，個人やグループで考え検討したプログラムを実際にコンピュータでプログラミングし，試行錯誤しながら何度も繰り返し作業し，よりよいプログラムに改善していく流れで授業を進めていくとよい。

KEY WORD
指導者用デジタル教科書
学習者用デジタル教科書
大型提示装置
デジタル教材

デジタル教科書

ICT関連学習

POINT デジタル教科書には，指導者用と学習者用の２種類があり，音声や動画など，紙の教科書には載せられない情報も利用できる。学習者用デジタル教科書には，主体的・対話的で深い学びの視点での授業改善や，特別な配慮を必要とする児童の学習上の困難を低減する効果も期待できる。

故障や不具合に備え，可能な限り予備を準備するともに，常に紙の教科書も使用できるようにしておくことが必要である。子どもの使用にあたっては，集中力を保つために使用時以外は画面を閉じること，健康面を配慮しての適切な姿勢や目と画面との距離などの指導が求められる。

①デジタル教科書の特性

デジタル教科書とは，既存の教科書の内容と，それを閲覧するためのソフトウェアに加えて，編集・移動・追加・削除などの基本機能を備えるものを指す。大型提示装置において教師が補助教材として提示して使用する「指導者用デジタル教科書」と学習者用コンピュータにおいて子ども一人一人が使用する「学習者用デジタル教科書」の２種類に分かれる。

〔デジタル教科書の機能〕
・画面を大きく拡大できる。
・音声読み上げができる。
・動画（アニメーション）等のデジタル教材と一体的に使用できる。
・書き込みや保存ができ，学習履歴が残る。
・児童同士の意見や考えの共有・比較が容易になる。

②デジタル教科書の活用

〔指導者用デジタル教科書〕

導入場面で，動きの感じられる映像や時間的な移り変わりのわかる映像を映し，子どもの学習意欲を高める。

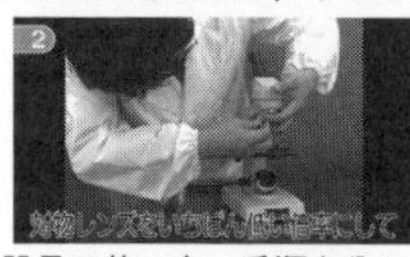

器具の使い方・手順を分かりやすく説明した映像を適宜見せることで，安全で正確な観察・実験につなげる。

〔学習者用デジタル教科書〕

拡大や書き消しが可能なため試行錯誤しながら学習でき，考えの共有も短時間で行える。ルビ・文字サイズなどを変更することで，自分の理解に適したレイアウトになる。

《デジタル教科書の使用に向けて》

学習を充実させるため，教育課程の一部において，紙の教科書に代えて学習者用デジタル教科書を使用できる。特別な配慮を必要とする子どもに対し，学習上の困難の程度を低減させる必要がある場合は，教育課程の全部でも，学習者用デジタル教科書の使用が認められている。

《デジタル教科書の活用》

学習の目的を明確にした上で，それを実現するための道具の一つとして活用することが重要である。活用方法として，以下の３種類が考えられる。
①学習者用コンピュータでの使用
②他のデジタル教材との一体的な使用
③他のICT機器等との一体的な使用

《指導上の留意点》

・故障や不具合に備え，可能な限り予備を準備するともに，常に紙の教科書も使用できるようにしておく。
・集中力を保つために使用時以外は画面を閉じること，適切な姿勢や目と画面との距離などを指導する。
・文字を手書きすることや観察・実験などの体験的な学習活動が疎かになることは避ける。

KEY WORD
ブレット
マートフォン
メラ機能
微鏡カメラ

顕微鏡写真の撮り方

5年「動物の誕生」「植物の発芽，成長，結実」「物の溶け方」6年「植物の養分と水の通り道」「土地のつくりと変化」「生物と環境」

教師が撮影した顕微鏡写真を提示することにより，効果的に授業を進めることができる。顕微鏡で観察したものを投影したり，あらかじめ必要な写真を顕微鏡や双眼実体顕微鏡で撮影して提示したりする。

機器の取り扱いに注意し，落としたりぶつけたりしないようにする。また，プレパラートを作成する際にカッターナイフ等を用いることがあるので，安全に留意する。

①タブレットやスマートフォンでの撮影

タブレットやスマートフォンのカメラ機能を使って撮影することができる。顕微鏡カメラは，タブレットやスマホを取り付けることでモニター付き生物顕微鏡として使用でき，タブレットやスマートフォンの画面で観察を行うことができる。付属のソフトを使うと観察物の計測も行える。

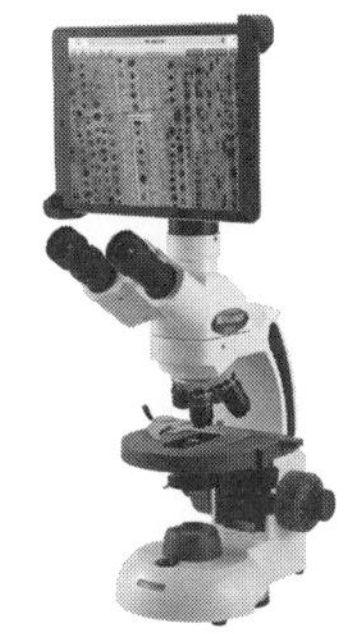

タブレットホルダー付き顕微鏡カメラ

タブレットを使うことで，児童が自分たちで撮影したものを，互いに確認することができる。

スマートフォン用のアダプターやタブレット撮影用のクリップ等も市販されている。

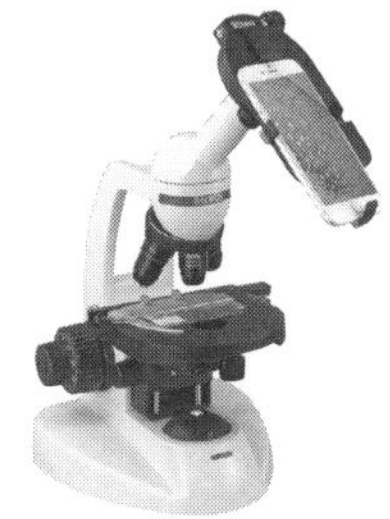

■スマートフォン用カメラアダプタ

■双眼実体・生物顕微鏡用撮影クリップ

②顕微鏡カメラでの撮影

接眼レンズに装置を取り付け，画像をパソコン等に取り込み，リアルタイムでモニターに表示する。動画を提示することもできる。

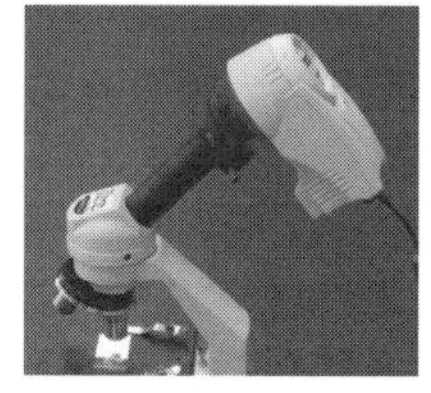

《顕微鏡写真の活用》

①メダカの卵の観察

メダカの卵の一日毎の変化を，写真に撮っておき，観察の確認や学習のまとめとして使う。動画機能で，心臓の動きや血流も撮影することができる。

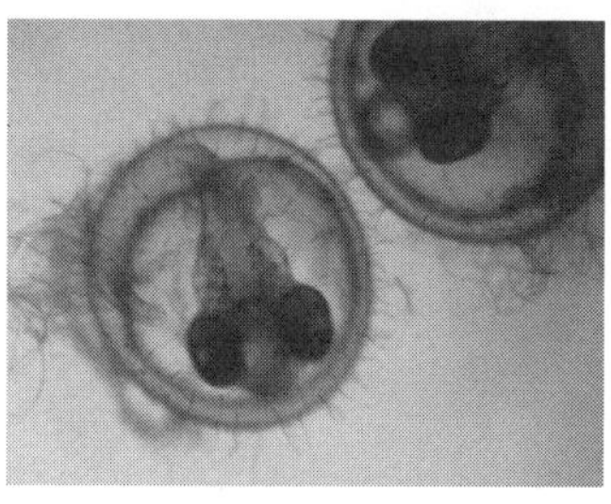

②食塩の粒の観察

双眼実体顕微鏡を使って食塩の溶けていく様子を観察する。小さなペトリ皿に食塩の粒を入れ水を加えると食塩が小さくなりやがて見えなくなる様子が観察できる。

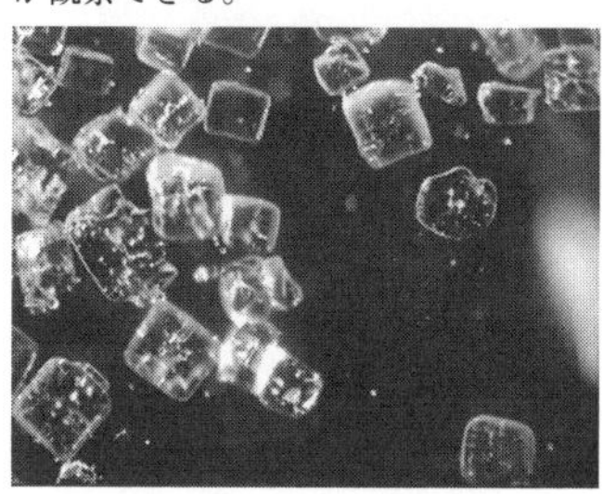

KEY WORD
広角レンズ
三脚・レリーズ
高感度設定
天体望遠鏡（→ p.294）

天体写真の撮り方

4年「月と星」6年「月と太陽」

手元にあるカメラ・ビデオカメラ・スマートフォン・タブレット等を活用して，天体写真を観察目的に応じて撮る。眼視で観察するときと同様に，撮影する場所を同じにして，機材がぶれないように，三脚などで固定すると良好な記録画像を撮ることができる。

夜間の観察になるので，安全確保を十分に行わなければならない。昼間のうちに周囲の安全な状況も確かめて場所を決め，暗くなってからの活動に備えて，機材を準備する。小物類はすぐに取り出せるようにしておくとよい。

○月の位置の変化を撮る。

①スマートフォンやタブレットで撮る。

・昼間の月の撮影

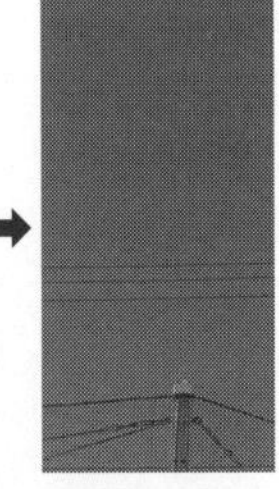

20分間の月の位置のちがいがわかるようにスマートフォンで撮影したもの。（位置変化がわかるように，画面下の鉄柱を入れて撮影）

②コンパクトデジタルカメラで撮る。

月面のクレーターや海の様子まで，写すことができる。

デジタル機器の発展により，手軽に夜間も撮影ができるようになってきている。観察の目的に合わせて，活用する機材を適宜選択するとよい。

《手順》

○月の位置の変化

①機材の感度を昼間の月は風景写真のように，夜の月は感度を上げるか，「夜景モード」などに設定する。

②機材を時間がたっても同じ位置から撮影できるように工夫する。

③位置の変化がわかるように，建物などの動かない地上物が入るようにする。

④見えた月の形が画像にすると小さくなってしまう場合には，併せて記録もとっておく。

○月の見える形の変化

①高倍率ズームレンズのコンパクトデジタルカメラを用い，三脚で固定して撮影する。

②撮影時刻なども同時に記録できるとよいが，その機能がない場合には，記録する。

＊スマートフォンやタブレットのカメラ機能を用いて，天体望遠鏡や双眼鏡を覗き込むようにしてとることもできる。その場合，天体望遠鏡では，上下や左右が反転してしまうことがあるので，注意が必要。双眼鏡は眼視と同じに見える。

○星の位置の変化を撮る。

①コンパクトデジタルカメラで撮る。

②デジタル一眼レフ（ミラーレス）カメラで撮る。

夏の大三角を撮る。明るい星が目立つようにフィルターをつけて撮影したもの

簡便なタイムラプス動画作成

デジタルカメラ自体にタイムラプス撮影用の機能が備わっているものもある。その他動画作成パソコンソフトでタイムラプス動画を作ることができる。

下記のデジタル一眼レフカメラで撮った写真は，同じ場所に三脚を固定し，10～20秒露出で連続的に撮影し２時間を超えて撮影したものである。そのため，撮影枚数は400枚を超えている。一度に動画にするとパソコンの性能によって非常に時間がかかることもある。少しずつ区切ってムービーにし，あとでつなげるという方法もある。

ビデオカメラで撮る

満月の動き.mp4

ベガ.mts

上弦少し前の月.mts

○星の位置の変化

1.マニュアルフォーカスができるコンパクトデジタルカメラの場合

《手順》

①星が動く方向を推測して，カメラを三脚に固定する。

②時間が経っても星が画面の中にあるように，なるべく広角側にする。

③「夜景モード」などに設定する。

④ピントを「∞」に合わせる。

⑤カメラぶれを防ぐためシャッターをセルフタイマーで切る。

⑥15分間隔で３枚以上撮るとよい。

2.デジタル一眼レフカメラの場合

《手順》

①星が動く方向を推測して，カメラを三脚に固定する。

②時間が経っても星が画面の中にあるように，なるべく広角レンズを用いる。

③ISO 感度を高感度にして，露出時間を20秒くらいにする。（広角レンズの場合，20秒くらいならば，星は点に写る。）

④ピントを「∞」に合わせる。（レンズの∞マークが無限遠になっていない場合もあるので，試し撮り画像で確かめる。）

⑤セルフタイマー，もしくはレリーズでシャッターを切る。

○月や明るい星の動きの記録

ビデオカメラの場合

《手順》

①三脚にビデオカメラを固定する。

②モニターで月の動く方向を確かめる。

③録画スイッチを押す。

④画面からはみ出してから録画スイッチを切る。

⑤撮影後，画像を編集し，適切な画像を切り出す。

KEY WORD
植物観察
昆虫観察
光集め
レンズ（→p.260）

虫眼鏡（ルーペ）

3年「身の回りの生物」「光と音の性質」4年「季節と生物」

虫眼鏡を使うと，小さなものを大きく見ることができる。子どもたち全員が1個ずつ用いることができるように，安価なものを数多くそろえられることに価値があるといえる。また，虫眼鏡を使って光を集めることができる。

失明するおそれがあるので，絶対に虫眼鏡で太陽を見てはいけない。虫眼鏡で集めた光を人の体や服に当てたり，虫眼鏡でむやみにものを燃やさないように注意する。火傷にも十分気をつける。

①虫眼鏡を使って観察する

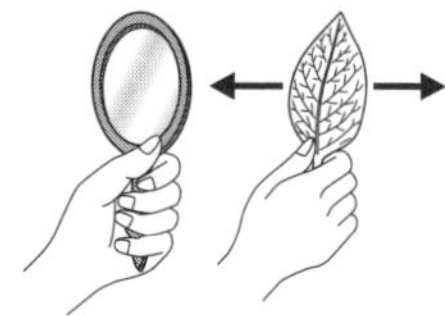

手で持てるものは，見るものを動かしながらはっきり見えるようにする。

手で持てないものは，虫眼鏡を目に近づけたまま顔を前後に動かして，はっきり見えるようにする。

②虫眼鏡を使って光を集める

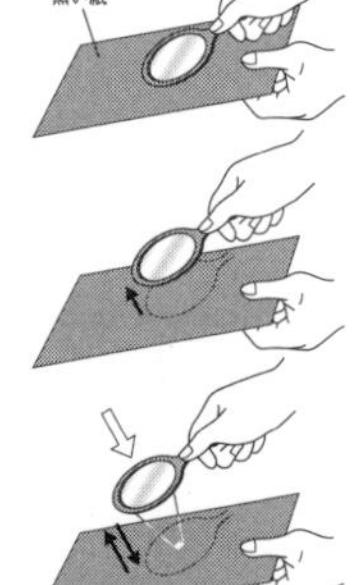

黒い紙の上に虫眼鏡をのせる。

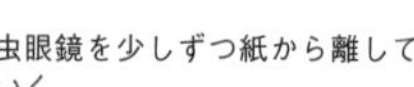

虫眼鏡を少しずつ紙から離していく。

虫眼鏡を紙から離したり近づけたりして明るいところの大きさを小さくする。

- 虫眼鏡では光が集まった部分を小さくすると，明るさや温かさが増し，黒い紙が焦げる。
- 虫眼鏡が大きいほど，明るさや温かさが増す。
- 目をレンズに近づけることで，拡大率は最大になる

③使用上の注意

- 虫眼鏡で絶対に太陽を見ないよう徹底する。
- レンズはガラスでできているので，落としたりぶつけたりすると割れることがあるので注意する。
- 虫眼鏡で太陽の光を集める活動では，あまり長い時間紙を熱し続けていると，燃えだすことがあり危険である。
- 日なたに置きっぱなしの虫眼鏡で火事になることもあるので注意する。

《虫眼鏡の購入》

植物や種子，昆虫など小さいものを観察するのに使う。虫眼鏡は，形の大小や倍率も様々であるが，子どもには，2.5～3倍程度のものが使いよい。

全員が1個ずつ使用できるように，安価なものを数多くそろえておくとよい。虫眼鏡にはいろいろな種類のものがあるが，用途にあわせて準備しておくと便利である。

《虫眼鏡の種類》

1）枠つきルーペ（プラスチック枠）
　軽くて視野が広いので，中学年の児童にも使いやすい。
2）枠つきルーペ（金属枠）
　大きくて見やすいが，携帯に不便。
3）繰り出しルーペ
　携帯に便利で高倍率のものもあるが，口径が小さくて観察しづらい。
4）台つきルーペ
　携帯には適さないが，観察しながらスケッチしたり操作したりできる。
5）シリンダールーペ
　小さいものを顕微鏡的な扱いで見られるところが利点。

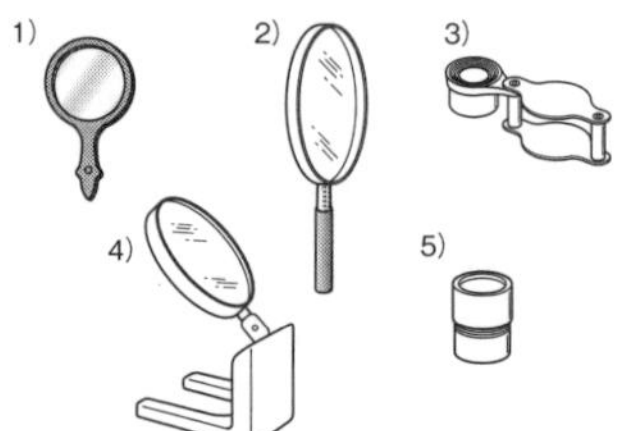

KEY WORD

レパラート（→ p.281）
ライドガラス（→ p.280）
バーガラス（→ p.280）
剖顕微鏡
眼実体顕微鏡

顕微鏡

5年「動物の誕生」「植物の発芽，成長，結実」「物の溶け方」 6年「生物と環境」「土地のつくりと変化」

顕微鏡には，透過光を利用したもの（生物顕微鏡）と反射光を利用したもの（解剖顕微鏡・双眼実体顕微鏡）がある。透過光を利用したものは倍率が高く，花粉などを観察するのに適し，反射光を使用したものは倍率が低く，生物を生きたまま観察するのに適している。また，ライト付きのものは場所を選ばず使用でき，観察しやすい。

顕微鏡の使い方については事前に十分指導し，直接日光の当たる場所では観察させないようにする。反射鏡に直接日光を当てて，目を痛めることがある。また，対物レンズでカバーガラスを割らないように注意する。

①生物顕微鏡の使い方

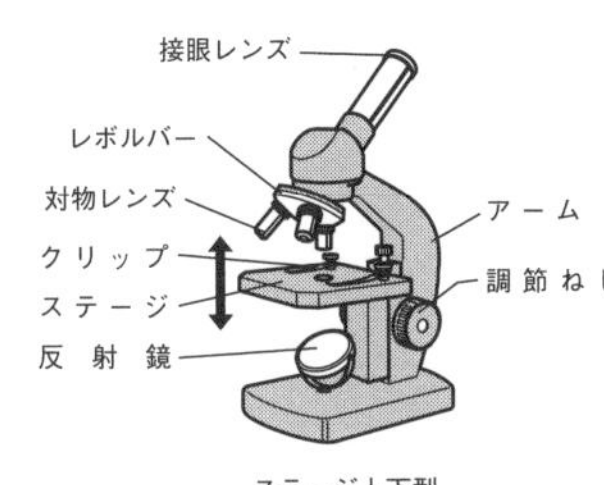

ステージ上下型

1）日光が直接当たらない明るいところに置く。
2）一番低い倍率にして接眼レンズをのぞき，明るく見えるように反射鏡を調節する。（ライト付きのものは，電源を入れる。）
3）対物レンズは，低倍率のものから使用する。
4）観察するものをステージの中央に置いて，クリップでとめる。
5）横からのぞきながら調節ねじを回して，ステージと対物レンズの間を近づける。
6）接眼レンズをのぞきながら調節ねじを回して，ステージと対物レンズの間を遠ざけていき，はっきり見えたところでとめる。
7）見たいものが小さいときには，倍率の高い対物レンズに変える。

②双眼実体顕微鏡

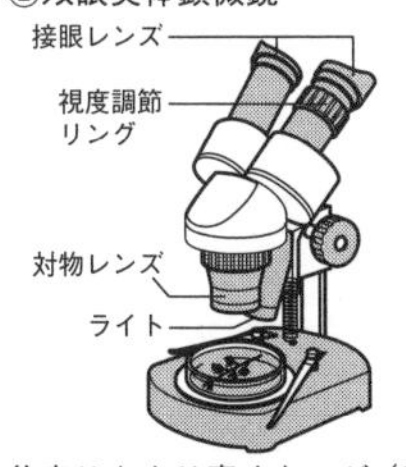

倍率はあまり高くないが（20～40倍），立体的に観察できる。

③解剖顕微鏡

生物を生きたまま観察するのに便利である。

倍率を上げるほど視野が狭くなり暗くなる。まず低い倍率で観察するものを中央にとらえ焦点を合わせてから，適切な倍率にするよう指導する。

倍率 ＝ 接眼レンズの倍率 × 対物レンズの倍率

《持ち運び》

・箱の扉が閉まっていることを確認したあと，両手で上下を持って静かに運ぶ。
・使い終わったら，レンズやステージの汚れをガーゼなどで取り除いて箱にしまう。
・顕微鏡は，アームと下部を持って運ぶ。

《双眼実体顕微鏡》

観察したいものをペトリ皿等に入れたまま使用することができる。ライト付きのものは，透過光・反射光を切り換えることで見え方が変わる。

KEY WORD
プレパラート（→ p.281）
ホールスライドガラス（→ p.140）
微生物
顕微鏡（→ p.279）

スライドガラス　カバーガラス

5年「動物の誕生」「植物の発芽，成長，結実」「物の溶け方」6年「生物と環境」「土地のつくりと変化」

スライドガラスとカバーガラスで試料をはさみ封じてプレパラートをつくる。0.1㎜方眼のスケールがついたカバーガラスを使うと，試料の大きさを測ることもできる。

スライドガラス，カバーガラスはおもに素手で扱うものなので，ひび割れしていないか，ガラスが欠けて破損していないかを事前確認したうえで，子どもに扱わせる。

①スライドガラス，カバーガラス

スライドガラス，カバーガラスは割れやすい（特にカバーガラスは割れやすい）ので，十分な数の予備を用意しておくとよい。0.1㎜の方眼スケールのついたスライドガラスを用いれば，試料の大きさを測り取ることができる。

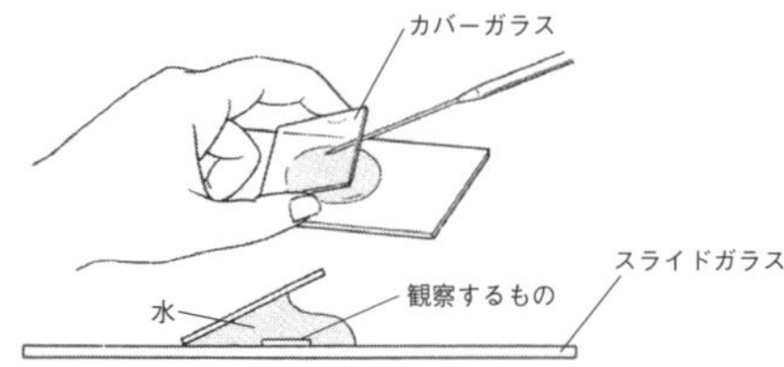
カバーガラス
スライドガラス
水
観察するもの

カバーガラスにはプラスチック製のものもある。割れることがなく大きいので使いやすい。しかし，傷がつきやすいので注意する。

②ホールスライドガラス

原生動物（プランクトン，ゾウリムシ，ミジンコ等）の個体には厚みがあるので，プレパラートを作る場合，カバーガラスの重さに耐えられずつぶれてしまう場合がある。また，動き回る試料では，カバーガラスの縁より個体が逃げてしまう場合もある。そのような場合には，ホールスライドガラスを用いるとよい。

③ホールスライドガラスの代用

ホールスライドガラスがない場合は，スライドガラス表面にワセリンをリング上に塗り，その上に試料をのせたり，紙資料の綴じ穴補修用パッチシールをスライドガラスに貼ったり，少量の脱脂綿とともに封じたりすれば，試料の動きを封じることができる。

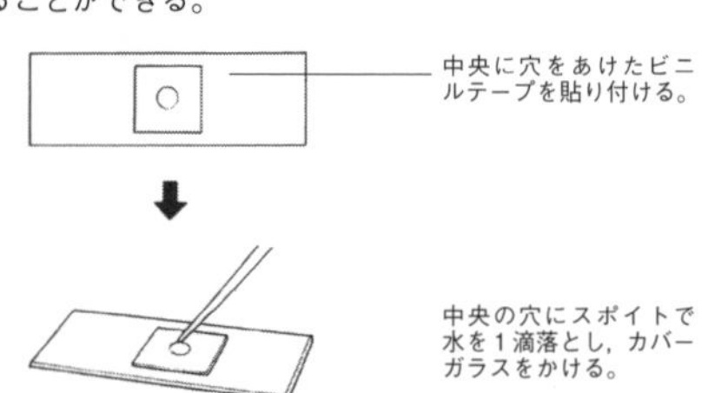
中央に穴をあけたビニルテープを貼り付ける。
中央の穴にスポイトで水を1滴落とし，カバーガラスをかける。

スライドガラスやカバーガラスを持つときは，ガラス表面に指の汚れがつかないように，親指と人差し指でガラスの縁を押さえ込むようにして持つとよい。

《スライドガラス》

フロストスライドガラスという，ガラス端部分がカラーコーティングしてあって，子どもの氏名などが簡単に書き込めるものもある。

スライドガラスは76×26㎜規格のものが多く使われる。カバーガラスは18×18㎜，22×22㎜規格があり，用途によって使い分ける。

《洗浄》

スライドガラスは，汚れを洗い流した後，やわらかい布等で水気をふきとっておく。カバーガラスを洗う場合は，割れやすいので注意する。

《ホールスライドガラス》

ホールスライドガラスには，１穴，２穴用のものがある。児童用には１穴用で十分である。

《破損ガラスの処理》

破損したガラスの破片を素手で扱うと危険である。小形のほうきや使い古しの絵筆，はけなどを用意して，切り傷に注意して収集する。

KEY WORD
ライドガラス（→p.280）
バーガラス（→p.280）
ールスライドガラス（→p.140,
0）
ニル系接着剤

プレパラート

5年「動物の誕生」「植物の発芽，成長，結実」「物の溶け方」6年「生物と環境」「土地のつくりと変化」

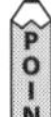

顕微鏡観察のために，一般の生物試料を封じたり，厚みのある試料を封じたりしてプレパラートを作る。プレパラートは，試料をスライドガラスとカバーガラスではさんで作る。簡単なレプリカ（複製）法によってプレパラートを作ることもできる。

スライドガラス，カバーガラスは素手で扱うものなので，ひび割れしていないかをよく確認して扱うようにすることが重要である。ガラス破片による切り傷に注意する。

①プレパラートの作り方

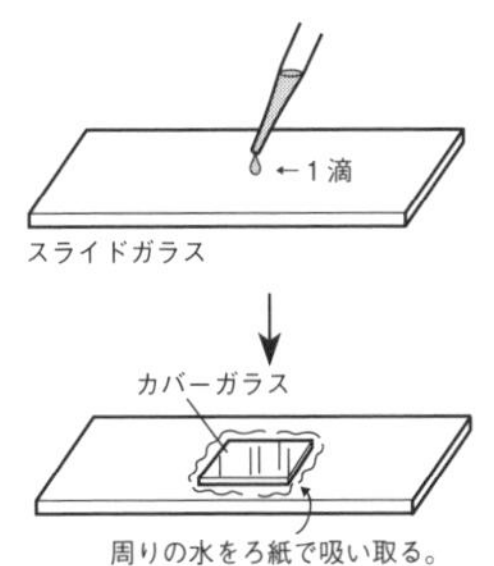
←1滴
スライドガラス
カバーガラス
周りの水をろ紙で吸い取る。

スライドガラスの中央に水を1滴落とし，そこに試料をのせる。水の量が多すぎると，カバーガラスが浮いた状態になり，材料が動いてしまったり，スライドガラスからこぼれ出た水がステージを汚したりする。

ピンセットか柄つき針を使ってカバーガラスを静かにかけると，気泡のないプレパラートができる。

②厚みのある試料の場合

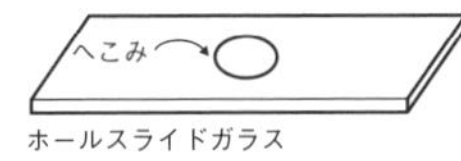
へこみ
ホールスライドガラス

アメーバ，ゾウリムシ，プランクトン，ミジンコなどを観察する場合は，ホールスライドガラスが便利である。

③レプリカ（複製）法

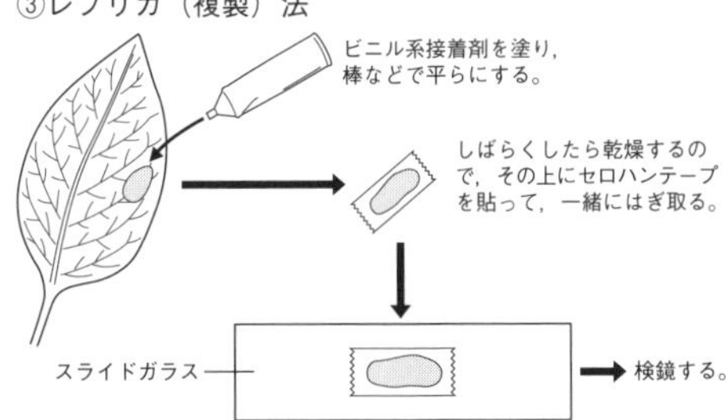
ビニル系接着剤を塗り，
棒などで平らにする。
しばらくしたら乾燥するので，その上にセロハンテープを貼って，一緒にはぎ取る。
スライドガラス
検鏡する。

④紙製プレパラート

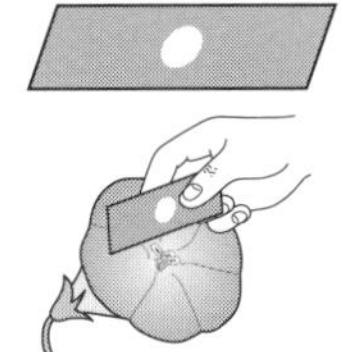

工作用紙等を2㎝×5㎝程度の大きさに切り中央にパンチで穴をあける。裏側からセロハンテープをはり，粘着面が上に出るようにしておく。
花粉の観察の場合は，粘着面におしべをおしつけるようにする。

《プレパラートの作り方》

顕微鏡観察をする場合，試料を固定したものをプレパラートと呼ぶ。

カバーガラスを置くときに気泡が入り，この気泡を試料と間違えて検鏡してしまうことがあるので注意する。

《厚みのある試料の場合》

プランクトンなどカバーガラスの重さに耐えられないものや動き回る試料を封じる場合は，ホールスライドガラスを用いたり，脱脂綿の繊維を試料と一緒に封じたりするとよい。また，ワセリンでスライドガラス状にリングをつくったり，紙資料の綴じ穴補修用のパッチシールをスライドガラス上に貼ったりして，試料がカバーガラスから出ないように工夫をする。

《レプリカ（複製）法》

葉などの気孔をセロハンテープや接着剤を使って写し取り，そのままスライドガラスに貼り付ける。

《紙製プレパラート》

工作用紙ではなく，うすいプラスチックの板（穴のあけられるやわらかいもの）を使うと，セロハンテープをはりかえ，くりかえし使用することができる。火山灰や砂の観察にも使用できる。

KEY WORD
体のしくみ
人体
呼吸

聴診器　心音計

6年「人の体のつくりと働き」

血液が心臓の働きで巡っていることを，直接見ることはできない。そこで，心臓の拍動数と脈拍数をそれぞれ調べて，その関係から心臓が血液を全身に送り出していることを推論する。

計測器具であり，衝撃や転倒，落下などにより破損しやすい。また，これらの機器の使用は，自分の体を使って調べるようにする。また，運動や動揺によって値が変わってしまうものであるので，落ち着いた状態で行う。

①聴診器

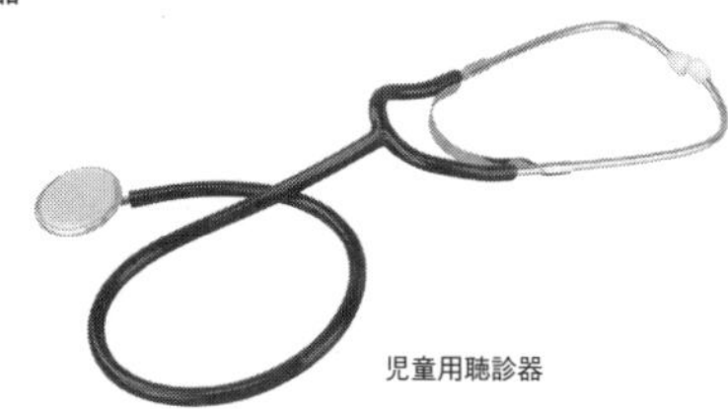
児童用聴診器

管の接続を確認し，音もれのないようにして体にゆっくり当てて体内の音を聞く。拍動数は，30秒間の数をカウントし，1分間当たりの数にする。

・心臓の鼓動　　・肺や気管支の呼吸音
・胃の中の音

②心音計（心音マイク）

指に計測センサー部分をしっかり差し込む。計測ボタンを押して，値を読み取る。

③その他の機器

パルス・オキシメーターは，医療用で血中酸素濃度と脈拍数を測ることができる。

血圧計は家庭用もあり血圧と脈拍数を測ることができる。

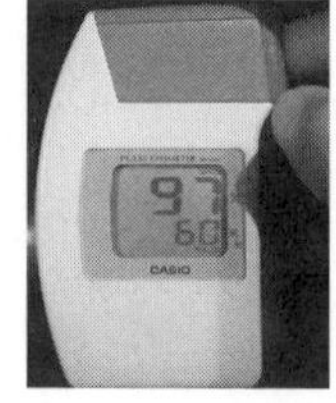

人体の中は直接見ることができないが，図書資料や映像資料だけでなく，諸感覚を生かして様々な働きを感じ取ることはできる。

肺や心臓の働きを，聴覚を通して感じ，拍動数を数えることができる。手首や頸動脈などで脈拍を測定するほかに，心拍計を用いて数値化することができる。拍動数と脈拍数を関係づけて，心臓の働きで全身に血液が送られていることを推論するようにする。

《保管・管理》

計測機器であることを意識して，丁寧に扱う。落としたりぶつけたりして衝撃を与えることのないようにする。

《聴診器の使い方》

管がしっかりつながっていることを確認して，両耳にさして音もれがないようにする。ゆっくり体に当ててこすらないようにし，体内の音を聞く。また，大きな音を聞くと耳を痛めることがあるので注意する。

《心拍数の測り方》

落ち着いた状態で，指先にしっかりとセンサーをはめ込み，計測ボタンを押す。数秒で表示される値を読み取る。

《指導上の注意》

自分の体を自分で調べるようにさせる。また，測定値には個人差があることを，あらかじめ伝えておく。

KEY WORD
本
ヒ
収
及器
環器

人体模型（内臓・胎児）

5年「人の誕生」6年「人の体のつくりと働き」

模型であるため，写真などと違って複雑すぎたり刺激が強すぎたりしないこと，臓器などの各部位を取りはずすことができ，立体的に観察できることなどが大きな利点である。

丁寧に扱い，破損することのないようにする。また，部品を紛失しないように注意する。

①人体解剖模型（トルソー型）

人体解剖模型は内臓などの臓器を取り出すことができる。取り外して詳し観察したり，位置を確かめながら組み立てたりして理解を深めることができる。

また，小学生でも抵抗なく学習に取り組むことができる布製のものもある。

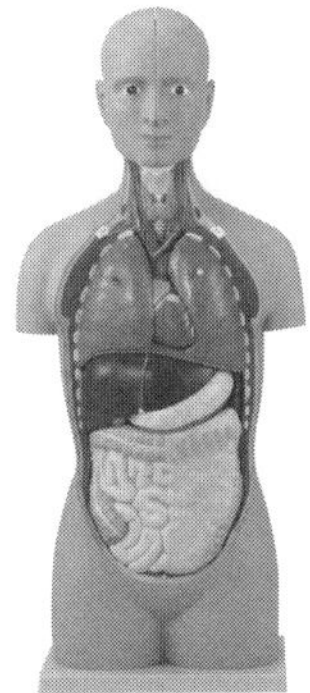

実物大模型

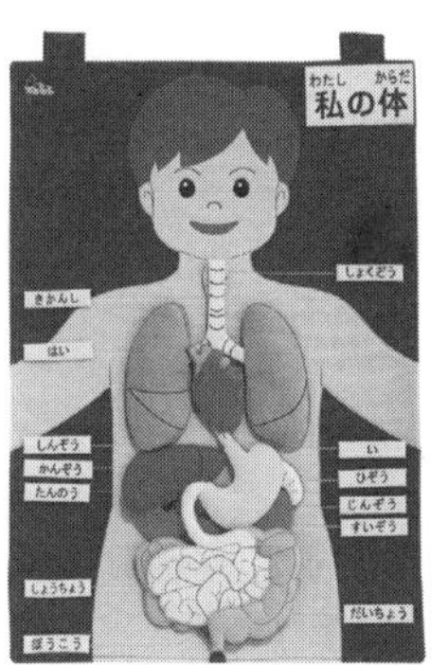

布製模型
株式会社コンセル
布製からだの仕組み２

②胎児模型

母体内での胎児の成長については，映像資料などで学習することが中心となるが，実際の大きさや重さを感じられる模型があると，より理解を深めることができる。

成長の段階別に子宮と胎児の様子を観察できる模型がある。胎児が取り外せるものもある。調べ学習の資料の一つとして活用することができる。

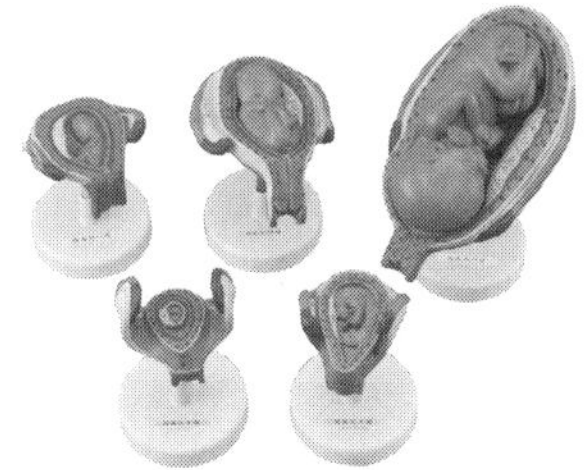

妊娠モデル，スタンダード・シリーズ

《人体解剖模型》

1／1スケールのものは実際の大きさや位置が分かるが高価である。

小型のものは分解できる部分も限られているが，購入しやすく，グループでの使用が可能となる。間近で，自分で操作しながら観察できることが望ましい。

《胎児模型・赤ちゃん人形》

胎児模型は布製で柔らかい手触りのものもある。袋状の子宮，胎盤とへその緒，胎児が簡単に取り外せるようになっている。また，約50cm，３kgの赤ちゃん人形は，実際に抱かせて新生児の大きさ重さを実感させるのに適している。

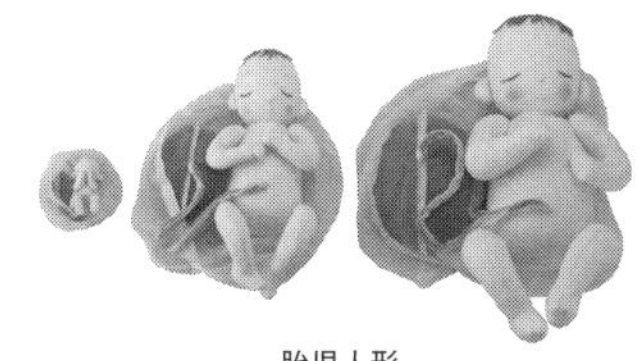

胎児人形
人の発生と発育模型

赤ちゃん人形
赤ちゃん模型

KEY WORD
人体
骨格
筋肉
運動

人体模型（骨格・筋肉）

4年「人の体のつくりと運動」

体全体に骨があることを確認しどこにどのような骨があるかを調べる。また関節模型は筋肉が骨を動かす仕組みを調べる。

無理に動かして壊さないようにする。

①全身模型

全身の骨格の位置が分かる模型。模型を見ながら自分の体を触って，実際にその骨が存在していることを実感し，骨の位置関係をつかむ。

大型（等身大）のものは実際の大きさがわかるが，小型のものは机上に置き，グループで観察することができるので使いやすい。

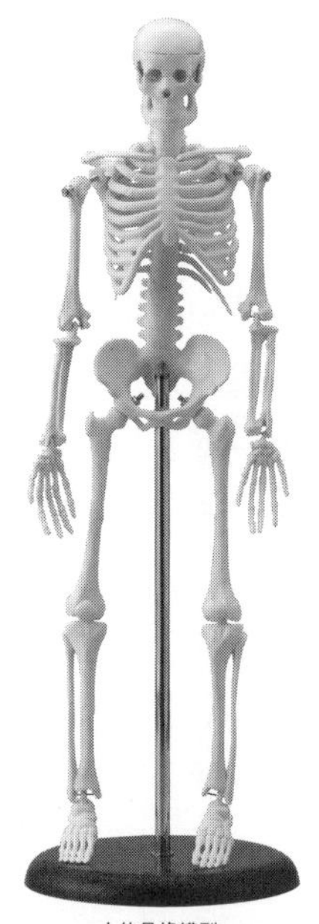
人体骨格模型

②骨と筋肉の連動

骨をつかんで動かしてみて，そのときの筋肉の動きの様子を観察する。また，自分の体で同じような変化が起きているかを調べる。

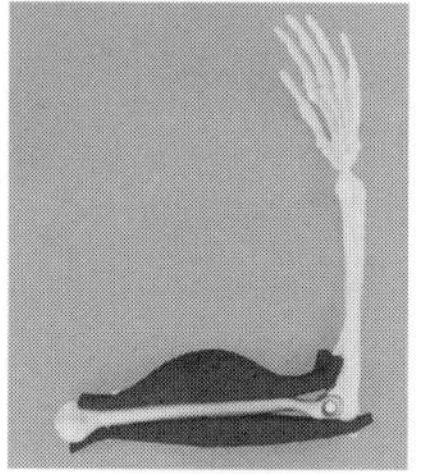
腕の筋肉構造模型

自分の体を中心に，骨や筋肉の位置をつかんだり，骨と筋肉が連動して動くことを確かめたりする。骨や筋肉は直接見ることができないので，写真や映像資料が重要であるが，立体的に位置関係を見ることができる点で，模型は優れている。自分の体を実際に触って，対比させながらその位置を確認したり，体の動く仕組みを実感したりさせる。

《保管・管理》

落としたりぶつけたりして衝撃を与えて，壊すことのないようにする。また，細かなパーツがばらばらになったりしないように，ケースに収めたり直射日光の当たらない準備室の適当な場所に保管したりする。部位の名称などのラベルは外れやすいので，はがれたらすぐに貼り直すようにする。

また腕の関節など，筋肉がゴムでできていて連動を見ることができるものは，ゴムの張力が強いので保管の角度に気をつけ，ゴムが伸びきらないようにする。

KEY WORD
の対流
気の対流

ものの温まり方実験装置

4年「金属，水，空気と温度」

物が温まる様子は，そのままでは観察することができない。温度変化や温まり方を調べるためにサーモインクや温度計，煙等を使用し，視覚的に捉えることができるようにする。

加熱器具，ガラス器具を使用する際は，安全に実験が行えるよう，事前に十分に指導を行っておく。

①金属の温まり方

金属棒や金属板にペースト状のサーモインクを塗り，ガスコンロで熱して色の変化を観察する。変化が速いので，炎をあまり近づけすぎないようにする。

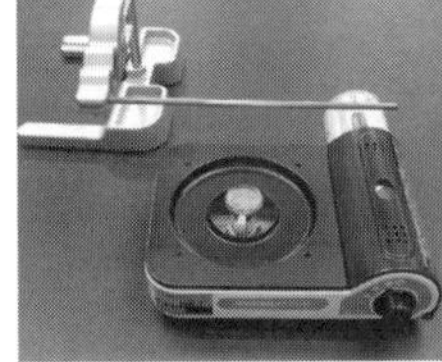

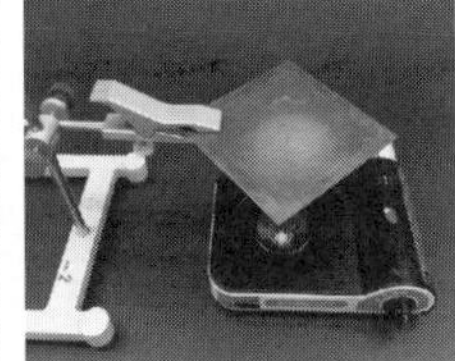

②水の温まり方

試験管やビーカーにサーモインクを溶かした水を入れ，ガスコンロで熱し，色の変化を観察する。試験管は斜めにして熱し上から色が変わる様子，ビーカーは端を熱しピンク色になった水が上へ動く様子を観察する。

③空気の温まり方

ガラス水槽等に白熱球を入れて空気を熱する。温度変化は上部と下部（中間部も）に温度計を取り付けて測定する。デジタル温度計を使うと測定しやすい。

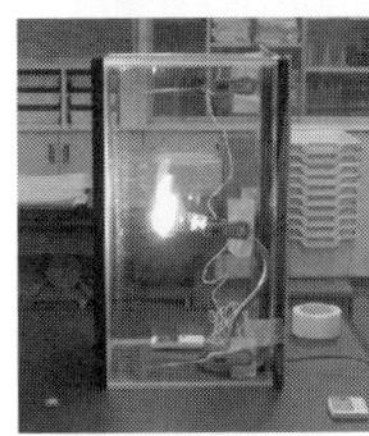

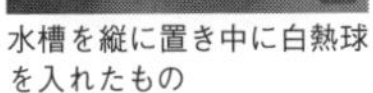

水槽を縦に置き中に白熱球を入れたもの

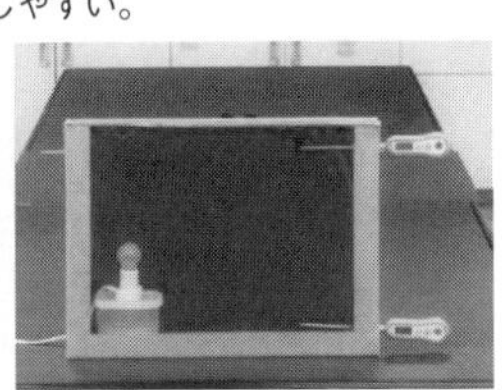

ダンボール箱（奥行6.5㎝）の前面に透明シートを貼り付けたもの

《サーモインク》

40度程度で青からピンクに色が変わる。ペースト状のものを金属板に塗る場合は，指にとり薄く塗るとはがれにくくなる。金属板に塗った場合は，熱しすぎないようにする。

水に溶かしてしばらくおくと，成分が沈殿し上部がピンクになるが，撹拌して使用すれば問題ない。

《示温シール》

温度が上がると紫→赤→白と色が変わる。これを銅板に貼り付けて使用してもよい。

《空気の動きの観察》

金属や水は，サーモインクの色の変化で温まり方を観察できるが，空気は煙を使って動きを観察する。

ビーカー等，容量の小さなのものは線香の煙をためて観察するが，箱のように大きなものには，スモークマシン（煙発生装置）を使うとよい。奥行の狭い箱を使うと観察しやすい。

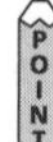

KEY WORD
砂場（→p.124）
ふるい（→p.327）
プランター（→p.171）
発泡スチロール
ジョウロ
ホース

流水実験装置

5年「流れる水の働きと土地の変化」

POINT　長い年月をかけて，流れる水の働きによって土地が変化していく自然のしくみを，短時間で間近で観察することができる。何を確かめたいのか学習のねらいを明確にして視点を定め，実験を行っていく。

屋外の砂場や花壇で実験を行うときは，シャベル等の扱いに注意する。室内で実験を行うときは，砂をこぼしたり実験装置を倒したりしないよう指導する。

（1）流水実験

以下のような実験を行うことが考えられる。

①砂や土の緩やかな斜面に水を流し，流れる水には侵食・運搬・堆積の３つの働きがあることを観察する。

②水の量を変えて，大雨などで水の量が増えると流れる水の働きは大きくなることを観察する。

③曲がった溝を作って水を流し，川の曲がった部分の外側と内側の流れる水の働きの違いを観察する。

④曲がった溝の外側の壁を丈夫にして「護岸工事」を施してから水を流し，洪水を防ぐために，どのようなことをすればよいのか実験する。

（2）大型流水実験装置

大型の装置に土や砂を入れて水を流し実験する。天候に左右されず，室内で実験することもできる。装置が大きいので流水による変化が分かりやすい。

（3）花壇や砂場での実験

使っていない花壇や砂場でも流水実験を行うことができる。緩やかな斜面を作り，ホースやジョウロを使って水を流す。土の斜面はある程度固めておいた方がよい。砂の斜面の場合は砂が乾きすぎていると水がしみ込んでしまい流れができにくくなる。事前に水を流し，状態を確かめておくとよい。

《砂・土の種類》

屋外で使用する場合，土の方が崩れにくく，流水による作用が分かりやすい。しかし，一度水を流すとどろどろになってしまうことがある。水の流しすぎに注意しなければならない。

室内で実験装置を使って実験する場合は砂が使いやすい。汚れにくく，繰り返し実験するのに適している。

しかし，砂場等の砂をそのまま使うと，粒の大きさにばらつきがあり，実験結果が分かりにくい場合がある。できれば，専用に砂を購入し，実験後はしっかり乾燥させて，汚れないように保管しておくとよい。

《大型実験装置活用の例》

大型実験装置に砂を入れず，厚紙等で溝をつくる。緩やかな傾きをつけ，上方からビー玉を流すようにすると，水がカーブの外側を通ることが観察できる。

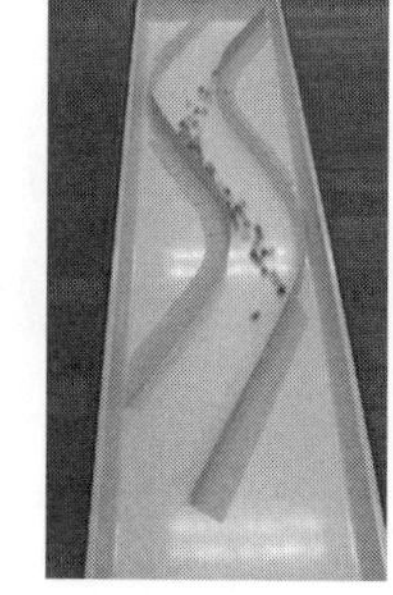

(4) グループ用流水実験装置

プランタートレイ（プランター用の受け皿）や大型バットなどを使って室内で実験する。装置は小型になるが，グループ毎に自分たちで操作し，間近で繰り返し観察することができる。

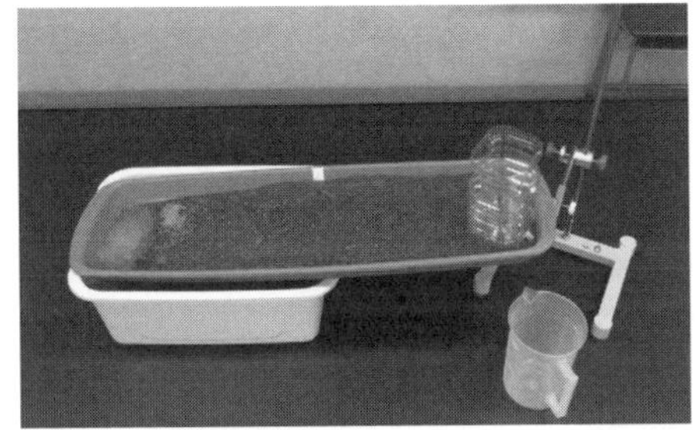

〔実験の例〕

①砂の斜面に溝を作らず，そのまま水を流す。砂が削られ流され，溝ができる。また，下の方に砂がたまることで，侵食・運搬・堆積の働きが観察できる。

②まっすぐな溝を作り（幅指１本分），量を変えて水を流す。量が多いときの方が，流れる水の速さが速く，溝の幅が広くなり，堆積する砂も多くなることが観察できる。

③曲がった溝を作り，水を流す。外側は多く削られ，内側では砂の動きが止まり堆積する様子が観察できる。この実験では水の幅は太くしておくとよい。（幅指２本分）

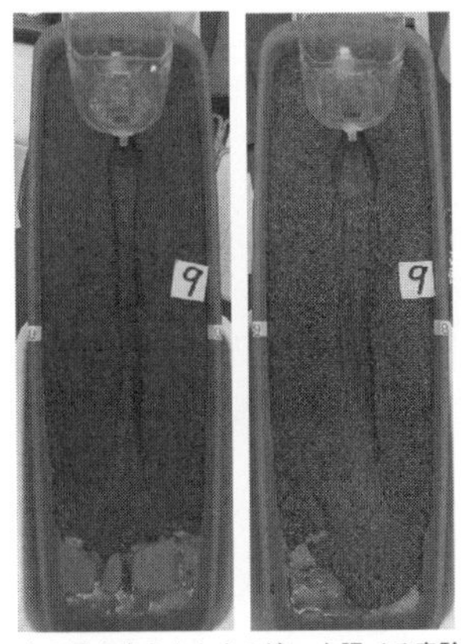

水の量を変えたときの違いを調べる実験の例
左　少ないとき　右　多いとき

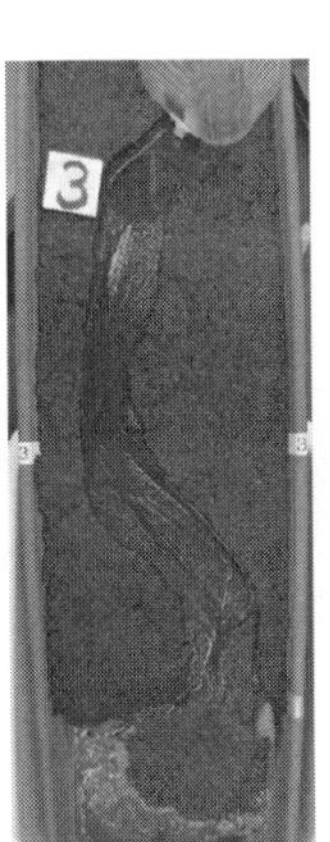

曲がった部分の外側と内側の違いを調べる実験の例

《グループ用流水実験装置》

①砂

砂は目の細かく粒のそろったものを使用する。細目砂や家庭用砂場の砂が適している。トレイの下の方は堆積が観察できるようにあけておく。

実験前に砂は十分に湿らせておく。

②トレイ

斜面の傾斜は緩やかにする。（4°程度）プランタートレイの下の方には，水が流れ落ちるように穴をあけておく。トレイを水受け容器の上に置き，スタンドで支える。

③水

水は直接注がず，下部に小さな穴をあけたペットボトルの中に入れる。穴の数によって，水の量を調節することができる。（例　少量：穴１つで500mL，多量：穴２つで100mL）

穴は熱した目打ち等であけるとよい。

④続けて実験する際の注意

実験後は，砂が水を多く含み，溝を作っても崩れやすくなっている。そこで，授業で続けて実験する際には，セルロース製の吸水シート等を使って水を吸い取るようにしてから，溝を作り直すとよい。

⑤砂のかわりにけい砂の利用

砂やどろを使うとくり返しの実験がしにくい。けい砂を使うと他に比べてくり返しの活用がしやすい。けい砂は５号程度がよい。

KEY WORD
ルーペ（→ p.278）
顕微鏡（→ p.279）
椀がけ法
蒸発皿（→ p.323）

岩石標本

5年「流れる水の働きと土地の変化」 6年「土地のつくりと変化」

流水や火山の働きによる地層の形成や土地の変化について実感することは難しいが，岩石標本や火山灰を観察し，実際に手で触れることで，関心を高め，理解を深めることができる。

観察中に標本を落としたりぶつけたりしないように，落ち着いて観察するようにさせる。また，鋭利な角のある標本も多いので，けがをしないように注意が必要である。

①堆積岩の観察

地層を構成する礫，砂，泥についての学習の際に，礫岩，砂岩，泥岩の標本を観察する。実際に手に持ち，礫，砂，泥の粒の大きさを感じることで岩石の種類を考えさせる。

②溶岩の観察

火山活動による地層のでき方・土地の変化についての学習の際に，火山噴出物の観察をする。溶岩，軽石，スコリア等を観察し，火山ガスが抜け出たときにできた穴があいている様子を観察する。

③火山灰の観察

風化していない新しい火山灰は，そのまま観察することができる。双眼実体顕微鏡での観察が適している。

また，赤玉土，鹿沼土，赤土などを椀がけ法で洗い出し，鉱物を取り出して観察することもできる。

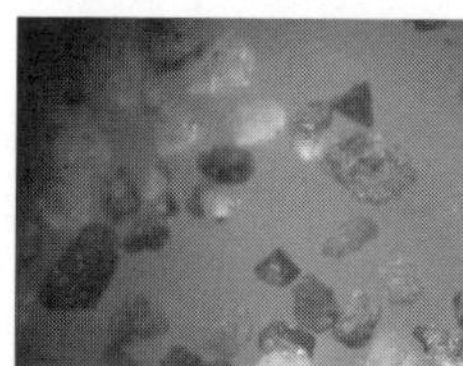

火山灰の観察

椀がけ法によって取り出したもの

④川の上流の石と下流の石

流れる水の働きによる上流と下流の石の変化については，映像資料や写真を使って学習することが多いが，できれば実物を観察させたい。大きめの角がある上流の石や，砂や，丸みのある小さな下流の石を用意する。実際に触れることで，石の変化を実感させたい。

《岩石標本》

岩石標本は「堆積岩」「火成岩」などがセットになったものがあるが，グループ分を揃えるのは大変である。「実験用（実習用）岩石」として，小型の同じ種類の岩石が１２個ほどまとめて購入できるものもある。安価で必要なものだけが入手できる。砂岩などは繰り返し観察することで次第に摩耗していくが，買い足すこともできる。

《椀がけ法》

赤玉土や鹿沼土は，あらかじめ乳鉢などで砕いておくと作業がしやすくなる。洗い出した鉱物はスライドガラスにのせ，双眼実体顕微鏡で観察する。透過光では透明なものが識別できる。反射光では形状や色が分かる。

また，顕微鏡をのぞきながら，ぬらした爪楊枝の先を使って鉱物を取り出し，プレパラートを作成することもできる。工作用紙などの厚紙に穴をあけ，セロハンテープを裏から張り付けたものを使って，自分のコレクションを作らせるのもよい。

蒸発皿に入れて
指ですりつぶす。
何回も水洗いをし，
底に残った物を取
り出して顕微鏡で
観察する。

KEY WORD
ーペ（→p.278）
準化石
相化石

化石標本

6年「土地のつくりと変化」

化石標本は，地球の歴史を知るうえで重要な手がかりになるものであり，地層ができた年代を特定できる。自然のすばらしさや偉大さに気づかせることができる教材である。

標本によっては大変貴重なものもあり，ぬらしたり，たたいたりして破損しないように，取り扱いには十分な注意が必要である。

①管理

・化石には，動物化石と植物化石があり，分類して管理すると活用が便利である。

②活用

流水によって地層が形成される際に，地層の中に閉じ込められた生物の痕跡として化石の観察をする。授業で用いるものは，児童が見て分かりやすく関心をもてるものがよい。

化石は貴重なものなので，本来はできるだけ手で触れないようにするが，小型アンモナイト類，サメの歯など安価なものをそろえ，グループ毎に用意し，手に持って観察させるようにする。

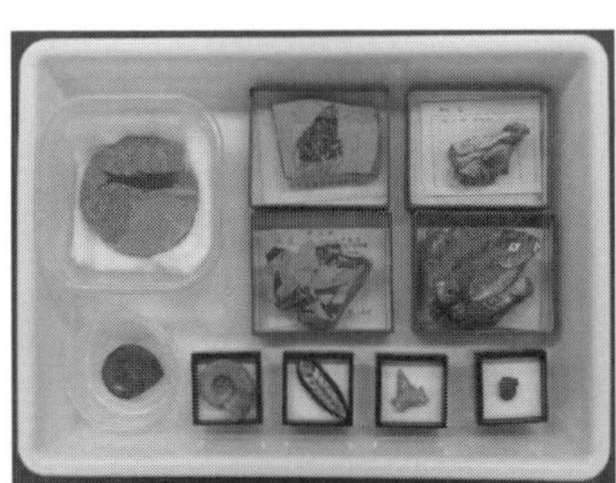

授業での活用例

③示準化石と示相化石の例

〔示準化石標本〕

三葉虫　フズリナ　恐竜骨　アンモナイト　サメの歯

〔示相化石標本〉〕

シジミ　カキ　シラトリガイ　サンゴ　ミオジブシナ

《管理》

湿気や温度変化，紫外線等に弱いので，展示する場合は直射日光の当たらない場所を選ぶ。

小さな箱やケースに入れ，何の化石であるか表示をつけておく。「貝類の化石」「木の葉の化石」など児童の分かりやすい表示がよい。

《活用のポイント》

身近に化石標本がない場合は，レプリカや映像などを活用して，できるだけ実体に近い状態で理解させることが大切である。

《示準化石》

示準化石とは，それらの化石を含む地層の地質年代を特定する化石である。生存期間が短く，広い地域に分布し，発見される個体数が多いものが選ばれる。三葉虫やフズリナ（古生代），アンモナイト（中生代）などがその例である。

《示相化石》

示相化石とは，それらの化石を含む地層により，特定の自然環境（気候，水深，気温など）を推定することができる化石である。サンゴ（暖かく澄んだ浅い海）やシジミ（河口付近）などが代表的である。

KEY WORD
軍手
たがね
安全めがね（→ p.298）
露頭（→ p.145，146，210）

岩石ハンマー

6年「土地のつくりと変化」

岩石ハンマーは，地質調査や観察の必需品であり，露頭の岩石を取り出したり，その岩石をたたいて割って，新鮮な断面を観察できるようにするものである。

使い方によっては大変危険な用具である。事前に，使い方や持ち歩き，保管の仕方などについて，十分な指導や注意が必要である。

①活用

岩石ハンマーは，露頭の岩盤をより詳しく調べたいときや，岩石のサンプルを採取するときに使う。また，岩石の新しい断面を観察するために，岩石を割るときに使う。

露頭でたたくなら，割れそうなところやひびが入っているところをたたくと割れやすい。

②ハンマーの種類

ハンマーには，採鉱用ハンマー，化石用ハンマー，岩石用ハンマーなどがあり，それぞれの目的に合ったハンマーを使う必要がある。これらのハンマーは，事故防止のために，木工用や金工用のハンマーよりも軟らかい素材からできている。

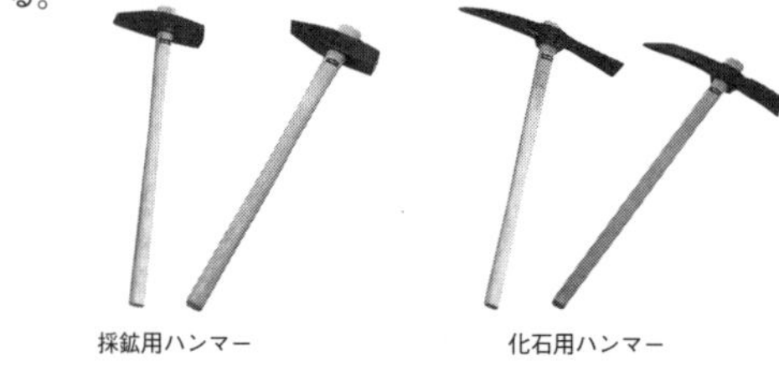

採鉱用ハンマー　　化石用ハンマー

たがね

左：化石・岩石用ハンマー
右：鉱物・岩石用ハンマー

ハンマー用皮ケース

- 一人一人に準備できれば望ましいが，無理する必要はなく，各グループに1本ぐらいで十分である。
- 小学校段階では，岩石ハンマーを使わなければならない場面はあまり多くはない。

《保管管理》

鉄でできているため，湿気の多い場所ではさびつくことがある。

鉄の部分と柄の部分の接合がしっかりしていないと，たたいたときに鉄の部分が飛んだりするので，事前に点検しておく。

《留意事項》

たたくときには，割れた岩石が飛ぶ方向に，人がいないことを確かめる。岩石に当たった瞬間に手を止めるようにたたくと，うまく割ることができる。

新しい岩石ハンマーは，事前に比較的軟らかい岩石やコンクリートをたたいて「ならし」をしておかないと，角が欠けるときがあり，大変危険である。

また，ハンマーでハンマーをたたくと，ハンマーが欠けることがあるので，注意しなければならない。

《安全めがね》

安全めがねの活用によって，防塵等の事故防止をすることも大切である。

安全めがね

KEY WORD
明なパイプ
形図
質図
状モデル

ボーリング試料

6年「土地のつくりと変化」

地下鉄工事や学校建築の際に採取されるボーリング試料は，地上からでも地下の様子がある程度わかり，地層の広がりや重なり方，土質の特徴を理解させることができる。

ボーリンク試料のなかには，もろいものや崩れやすいものがある。また，硬いものでも衝撃に弱くなっているので，取り扱いには十分な注意が必要である。

①管理

管理棚や管理箱に入れておくだけでなく，廊下や理科室のコーナーに展示し，普段でも観察できるようにしておくと，興味・関心を高めることができる。資料と一緒に地形図や地質図を掲示しておけば，さらに好奇心を喚起できる。

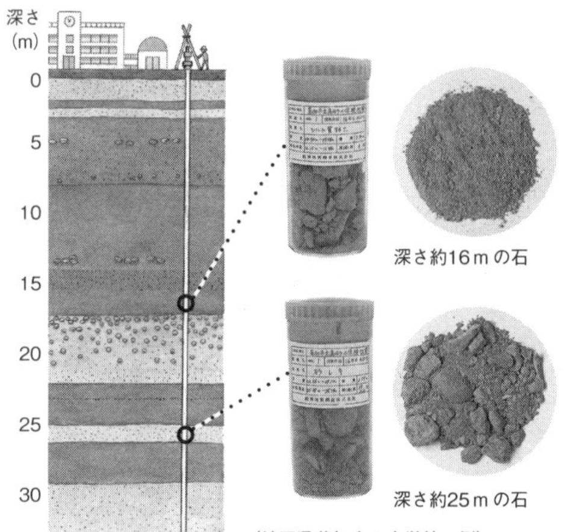

（埼玉県草加市の小学校の例）

②活用

試料を透明なパイプに重ねて入れた柱状モデルを提示し，地下の様子や地層の様子を想像させ，地層の広がりを理解させることも大切である。

各試料の構成物の形や粒の大小，粘性などの状態にも注目させ，地層の違いやつくりを理解させる。

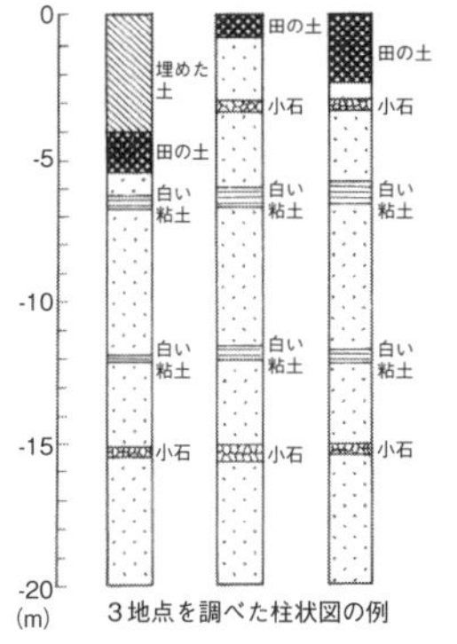

3地点を調べた柱状図の例

《取り扱い》

採取されたばかりの試料は，水分を含んでいるため，もろくなっているので注意が必要である。

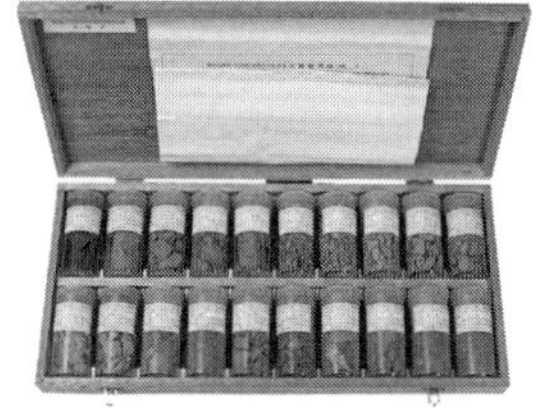

ラベルには，掘った場所と深さが書いてある。

《活用のポイント》

2地点のボーリング試料があれば，地層の広がりを理解させるのに好都合である。ノートに2地点の試料から柱状モデルを書かせ，2地点間のつながりを想像させることで，地層の広がりに気づかせることができる。

採取したときの地層の様子を記録したものなどを参考にしながら，地下の様子を理解させる。

国土地盤情報センターの検索サイトKuniJiban等，Web上でボーリング試料の情報を公開しているサイトがある。それらを活用すると，さらに広い範囲の土地について考えることができる。

KEY WORD
遮光板
太陽位置測定器
南中高度
南中時間

太陽の位置の観察

3年「太陽と地面の様子」

1日のうちでの短時間と長時間にわたる太陽の位置変化を記録する。
高さのあるものの影と日なたの境界線をなぞったり，建物から出てきたり隠れたりしていく太陽像を観察したりして，太陽は絶えず位置が変わっていることをつかむ。午前・正午・午後の太陽の位置を記録する。

太陽を直接見てはいけない。太陽の観察では遮光板を正しく使い，目を傷めることのないように指導し，遮光板の色を太陽の色と思ってしまう子もいるので，注意を促す。遮光板を使っていても，目を傷めないように観察は短時間で済ませる。

①影の位置の変化

②太陽の短時間での位置の変化（影をまたいで立つ）

③1日のうちの影の記録と太陽の位置の変化

○グループで活動する場合

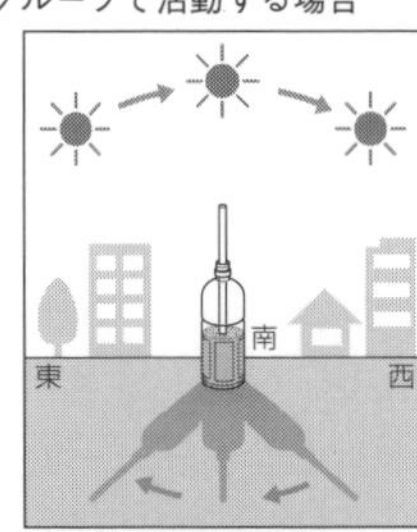

○個別で活動する場合

ペットボトルキャップに粘土を詰め，5cmのストローを差し込んだものを置く。

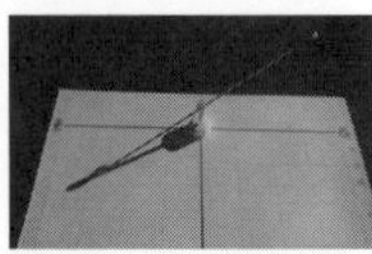

観察後，ストローに竹ひごを通し，かげの先端と結ぶと太陽の位置がわかる。

《影のなぞり方》

高さのあるものは高いところの影からなぞり始めると，低いところに行くまでに，影がずれているのがわかる。

《短時間での太陽の位置の変化》

①影と日なたの間で，太陽を背にして立つ。
②遮光板を目に当てる。
③体の向きを，遮光板を目に当てたまま半回転させて，太陽の方を向く。
④太陽の形の変化（丸い太陽が建物に隠れていくか建物から出てきて丸くなっていくか）がわかったら，遮光板目に当てたまま半回転させ，太陽を背にする。
⑤遮光板を目から外す。

《1日のうちの太陽の位置の変化》

事前に観察する日の太陽の南中高度や南中時刻を調べておく。（国立天文台のHPなど参照。）偏角も調べておくとよい。（国土地理院地図HPなど参照。）

○1日を通して日なたの場所であることを事前に確かめておく。
①方位を測り，観察装置を設置する。
②午前10時頃，正午頃，午後2時頃の3回，観察する。
③記録をもとに，影が太陽と反対の向きにあることから，太陽の位置を推測し。太陽の位置の変化を考える。

KEY WORD
ミュレーションソフト
レエット法
んこつ法

月の位置の観察

4年「月と星」 6年「月と太陽」

4年生では，1日のうちでの月の位置変化と見える月の形を記録する。同じ観察の仕方で，日を変えて記録する。6年生では，ひと月以上にわたって，月の形とその時の太陽の位置を記録する。新聞やインターネット・天文シミュレーションソフト等を活用して，事前に調べておくことが大切。

夜間の観察になるため，安全への指導を徹底した上で行う。保護者に観察のお知らせと協力依頼を出し，保護者のもとで観察するなどの安全確保に努める。太陽を観察するときには遮光板を必ず使う。

①記録の方法

・シルエット法

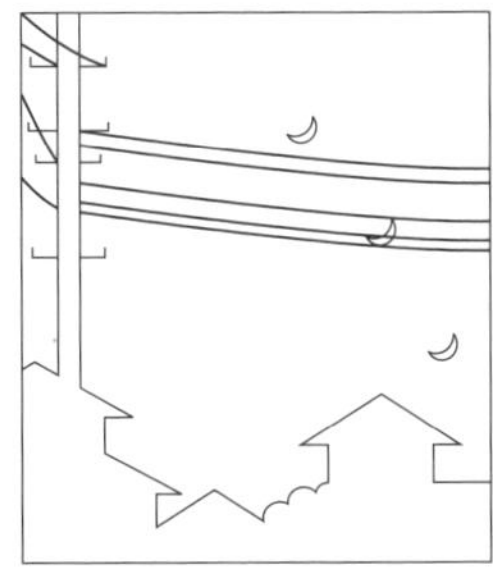

・げんこつ法

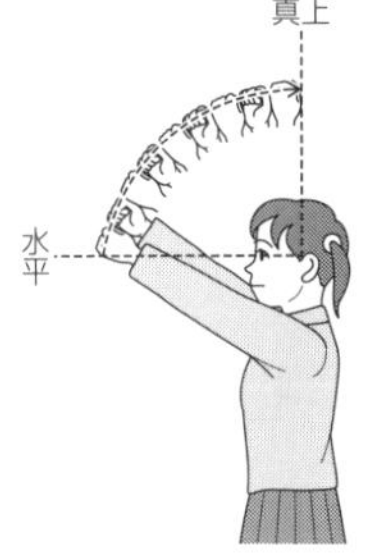

②記録のまとめ方

○クラス全体でのまとめ方

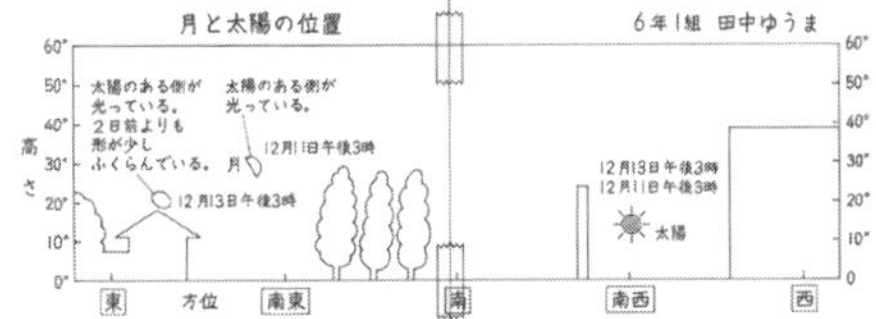

○月の満ち欠け

球（ボール）を持つ人から見ると，球にできる明るい部分と影の部分が月の満ち欠けとして見える。地上から月を見ている状態を再現している。

観察は時刻を変えて３回行うと，天体の動きに方向性が出てくる。雲などで天体が観察時刻に見られなかった事実を記録しておくことも大切な記録になる。

《シルエット法》

方位と地上物の大まかなスケッチをした中に，天体の位置を記録する。電線や建物の位置と天体の位置の変化から，天体の動きを知ることができる。月ばかりでなく，星の位置の観察にも使える。

《げんこつ法》

腕を伸ばしてみたときのげんこつが，ほぼ10°であることを活用する。0°を目の高さに合わせることと，頭の真上の90°が大切。学校で測定の仕方を練習するとよい。ただし，小学生ではこぶしが10°よりもわずかに小さいことがよくある。

《月の見える形の記録》

月の見える形は，観察時に向きや傾きに気をつけて記録する。

《記録のまとめ方》

○模造紙４枚に観察した月の位置を貼っていく。貼り終わったら整理し，パネルを方位ごとにつないで，月の位置の変化を確かめる。

○月の満ち欠けの仕組みを球で再現する際に，頭上からの映像や写真を同時に映すと，満ち欠けの仕組みの理解が深まる。

KEY WORD

屈折望遠鏡
反射望遠鏡
天体望遠鏡の使い方（→ p.277）
鏡（→ p.259）　レンズ（→ p.260）

天体望遠鏡　双眼鏡

4年「月と星」 6年「月と太陽」

天体望遠鏡は通常，顕微鏡と同じように上下左右が反対に見えるが，双眼鏡は目で見た時と同じように見える。そのため，記録には用いた機材を書いておく。月の表面をくわしく見たり，星の色を見たりするほか，月や星の動く様子を見ることができる。

太陽を直接見てはいけない。望遠鏡本体だけでなくファインダーでも光を集めることがあるので，注意が必要。また，望遠鏡で観察している最中は，観察者のみが望遠鏡の接眼部に近づき，他の人は望遠鏡に触れてはいけない。不意に望遠鏡が動いて目を傷めるなどの事故を起こしかねない。

①天体望遠鏡の種類

月や星の光を集めるのにレンズを使うのが屈折望遠鏡で，凹面鏡で集めるのが反射望遠鏡，そしてこの二つの仕組みを組み合わせた複合系がある。

屈折

反射望遠鏡

望遠鏡を月や星の動きに合わせて動かす仕組みには，月や星の位置を方位と高さで追っていく経緯台と，月や星の位置を天球上の位置ととらえて，一つの軸（天の北極を軸の中心）の回転で追っていく赤道儀とがある。

経緯台（上下左右に動く）台

赤道儀（天の北極を中心に動く）

②双眼鏡

三脚に固定する

ピントリング

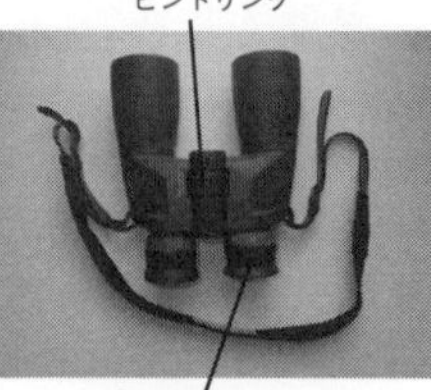

視度調節リング

《天体望遠鏡の操作手順》

①三脚等の架台を平らなところに設置する。

②望遠鏡に低倍率の接眼レンズ（例：25㎜）をつけ，遠くのもので，ピント合わせをする。

③望遠鏡に入っている像がファインダーで見えるように調節する。

④目的の天体に望遠鏡をあらかた向けたのち，ファインダーで望遠鏡の向きを調整する。

⑤望遠鏡の視野の中央に天体を入れ，適切な倍率の接眼レンズに入れ替える。

《双眼鏡の操作手順》

①三脚に取り付けられるものは取り付ける（双眼鏡を安定させるため）。

②双眼鏡をのぞき，視野が丸く見えるように目幅を調節する。

③遠いもので左目のピントを合わせる。

④視度調節リングを回して右目のピントを合わせる。

⑤天体に向け，観察する。

＊手持ちの場合で観察するときには，脱落防止のために双眼鏡を首からひもでかけておく。そして上記の手順で左右のピントを合わせたのち，一度，双眼鏡を目から外し，対象の天体の方を向く。そののち，天体を見つめている姿勢のままで，双眼鏡を目の前に持ってくる。

KEY WORD
ソフト
座早見

天文シミュレーションソフトなど

4年「月と星」6年「月と太陽」

POINT　観察時期の決定については，月の満ち欠けの様子に合わせて，適切に学習時期を設定する必要がある。そのため，学習単元の時期の移動などを考えなければならない。この時期を確定するのに天文シミュレーションソフトなどを活用する。

児童の観察活動を充実させるために活用するのであって，シミュレーションソフトだけで学習活動の置き換えをしてはならない。また，天文ソフトの導入に当たっては，自己の責任において行う必要がある。実際の活動は夜間に関わることもあるので，安全面での指導を徹底する。

有償・無償の様々な天文シミュレーションソフトが提供されている。

●無償ソフトの例…国立天文台で作成した「Mitaka（三鷹）」やフランスで開発された教育ソフト「Stellarium（ステラリウム）」などがある。ステラリウムは初期設定のままだと，場所がフランス・パリになっているので，自分の観察地に設定しなおすことが必要である。

●有償ソフトの例…アストロアーツ社の「ステラナビゲーター」や誠文堂新光社の「スーパースター」などがある。

上記のようなソフトを使うと，観察地で○年○月○日○時○分にどの方位で，どれくらいの高さのところに目標とする天体がどんな形で見えるかシミュレーションすることができる。

○実際の星空で星を同定するときに活用できるアプリ

教育出版から提供されている無償のアプリで，４年生の星の学習で，実際に出ている星や星座が何か，夜空にかざすことで知ることができる。

《天文シミュレーションソフトの使用手順》

①天文ソフトを立ち上げる。

②場所の確認…初期設定では調べたい場所と違う場合があるので，確認し決定する。

③時刻の確認…日本標準時か世界時かなど一度確認しておくとよい。

④方位の確認…南を向いてソフトが立ち上がることが一般的なので，自分の見たい方位を選択する。

＊見たい星座がどこに見えるかわからない場合は，表示を星座早見モードなどにすると，どこにあるか見つけやすくなる。星座名や星座線（星と星をつないで星座の形を作る線）も表示させると見つけやすい。

⑤表示範囲の設定…広範囲を見るのか，拡大してみるのかを設定することもできる。

＊高度・方位線の表示ができると，げんこつ法での高度測定の目安になる。

KEY WORD
スリット
虹
スペクトル

簡易分光器

3年「光と音の性質」

光はまっすぐに進むが，鏡で反射させたり，レンズで集めたり広げたりすることができる。また，自然現象で見られる虹のように，分光することもある。この分光によって，直接触れられないものでも，その物が何でできているかを調べることができる。

分光器のスリットは細いが，それを通して太陽を直接見てはいけない。空の明るいところを見ればよい。

○虹

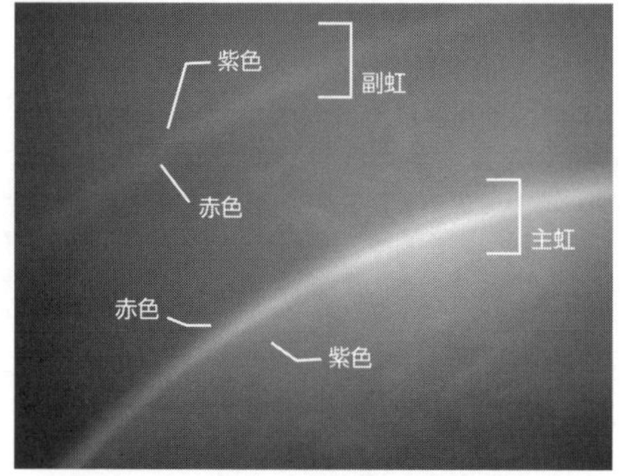

○簡易分光器

スリット側
箱の端にスリットがある。

回折格子側
中央の内側に貼ってある。

○連続スペクトル

青空や白熱電灯を見た時

○輝線スペクトル

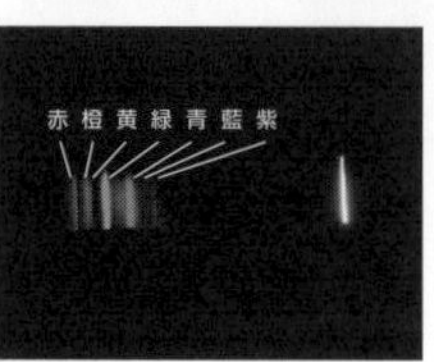

蛍光灯を見た時

《虹の観察》

自然現象で見られる虹を見ることはなかなか難しい。プールのシャワーなどで見られることもある。

写真のように明るい主虹とその上に副虹が見られることもある。色の順序が内側と外側で逆転していることに注目。この仕組みは雨粒内部での光の進み具合による。

《簡易分光器の制作》

虹を簡便に見られる道具として簡易分光器がある。製作にはそれほど苦労はしない。

①箱を用意し，内部を黒く塗る。
②1 mm くらいの幅のスリットを作る。
③反対側にレプリカグレーティング（回折格子）をはる。
④レプリカグレーティングの方からのぞいて，スペクトルを見る。

虹色に連続して見える場合と特定の色が輝いて見える場合がある。

赤の外側が赤外線。紫の外側が紫外線である。

特定の輝く線から，光を発しているものが何でできているのか調べることもできる。

KEY WORD
うそく
属球膨張試験器
膨張試験器（→ p.338）
温インク

金属板　金属棒　金属球

4年「金属・水・空気と温度」

POINT　金属の熱の伝わり方を，金属板と金属棒で調べる。塗るタイプの示温インクで熱の変化を観察し，伝導の様子を調べる。ロウでもよい。金属球は金属の輪を通る・通らないで膨張を確認する。

実験中や実験直後の金属板や金属棒には，触れないように十分注意をする。熱した金属球は水で冷やしてから，ぬれ雑巾の上に置く。直接，机や実験台の上に置かないようにする。

①金属の熱し方

〔金属板〕

1）示温インクを金属板に均一になるように塗る。
2）実験装置をセットし，金属板の端および中央を加熱する。炎の先が板に当たるよう，スタンドの高さを調節する。

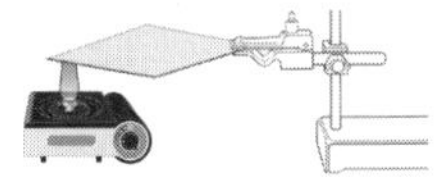
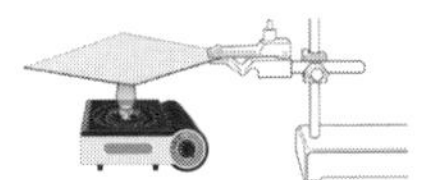

〔金属棒〕

金属棒に示温インクをつける。実験装置をセットする。金属棒の端および中央を加熱する。

②金属のかさの調べ方

金属球膨張試験器
※くさりの接合部等を事前に確認しておく。

1）金属球が輪を通ることを確認する。
2）金属球を熱する。
3）輪を通るか調べる。
4）通らないことから膨張が分かる。

輪を熱して広げ，球が通るかどうかを確かめる際には，すばやく行わないと輪が冷えて，はまって取れなくなるので注意する。

固体の線膨張率（20～21℃の場合）	
鉄	11.8の100万分の1
金	14.2　〃
銅	16.5　〃
銀	18.9　〃
アルミニウム	23.1　〃
亜鉛	30.2　〃
炭素鋼	10.7　〃
ステンテレス鋼	14.7　〃
真ちゅう	17.5　〃

《示温インク》（サーモインク）

約40℃を境にして色が変わる。低い温度では青色，高い温度ではピンク色になる。液体に使う溶かすタイプと固体に使う塗るタイプがある。

《金属の熱し方》

金属棒にロウをつける際は，3㎝間隔程度にろうそくのロウをたらす。

金属板や金属棒の付け替えをするときは，ぬれ雑巾などで持つようにし，金属を置く場所を事前に用意しておく。

《金属の体積の調べ方》

金属の膨張はごくわずかで，視覚的にとらえることは難しいので，金属球膨張試験器を用いる。金属球膨張試験器は，金属球が通る大きな輪を用いる。金属球は，膨張率の高い真ちゅう製が多い。

操作にあたっては，鎖や柄などの金属部分に触れないように注意する。金属球を通す際は，すばやく通すようにする。

《金属球膨張試験器》

大きさの異なる2種類の輪がついている。金属球が通らない小さいほうの輪は，輪を熱して膨張させ，金属球を通らせる実験に用いる。

ほかに，金属棒で比較する線膨張試験器もある。

KEY WORD
駒込ピペット（→p.232）
スチールウール
アルミニウムはく
スライドガラス（→p.280）
蒸発皿（→p.323）
安全めがね（→p.290）

鉄　アルミニウム　銅

3年「電気の通り道」「磁石の性質」 4年「物の温まり方」「物の体積と温度」 5年「電流がつくる磁力」 6年「水溶液の性質」

POINT 鉄，アルミニウム，銅は小学校の理科で扱う金属の代表的な物である。鉄は磁化される性質を利用して，電磁石などに，アルミニウムは水溶液に反応する性質を利用している。また，銅は熱伝導性や導電性に優れていることから，熱を加える実験や導線の材料として利用している。

鉄，アルミニウム，銅は安定した物質であり，日常生活でもよく使われているように，直接ふれても安全である。しかし，加熱したときの火傷や酸性やアルカリ性の水溶液との反応を調べる際の水溶液や発生する気体などには注意が必要である。

①熱の伝わり方

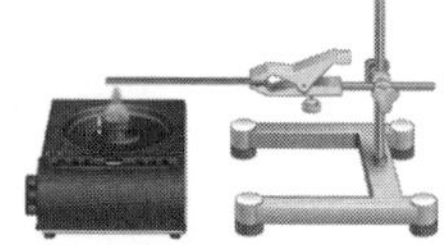

以前は金属棒や金属板にロウを塗って実験していたが，最近は塗るタイプの示温インクが使われるようになった。液体のものと同様に常温では青色で，熱せられるとピンク色に変色する。

②水溶液に溶ける金属

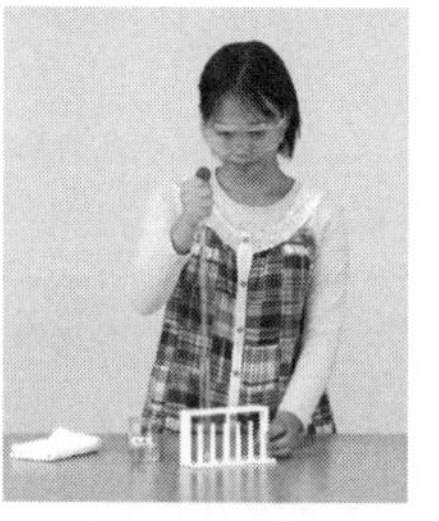

塩酸は予め教師が希釈しておく。茶色の瓶に入っている塩酸の濃度は12mol/L で，これを3 mol/L 程度に希釈する。体積比で水：塩酸＝３：１で混ぜる。必ず水の入っている容器（ビーカーなど）に塩酸を注ぐ。この逆は危険である。

金属を溶かす様子を観察する際は，試験管を上からのぞきこまないようにする。中に入れるアルミニウムの状況によっては反応までに時間がかかることがある。必ず予備実験を行い，反応にかかる時間を把握しておく。反応に時間がかかるからといって，水溶液の濃度を濃くすることはしない。アルミニウム片は空気中に放置した時間が表面が変化するため，なるべく新しいものを使うか，実験前にやすり等で表面を薄く削っておくとよい。試験管立が倒れると，児童に水溶液がかかる恐れがあるため，写真（図）のように試験立てを抑えながら，水溶液を注ぐ。

《熱の伝わりやすさ》

金属の熱伝導率(熱の伝わりやすさ)は，温度によって変わることが知られている。以下に熱伝導率を示す。

	0℃	100℃	300℃
鉄	83.5	72	56
アルミニウム	236	240	233
銅	403	395	381

単位は,W•m-1•K-1

銅が熱をよく伝えることが分かる。熱の伝わり方を調べる際に，銅板や銅の棒が用いられるのはこのためである。

《電気の通しやすさ》

金属は電気を通すが,種類によって，通しにくさが異なる。以下に体積抵抗率（電気の通しにくさ）を示す。

	0℃	100℃	300℃
鉄	8.9	14.7	31.5
アルミニウム	2.50	3.55	5.9
銅	1.55	2.23	3.6

単位はμΩcm

銅は電気をよく通すことが分かる。導線に銅が使われているのは，このためである。

《塩酸に溶ける金属，溶けない金属》

塩酸に溶ける金属と溶けない金属がある。アルミニウムや鉄が使われている。銅は塩酸には溶けない。これは，水溶液中でのイオン化傾向（陽イオンへのなりやすさ）で説明できる。イオン化傾向はアルミニウム，鉄，水素，銅の順である。

KEY WORD

タノール
タノール
料用アルコール
ルコールランプ（→p.218）
ッチ・燃えさし入れ（→p.222）

アルコール

4年「ものの温まり方」など　5年「物の溶け方」6年「植物の体のしくみ」

アルコールランプの燃料として，また，葉の光合成を確かめる実験で脱色に使う。前者は燃料用アルコールで，メチルアルコールとエチルアルコール等の混合物，後者はエチルアルコールである。安全面から，加熱器具としてのアルコールランプは減少し，実験用ガスコンロに置き換わってきている。

揮発性があり，引火・爆発等の事故が起こる可能性があるので，取り扱いには十分に注意する。目や皮膚についたら多量の水で洗い流す。また，メタノールは失明や死にいたる毒性もあるので，絶対に飲用してはならない。

①アルコール

アルコールとは，エタノール(エチルアルコール)，メタノール（メチルアルコール），イソプロピルアルコールなどのアルコール類の総称。一般的にアルコールというと，エチルアルコールを指すことが多い。市販の燃料用アルコールは，エタノールとメタノールの混合液で，着色したものもある。

②エタノールとメタノール

	エタノール	メタノール
日本語名	酒精	木精
原　料	糖蜜，でんぷん質 エチレン	天然ガス，ナフサ，LPG
性　質	無色透明，可燃性，揮発性の液体。 酒の主成分であり，口に入っても安全。	無色透明，可燃性，揮発性の液体。 「毒物及び劇物取締法」により「劇物」に指定。 視神経・中枢神経を冒す。 皮膚や衣服につけないようにする。 絶対に味をみたりしてはいけない。
学習場面等	葉の葉緑素を溶かし出す。 蒸留実験の教材。 フェノールフタレインの調整液。	アルコールランプの燃料用として，安価に入手可能。
用　途	消毒液 食酢・味噌・しょう油の原料 保存料として食品に添加 油汚れの除去・殺菌，脱臭	燃料用アルコール ホルマリンの原料 燃料電池の燃料として開発研究中
保　管	密閉・遮光・火気厳禁で保存。	密閉・遮光・火気厳禁で保存。劇物として管理。

③アルコールランプ

ガラス製

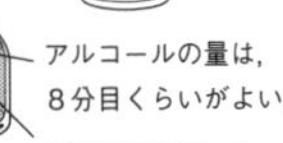

トーチ型

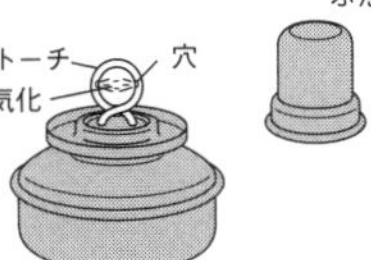

《国際化学命名法》

エタノールやメタノールという呼び名は，「国際命名法」による呼び名で，教科書でも採用している。慣用的にはエチルアルコール，メチルアルコールと呼ばれている。

《保管方法》

光が当たらないように密閉して保存する。燃料用アルコールは缶で購入し，必要に応じて移し取って使用する。安全上，大量の購入は避ける。

《廃棄方法》

燃料用アルコールについては，市町村により処分方法が異なるので市役所・町村役場や焼却場へ問い合わせる。また，エタノールは多量の水で希釈して廃棄する。

《アルコールランプの種類》

・ガラス製

小学校で広く使用されているもの。すり合わせのふたをまちがえないように，容器とふたに番号を書いておくとよい。

・トーチ型

スチール製で破損が少なく，転倒してもアルコールが流れ出ないという長所があるが，中のアルコールの量がわからない欠点もある。

KEY WORD
エタノール
酸性・中性・アルカリ性
指示薬
pH 値
リトマス紙（→p.243）
パックテスト（→p.244）

BTB溶液　pH指示薬

6年「水溶液の性質」「生物と環境」

BTB溶液は，酸・アルカリの指示薬としてよく用いられ，水に溶けにくい性質をもつ。オオカナダモ等による水中の光合成による二酸化炭素の減少の実験，呼吸（呼気）における二酸化炭素の検証の実験，中和などの実験で広く利用されている。

BTB 溶液が目や皮膚についた場合は，多量の水で洗い流すとよい。口に入ったときには，口をよくすすぐ。

①BTB 溶液

pH <6.0で黄色，pH >7.6で青，中間では緑となる。つまり，酸性で黄色，アルカリ性で青色，中性で緑色を示す。結晶0.1g をエタノール20mℓに溶かし，水で薄めて100mℓの溶液として使う。

②チモールブルー

変色域は２か所あり，pH1.2～2.8において赤色から黄色へ，pH8.0～9.6において黄色から青色へ変わる。

③フェノールフタレイン

白色粉末であり，水に溶けにくい。粉末１ｇをエタノール100mℓに溶かして使用する。pH8.2以下は無色で，pH8.2～10.0で赤色を示し，10.0以上は無色となる。したがって，アルカリ性を調べる指示薬として使用される。多量の水で希釈して廃棄する。

④いろいろな指示薬の変色範囲

指示薬は，下表のように，その種類によって変色範囲は異なる。使用目的を考えて選択する。また，組み合わせて調べることによって，だいたいの pH 値を求めることができる。

指示薬（略号）	変色範囲（pH）											
	0	1	2	3	4	5	6	7	8	9	10	11
チモールブルー (TB)	赤			黄				黄			青	
メチルイエロー (MY)			赤		黄							
ブロモフェノールブルー (BPB)			黄			青紫						
メチルオレンジ (MO)			赤			黄橙						
ブロモクレゾールグリーン (BCG)			黄				青					
メチルレッド (MR)				赤				黄				
リトマス					赤				青			
ブロモチモールブルー (BTB)						黄	緑		青			
フェノールレッド (PR)						黄			赤			
クレゾールレッド (CR)	赤		黄				黄			赤		
フェノールフタレイン (PP)								無			紅	
チモールフタレイン (TP)									無			青

《BTB 溶液》

ブロモチモールブルーをエタノールに溶かした液で，目的に応じて水で薄め，濃さを調整する。pH6.0～7.6で変色する。

二酸化炭素は，水に溶けると酸性を示す。また，生物への影響が小さいため，緑色に調整した BTB 溶液は，メダカの呼吸による二酸化炭素の増減の検証などに使われる。

《BTB 溶液の保管と廃棄》

気密を保てる容器に密閉し，光が当たらない場所で保存する。使用後は，多量の水で希釈して廃棄する。

《pH 値》

pH とは，水素イオン濃度を表す値である。水は，極めてわずかではあるが，水素イオンと水酸化物イオンとに電離している。

$H_2O \rightleftarrows H^+ + OH^-$

水溶液の酸性，アルカリ性の程度は，その水溶液中の水素イオン H^+ と，水酸化物イオン OH^- の量によって定まり，水素イオン濃度〔H^+〕が高いほど酸性を示し，水酸化物イオン濃度〔OH^-〕が高いほどアルカリ性を示す。

通常 pH の測定については，pH 試験紙や pH 計などを用いる。pH 7 が中性で，酸性は値が小さくなり，アルカリ性は値が大きくなる。

試験紙はロールタイプ，ブックタイプ，びん入りタイプなどがある。

KEY WORD
ンプンの検出
色びん
酸化カルシウム
酸化炭素の検出
ルカリ性
灰水採取びん（→ p.326）

ヨウ素液　石灰水

5年「植物」6年「体のつくり」「燃焼」「水溶液」「植物」「生物と環境」

ヨウ素液は，デンプンと反応して青紫色になることから（ヨウ素デンプン反応），デンプンの検出に用いられる。
石灰水は水酸化カルシウム（消石灰）の飽和水溶液でアルカリ性を示し，二酸化炭素の検出に用いられる。

ヨウ素の気体は有毒なので，誤って吸引しないように注意する。また石灰水は，目や皮膚につくと炎症を起こすので，ついた場合は，すぐに多量の水で洗い流す。口に入った場合は，よく口をすすぐ。安全メガネ（ゴーグル）を着用する。

①ヨウ素液の作り方

市販のヨウ素液を水でうすめて作る。色はビールより少し濃い程度でよい。

②ヨウ素デンプン反応

ヨウ素液の一般的な濃さは，目的によって変わる。液体になっているものを調べるときは，濃いほうがよい。また，粉状のデンプンを検出する場合には，うすい色のほうが色の変化が見やすい。うすめるときには，水を加える。

デンプンと反応して，青紫色になる。

褐色スポイトびん

③石灰水の作り方

水に水酸化カルシウムを入れてよくかき混ぜる。1日以上放置して生じた上澄み液を採取する。

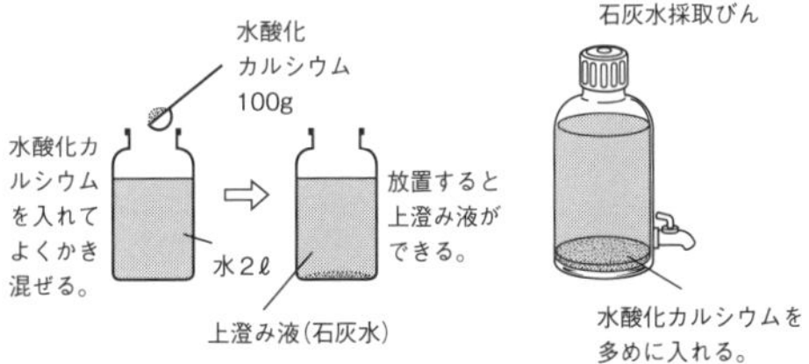
水酸化
カルシウム
100g
水酸化カルシウムを入れてよくかき混ぜる。
水2ℓ
放置すると上澄み液ができる。
上澄み液（石灰水）
石灰水採取びん
水酸化カルシウムを多めに入れる。

④石灰水による二酸化炭素の検出

石灰水は，二酸化炭素を吸収して白色の炭酸カルシウムの沈殿を生じる。さらに二酸化炭素を通すと，炭酸水素カルシウムとなって，透明に戻る。

《ヨウ素》

ヨウ素は，アルコールやヨウ化カリウムには溶けるが，水には溶けにくい。

ヨウ素とヨウ化カリウムをエタノール溶液に溶かしたものが，ヨードチンキである。

ヨウ素は，温度による三態変化をせずに，固体を熱すると，液体ではなく直接紫色の気体となる（昇華）。

コンブ・ワカメなどいろいろな海草中にもヨウ素が含まれている。

《ヨウ素液の保管》

ヨウ素液は，光や熱に対して変質しやすい。変色するとデンプンを調べる力も弱くなってしまうため，保管するときは褐色のびんに入れ，暗く温度の低い場所に置く。

《石灰水》

空気中に放置しておくと，空気中の二酸化炭素を吸収して白濁してしまうので，実験の直前に容器から出すようにする。また，専用の容器（石灰水採取びん）に入れて保管する。石灰水を使用して減ったときは，水を加えてよく振り，1日放置しておけばよい。

《参考》

容器や器具に付着した炭酸カルシウムは，希塩酸（1モル）で洗うと簡単にとれる。

KEY WORD

劇物
金属との反応（→ p.298）
酸性
水素
希釈
安全めがね（→ p.298）

塩酸（塩化水素の水溶液）

6年「燃焼の仕組み」「水溶液の性質」

酸性の代表的な水溶液の1つ（強酸）。リトマス試験紙は赤色を呈す。劇物に指定されているため，取り扱いは注意を要する。鉄やアルミニウムと反応して水素を発生する。燃焼の学習では，石灰岩や貝などに注いで，二酸化炭素を発生させるために使用することがある。

腐食性が強く，「劇物」の表示をした薬品庫を用いる，使用簿をつけて購入量・使用量・保管量を明確にするなど，法の規定に従って保管する。希釈・児童使用時・廃棄等，すべてに注意を要する。購入時の濃度は12モルで，瓶の蓋を開けると白煙を生じ，刺激臭がする。目鼻が近いと刺激を感じる。ゴーグル等を着用して取り扱う。

塩酸は，水素と塩素の化合物である塩化水素 HCl（気体）を水に溶かした溶液である。無色透明で刺激臭があり，空気中で白煙を生じる。強酸性で腐食性が強く，取り扱いには厳重な注意が必要である。

①取り扱い上の注意

・密閉した容器を砂皿にのせて保存する（砂皿は棚板の腐食防止のため）。
・皮膚や衣服につかないようにする。万一，皮膚や目についた場合には，多量の流水でよく洗い流す。
・塩酸から発生する気体を吸い込まないようにする。

②希釈方法

〔3モル（約10%）のうすい塩酸の作り方〕

（例）水300mL に濃塩酸（12モル38%）100mL を，ガラス棒を用いて少しずつゆっくりと加える。

少しずつゆっくりと加える。

濃塩酸に水を加えると，発熱する。

③塩酸を用いた実験

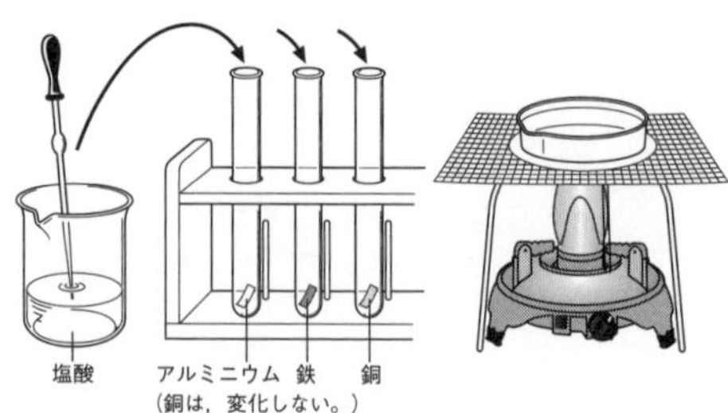

金属との反応を調べる実験

うすい塩酸に溶けた金属を調べる実験

《塩酸の廃棄方法》

塩酸の廃液は，酸廃液用のポリタンクにためておく。あとで，水酸化ナトリウムや石灰水などのアルカリ廃液と混合させて，pH 6～8になるように中和してから多量の水でうすめて廃棄する。

《希釈時の注意》

・子どもが実験する場合は，あらかじめ3モルにうすめておいた塩酸を用いる。原液は子どもの前には出さない。
・10%以上の濃度の塩酸は，劇物として扱われる。濃塩酸に水を加えると発熱する。
・十分に換気した状態で行う。

※1モルの塩酸は，3モルの溶液を3倍に希釈すればよい。

《実験上の注意》

・アルミニウムや鉄との反応により水素が発生し，爆発の危険があるため，周りに火気がないことを確認する。
・誤ってこぼしたときのために，必ず机の上にぬれ雑巾を用意しておく。
・水溶液の量は試験管の $\frac{1}{5}$ 程度にする。
・机の上は整理し，試験管は試験管立てに立てて，倒れないようにする。
・実験が終わっても，中の液を流しに捨てないよう指示する。
・液が飛んで火傷をするおそれがあるので，加熱中は安全めがねを使用し，蒸発皿の中をのぞき込まないよう指示する。

KEY WORD

物
キシドール
素
酸化炭素
釈
酸化マンガン（→ p.306）

過酸化水素水　炭酸水

6年「燃焼の仕組み」「水溶液の性質」

過酸化水素水は，無色透明の液体で劇物である。二酸化マンガンと反応して酸素を発生する。炭酸水は，二酸化炭素の水溶液で，弱酸性を示す。

過酸化水素を水に溶かした溶液。無色でわずかにオゾン臭がある。常温でも徐々に分解し，酸素を発生する。濃い水溶液が皮膚に触れると炎症を起こし，水ぶくれになることがあるので，注意が必要である。子どもによる実験のほか，保管や希釈，廃棄などの取り扱いについても安全には十分に配慮する。

過酸化水素水 H_2O_2

①取り扱い上の注意

・皮膚や衣服につかないようにする。万一，皮膚についた場合には多量の流水でよく洗い流す。目に入った場合は，多量の水で洗い，医師の診察を受ける。

・不燃性だが，発生した酸素により火災になるおそれがあるため注意する。

②５％の過酸化水素水の作り方

（例）水250mL に対し，過酸化水素水（30％）50mL を加える。

③過酸化水素水を用いて酸素を発生させる

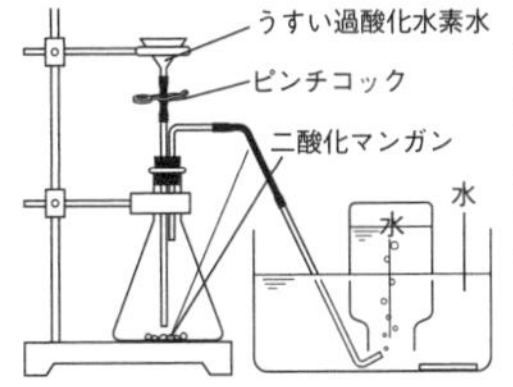

集気びんに水を満たし，空気が入らないように，ガラス板でふたをして押さえながら水槽の中に逆さに入れる。初めに水槽に出てくる気体は空気が混じっているので，しばらく発生させたあとに捕集するようにする。

炭酸水 H_2CO_3

性質…水に二酸化炭素が溶けている溶液で，弱い酸性。炭酸飲料の原材料として広く用いられている。密封して保存する。目に入ったら水で洗い流す。

実験例…下図は，炭酸水から出ている気体の性質（二酸化炭素）を調べる実験例である。

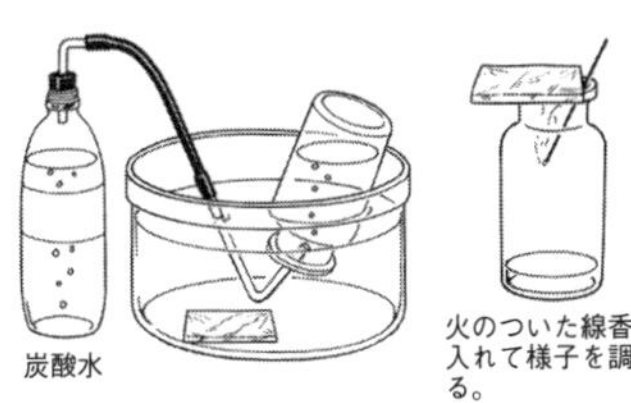

炭酸水

火のついた線香を入れて様子を調べる。

石灰水を入れておだやかに振って様子を調べる。

購入上の注意…市販の飲用の炭酸水にはミネラル等が含まれているものがあり，蒸発させた時に残留物が出ることがある。気体が溶けている水溶液は何も残らないという実験では使用できないことがあるので注意が必要である。

《オキシドール》

一般に市販されている過酸化水素水は３％と30％の水溶液で，３％水溶液を薬局方ではオキシドールと呼び，劇物ではなく，傷の消毒などに使われる。

《過酸化水素水の保管と廃棄方法》

褐色のびんに入れて密閉し，冷暗所で保存する。

多量の水でうすめて廃棄する。

《希釈の目安》

・通常の実験では，あらかじめ５％程度にうすめておいた過酸化水素水を用いる。原液は子どもに出さない。

《実験上の注意》

・反応により酸素が発生し，火災のおそれがあるため，周りに火気がないことを確認する。

《炭酸水の作り方》

市販のもの以外にも，下記のような方法で炭酸水を作ることができる。

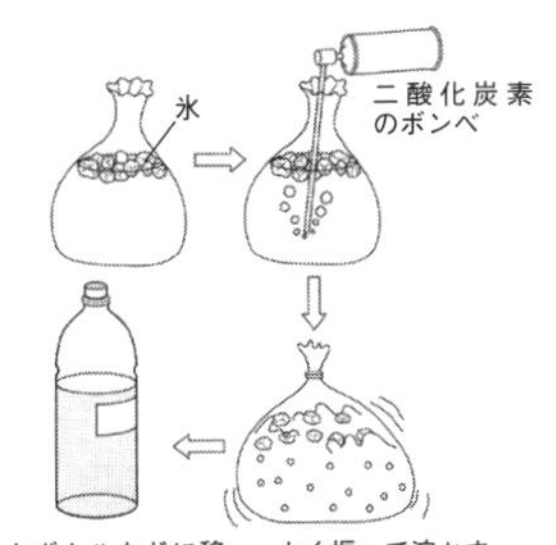

ペットボトルなどに移して冷蔵庫へ入れる。

よく振って溶かす。

《炭酸水の廃棄方法》

そのまま廃棄してよい。

KEY WORD
劇物
潮解性
金属との反応
アルカリ性
希釈

水酸化ナトリウム

6年「水溶液の性質」

白色の粒状固体。劇物。水によく溶ける。容器から出して少しの時間放置しておくと，空気中の水分と反応して，表面が溶ける（潮解性）ほどである。水溶液は，強いアルカリ性を示す。

潮解して表面に強いアルカリ性の水溶液ができる。水溶液はタンパク質を激しく分解するため，手指や目に触れることがないようにする。固体・水溶液ともに，扱う際には，教師・児童に関わらず，必ず安全メガネを着用する。希釈した水溶液であっても危険なので，児童への安全指導を徹底する。

①水溶液の取り扱い

調整した水溶液は，ポリ容器に密閉して保存する。ガラスびんを使う場合はふたはゴム栓にする。ガラス栓だと溶着し，とれなくなる。

- 皮膚につかないようにする。手で直接扱うと皮膚をおかし，たいへん危険なので，手では絶対に触れてはいけない。薬さじなどを使い，取り扱いには十分注意する。
- 万一，皮膚についた場合は，多量の水で洗い流す。目に入った場合には多量の水で洗い，医師の診察を受ける。

②固体の取り扱い

鍵のかかる薬品庫に入れるとともに，購入量，使用量，在庫量を帳簿につけるとともに，定期的に検査をする必要がある。

③水溶液の作成

ビーカーに水酸化ナトリウムを入れ，水を加えてすぐに攪拌する。時間をおかない。

水で溶かすときは，発熱して湯気が出ることがあるので注意が必要である。湯気（水酸化ナトリウム水溶液）には毒性があり，刺激臭がある。湯気を吸わないように換気の良い所で取り扱う。溶液の体積を調製する場合には，冷えてから行う。

④リトマス紙で液性を調べる実験

- 安全メガネの着用
- 試験管に少量の水溶液を入れ，ガラス棒でリトマス紙につける。
- 手などにつかないように注意して実験を行う。
- 手などについたときには，流水で洗い，養護教諭や医師の判断を仰ぐ。

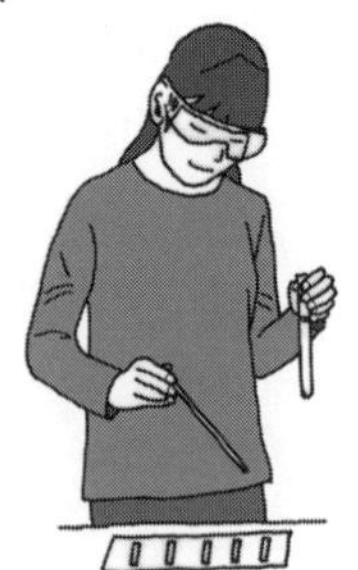

《水酸化ナトリウムの廃棄方法》

水酸化ナトリウム(NaOH)の廃液は，アルカリ性廃液用のポリ容器にためておく。あとで，塩酸などの酸廃液と混合して，pH６～８になるように中和してから多量の水でうすめて廃棄する。

《水溶液の濃度の調整》

１モルの水溶液

水酸化ナトリウム４ｇを水100mLで溶かす。

《塩酸との中和》

$HCl+NaOH \rightarrow NaCl+H_2O$

となり，食塩水ができる。蒸発させれば食塩の結晶を観察できる。水溶液がアルカリ性だと，蒸発させたときに水酸化ナトリウムが析出し，危険なため，少し酸性にしてから蒸発させるとよい。

《実験上の注意》

- 誤ってこぼしたときのために，必ず机の上にぬれ雑巾を用意しておく。
- 水溶液は試験管の$\frac{1}{5}$程度にする。
- 机の上は整理し，試験管は試験管立てに立てて，倒れないようにする。
- 実験が終わっても，中の液を流しに捨てないよう指示する。
- 液が濃くなって危険なので，水溶液を蒸発させる実験に，水酸化ナトリウムは絶対に使用しない。

《金属との反応》

アルミニウムと反応して気体(水素)が発生するが，鉄と銅とは反応しない。

KEY WORD
物
激臭
ルカリ性
釈
ェノールフタレイン（→p.300）

アンモニア水

6年「水溶液の性質」

アンモニア水は，無色の気体であるアンモニアの水溶液である。強い刺激臭がある劇物で，弱アルカリ性を示す。

アンモニアは劇物扱いである。子どもによる実験のほか，保管や希釈，廃棄などの取り扱いについても安全には十分に配慮し，正しく使用することが大切である。

アンモニア（NH_3）は，強い刺激臭のある無色の気体で，大変水に溶けやすい。その水溶液がアンモニア水である。揮発性があり，弱アルカリ性を示す。10%を超える濃度のものは劇物として扱われる。

①取り扱い上の注意

加熱すると気体アンモニアが発生するので，密閉して冷暗所に保存する（アンモニアは，引火性はないが，酸素と混合して加熱すると燃焼する）。

・皮膚や衣服につかないようにする。万一皮膚についた場合には，多量の流水でよく洗い流す。目に入った場合は多量の水で洗い，医師の診察を受ける。
・気体のアンモニアは吸い込むと有害なので，直接吸い込まないように注意する。万一，吸い込んだ場合は，新鮮な空気を吸わせ，医師の診察を受ける。

②３規定の水溶液の作り方

水400mL にアンモニア水（市販のアンモニア水15モル）100mL を，ガラス棒を使って，少しずつ加える。

１モルの水溶液は３モルの水溶液を３倍に希釈するとできる。

③アンモニア水を用いた実験例

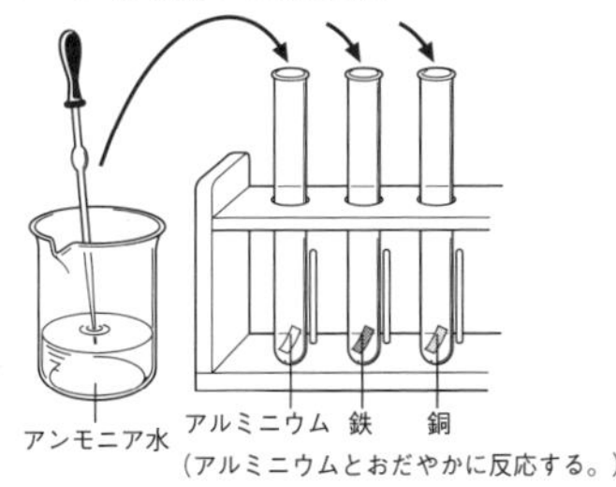

金属との反応を調べる実験

《アンモニア水の廃棄方法》

アンモニア水の廃液は，アルカリ性廃液用のポリタンクにためておく。あとで，塩酸などの酸廃液と混合して，pH 6～8になるように中和してから多量の水でうすめて廃棄する。

《希釈時の注意》

・市販のアンモニア水は15モル(28%)の劇物であるので，実験用には，あらかじめ３モルにうすめたものを使用する。原液は子どもに出さない。
・アンモニア水と水は激しく反応することはないが，安全を考慮し，塩酸の希釈同様，水にアンモニア水を少しずつ加えるのがよい。
・アンモニア水の容器を開けると，強い刺激臭のある気体アンモニアが出る。これは体に有害なので，十分に換気を行いながら作業をする。

《実験上の注意》

・誤ってこぼしたときのために，必ず机の上にぬれ雑巾を用意しておく。
・水溶液は試験管の$\frac{1}{5}$程度にする。
・机の上は整理し，試験管は試験管立てに立てて，倒れないようにする。

KEY WORD

乾電池（マンガン電池）
過酸化水素水（→ p.303）
消石灰
突沸

二酸化マンガン　沸騰石

4年「金属・水・空気と温度」6年「燃焼の仕組み」

沸騰石は，水を加熱する際に，急激な沸騰（突沸）を防ぐためのものである。多孔質の物質で代用できる。
二酸化マンガンは，過酸化水素水から酸素を発生させるための触媒として働く。

沸騰石が空気の小泡を放出するのは，沸騰石が持つ小さな無数の穴に空気を溜め込んでいるからである。従って，沸騰石は濡れている状態だと，穴に空気の代わりに水が入っているため使えない。使用の際は「よく乾燥しているか」を確認する必要がある。沸騰石は加熱前に入れておくこと。

①沸騰石を使う場面

4年で水の三態変化を学習する中で，水を加熱し，100℃付近で沸騰とすることを追究する場面で用いる。沸騰石は写真の市販品を用いる他，素焼きの植木鉢の破片など，内部に空気を含む安定した物質であれば，代用が可能である。乾燥させて繰り返し使える。

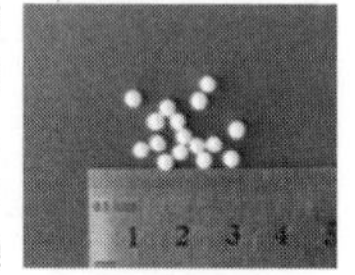

市販の沸騰石

沸騰石は加熱前に入れておくこと。加熱して，過熱状態になる中に，沸騰石を入れると，それが刺激となって，逆に突沸を誘発してしまうことがある。

ビーカーや試験管に入れるのは2～3粒で十分である。

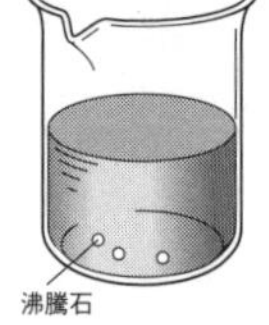

②二酸化マンガンとは

黒色の粉末あるいは粒状の物質で，酸化剤として用いられる。マンガン乾電池の名称は，二酸化マンガンが使用されていることに由来する。また，陶器の釉薬の原料としても使われている。

③二酸化マンガンを使用する場面

6年で空気の組成や燃焼の仕組みを学習する際に酸素を発生させるために使用する。教科書では，酸素を使う際には，実験用気体ボンベ（実験用ガス）を使用する。授業時数を考慮しつつ，過酸化水素水と二酸化マンガンから酸素を発生させて使用してもよい。

④過酸化水素水

過酸化水素水は殺菌や漂白に使われる。水で希釈したものは，切り傷やすり傷に使われる。血液中のカタラーゼと反応し，酸素を発生する。この時の発泡により，傷口の奥から異物や菌を押し出す作用がある。食品添加物として，うどんやかまぼこの漂白に使われる。

酸素発生に使用する際には3～5％に希釈するが，市販の試薬を希釈する際には，手袋や防護メガネ等を着用する。皮膚につくと，酸化作用で痛みや炎症を生じるので注意を要する。

《突沸とは》

通常，水を加熱すると，水の中に溶けている空気の成分が，飽和状態になり，小さな気泡となる。これが核となって，水が水蒸気になっていく。穏やかに沸騰していく。ところが，ゆっくり加熱したときなど，まれに沸点を超えても沸騰しない場合がある。この過熱状態にある液体はきわめて不安定であり，わずかな刺激によって突然沸騰し，大量の気泡を一気に発生させる。これが突沸である。試験管の加熱中にこの現象が起こると，試験管の口から熱湯が吹き出るので，大変危険である。

《調理で沸騰石を入れない理由》

家庭で調理をする際など，鍋に沸騰石を入れることはない。これは，鍋の表面にある，目に見えない細かな凹凸や傷などに小さな気泡がついており，その気泡をもとに穏やかに沸騰が始まるからである。ただし，電子レンジで牛乳や水などを加熱した場合，出力が高いと一気に液温が上昇し，突沸することがあるので，低出力でゆっくり加熱する必要がある。

《触媒としての二酸化マンガン》

$2H_2O_2 \rightarrow 2H_2O + O_2$

二酸化マンガンは，それ自身は変化しないで，過酸化水素水の分解を促進する「触媒」として働く。

KEY WORD
ラサキキャベツの汁（→p.325）
ロウ・ブルーの汁
（→p.243，300）

植物の色素

6年「水溶液の性質」

水溶液の液性を判断するために，教科書では，リトマス試験紙を使用するが，身近な植物を使って，液性を判断することもできる。紫キャベツやナスの皮の煮汁，マロウ・ブルーと呼ばれるハーブ・ティーに水溶液を入れると色が変化して，液性を知ることができる。

食材や飲料を使用するが，試薬として扱うよう指導する。煮汁は腐敗しやすいため，作り置きは避ける。また，時間が経って，変質すると色の変化が違ってくる。冷蔵庫に入れるなどすれば保存できるが，なるべく早く使い切るようにする。

①リトマス紙

もともとはリトマスゴケなどの地衣類から得られる紫色の色素である。水に溶かすと，青紫色を示す。これを濾紙に染み込ませて乾燥させたものが，青色のリトマス紙である。先程の青紫色の液体に，酸性の水溶液を加えて，赤色にし，濾紙に染み込ませて乾燥させたものが赤色のリトマス紙である。リトマスゴケは地中海沿岸や西アフリカの海岸に自生しているが，日本には生えていない。また，現在では，人工的に合成することも多い。

②ムラサキキャベツ

ムラサキキャベツの葉から色素を抽出し，水溶液の液性を調べることができる。

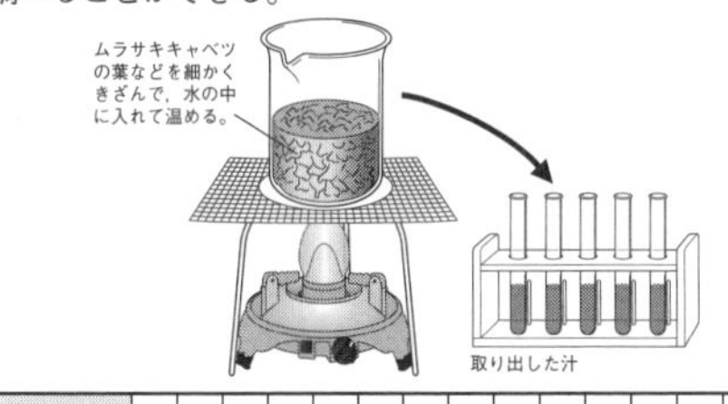
ムラサキキャベツの葉などを細かくきざんで，水の中に入れて温める。
取り出した汁

水溶液のpH	0	1	2	3	4	5	6	7	8	9	10	11	12	13	14
指示薬の色	濃い赤			薄い赤		紫			青		緑			黄	

③茶葉など

茶やハーブティーの色素には，液性によって色が変化するものがある。紅茶はその代表例である。ティーバッグ等で入れた紅茶は茶褐色であるが，レモンを入れると色が薄くなる。紅茶には，テアフラビンとテアルビジンという2種類のポリフェノール成分が含まれており，これらの色素が色を作っている。このうちテアフラビンは酸性に傾くと無色になる性質をもつ。このため，紅茶に酸性のレモンを入れると，テアフラビンの色が抜けてテアルビジンのみとなり，色が薄くなる。

また，マロウ・ブルーは，ハーブティーの一種で，最初はブルー，レモンを加えると紫からピンクへと変わっていく。色素はアントシアニンである。

《植物の色素》

植物の葉や実，花が緑，赤や紫に見えるのは，植物に色素があるからである。例えば，葉の緑色は葉緑体（クロロフィル），ニンジンのオレンジ色は β - カロテンなどである。

色素の中には，pH によって色が変化するものがある。アントシアニンはそういった色素の1つで，ムラサキキャベツ，ブドウの皮，ナスの皮などに含まれる。また，シソに含まれるシソニン，ウコン（ターメリック）に含まれるクルクミンなども色の変化を示す。

植物をすりつぶしたり，細かく切って煮出したりすると色素を取り出すことができる。すりつぶした汁や煮汁に水溶液を入れると色の変化を見ることができる。

煮汁やすりつぶした汁は保存期間が短いため，教材として扱いづらい面もある。ムラサキキャベツの色素を粉末にした「ムラサキキャベツパウダー」が教材として販売されているので，これを利用するのもよい。パウダーを水に溶かすだけで pH による色の変化を見ることができる。

植物の色素は，食品添加物（着色料）として使用されているものもあり，発展的な学習として，児童が扱っても安全性は高いと考えられる。

KEY WORD
ビーカー（→p.310）
計量スプーン（→p.229）
ガラス棒

ミョウバン　ホウ酸　食塩　砂糖

5年「物の溶け方」6年「水溶液の性質」

水の温度変化によって溶ける量が大きく変わるミョウバンやホウ酸に対して，食塩は温度によって溶ける量がほとんど変わらない。物によって，溶け方の規則が変わったり，同一であったりすることについて考えさせる教材である。

第４学年までに，ガラス器具の扱いや加熱実験の注意事項については既習であるが，繰り返し指導が必要である。また，蒸発乾固の際に析出した物がはじけないように加熱をやめるタイミングの指導や安全メガネの装着の確認を徹底する。

①溶質の条件

溶質は溶けている物質，溶媒は溶質を溶かしている液体，溶液は溶質と溶媒を合わせたものを指す。したがって，食塩水においては食塩が溶質で水が溶媒となる。小学校理科で扱う溶質について，小学校学習指導要領（H29）解説理科編には，次の記述がある。

「ここで扱う対象としては，水の温度や溶かす物の違いによって，溶ける量の違いが顕著に観察できるように，水の温度によって溶ける量の変化が大きい物と変化が小さい物を用いることが考えられる。また，加熱によって分解しにくく，安全性の高い物を扱うようにする。」

温度による溶ける量の変化の大きい溶質として，ミョウバンやホウ酸や砂糖がある。その他の条件の「加熱によって分解しにくい」ということから，砂糖が除外される。右欄に記したようにミョウバンは食品添加物，ホウ酸は害虫駆除に使われているが，ホウ酸も安全性にはほぼ問題ない。ただ，多くの教科書ではミョウバンが取り上げられている。

その理由は，上述の用途の他に，溶解度の変化の大きさが考えられる。下のグラフは100gの水の温度と溶ける溶質との関係を表したものであり，溶解度曲線とよばれるものである。このグラフを見ると，温度が変化した時に，ホウ酸に比べ，ミョウバンの溶ける量の変化が大きいことが分かる。変化の大きいミョウバンの方が冷却したときに再結晶が容易に観察できる。また，発展的な学習で扱うことがある結晶作りでも，ミョウバンの方がより大きな結晶を得ることができる。

温度による溶ける量の変化の小さい溶質として，食塩がある。したがって，授業では食塩とミョウバンが用いられることが多い（令和２年版の６社の教科書では全て食塩とミョウバンが用いられている）。

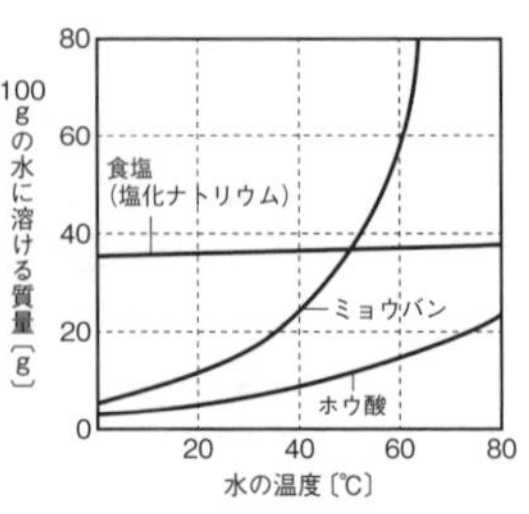

《ミョウバン》

小学校の実験で使うミョウバンは硫酸カリウムアルミニウム十二水和物で，化学式は $AlK(SO_4)_2 \cdot 12H_2O$ であり，カリミョウバンまたはカリウムミョウバンと呼ばれる。食品添加物として漬物などに使われる焼きミョウバンは，カリミョウバンを加熱・脱水したもので，化学式は $AlK(SO_4)_2$ である。焼きミョウバンは，吸湿性があり，空気中の水分を吸収して，徐々にカリミョウバンに戻る。

《ホウ酸》

化学式 H_3BO_3 または $B(OH)_3$。抗生物質などの目薬がなかったころは，洗眼のためにホウ酸を常備している家庭もあった。

現在では，ホウ酸は害虫の駆除に使われる。哺乳類は腎臓の働きによりホウ酸を排出できるが，ゴキブリ，シロアリなどは，排出できず，細胞レベルでエネルギー代謝が出来なくなり微量の摂取で死に至る。

《食塩》

塩事業センター及び日本塩工業会等の品質規格で「食塩」は塩化ナトリウム含有量が99%以上のものをいう。スーパーやコンビニの食塩は，海水を原材料に，溶けている塩分をイオン膜により集めて濃い塩水にし，立釜（密閉した釜）で煮詰めて塩の結晶を取り出し乾燥させて作っている。

①ものを水に溶かす

1）100mL のビーカーに水を50mL を入れる。
2）計量スプーンですり切り１杯を水に入れる。
3）入れた状態をしばらく観察する。
4）観察後，ガラス棒でかき混ぜる。完全に溶けたかどうかを確認し記録する。

②水の温度とものの溶ける量

1）発泡スチロール（発泡ポリスチレン）の容器に60～70℃のお湯を入れ，その中にビーカーを浸す。
2）ビーカーに溶け残りが出たら，溶かすのをやめて記録する。
3）ビーカーの水の温度を30℃，50℃にしたとき，溶ける量を記録する。

※アルコールランプを使用して加熱する方法もある。

③再結晶と結晶作り

ミョウバンの飽和水溶液を徐々に冷やすとミョウバンが再結晶する。種となる結晶を入れておくと，そのまわりに再結晶し，大きな結晶を得ることができる。発展的な学習として，授業に位置付けてもよい。

1）60度以上のお湯200mL にミョウバンを溶かし，飽和水溶液にする（溶け残りがないようにする）。
2）この水溶液を発泡スチロールの箱に入れ，徐々に冷やすと，ミョウバンの結晶（種結晶）ができる。正八面体に近い種結晶を選び，釣り糸などに縛り，もう一方の端を割り箸に結ぶ。
3）60度の飽和水溶液にこの種結晶を吊り下げ，発泡スチロールの容器の中で徐々に冷やすと，種結晶が少し大きくなる。
4）3）の過程を繰り返す。

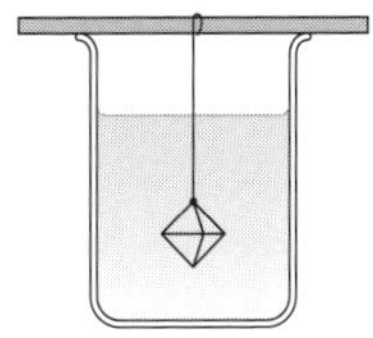

食塩の主な成分である塩化ナトリウムの化学式は $NaCl$。温度変化による溶解度の変化は非常に小さく，冷却による再結晶化では少量の結晶しか得られない。温度変化が大きいミョウバンと対比して，教科書で扱われる。

《砂糖》

糖の結晶で，一般に多用される白砂糖の主成分はスクロース（Sucrose，ショ糖）で，これはブドウ糖と果糖で構成される。

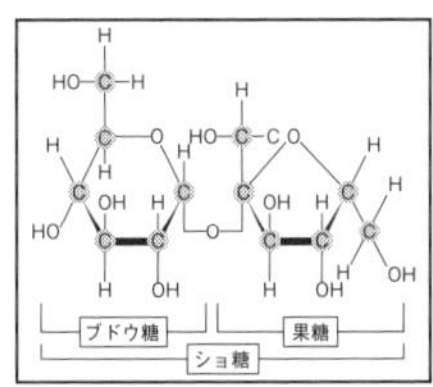

サトウキビやテンサイを原料に生産される。水溶性が高く，25℃において，１g の水に2.1g 溶ける。化学式は $C_{12}H_{22}O_{11}$。ショ糖の結晶を大きく成長させると氷砂糖になる。約170℃に加熱すると，カラメル（キャラメル）と呼ばれる褐色の物質に変化する。砂糖水を熱するとべっこう飴になる。つまり，水を蒸発させても，溶質を取り出すことができない。また，水に対する溶解度は高いが，大量の砂糖を溶解させたものはとろみのある液体となる。これらの性質のため，水溶液の学習に使用するためには注意が必要である。

④マグネティックスターラーの利用

児童の中には，「かき混ぜ続ければもっと溶けるのではないか」と考える者もいる。そのような場合，マグネティックスターラーを使うとよい。ビーカーの中に入れた回転子が回転することにより，攪拌をする装置である。

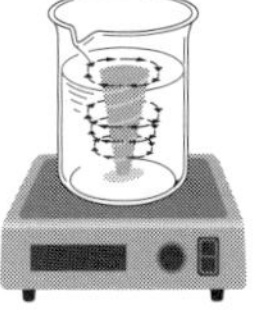

KEY WORD
加熱用金網（→p.220）

ビーカー

水，薬品を扱う観察・実験

普通のビーカーは硬質ガラスでできている。液体を入れたり，ものを溶かしたり，液体を加熱するときに使う。大きさも50～3000mLくらいまであり，扱う量によって選ぶことができる。

急熱，急冷，衝撃による破損に注意する。常に乾燥した不純物の付着していない清潔なものを使用できるように，使用後には，すぐに蒸留水で洗浄し，乾燥させて保管するよう習慣づける。

①使用方法

液体を入れる　液体を混ぜる　ものを溶かす　液体を温める

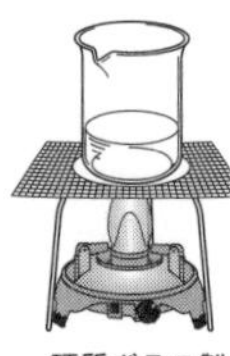

液体の様子を観察したり，使用前に仮に保管する。

液体を加え，変化の様子を観察する。

液体に固体（粉末も）を加え，かくはんしたり様子を見る。

硬質ガラス製なので加熱できる。

②かき混ぜる場合

ガラス棒もしくは，
割りばしを用いる。
ガラス棒を用いるときは，
ビーカーにぶつけないようにする。
先端にゴム管をつけるのもよい。

③ビーカーへの液体試薬の入れ方

台に置くと
汚れるので，
小指に栓を
はさむ。
たれないよう，
はねないよう，
ガラス棒に沿わせる。
ふつうは
3～4分目まで入れる。

④ビーカーの正しい加熱

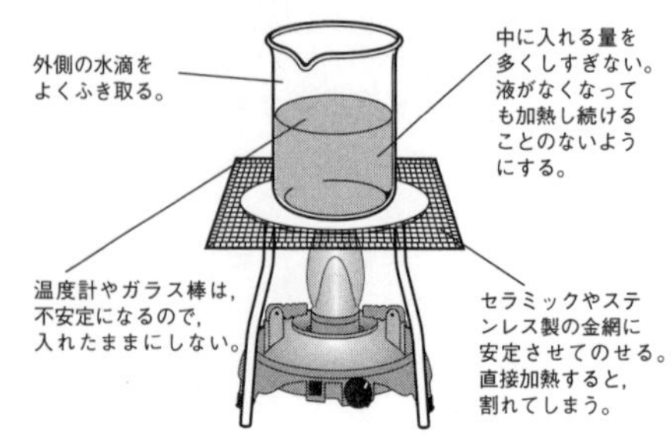

外側の水滴を
よくふき取る。
中に入れる量を
多くしすぎない。
液がなくなって
も加熱し続ける

温度計やガラス棒は，
不安定になるので，

セラミックやステ
ンレス製の金網に
安定させてのせる。

ビーカーの大きさには，50，100，200，250，300，500，1000，2000，3000mLなどの容量がある。よく使うのは100mLで，演示用には500mLがよく使われる。ほかに，200，300mLをそろえておけば十分である。

《使用方法》

ビーカーについている目盛りは，めやすであり，正しい量を量り取りたいときは，メスシリンダーを使う。使用後すぐに水洗いし，乾燥させて保管し，蒸留水で洗ってから使用する。

《持ち方の注意》

・上縁に指を！
・目盛りでだいたいの量を知る！
・重心を考えて，上部を持つ！
・注ぎ口を使い，しり漏れを防ぐ！
・動かしてもこぼれない量で！

《ビーカーへの液体試薬の入れ方》

利き手に試薬びんを持って，ガラス棒を伝わらせて注ぐ。

《ビーカーの正しい加熱》

直接強熱すると，ビーカーの底に歪みがあるので割れるおそれがある。金網を敷いて均一に加熱する。

スタンドや三脚を使用する場合は，しっかりしているかを点検しておく。

KEY WORD

験管立て
験管ばさみ
験管乾燥機（→ p.213）
験管ブラシ（→ p.330）
レキシブルスタンド

試験管

薬品を扱う観察・実験

POINT

試験管はガラス製で，大きさは多種類ある。実験内容に応じて選択する。割れやすいので，使用しないときや観察するときなどは，試験管立てに立てる。目盛りつきのものもあるが，中の様子を観察する場合は，目盛りなしのものがよい。

ガラス製で壊れやすいので，実験操作中や洗浄するときには十分に気をつける。加熱実験で使用するときには，加熱部のガラスが熱くなるので，安易に触らせない。

①試験管の持ち方と入れる量

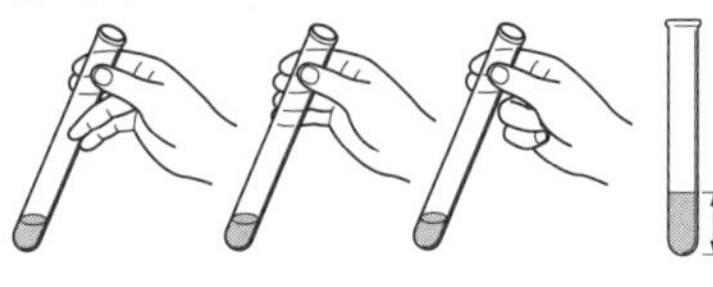
必要な量だけ
入れる。
$\frac{1}{5}$以下がよい。

②加熱実験で使用する場合

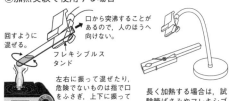

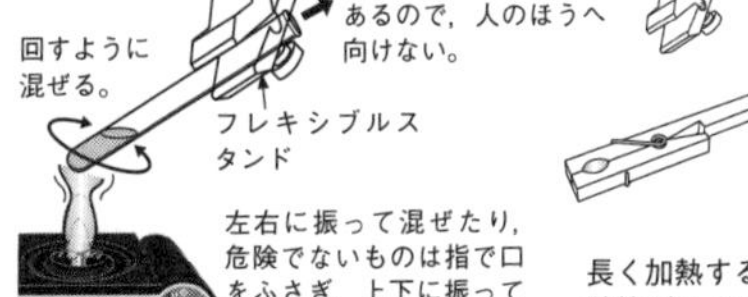
口から突沸することがあるので，人のほうへ向けない。
回すように混ぜる。
フレキシブルスタンド
左右に振って混ぜたり，危険でないものは指で口をふさぎ，上下に振って混ぜたりすることもある。
長く加熱する場合は，試験管ばさみやフレキシブルスタンドを使用する。

③薬品の入れ方

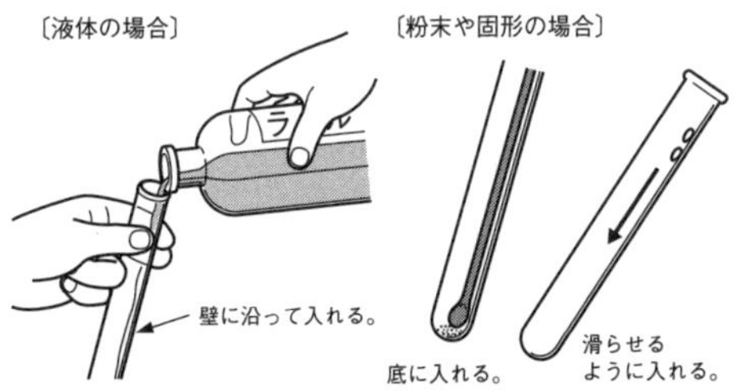
〔液体の場合〕
〔粉末や固形の場合〕
壁に沿って入れる。
底に入れる。
滑らせるように入れる。

④洗浄の仕方

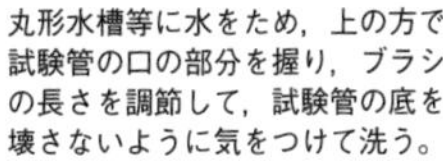

丸形水槽等に水をため，上の方で試験管の口の部分を握り，ブラシの長さを調節して，試験管の底を壊さないように気をつけて洗う。

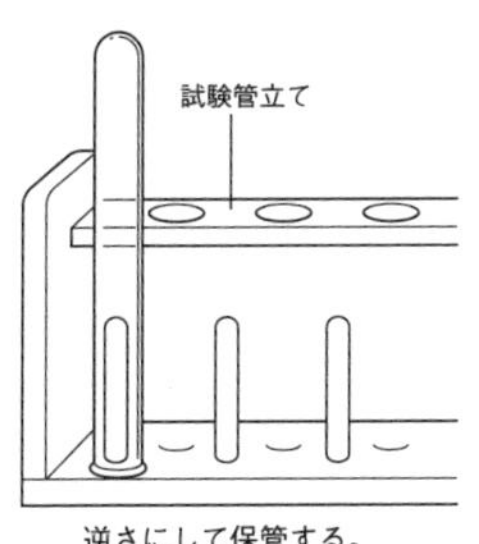
試験管立て

逆さにして保管する。

試験管はガラス製で破損しやすい。しかし，加熱した際などに割れにくいように薄くしてある。

サイズは以下の表のものがあるので，用途に応じて選択するようにする。

胴形(mm)	全長(mm)	厚さ(mm)
10	90	1.0
12	120	1.0
15	150	0.9
16.5	165	0.9
18	180	0.9
21	200	1.3
24	200	1.3
30	200	1.3

《加熱する場合》

容器中の気体が膨張して容器が破裂するため，栓を絶対にしない。

《試験管立て》

木製，プラスチック製，金属製のものがあり，乾燥棒つきのものなどもある。試験管の大きさに応じたものを使う。

《洗浄の仕方》

実験後，時間がたつと汚れが落ちにくくなる。実験終了後に，すぐに洗うようにする。

汚れが落ちにくい場合は洗剤を使用し，十分にすすぐ。かごにふせたり試験管立ての乾燥棒を使用して，十分に乾いてから保管箱などに片づける。

KEY WORD
広口びん
下方置換法
上方置換法
水上置換法
底なし集気びん

集気びん

6年「燃焼の仕組み」「水溶液の性質」

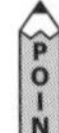

集気びんと広口びんの形はそっくりだが，用途が異なる。それぞれ気密性をもたせるための，すり込みの位置が違う。集気びんは口の上面に，広口びんは口の部分にすり込みがあることで区別できる。

集気びんは，びんではあるが，気体を集めたり粉末や塊状の薬品を保管したりするものであるから，肉厚のガラスでできている。集気びん内で燃焼させる場合は，破損防止のために，びんの底に砂や水を入れたり，水をぬらしたろ紙を敷いておく。

気体は，ガスボンベに入れた市販のものを使うことが多いが，大切なことは次の二つである。

・発生した気体を無駄に空気中に逃さない。
・空気と混じらないような効果的で簡単な方法で集める。

①集気びんの使い方

二酸化炭素など水に溶けやすく，空気より重い気体を集めるのに適した方法。

水素など，空気よりも軽い気体を集めるのに適した方法。

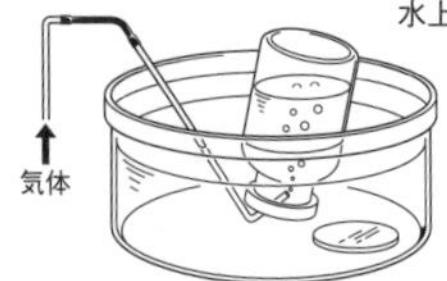

酸素など，空気とほとんど同じ重さで，水に溶けない気体を集めるのに適した方法。水と置き換えて気体を集めるので，空気が混じらず，どれだけたまったかよくわかる。

②ふたの製作

燃焼の実験では，飛び散った火の粉や燃焼の熱で，ガラス製のふたが割れてしまうことがある。教材会社を通して購入できる金属製のふたや，自作したものを使用するとよい。

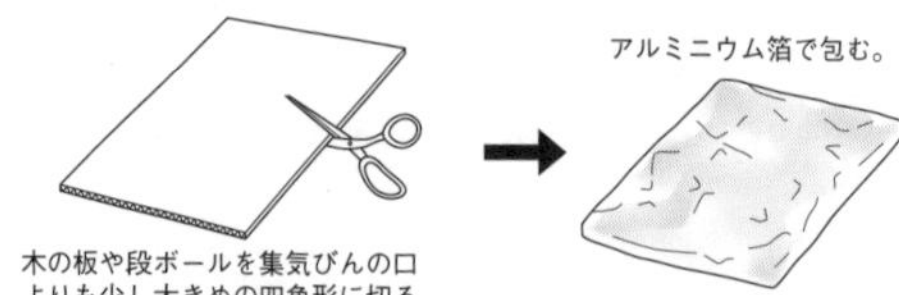

アルミニウム箔で包む。

木の板や段ボールを集気びんの口よりも少し大きめの四角形に切る。

③底なしの集気びん
(空気の通り道調べ)

集気びんの底が切ってあるびん。油粘土などで空気の出入り口を作り，線香の煙の流れを観察する。

熱くなった集気びんをさわらないよう気をつける。

集気びんは250，500，1000mL用があり，広口びんは30mL～1000mLなど薬品の量で多様な種類を選べる。集気びんは気体を集めたり，中でものを燃やしたりするのに使う。広口びんは口が広い保存用のびんである。粉末や塊状の薬品を入れる。口が広いので，さじで取り出すのに便利である。

《下方置換法》

ガラス管を底まで差し込み，気体が底の方からたまるようにするとよい。びんの中の気体がいっぱいになった頃を見はからって，空気が混じらないように静かにガラス管を抜き，ふたを閉める。

《上方置換法》

気体を集めてから使うまでは逆さまにしておき，気体がふたのすきまから逃げないようにして保管する。

《水上置換法》

水を入れたびんに気泡が入らぬようにガラスのふたをして，水中に逆さに立てる。気体がたまったら，ふたをしたまま外に取り出す。

《底なしの集気びん》

ガラスのふたつきで，250mLと500mLが市販されている。短いろうそくを使った燃焼の実験を行う。油粘土を下に置き，空気の出入りを調節するとともに，ガラスのふたはすりガラスを使用し，研磨面をぬらして機密性を保つ。

KEY WORD

製スタンド（→ p.223）
騰石（→ p.306）
ラミックつき金網（→ p.220）
量・転倒防止
底フラスコ・三角フラスコ
（→ p.314）

丸底フラスコ

4年「金属・水・空気と温度」

液体の加熱や気体の発生実験など，用途は広い。丸底フラスコは不安定であるが，高温高圧に強い。平底フラスコは底が平らになっているため，フラスコを置く必要があるときに使用する。底にゆがみが残っているので，高圧や低圧の実験では使わない。

丸底フラスコは高圧，高温に耐えるようにできているので，加熱・加圧・減圧用に使う。安定して置けないので首を固定する。液量は多すぎないように注意し，普通$\frac{1}{3}$程度で扱う。

①フラスコの種類

丸底フラスコは，高圧，低圧に耐えるので，加熱したり，減圧したりするときに使う。三角フラスコは，気体を発生させる場合などに使う。

丸底フラスコ

平底フラスコ

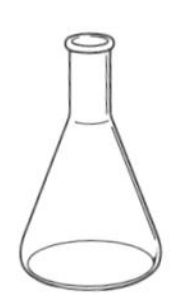
三角フラスコ

②液体の正しい加熱の仕方

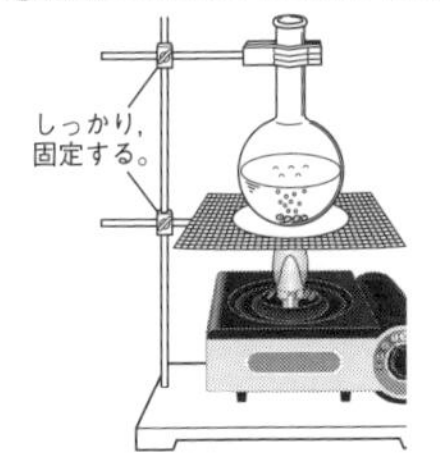

・丸底フラスコは，溶液を沸騰させるときのように圧力がかかる実験で用いる。

・加熱するときは，突沸を防ぐためにも，沸騰石を入れる。

・直接強い火に当たらないように，セラミックつき金網を使う。

③液温の測定の仕方

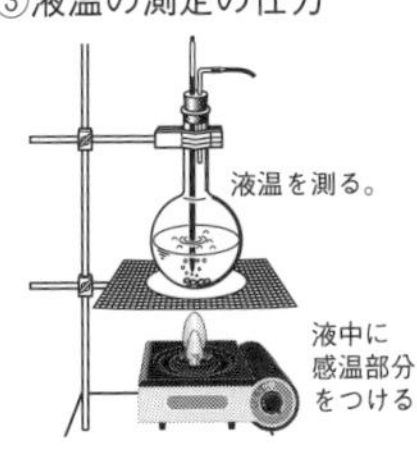

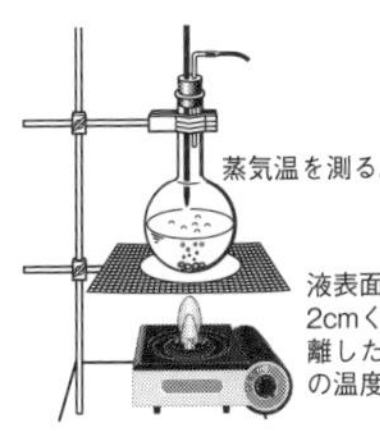

液温を測る。

蒸気温を測る。
液表面から
2cmくらい
離したところ
の温度を計る。

④事故防止

上の凸部に指をかけ，
垂直に首のところを
しっかり持つ。
底が球形なので立て
られない。スタンド
に固定しておく必要
がある。

首と球部の
付け根は特
に割れやす

容量は，50～2000mL くらいまで多様である。児童用には200mL を，演示用には500mL を使うのが一般的である。

《液体の正しい加熱の仕方》

中に入れる液量は，8分目が規定の秤量なので，フラスコには8分目以上の液体を入れないようにする。多すぎると，煮沸実験をしても危険が伴う。

通常は安全を図るため，4～6分目程度の液体を入れて実験を行う。加熱するときには，$\frac{1}{3}$を超えないようにしたほうが，吹きこぼれなどもなく安全である。

《事故防止》

5本の指で，首のところをしっかりと持つ。フラスコは，常に垂直に持つ。斜めにして持ち運ぶと，球部分を何かにぶつけがちである。また，上の凸部分に指をかけて持つようにすることで，するりと抜け落ちることも防げる。

中に液体が入っているときは，右手で，首のところを持ち，左の手の平を底に当てる。

丸底フラスコや平底フラスコが転倒しないようにする台が市販されている。

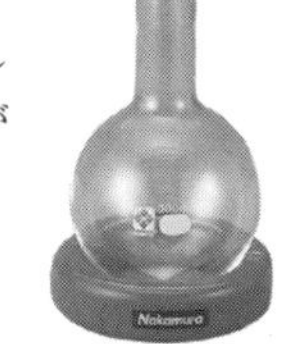

転倒防止用フラスコ台

KEY WORD
気体発生用
転倒防止
歪み
沸騰石（→ p.306）
液量
平底フラスコ（→ p.313）

三角フラスコ

4年「金属・水・空気と温度」6年「燃焼の仕組み」「植物の養分と水の通り道」

座りがよく，中の沈殿物などを取り出しやすく，また洗浄もしやすいので，液体の加熱や気体の発生実験など用途は広い。三角フラスコは，ほとんど硬質ガラス製であるが，平底のフラスコと同じく，ガラスのゆがみがあるので，強熱・加圧・減圧の実験には不向きである。

フラスコの中で底がいちばん広く，最も安定しているが，ガラスにゆがみがあるので割れるおそれがあるため，高圧や低圧の実験では使用しない。

三角フラスコは，気体の発生実験などに使われる。フラスコ類の中で，底がいちばん広いので最も安定している。

①気体発生で使用する例

できるだけ小さなフラスコを使い，発生する気体への空気の混入を少なくする。

②安定性を利用

植物の水の通り道を調べる実験に適している。

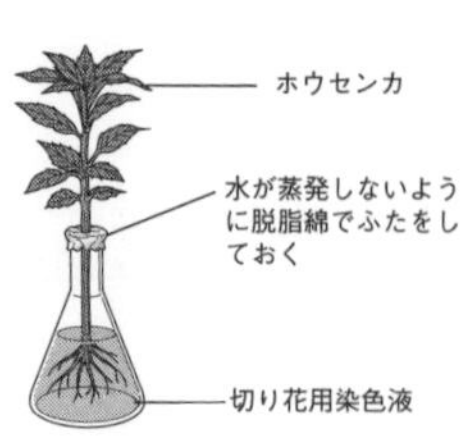
ホウセンカ
水が蒸発しないように脱脂綿でふたをしておく
切り花用染色液

容量は，50 ～ 2000mL まで多様である。このうち児童用には200mL を，演示用には500mL を使うのが一般的である。

《使用例》

秤量は1割も誤差があるので，体積測定には向かない。

ゴム栓をして保管するときは，口の$\frac{1}{3}$くらいまで入るものにする。それ以上小さいと，とれにくくなるし，大きいとはずれる（100mL 用で6号，200mL 用では8号ゴム栓がよい）。

試薬を入れるときは，たれないように，注ぐ口をフラスコの口に合わせて入れる。

《事故防止》

化学実験では，火に直接かざさない配慮と，加熱したものが転倒することを考えて，必ず鉄製スタンドで首を支えるようにする。

KEY WORD
槽（→ p.151）
型水槽
型水槽
ラス製・プラスチック製
上置換法（→ p.312）
育（→ p.151 ～ 164）

水槽　ペトリ皿（シャーレ）

3年「昆虫と植物」「磁石」 4年「温まり方」 5年「動物」 6年「燃焼」「環境」

水槽は小形から大形のものまで多種類があるので，用途に応じて選ぶ。ペトリ皿（シャーレ）は，ガラス製やプラスチック製のものなどがある。ガラス製のものは，プラスチック型のものより重くて割れやすいので気をつける。

水槽，ペトリ皿は，プラスチック製やガラス製で破損しやすいので，落としたりぶつけたりしないように気をつける。

①水槽の種類

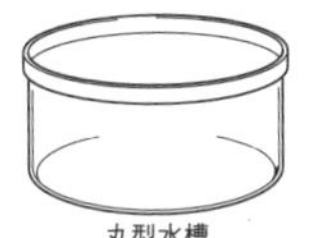
丸型水槽

角型水槽

形状によって破損しやすい箇所が異なる。

丸型は底の面の部分

角型は側面の角の部分

②水槽の使用例

水上置換法

棒磁石で方位調べ
（プラスチック製水槽）

③ペトリ皿

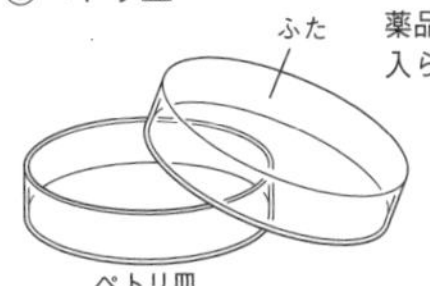

ペトリ皿

薬品を入れて使用する場合は，指が中に入らないように，側面を持つようにする。

④ペトリ皿の使用例

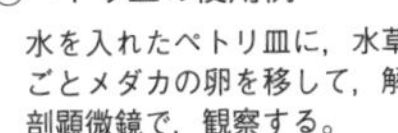
水を入れたペトリ皿に，水草ごとメダカの卵を移して，解剖顕微鏡で，観察する。

葉をヨウ素液に浸して，デンプンがあるかどうか調べる。

（チャック付きビニル袋に入れて解剖顕微鏡で観察することもできる。）

《丸型水槽・角型水槽》

形状の違いはあるが，水をためて使用する点では同じである。プラスチック製やガラス製がある。プラスチック製の水槽は軽量だが，水を入れるとかなりの重さになるので，破損に注意する。

丸型水槽には，直径18，24，30cm等のものがある。

角型水槽は，サイズがいろいろとあるので，飼育で使用する場合，飼うものの大きさや数，生態に応じたサイズを選択するとよい。水を入れて持ち上げると，ガラスとフレームの接続部がはがれて水もれを起こすことがあるので，取り扱いに注意する。

《ペトリ皿（シャーレ）》

ドイツの医師ペトリ（1852—1921）の考案による細菌培養用のふたつき容器で，シャーレとも呼ぶ。

ガラス製やプラスチック製のものがある。直径が60，75，90，120，150mm等があるので，用途に応じたサイズを選ぶ。

〈使用例〉

・食塩水の自然蒸発（5年）
・メダカの飼育（5年）
・薬品を入れる容器
・ダンゴムシが落ち葉を食べる様子を調べる容器（6年）

KEY WORD
広口びん
細口びん
ラベル（レッテル）

試薬びん

5年「物の溶け方」 6年「水溶液の性質」

広口びんは粉末や塊状の試薬（薬品など）を入れるのに使い，細口びんは，液体状の試薬を入れるのに使う。試薬を入れたら必ずラベルを貼って保存する。使用していないびんは，ふたがびんに付着してとれなくなるときがあるので，薄い紙をはさんでおくとよい。

びんの口とふたはすりガラスになっていて，びんとふたとは対になっているため，取り違えると使用不能となる。ふたを取り違えないように，ふたとびんに目印をつけておくようにする。

①試薬びんの種類

広口びん
細口びん
無色
茶色
無色
茶色

広口びんは，粉末状や塊状の試薬が取り出しやすいように口が広くなっている。細口びんは，液体状の試薬を注ぎやすく，蒸発量が少ないように細くなっている。茶色びんは，硝酸銀溶液のような，光分解しやすい水溶液を保存するのに使う。

②ラベルを貼る

塩酸　HCℓ
濃度:3モル
H.17.5.10 調整　池田

ラベル枠を色分けするとよい。
(例)
酸類：赤枠
アルカリ類：青枠
塩類：黒枠

③試薬びんの扱い方

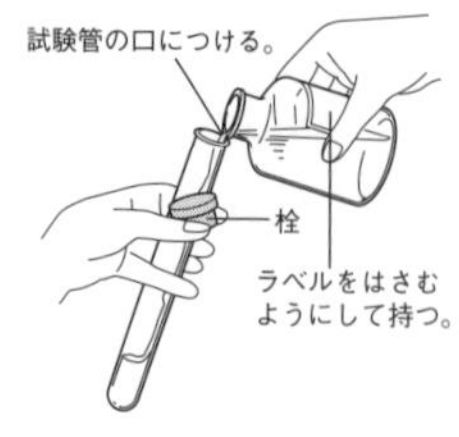
試験管の口につける。
栓
ラベルをはさむ
ようにして持つ。

回しながら
傾ける。

試薬びんは，形から細口びんと広口びんに分類される。色からは無色なものと茶色のもの，材質からはガラスびんとポリエチレンびんとに分けられる。

試薬びんのサイズ（mL）

30，60，120，250，500

アルカリ性の試薬溶液を保存するときは，ゴム栓を使用する。長期間保存するとガラスが溶けだし，すり合わせのふたがとれなくなるからである。

ポリエチレン製の試薬びんは若干通気性があるため，長期間保存すると水溶液の水分が蒸発し，濃度が増すことがある。

《ラベルを貼る》

何の溶液かわからなくなるため，ラベルは必ず貼る。

・溶液の名称と薬品記号
・濃度
・調製年月日
・調製者名

などを黒インクや油性サインペンなどを使って消えないように書く。事故防止と整理しやすいように，ラベル枠を色分けしておくのもよい。

《試薬びんの扱い方》

液体の試薬を扱うときは，試験管の口にのせると安定して注げる。

粒状や粉末状の場合には，さじやピンセットを使う。やや多めに取り扱う場合は，びんを両手で持ち，回しながら傾けると，少しずつ出て安全である。

KEY WORD
紙
ラス棒
うと
うと台
製スタンド（→p.223）

ろ過装置

5年「物の溶け方」

ろうとの口径は，60 ～ 90㎜のものが一般的だが，ろうと，ろうと台，ろ紙のサイズは統一しておくとよい。ろうとには足の短いものと長いものがある。長いもののほうが吸引力が大きくなり，ろ過の効率がよい。

ろうとを机の端に置くと，転がって机から落ちて割れることがあるので，伏せておくか，ろうと台に保持しておく。

①ろ紙の取り付け

ろ紙は図のように折って使う。

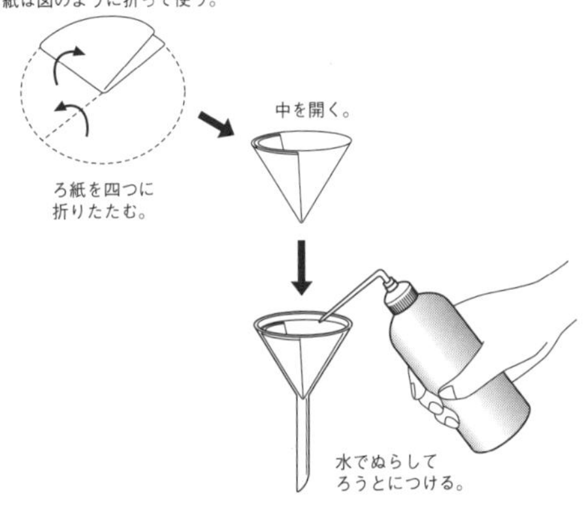
ろ紙を四つに
折りたたむ。
中を開く。
水でぬらして
ろうとにつける。

②ろ過

ガラス棒に伝わせる
ようにして注ぐ。
ろうと
ろうとの管の先を
ビーカーの壁につける。
ろうと台
鉄製スタンドの支持環を使う場合は，ゴム管を利用するとよい。

《ろ紙の取り付け》

ろ紙を四つに折り，中を開いてろうとに取り付ける。このとき，ろうとの稜線の長さより１割ほど短くなるようなろ紙のサイズが，ちょうどよいサイズである。ポリ洗浄びんなどを利用して水でぬらし，ろ紙の上の縁を一回り押さえる。特に，重なっているところは空気が入り込まないように，しっかり押さえておく。すきまがあると吸引力がなくなり，ろ過の効率が悪くなる。

《ろ過》

ろうとをろうと台にセットし，ろうとの足の長いほうの曲面を，下に受けるビーカーの内側の壁につける。

水溶液はあらかじめ一定時間放置し，固体を完全に沈殿させて，上澄み液からろ過を始める。先に固体がろ紙に付くと，ろ紙の目がふさがってしまい，ろ過にかかる時間が長くなってしまう。

ろ紙の３枚重なっている部分にガラス棒の先をつけ，ろ過する液をガラス棒に伝わらせるようにして，ろ紙の八分目くらいまで注ぎ入れる。

ろうと台ではなく鉄製スタンドの支持環を使う場合は，支持環にゴム管を切ってはめておくと安全である。

KEY WORD
目立てやすり
ガラス管切り
ガスバーナー（→ p.221）
ゴム管（→ p.319）

ガラス管

4年「金属・水・空気と温度」 6年「水溶液の性質」 など

ガラス管は，気体や液体を導く様々な実験に使われたり，かき混ぜ棒やスポイトにもなったりする。ガラス管切りを使うと簡単に切ることができ，熱を加えると様々な形に変形させせることができるので，実験の用途にあった形に加工して用いる。

ガラス管の切り口は非常に鋭利になっているので，必ず加熱して丸めておく。また，ゴム栓に通すときなど，強い力を加えると破損するので，十分注意して取り扱う。ゴム管に通すときは，ガラス管を水でぬらすと入りやすい。

①ガラスの切断

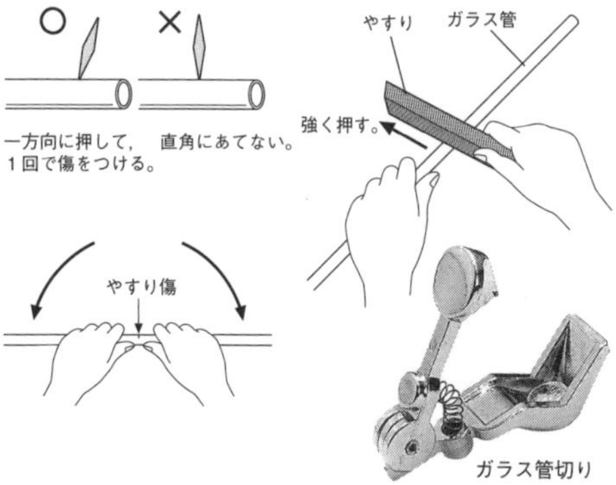

○ ×
一方向に押して，1回で傷をつける。
直角にあてない。
やすり　ガラス管
強く押す。
やすり傷
ガラス管切り

②切り口を丸める

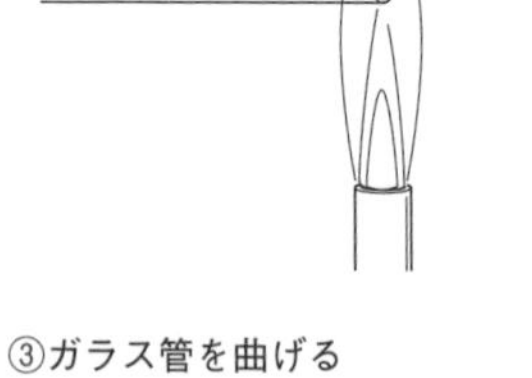

先が丸くなったら取り出し，ゆっくり冷ます。

③ガラス管を曲げる

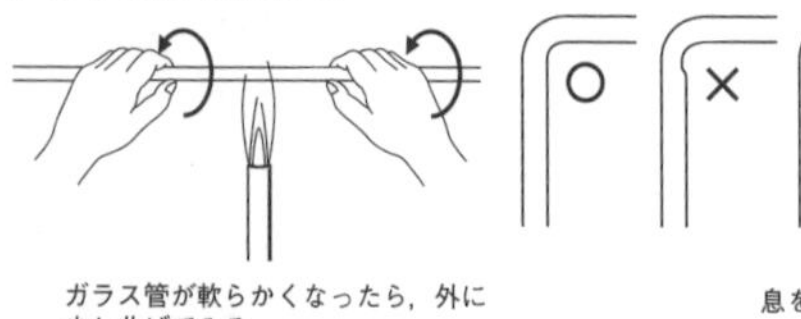

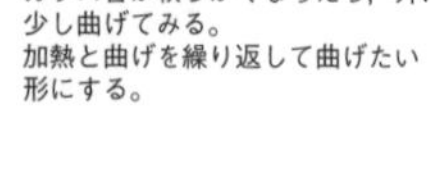

ガラス管が軟らかくなったら，外に少し曲げてみる。
加熱と曲げを繰り返して曲げたい形にする。

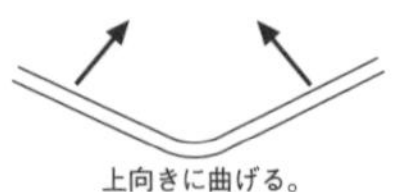

上向きに曲げる。

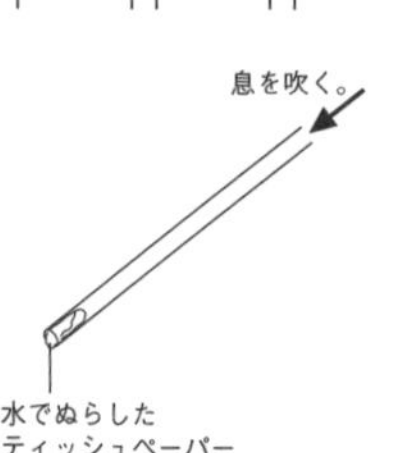

水でぬらしたティッシュペーパー

ガラス管のガラスの種類は，ソーダガラス，ホウケイ酸ガラス，石英ガラスがある。切り口は，ソーダガラスは緑色，ホウケイ酸ガラスは黄色っぽい色，石英ガラスは無色であり，この順に硬度が高くなって熱にも強くなる。

一般的な実験に用いられているのは，外径7㎜程度のソーダガラスのガラス管で，普通のガスバーナーでも簡単に細工ができる。

《ガラス管の切断》

目立てやすりで，図のようにガラス管に傷をつける。つけた傷が体の前方にくるように持ち，図のように左右に引っ張るようにして親指を押し出しながら折る。または，ガラス管切りという道具を使うと簡単に切断できる。

《切り口を丸める》

ガスバーナーに点火し，空気を多めに調整した炎で加熱する。切り口が丸くなったら取り出してゆっくり冷ます。長く熱しすぎると口径が小さくなるので注意する。

《ガラス管を曲げる》

炎の中で曲げたい部分を均一に十分加熱し，軟らかくなったら炎の外に出して両端を上向きに曲げる。管の太さが均一にならないようなときには，図のように，片方の端を水でぬらしたティッシュペーパーでふさぎ，曲げる際にもう一方の端から息を吹き込みながら曲げるとよい。

KEY WORD
リコン管
ラス管（→ p.318）

ビニル管　ゴム管

4年「金属・水・空気と温度」 5年「物の溶け方」 6年「水溶液の性質」

ビニル管，ゴム管は，液体や気体を取り出したり，ガラス管をつないだりするときに使う。また，ゴム管はガスや水道水を遠くに導くときにも使われる。ビニル管は，中を通る液体や気体の流れが見えるところに特徴がある。

ビニル管，ゴム管は，目的や用途に合ったものを使う。特に減圧するときは，必ず減圧ゴム管を使うようにする。また，経年変化で劣化したものは使わないようにする。

①使用例

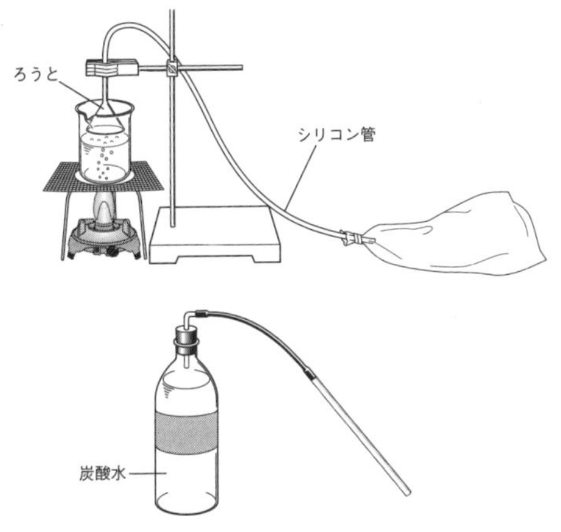
ろうと
シリコン管
炭酸水

②ガラス管とゴム管の接続

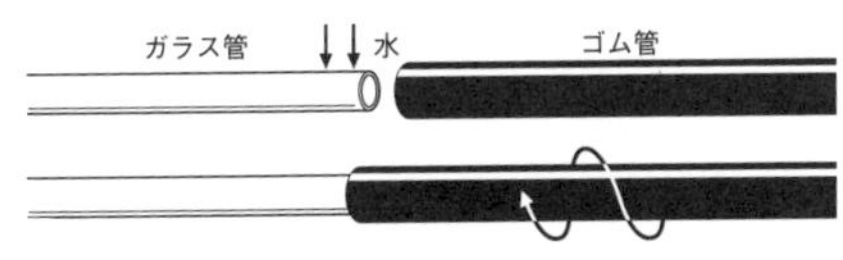
ガラス管
水
ゴム管

③実験中の注意

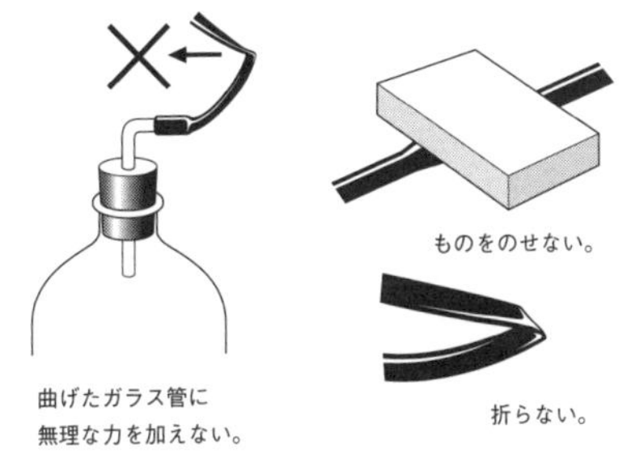
曲げたガラス管に
無理な力を加えない。
ものをのせない。
折らない。

《ビニル管・ゴム管の種類》

ゴム管は，化学実験用のゴム管と減圧ゴム管，ガス・水道用ゴム管に分けられる。

化学実験用のゴム管は，普通は黒色のブチルゴム製だが，半透明で中がある程度見え，耐熱・耐薬品に優れたシリコンゴム製のものもある。いずれも様々なサイズがあるので，接続する器具の大きさに合わせたものを使う。

減圧ゴム管は，真空ポンプや水流ポンプに接続し，肉厚で丈夫な材質でできている。

ガス・水道用のゴム管は，ガスの元栓や水道の蛇口から離れたところにガスや水を導くのに用いる，専用のものである。

《ガラス管とゴム管の接続》

ガラス管にゴム管を差し込むときは，ガラス管に少し水をつけ，ねじるようにして深く差し込むようにするとよい。

《実験中の注意》

曲げたガラス管につないだゴム管を，ガラス管の曲がりと逆方向に引っ張ると，ガラス管が割れてしまうことがあるので気をつける。また，ゴム管を途中で折ったり，重いものをのせたりすると，中の液体や気体が流れなくなってしまうので，ゴム管の長さを調節したり，ものをのせないようにするなど，注意する。

KEY WORD
コルク栓
栓番号
コルクボーラー

ゴム栓
試薬・物質の保存

ゴム栓は黒色が一般的に使用されるが，赤色，白色，あめ色の種類があり，後者のものほど高価である。栓の大きさによって栓番号がついているので，使用している器具に合う番号を確かめて注文することが大切である。

空気もれを防ぐなどの気密性を保つ場合には，弾力性のあるゴム栓を使用する。ただし，ゴム栓はアルコールに溶けて劣化するため，コルク栓との使い分けが大切である。

①ゴム栓の種類

栓番号	1	2	3	4	5	6	7	8	9	10	11
ゴム栓											
下の直径(mm)	13	14	15	16	19	19.5	21	23	25	27.5	29
高　さ(mm)	21	21	22	25	26	28	29	31	32	35	35

②栓の大きさ

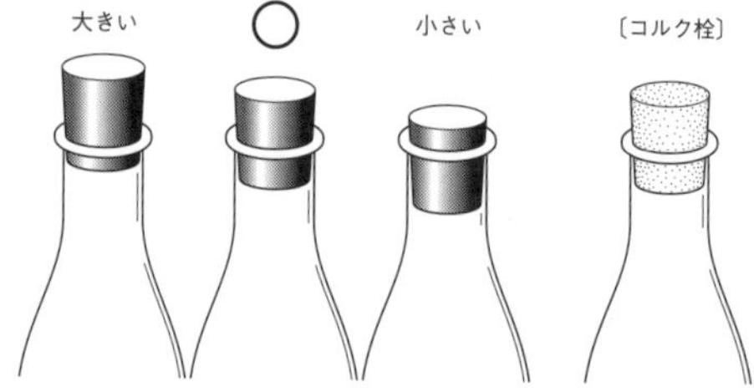

③穴をあける

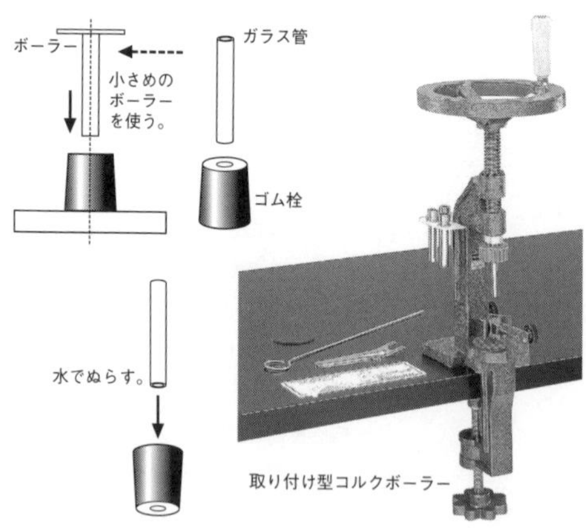

取り付け型コルクボーラー

ゴム栓には，大きさによって番号がついているので，注文する場合には栓番号を指定する。学校では，ほぼ決まった大きさの試験管やフラスコなどを使用しているので，よく確かめてから注文する。長く保存すると弾性が劣化するため，長期間多量に保存せず，そのつど少量を購入するとよい。

《栓の仕方》

コルク栓は，一般の試薬用びんの栓として広く使用されている。アルコールなどに溶けないため，エーテルなどの栓としても用いられる。

ゴム栓は，気体発生の装置など，気密性が要求される場合に多く使用される。そのため，実験の目的に合わせて，コルク栓とゴム栓を区別して使用することが必要である。

栓はまっすぐにねじ込み，栓の半分まで入れて使う。

《穴のあけ方》

ガラス管が栓から抜けないように，ボーラーでガラス管より小さめの穴をあける。ゴムの弾力によって，ガラス管と栓は密着し，抜けないようになる。

小さめのゴム栓の穴にガラス管を入れるため，ガラス管が破損して手をけがする場合がある。そのため，タオルでガラス管を包んだり，作業用の手袋をはめて，けがをしないで作業できるようにする。ガラス管をぬらして差し込むと，滑らかに入る。

KEY WORD

ラス製
ラスチック製
ム管（→ p.319）

注射器

4年「空気と水の性質」「金属・水・空気と温度」6年「生物と環境」

ガラス製とプラスチック製があり，規格によって精度が異なる。児童用としては，扱いやすく破損しにくいプラスチック製で十分である。気体や液体を注入するためのものである。ステンレス製のものが一般的に使用される。

ガラス製の容量は，プラスチック製より精密にできている。しかし，ガラス製のものは，液体や気体を注入したり吸入するとき，器のほうを破損しやすい。また，使用中に先端を破損することがあるので注意が必要である。

①プラスチック製注射器の使用例

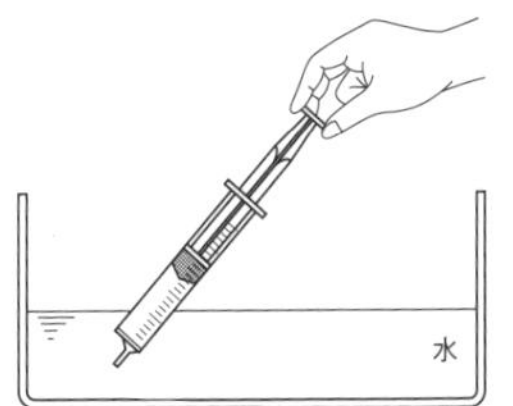

筒(ピストン)の上の方を持って引き，水を少しずつ吸入する。筒の半分まで水を吸い込んだところでピストンに力を少しずつ加え，水を水槽の中に押し出す。ピストンを押したり引いたりする力を変えて，水の吸排出の勢いの違いを観察する。

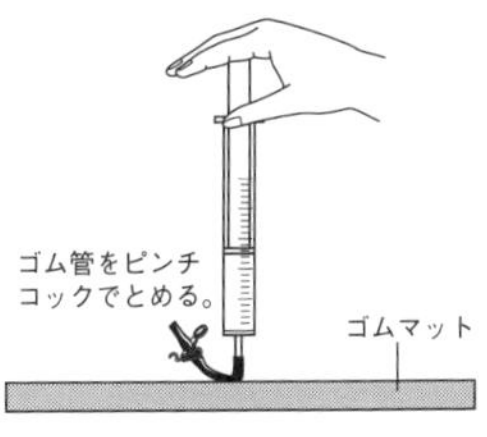

ピストンを押したり放したりして，そのときの力の入れぐあいと中に閉じこめられた水や空気のかさの関係を観察する。

②ガラス製の注射器の使用例

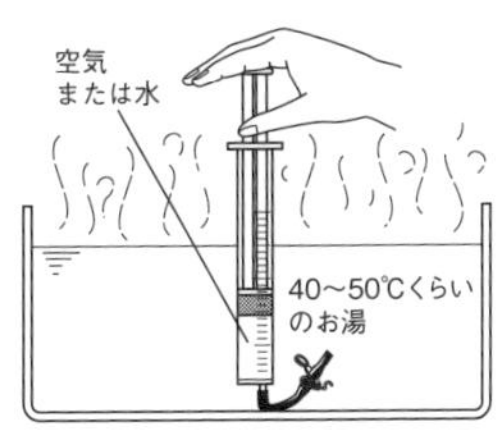

筒の３分の１くらいまで空気を吸い込み，ゴム管の先をピンチコックでとめる。空気を閉じこめた状態で，静かに湯につける。温度の違いによる空気や水のかさの変化を観察する。

《種類》

注射器にはガラス製とプラスチック製がある。規格によって測定精度が異なるので，使用目的と使用量によって選択する。

・注射器容量（mL）

２，５，10，20，25，30，50，100 など

《安全》

空気を閉じこめてピストンを引っ張って放すと，ピストンが勢いよく戻り，筒の先端を破損することがあるので注意する。空気や水の吸入と排出は，ピストンをゆっくり動かすことが必要である。

熱湯では，火傷の危険があるので注意する。また，急に熱湯に入れると，ピストンが飛び出したり筒が破裂する危険がある。

KEY WORD

ピペット（→p.232）
ペトリ皿（→p.315）
解剖顕微鏡（→p.279）
モンシロチョウ（→p.153）
メダカ（→p.161）
食塩・ミョウバン・ホウ酸（→p.308）

時計皿

3年「昆虫と植物」5年「動物の誕生」「物の溶け方」

時計皿は，使い方を工夫すれば実にいろいろな利用法がある。ガラス製とプラスチック製があるが，一般的にはガラス製が多く使われる。しかし，ガラス製は破損しやすいので，取り扱いに注意する必要がある。

時計皿にはガラス製とプラスチック製がある。プラスチック製は，底の部分に擦り傷がつきやすい。ガラス製は傷がつきにくいが，落下などにより破損する場合がある。

①昆虫の観察での使用例

モンシロチョウの幼虫やダンゴムシを時計皿に入れ，上からラップフィルムでふたをする。青虫やダンゴムシの歩き方やからだのつくりを，上や下から観察する。

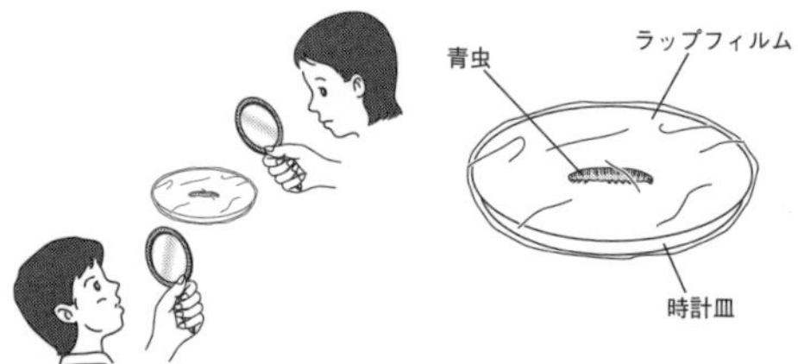

②メダカの卵の観察での使用例

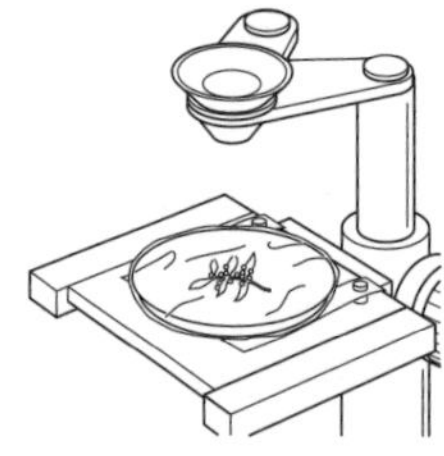

水槽の中の水草に産み付けられたメダカの卵を，少量の水草ごと時計皿に取り出す。上にラップフィルムをかぶせて，卵のつくりを解剖顕微鏡で観察する。

チャック付きビニル袋に入れてもよい。

③自然蒸発での使用例

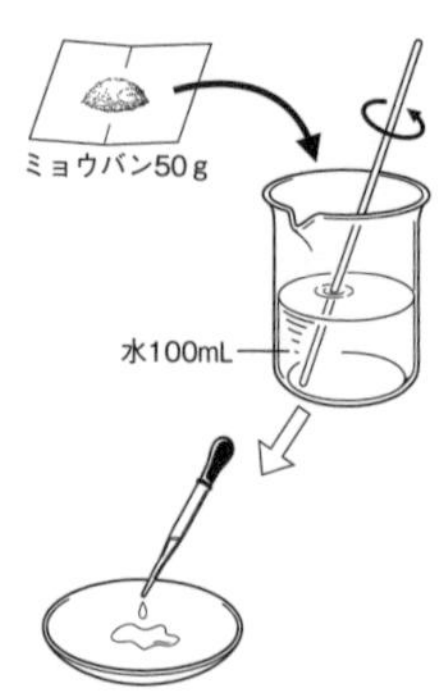

ビーカーに水を100mL入れ，食塩とミョウバン，ホウ酸などを約50gずつそれぞれのビーカーへ入れてかき混ぜる。完全に溶解した水溶液を，ピペットで少量を時計皿に入れ，日光のよく当たる風通しのよいところに置いておく。

15分後くらいして水が蒸発したところで，解剖顕微鏡へのせて，析出してきたものの色と形を観察する。

外径が30～150㎜くらいまで各種あるので，使用目的によって選択する。内容によっては，ペトリ皿で代用が可能である。

《昆虫の観察》

あらかじめ解剖顕微鏡の使い方を指導しておくとよい。特にレンズ（またはステージ）の動かし方やのぞき方，解剖顕微鏡を使いながらの図の描き方などを，事前に指導しておくとよい。

青虫やダンゴムシなど，動き回る昆虫を観察するときは，逃げ出さないようにラップフィルムをかけるとよい。

《メダカの卵の観察》

メダカの卵やミジンコなどを観察する場合には，あまり動き回らないように，水草や真綿などのようなものを入れるとよい。

レンズを近づけすぎて，時計皿を破損しないように注意する。

《自然蒸発》

蒸発による溶質の析出には，濃度がうすすぎると時間がかかるので，学習時間内に観察できるよう濃度を調節しておく。ただし，ミョウバンや食塩などの単結晶を析出するには，数日間静かな場所で，しかも子どもが観察できる場所に置くことが必要である。

KEY WORD

熱用金網（→ p.220）
験用ガスコンロ（→ p.217）
つぼばさみ（→ p.324）
全めがね（→ p.298）

蒸発皿

5年「物の溶け方」6年「水溶液の性質」

POINT 陶磁器製で白色と色つき蒸発皿がある。また，丸底と平底があり，小学生には平底が扱いやすい。実験用ガスコンロやアルコールランプ，ガスバーナーで加熱して水分を蒸発させ，溶解している溶質を取り出すときに利用する。

陶磁器製のため，落として破損することがあるので注意する。また，加熱により高温となるため，子どもが火傷をするおそれがあるので，熱したあとも，直接触らないように指導する。さらに，高温の状態で水につけたりすると，破損することがあるので注意する。

①蒸発皿の使用例

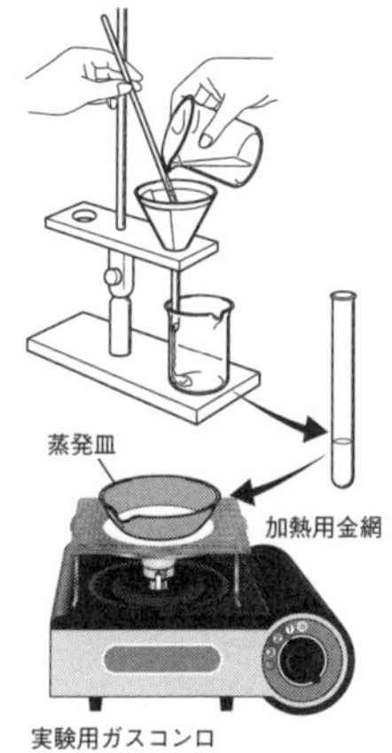

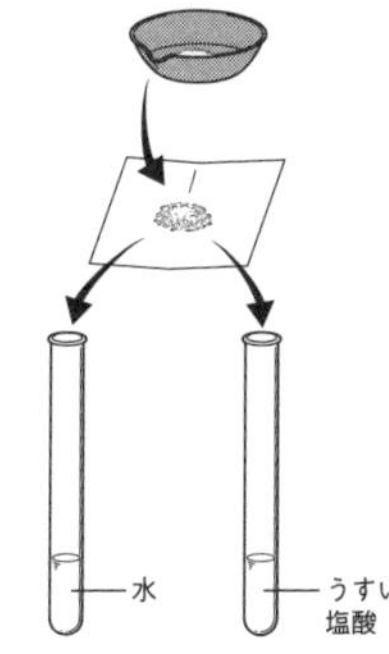

1）うすめた塩酸にアルミニウム箔が溶けた液を，ろ紙でろ過して試験管にとる。

2）ろ過した液を蒸発皿へ入れる。

3）蒸発皿を熱し，液が少し残っているくらいで，実験用ガスコンロの火を消す。余熱で乾燥するのを待つ。

4）液を蒸発させて出てきたものを少し集める。

5）液を蒸発させて出てきものを，水とうすめた塩酸の液に入れる。

6）塩酸に入れたら，もう一度泡を出して溶けるかを見る。また，水に入れるとどうなるかを観察する。

②使用後

熱いうちに水をつけると，蒸発皿を破損することがある。冷めてから水で軽く洗ったあと，中性洗剤を使って塩化アルミニウムの粉末を洗い落とす。

なお，中性洗剤を使うと滑りやすいので注意する。小学生の場合は，台所用のゴム手袋（Sサイズ）を使って洗わせると，より安全である。

蒸発皿　丸底

蒸発皿　平底　　色つき蒸発皿

食塩水などから水を蒸発させて，溶けているものをとり出すには，色つき蒸発皿がわかりやすい。

《安全》

蒸発させるときは，必ず窓を開けて行う。蒸発した気体を直接吸い込まないように気をつけさせる。また，蒸発皿には，顔を近づけないようにし，安全めがねを使用させる。

加熱しすぎると，蒸発して出てきたものが，熱ではじけて火傷をする危険があるので注意する。液量が少なくなったら火を止める。

《蒸発皿ばさみの使い方》

真ちゅう製で長さ120㎜のものが最も使いやすい。蒸発皿が少し冷めてから柄の部分を締める。火傷をしないように注意する。実験用トングやるつぼばさみでも代用できる。

KEY WORD

柄つきるつぼ（カッセロール）
るつぼばさみ
三角架・三脚（→p.220）
アルコールランプ（→p.218）

るつぼ

6年「燃焼の仕組み」

るつぼには，ふたつきるつぼとふたなしで柄つきるつぼ（カッセロール）がある。容量は４～５種類あるが，溶かしたり加熱したりするものによって使い分ける。るつぼばさみはステンレス製で，長さは180㎜である。加熱されているものをはさむときに使用する。

一般的に，るつぼは高温で加熱するとき，柄付きるつぼは低温で加熱処理するときに使用する。高温で加熱するるつぼを持ち上げたり移動させるときには，るつぼばさみを使用する。火傷をしないよう注意が必要である。

るつぼ

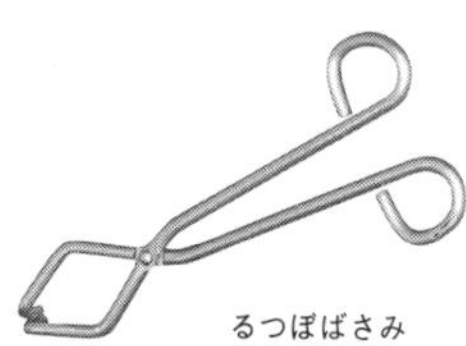

るつぼばさみ

①るつぼの使用例（ろうそくの燃え方）

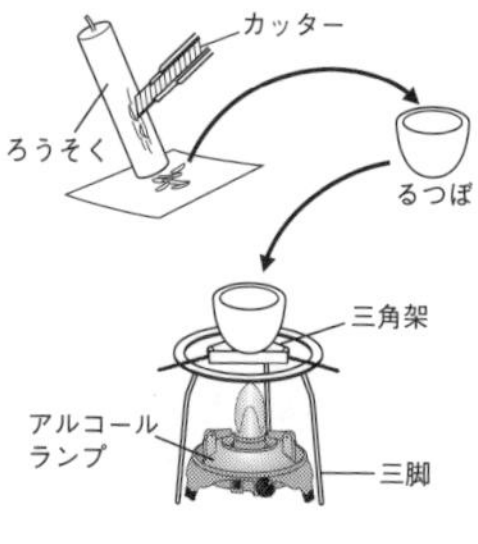

1）ろうそくをカッターで削り，ロウだけを紙の上に集め，るつぼの３分の１くらいまでに入れる。

2）るつぼを三角架にのせ，アルコールランプで加熱する。

3）加熱し，煙が出てきたら，るつぼばさみでガラス管をはさみ，煙の中に入れて，煙を外側に導き出す。

4）ガラス管を通って導き出された煙に，火がついたマッチを近づけて燃やす。

②るつぼばさみの使用例（金属の燃焼実験）

1）乾いたスチールウール少量を，るつぼばさみではさみ，火をつける。

2）火のついたスチールウールをすばやく集気びんの中に入れて，酸素の中でのスチールウールの燃焼の様子を観察する。

《種類》

ふたつきるつぼには，容量10，15，30，50mL，柄つきるつぼには，口径70，85，95㎜がある。いずれにしても，加熱物の量と質によって選択して使用する。ただし，陶磁器製であるので，落下などによる破損や高熱のまま水に入れてしまっての破損に注意を要する。

《るつぼばさみ》

るつぼばさみは，長さ約180㎜でステンレス製である。炎の近くで長時間使用すると，熱くてはさみを落としてしまうことがあるので注意する。また，ガラス管をはさむときには，あまりきつくはさむと，ガラス管が破損することがあるので注意する。

《安全》

ガラス管やるつぼは，十分に冷めてから実験台の上に置くようにする。また，水がかかると破損することがあるため，水がかからないように注意する。

《金属の燃焼》

ふたとしてガラス板を使用すると，スチールウールが燃焼する熱によって破損することがあるので注意する。また，スチールウールが燃焼して落下し，集気びんの底が破損することがある。水を少なくとも２㎝くらい入れておくようにする。水の代わりに石灰水や砂を入れたりすることもある。

るつぼばさみは，ピンセットよりも柄が長く，はさみやすい。

KEY WORD
注乳鉢
製乳鉢
うと（→ p.317）
うと台（→ p.317）
示薬・植物の色素（→ p.243, 300,
7）

乳鉢

6年「水溶液の性質」「人の体のつくりと働き」

磁製，鉄製の乳鉢と乳棒があり，固形物を乳棒ですりつぶし，細かくするのに用いる。鳥やメダカの餌をすりつぶす場合なども使用できる。低学年用としては，鉄製の乳鉢が安全に使用できる。

陶磁器製の乳鉢は，乳棒で強く叩くと割れて破損することがあるので注意する。乳鉢，乳棒は，使用中に力を入れすぎたり，棒で底をたたいたりしないよう注意する。

①だ液によるでんぷんを調べる実験

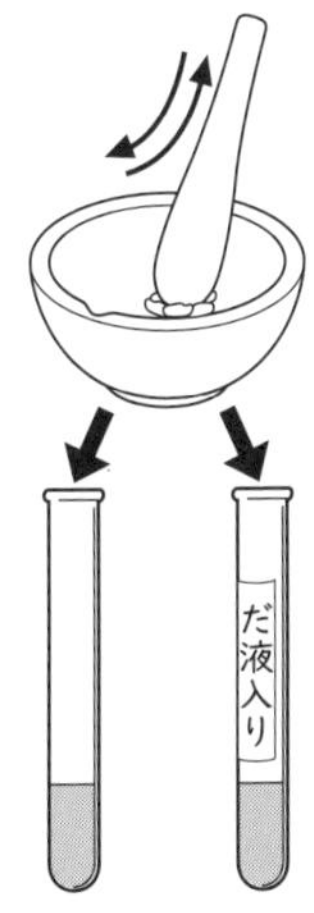

1）乳鉢に2～3つぶのご飯を入れて，乳棒ですりつぶす。

2）上澄み液を2本の試験管に入れる。

3）一方だけにだ液を入れ，試験管を約35℃の湯に入れて温める。

4）試験管にヨウ素液を数滴入れる。

②野菜や果物の汁で指示薬づくり（ムラサキキャベツ）

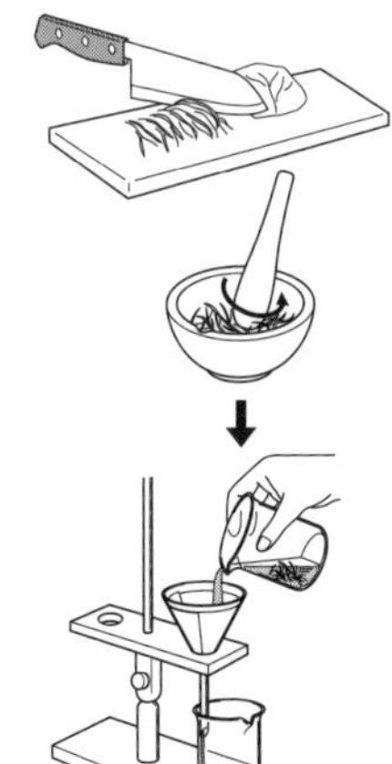

1）ムラサキキャベツを細かくきざむ。

2）乳鉢に入れて，まんべんなく押しつぶす。押しつぶしたら，さらに，乳棒で底を回すようにして，すりつぶす。

3）すりつぶしたものに水を50mLくらい入れて，ろ紙で，ビーカーへこし出す。

磁製乳鉢には，規格によって口径がいろいろあるが，すりつぶすものと量によって，大きさを選択する。児童用には，90㎜か120㎜が適している。

磁製乳鉢

鉄製乳鉢

《鉄製乳鉢》

鉄製乳鉢は，やや固い砂糖や塩などをすりつぶすときに使用するが，生活科の学習で，花の汁づくりなどでも使用できる。力の加減がうまくできない低学年の活動で使用するとよい。

《指示薬》

特定のpHにより呈する色が決まっている溶液を，一般的に指示薬として使用する（例えば，BTB溶液やリトマス液をしみ込ませたリトマス紙）。そのほかに，タマネギやムラサキキャベツのしぼり汁をうすめたものなどを，酸性やアルカリ性の指示薬として使用することができる。

KEY WORD
水酸化カルシウム
石灰水（→p.301）
二酸化炭素
炭酸カルシウム
炭酸水素カルシウム

石灰水採取びん

6年「人の体のつくりと働き」「水溶液の性質」「燃焼の仕組み」

水酸化カルシウム水溶液の上澄み液を石灰水と呼び，上澄み液が濁らないよう静かにくみ出して使用する。石灰水採取びんは，広口で水酸化カルシウムが入れやすく，上澄み液だけを取り出せるように，活栓の位置が容器の底より少し上についたタンクである。

石灰水採取びんは，転倒すると沈殿物が混合し，石灰水として使えなくなる。また，転倒による破損によって事故が起こる場合も考えられるので，注意する。

①石灰水の性質

水酸化カルシウムは，ほとんど水に溶けないので，水に加えると，ほとんどが沈殿する。静かに放置しておき，必要に応じてその上澄み液をとって使用する。使用後は，水を加えておく。

二酸化炭素の検出用として，理科室や準備室に常備しておくとよい。

水酸化カルシウムと二酸化炭素が反応すると，炭酸カルシウムの沈殿ができて，白濁する。

$$Ca(OH)_2 + CO_2 \rightarrow \underset{(沈殿)}{CaCO_3} + H_2O$$

②採取びん

石灰水採取びんとして市販されているものは，ポリエチレン製10L用容器がある。容器の活栓の位置は，タンクの底よりもやや上部についているので，石灰水の上澄み部分だけを取り出せて便利である。

くみ出すとき以外は，上部のふたは空気が入らないように，内ふたもしっかり取り付けておくとよい（くみ出すときには，ふたをゆるめる）。

活栓の位置が底よりもやや上部についているので，上澄み液だけを取り出すことができる。

③使用上の注意

・空気中の二酸化炭素の作用によって，活栓部分に不溶性（白色固体）の炭酸カルシウムが付着し，活栓の穴部分をふさぐこともあるので，定期的に活栓穴部分を掃除するとよい。
・空きびんに貯蔵する場合は，使用直前に振ったり倒したりして，上澄み液が白濁しないよう注意する必要がある。
・振って，水酸化カルシウムが沈殿した後，最初は活栓より白濁液が出るので注意する。
・作成日を書いたラベルを貼り，古くなったら作り直す方がよい。

《採取びん》

石灰水を空きびんに調製した場合，使用したあとに水を加えて，びんの9分目くらいにしておく。このとき，口もとまで水があると，液を出すときに下の沈殿が浮き上がって液が濁ってしまう。また，びんを振って液が濁ってしまうと，二酸化炭素指示薬としては使えなくなり，再び水酸化カルシウムが沈殿するまで長時間かかることになる。

そのため，始業前にビーカー等に必要量だけくみ出して，用意しておくとよい。また，数本の石灰水採取びん（予備）が用意されていると便利である。

石灰水は，空気に触れさせないよう栓をしたりふたをしたりすれば，ある程度は保存ができる。空きびんに，つくり置きを貯えておくとよい。

《水酸化カルシウム》

水酸化カルシウムは消石灰ともいわれ，白色の粉末で，25℃，0.129％飽和であるので，ほとんど水に溶けない。二酸化炭素による白濁実験で使用される。

水酸化カルシウムと二酸化炭素が反応すると，炭酸カルシウムの沈殿ができて白濁するが，さらに二酸化炭素を通し続けると，再び透明になる。これは，過剰な二酸化炭素によって，炭酸カルシウムが水に可溶の炭酸水素カルシウムに変化するためである。

$$\underset{(沈殿)}{CaCO_3} + CO_2 + H_2O \rightarrow \underset{(可溶)}{Ca(HCO_3)_2}$$

KEY WORD
芸用
学実験用

ふるい

4年「雨水の行方と地面の様子」 各学年植物栽培関連　6年「土地のつくりと変化」

ふるいは粒の大きさの違う砂などが混じり合っているとき，粒の大きさごとに分類する場合に使用する。つぶの大きさによる，水のしみこむ速さを調べる時に有効である。

ふるいは，園芸用や工事用など多くの種類があり，使う用途によって網目や形が違う。化学実験用では，簡単に分類ができるように，セットになっているものを利用する。

①園芸用ふるい

園芸用のふるいは，粗い土や細かい土をつくるときに使う。また，小石や木くずを除いたり，植えた種子に細かい土をかけるときに使ったりする。

②化学実験用ふるい

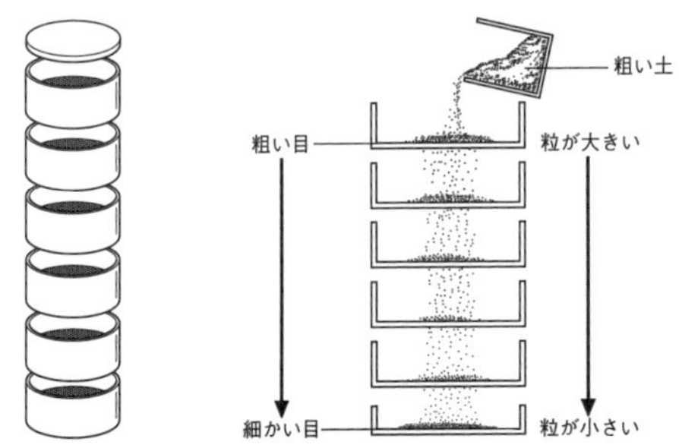

③ふるいの自作

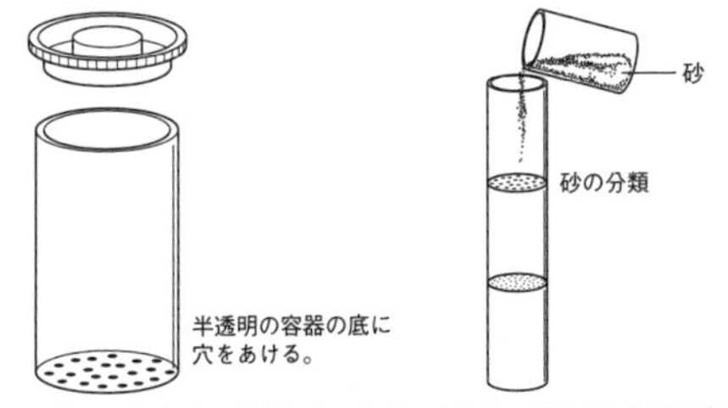

ドリルや焼いた釘などで穴をあけ，ふるいを作る。ドリルや釘の直径は，ドリルの刃や箱などに記載されている。

ふるいには，建設工事用や園芸用などがある。

化学実験などで使用するふるいには，穴の大きさの違うふるいがセットになっているのものと，黄銅製の網でできているものがある。

《ふるいの径と網目の例》

・網径55㎜網目(㎜)
0.25，0.5，１，２，４
・網径150㎜網目(㎜)
4.75，1.18，0.60，0.30，0.15，0.075

《使い方》

化学実験用のふるいは，穴の大きさ（網目）が違うふるいがセットになっていて，上下に受けふたがついている。化学実験では，粒の小さいほうが速く溶けるので，ふるいを使う場合がある。

砂を分けるときには，上に目の粗いふるいを置き，粒の大きい砂を集める。粗い目を通り抜けた砂は，細かい目のふるいに集まる。細かい目のふるいを通り抜けた砂は，受けふたに集まる。

《ふるいの自作》

ポリ容器やフイルムケースに電気ドリルで穴をあけたり，アルコールランプで焼いた釘などを刺して穴をあけ，簡単なふるいを作ることができる。

容器で目の粗いふるいから細かなふるいを作り，セロハンテープでとめる。上から砂を入れると砂粒を分類できる。

KEY WORD
ステンレス製
プラスチック製

バット

実験器具の配布や安全面での活用場面

バットは，かつて生物解剖や青写真づくりなどに使用されてきた。実験器具の配布や安全面での活用において特に有効である。

使用後は，水できれいに洗って保管する。乾燥させる際に重ねてしまうと，乾燥が悪くなるどころか，バット同士が離れなくなってしまうので注意する必要がある。

①実験器具の配布で使う例

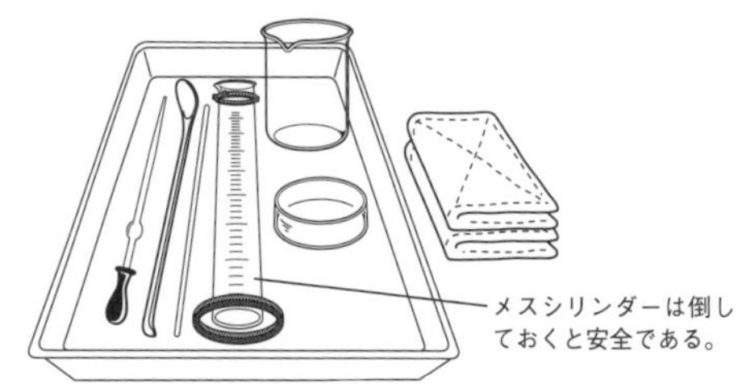

②安全のために使う例

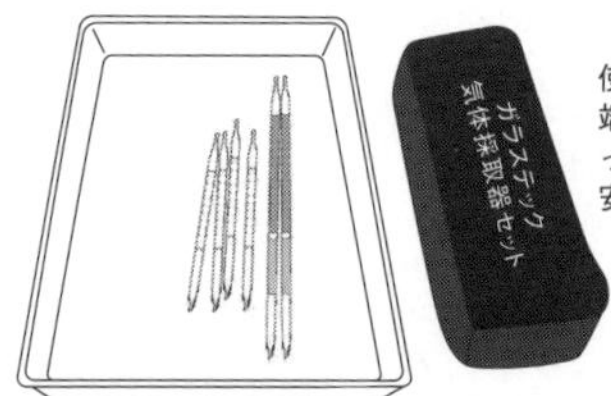

使用後の気体検知管は両端がガラスの破断面となっているため，バットで安全に回収する。

加熱後のものは金属製のバットに入れるなどと決めておく。

③乾燥させる時

縦と横に交互に置く。

④保管する時

紙はバットのふちにかけるようにすると外しやすくなる。

理科実験では，多くの場合，グループで実験が行われている。実験用具を実験机に移動する時に，バットを使うと安全である。メスシリンダーは，バットの中で横にしておくと，倒れる心配がなくなる。また，「観察・実験アシスタント」に準備の依頼をする際にも，バットで示すとよく伝わる。また，使用済みの両端の割れた気体検知管などガラス製の危険物を入れるのにも有効である。

金属のバットは，加熱されたものを入れるなど区別すると，児童が意識をし，事故防止につなげることができる。なお，加熱されたものの移動は必ず教師が行うようにする。

《種類》

〈ステンレス製（外形寸法：mm）〉

- 210×170×30
- 295×230×50
- 210×170×30
- 270×180×80
- 210×170×30

〈プラスチック製（外形寸法：mm）〉

- 230×320×50
- 273×373×60
- 325×445×70
- 350×250×60
- 400×400×50
- 150×220×39

《乾燥》

乾燥させる時は，縦と横に交互に置いて乾燥させる。乾燥したら，直接重ねても構わない。

長期において保管する時には，間に小さい紙をはさんでおくと，外しやすくなる。

KEY WORD

ール型
フマン型
ム管（→p.319）
栓つきろうと

ピンチコック

ゴム管使用の観察・実験

ピンチコックは別名ゴム管ばさみともいわれ，ゴム管の中を流れる液体や気体を流したり止めたりする場合に使う。構造が簡単で仕組みは理解できるが，気体や液体の流れを理解しないと誤った操作をしてしまうので，十分な指導が必要である。

ピンチコックは指先の力が必要で，不安定な操作になりやすい。気体の流れが理解できないと間違った開閉となり，危険が伴う。

①種類

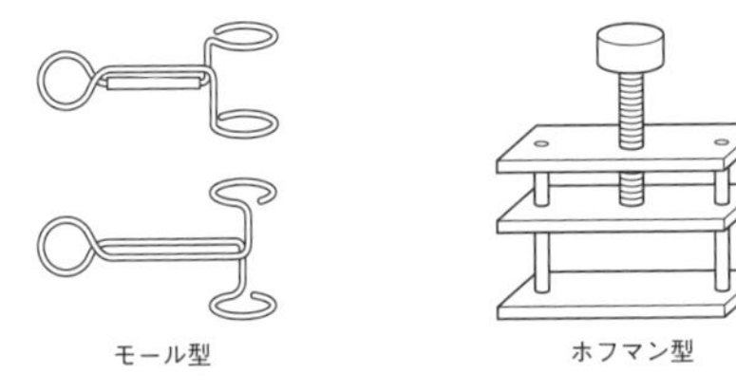
モール型
ホフマン型

②使い方

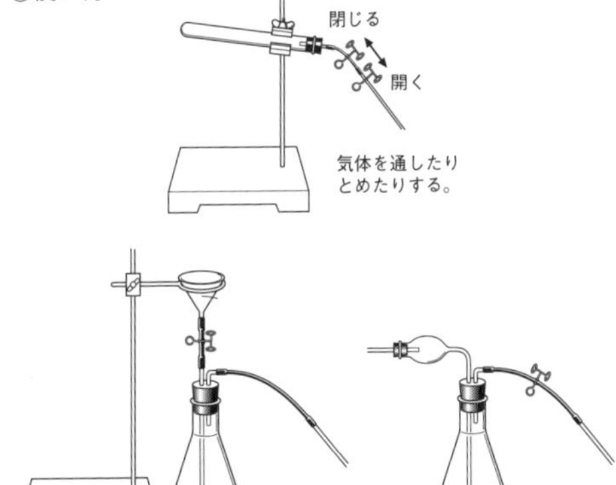
閉じる
開く
気体を通したり
とめたりする。
活栓のように使う。
空気を遮断する。

③危険防止

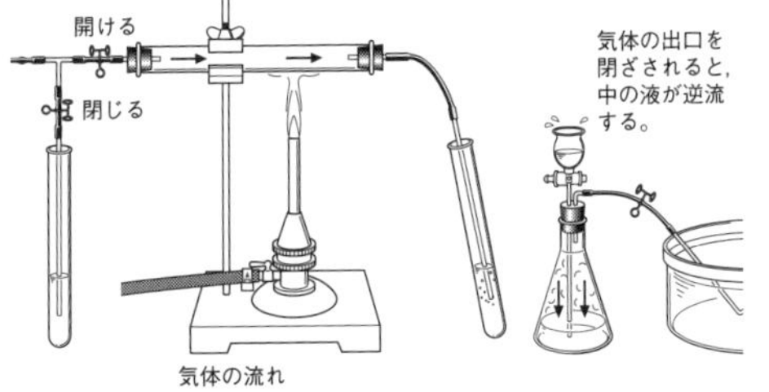
開ける
閉じる
気体の出口を
閉ざされると，
中の液が逆流
する。
気体の流れ

《種類》

ピンチコックは，モール型とホフマン型がある。ねじで締めるホフマン型は，流れる量を調節できる。

・モール型ピンチコック

　規格　はさみの長さ(㎜)

　　　20，22，26

・ホフマン型ピンチコック

　　小，中，大

《使い方》

ピンチコックはゴム管ばさみともいわれ，ゴム管をはさんで中を流れる気体を止める。反対に，開くときはガラス管の部分に移動させる。

ピンチコックを使うのは，活栓つきろうとがないような場合や，石灰水を出す管から空気が入らないようにする場合などである。

《危険防止》

ピンチコックは指先の力が必要で，子どもには操作が難しい器具である。また，気体の流れが理解できずに開閉操作を誤ると危険であるので，十分な事前指導をしておきたい。

ピンチコックで出口を閉ざされた気体は，フラスコ内に充満し圧力を高める。最悪の場合には，中の液が逆流して飛び散ったり，フラスコが破損したりする。

KEY WORD
洗浄（→p.212）
乾燥（→p.213）
ピペット洗浄器

洗浄ブラシ
ガラス器具を使用する観察・実験

POINT

洗浄ブラシは，ガラス器具などを洗うときに使う。フラスコ用や試験管用など，形や大きさによって，様々なブラシが用意されている。それぞれ，専用のブラシを使うと洗いやすい。

ブラシを使う前に水道水で十分水洗いをし，液などの付着がないようにする。洗剤を使って，ガラス器具の内側と外側をブラシで洗う。ブラシでガラス器具の底を破損しないように注意する。

①ブラシの種類

フラスコ洗い
試験管洗い
ビュレット洗い

種　類	寸法(mm) (毛径)×(毛丈)×(全長)
フラスコ洗い	60×60×290
ビーカー洗い	70×80×395
試験管洗い	30×50×230
細管洗い	18×60×390
ピペット洗い	18×60×390
ビュレット洗い	35×90×920

②洗い方

まず最初に，試験管やビーカーなどに付着している液を水で洗い流す。
内側を洗い，続いて外側を洗う。

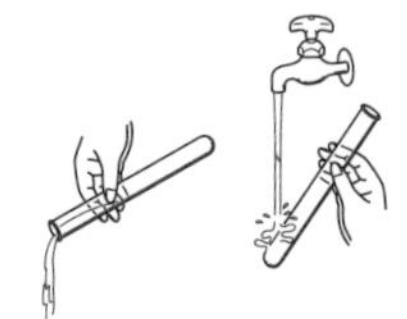

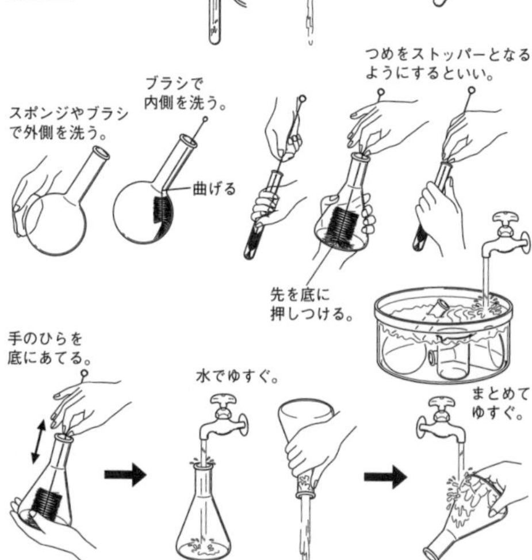
スポンジやブラシで外側を洗う。
ブラシで内側を洗う。
曲げる
つめをストッパーとなるようにするといい。
先を底に押しつける。
手のひらを底にあてる。
水でゆすぐ。
まとめてゆすぐ。

③乾燥させる

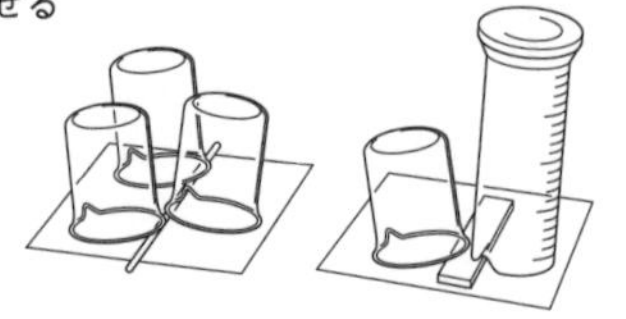

ブラシにはフラスコ用やピペット用などがある。洗いにくいピペット用には，ピペット洗浄器がある。

ビーカーや試験管を区別するために目印を付ける際は，ビーカーの白い部分以外に油性ペンで直接ガラス面に書く。ブラシかスポンジのかたい面でこすると簡単に消える。セロハンテープやビニールテープ，シールなどはすぐに外さないとあとに残って，しまつがやっかいになる。

《洗う》

試験管やビーカーの洗浄は，まず水を内側に注いで洗い，続いて外側を洗う。外側は，洗剤を使ってスポンジやブラシで洗う。フラスコはブラシを曲げて内部の周囲を洗う。試験管は割れないように注意をする。

底を割らないように，ブラシを底まで入れた場所を指で持ち，そこより奥に差し込まないように，つめをストッパーにするとよい。

《ゆすぐ》

フラスコなども，割れないように底を持って洗い，続いて水でゆすぐ。ガラス器具が多い場合には，水槽に器具を入れて水道水を流し続け，まとめてゆすぐようにする。

《乾かす》

布の上にガラス棒やガラス板などを置き，通気をよくして乾かす。

KEY WORD
通型ピンセット
とがりピンセット
まがりピンセット
皿てんびん（→p.225）

ピンセット

薬品の試薬を扱う場面　生物を扱う場面

ピンセットは，塊状の薬品や試薬を取り出したり，別の容器に移したりするときに使う。使い方は多様で，目的に合った形や大きさのものを使う。先が曲がったりねじれたりした場合にはペンチなどで修理し，常に使える状態にしておく。

使用目的に合ったピンセットを選ぶ。曲がりやねじれを修理し使いやすいように手入れをし保管する。ガラス容器を破損しないように，塊状の薬品は容器を傾けて滑らせて落とす。

①ピンセットの種類

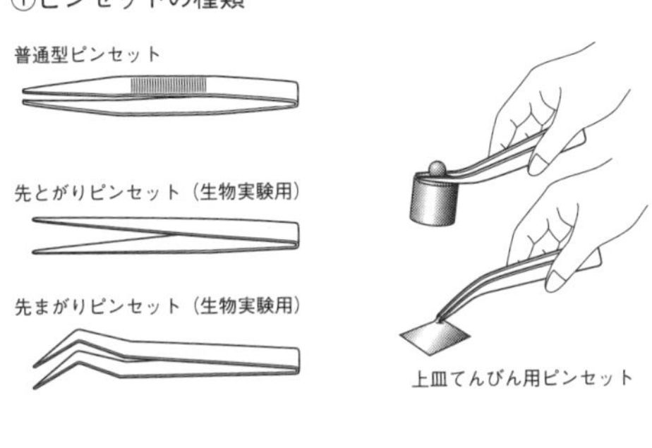

②ピンセットの使い方

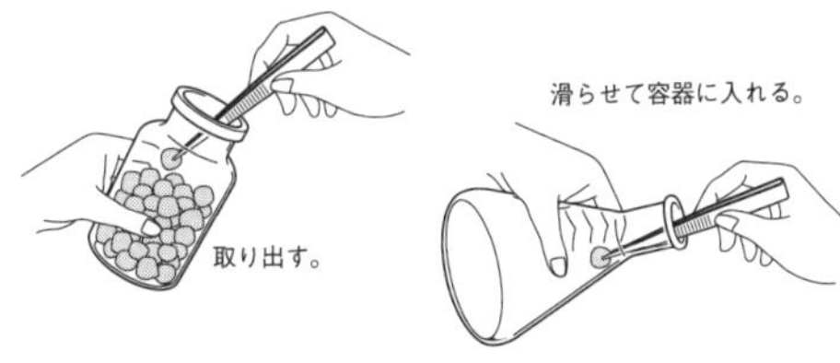

手で持つと，皮膚が荒れたり手あかで薬品の純度が落ちたりするのを防ぐために，ピンセットを使う。塊状の薬品は滑らせて底に落とす。

③ピンセットの活用例

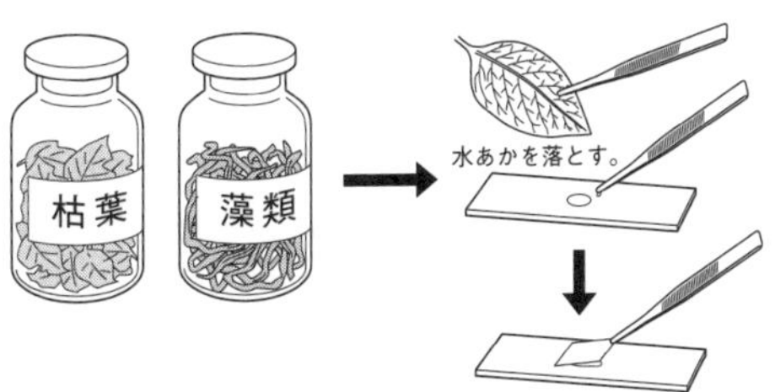

ピンセットは，化学実験などで使用する普通型のピンセットと生物実験用がある（全長125㎜が一般的）。

《上皿てんびん用ピンセット》

上皿てんびん用のピンセットは，おもりを指で持つと汗や脂でさびたり汚れたりするのを防ぐために使用する。ピンセットは，分銅（おもり）をつまみやすいように，先が曲がっている。

《使い方》

ピンセットは，大きな塊状の薬品や試薬を取り出すときに使う。中味が少なくなったら，びんを傾けると取り出しやすい。

塊状の薬品をガラス製の容器に移すときは，容器を傾け奥に入れ，滑らせて容器の底に落とす。

《活用場面》

1）流水中の枯れ葉や藻を，びんに採集する。
2）表面の水あかを，ピンセットでスライドガラスの上にかき落とす。
3）カバーガラスをかけて検鏡する。

《使用後》

水でよく洗い，ガーゼでふいて保管する。ピンセットは，工作や修理など日常広く使われており，大小様々なものがある。

KEY WORD

植物標本
胴乱
管びん
ビニル袋
野外観察の装備（→ p.193）

野冊

3年「身の回りの生物」 4年「季節と生物」

野冊は，採集した植物の形がくずれないように持ち帰るときに使う。植物採集では一般に胴乱を使うことが多いが，胴乱に入れて持ち帰ると，クサネムのように葉が閉じて，植物標本ができにくい場合がある。野冊は，ある程度に形を整えて持ち帰るときに使用する。

植物標本づくりを念頭におき，台紙におさまるように，形を整えてからはさむようにする。はみ出さないように台紙などにはさむ。新聞紙も活用できる。

①植物を持ち運ぶ道具

②野冊の使い方

花や果実をつけ，虫に食われたりしていない完全なものを採集する。

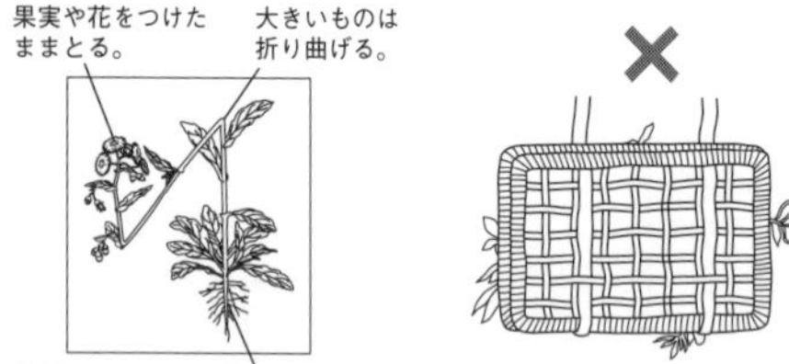

③その他の持ち運び方

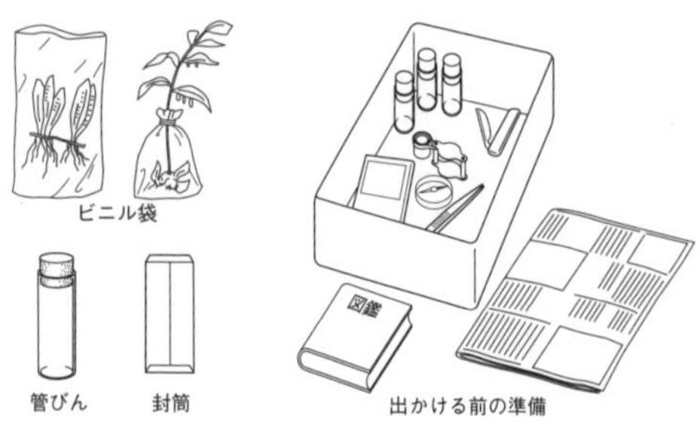

採集した植物を運ぶには，胴乱やビニル袋が使われるが，花が落ちやすいイカリソウや花が閉じてしまうタンポポなどは，野冊（やさつ）を使う。野冊には板製や竹製がある。

《使い方》

採集する植物は，花や果実をつけ，葉や根などの各部がそろったものにする。植物標本の台紙の大きさを考慮して，長い茎などは折り曲げる。特に柔らかい植物の場合は，あとで形を整えることが難しいので，注意してはさむ。

野冊以外でも，ビニル袋に入れて運んだり，管びんや封筒などを利用する場合もある。

はさむときに，野冊から草花がはみ出ないように注意する。また，1か所ばかり厚くならないように，厚さをなるべく平均化するように工夫してはさむことも大切である。

《採集に出かける前に》

植物採集に必要な，図鑑や手帳（観察記録用ノート），根掘りナイフ，ルーペやピンセットなどを大きいケースに整理して入れておく。出かけるときにリュックに詰め替えてもよいし，車にそのまま積んで出かける場合にも便利である。野鳥観察用や地学巡検用などにも，ケースごとに分類して入れておくとよい。

KEY WORD
物性プランクトン
物性プランクトン
性用ネット
（→p.140）

プランクトンネット

6年「生物と環境」

プランクトンネットは，動物性プランクトンや植物性プランクトンの採集に使う。プランクトンネットには，採集の仕方によっていろいろなものがあるが，一般的には定性用ネットを使う。

コックの開閉をよく確かめ，プランクトンネットが水面に平行になるようにボートをこぐ。採集時刻や天候，採集方法や採集用具などの条件によって，プランクトンの種類が変わることを考慮する必要がある。

①プランクトンネット

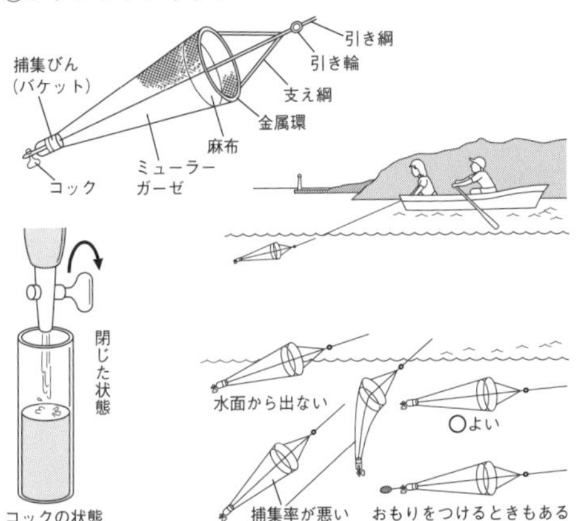

柄つき小形プランクトンネットは引き綱や支え綱がなく，金属環の部分に柄がついている。プランクトンは，昼間は日光を避けて水面下に下り，夜間は水面近くに移動する。気温・天候・季節によっても分布が異なるため，習性や分布をよく調べてから採集するとよい。

②自作のプランクトンネット

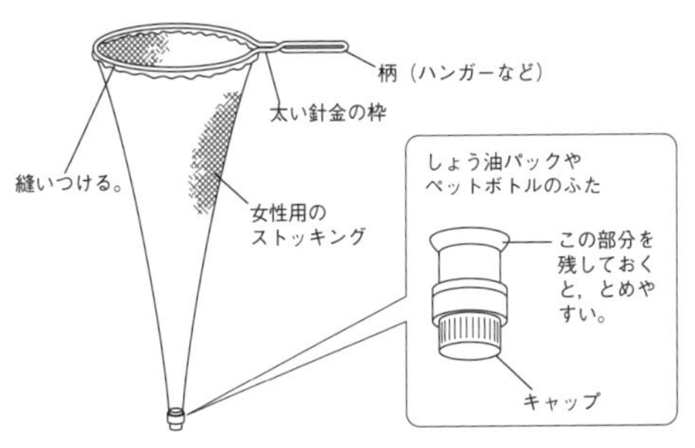

《定性用ネット》

一般的に使用されるプランクトンネットは，図のような定性用ネットである。手こぎボートなどを使い，比較的水面に近いところのプランクトンを採集する場合に使用する（水平採集法という）。

海底や沼底などの深いところから表面に向かって採集する（垂直採集法という）場合には，特別なネットを使うが，定性用でも十分に採集することができる。

《採集の方法》

プランクトンネットが水面から出たり，沈み込まないように船をこぐことが大切である。船の速さは毎秒0.5～1ｍくらいで，約20～30分ほど採集するのがよい。

コックは，他の器具と違い，ネットと平行なときに閉じている状態にある。ネットを使用する前に，きちんとコックが閉じていることを確かめる。採集したプランクトンを分注するときは，コックをひねる。

ミューラーガーゼの網目は番号によって区別され，一般的には№15～20が使われている。大形のプランクトンの場合には，№5などが使われる。

《使用後》

水洗いをして付着物を取り除き，日かげで乾かす。

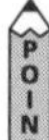

KEY WORD
グラフ用紙
厚紙
カッターナイフ

用紙

観察・実験の記録やものづくり

POINT 一般に用紙といっても，記録用紙から段ボールまで実に多様である。用途に合わせて大きさや厚さなどを，各種用意しておくと便利である。ここでは，活用例の一部を紹介する。

厚い用紙の場合は，はさみよりカッターナイフのほうが切り取りやすい。あて紙の上で厚い定規を使って，慎重に作業するよう徹底する。

①変化を表す工夫での使用例

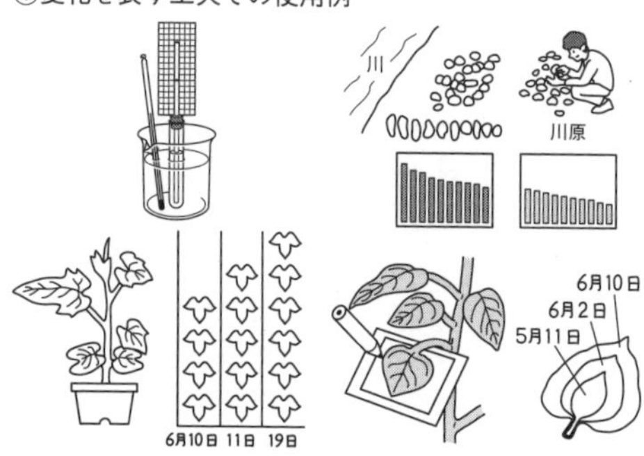

②立体的に活用する使用例

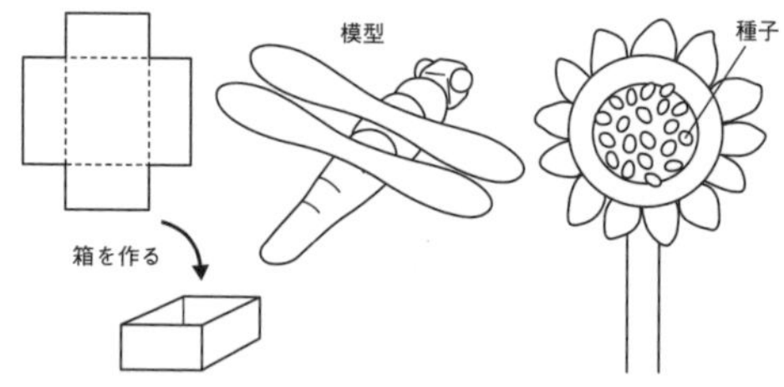

③板書と提示での使用例

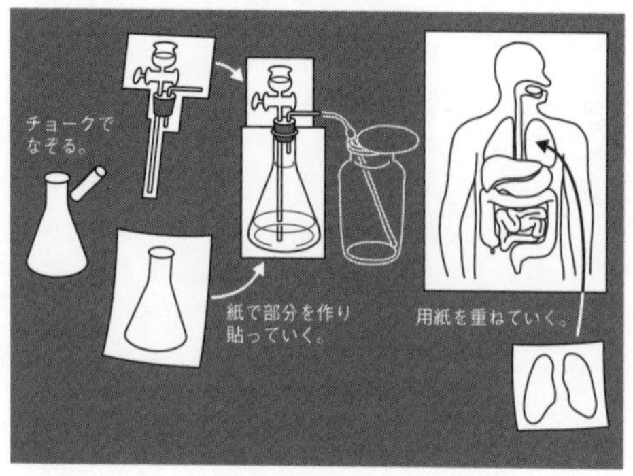

《変化を表す工夫》

- 自作温度計などの温度変化を表すために，グラフ用紙を使う。
- 生活科においても，アサガオの葉の数を絵にかいて貼り，数の変化がわかるようにする。
- 河原の石の大きさの変化を，石にテープをあてて大きさに合わせて切り，そのテープを貼って比べる。
- 画用紙の上にアサガオの葉をのせ，マジックで葉の外側をなぞり，葉の成長の変化の様子を調べる。

《立体的に活用》

- 厚紙を使っていろいろな箱を作る。子どもは，角錐や六角柱なども喜んで作る。
- 昆虫や花の模型を作ると，細かいところまで観察するようになる。
- 紙の皿でヒマワリを作り，そこに種子を貼るなど，楽しい展示を工夫する。

《板書と提示》

- 板書はていねいに時間をかけて書くのが原則だが，毎回同じ絵をかくときは，フラスコなどを厚紙にかいて切り取り，チョークでなぞる。
- フラスコやろうとなどを絵にかき，それらを重ね合わせて提示する。紙の裏には磁石をつけ，磁石黒板に貼る。
- 人体の模型を紙で作り，各部分を重ね合わせて提示する。毎回使うものは紙で作って使用すると便利であり，子どもの思考も広がる。

KEY WORD
のづくり
ップ
きびん
ャップ
じ

牛乳パックなど日用品

ものづくりや容器への活用

牛乳パックは，丈夫な紙でできていて防水加工がされているため，その特性を生かして多様な場面で活用できる。そのまま使ったり加工したりするなど，いろいろ工夫して利用できる。ここでは，牛乳パック，その他日用品の利用例の一部を紹介する。

身のまわりのものを活用して活動に生かしていくために，加工するための道具も用意しておきたい。安全に器具の操作ができるよう，それぞれに応じた事前指導をしておく。

①牛乳パックをそのまま使う

給食用の200mL 牛乳パックがとても便利である。

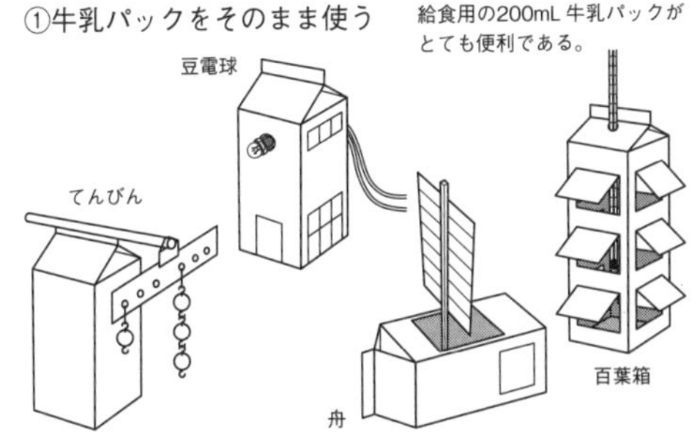

②牛乳パックを半分に切って使う

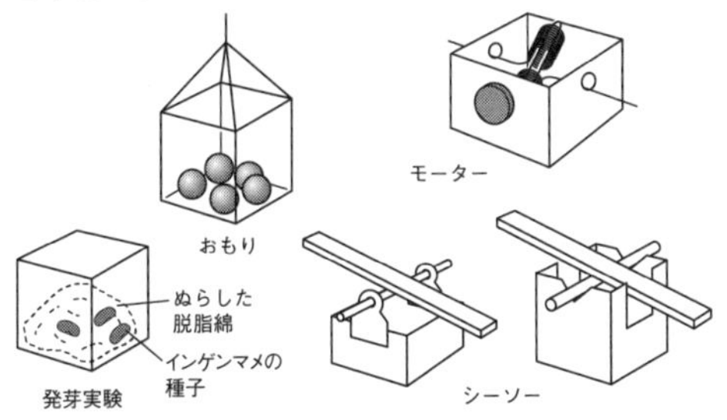

③その他の日用品の活用例

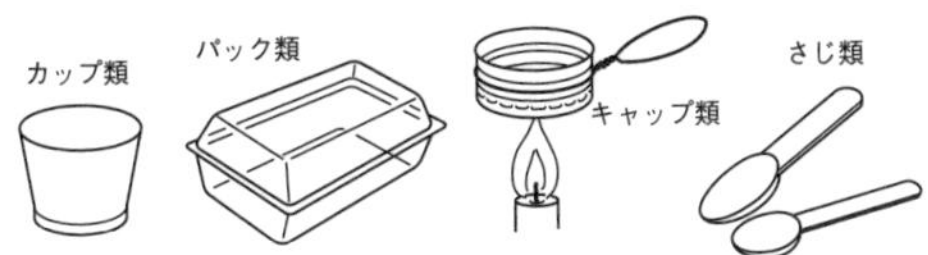

インスタントコーヒーの空きびん利用

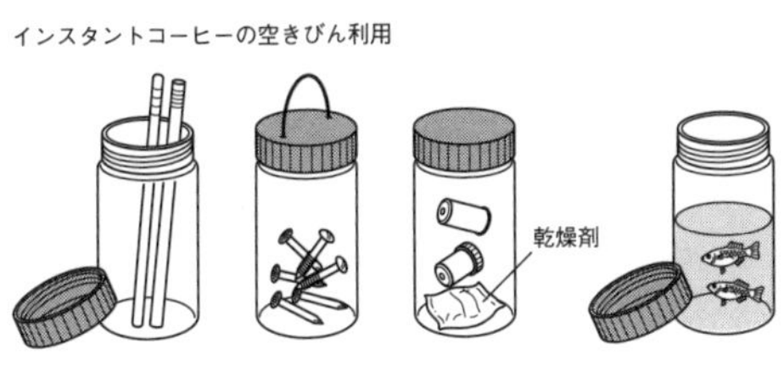

《牛乳パックの活用》

- 牛乳パックに砂を入れ，てんびんなどの実験をしたり，豆電球を点灯させたりするなど，多様な活用ができる。防水加工されているため，舟などを作り，水に浮かせることもできる。
- パックを半分に切り取り，シーソーやモーターなどを作ったり，容器として利用する。丈夫な紙でできているにもかかわらず，加工しやすいため，いろいろなものを作ることができる。

《その他の日用品の活用》

- カップ類は大小様々で，材質の違うものがたくさんある。種子を入れて保存や展示ができる。糸電話に使ったり，フォルマール線や磁石を使ってスピーカーやマイクロフォンを作ることもできる。
- パック類は，メダカの飼育や昆虫の飼育箱として活用できる。
- 金属のキャップ類は，燃焼実験などに活用できる。
- さじ類は，プリンなど，いろいろな食品についている。身のまわりには大小様々なさじがある。それらを使って計量的な実験ができる。
- 空きびんは，整理や保存に最も適している。釘などを入れて持ち運んだり，乾燥剤を入れて，レンズのかびを防止したりするのにも使える。

KEY WORD
ものづくり
ヒートカッター（→p.341）

ペットボトル

4年「雨水の行方と地面の様子」 ものづくりや容器への活用

ペットボトルは，ごみとして処理が面倒で留意が必要であるが，観察・実験場面では，いろいろな場面で活用できる貴重な素材である。ペットボトルロケットなどで使う場合は，安全面を考慮して，内面からの圧力にも強い炭酸飲料用のものを使うようにする。

ペットボトルを加工する場合，普通のカッターナイフやはさみでも切ることができるが，ヒートカッターやプラスチック用きりなどを使うと便利であり，滑ったりしないので安全である。切り口でけがをしないように注意する。

①ペットボトルをそのまま使う

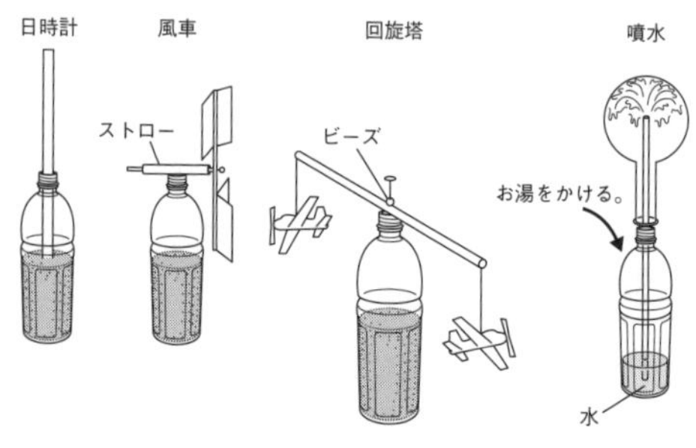

②ペットボトルを加工して使う

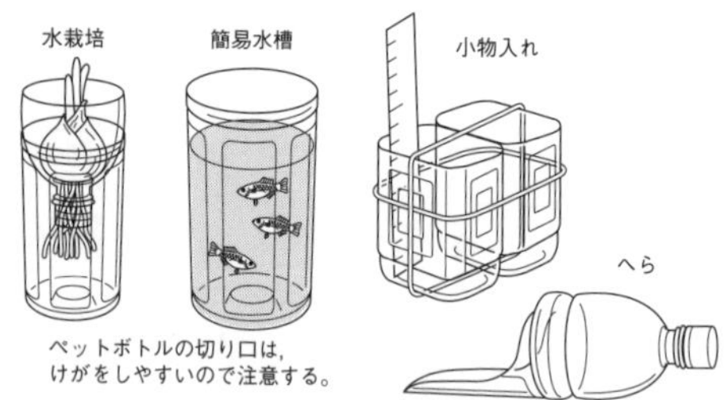

③工夫の例

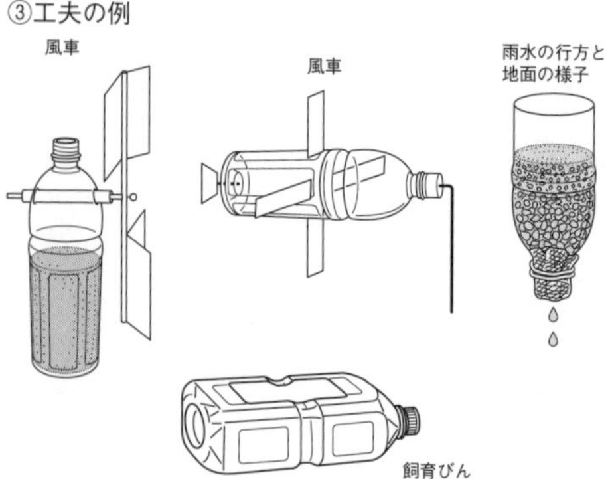

《ペットボトルの活用例》

〈日時計〉砂を入れ，口に棒をさして日時計にする。棒を長くして赤い旗を立てると，侵入禁止の標識になる。

〈風車〉手づくりの風車を，砂の入ったボトルの上に固定する。コルクやゴム栓を使うと多様な固定ができる。

〈回旋塔〉ストローや割りばしにものをつり下げ，回旋塔を作る。コルク栓をはめて釘でとめる。回転をよくするために，ビーズ玉などを使うとよい。

〈噴水〉ボトルに水を入れて，外側から熱湯をかけると，中の空気が膨張して噴水ができる。

《ボトルを切る》

ボトルを切ると，水栽培のびんや水槽，それに釘などを保存する整理箱ができる。切ったボトルを何個か寄せて，セロハンテープを巻いてもよい。

切り口を利用して，砂や肥料を扱うためのへらとして使う。固いものには使用できないが，重宝する。

《工夫の例》

ここで紹介しているのは，ほんの一例である。観察・実験で使うものを，いろいろ工夫してみるとよい。

《ペットボトルロケット》

4年生の「空気と水」の学習で，ペットボトルロケットを飛ばす活動が取り入れられることがある。その場合は，容器内の圧力に耐えられるよう，必ず炭酸飲料用の丈夫なものを使う。

KEY WORD
- のづくり
- リンカップ
- リンクホルダー
- ラスチック板（→ p.340）
- 作道具（→ p.341）

プラスチック容器

ものづくりや容器への活用

POINT　プラスチック容器は，教材製作やものづくりの材料，実験器具として多様に活用できる。材質や形状が豊富で，強度，耐熱性，接着方法など，それぞれの特性を理解したうえで使用する必要がある。食品関係の製品が多く，ふたつきのものが多い。

曲面をもつものが多く，ものづくりで使用する場合は，穴あけや切断の際に刃物が滑ることがあるので，十分注意する。接着する場合も，材質を調べてから適当な接着剤を選ぶとよい。

①容器の例

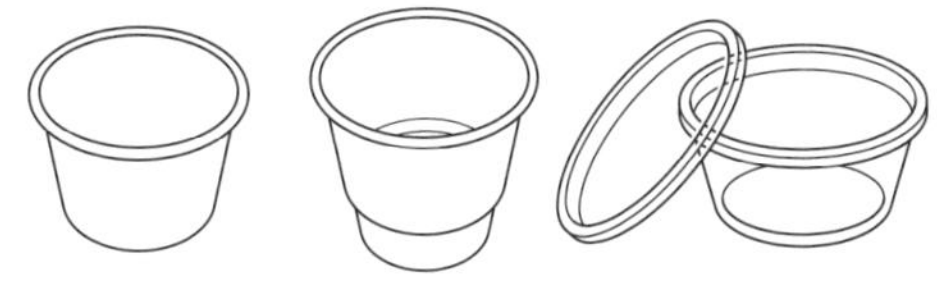

プリンカップ　ドリンクホルダー用カップ　ふた付き透明容器（クリアーカップ）

ホットヌードル　たれ用の容器　試飲用カップ

②利用例

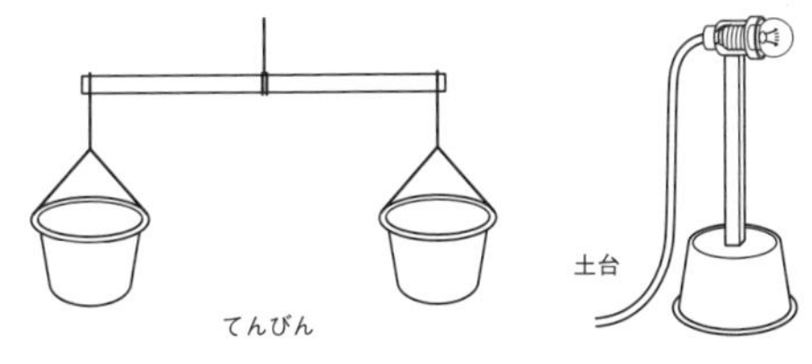

てんびん

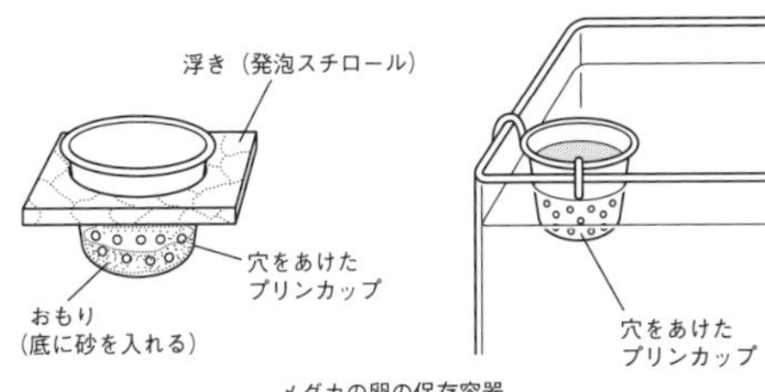

メダカの卵の保存容器

《形状と特性》

- ふたつきのものは密閉性が高く，液体や粉末状のものを保管することにも使える。
- プリンカップやドリンクホルダー用のカップは開口部が広く，容器としても使えるが，逆さまにすると土台としても利用できる。
- プリンカップは，普段から子どもに呼びかけておくと集めることができる。
- ふたつき容器やたれ用の容器，試飲用カップなどは，調理器具を扱っている店で購入することができる。10個，100個等の単位で売っていることが多いが，安価である。

《利用例》

- てんびんづくりで使用する場合は，同じものを二つ準備する。カップホルダー用のカップは，数十個単位で安価に手に入るので使いやすい。
- ふたつきの容器は重量が軽いので，5年生の「ものの溶け方」の学習で，重さの保存を調べる実験で利用できる。たれ用の容器は透明度は低いが，激しく振って溶かしても液もれがしない。
- プリンカップの容器は，採取したメダカの卵の保存用容器などとして，いろいろ工夫して使うことができる。

KEY WORD
鉄線
アルミ線
ステンレス線
銅線
真ちゅう線
銀線

針金（金属線材）

ものづくりや電気関連での活用

針金は，教材製作やものづくりの材料として使用される。鉄，アルミニウム，銅，真ちゅう，銀等の材質のものが市販されている。材質によって硬度，色，さびやすさが異なるので，用途に合わせて選ぶようにする。

端の部分でけがをすることがあるので注意する。非常に硬い線材を切断する場合は，専用の工具を使う。

①形状と特性

鉄　線	一般的な針金，安価で入手しやすいが，さびやすい。
アルミ線	軟らかく，ペンチを使わずに変形できる。色も豊富にあり，ビニルで被覆されたものもある。非常に軽い。
ステンレス線	固い線で，素手で変形するのは難しい。さびにくく重い。
銅　線	焼きなましたものは軟らかく，変形させやすい。
真ちゅう線	銅線と同じく焼きなましたものは軟らかく，変形させやすい。
銀　線	非常に高価，導電性に優れている。

番手	太さ（mm）	重さ（m/kg）	番手	太さ（mm）	重さ（m/kg）
6	5.00	6.8	20	0.90	200
8	4.00	10	22	0.70	330
10	3.20	16	24	0.55	500
12	2.60	24	26	0.45	770
14	2.00	40	28	0.35	1150
16	1.60	60	30	0.30	1630
18	1.20	110			

※１kg当たりの長さで重さを比較している。

②利用例

・ものづくりの素材として幅広く使用できる。
・電気の学習で，導線の代わりに使用することができる。
・ピアノ線等の非常に細く丈夫なものは，振り子の糸の部分に利用できる。

③線膨張試験器

金属の熱による伸びの変化を比較する装置である。写真の実験器は，アルコールランプで３種（鉄・銅・アルミニウム）の金属棒を均等に加熱し，倍率機構によって，それぞれの伸びの変化を指針で大きく示す仕組みとなっている。

《形状と特性》

針金のサイズは，番手や太さで表示されている場合が多い。表に示したように，番手が大きくなるほど太さは細くなっていく。

ものづくりで子どもに扱わせる場合は，素手で曲げることができる太さを把握しておく必要がある。材質によって硬さが違うので，自分で実際に体感してみることが大切である。

アルミ線材は，図画工作の教材としても取り上げられており，色，形態のバリエーションが豊富である。

ステンレス線や真ちゅう線の細いものは，ビーズアクセサリーを取り扱っているところで入手できる。

《利用にあたって》

材質としては，アルミ線と鉄線の２種類程度で十分対応できる。太さについては，枠のようなものを作る場合のやや太めの線と，補強用として使う細い線を準備しておくとよい。

ほかにもギターの弦，釣り用のワイヤーハリスなども利用できる。

KEY WORD
ロム球
のしみこみ方

金属球　ガラス球　木球

4年「雨水の行方と地面の様子」 ものづくりや運動関連での活用

一般的に手に入る材質としてはガラス，木，鉄，発泡スチロール（発泡ポリスチレン），プラスチック，アクリルなどがある。サイズも数種類あるが，材質の種類によっては，直径の大きいものがない場合もある。

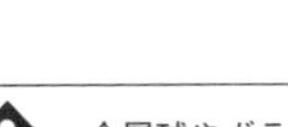

金属球やガラス球は質量が大きいので，ガラス球どうしや金属球とガラス球を衝突させる場合は，破損に気をつける。片づけを確実に行い，球を踏んでの転倒を避ける。

①材質

金属球

ガラス球

木球

鋼球

ガラス球（ビー玉）

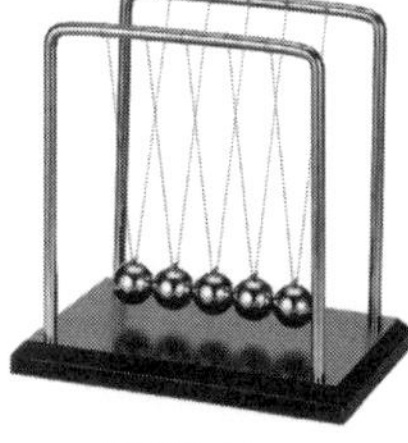
衝突球（5個）

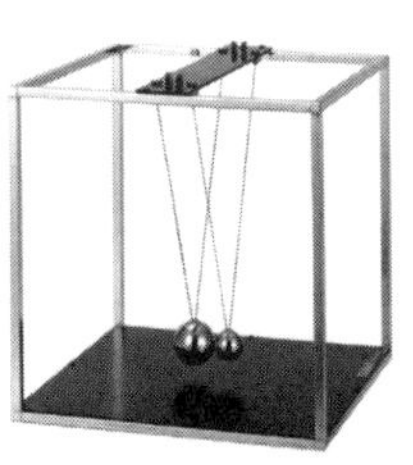
衝突球（重さのちがう球）

②水のしみこみ方

粒の大きなガラス球の入ったビーカー

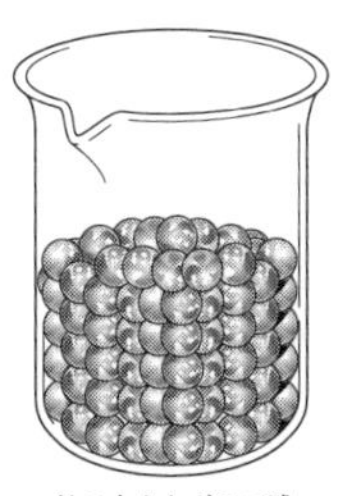
粒の小さなガラス球の入ったビーカー

《金属球》

鉄球は，クロム球を選ぶと，さびにくいので管理が楽である。ほかにボールベアリングの鋼球も入手できるが，油分が切れるとさびやすい。実験用の鋼球は，金額が高いが，大きなホームセンター等で比較的安価に入手できる。

《ガラス球》

ガラス球は，直径15㎜のビー玉であれば，スーパー等でも容易に入手できる。直径の大きなものや小さなものは，玩具店やホームセンターで入手できる。

ビーカーに球の大きさのちがうガラス玉を入れてみると，粒同士のすき間を見ることができる。それをモデルとして，水のしみこみ方を考えることができるように支援することも考えられる。

《木球》

木球については穴があいているものがあるが，転がり方が不安定である。

《衝突球》

「カチカチ連球」ともいわれ，力学的エネルギーの保存などの確認実験装置である。おもりを使ったおもちゃづくりの参考となる。

KEY WORD
ものづくり
アクリル板
プラスチック段ボール
ポリ塩化ビニル
発泡スチロール
板材の切断（→ p.342）

プラスチック板
ものづくりや教材作成

プラスチック板は，教材製作やものづくりの材料として使用する。材質にはいろいろあるので，強度，耐熱性，接着方法など，それぞれの特性を十分理解したうえで，用途に合わせて使用する必要がある。

表面が滑りやすい材質が多いので，切断する際には，カッターの刃が滑らないように注意する。専用の道具が必要なものもある。

①主な製品の特性

製　品	特　　性
アクリル板	ガラスをしのぐ透光性があり，軽くて割れにくい。比重はガラスの２分の１，強さはガラスの15倍。優れた耐候性を兼ね備えている。
プラスチック段ボール	ポリプロピレン製が多い。形状は段ボール。比重は0.9～0.92，耐熱性は約110℃，折り曲げに対して強さをもつ（割れにくい）。
ポリ塩化ビニル板（塩ビ板）	透明性，着色，印刷自在性，耐水，耐溶剤，耐薬品性，耐候性等に優れているが，耐熱性は低い。
発泡スチロール（発泡ポリスチレン）	ポリスチレン原料をブタンなどの発泡剤でふくらませたもので，組成の98％が空気である。各種製品用の包装材・緩衝材や，保温性・保冷性を生かした生鮮品保持，建築用の断熱材など幅広く用いられてる。

②利用例

・アクリル板の利用

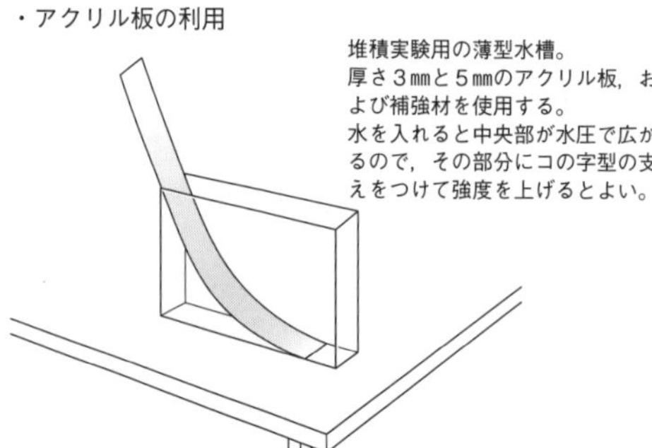

堆積実験用の薄型水槽。
厚さ３㎜と５㎜のアクリル板，および補強材を使用する。
水を入れると中央部が水圧で広がるので，その部分にコの字型の支えをつけて強度を上げるとよい。

・プラスチック段ボールの利用

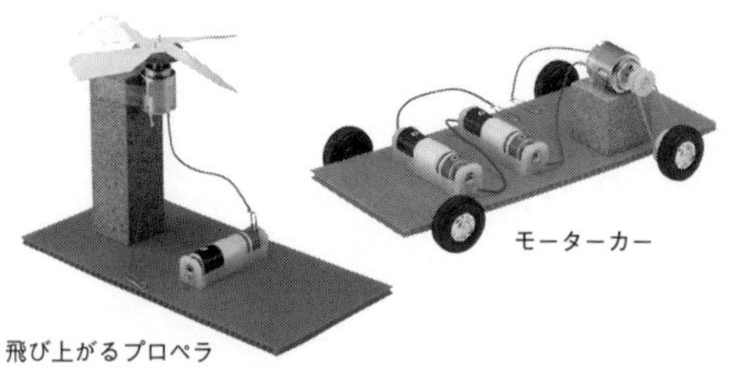

飛び上がるプロペラ　　モーターカー

《製品の特性》

製作するものによって，使用する材料を選ぶことが重要である。アクリル板は強度と透明性があるので，観察用の小形水槽等も作ることができる。プラスチック段ボールは強度もあり，穴があいているので，モーターカーの車台部分に利用できる。

《切断》

素材の厚さにもよるが，アクリル板は，専用のカッターナイフを使って溝をつけて折る方法が一般的である。

その他の素材は，普通のカッターナイフや，雨といなどを切断するときに使うのこぎりを使うとよい。

発泡スチロール(発泡ポリスチレン)については，電熱線を利用した切断器具も販売されている。

《接着》

アクリル板は，専用の接着剤を使用する。補強材も販売されているので，強度がほしいときは併用するとよい。

発泡スチロールの場合も，専用の接着剤を使う。発泡スチロール用でない場合，とけてしまうことがあるので注意する（塗装する場合は水性塗料がよい）。

KEY WORD
のづくり
泡スチロールカッター
ートカッター
ットボンド
ットボトル用はさみ
オの切断（→p.342）

工作道具
ものづくりや教材作成

教材製作やものづくりの際の製作用具として，いろいろなものが考えられる。ここで取り上げるものは，いずれも特殊なものであるが，あると非常に便利である。

発熱するものや刃物などについては，ちょっとした油断が事故を引き起こす。用具の説明書を熟読し，正しい使い方をすることが第一である。

①工作道具の例

発泡スチロールカッター

ヒートカッター

ホットボンド

プラスチック用きり

②使用例

発泡スチロールカッター

ホットボンド
材質の違うものを接着する場合や，ひもや糸をつける場合に重宝する。

ヒートカッター

ペットボトル用はさみ

《発泡スチロールカッター》

市販されているものは，電源 AC100 V 用と乾電池使用のものがある。前者のほうが発熱量が大きく，厚みのあるものでも容易に切断できる。備品として購入を検討する場合は，さらに大型のものもある。また，ニクロム線を使って自作のカッターを作ることもできる。

《ヒートカッター》

はんだごての先の部分が刃物状になっているもので，先端部分を交換して切削用や穴あけ用と使い分けられるものもある。ペットボトルを使ったものづくりをする場合には，非常に重宝する。

《ホットボンド》

固形の樹脂棒を熱でとかして接着する道具で，手芸でよく使われる。電源 AC100 V 用と乾電池使用のものがある。また，トリガータイプと樹脂棒の後端を親指で押していくタイプがある。接着の際は，表面がざらざらしているほうが接着強度が強い。

《プラスチック用きり》

ペットボトルを利用したものづくりの際に，穴をあけるときに使用する。らせん状の刃をしていて，滑りにくい構造になっている。

《その他》

・ペットボトル用はさみ
・段ボール用カッター

KEY WORD
木材
合板
アクリル板（→ p.340）
発泡スチロール（→ p.340）
ペットボトル（→ p.336）
工作道具（→ p.341）

板材の切断の仕方
ものづくりや教材作成

アクリル板は割れることがあり，発泡スチロールは切断面がぎざぎざになることがある。これらの材料を切断する際には，それぞれ専用の特殊な道具を使う。ホームセンターにて，材料切断サービスがあるところもあるので活用するとよい。

のこぎりやカッターナイフなどの刃物を扱うため，刃物を使う際の基本的なきまりを忠実に守って，安全確保に十分努めることが大切である。

①木材の切断

角材等の場合は，このように直角方向に２本の線を引いておくと，まっすぐ切りやすい。

②合板の切断

薄いベニヤ板の場合は，のこぎりで切ると切断面ががさがさになる。そこで，カッターナイフを使い，力をかけずに何度も引いて切断すると，きれいに仕上がる。

③アクリル板の切断

独特の形状をしていて，ひっかいたアクリルをカッターの外に逃すようになっている。

④ペットボトルの切断

カッターナイフを加熱し，赤くなったらペットボトルに差し込んで切り取る。前頁のペットボトル用のはさみもある。

《木材の切断》

1）切断するところに線を引く。

2）のこぎりと線が一直線になるように体を向け，まっすぐのこぎりを引く。

※無理な力を入れず，のこぎり全体で引いて切るようにする。

※角材等の場合には，切断面の線を直角方向に引き，その２本が一直線に見えるような位置に立ってのこぎりを引く。

《アクリル板の切断》

1）切断するところにまっすぐな板（定規）をあてる。

2）定規に沿って，あまり力を入れずにアクリルをこすり取るようにしてアクリルカッターで切る（何回もカッターを走らせて切る）。

3）両端がしっかり切れているか確認したのち，押し広げるようにして割る。

《発泡スチロールの切断》

発泡スチロール（発泡ポリスチレン）は，電熱線の熱でとかしながら切る。電熱線の温度によって切れぐあいが変わるので，熱量の調整には十分に配慮する。

《金属棒》

1）金きりのこをまっすぐにあて，のこぎりの刃を曲げないよう押し切る。

2）上から押し込むようにして，前に体重をかけながら切り取る。

《ペットボトルの切断》

切断用に加熱したカッターナイフは，ペットボトルカッター専用とする。

付録

●索引

索引で取り上げた事項は，見出し，小見出しも含まれている。索引では本文と少し表現を変えたものがある。
太字の数字は，見出しや詳説したページを示している。

監修者・編者略歴

【監修】

角屋　重樹（かどや　しげき）

1949年三重県生まれ。広島大学教育学部高等学校教員養成課程卒業，広島大学大学院教育学研究科教科教育学（理科教育）専攻博士課程単位取得退学，広島大学教育学部助手，宮崎大学教育学部助教授，文部省初等中等教育局教科調査官。広島大学大学院教育学研究科教授を経て，現在，日本体育大学大学院教育学研究科教授。理科教育を中心に教科教育学の構築を目指して研究している。博士（教育学）。広島大学名誉教授、国立教育政策研究所名誉所員

〔主な編著書〕『東菅小学校の7年間の物語：思考の「すべ」を獲得した子どもたち』（監修，2019，文溪堂），『改訂版　なぜ，理科を教えるのか：理科教育がわかる教科書』（2019，文溪堂），『小学校理科　これでバッチリ！　観察・実験の指導』（共著，2012，文溪堂），『新しい学びを拓く理科授業の理論と実践　小学校編』（共著，2011，ミネルヴァ書房），『「ことば」で伸ばす子どもの学力－小学校・言語活動の評価と指導のポイント－』（共著，2010，ぎょうせい），『小学校新理科の考え方と授業展開－全学年・全単元の指導計画例』（共著，2009，文溪堂），『三次発これからの学習指導のデザイン－PISA型学力育成を目指して』（監修，2009，東洋館出版社）等多数。

林　四郎（はやし　しろう）

1948年東京都生まれ。東京学芸大学教育学部卒業。東京都公立小学校教諭，東京学芸大学教育学部附属世田谷小学校教諭，東京都公立小学校教頭，同校長，東京家政大学准教授を経て，現在，お茶の水女子大学客員教授。全国小学校理科研究協議会顧問（元会長）。東京都小学校理科教育研究会元会長。東京都北区教育委員会理科教育アドバイザー。学校現場における理科教育の実践的な研究を進めている。

〔主な編著書〕『理科実験図鑑　小学校理科　3年，4年，5年，6年』（監修，2014，学研プラス）など。

【編者】

石井　雅幸（いしい　まさゆき）

1958年東京都生まれ。日本体育大学大学院教育学研究科博士後期課程修了。博士（教育学）。東京都公立小学校教諭を経て，現在，大妻女子大学家政学部児童学科教授。理科教育方法学の研究を学校現場での実践をもとに進めている。

〔主な編著書〕『昆虫No.1図鑑』（監修，2021，文響社），『クイズで指導!!　食育パワーポイントブック』（2013，少年写真新聞社），『小学校理科　これでバッチリ！　観察・実験の指導』（共著，2012，文溪堂），『授業が楽しくなる！　まんが教科書5年の理科〈下〉』（監修，2009，学研プラス）等多数。

稲田　結美（いなだ　ゆみ）　日本体育大学児童スポーツ教育学部教授。
1975年東京都生まれ。筑波大学大学院博士課程人間総合科学研究科学校教育学専攻単位取得後退学。博士（教育学）（筑波大学）。東京都公立中学校教諭，上越教育大学大学院学校教育研究科准教授を経て，2020年より現職。理科を苦手とする学習者への支援を中心とした研究を行っている。
〔主な編著書〕『女子の理科学習を促進する授業構成に関する研究』（単著，2019，風間書房），『MINERVA はじめて学ぶ教科教育④ 初等理科教育』（共著，2018，ミネルヴァ書房），『理科教育基礎論研究』（共著，2017，協同出版）等。

木下　博義（きのした　ひろよし）
1970年岡山県生まれ。岡山大学大学院教育学研究科修士課程修了ののち，岡山県公立小学校教諭。広島大学大学院教育学研究科博士課程後期修了。博士（教育学）。現在，広島大学大学院人間社会科学研究科准教授。主に，メタ認知や批判的思考に関する理科教育研究を行っている。
〔主な編著書〕『教師教育講座第15巻　中等理科教育改訂版』（共著，2020，協同出版），『小学校新学習指導要領ポイント総整理　理科』（共著，2017，東洋館出版社），『教科教育研究ハンドブック－今日から役立つ研究手引き－』（共著，2017，教育出版），『新しい学びを拓く　理科授業の理論と実践－小学校編』（共著，2011，ミネルヴァ書房），『メタ認知能力育成のための理科学習指導に関する研究』（単著，2008，雄松堂出版）等多数。

松浦　拓也（まつうら　たくや）
1976年広島県生まれ。広島大学教育学部教科教育学科卒業，広島大学大学院教育学研究科博士課程後期修了。博士（教育学）。広島大学特別研究員を経て，現在，広島大学大学院人間社会科学研究科准教授。理科教育・科学教育を基盤に推論，メタ認知といった学習者の認識にフォーカスして研究に取り組んでいる。
〔主な編著書〕『新・教職課程演習第20巻中等理科教育』（編著，2021，協同出版），『教師教育講座第15巻中等理科教育　改訂版』（分担執筆，2020，協同出版），『たのしいベイズモデリング２：事例で拓く研究のフロンティア』（分担執筆，2019，北大路書房），『小学校アクティブ・ラーニングの授業のすべて』（分担執筆，2016，東洋館出版社），『沖縄の学力追跡分析　学力向上の要因と指導法』（分担執筆，2014，協同出版），『今こそ理科の学力を問う』（分担執筆，2012，東洋館出版社）など。

小学校理科　授業実践ハンドブック

2022年4月21日 初版第1刷発行

監　修　角屋 重樹　林 四郎

編　者　石井 雅幸　稲田 結美
木下 博義　松浦 拓也

発行者　伊東 千尋

発行所　教育出版株式会社
〒135-0063
東京都江東区有明3-4-10 TFTビル西館
電話 03-5579-6725
振替 00190-1-107340

Printed in Japan
落丁・乱丁本はお取替えいたします。
ISBN978-4-316-80463-7　C3037

［組版］ADSTRIVE
［印刷］モリモト印刷
［製本］上島製本